영유아음악교육

영유아 음악교육

MUSIC EDUCATION FOR YOUNG CHILDREN

윤영배 저

동문사

머리말

올해로 음악교육을 시작한지 38년에 접어든다. 그동안 감동과 즐거움도 많았지만 참 힘든 시간들이었다. 가끔 사람들은 "음악교육을 왜 하느냐"고 질문한다. "음악은 인간의 마음을 아름답게 하고, 인간다울 수 있게 하기 때문"이라고 대답한다. 교육학적으로 표현하면 "높은 미적 정조(情操)와 풍부한 인간성을 길러주기 때문"이라고.....

음악교육을 보통교육으로서의 교육과 전문인 양성으로의 교육, 두 가지 유형으로 분류하는데, 학교교육으로서의 음악교육은 전자에 해당하겠다. 특히 영유아음악교육은 더욱 더 그러하다.

영유아음악교육은 방법론적인 영역이다. 잘 알려진 글로벌한 교수법인 오르프 접근법, 달크로즈의 유리드믹스, 코다이 교수법, 고든 오디에이션, 스즈키 영재교육, 몬테소리 음악교수법 등 많은 교수법들이 있지만, 대학교 유아교육학과의 한 학기 영유아음악교육 강좌에서는 영유아의 음악활동 영역인 감상하기, 노래 부르기, 악기 다루기, 신체표현하기, 창작하기의 각 활동 영역에서의 기본적인 교수–학습방법을 먼저 체험하고 익혀야 한다.

물론 매 활동마다 영유아들이 선생님이 제시하는 소리를 듣고(감상), 따라서 노래하고, 신체표현하며 악기연주를 하는 통합적인 활동이 이루어지도록 지도할 수 있으면 좋겠지만, 한 학기의 짧은 기간에 예비 영유아교사들은 그러한 역량을 갖추기가 어렵다. 더구나 영유아음악교육을 할 준비와 체계적인 훈련을 받지 못한 상태에서, 다양한 선진교수법들의 단편적인 주입은 아직 음악교육의 개념형성이 되어있지 않은 예비 영유아교사들에겐 역효과를 초래하기 때문이다. 그래서 이 책에서는 다양한 선진교수법의 소개는 생략하였다.

유아교육분야도 이제는 더 전문화되어야 한다. 영유아교육에도 초등교육과 같이 음악, 미술, 체육활동 시간은 예체능 전담교사가 필요하다. 영유아의 교육활동이 통합활동으로 이루어진다는 특성 때문에 음악이 다른 활동의 관련 매체로만 사용되는 정도로는 부족하다. 영유아기가 음악성 발달의 최적기임을 감안할 때, 순수하게 영유아의 음악성 발달을 위한 음악활동 시간은 꼭 필요하다. 이는 전문가 양성을 위한 음악 조기교육 차원이 아니라 심미적 인간을 육성하는 보통교육으로서의 음악교육을 포함하는 개념이다.

이 책의 구성은 크게 제1부 영유아음악교육의 이해와 제2부 영유아음악활동의 실제로 나뉜다. 제1부는 영유아음악교육의 이해를 바탕으로 한 내용을 중심으로 제1장에서는 영유아음악교육의 필요성과 중요성, 영유아음악교육은 어떤 개념으로 실시되어야 하는지, 영유아음악교육의 목적 및 목표를 관련주의 개념과 절대주의 개념으로 나누어 설명하였다.

제2장에서는 음악성의 개념을 정의하고 음악성 발달의 요인을 유전적인 요인과 환경적인 요인으로 구분하여 학자들의 견해를 살펴보았다. 또한 영유아의 음악적 발달단계를 일반적인 음악적 능력발달, 영역별 음악적 능력발달(소리식별 및 듣기능력발달, 리듬감의 발달, 멜로디 감각의 발달, 노래 부르기 능력의 발달, 악기탐색 및 연주능력의 발달)로 나누어 살펴보았다.

제3장에서는 제3차 표준보육과정 중 0~2세의 신체운동, 예술경험 영역과 3~5세 누리과정 중 신체운동 건강, 예술경험 영역의 내용을 중심으로 국가수준의 교육과정을 살펴보고, 영유아음악활동 영역에서 감상하기, 노래 부르기, 악기 다루기, 신체표현, 창작하기, 극놀이, 전통음악 영역에서의 교육내용 범위와 교육내용 선정 원리를 알아보았다.

제4장에서는 영유아음악교육의 교수–학습 원리와 '감상하기', '노래 부르기', '악기다루기', '신체표현하기', '창작하기', '음악극놀이하기', '전통음악활동'의 영역별 교수–학습방법, 교사의 자질 및 역할에 대해 살펴보았다.

제5장에서는 년간, 월간, 주간, 일일 수업계획안, 음악활동이 주가 되는 All Day 활동계획안, 영유아교육기관의 음악활동 유형, 음악활동계획서 작성, 음악활동 평가방법, 음악활동 평가척도 및 도구를 알아보았다.

제6장에서는 영유아교육기관의 음악환경, 가정의 음악환경과 지역사회 음악환경을 연계한 음악환경을 살펴보고, 영유아교육기관의 환경을 교육부, 보건복지부, 연령별 누리과정 교사용 지침서를 인용하여 살펴보았다.

제2부는 유치원 생활 주제를 중심으로 영유아의 음악활동 영역(감상하기, 노래 부르기, 악기 다루기, 신체표현, 창작하기)별 실제 활동계획안을 제시하였다.

제1장 '유치원과 친구', 제2장 '나와 가족', 제3장 '우리 동네', 제4장 '건강과 안전', 제5장 '동식물과 자연', 제6장 계절' Ⅰ(봄/여름)', 제7장 '계절Ⅱ(가을/겨울)', 제8장 '환경과 생활', 제9장 '교통기관', 제10장 '세계 여러 나라(우리나라)', 제11장 '생활도구' 등 유치원 생활주제를 11개 주제로 나누고, 각 주제별로 감상하기, 노래부르기, 악기다루기, 신체표현, 창작하기가 주가 되는 음악활동계획안을 제시하였다.

여기에 제시된 활동계획안은 저자의 '영유아음악교육' 강좌에서 학생들이 모의수업을 시연한 내용을 수정, 재구성하였다. 하지만 여기에 제시된 교육계획안은 절대적인 모델이 될 수 없으며, 교사가 얼마든지 재구성하여 사용할 수 있음을 밝힌다. 다만 이 책을 교재로 사용하는 예비교사들에게 저자의 연구와 교육현장의 경험을 바탕으로 한 수업계획안의 견본이 도움이 되었으면 하는 바람이다.

책을 집필한다는 것은 어려운 작업이다. 모든 내용이 저자의 지식과 견해로만 제시될 수가 없다. 특히 대학교재는 모든 내용이 선행 연구들을 통해서 검증이 되어야 하고, 과학적으로 입증된 자료가 뒷받침되어야 한다. 그동안 저자가 공부해 온 지식과 연구가 턱없이 부족함을 통감한다. 부족하고 논리적으로 뒷받침할 수 없는 내용은 많은 인용을 통해서 제시할 수밖에 없었고, 구체적으로 자료출처가 불분명한 내용은 '단행본명'과 '논문 타이틀'로 대신한 부분도 있음을 밝힌다.

부족한 책을 보기 좋게 꾸미고, 다듬어 준 동문사 이중수 사장님과 임직원들께 감사를 드린다. 그리고 오랜 세월 음악교육을 할 수 있도록 뒷받침 해준 가족들에게 깊은 사랑을 전한다.

2019년 2월 어느 날
눈 덮인 남한산성을 바라보면서...
저자

차 례

머리말 — 5

Part 01 영유아음악교육의 이해

Chapter 1 영유아음악교육의 의의 — 14
1. 영유아음악교육의 필요성 / 16
2. 영유아음악교육의 중요성 / 18
3. 영유아음악교육의 개념 / 20
4. 영유아음악교육의 목적 및 목표 / 23

Chapter 2 영유아의 음악성 — 36
1. 음악성의 개념 / 38
2. 음악성의 발달 요인 / 40
3. 영유아의 음악적 능력 발달 단계 / 46

Chapter 3 영유아음악교육 과정 및 내용 — 56
1. 국가수준 교육과정 및 내용 / 58
2. 영유아음악활동의 영역 / 95
3. 영유아음악활동 영역에 따른 교육내용 / 97
4. 영유아음악교육의 내용 선정 원리 / 131

Chapter 4 영유아음악교육의 교수-학습방법 — 140
1. 영유아음악교육의 교수-학습 원리 / 142
2. 영유아음악교육의 활동 영역별 교수-학습방법 / 144

Chapter 5 영유아음악활동의 계획 및 평가 — 248
1. 영유아교육기관에서의 음악활동 유형 / 250
2. 영유아교육기관에서의 음악활동 지도계획 / 252

3. 음악활동 평가 / 263

4. 영유아음악적성 및 음악적 행동 검사 도구 / 282

Chapter 6 영유아음악교육 환경 — 290

1. 영유아교육기관의 음악환경 / 292
2. 가정에서의 음악환경 / 302
3. 지역사회와 연계된 음악환경 / 303

Part 02 영유아음악활동의 실제

Chapter 1 유치원과 친구 — 306

감상하기 1. 장난감으로 음악을 만들어요 / 308 2. 술래잡기 / 310

노래 부르기 1. 친구야 미안해, 사랑해 / 312 2. 둥근 해가 떴습니다 / 314

악기 다루기 1. 유치원이 참 좋아요 / 316 2. 반가워 / 318

신체표현 1. 하루 일과를 표현해요! / 320 2. 친구하고 마주보고 / 322

창작하기 1. 너와 함께라면 / 324 2. 참 재미있었지 / 326

Chapter 2 나와 가족 — 328

감상하기 1. 집에서 나는 소리 / 330 2. 자장가 / 332

노래 부르기 1. 내 몸 / 334 2. 내 동생 / 336

악기 다루기 1. 우리 가족의 웃음소리 / 338 2. 결혼행진곡 / 340

신체표현 1. 행복한 결혼식 / 342 2. 우리 가족 걸음걸이 / 344

창작하기 1. 내가 엄마 뱃속에 있을 때 / 346 2. 나는 나는 자라서 / 348

차 례

Chapter 3 우리 동네 — 350

감상하기 1. 페르시아 시장 / 352 2. 우리 동네 공공기관 / 354

노래 부르기 1. 병원차와 소방차 / 356 2. 동네 한바퀴 / 358

악기 다루기 1. 행복한 우리 동네(1) / 360 2. 행복한 우리 동네(2) / 362

신체표현 1. 불꽃 축제 / 364 2. 즐거운 농부가 되어보자 / 366

창작하기 1. 동물원의 동물 / 368 2. 우리 동네 / 370

Chapter 4 건강과 안전 — 372

감상하기 1. 천둥과 번개 폴카 / 374 2. 표정으로 말해요 / 376

노래 부르기 1. 방귀 타령 / 378 2. 그러면 안돼 / 380

악기 다루기 1. 건너가는 길 / 382 2. 손 씻기 체조 / 384

신체표현 1. 숲속의 나무 / 386 2. 팝콘이 되어 보아요 / 388

창작하기 1. 악기로 말해요 / 390 2. 달님에게 소원을 빌어요 / 392

Chapter 5 동식물과 자연 — 394

감상하기 1. 나비가 되어보자 / 396 2. 강아지 왈츠 / 398

노래 부르기 1. 숲 속을 걸어요(1) / 400 2. 숲 속을 걸어요(2) / 402

악기 다루기 1. 전원교향곡 / 404 2. 딸랑딸랑~ 멍멍! / 406

신체표현 1. 홍학, 마지막 무대 / 408 2. 바닷속 동물 되어 보기 / 410

창작하기 1. 종달새의 비상 / 412 2. 가자 가자 감나무 / 414

Chapter 6 계절 I(봄/여름) —— 416

감상하기 1. 봄비가 살살 / 418 2. 빗방울 전주곡 / 420

노래 부르기 1. 숲속의 합창 / 422 2. 조그만 씨앗 하나 / 424

악기 다루기 1. 즐거운 여름 / 426 2. 수박 파티 / 428

신체표현 1. 활짝 피는 꽃 / 430 2. 베르타의 조각배 / 432

창작하기 1. 참 재미있었지 / 434 2. 바다 속 세상 / 436

Chapter 7 계절 II(가을/겨울) —— 438

감상하기 1. 비발디 사계 ‘가을’ / 440 2. 스케이트 왈츠 / 442

노래 부르기 1. 낙엽을 밟으며 / 444 2. 하얀 나라 / 446

악기 다루기 1. 가을 길을 연주해요 / 448 2. 가을 바람 / 450

신체표현 1. 날아라 잠자리 / 452 2. 눈송이 왈츠 / 454

창작하기 1. 겨울바람이 불면 / 456 2. 스케이트 선수가 되어 보아요 / 458

Chapter 8 환경과 생활 —— 460

감상하기 1. ‘물’의 여행 / 462 2. 물의 춤 / 464

노래 부르기 1. 울어요 / 466 2. 바람개비 / 468

악기 다루기 1. 빗방울의 노래 / 470 2. ‘돌과 물’ 리듬합주 / 472

신체표현 1. 분수가 되어보아요 / 474 2. 갈대피리의 춤 / 476

창작하기 1. 연이 되어보자 / 478 2. 오늘의 날씨 / 480

차 례

Chapter 9 교통기관 — 482

감상하기 1. 마차가 빠르게 달려요 / 484 2. 무슨 소리일까요? / 486

노래 부르기 1. 건너가는 길 / 488 2. 병원차와 소방차 / 490

악기 다루기 1. 더 빠른 것 더 느린 것 / 492 2. 씽씽 굴러가는 바퀴 / 494

신체표현 1. 카약 타보기 / 496 2. 바퀴가 되어보자! / 498

창작하기 1. 간다 간다 / 500 2. 마차 여행 / 502

Chapter 10 세계 여러 나라/우리나라 — 504

감상하기 1. 케냐의 '잠보' / 506 2. 모차르트의 터키행진곡 / 508

노래 부르기 1. 아름다운 지구인 / 510 2. 세계의 아침인사 / 512

악기 다루기 1. 전통 물건으로 즉흥연주 / 514 2. 여러 나라의 악기를 연주해요! / 516

신체표현 1. 하와이의 훌라춤 / 518 2. 필리핀의 티니클링 / 520

창작하기 1. 오스트리아의 영웅, 라데츠키 / 524 2. 아프리카 친구 / 526

Chapter 11 생활도구 — 528

감상하기 1. 고장난 시계 / 530 2. 유리컵에서 소리가 나요! / 532

노래 부르기 1. 빙글빙글 세탁기 / 534 2. 물레방아 / 536

악기 다루기 1. 세계의 여러 가지 집 / 538 2. 숲속의 대장간 / 540

신체표현 1. 믹서기 되어보기 / 542 2. 주방 도구 / 544

창작하기 1. 새 달력 / 546 2. 대장간의 하루 / 548

Part 1

영유아음악교육의 이해

제 1장 영유아음악교육의 의의

제 2장 영유아의 음악성

제 3장 영유아음악교육 과정 및 내용

제 4장 영유아음악교육의 교수–학습방법

제 5장 영유아음악활동의 계획 및 평가

제 6장 영유아음악교육 환경

Chapter 01

영유아음악교육의 의의

이 장에서는 영유아음악교육의 필요성, 중요성 그리고 영유아음악은 어떤 개념으로 실시되어야 하는지, 영유아음악교육의 목적 및 목표를 관련주의 개념과 절대주의 개념으로 나누어 설명한다.

1 영유아음악교육의 필요성

인간은 삶의 과정에서 발달이라는 끊임없는 변화를 거친다. 특히 영유아는 신체적인 외적변화와 인지적, 정서적인 내적변화를 통하여 사회적 역할을 수행할 수 있는 인격체로 성장하게 된다. 이러한 과정 속에서 철인과 교육자들은 음악적 경험의 특성과 인간교육의 중요성에 대한 성찰을 토대로 하여 발달의 원리와 복합적인 변화를 진단, 평가하고 적절한 시기에 효과적인 교육을 강조하는 중대한 논리를 제시하고 있다.

孔子(공자, B.C 551~479)는 Platon(플라톤, B.C 427~347)보다 100년 전에 음악을 윤리도덕이나 교육과 밀접하게 관련지어서 '詩(시)를 읽음으로써 바른 마음이 일어나고 예의를 지킴으로써 몸을 세우며 음악을 들으면서 인격을 완성한다'고 주장하면서 음악의 필요성을 강조하였다.

고대 중국 經書(경서)의 하나로 공자의 사상을 바탕으로 禮(예)에 관한 철인들의 견해를 수록한 책인 禮記(예기) 중의 한편인 樂記(악기)는 음악이 사람의 마음에 끼치는 강한 영향력과 그 효용을 자세하게 기록하고 있다.

Platon은 인간 도야의 理想(이상)은 善(선)과 美(미)이며, 미의 과정을 거쳐 선에 도달하며 도덕과 미적 감각 도야는 음악에 의해서 비로소 배양된다고 주장하였다. 또한 인격형성에 절대적으로 필요한 음악교육은 영유아기부터 절대적으로 필요하다고 강조하였다.

Pythagoras와 Aristotheres(피타고라스, B.C 580~500, 아리스토텔레스, B.C 384~ 322) 역시 인간형성에서 음악교육의 가치를 강조하였다. 특히 아리스토텔레스는 음악은 성격형성과 심성계발에 도움을 주며 음악의 리듬과 선율이 분노와 온유, 용기와 절제 등 서로 상반되는 감정들과 그 밖의 모든 성격을 표현하고 모방할 수 있다고 강조하면서 이러한 특질을 지닌 리듬과 선율을 경험하면, 인간의 정신과 영혼이 이에 동화되기 때문에 음악이 인간의 영혼을 교육하는 데 매우 유용하다고 주장하였다(방금주, 2017 음악교육학총론 재인용).

H. Read(헤르바르트 리드)는 인간은 유기적 일체로서 정신적 기능을 유기적 일체로서 보존한다는 점에서 교육과 예술은 그 목적이 동일함을 강조하였다.

음악교육은 다른 어떤 것보다도 영향력 있는 도구이다. 왜냐하면 리듬과 하모니는 영혼의 내면으로 깊숙이 파고들어 영혼을 강하게 지배하게 되는데, 사람이 바르게 교육받는다면 고상한 인간이 될 것이나 그렇지 못하면 그 반대의 인간을 만들기 때문이다. 또한 참된 음악교육을 받은 사람은 잘못된 것들과 아름답지 못한 것들을 바로 알아차려 나쁜 것들을 비난하고 싫어하지만, 아름다운 것들에 대해서는 찬양하고 기뻐하면서 영혼 속에 깊이 받아들이고 이것들로 양육되어져 고상하고 선한 사람이 된다(Platon, 2004; 95-96, 김신영, 음악교육학 총론 재인용).

'교육의 본질은 무엇인가? 음악교육은 왜 필요한가?'에 관한 질문에 대하여 많은 교육철학자들은 '교육의 가장 중요한 기능은 심미적 감각교육이다. 심미적 감각이 인간의 지능이나 인격 판단의 척도가 되고 있을 때 진정한 전인교육이 이루어지고, 통합적인 인격(전인적 인간)이 완성될 수 있다'라고 말한다. 審美 感覺(심미 감각)교육은 음악, 미술, 詩歌(시가) 등 예술교육에 의해 이루어진고 볼 수 있다(안종배, 1991).

현대를 대표하는 음악교육 사상가인 Reimer(리머, 1970) 역시 음악교육의 가장 중요한 목표를 심미적 경험(Aesthetic Experience), 즉 음악적 경험을 통한 심미적 경험의 발달로 보았다. 음악교육 안에서의 심미감각교육은 음악성 계발이 전제되어야 한다. 특히 영유아기는 음악성 계발이 이루어지는 가장 적절한 시기로서, 이 시기의 음악교육은 심미적 감각 발달과 전인적 인간으로의 성장에 가장 중요한 영향을 미친다고 말할 수 있다.

또한 음악교육 사상가인 Elliott(엘리엇)은 음악의 궁극적 실체는 음악행위, 즉 음악만들기(Musicing)이며 음악적 실행을 통해서 '음악의 인간적, 사회적, 예술적 특징과 다양성을 이해할 수 있는 계기가 마련된다고 했다. Elliott의 음악적 경험은 기존의 심미적 경험보다 더 포괄적인 것으로 도덕적, 지역적, 회화적, 정치적, 종교적, 개인적 의미뿐만 아니라 의사소통, 오락, 의식, 가치 등과도 관련되는 것으로 해석할 수 있다(권덕원 외, 2008). 심미적 감각교육의 근원이 되는 음악성 계발에 관한 논의는 제2장에서 다루기로 한다.

2 영유아음악교육의 중요성

영유아기에 가장 가치 있는 교육으로 음악활동을 꼽는 명백한 이유는 '음악은 영유아에게 생각과 행동의 잠재력을 주기 때문'이며, '음악경험은 영유아의 사고력, 문제해결력, 소리에 대한 이해력을 개발하고 관계, 비교, 개념을 통합할 수 있도록 자극하기 때문에 지적 성장을 돕는다. 또한 탐색, 실험, 새롭고 다른 아이디어의 표현으로 인해 창의성 발달을 돕고, 표현의 증진과 느낌을 예민하게 인식시켜 줌으로써 자신을 알고 인정하도록 문화의 동일시와 자신감을 키워주며 자아개념의 발달을 돕는다'고 하였다(이기숙, 2004). 그러므로 모든 음악활동은 영유아의 지적, 정서적, 신체적, 사회적 발달에 크게 공헌한다는 의미로 해석할 수 있다.

Dalcroze(달크로즈), Kodály(코다이), Orff(오르프), Gordon(고든), Suzuki(스즈키)와 같은 현대의 음악교육가들은 '음악은 모든 영유아의 것'이라고 주장하고, 음악은 모든 영유아가 타고난 재능과 상관없이 경험하고 교육받아야 하며, 특히 음악학습은 조기에 시작되어야 하는 것으로 영유아기 음악교육의 중요성을 강조하고 있다. Gordon(고든, 1997)에 의하면 '모든 인간이 지능을 가지고 태어나듯 모든 영유아는 음악적 잠재력(Musical Aptitude)을 가지고 태어난다. 이 중 16%는 우수한, 68%는 보통 수준의, 16% 비교적 낮은 수준의 음악적 잠재력을 가지고 태어나는데 음악적 잠재력은 출생 후의 환경과 경험(교육)에 의해 변하며 9세까지 성장, 발달한다'고 하였다. 그러므로 9세 이전의 교육과 환경은 음악적성 발달에 중요한 영향을 미치며, 특히 3~5세의 유아기는 음악적성 발달의 적기임을 강조하였다.

유아와 음악은 동의어라고 주장한 Greenberg(그린버그, 1979)는 'Your Children need Music: A Guide for Parents and Teachers of Young Children'(아이에겐 음악이 필요해요: 유아교사와 부모를 위한 안내서)에서 '유아, 음악. 이 두 단어는 경이로움. 기쁨, 웃음, 신체 움직임을 유도하고, 자유와 창의력 그리고 표현의 의미를 일깨워 준다. 또한 음악은 유아의 생활 요소 중 가장 본질적인 요소'라고 하였으며, 영유아기는 가장 중요한 음악적 감각기라고 하였다. 그는 '음악교육은 영유아의 정서, 언어, 신체, 인지, 창의성 발달뿐만 아니라 여러 측면에 영향을 끼치는 교육의 중요한 수단이며, 직접경험을 통해서 학습경험을 탐색하고 실험하며, 새롭고 독특한 아이디어의 표현방법을 배울 수 있는 교육활동'이라고 하였다.

다중지능 이론을 발표한 Gardner(가드너, 1999)에 의하면 인간에게 잠재된 9가지 지능(언어지능, 논리-수학적 지능, 자연탐구 지능, 공간적 지능, 음악적 지능, 신체-운동 지능, 개인이해 지능, 대인관계 지능 그리고 영성적 지능)은 개인에 따라 어떤 지능은 잘 발달되어 있고, 어떤 지능은 뒤떨어지는데 인간은 자신이 속한 사회문화적 맥락속에서 각 지능들을 적절한 수준으로 골고루 발달시킬 수 있다는 것이다. 다시 말하면 영유아기 때 9가지 지능을 골고루 자극해 주면 상대적으로 약한 지능들도 자극을 통해 강하게 만들 수 있다는 것이 다중지능 이론이다. 특히 음악적 잠재력은 영유아기 시기의 환경과 음악적 경험(교육)이 지대한 영향을 준다고 하였다.

또한 Chen(첸, 2000), Levinowitz(레비노위츠, 1998), Zimmerman(짐머만, 1975), Kodály(코다이, 1974) 등은 '영유아기는 음악학습을 하는데 결정적 시기이며, 이 시기에 다양한 음악적 경험이 부족하면 음악적 성장에 치명적인 손상을 입을 수도 있어 영유아음악교육은 더욱 강조되어야 한다'고 제시하였다(이미혜 외, 2017 재인용)

Draper & Gayle(드레퍼와 게일, 1987)은 '음악은 영유아에게 자기표현과 창의적 기쁨을 제공하며 운동 능력과 리듬감의 발달, 심미감 발달을 돕고 문화적 유산을 전달하기도 하며, 인지적 발달과 추상적 사고가 증진되는 등 다양한 측면에서 도움을 준다'고 하였다(심성경 외, 2013 재인용)

방은영(2015)은 영유아기 음악교육의 중요성을 다음과 같이 정리하였다.

첫째, 영유아기는 귀감각이 가장 민감한 시기로, 이 시기에 아름답고 리드미컬한 음악적 자극은 귀감각의 발달에 효과적이며 이는 음악 발달의 토대가 된다.

둘째, 음악에 내제되어 있는 리듬의 요소는 신체 움직임을 유발하여 영유아의 음악표현 도구로서 신체활용에 도움을 준다.

셋째, 음악을 통한 상호작용은 음악과 더불어 사회를 이해하고 협응하도록 도와 영유아의 사회화에 긍정적으로 작용한다.

넷째, 음악의 반응, 기억, 재생, 향유는 영유아로 하여금 음악성 발달뿐만 아니라 감각 및 지적 발달에 중요하게 작용한다.

다섯째, 인생의 가장 기초 단계인 영유아기에 경험한 음악의 즐거움은 인생 전반에 긍정적인 음악 성향을 갖도록 작용한다.

3 영유아음악교육의 개념

앞에서 영유아음악교육의 필요성에 대해 논의하였다. 결국 인간교육의 궁극적인 목표인 '심미적 인간 육성'이라는 필요성에 의해 영유아음악교육이 이루어져야 한다는 결론을 얻었다. 그러면 영유아를 심미적 인간으로 성장시키기 위해서 우리는 어떤 개념으로 음악교육을 실시해야 하는가? 라는 문제에 직면하게 된다.

음악교육학자들은 영유아음악교육의 목표를 '음악을 위한 교육'과 '음악을 통한 교육'으로 구분한다. 전자는 영유아의 음악적 능력 발달과 음악적 인간으로의 성장과 더불어 미래의 훌륭한 음악가로 성장시키기 위함을 말하며, 후자는 음악을 통하여 언어, 인지, 신체, 정서, 사회성, 창의성, 심미감 발달과 더불어 문제해결력 증진을 그 목적으로 한다.

미국의 음악교육자 Meyer(마이어)에 의하면 음악교육의 개념은 관련주의(Referentialism)와 절대주의(Absolutism)의 양립적인 개념으로 설명될 수 있다.

관련주의는 음악의 기능이 순수 예술적 차원을 벗어나 예술작품 자체의 가치와 행위를 중시하기보다는 작품을 매개로 전달되는 그 후의 효과에 중점을 두는 개념이다. 예를 들어, 음악의 리듬과 템포를 활용하여 어떤 내용을 쉽게 암기한다든지, 음악적 자극을 통하여 작업의 능률을 올린다든지, 군중 시위를 주도한다든지, 음악을 매개로 운동능력을 향상시킨다든지 하는 개념이다. 이는 음악작품 자체의 예술성보다는 작품이 전달된 후에 야기되는 효과를 더 중시하는 개념이다. 즉, 언어를 익히기 위해서 말에 리듬을 붙여 재미있고 흥미롭게 반복하게 한다든지, 인지학습에서 수의 개념이나 순서를 익히기 위해서 영유아와 교사가 노래로 응답을 한다든지, 기본생활습관이나 차례와 질서의식을 길러주기 위해서 그 내용을 노래로 부른다든지, 바람의 원리를 알게 하는 과학활동이나 바람개비를 만들어 돌려보는 조형, 미술활동에서 음악을 매개로 활용할 때는 관련주의 입장에서 접근되어야함을 말한다.

절대주의는 예술의 창작과정과 예술작품이 주는 의미, 예술작품의 표현에 중점을 두는 개념이다. 절대주의는 다시 절대표현주의와 절대형식주의로 구분된다(김영연, 2002).

절대표현주의(absolute expressionism)는 음악작품의 미적 특질에서 음악예술의 의미와 가치를 찾고 그러한 미적 특질을 이해하고 받아들일 수 있도록 의도적으로 교육하고 훈련하여 질 높은 심미적 경험으로 공감대를 쌓아 가는 과정을 지향한다. 즉, 예술에의 미적 경험이 영유아들의 삶에 의미를 주고 심미적 인간으로서의 성장을 돕는 것이다. 음악에 있어서 심미적 경험이란 음악을 지각하고, 음악에 반응하고, 음악의 효과를 느끼고, 이해하고, 즐기는 것 등 다양한 음악적 경험을 뜻한다(Greenberg, 1979). 예를 들어, 돌림노래를 부르는 과정에서 내가 속한 그룹과 다른 그룹과의 선율에서 아름다운 화성감을 느낀다든지 악기 다루기활동에서 소리의 미적 특질을 체감하도록 지도하는 개념이다. 음악활동이 영유아의 삶에서 의미있는 것이 되려면 영유아의 예술적 경험은 당연히 미적인 경험이 되어야 한다고 Meyer는 주장하고 있다. 반면 절대형식주의(absolute formalism)는 예술이 대중의 삶과 유리되며 작품과 예술행위 자체만 중시하며, 질 높은 음악의 창작과 예술적 표현을 지향하는 소수 전문가 양성에 중점을 둔다.

따라서 심미적 차원에서의 음악적 능력 향상을 위한 노력을 절대표현주의 입장에서의 음악교육이라고 한다면, 소수의 전문적 음악가 양성을 위한 노력은 절대형식주의 입장에서의 음악교육이라고 말할 수 있다. 특정 영역 발달을 위한 교육이나 특정 기능의 조기 습득을 위한 교육은 영유아교육 본연의 목적이 아니므로, 영유아음악교육은 본질적으로 절대표현주의 입장에서 그 개념이 정립되어야 할 것이다(심성경 외, 2013).

영유아기는 음악학습을 하는데 있어 결정적인 시기이다(Greenberg. M, 1979). 영유아기의 긍정적이고 의미있는 음악적 경험은 미래의 학교생활이나 사회에서의 능력과 경험에 있어서 중요하므로(Daniels, 1992; Siebenaler, 2006) 많은 학자들은 영유아기 음악교육에 있어서 체계적인 교육을 제공해야 함을 주장하고 있다(Campbell & Scott-Kassner, 2006; Gordon, 1997; Greenberg, 1979; 장은주, 2017 재인용).

영유아의 음악적 경험은 심미적이고 통합적인 성격을 지향해야 하며, 결과보다는 과정자체에 역점을 두고 실시되어야 한다. 영유아를 전문 음악가로 성장시키기 위한 조기교육이 되어서는 안 됨을 영유아를 위한 교육자는 명심해야 한다. 그러므로 영유아기의 음악교육은 음악 미적 경험을 위한 '절대표현주의 입장'과 통합적인 영유아교육의 성격에 비추어 언어나 인지, 신체 발달, 사회성, 창의성, 기본생활, 문제해결력 증진 등을 위해 음악을 매개체로 활용할 때는 '관련주의 입장'을 적절히 혼용하여 보다 이상적인 영유아음악교육이 될 수 있도록 노력해야 할 것이다.

절대주의 입장에서의 영유아음악교육은 음악적으로 훈련되고 무장된 영유아교사의 음악적 지도역량이 절실히 요구된다. 교육현장에서 유아교사의 음악적 기술과 지도역량의 부족으로 음악활동이 축소되고 기피된다면 영유아의 발달에 크나큰 손상을 초래할 것이다(심성경 외, 2013). 일찍이 전 국민의 음맹(音盲) 탈출을 위해 노력해온 헝가리에서는 유·초등 교사자격 취득 기준에 음악지도 능력을 우선시 하는 제도는 의미하는 바가 크다. 우리나라 고등교육기관의 유아교육학과 교육과정에서도 영유아교사의 전문적 음악지도 역량을 강화해야 된다고 생각한다.

유아교육은 통합교육으로 음악이 다른 영역활동에서 매개로 사용되는 음악을 통한 유아교육이 주가 된다. 하지만 시기적으로 적기인 영유아의 음악성 발달을 위해서 음악을 위한 절대주의적 개념에서의 음악교육 시간도 주당 1~2회 정도는 필요하다고 본다.

그러므로 유아교육도 초등교육의 체제와 같이 예체능 교과는 예체능 전담교사가 수업을 담당할 수 있도록 유아교육학과의 교사교육 체계 또한 바뀌어야 할 것이다.

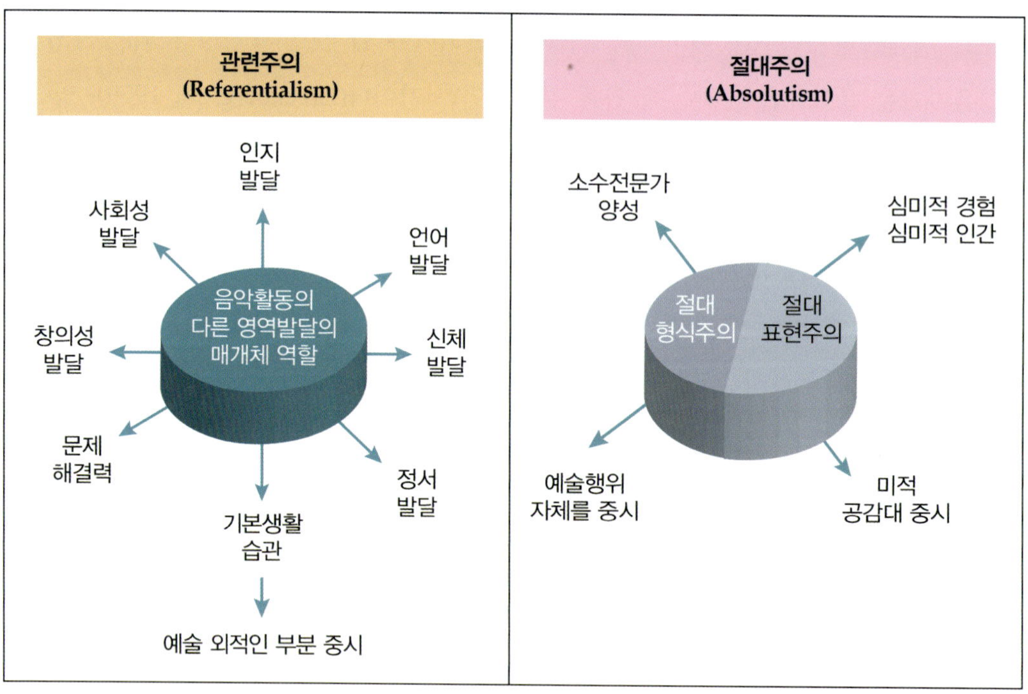

[그림 1-1] 영유아음악교육의 개념

4 영유아음악교육의 목적 및 목표

앞서 교육철학자들은 교육의 가장 중요한 기능을 심미적 감각교육이라고 정의하였다. 심미감각교육이 예술교육에 의해 이루어진다고 볼 때 음악교육은 심미적 감각을 지닌 전인적 인간을 기르는 데 목적이 있다고 볼 수 있다.

특히 유아기는 성격과 인격형성의 시기로 음악교육 또한 어릴수록 좋다(AOSA, 1997). 적기교육으로서 음악교육이 적절하게 실시된다면 영유아들의 인지, 언어, 신체 정서 사회성 등 모든 영역에서 발달을 촉진할 수 있다(Greata, 2006; Greenberg, 1979; McDonald, 1993; Rauscher, 2003; Wolf, 1992; 이미혜·박소연 재인용).

Greengerg(그린버그, 1979) 역시 '음악교육은 영유아의 인지, 언어, 신체, 정서적 감수성, 창의성 및 심미감의 발달을 돕는다'고 했으며, Andress(안드레스, 1995)는 '한 개인의 음악에 타고난 성향을 육성함으로써 음악을 좀 더 독립적으로 다룰 수 있게 하고, 음악에 대한 기호와 호기심은 물론 음악교육은 인생에 힘이 된다'고 하였다.

Campbell & Scott-Kassner(캠벨·스콧 캐스너, 1995)은 음악교육의 가치를 다음과 같이 강조하고 있다.

첫째, 음악활동은 언어를 발달시키는 가치가 있으며 추상적 사고나 인지 발달을 돕는다.

둘째, 음악활동은 신체 움직임을 유도하고 신체 발달을 돕는다.

셋째, 음악활동은 자아표현을 유도하고 창의성 계발을 돕는다.

넷째, 음악활동은 긍정적 자아존중감 형성을 돕는다.

다섯째, 음악활동은 사회적 규범을 알게 하고 사회의 구성원으로서 통합감 형성을 돕는다.

여섯째, 음악활동은 자신이 속한 문화와 다른 문화를 연결하는 전달체 역할을 한다.

여기에서는 음악교육의 목적과 개념을 근거로 하여 영유아음악교육의 목표를 제시하고자 한다. Mayer(마이어)의 '관련주의' 개념은 '음악을 통한 교육'의 개념으로 '절대주의' 개념은 '음악을 위한 교육'의 개념으로 비교·설명될 수 있다.

1) 관련주의(음악을 통한 교육)로서의 목표

관련주의(음악을 통한 교육)로서의 목표는 음악을 매개로한 영역별 유아 발달을 의미한다. 다시 말해 음악이 영유아의 인지 발달, 언어, 신체, 동작, 정서, 사회, 심미감 발달에 매체로 사용됨을 의미한다. 예를 들어, 신체 부위의 명칭을 알게 하는데 노래를 사용한다든지, 노래로 세계 여러 나라의 인사말을 알게 한다든지 하는 활동을 말한다. 또한 바람개비를 만들어 바람의 원리를 알게 하는 활동에서 바람개비를 돌리면서 '바람개비' 노래를 불러보는 활동은 음악이 인지 발달에 매개가 된다고 말할 수 있다.

(1) 인지 능력의 발달

음악활동은 영유아의 인지 발달을 돕는다. Gardner(가드너, 1983)는 '음악에 대한 이해는 지능의 한 형태'라고 주장하였다. 영유아는 음악활동을 하면서 음높이, 리듬, 박자, 빠르기, 셈여림 등 자신이 인지하는 음악개념을 재구성하여 음악을 재창조하는 과정을 거치면서 지적 성장을 이룬다.

리듬, 박자에 따라 움직이고, 연주하고, 노래하는 능력은 자기를 통제할 수 있는 인지와 관련을 가지고 있고, 이는 지적 능력과 별개의 현상이 아니다. 영유아는 음악을 듣고, 노래를 부르고, 악기를 다루는 활동 속에서 정확하게 음을 찾아내는 인식력(Identification), 소리의 같고 다름을 아는 변별력(Discrimination), 소리를 특성에 따른 분류, 범주화하는 능력(Categorization), 음을 차례로 나열하는 서열 능력(Ordering), 음을 기억할 수 있는 능력(Memory), 재생할 수 있는 능력(Recalling) 등의 인지 능력이 발달한다. 즉, 영유아는 나름대로 음악활동을 조직, 체계화(Organizing)하는 과정을 통하여 지적 성장을 이루어 나간다.

(2) 언어 능력의 발달

음악활동은 영유아의 언어 발달을 돕는다. 다양한 어휘가 포함된 노랫말은 단어와 소리의 형태, 문장의 구조를 알게 한다. 특히 자연환경의 소리를 변별하고 묘사하는 등의 표현활동은 영유아의 언어 능력 발달에 도움을 준다.

노래를 듣고 따라 부르고, 새로운 노랫말을 지어보기도 하고, 음악을 감상한 후 그 느낌을 언어로 표현해 보거나 도형과 그림으로 표현해 보는 활동은 영유아가 언어를 배우는 과정과 흡사하다. 아이가 엄마의 말을 듣고, 따라 하고, 말의 느낌을 인지하고, 도형과 문자를 이해하고, 글자를 읽고, 쓰기의 과정을 거치는 것처럼 Kodály(코다이, 1974)는 영유아의 음악교육은 영유아들이 언어를 배우는 과정과 동일한 관점에서 이루어져야 한다고 강조하면서, 음악활동에서의 읽고, 쓰기 역시 언어활동에서처럼 듣고, 말하기 활동이 충분히 이루어진 뒤 조심스럽게 단계적으로 접근해야 한다고 하였다. Orff(오르프, 1963) 역시 '일상적인 말에 내재되어 있는 리듬을 이용한 Rhythm Speech(리듬 스피치-말하기) 음악활동은 영유아가 글을 깨우치기 전에 가장 자연스럽게 할 수 있는 학습 수단의 하나'라고 음악활동에 있어서 말하기활동의 중요성을 강조하였다.

(3) 신체 감각 및 운동 능력의 발달

음악활동은 영유아의 신체, 운동 능력의 발달을 돕는다. 영유아는 신체의 다섯 가지 감각기관을 이용하여 음악을 듣고, 노래 부르고, 악기를 연주하고, 음악의 리듬에 맞추어 신체를 움직인다.

다양한 듣기활동은 태아기부터 시작되는 청감각에 영향을 줌은 물론 출생 후 급속히 증가하는 청지각의 발달에 매우 중요한 역할을 한다. 노래 부르기는 호흡에서부터 발성에 필요한 모든 운동신경을 자극하고 촉진시킨다. 다양한 악기를 연주하는 활동은 눈과 손의 협응력과 소근육, 대근육의 조절 능력을 증가시켜 주고, 음악에 맞추어 춤을 추는 등의 활동은 감각 및 신체 각 부위의 협응 능력은 물론 소근육, 대근육의 발달을 도와준다.

음악을 감상하면서 다양한 소리를 감지하고 음악과 관련된 시각적, 청각적 기호를 변별하고, 다양한 재질의 악기를 탐색하고 연주하면서 시각, 청각, 촉각 등의 감각을 발달할 수 있다.

특히 음악의 리듬적 요소는 근육의 조절 능력을 향상시키며, 균형, 평형성, 순발력, 민첩성, 유연성, 방향성 등의 다양한 운동 기능을 강화시켜 준다(Greenberg, 1979).

(4) 정서 및 감성의 발달

음악활동은 영유아의 정서, 감성 발달을 돕는다. 일반적으로 정서(情緖) 또는 감성(感性)은 혼용해서 사용하는 경우가 많으나, 학문적으로 그 개념과 어원을 주의 깊게 살펴볼 가치가 있다. 사전적으로 정서는 '일시적인 상황에서 일어나는 본능적인 신체 표출이나 감정'으로 해석되고, 감성은 '자극의 변화에 대하여 일어나는 오성(五性-이해력 내지는 분별력)과 지식을 구성하는 독립적으로 얻게 되는 표상 능력'으로 해석된다. 즉, 감성은 정서의 의미보다는 '감각에 영향을 주어 움직이는 모습의 의미를 더욱 함축하고 있다'고 볼 수 있다.

정서와 감성 발달에 대한 연구는 과학적으로 이어져 다윈(Dawin)은 '정서와 감성은 보편적인 인간의 문화적인 정신 기능이며 사회적 적응기능을 한다'는 연구결과를 밝혔다. 그 후 Salovey & Mayer(살로베·마이어, 1994)가 정서 상태를 이해하고, 인식하고, 조절한다는 감성적 능력이 인지적 기능과 마찬가지로 개인의 삶에 핵심 역할을 한다는 사실을 제안함으로써 감성 지능에 대한 관심과 열기를 고조시키는 견인차 역할을 하게 되었다(이경민, 2003; 윤영배, 2008 재인용)

리듬과 선율이 아름다운 음악은 그 자체만으로도 영유아의 감성을 자극한다. 영유아는 노래하고, 다양한 악기를 연주하고, 리듬에 맞추어 몸을 흔들면서 자신만의 기쁨, 즐거움, 환희 등과 같은 긍정적인 감정을 표현하고 즐기는 동시에 슬픔, 흥미, 불안, 질투, 불만과 같은 부정적인 감정을 표출하고 정화시킨다. 그렇게 함으로써 긴장을 완화하고 정서를 긍정적으로 조절하고 표현하는 방법을 배우고, 자신이 느낀 정서를 타인과 공유하고 관계를 성숙시켜 나간다. 음악활동은 그 자체가 긴장을 완화하는 좋은 매개체로써 이러한 매개는 영유아의 몸과 마음을 풀어주고 자유롭게 자신을 표현하게 하며, 감정을 순화시켜 원활한 인격체로 성장하는 데 도움을 준다(윤영배, 2008).

(5) 심미감의 발달

음악 영역은 논리적 설명이나 객관적인 개념을 학습하는 영역이 아니다(하정희 외, 2014). 음악은 다양한 매체를 통하여 상대방에게 생각과 느낌을 전달하는 행위이다. 영유아는 어떤 소리를 들으면서 슬프게 느끼기도 하고 흥겹게 느끼기도 한다.

음악적인 경험은 즐거움과 넘치는 환희의 감정뿐만 아니라 슬프고 비애에 찬 감정까지도 승화하고, 용납할 수 있는 관용을 배우게 한다. 음악활동은 영유아에게 편안하고 안정된 감정 표현을 돕고, 타인의 감정을 민감하게 인식할 수 있게 하며, 내가 더 우월하다는 편협한 생각을 떨치고, 비교를 통한 성취감보다는 건강한 자아개념 형성으로 진정한 기쁨을 맛보게 한다.

영유아의 심미감은 음악 속에서 즐겁고, 기쁘고, 슬프고, 용기 있는 감정들을 느끼고, 그렇게 느낀 민감한 감수성이 마음에 전달될 때 형성된다(McDonald, 1993). 심미적 차원이란 이러한 '즐겁고, 아름답고, 행복한 음악경험에 대하여 지각하고, 통합하고, 사고하는 과정'이라고 말할 수 있다. 아름다움을 느낄 수 있는 음악활동을 통해서 영유아는 즐겁고 행복한 마음을 가지게 되고, 이는 곧 긍정적 정서로 승화되고 영유아의 심미감이 증진된다는 것이다.

이러한 심미적 경험은 세상을 살아가는 능력의 원천이 되며, 인간 삶의 궁극적인 의미와 가치를 이해하고 질 높은 삶을 창조하여 건강한 사회를 구성하고 이끌어 가는 리더로 살아갈 수 있게 한다(장은주, 2017). 영유아음악교육의 목적 가운데 심미적 인간으로의 성장을 돕는 목적 또한 매우 중요하다.

(6) 사회성 발달

영유아의 사회성 발달은 음악활동 과정 속에서 이루어진다. 영유아는 음악활동 속에서 자신의 경험과 생각을 다양하게 표현하며, 음악을 타인과 의미 있는 의사소통의 수단으로 인식하게 된다. 대부분 대·소집단으로 이루어지는 음악활동 속에서 다양한 형식의 노래를 부르고 악기를 연주하면서 다른 사람의 생각, 감정, 관점을 이해하고 존중하게 된다. 또한 서로의 의견을 교환하고 협동적으로 음악활동을 하면서 타인과의 교류, 타인인식 능력을 향상시키며 공동체 의식도 기를 수 있다(강보라, 2017).

조용한 분위기 속에서 음악을 듣는다든지, 친구와 같이 노래를 부르고, 다같이 혹은 그룹을 나누어 악기를 연주하거나 대·소집단으로 춤을 추는 활동은 타인과의 긍정적인 상호작용과 협동심, 배려하기, 공유하기, 차례 지키기 등의 친사회적 행동을 경험할 수 있는 기회가 된다.

(7) 자아개념 발달

또한 음악경험은 영유아가 한 인간으로서 자신을 알고 인정하도록 문화적 정체감과 자신감을 키워준다(Greenberg, 1979). 음악활동을 통하여 영유아는 호기심과 성취감을 충족시킬뿐 아니라 자기 통찰을 할 수 있게 되고, 자신감을 가지고 활동함으로써 긍정적인 자아개념을 형성할 수 있다. 즉, 음악경험은 자신의 음악 능력을 이해하고 인정하여 자신감과 자아 존중감을 발달시킨다(전인옥·이숙희, 2014)

시대적으로 다양한 장르의 음악을 들을 수 있는 기회를 제공하고 다양한 장르의 노래, 다양한 종류의 악기를 탐색하고, 연주하며 세계 여러 나라의 춤을 즐기는 활동은 음악을 통해서 자신이 속한 문화적 정체성 및 다른 나라 문화에 대한 간접적인 경험과 이해를 도와 다문화적 차원에서 영유아의 사회성 발달을 도울 수 있을 것이다.

(8) 창의성 및 문제해결력의 발달

음악활동은 영유아의 창의성 발달과 문제해결력 발달을 돕는다. 음악활동과 창의성은 분리해서 생각할 수 없다. 음악활동에서는 다른 사람과 똑같은 표현을 가치 없는 것으로 간주한다. 그래서 모든 음악활동은 개인의 음악적 경험을 바탕으로 한 새롭고 독특한 자기만의 느낌을 음악적인 방법으로 전달하려는 창의성의 본질과 일맥상통한다.

영유아는 듣기, 감상활동을 통하여 소리를 그림이나 기호, 동작, 춤 등으로 개성 있게 표현하고 노래 부르기활동에서는 노랫말이나 의성어, 의태어를 새롭고 융통성 있게 바꾸어 불러보는 경험을 한다. 악기를 탐색하고 연주하는 활동 속에서 융통성 있는 연주와 다양한 방법으로 유창하게 연주하는 경험을 하며, 특히 즉흥연주활동에서는 확산적 사고를 기반으로 자기의 느낌과 생각을 독창적으로 표현하는 경험을 할 수 있다.

영유아는 음악활동을 통하여 상상력과 탐구력이 신장되고, 직면한 문제 상황을 확산적 사고로 해결하는 능력을 키우게 된다.

최근 많은 연구에서 음악활동은 영유아의 음악적 능력뿐만 아니라 다른 인지적 능력 발달에도 많은 영향을 미친다는 연구 결과가 발표되었다.

Gamble(검블, 1981)은 '음악적 창의성 증진과 이완 훈련의 효과'에서 음악을 듣는 것만으로도 창의성 증진에 효과가 있다'고 하였다.

Dreanan(드래난, 1984), Watson(왓슨, 1984), Mason(마슨, 1986) 등은 '음악활동들은 풍부한 상상력뿐만 아니라 문제해결을 위한 집중력과 탐구력, 독창성, 융통성, 유창성 등의 능력을 발달시켜 인간의 삶을 새롭고 풍부하게 만드는 데 도움을 준다'고 하였다.

Vauhan(바우한, 1977)과 Vold(볼트, 1987)는 음악학습과정 및 문제해결과정 도구개발에서 Torrance(토랜스, 1981)의 일반 창의성 검사인 TTCT(토랜스의 도형검사)와 비교하여 음악활동에서의 사고과정은 결국 유창성, 융통성, 독창성의 일반 창의성의 요소들과 유의미한 상관관계에 있음을 입증하였다.

Simpson(심슨, 1970)은 '일반 창의성 증진을 위한 선택적 음악활동의 효과' 연구에서 '음악활동이 많은 유아는 그렇지 않은 유아보다 일반 창의성 점수가 더 높다'고 보고하였다(윤영배, 2008 재인용).

2) 절대주의(음악을 위한 교육)로서의 목표

절대주의(음악을 위한 교육)로서의 목표는 관련주의(음악을 통한 교육)로서의 목표와는 달리 순수 음악성 발달을 위한 활동을 말한다. 사실 영유아교육기관에서의 모든 활동은 통합활동으로서 관련주의(음악을 통한 교육)로서의 교육활동이 주가 되지만, 그러한 활동만으로 영유아음악교육의 목표를 달성할 수 없다. 영유아기는 음악성 발달의 최적기이며 이 시기의 영유아음악성 발달이 미흡하면 성인이 된 후에도 극복되지 않은 특성을 지니며, 전인적 인격형성에도 영향을 미칠 수 있음을 인식해야 한다. 그러므로 교사는 음악활동 속에 영유아의 음악성 발달을 위한 활동을 절대주의(음악을 위한 교육)로서의 목표를 교육계획에 포함시켜야만 한다.

(1) 음악적 능력 발달

영유아기 음악활동은 모든 아이들이 가지고 있는 음악적 잠재력을 키워주기 위한 음악적 능력 발달을 위한 교육이 되어야 한다. 음악적 환경과 경험에 따라 얼마든지 음악적 능력이 달라질 수 있기 때문에 영유아기 음악경험은 시기적으로 매우 중요한 교육적 의미를 가진다.

영유아의 음악활동은 듣기활동을 기본으로 하여 노래 부르기, 악기 연주하기, 신체표현하기, 음악 창작하기 등 다양한 활동이 이루어진다. 음악활동은 이러한 각각의 능력들이 고루 발달되도록 계획되고 교육되어야 한다. 초기에는 음악을 모방하고, 탐색하고, 실험해 보는 활동에서 음악을 개념화하고 재조직하고, 창조, 생산하는 활동으로 발전시켜 나가야 한다. 영유아 발달에 적합한 듣기, 감상활동, 노래 부르기, 악기 다루기, 신체표현, 음악 창작하기 등으로 음악을 즐기고 표현하는 통합적 접근에 의해 음악적 능력 발달은 물론 전인 발달을 돕는 체계적인 교육활동이 이루어져야 할 것이다(심성경 외, 2013).

미 연방교육국(National Office of Education)의 지원 아래 Ronald Thomas(로널드 토마스)에 의해 개발된 MMCP(Manhattanvile Music Curriculum Program) 프로그램은 수업의 질 향상을 위해서 음악실험실에서 학습하면서 새로운 음악환경 설정을 통한 창의적 접근 방법을 제시하고, 영유아의 역할을 중시하는 학습과정으로 모든 영유아들이 음악가의 입장에서 활동하도록 계획하고 있다. 이 활동은 역시 음악감상하기(청음활동 포함), 노래 부르기, 악기 연주하기, 신체표현하기 활동을 포함하고 있다. 더불어 인위적이고 획일화된 표현을 요구하지 않으며, 자유롭게 생각하며 음악을 느끼고 즐길 수 있는 활동들이 영유아의 음악적 능력 발달에 근본적인 영향을 끼칠 수 있음은 매우 중요한 일이다.

영유아의 음악활동은 음악이 하나의 매체가 되는 음악을 통한 교육으로써의 역할과 순수 음악적 능력 발달에 도움이 될 수 있는 음악을 위한 교육이 동시에 계획되고 교육되어야 한다.

(2) 음악적 개념 발달

영유아의 음악활동 속에는 기초적인 음감훈련과 리듬훈련이 기본 전제가 되어야 한다.

음악의 실체를 파악하려면 먼저 음악의 생명이 음과 리듬으로 이루어진 패턴임을 아는 것이다. 특히 리듬은 음악의 시작이면서 모든 음악활동의 바탕이 되고 근본적인 감각활동을 돕는 교육활동임을 잊어서는 안 된다. Orff(오르프, 1963)는 리듬활동을 언어리듬과 신체리듬으로 구분하여 일상생활 용어, 호칭 등을 모국어로 익히면서 그 말에 리듬을 붙여 리듬감을 느끼게 하는 Rhythm Speech(리듬스피치–말리듬)활동을 강조하였다. 손뼉치기, 손가락 튕기기, 무릎치기, 발구르기 등의 신체를 이용한 리듬훈련을 통해서 개인에게 내제되어 있는 리듬감을 표출시키고, 목소리 연주와 신체 타악기 연주에까지 이르게 하였다.

Orff(오르프) 음악활동에서 선율학습 또한 단계적으로 지도된다. 음감은 동서양을 막론하고 신생아가 태어날 때 첫 울음소리의 공통적인 음높이가 공교롭게도 라(A)음이라는 것에 기준하여, 라장조(D Major)의 계명 솔(A)–미(F#) 음정을 일상생활의 인삿말이나 친구의 이름 등을 이 음정에 맞추어 부르며 음감을 익히게 한다. 그 다음 점차 라–솔–미, 라–솔–미–도, 민속선율 미–레–도를 거쳐 라–솔–미–레–도의 5음음계(Pentatonic)로 발전해가게 지도한다.

이 선율활동은 음판을 탈부착할 수 있도록 개발된 각종 선율 타악기를 이용하여 영유아의 연령에 따라 2음 연주에서 5음 연주로 이어지게 하고, 즉흥연주활동으로까지 이어지게 하였다. 5음음계의 연주는 불협화음이 없어 악보와 기보훈련이 되어있지 않은 영유아의 음악활동에도 무리가 없기 때문이다.

Gordon(고든, 1979)은 초기의 풍부한 음악적 환경과 경험의 영향은 영유아의 음악성 발달과 그 수준에 많은 영향을 초래하기 때문에 출생해서 9세까지의 음악성을 발달적 음악적성, 그 이후를 안정적(고정적) 음악적성이라고 하였다. 발달적 음악적성을 크게 음감(Tone)적성과 리듬(Rhythm)적성 2개의 요소로 구분하고, 그 외 선율(Melody), 화성(Harmony), 박자(Beat), 속도(Tempo), 프레이징(Phrasing), 조화(Balance), 양식(Style)을 안정적(고정적) 음악적성으로 분류하였다(윤영배, 2008). 하지만 선율, 화성은 음감적성에, 박자, 속도는 리듬 적성에 관련된 요소이다. 그러므로 영유아의 음악활동은 모든 음악적 개념 발달이 고루 이루어지도록 계획되고 교육되어야 한다.

(3) 음악적 인간으로의 발달

영유아기 음악교육의 목표 중의 하나는 풍부한 인간성과 음악성을 소유한 음악적 인간을 기르는 데 그 목표를 둔다. 음악적 인간이란 음악적으로 사고하고, 판단하며 음악적인 표현을 할 수 있는 인간을 말한다.

Mursell(머셀, 1986)은 음악적 인간은 '듣는 일에 대한 감각과 지각 혹은 청각 이미지로 이루어지는 독특한 조직활동으로 인한 음악성 발달에 의한 것'이라고 하였다. 음악을 지각하고, 상상하고, 사고(思考)하고 음악의 실체에 감정적으로 반응할 수 있는 힘의 발달로 인해서 사람은 음악적이 된다는 것이다. 음악성을 발달시키려면 학습자가 음악 그 자체에 감정, 지성, 상상력을 통해서 반응하도록 지도해야 한다.

이에 영유아음악교육은 머리로, 규칙으로, 훈련되지 않은 기능으로, 정립되지 않은 철학으로 음악을 다루는 유아교사에게는 절대 불가능한 일이 될 수 있을 것이다. 교사는 영유아에게 의미 있고 만족스러운 다양한 학습기회를 제공하여야 한다. 이를 위해 교사는 '교육적 상상력'을 발휘하여 영유아들에게 이와 같은 학습기회들을 제공할 수 있도록 교육목표와 교육내용을 적절한 형태로 변형하여 제시할 수 있어야 한다. 학습내용을 학생들에게 적절한 형태로 변형해 주는 일은 교육과정 계획자나 교사의 책무라고 본다.

[그림 1-2] 영유아음악교육의 목표

참고문헌

강보라(2017). **영유아 음아교육.** 서울: 창지사.

권덕원 · 석문주 · 최은식 · 함희주(2008). 음악교육의 기초. 경기: 교육과학사.

김경의 · 박주희 · 이선경 · 이효숙 · 이희자(2013). **영유아음악교육.** 경기: 양서원.

김소향 · 나은숙 · 안경숙(2012). **영유아음악교육.** 경기: 양서원.

김신영 · 김용희 · 민경훈 · 방금주 · 승윤희 · 양종오 · 이견경 · 임미경 · 장기범 · 조순이 · 주대창 · 현경실(2017), **음악교육학 총론.** 서울: 학지사.

김연주 · 양연숙 · 김현지(2017). **영유아음악교육.** 서울: 창지사.

김영연(2002). **유아음악교육론**. 서울: 학지사.

김현자 · 장은정 · 서화니 · 오지영(2015). **영유아음악교육의 이론과 실제**. 서울: 동문사.

민경훈 · 김신영 · 김용희 · 방금주 · 승윤희 · 양종모 · 이연경 · 임미경 · 장기범 · 조순이 · 주대창 · 현경실(2017), **음악교육학 총론**. 서울: 학지사.

방은영(2015). **영유아음악교육.** 경기: 공동체.

심성경 · 이희자 · 이선경 · 김경의 · 이효숙 · 박주희(2013). **영유아음악교육.** 경기: 양서원.

안경숙 외 (2012). **영유아음악교육**. 경기: 양서원.

안종배(1991). **음악교육학 개론.** 서울: 교육과학사.

윤영배(2008). ORFF접근법에 의한 유아음악교육 프로그램이 음악적성, 감성지능 및 창의성에 미치는 효과. 경희대학교 대학원 박사학위논문.

이경민(2003). 유아의 지능, 감성지능, 창의성의 관계 및 관련 변인 연구. 성균관대학교 대학원 박사학위논문.

이미혜 · 박소연(2017). **영유아음악교육.** 서울: 동문사.

장은주(2017). **유아음악교육.** 경기: 양서원.

전인옥 · 이숙희(2014). **유아음악교육.** 한국방송통신대학교출판문화원.

하정희 · 조영진 · 강혜정(2014). **유아음악교육**. 경기: 공동체.

Andress, B.(1995). Transforming curriculum in music. in S. Bredekamp & T. Rosegrant(Eds.) Reaching potentials: *Treasforming early childhood curriculum and assessment Vol.2(pp. 99-108). Washington D.C: National Association fo Education of Young Children.*

AOSA.(1997). American ORFF-Schulwerk Association. Guidelines for Orff Schulwerk teacher training courses levels Ⅰ,Ⅱ,Ⅲ. reviseded. Cleveland. OH : AOSA.

Custodero, L. A(2003). Seeking challenge, finding skill: Flow experience and music education. Arts Education Policy Review, 103(3), 3-9.

Chen, Y. Y.(2000). The self-perceptions of inservice and preservice kindergarten teachers in Kaohsiung and Pingtung regions concerning the usefulness of the music content of their teacher training programs. Unpublished doctoral dissertation, Pennsylvania State University.

Campbell, P.S. & Scott-Kassner, C.(1995). *Music in childhood.* New York: Schirmer Books.

______________________________(2006). *Music in Childhood: From perschool through the elementary grades*(3rd Ed). New York: Schirmer Books.

Daniels, R.D(1992). Presschool music education in four southeastern state: Survey and recommendations. *Update Application of Research in Music Education, 10(2), 16-19.*

Draper, P. S., & Gayle, C.(1987). An Analysis of children's music ability. *Early childhood Research Quarterly, 5.425-440.*

Drennan, C. B.(1984). The relationship of musical aptitude, academic achievement and intelligence in merit(gifted) student of Murfreebord City School. Unpublished doctoral dissertation, Tennessee State University.

Elliott, D(1995). *Music Matter: A new pbilosopby of music education.* New York: Oxford University Press.

Gamble, J.(1981). The effects of relaxation training and music upon creativity. *dissertation abstracts in ternational, 42(8), 231-255.*

Gardner, H.(1983). *Frames of Mind; The theory of multiple intelligences*, New York; Basic Books.

_________(1993). *Multiple intelligences: The theory in practice.* New York; Basic Books.

_________(1999). *Intelligence reframed: Multiple intelligences for the twenty-first century.* New York; Basic Books.

Gordon, E.E.(1997). A Music learning theory for newborn and young children. Chicago: GIA Publication.

_________(1965, 1979, 1982, 1989). 'The Musical Aptitude(MAP)', Advanced Measures of Music Audiation(AMMA).

_________(2000). *Rhythm: Contrasting the implications of audiation and notation.* Chicago:GIA.

Greata, (2006). *An Introduction to music in early childhood education.* Clifton Park, NY: Thomson Delmar Learning.

Greenberg, M.(1979). *Your Children need Music*: A Guide for Parents and Teachers of Young Children. 이기숙 · 김영주 공역(1985). **유아음악교육**. 경기: 교문사.

Kodály, Z.(1974). *The selected writings of Zoltan Kodály*(F. Bonis, Ed.; L. Halapy & F. Macnicol, Trans.). London: Boosey & Hawkes.

Levinowitz, L. M.(1998). The importance of music in early childhood. *General Music Today, 12(1), 4-7.*

Mason, S. F.(1986). Relationship among mathematical, musical and spatial ability.

Unpublished doctoral dissertation, University of Georgia.

McDonald, D. T.(1993). Long-range goals, In M. Palmer & W. I. Sims(Eds.), *Music in prekindertgarten: Planning and teaching*(pp. 15-18). Reston, VA: MENC.

Mursell, J. L.(1986). **음악교육과 인간형성**(한국음악교재연구회 역). 서울 : 세광음악출판사.

Orff, C.(1963) [Mainz 1964] *Das Schulwerk – ruckblick und ausblick.* W. Thomas., & W, Gotze[Hrsgg], Orff-Institut Jahrbuch, 13-20.

Rauscher, F. H(2003). Can music instruction affect children's cognition development? ERIC Digest(ERIC Doccument Reproduction Service No. ED 480540).

Reimer, B.(1987). **음악교육철학**(신도웅 역). 서울: 세광음악출판사(원저 1970년 출판).

Siebenaler, D.(2006). Training teachers with little or no music background: Too ittle, too late? *Update: Application of Research in Music Education, 24(2), 14-22.*

Simpson, D. J.(1970). The effect of selected musical studies on growth in general creative potential. Doctoral Dissertation, University of Northern Colorado, 1970. *Dissertation Abstracts International, 30(2), 502A.*

Torrance, E. P(1981). *Thinking creatively in action and movement.* Illinois: Scholastic testing service, Inc.

Vaughan, M.(1977). Musical creativity: Its cultivation and measuremant. *Bulletin of the Council for Research in Music Education, 50, 72-77.*

Vold, J. N(1987). *A study of musical problem solving behavior in kindergarten children and a comparison with other aspects of creative behavior.* Doctoral Dissertation Abstracts International, 47(9), 3352A, The University of Alabama, Tuscaloosa.

Watson, R. S.(1984). The relationship between music student's attentional and interpersonal style and their academic achievement in mathematics and music. Unpublished doctoral dissertation. University of Pittsburg.

Wolf, J.(1992). Let's sing it again: Creating music with oung children. *Young Children,* 47(2), 56-61.

Zimmerman, M. P.(1975). Research in music education with very young children. Paper presented at the fouth international seminar on research in music education.

Chapter 02

영유아의 음악성

이 장에서는 음악성의 개념을 정의하고 음악성의 발달 요인을 유전적인 요인과 환경적인 요인으로 구분하여 학자들의 견해를 살펴본다. 또한 영유아의 음악적 능력 발달 단계를 일반적인 음악적 능력 발달, 영역별 음악적 능력 발달(소리 식별 및 듣기 능력 발달, 리듬감의 발달, 멜로디 감각의 발달, 노래 부르기 능력의 발달, 악기 탐색 및 연주 능력의 발달)로 나누어 살펴본다.

1 음악성의 개념

음악성(Musicality)은 학자에 따라 다양한 용어로 불리고 있다. 음악성은 음악적 능력(Musical Ability), 음악적 자질(Musical Capacity), 음악적 재능(Musical Talent) 혹은 음악적성(Musical Aptitude) 등의 용어로 사용되는데, 학자에 따라 음악적 능력과 음악적 자질을 같은 의미로 사용하거나 음악성과 음악적 재능을 통칭해서 음악적성으로 명명하여 사용하는 등 주관적인 요소가 매우 강하다. Gordon(고든)은 이러한 음악성에 관한 용어를 음악적성으로 총칭하고 있다(윤영배, 2008).

그러면 음악성이란 무엇인가? 음악심리학자들은 음악성을 여러 가지 측면에서 정의하였다. Seashore(씨쇼어)는 음악성이란 '음 감각, 리듬감각, 운동기능, 지적요소 등의 독립적 요인들의 집합체'라고 하였다. 그는 리듬감이 뛰어난 사람이 반드시 음감도 뛰어나진 않는다고 하였다. 그래서 리듬감, 음감 등을 독립적으로 측정하는 척도를 개발하였다. Seashore와 같이 음악성을 여러 개의 독립적 요인의 결합으로 보는 견해를 원자론(Atomic Theory)이라 한다. 이와 반대로 Wing(윙)은 음악성을 '음악의 전체를 지각할 수 있는 능력'으로 보았다. Wing과 같이 음악성을 분리할 수 없는 통합적 요인으로 보는 견해를 통합론(Wholistic Theory)이라 한다. Colwell(콜웰) 역시 음악성을 '음악적으로 사고할 수 있는 능력'이라 하였으며, Mursell(머셀)은 음악성을 '누구나가 태어나면서 소유하는 보편적인 것으로서 음의 조직이나 리듬에 반응하는 능력'이라고 하였다. Gordon은 음악성을 '음악적성'이라고 명명하고 '음악을 학습하기 위한 잠재성, 즉 내적인 가능성'이라고 정의하면서, Seashore와 Wing(윙)의 중간적인 입장을 취하였다. 즉, 음악성은 '각각의 요인들로 분리하여 측정'하기보다 음악성은 '의미를 가지는 패턴을 단위로 측정'되어야 한다는 것이다(권덕원 외, 2018).

Gordon은 음악적성을 음(Tone)적성과 리듬(Rhythm)적성으로 나누고, 두 적성에 선율(Melody)과 화성(Harmony), 속도(Tempo)와 박자(Meter)를 포함시켰다. 프레이징(Phrasing), 발랜스(Balance), 형식(Form) 등은 음악선호(Music Prefer)적성의 하위요인으로 보았다. 음악선호는 영유아를 둘러싸고 있는 환경적 특성, 음악 그 자체의 자극적 특성, 영유아 개인의 특성에 의해서 나타날 수 있으나, 영유아기에는 특별한 음악선호 현상이 뚜렷하지는 않으며 영유아기는 모든 장르의 음악을 수용하는 개방적 시기라고 하였다.

음적성과 리듬적성, 음악선호적성은 단계적으로 하나씩 발달되어 가는 것이 아니라 영유아의 다른 발달 영역과 더불어 나선형으로 점차 발달되며, 성장과정에서의 경험과 훈련 여하에 따라 개인차가 매우 크다는 주장을 하였다.

대부분의 영유아는 보통의 음적성과 리듬적성을 가졌으며 매우 높은 음적성과 리듬적성을 동시에 소유하거나, 매우 낮은 음적성과 리듬적성을 소유하는 경우는 매우 드물다. 특별한 음악성을 가진 영유아는 그 수준에 맞는 특별학습이 요구된다. 영유아는 리듬적성보다 음적성의 개인차가 크며 음과 리듬적 요소를 동시에 감별하기는 어려우며 구분하여 들려주었을 때 더 쉽게 감지한다. 영유아는 강약과 음색을 쉽게 구분하지 못하며, 음악선호적성으로 인하여 음악 표현의 질적인 요소보다 음악의 짜임, 형식, 조화에 더 많은 관심을 보인다고 한다.

Gordon(1979)의 연구에서 '음악적성, 즉 음악성은 특수한 소수에게 부여되는 것이 아니라 모든 사람이 지능을 가지고 태어나듯 모든 영유아는 음악적성을 가지고 태어나며, 보편적으로 출생 시 약 16%는 평균 이상의 음악적성을, 약 68%는 평균적 음악적성, 약 16%는 평균 이하의 음악적성을 가지고 태어난다'고 하였다.

음악성과 지능과의 관계에 대해 연구 한 Kwalwasser(크왈바젤)과 Roderik(로드릭, 1965)에 의하면 '지능과 음악성은 상관관계가 있다는 것은 명백하다. 하나 양자 사이는 30% 정도로서 깊은 관련은 인정할 수 없다'고 하였다. Wing(1948)과 Edmound(에드몬트, 1960)의 연구에서는 '지능지수가 높은 경우 음악성도 반드시 높다고 말할 수는 없지만 지능이 낮은 경우 음악성도 낮다는 것은 인정된다'고 하였다. 음악성과 타 능력과의 관계를 연구한 Miller(밀러)와 Revesz(레베즈)의 연구는 모두 음악성과 타 능력과의 관계를 인정하고 있다(안종배, 1991 재인용).

Miller의 연구에서는 다음과 같이 보고하고 있다.

1. 음악적인 사람은 고도의 정신성을 보유하며 다능적(多能的)이고, 특히 문학과 미술 분야에서도 재능을 보인다.
2. 음악과 수학적 능력 사이에는 긴밀하고 명백한 상관관계가 있다.
3. 음악적인 사람은 언어적 능력을 갖는다(이 점은 다른 연구 보고에서도 볼 수 있다).

4. 음악적인 사람은 감정적이며 안정감이 부족하고 섬세하면서도 과학면에는 약하다.
5. 음악적인 사람은 건강하고 활동적이며 욕구가 왕성하다.
6. 음악적인 사람은 신경과민적인 경향이 있다.

또한 Revesz의 연구에서는 직업과 음악성과의 관계를 보고하였다.

[표 2-1] 직업과 음악성과의 관계

직 업	음악적	비음악적	계(인원)
문필가	78명(71%)	32명(26%)	110명
물리학자	116명(67%)	56명(33%)	172명
의 사	98명(59%)	67명(41%)	165명
수학자	70명(56%)	59명(44%)	129명
합 계	362명(63%)	214명(37%)	576명

표에서 보듯이 문필가 110명 중에서 음악적인 사람은 71%에 해당하는 78명이었으며, 물리학자 172명 중 67%인 116명, 의사 165명 중 59%인 98명, 수학자 129명 중 56%인 70명이 음악적이었다고 보고하고 있다.

결국 음악적인 능력은 인간의 다른 지능들의 바탕에 내제되어 있는 근본적인 능력이기 때문에 인간의 다른 지능에도 전이될 수 있다는 유추를 가능케 한다. 하지만 지능과 음악성과의 관계에 대한 연구는 앞으로도 끊임없이 연구되어야 할 과제임에는 분명하다.

2 음악성의 발달 요인

음악성은 심리학에서 말하는 무(無)인가 유(有)인가의 능력이 아니고, 사람이 지능을 가지고 태어나듯이 보편적으로 타고나는 것이며, 사람에 따라서 다르게 나타나는 것이라면 '어떤 사람이 높은 음악성을 가지고 태어나며, 어떤 사람이 낮은 음악성을 가지고 태어나는 것일까' 하는 의문이 생긴다.

또한 '높은 음악성을 가지고 태어난 사람의 음악성을 계속 높은 상태로 유지시키고,

낮은 음악성을 가지고 태어난 사람의 음악성을 높은 상태로 발달시킬 수 있을까' 하는 문제에 당면하게 된다. 음악성은 유전적인 것인가?, 보편적으로 타고나지만 후천적인 경험과 환경으로 만들어지는 것인가?에 대하여 학자들의 많은 연구가 이를 설명하고 있다.

1) 유전적(생물학적)인 요인

최초로 음악성이나 음악적 능력에 '멘델의 유전법칙'을 적용한 사람은 Hurst(흘스트, 1916)이다. Hurst는 널리 애창되고 있는 노래를 아이들에게 미리 들려주고, 노래하게 한 후 개인의 가창 능력을 평가하였다. 아이의 가창 능력을 부모의 음악적인 소질이나 신체적인 특징과 비교하여 봄으로써 유전적인 사실을 발견하고자 한 것인데, 실험결과 다음과 같이 보고하고 있다(안종배, 1991 재인용).

1. 부모가 모두 음악적인 가정의 어린이는 모두 음악적이다.
2. 부모가 모두 음악적이 아닌 가정의 어린이는 노래하는 능력이 형편없거나 어느 정도 가능하다.
3. 부모 중 한쪽만 음악적인 경우 모두 노래하는 능력은 가지고 있으나, 음악적인 어린이는 50%, 비음악적 어린이가 50%였다.

이 조사에서 유전적인 사실을 뒷받침하는 단서는 찾지 못하였다. 특히 이 조사에서 듣고 기억하는 가창 능력으로 음악성의 유전을 규명하려는 시도는 설득력이 부족할 뿐 아니라 부모의 음악적 기준을 명확하게 제시하지 못했음을 지적하였다. 부모가 음악적인 경우 모든 어린이가 음악적이라고 해도 그것이 과연 유전적인 것인가 하는 것에 대한 의문은 있으며, 음악을 좋아하는 부모라면 환경이 매우 중요한 영향을 끼칠 수 있다는 것 또한 무시할 수 없는 일인 것이다.

Northurp(노섭, 1931)은 3대에 걸친 가계(家系)를 조사하여 음악성의 유전을 확인하고자 하였다. 그의 보고에 의하면 음악적인 아버지와 비음악적인 어머니 사이에서 태어난 6명의 자식 가운데 5명은 음악적이고 1명은 얼마간 음악적이라고 한다. 이 중 음악적인 남자 어린이가 성장하여 비음악적인 여성과 결혼해서 태어난 4명의 자식 가운데 3명은 음악적이고 1명은 얼마간 음악적이라고 하였다. 하지만 음악적인 남자 어린이가 성장하여 음악적인 여성과 결혼을 한 경우의 자식들은 모두 음악적이라고 보고하였다.

또한 음악적인 여자 어린이가 성장하여 비음악적인 남성과 결혼해서 태어난 6명의 자식 가운데서 4명은 음악적이고 2명은 비음악적이었다고 보고하고 있다.

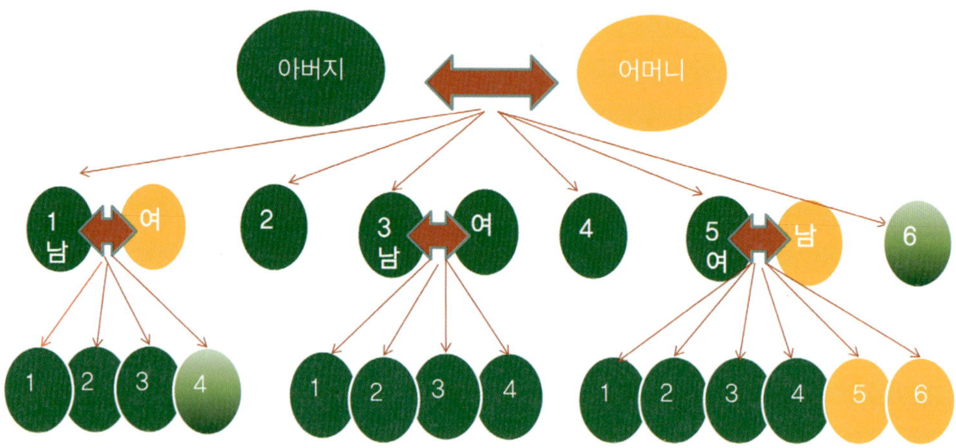

[그림 2-1] Northrurp의 3대에 걸친 종단 연구

이외에 Reser(레젤, 1935)의 5대에 걸친 연구에서도 유전의 명백한 사실을 밝혀내지 못 하였다.

음악적 가계(家系)로 유명한 Bach의 가문(음악사에서 바흐 가문에서는 60여 명의 훌륭한 음악가를 배출함) 또한 선천적인 유전에 의한 것인지 음악일가(音樂一家)의 긍지와 환경에 의한 것인지를 밝히지 못하였으며, 바이올린의 대가인 Toscanini(토스카니니)의 가계조사도 있지만 이 보고서(1939)에서도 대천재의 혈통의 비밀을 밝히지 못하였다.

그 후에도 Revesz(레베즈, 1953), Bentley(벤틀레이, 1954), Kwalwasser(크왈바젤, 1955), Shuter(슈트, 1964) 등의 연구에서도 유전과 음악성의 관계를 찾아내지 못하였다.

음악성과 유전에 관련하여 수백 가족, 4,000여 명을 대상으로 연구한 한 Haecker(헥커), Ziehen(지헨), Koch(코흐), Mjoen(뮤엔) 등의 연구를 인용하면서 Mursell(머셀)은 '교육심리학(The psychology of school teaching)'에서 다음과 같은 조항들을 인용하고 있다(안종배, 1991 재인용).

1. 부모의 어느 한쪽이 음악적이면 그들의 자녀는 대체로 음악적이다.
2. 부모가 모두 음악적일 경우 그들의 자녀는 음악적인 경우가 한층 높다.

3. 남성은 여성에 비해 음악적이다.
4. 부모가 모두 비음악적이라도 자식들 모두가 반드시 비음악적이라고 할 수 없다. 부모가 모두 비음악적인 아이 중에서도 부모가 모두 음악적인 아이보다 더 음악적일 수 있다.
5. 음악성의 유전에 관한 상세한 현상에 대해서는 명백한 결론을 내리기가 어렵다는 사실을 발견했다.

Mursell(머셀)은 이러한 유전의 연구조사를 바탕으로 '음악성은 보편적이며 전반적인 능력수준의 표상이다. 또한 음악성은 환경에 지배받는 면이 크다'고 결론지었다.

영유아의 음악성 수준, 즉 내적 잠재력은 유전적인 요소와 임신 기간 산모의 음악적 정서와 질적 경험의 결과로 추정될 뿐 음악성의 유전에 관해서는 많은 학자들의 연구에도 불구하고 규명된 결론을 얻지는 못한 상태이다. 따라서 음악성은 특수한 유전이라기보다는 보편적인 능력이라고 볼 수 있으나, 음악적인 영유아를 교육한다는 것은 전반적으로 능력이 우수한 인간을 지도한다는 것이며, 이는 음악교육적 차원에서 시사하는 바가 크다.

2) 환경적(교육적)인 요인

Gordon(고든, 1979)에 의하면 '음악적성(Gordon은 음악성, 음악적 능력을 통칭해서 음악적성이라고 하였다)은 후천적인 것이며 출생 후의 환경과 음악적 경험에 영향을 받는 것'이라고 하였다. 음악적성은 '출생 시 각자 가장 높은 수준을 보이며 9세까지 활발하게 발달'하며, 성장과정의 영유아기에 풍부한 음악적 환경과 경험이 이루어졌을 때 음악적성은 출생시의 가장 높은 수준으로 상승될 수 있고 그 적성이 변화된다는 것이다. 9세 이후에는 그러한 잠재력이 안정된 상태에 이르며, 질 높은 음악환경이 제공되어도 음악적성 수준은 크게 영향을 받지 못한다고 한다. 그러므로 초기의 음악환경은 매우 중요하며, 영유아의 음악적성(음악성)은 조기의 풍부한 음악적 환경과 경험의 영향으로 그 수준에 많은 변화를 초래하기 때문에 출생해서 9세까지의 음악적성을 발달적 음악적성이라 하고, 그 이후를 안정적(고정적) 음악적성이라고 하였다.

Gordon은 발달적 음악적성(음악성)은 음(Tone)적성과 리듬(Rhythm)적성 2개의 요소가 해당되며, 안정적(고정적) 음악적성은 2개의 발달적 요소 외에 선율(Melody), 화성(Harmony), 속도(Tempo), 박자(Meter), 프레이징(Phrasing), 발랜스(Balance), 형식(Form)의 7개 요소로 규정하였다. 하지만 음악적 개념을 크게 분류했을 때, 선율과 화성은 음(Tone)적성에, 속도와 박자는 리듬(Rhythm)적성에 관련된 요소라고 볼 수 있다. 그러므로 영유아기는 음악성 발달이 고루 이루어질 수 있는 시기라고 말할 수 있다.

음악적 잠재력이 안정된 상태에 이르는 9세 이후 안정적(고정적) 음악적성 시기에도 높은 음악적 성취(음악적성에 의해 예견되는 학습의 결과로 얻어지는 음악지식, 연주기술, 창작, 음악기호 등)를 이룰 수 있도록 체계적이고 질 높은 음악경험과 음악적환경이 제공되어야 할 것이다.

또한 Gordon에 의하면 영유아는 태어나면서 모두 음악 옹알이를 거친다고 하였다. 음악 옹알이란 언어 옹알이와 같은 것으로 그들만의 독특한 Syntax(통어법)를 갖는 음악적 소리를 말한다. 음악적 Syntax는 소리의 질서있는 배열이라 하며, 독특한 음의 배열은 성인의 것과는 다르기 때문에 성인은 음악 옹알이를 해석하기 어렵다고 한다.

발달적 음악적성 단계에서 음악 옹알이는 음감 옹알이와 리듬 옹알이로 구분되는데, 초기 음감 옹알이 단계에서는 계속해서 극단적인 같은 높이의 단조로운 음을 선호하며 차차 5음음계(Fentatonic Scale-도, 레, 미, 솔, 라) 안에서 노래하기 시작한다. 리듬 옹알이 초기 단계에서는 일관성 없는 박자의 유형을 반복하다 차차 반복적이고 같은 속도의 박자를 인식하며 차차 다양한 속도와 박자의 음악을 인지하게 된다.

영유아기는 음악적 환경과 경험에 따라서 얼마든지 음악성 발달이 달라질 수 있기 때문에 영유아기의 음악경험은 시기적으로 매우 중요한 교육적 의미를 가진다. 그러므로 영유아기에는 영유아의 음악적성을 최대화시킬 수 있는 환경과 교육이 제공되어야 하고, 안정적(고정적) 음악적성 시기에는 유아의 음악적성 수준을 올바로 파악하여 만족스런 음악적 성취를 이룰 수 있도록 음악활동이 계획되어야 한다.

H. Gardner(하워드 가드너)의 다중지능 이론

다중지능 이론을 발표한 Gardner, H(가드너, 1993)는 '인간의 지능은 언어 지능, 시각 공간 지능, 논리수학 지능, 자연탐구 지능, 음악 지능, 신체운동 지능, 대인관계 지능, 개인이해 지능 등 8개의 서로 구분되는 지능이 있다'고 보고하고 있다.

가. 언어 지능: 언어 지능을 계발하기 위해서는 의성어와 의태어를 많이 사용하고, 아이의 말에 대꾸를 해 주는 것이 좋다.

나. 시각, 공간 지능: 기본 개념인 '분류'와 '비교' 개념을 심어주는 게 중요하다.

다. 논리, 수학 지능: 다양한 장소를 접하고 탐색해 볼수록 자극이 많이 된다.

라. 자연탐구 지능: 산과 들, 바다로 여행을 자주 가며 흙, 풀, 물 등 직접 자연을 느끼는 게 중요하다.

마. 신체운동 지능: 잘 움직일 수 있는 방법과 다양한 표현의 기회를 주도록 도와준다.

바. 음악 지능: 다양한 소리를 접할 수 있는 기회와 다양한 표현을 할 수 있도록 도와주는 활동이 중요하다.

사. 대인관계 지능: 새로운 사람과의 만남이나 기본적인 대인관계를 중요하게 여긴다.

아. 개인이해 지능: 모든 지능의 기본이 될 정도로 중요하다. 칭찬과 약속을 지키며 자신의 의견과 주장을 정확히 표현하게 한다.

다중지능 이론은 주로 학교상황에서 요구되는 기억력, 언어력, 논리력 등의 인지적 능력을 강조한 IQ(Intelligence Quotient) 중심의 지능 이론을 탈피하려는 Sternberg(스텐버그, 1985)의 삼원 지능 이론과 Salovey & Mayer(살로베와 마이어, 1997)의 성공지능(EQ 지능–Emotional Quotient) 이론에 기여하였다고 볼 수 있다.

영유아 시기에 좋은 환경과 교육으로 이 8가지 지능을 골고루 자극해 주면 상대적으로 약한 지능도 강하게 계발시킬 수 있다는 점은 다중지능 이론에서 가장 긍정적인 반응을 불러일으키는 점이라고 하겠다.

따라서 영유아기의 음악교육 또한 모든 아이들이 가지고 있는 음악적 잠재력을 키워주기 위한 음악성 계발을 위한 교육이 되어야 한다.

3 영유아의 음악적 능력 발달 단계

1) 일반적인 음악적 능력 발달

영유아의 일반적인 음악적 발달 단계에서 나타나는 특성을 안재신(2004)과 김혜경(2009)은 다음과 같이 정리하였다(김연주 외, 2017 재인용).

- 영유아는 음향환경, 소리변화에 민감하다. 새로운 소리, 평범하지 않은 소리는 영유아의 관심을 끈다. 영유아들은 대개 부드러운 고음을 선호한다.
- 영유아는 본능적으로 음을 만들어낼 수 있는 능력이 있다. 특히 자기 주변에 있는 모든 물체의 소리를 음으로 만들어 내는 능력을 지니고 있다.
- 영유아는 리듬 패턴의 변화뿐만 아니라 빠르기와 박자의 변화에도 반응한다. 빠르기와 박자의 변화는 영유아의 심장 박동에 변화를 주는 것으로 나타났다.
- 영유아는 본능적으로 흥얼거리고, 일종의 창작행위로 볼 수 있는 옹알이 등의 소리 내기, 자발적인 노래 부르기를 좋아한다.
- 영유아는 음악에 맞추어 몸을 흔들거나 춤추기를 좋아한다.
- 영유아는 모방을 통해 노래를 배우고 기억하게 되며, 선율적, 화성적인 곡보다는 리듬이 있는 곡에 더 관심을 갖는다.
- 영유아는 함께 노래 부르기를 어려워하고 너무 높거나 낮거나 빠른 곡을 잘 부르지 못한다.
- 영유아는 귀로 듣고 기억하기를 좋아하고 단음으로 반주해야 잘 알아듣고, 흥미를 유발하지 않는 노래는 싫어하며, 오랜 시간 동안 앉아서 음악을 듣지 못한다.
- 영유아기는 타악기에 흥미가 집중되는 시기이며, 여러 악기의 특징적인 음색 자체에 호기심을 갖는다. 따라서 악기를 만지고 치고 두드려 보며 자유롭게 악기 소리를 탐색한다.
- 영유아기는 음악을 좋아하고 음악에 대한 소질이 있어도 그 차이가 뚜렷이 나타나지 않는다.

영유아의 일반적인 음악적 발달 단계는 다음과 같다.

[표 2-2] 영유아의 일반적인 음악적 능력 발달 단계

연 령	음악적 능력 발달 내용
출생 전	- 태아는 출생 3개월(약 10주) 전부터 소리에 반응한다.
출생 후	- 엄마의 목소리에 더 민감하게 반응한다. - 태내에서 들었던 소리와 밖에서 들은 소리에 다른 반응을 보인다. (태아기 엄마가 즐겨듣던 음악에 더 민감하게 반응한다).
2~3개월	- 쿠잉(Cooing): 4개월 미만의 영아가 만드는 '구구' 등의 모음 - 옹알이(Babbling) 시작. 박과 속도의 변화를 인지하기 시작한다.
4~6개월	- 옹알이(울부짖는 것이 아닌 분명한 아티큘레이션 시작) *아티큘레이션(articulation): 프레이징보다 작은 단위의 분명한 음절 - 소리에 강한 관심과 의도적으로 주변의 소리를 들으려 한다. - 사람의 목소리, 음악 소리에 안정감을 느끼고, 음악적 표현이 왕성해진다.
7~8개월	- 반복되는 소리나 대중매체의 소리에 민감하게 반응한다. - 목소리의 특질을 가지고 노래하기 시작한다(32개월까지 발달).
9~10개월	- 음악에 대한 반응이 다양해진다. - 즉흥적인 흥얼거림을 구사하기 시작한다.
1세	- 연속적인 음정으로 소리를 연결한다. - 리듬악기를 사용해 느린 박을 연주하지만 음악적으로는 맞지 않다. - 단순한 멜로디 악기나 목소리로 선율을 만들기도 한다. - 음악에 맞추어 리듬감 있는 몸동작을 하며 서툴지만 춤을 추기도 한다.
2세	- 노래를 듣고 즐기고, 들은 노래 한두 소절의 소리를 가다듬고 모방한다. - 음 높이나 선율감이 발달하고 음정의 폭도 늘어난다. - 악기에 관심을 가지고 박자에 맞추어 손뼉이나 악기를 연주하려고 애쓴다. - 신체적인 움직임을 유발하는 노래에 맞추어 춤을 춘다. - 자신의 목소리나 멜로디 악기로 즉흥적인 가락을 만들어낸다.
3세	- 자발적인 노래(Spontaneous song)를 부르기 시작한다. - 음악에 신체적인 반응과 단순한 게임의 지시와 감상이 가능해진다. - 반복되는 가사와 규칙이 있는 단순한 노래를 즐겨 부른다. - 조성이 있는 곡과 없는 곡을 구분하고 느낀다. - 간단한 리듬 패턴을 신체나 쉬운 리듬악기로 연주할 수 있다. - 현악기, 관악기 등의 악기 음색을 구별할 수 있다. - 신체표현을 통해서 빠르고, 느리고, 강하고, 약하고의 음악개념을 이해한다.

연 령	음악적 능력 발달 내용
4세	- 자발적인 노래에서 학습된 노래(learned song)로 교체된다. - 레~라까지의 음정을 정확하게 노래할 수 있다. - 도~미 장3도와 레~파 단3도 음정을 인식할 수 있다. - 대부분의 리듬악기 연주가 가능하며 음악적인 표현을 한다. - 리듬에 맞춰 손뼉을 치며 신체를 이용한 리듬적 동작이 가능하다. - 음의 고저, 장단, 셈여림, 음색의 음악개념을 이해한다. - 모든 종류의 음악에 개방적이다.
5세	- 음악을 감상하고 즐길 수 있다. - 박자, 리듬, 가락을 정확하게 표현하며 노래할 수 있다. - 멜로디, 노랫말 창작이 가능하다. 중창, 합창이 가능하다 - 대부분의 리듬악기를 연주, 합주할 수 있으며 리듬 패턴을 흉내 내기 시작한다. - 음정이나 형식에 더욱 민감해 진다. 이조(移調)된 선율을 인식한다.
6~7세	- 긴 노래를 부를 수 있고 조성과 리듬패턴은 일관성을 띤다. - 세련된 신체동작. 음색, 박자, 연주법 등을 체계화할 수 있다. - 화성 변별 능력의 점진적 발달 시기이다.
8~9세	- 음악적 개념 발달의 분기점이다. *음악적 개념(음, 리듬, 멜로디, 박자, 음색, 다이나믹스, 형식, 화성) - 보다 나은 음악적 성취를 위해 정규적 훈련이 필요하다. - 9세를 전후하여 수개념이 급속히 발달하고 시각이 청각보다 우선하게 되므로 독보적인 능력이 촉진된다.
10~11세	- 다양한 음악적 요소를 기억하고 보유할 수 있다. - 손끝의 감각 발달이 거의 완성되므로 기악 연주 능력이 촉진된다. - 5~9세 : 화성 변별 능력의 점진적 발달 시기이다. - 5~10세 사이에 협화음과 불협화음에 관한 화성감이 급격히 향상된다. - 9~11세는 화성감 발달의 결정적 시기이다.

2) 영역별 음악적 능력 발달

영유아에게 적절한 음악환경을 제공하고 질 높은 음악교육을 하기 위하여 음악적 발달 단계를 영역별로 구분하여 살펴보면 다음과 같다.

(1) 소리식별(듣기) 능력의 발달

영유아의 음악적 능력 발달의 가장 기본은 듣기 능력의 발달이다. 청감각의 발달은 태아기부터 시작되어 출생 후 8~10세경에 정점을 이룬다. 영유아의 소리 식별 능력의 발달은 다음과 같다.

[표 2-3] 영유아의 소리식별 발달 단계

연 령	음악적 능력 발달 내용
태 아	- 청각 능력은 태내에서부터 가능하다(임신 24주부터 발달). - 산모의 특정 음악에 익숙한 반응을 보인다.
출 생	- 출생 후 신생아의 청각 능력 뛰어나다(소리강도, 지속시간, 고저변별). - 출생 후 12시간이 지나면 엄마 소리와 낯선 소리 구분이 가능하다.
2~3개월	- 사람의 목소리 변별이 가능하다. - 부드러운 소리에 안정감을 느끼고, 시끄러운 소리에 불편해 한다. - 주변 환경의 다양한 소리에 민감하고 그 차이를 감지한다.
4~6개월	- 구조적인 음(音)의 소리와 일반적인(주변의 소리) 소리의 차이를 안다. - 선율의 윤곽, 음의 높이, 사물에서 나는 소리(음색) 변별이 가능하다. - 리듬패턴의 변화와 식별이 가능하다.
8개월 반	- 음악 듣기를 좋아하고, 리듬이 뚜렷한 음악을 선호한다. - 화음(V–I), 반음진행 식별이 가능하다
1~2세	- 소리의 적극적인 탐색이 가능하고 주의집중시간은 짧다. - 일상의 소리, 악기소리에 흥미를 가지나 사람의 목소리를 더 좋아한다.
2~3세	- 자신의 신체를 통해 적극적으로 음악에 반응한다. - 악기의 음색을 구별할 수 있다. - 규칙적인 리듬 패턴이 있는 음악이나 운율이 있는 동요를 좋아한다. - 주의집중 시간이 길어져 어느 정도 조용히 음악을 듣는 것이 가능해진다.
3~4세	- 소리의 차이를 인식하고 소리를 분별, 조직할 수 있다. - 짧은 음악감상이 가능하고. 음악적 자기표현이 증가한다. - 다양한 장르의 음악에 대한 흥미가 증가한다. - 감상후 음악의 느낌을 언어로 표현하기는 어렵다.
5~6세	- 음악을 듣는 욕구가 증가하고 소리에 집중하여 주의 깊게 듣는다. - 두 가지 이상의 음색, 화음을 인지할 수 있다. - 소리 유형(음색), 소리 길이, 연주방법 등에 따른 소리를 범주화할 수 있고 소리 실험이 가능하다. - 감상곡의 주제 선율을 기억할 수 있다.

(2) 리듬감의 발달

리듬(Rhythm)의 어원은 그리스어 Rhythmos(흐른다)에서 유래하였다. 리듬은 음이 연속적으로 진행할 때의 규칙적인 시간의 분할을 말하며, 리듬의 구성 요소는 박자, 속도, 악센트, 패턴으로 구성된다. 리듬감의 발달은 영유아 초기에 동작과 언어와 밀착해서 급속한 발달을 보인다. 그러므로 영유아기는 리듬감 발달의 중요한 시기이다. 영유아의 리듬감 발달 단계는 다음과 같다.

[표 2-4] 영유아의 리듬감 발달 단계

연 령	음악적 능력 발달 내용
1세 미만	- 리듬에 따라 몸을 흔들거나 구른다.
1~2세	- 규칙적인 박에 맞추어 몸을 움직이거나 자발적인 노래를 부를 수 있다. - 손뼉으로 리듬 표현은 어렵다.
3~4세	- 짧은 리듬패턴을 따라 할 수 있다(목소리 & 손뼉으로 표현 가능). - 음악개념을 이해하고 느린 리듬을 따라할 수 있다. - 음악과 동시에 신체 움직임을 어려워한다.
5~6세	- 쉬운 리듬을 손뼉이나 악기로 잘 표현할 수 있다. - 곡을 빠르고 느리게 조절할 수 있다.
7~8세	- 정교한 박자 분할, 세련된 리듬감각 습득이 가능하다.

(3) 멜로디 감각의 발달

멜로디(Melody)는 음의 높낮이의 변화가 리듬과 연결되어 형성되는 음의 흐름을 말한다.

멜로디의 가장 중요한 요소는 음의 높낮이이다. 음의 높낮이 분별은 음감 능력을 말하며, 이는 음악성의 근본 요소이고, 이후 노래 부르기의 발달과 연결된다. 영유아의 멜로디 감각의 발달 단계는 다음과 같다.

[표 2-5] 영유아의 멜로디 감각 발달 단계

연 령	음악적 능력 발달 내용
6개월 미만	- 음높이가 다른 소리에 반응한다.
6개월~1세	- 소리 따라 하기가 가능하다. - 자기 목소리의 높낮이를 조절할 수 있다. - 언어 옹알이, 음악 옹알이를 한다.
1~2세	- 조성 옹알이(Tonal Babbling)를 시작한다. - 음 높이의 차이를 구별할 수 있으며 음정에 민감하다.
3~4세	- 선율의 높이, 윤곽, 형태, 익숙한 멜로디나 노래를 인식한다. - 절대음감이 발달하는 시기이다(음정의 상행, 하행의 개념 터득은 만 4세 이후에 가능하다.
5~6세	- 선율 변별력(높고, 낮음, 위, 아래)의 결정적 시기이다. - 노래 부르기가 자연스러워진다(Radocy & Boyle, 1997). - 조성에 민감하다. - 간단한 멜로디를 듣고 음정의 흐름을 인식할 수 있다.
7~8세	- 음정(Interval)과 음색(Tone Color)을 감지할 수 있다. - 조성 음악을 무조성 음악보다 쉽게 인식한다.
8~9세	- 선율 지각이 급격히 발달하는 시기이다. - 선율적인 특성을 기억하고 보존이 가능하다. *8세 이후 : 멜로디, 음정 간격과 조성 이해, 인식이 가능하다.
9~14세	- 선율보존 개념이 더 이상 향상되지 않고 평준화된다. - 선율 기억력이 가장 높은 시기이다(Radocy & Boyle, 1997).

(4) 노래 부르기 능력의 발달

인간은 모두 노래 부를 수 있는 능력을 가지고 태어난다. 그러나 노래를 잘 부를 수 있는 능력은 영유아기에 길러진다(Campbell & Scott-Kassner, 2002). 노래 부르기는 유아가 최초로 경험하는 교육적 음악활동이다. 영유아의 노래 부르기 발달 단계는 다음과 같다.

[표 2-6] 영유아의 노래 부르기 능력 발달 단계

연 령	음악적 능력 발달 내용
1세 미만	- 불규칙한 리듬 패턴으로 옹알이하고, 멜로디를 모방하지만 음정은 불분명하다. - 쿠잉(Cooing) : 4개월 미만의 영아가 만드는 '구구' 등의 모음. - 언어적 옹알이(3~4개월) : 불규칙한 리듬패턴으로 모음과 자음으로 발성화하며 옹알이한다. - 음악적 옹알이(6~9개월) : 소리의 높낮이, 길이 등을 변화시키며 새로운 발성을 시도하는 옹알이를 한다. - 노래할 준비 단계이다. 자신이 내는 소리와 음악에 관심을 나타낸다. - 라임, 챤트가 가능하다. *라임(Rhyme) : 운율, 단어나 문장의 끝음절을 맞추는 형태. *챤트(Chant) : 2~3음의 간단한 리듬꼴을 읊조리는 듯한 노래.
1~2세	- 노래 부르기와 말하기가 구분되어 나타난다. - 2, 3도 음정의 좁은 음정으로 노래한다. - 음높이의 움직임은 미숙하나 리듬은 비교적 잘 표현한다. - 노래 중에서 자신이 좋아하는 부분만을 반복해서 노래한다. - 음정을 맞추어 부르기보다는 개인의 흥미와 취향에 따라 노래한다. - 가창 능력 발달의 중요한 시기이며 이는 성인기에 영향을 미친다.
2~3세	- 리듬과 선율이 있는 자발적인 노래(Spontaneous song)를 부르기 시작한다. - 음정이 정확해지고 나름 친근한 음정을 즐긴다. - 반복 리듬, 반복가락 패턴으로 노래할 수 있다. - 음의 고저와 속도를 변화해 가며 노래할 수 있다. - 노래 훈련과 활동 기회를 제공해야 한다.
4~5세	- 가창 능력이 증가하고 다양한 노래를 습득하는 시기이다. - 다양한 음색으로 변화하며 노래할 수 있다. - 가온 '다'에서 옥타브의 음정을 낼 수 있으나 편안한 음역(도~라)안에서 쉽게 노래를 즐긴다. - 한정된 음역 안에서 정확한 음정 표현이 가능하다. - 함께 노래하는 것을 즐기며 중창, 합창이 가능해진다. - 자발적으로 즉흥적인 노래를 만들 수 있다.
6~7세	- 두성 쓰는 법을 배울 수 있다. - 노래의 정확성이 증가한다. 편안한 음역(도 ~ 옥타브 도) - 목소리 사용이 능숙해진다. - 강약/ 템포 인지. 악기/ 동작 등 동시 활동도 가능하다.

연 령	음악적 능력 발달 내용
7~8세	- 피아노 반주에 맞추어 혼자서 음정에 맞게 노래할 수 있다. - 한 옥타브를 넘어 노래할 수 있다. - 음정(Interval)의 차이와 음색(Tone Color)의 표현을 감지하고 느낀다.
8~9세	- 낮은 솔~옥타브 미♭음역 내에서 노래할 수 있다. - 오스티나토와 기초적인 화성곡들을 부를 수 있다. *세계적으로 공통적인 음조는 단3도(미-솔-라)가 중심이 된다.

(5) 악기탐색 및 연주 능력의 발달

영유아는 악기 놀이를 통하여 음감과 리듬감, 프레이즈감을 습득하고, 가락의 흐름을 이해하며, 화음에 대한 관심이 높아지고, 협력적인 태도를 기르게 된다(전인옥 외, 2014).

영유아의 악기탐색 및 연주 능력의 발달은 다음과 같다.

[표 2-7] 영유아의 악기연주 능력 발달 단계

연 령	음악적 능력 발달 내용
1세 미만	- 사물의 소리, 음악소리, 양육자의 소리에 관심을 나타낸다. - 6~9개월 사이에 눈과 손의 협응이 빠르게 발달하면서 모든 사물에 관심을 가지고 잡고 소리를 내려고 한다.
1~2세	- 주변의 사물을 두드려 소리내기를 즐긴다. - 리듬에 상관없이 딸랑이, 흔들이 등을 손으로 흔들어 소리내지만, 오랫동안 지속하기 어렵다. - 소리탐색이 가능하고 음악적, 비음악적 소리 구분이 가능하다. - 악기에 대한 흥미가 증가하여 탬버린, 우드블럭, 트라이앵글 등의 악기 소리에 집중한다.
2~3세	- 운동 능력 발달과 함께 간단한 리듬치기가 가능하여 음악에 맞출 수 있는 리듬악기 제공이 필요하다. - 근육 협응이 가능해 지면서 실로폰 같은 악기를 다룰 수 있다. - 짧은 시간 동안 규칙적인 리듬으로 연주할 수 있다. - 간단한 리듬 패턴을 손뼉으로 칠 수 있다. - 교육 없이도 간단한 리듬 표현이 가능하다.

3~4세	- 악기에 대한 흥미가 증가하고 특히 타악기의 음색, 강약, 속도(템포)에 관심이 많다. - 박자에 민감하고 리듬, 강약, 고저, 속도를 표현하는 것이 가능하다. - 느린 박보다 빠른 박을 더 쉽게 인식하고 즐긴다. - 혼자 하는 독립적 연주보다 집단으로 연주하려는 경향이 커진다. - 중주, 합주가 가능하다. - 기본박 및 리듬박에 대한 흥미가 강하고 간단한 리듬패턴 모방이 가능하다. - 소리의 질(음색)이나 연주방법에 따라 악기를 범주화할 수 있다.
5~6세	- 친숙한 노래를 악기로만 연주해도 거의 알아맞힌다(4세-40%, 5세-75%). - 눈과 손의 협응이 가능하며 대부분의 리듬악기 연주가 가능하다. - 박자의 유지, 초보적인 손의 교체가 가능하다. - 음악개념을 시각적인 부호와 연결(악보)하여 이해할 수 있다. - 간단한 화음 연주가 가능하며 타악기 반주(보르둔)가 가능하다. - 키보드 등 건반 연주가 가능하며 피아노 양손 연습이 가능하다.
7~9세	- 눈과 손의 협응이 능숙하여 코드잡기가 가능하다. - 8세부터 손끝의 발달이 상승하여 9, 10세에 거의 완성되므로 악기연주 능력 이 빠르게 발달한다. - 빠르기의 변화가 계속되거나 끝나는 느낌, 긴음과 짧은음, 셈여림, 음의 고저 등의 변화에 적절하게 반응할 수 있다.

이상에서 영유아의 음악적 능력 발달에 대하여 알아보았다. 음악성 관련 요소인 음감, 리듬감, 선율감, 화성감, 템포감각, 박자감각, 프레이징감, 발랜스 감각 중에서 리듬감, 선율감을 제외하고 나머지 영역은 별도의 발달 단계적 설명을 생략하였으며, 음악성의 개념 설명에서 전체적으로 언급하였다. 특히 화성감 발달에 대해서는 일반적인 음악적 능력 발달에 포함하여 설명하였다.

영유아의 음악활동은 필수적으로 신체활동을 동반한다. 음악활동과 관련된 영유아의 단계별 신체 발달에 관해서는 제3장 영유아음악교육 과정 및 내용, 제4장 영유아음악교육의 교수-학습방법에서 제시하도록 한다.

참고문헌

권덕원 · 석문주 · 최은식 · 함희주(2018). **음악교육의 기초.** 서울: 교육과학사.

김연주 · 양연숙 · 김현지(2017). **영유아음악교육.** 서울: 창지사.

김혜경(2001). **유아음악교육.** 서울: 창지사.

박명숙 · 이상은 · 심혜숙(2017). **영유아음악교육.** 경기: 공동체.

안재신(2004). **유아음악교육.** 서울: 교육과학사.

안종배(1991). **음악교육학 개론.** 서울: 교육과학사.

윤영배(2008). Orff 접근법에 의한 유아음악교육 프로그램이 음악적성, 감성지능 및 창의성에 미치는 효과. 경희대학교 대학원 박사학위논문.

전인옥 · 이숙희(2014). **유아음악교육.** 서울: 한국방송통신대학교.

Campbell, P. S. & Scott-Kassner, C.(2002). Music in childhood : *From preschool through the elementary grades*. New York : Schimer Books.

Gardner, H.(1993). *Creating minds*. N.Y. : Basic books.

Gordon, E.(1979). Developmental music aptitude as measured by the primary measures of music audition. *Psychology of music*, 7, 42-49.

Mursell, J. L.(1956). *Growth process in musical education*. Silver Burdett Company.

Radocy, R. E. & Boyle, J. D.(1997). *Psychological foundation of musical behavior*. Springfield, Ⅲ: Charles C. Thomas, Publisher.

Salovey, P., & Mayer, J. D.(1997). *Emotional intelligence*. New York: Basic books.

Scott-Kassmer, C.(1993). "Musical Characteristics". In M. Palmer & B. Crook(Eds.). *Music in prekindergarten: Planning and teaching*(pp. 7-14). Reston, Virginia: The Music Educators National Conference.

Sternberg, R. J.(1985). *Beyond IQ : A triarchic theory of human intelligence*. N.Y. : Cambridge University Press.

Chapter 03

영유아음악교육 과정 및 내용

영유아음악교육은 국가수준 교육과정에서 제시하고 있는 내용을 바탕으로 교수-학습 실제가 이루어져야 한다. 이 장에서는 보건복지부 고시 제 2013-8호, 영유아보육법 시행규칙 제30조에 의거한 제3차 보준보육과정 중 0~2세의 신체운동, 예술경험 영역의 구체적인 내용과 교육과학기술부 고시 제 2012-16호, 유아교육법 제13조 제2항에 의거한 유치원 교육과정 중 3~5세의 신체운동 건강, 예술경험 영역의 내용을 중심으로 살펴본다.

더불어 영유아음악활동 영역에서 감상하기, 노래 부르기, 악기 다루기, 신체표현, 창작하기, 극놀이, 전통음악활동 영역에서의 교육내용 범위와 교육내용 선정 원리를 알아본다.

1 국가수준 교육과정 및 내용

1) 어린이집 표준보육과정(제3차)

총론

어린이집 표준보육과정(이하, '표준보육과정'이라 함)은 어린이집의 만 0~5세 영·유아들에게 국가수준에서 제공하는 보편적이고 공통적인 보육의 목표와 내용을 제시한 것이다. 어린이집 표준보육과정은 0~1세 보육과정, 2세 보육과정, 3~5세 보육과정(누리과정 포함)으로 구성한다. 국가수준의 어린이집 표준보육과정을 시행함으로써 영·유아의 전인적 발달과 우리 문화에 적합한 내용을 일관성 있고 연계적으로 실천하며, 궁극적으로 사회에서 추구하는 인간상을 구현하고 전국 어린이집의 질적 수준을 높이는 데 기여하고자 한다.

(1) 0~1세 보육과정의 영역별 목표

① 기본생활

건강하고 안전한 일상생활을 경험한다.

가. 건강하고 편안한 일상생활을 경험한다.

나. 안전한 생활을 경험한다.

② 신체운동

감각 및 기본 신체운동 능력을 기른다.

가. 감각 기능을 발달시키고 자신의 신체를 탐색한다.

나. 대소근육을 조절하고 걷기 등의 능력을 기른다.

다. 규칙적으로 신체활동에 참여한다.

③ 의사소통

말소리를 구분하고 의사소통의 기초를 마련한다.

가. 주변의 소리와 말소리 듣기에 관심을 보인다.

나. 표정, 소리, 몸짓으로 자신의 생각과 느낌을 표현한다.

다. 짧은 그림책이나 친숙한 환경 인쇄물에 관심을 가진다.

라. 끼적이기에 관심을 가진다.

④ 사회관계

친숙한 사람과 관계를 형성한다.

가. 자신과 다른 사람을 구별된 존재로 인식한다.

나. 기본 정서를 표현하고 다른 사람의 감정에 주의를 기울인다.

다. 안정적인 애착을 형성하고 또래나 교사와 함께 지낸다.

⑤ 예술경험

아름다움에 관심을 가진다.

가. 자신의 신체와 주변의 감각자극에 호기심을 가지고 반응한다.

나. 소리와 움직임으로 반응하고, 단순한 미술을 경험하며, 모방 행동을 즐긴다.

다. 친근한 소리나 노래를 즐겨 듣고, 자연물, 사물, 주변 환경에 관심을 가진다.

⑥ 자연탐구

보고, 듣고, 만지면서 주변 환경에 관심을 가진다.

가. 주변 사물에 대한 탐색을 시도한다.

나. 주변에서 일어나는 수학적 상황을 지각한다.

다. 감각과 조작을 통하여 주변 사물과 자연환경에 대해 지각한다.

(2) 0~1세 보육과정의 영역별 내용

0~1세 보육과정의 영역별 내용은 영유아의 음악활동과 직접적인 관련을 맺는 신체운동 영역과 예술경험 영역의 내용을 살펴보고자 한다.

① 신체운동

가. 성격

신체운동 영역은 출생 후 영아가 자신의 감각적 경험을 통해 신체를 탐색하고, 대소근육을 발달해 가며 0~1세에 적합한 신체활동에 참여하면서 감각 능력과 기본적인 신체운동의 기초 능력을 기르기 위한 영역이다.

영아의 감각과 신체인식은 신체운동 능력의 발달에 기초가 된다. 영아는 다양한 감각 경험을 통하여 주변 환경을 탐색하고 자신과 환경과의 관계를 인식하게 되므로 영아의 감각과 신체인식의 기초 능력은 중요하다. 영아는 오감각 기관을 사용하여 외부 세계에 대한 정보를 얻게 되므로 영아의 감각운동 능력은 영아와 환경을 연결하는 첫 번째 통로가 된다. 또한 0~1세 영아는 걷기 등 신체 균형감의 기초적인 발달과 대소근육의 조절을 포함한 기본운동 능력이 발달하는 시기이다. 따라서 영아는 신체의 균형을 잡고 대소근육을 다양하게 사용해보면서 신체조절 능력을 획득하게 된다. 또한 만지고, 두드리고, 던지며 노는 가운데 기초를 형성하게 된다.

신체운동 영역은 '감각과 신체인식하기', '신체조절과 기본운동하기', '신체활동에 참여하기'의 세 가지 내용범주로 구성되어 있다. 영아의 발달 수준에 맞는 감각활동 경험 및 대소근육 조절과 이동운동, 제자리운동의 시도를 통해 감각과 신체조절 능력 및 기본운동 능력 발달의 기초를 형성하도록 한다.

신체운동 영역에서는 영아가 신체운동 능력을 증진시키기 위해서 신체활동에 적극적이고 지속적으로 참여하는 것이 필수적이다. 이를 통해 영아의 기본적인 신체운동 능력이 발달할 수 있도록 지원하는 것이 중요하다.

나. 목표

- 감각 및 기본 신체운동 능력을 기른다.

－감각 기능을 발달시키고 자신의 신체를 탐색한다.

－대소근육을 조절하고 걷기 등의 능력을 기른다.

－규칙적으로 신체활동에 참여한다.

영아기는 시각, 청각, 미각, 후각, 촉각의 오감각으로 자신의 신체와 주변 환경을 탐색하면서 환경 및 주변 사람들과 관계를 형성하는 시기이다. 이에 따라 영아가 자신의 신체를 스스로 통제할 수 있도록 신체 균형감, 신체조절 능력 그리고 이동운동과 제자리 운동 능력을 포함한 기본운동 능력과 기초 체력의 발달을 꾀하고자 하는 목표를 가진다.

신체운동 영역의 목표를 달성하기 위하여 이 영역에서는 영아들이 일상생활에서 다양한 놀이활동을 통해 신체조절 능력을 기르고 즐겁게 신체활동에 참여하는 습관을 갖도록 하는 데 중점을 둔다.

- 감각 기능을 발달시키고 자신의 신체를 탐색한다.

영아기는 감각 능력을 기르고 활용하여 자신의 신체를 탐색해 보는 시기이다. 감각 능력과 감각기관의 활용 능력은 영아가 주변의 환경을 인식하는 데 필요한 기초 능력으로서, 신체 발달 뿐만 아니라 인지 발달과도 밀접히 관련되어 있다. 영아는 감각 기능을 통해 자신의 신체를 탐색하고 신체의 움직임을 인식해 볼 수 있다. 따라서 영아가 감각기관을 활용하여 사물과 주변 세계를 인식하며, 신체 각 부분의 특성을 이해하고 활용하여 움직여보는 활동을 함으로써 자신의 신체를 즐겁게 탐색해보도록 하는 데 중점을 둔다.

- 대소근육을 조절하고 걷기 등의 능력을 기른다.

영아기는 신체를 조절하고 균형감을 기르며, 기본운동 능력이 발달하는 시기이다. 영아의 건강한 신체 발달을 위해 기본운동 능력과 기초 체력을 기르는 것은 매우 중요하다. 영아기의 기초 체력이란 생활에 필요한 기초 체력을 말하는 것으로서 이는 기본운동 기능을 이용한 활동을 통해 발달되며, 이후 성인기까지 지속되는 체력과 운동 능력에 영향을 미친다. 따라서 영아가 다양한 신체운동활동을 통해 신체의 균형감과 대소근육의 조절 능력을 기르고, 이동운동 및 제자리운동의 기본운동을 시도해보도록 하는 데 중점을 둔다.

- 규칙적으로 신체활동에 참여한다.

영아기는 신체활동을 통해 자신의 신체 탐색과 신체 움직임의 즐거움을 경험할 수 있는 시기이다. 다양한 신체활동을 경험하고, 신체활동에 규칙적이고 지속적으로 참여하는 것이 신체운동 능력을 증진시키는 데 필수적이다. 신체활동을 통해 영아는 성취감을 경험함으로써 신체적·심리적 건강을 동시에 증진시킬 수 있다. 따라서 영아가 단순한 몸 움직임이나 발달 수준에 맞는 간단한 기구를 이용한 신체활동을 시도해보도록 하고,

규칙적으로 바깥에서 신체를 움직이는 경험을 해보도록 하는 데 중점을 둔다.

다. 내용구성

신체운동 영역에서는 영아가 자신의 감각 능력과 신체를 인식하고 신체의 균형감과 조절력을 기르고 기본운동 능력을 키울 수 있도록 하며, 규칙적으로 신체활동에 참여할 수 있는 습관을 기르도록 한다.

'감각과 신체인식하기'는 영아가 다양한 감각적 자극에 반응하고 감각기관으로 주변 환경을 탐색하며, 자신의 신체와 신체 움직임을 탐색하는 내용으로 구성되어 있다.

'신체조절과 기본운동하기'는 영아가 신체를 움직일 때 안정적인 신체 균형감을 기르고, 대근육과 소근육의 조절력을 키워 몸을 한 장소에서 다른 장소로 위치를 변화시키며 움직이는 이동운동이나 제자리에서 다양한 동작으로 움직여보는 운동을 통해 기본운동 능력의 기초를 형성하는 데 중점을 두고 있다.

'신체활동에 참여하기'는 영아가 실내외에서 다양한 신체활동에 참여하면서 자신의 몸을 움직여보는 활동을 즐기고, 기구를 이용한 신체활동을 통해 신체활동의 즐거움을 느끼고 규칙적이며 자발적인 신체운동 습관의 기초를 기르는 데 중점을 둔다.

- 내용체계

내용범주	내용
감각과 신체인식하기	감각적 자극에 반응하기
	감각기관으로 탐색하기
	신체 탐색하기
신체조절과 기본운동하기	신체 균형잡기
	대근육 조절하기
	소근육 조절하기
	기본운동하기
신체활동에 참여하기	몸 움직임 즐기기
	바깥에서 신체 움직이기
	기구를 이용하여 신체활동 시도하기

- 세부내용

<table>
<tr><th>내용범주</th><th>내용</th><th>1수준</th><th>2수준</th><th>3수준</th><th>4수준</th></tr>
<tr><td rowspan="4">감각과 신체 인식하기</td><td rowspan="2">감각적 자극에 반응하기</td><td colspan="4">시각, 청각, 촉각, 후각, 미각으로 자극을 느낀다.</td></tr>
<tr><td colspan="4">시각, 청각, 촉각, 후각, 미각으로 자극에 반응한다.</td></tr>
<tr><td>감각기관으로 탐색하기</td><td colspan="4">감각기관으로 주변 환경을 탐색한다.</td></tr>
<tr><td>신체 탐색하기</td><td>손과 발 등을 바라보며 탐색한다.</td><td colspan="3">주요 신체 부분의 움직임을 탐색한다.</td></tr>
<tr><td rowspan="5">신체조절과 기본운동하기</td><td>신체 균형잡기</td><td>몸의 균형을 잡기 위한 자세를 시도한다.</td><td>붙잡고 서 있기 등의 자세를 취한다.</td><td colspan="2">안정되게 서 있기 등의 자세를 시도한다.</td></tr>
<tr><td>대근육 조절하기</td><td>뒤집기 등 몸을 조절하여 위치를 바꾼다.</td><td colspan="3">누웠다 앉기 등 몸의 움직임을 조절한다.</td></tr>
<tr><td>소근육 조절하기</td><td>보이는 물체에 손을 뻗는다.</td><td colspan="3">눈과 손을 협응하여 소근육을 활용해 본다.</td></tr>
<tr><td rowspan="2">기본 운동하기</td><td>배밀이 등 이동운동을 시도한다.</td><td>기기, 걷기 등 이동운동을 시도한다.</td><td colspan="2">걷기 등 이동운동을 시도한다.</td></tr>
<tr><td colspan="2">팔 다리 뻗기, 흔들기 등 제자리운동을 시도한다.</td><td colspan="2">서 있기, 앉기 등 제자리 운동을 시도한다.</td></tr>
<tr><td rowspan="3">신체활동에 참여하기</td><td>몸 움직임 즐기기</td><td colspan="2">몸을 활발히 움직인다.</td><td colspan="2">몸의 움직임을 다양하게 시도한다.</td></tr>
<tr><td>바깥에서 신체 움직이기</td><td colspan="2">규칙적으로 바깥환경을 경험한다.</td><td colspan="2">규칙적으로 바깥에서 신체활동을 한다.</td></tr>
<tr><td>기구를 이용하여 신체활동 시도하기</td><td></td><td colspan="3">간단한 기구를 이용하여 신체활동을 시도한다.</td></tr>
</table>

② 예술경험

가. 성격

예술경험 영역은 영아가 자신의 신체와 주변의 감각자극에 호기심을 가지고 반응하고, 다양한 방법으로 표현하기를 즐기며 자연물, 사물, 환경의 아름다움에 관심을 가짐으로써 아름다움을 즐기고 풍부한 정서를 경험하기 위한 영역이다.

영아가 자신의 주변에 대하여 호기심과 관심을 가지는 것은 장차 심미감을 키우고 감성 발달에 중요하며, 인식 능력을 증진시킴으로써 탐구하는 태도 형성에 도움이 된다. 또한 다양한 감각자극에 반응함으로써 주변과 독립된 자아에 대하여 인식하고 동시에 자신이 주변과 관계를 가지고 있다는 것도 자연스럽게 알게 된다. 영아가 주변 자극에 대하여 적극적으로 반응하고 표현하는 것은 창의적인 표현 능력 발달에 기초가 되며, 긍정적인 자아를 인식하게 하여 자신감을 형성하는 데 중요하다. 또한 소리로 반응하며 점차 리듬감각을 가지고 움직임을 통해 기본 동작 능력을 기르며, 모방행동을 통해 사회성을 발달시킬 수 있다. 한편 영아 시기는 자신과 환경과의 상호작용을 통해 아름다움의 요소를 발견하고, 좋아할 줄 아는 태도를 형성하는 중요한 시기이다. 이러한 태도는 선입견이 작용하지 않는 어린 시기부터 형성되는 것으로서 장차 감상 능력 계발에도 관련이 되는 소양이다.

영아가 즐기는 태도를 갖는 것은 일상에 대한 긍정적인 태도를 기르고 고운 심성을 갖추는 데 중요하며, 자신을 둘러싼 대상에 대하여 상생하고 즐거움을 주는 대상이라는 인식을 갖도록 한다. 이는 장차 타인에 대한 다양성을 인정하고 존중하는 태도와도 관련이 있다고 하겠다.

예술경험 영역은 '아름다움 찾아보기', '예술적 표현하기', '예술 감상하기'의 세 가지 내용범주로 구성된다. '아름다움 찾아보기'는 예술적 요소에 호기심을 가지는 내용으로, '예술적 표현하기'는 리듬 있는 소리, 움직임으로 반응하고 단순한 미술을 경험하며 모방행동을 즐기는 내용으로 구성되어 있다. '예술 감상하기'는 아름다움을 경험하기 위한 내용으로 구성되어 있다.

예술경험 영역에서는 영아가 일상생활과 주변 환경 속에서 다양한 자극에 반응하고 표현하며, 모방하는 것을 즐기도록 하는 데 중점을 둔다. 또한 영아가 일상에서 반복되는 소리와 노래에 관심을 가지고 움직임, 사물이나 자연물을 통해 아름다움을 경험할 수 있도록 하는 데 중점을 둔다.

나. 목표

- 아름다움에 관심을 가진다.
  - 자신의 신체와 주변의 감각자극에 호기심을 가지고 반응한다.
  - 소리와 움직임으로 반응하고 단순한 미술을 경험하며 모방행동을 즐긴다.
  - 친근한 소리나 노래를 즐겨듣고, 자연물, 사물, 주변환경에 관심을 가진다.

예술경험 영역의 목표는 영아가 친숙한 자연과 사물 및 주변 환경의 아름다움에 관심을 기울이고, 반응하기를 즐김으로써 기초적인 심미감을 경험하는 것을 목표로 한다. 영아기는 신체와 주변의 감각자극에 호기심을 가지고 반응하고 즐거워하며, 친근한 소리나 주변 환경에 대한 관심을 통해 감성 발달과 창의적인 표현이 시작되는 시기이다. 따라서 영아가 주변 환경의 소리나 움직임, 색 모양 등에 호기심을 가지며 예술적 요소를 즐기는 경험을 갖도록 하는 데 중점을 둔다.

- 자신의 신체와 주변의 감각자극에 호기심을 가지고 반응한다.

영아기는 아름다움에 관심을 가지고 탐색하고자 하는 욕구를 지니고 성장해 나가는 시기이다. 그러므로 영아가 태어나면서부터 주변의 아름다움에 관심을 두고 눈여겨보며 탐색할 수 있도록 주변에서 경험을 제공하는 것이 필요하다. 영아가 주변에서 나는 소리 쪽으로 시선을 돌리고 손을 뻗고, 점차 목소리로 소리를 만들어 내다가 다른 사물이나 리듬악기를 사용하여 소리를 만들 수 있도록 기회를 제공한다. 이를 위해 영아들이 소리와 움직임 그리고 색과 모양 등과 관련하여 단순한 심미적 요소에서부터 점차 복합적인 심미적 요소들까지 호기심을 가지고 반응하도록 하는 데 중점을 둔다. 이를 통해 예술적 요소에 대한 인식과 지각 능력을 발달하게 하여 주변의 아름다움에 대해 관심을 가지고 관찰하는 심미감적 태도를 증진시키게 된다.

- 소리와 움직임으로 반응하고, 단순한 미술을 경험하며, 모방행동을 즐긴다.

영아는 태어나면서부터 자신의 생각과 느낌을 표현하고 싶은 욕구를 가지고 있다. 그러므로 영아가 리듬 있는 소리나 움직임으로 반응하고 단순한 미술표현을 경험하며, 소리나 얼굴표정, 몸 움직임을 모방하며 즐기는 경험은 창의적 표현력 향상과 심미감 증진에 중요하다. 이를 위해 영아가 소리나 리듬과 움직임에 반응하며 자기 나름의 의미와 즐거움을 찾도록 하는 데 중점을 둔다.

- 친근한 소리나 노래를 즐겨 듣고, 자연물, 사물, 주변 환경에 관심을 가진다.

영아기는 일상적이고 친숙한 자연이나 주변 환경 안에서 저마다의 아름다움에 관심 가지고 즐거움을 탐색하기 시작하는 시기이다. 그러므로 영아가 가장 익숙하고 친근한 환경 속에서 아름다운 요소를 발견할 수 있는 지각, 인식 및 심미감을 기르는 것이 중요하다. 이를 위해 영아가 일상생활 속에서 노래와 소리를 반복하여 들으면서 즐거워하고, 활동을 통해서 배우기보다 자연이나 사물에서 나름대로의 아름다움을 경험하는 데 중점을 둔다.

다. 내용구성

예술경험 영역은 0~1세 영아가 자신의 신체와 주변의 감각자극에 호기심을 갖고 소리와 움직임으로 반응하며, 단순한 미술활동을 경험하고 모방행동을 즐기며 친근한 주변 환경에 관심을 가지는 태도를 기르기 위한 영역이다. 예술경험 영역은 '아름다움 찾아보기', '예술적 표현하기', '예술 감상하기'의 세 가지 내용범주로 구성되며, 내용범주별 내용은 다음과 같다.

- 내용체계

내용범주	내용
아름다움 찾아보기	예술적 요소에 호기심 가지기
예술적 표현하기	리듬 있는 소리로 반응하기
	움직임으로 반응하기
	단순한 미술 경험하기
	모방행동 즐기기
예술 감상하기	아름다움 경험하기

- 세부내용

<table>
<tr><th>내용범주</th><th>내용</th><th>1수준</th><th>2수준</th><th>3수준</th><th>4수준</th></tr>
<tr><td rowspan="2">아름다움 찾아보기</td><td rowspan="2">예술적 요소에 호기심 가지기</td><td colspan="4">주변의 소리와 움직임에 호기심을 가진다.</td></tr>
<tr><td colspan="4">주변 환경에서 색, 모양에 호기심을 가진다.</td></tr>
<tr><td rowspan="6">예술적 표현하기</td><td rowspan="2">리듬 있는 소리로 반응하기</td><td colspan="2">리듬 있는 소리에 관심을 가진다.</td><td colspan="2">노래를 부분적으로 따라 부른다.</td></tr>
<tr><td colspan="2">리듬과 노래에 소리로 반응한다.</td><td colspan="2">리듬과 음높이에 맞추어 소리를 낸다.</td></tr>
<tr><td rowspan="2">움직임으로 반응하기</td><td colspan="4">손발 흔들기와 몸 움직임으로 반응한다.</td></tr>
<tr><td colspan="2"></td><td colspan="2">간단한 도구를 활용하여 움직인다.</td></tr>
<tr><td>단순한 미술 경험하기</td><td colspan="2"></td><td colspan="2">감각적으로 단순한 미술경험을 한다.</td></tr>
<tr><td>모방행동 즐기기</td><td colspan="2">소리나 얼굴 표정, 몸 움직임 등을 모방한다.</td><td colspan="2">단순한 모방행동을 놀이처럼 즐긴다.</td></tr>
<tr><td rowspan="2">예술 감상하기</td><td rowspan="2">아름다움 경험하기</td><td colspan="2">일상생활에서 반복되는 소리와 노래에 관심을 가진다.</td><td colspan="2">일상생활에서 리듬 있는 소리와 노래를 즐겨 듣는다.</td></tr>
<tr><td colspan="4">일상생활에서 자연이나 사물의 아름다움을 경험한다.</td></tr>
</table>

(3) 2세 보육과정의 영역별 목표

① 기본생활

건강하고 안전한 생활습관의 기초를 마련한다.

가. 건강한 생활습관의 기초를 경험한다.

나. 안전한 생활습관의 기초를 경험한다.

② 신체운동

감각, 신체조절 및 기본운동 능력을 기른다.

가. 감각 능력을 기르고, 자신의 신체 움직임을 탐색한다.

나. 안정된 자세로 대소근육을 조절하고 기본운동 능력을 기른다.

다. 규칙적으로 신체활동에 참여한다.

③ 의사소통

의사소통 능력의 기초를 기른다.

가. 다른 사람의 말과 짧은 이야기 듣는 것을 즐긴다.

나. 자신의 생각과 느낌을 말로 주고받기를 즐긴다.

다. 그림책이나 환경 인쇄물에 관심을 가지며 글의 내용에 흥미를 가진다.

라. 글자 형태 끼적이기에 관심을 가진다.

④ 사회관계

나를 인식하고 다른 사람과 더불어 생활하는 경험을 한다.

가. 자기 존중감을 형성한다.

나. 자신의 감정을 알고 다른 사람의 감정에 반응을 보인다.

다. 가족을 사랑하고 또래, 교사와 즐겁게 지내며 간단한 규칙 등을 지킨다.

⑤ 예술경험

아름다움에 관심을 가지고 예술경험을 즐긴다.

가. 주변 생활에서 예술적 요소를 발견하고 흥미롭게 탐색한다.

나. 간단한 리듬이나 노래, 움직임, 자발적인 미술활동을 자유롭게 시도하고 모방이나

상상놀이로 표현한다.

다. 주변의 환경과 자연 및 다양한 표현에서 예술적 요소를 관심 있게 보고 즐긴다.

⑥ 자연탐구

주변 환경에 호기심을 갖고 탐색하기를 즐긴다.

가. 호기심을 가지고 주변 세계에 대해 다양하게 탐색한다.

나. 주변에서 경험하는 수학적 상황을 인식한다.

다. 다양한 탐색을 통하여 주변 사물과 자연환경을 인식한다.

(4) 2세 보육과정의 영역별 내용

2세 보육과정의 영역별 내용 또한 영유아의 음악활동과 직접적인 관련을 맺는 신체운동 영역과 예술경험 영역의 내용을 살펴본다.

① 신체운동

가. 성격

신체운동 영역은 2세 영아가 자신의 신체 움직임을 탐색하고 대소근육을 조절해보며, 신체활동에 즐겁게 참여하면서 감각 및 신체조절 능력과 기본적인 신체운동 능력을 기르기 위한 영역이다.

2세 영아는 발달 수준이나 흥미, 요구에 적절한 신체활동에 참여함으로써 성취감을 경험하게 되고, 자신의 신체를 긍정적으로 인식할 수 있는 기초를 이룬다. 신체에 대한 긍정적 인식은 몸을 통해 이루어지는 활동 속에서 자신이 유능하다는 것을 반복적으로 경험할 때 향상될 수 있다. 따라서 사물을 만지고, 보고, 듣고, 맛보는 등의 다양한 감각적 경험이나 신체활동 속에서 즐거움을 느끼고 자신의 신체에 대한 유능감을 경험하도록 하여 긍정적 신체인식 발달을 도모한다. 또한 영아기는 신체를 조절하고 균형감을 기르며, 기본운동 능력이 발달하는 시기이다. 영아의 건강한 발달을 위해 기본운동능력과 기초 체력을 기르는 것은 매우 중요하다. 영아기에 습득된 운동 능력을 후에 운동습관이나 태도에 영향을 주므로 영아의 놀이나 신체운동이 지속적이고 규칙적으로 이루어질 수 있도록 한다. 따라서 신체활동에 지속적으로 참여할 수 있도록 지원한다.

신체운동 영역은 '감각과 신체인식하기', '신체조절과 기본운동하기', '신체활동에 참여하기'의 세 가지 내용범주로 구성되어 있다. 이 내용범주들은 주로 신체인식 및 기본운동 능력의 발달, 신체활동 참여와 관련된 내용으로 특징된다.

신체운동 영역에서는 감각기관을 활용하는 활동과 신체의 움직임에 대한 탐색활동을 통해 자신의 신체에 대한 인식을 높이고, 영아의 발달 수준과 흥미에 맞는 다양한 신체활동과 규칙적인 운동을 통해 기본운동 능력과 기초체력을 형성하는 생활태도를 습득하도록 한다.

나. 목표

- 감각, 신체조절 및 기본운동 능력을 기른다.

– 감각능력을 기르고, 자신의 신체 움직임을 탐색한다.

– 안정된 자세로 대소근육을 조절하고 기본운동 능력을 기른다.

– 규칙적으로 신체활동에 참여한다.

신체운동 영역의 목표는 영아의 감각 능력과 신체조절 및 기본운동 능력을 기르는 데 있다.

영아기(2세)는 감각 능력이 보다 발달하여 감각기관으로 주변 환경을 활발하게 탐색하고, 자신의 신체 움직임에 대한 인식을 더욱 발달시키는 시기이다. 이에 따라 영아가 자신의 신체를 스스로 통제하고 다양한 신체활동에 참여하면서 보다 안정된 신체 균형력과 신체조절 능력을 기르고, 이동운동과 제자리운동 등의 기본운동 능력을 형성하여 기초체력을 기르기 위한 목표를 가진다.

신체운동 영역의 목표를 달성하기 위하여 이 영역에서는 영아들이 일상생활과 다양한 놀이를 통해 신체의 움직임을 탐색하고, 신체를 조절하며 즐겁게 신체활동에 참여하는 습관을 갖도록 하는 데 중점을 둔다.

- 감각 능력을 기르고, 자신의 신체 움직임을 탐색한다.

영아기(2세)는 감각기관을 활용하여 자신과 주변 환경을 탐색하는 활동이 왕성한 시기이다. 이 시기 영아는 자신과 주변 환경에 대한 구분이 분명하며, 생후 24개월을 전후하여 자기 자신에 대한 자기인식이 발달한다. 영아는 자신의 신체 각 부분의 명칭과 신체 움직임에 대한 관심이 많으며, 이러한 관심은 영아의 신체 발달로 이어진다. 따라서 영아가 감각기관의 활용을 통한 환경과 신체 움직임에 대한 탐색활동을 함으로써 자신의 신체에 대한 긍정적 인식을 획득하고 자신의 신체적 특성을 즐겁게 경험해보도록 하는 데 중점을 둔다.

- 안정된 자세로 대소근육을 조절하고 기본운동 능력을 기른다.

영아기(2세)는 신체조절력과 신체 균형감이 보다 안정된 단계로 발달하며, 이동운동 및 제자리운동의 기본운동 능력이 활발하게 발달하는 시기이다. 신체조절과 이동 능력 등의 발달을 토대로 영아의 탐색활동은 보다 더 활발해지며, 이는 신체운동 발달과 기초체력의 증진에 큰 영향을 미치고, 나아가 긍정적 자기 인식과 사회적 정서 발달과도 긴밀하게 관련되므로 중요하다. 따라서 영아가 보다 안정된 신체 균형감을 발달시키고 대소근육의 조절을 포함한 신체조절 능력을 증진시켜 기본운동 능력과 기초체력의 향상을 이루는 데 중점을 둔다.

- 규칙적으로 신체활동에 참여한다.

영아기의 신체활동은 건강한 성장 발달에 필수적인 요소이다. 영아는 다양한 신체활동을 통해 몸을 건강하게 만들고 운동 능력을 키우며 신체운동 자체에서 무한한 즐거움을 느낀다. 그러므로 교사는 영아의 발달 정도와 능력에 맞는 운동 기회를 제공하여 영아가 즐겁게 신체활동에 참여하게 함으로써 성취감과 긍정적 자아개념을 형성할 수 있도록 지원해주어야 한다. 영아가 생활 속에서 다양한 신체활동에 자발적이며 규칙적으로 참여하도록 하는 것은 적극적인 생활 태도를 형성하는 데 도움이 된다. 신체활동에 참여하기는 건강한 신체뿐 아니라 건강한 정신, 긍정적 자아개념을 형성하도록 하고 영아의 사회화를 촉진시킨다. 따라서 영아가 자발적이며 지속적으로 신체활동을 경험할 수 있도록 실내뿐 아니라 실외활동이나 기구를 이용한 활동 등에 규칙적으로 참여하도록 하는 데 중점을 둔다.

다. 내용구성

신체운동 영역에서는 영아가 규칙적으로 신체활동에 참여함으로써 신체조절 능력과 기본운동 능력을 기르도록 한다.

'감각과 신체인식하기'는 영아가 감각 능력과 감각기관 활용 능력을 기르고 다양한 신체 움직임을 통하여 자신의 신체를 긍정적으로 인식하고, 신체 각 부분의 움직임을 탐색하도록 하는 내용으로 구성되어 있다.

'신체조절과 기본운동하기'는 영아가 움직일 때나 정지해 있을 때 신체의 균형을 잡을 수 있는 조절력을 기르고, 팔, 다리, 목, 허리 등의 대근육 조절력 및 눈과 손의 협응력과 조작 능력 등의 소근육 조절력을 기르며, 몸의 축이 한 장소에서 다른 장소로 변화되는 이동운동과 몸의 축이 변화되지 않고 이루어지는 제자리운동을 통해 기본운동 능력의 기초를 형성하는 데 중점을 둔다.

'신체활동에 참여하기'는 영아가 자발적이며 규칙적으로 신체활동에 참여하며, 실내 및 실외에서의 다양한 활동과 간단한 기구를 이용한 활동을 통해 신체활동의 즐거움을 느끼고 자발적인 신체운동 습관을 기르는 데 중점을 둔다.

- 내용체계

내용범주	내용
감각과 신체인식하기	감각 능력 기르기
	감각기관 활용하기
	신체를 인식하고 움직이기
신체조절과 기본운동하기	신체 균형잡기
	대근육 조절하기
	소근육 조절하기
	기본운동하기
신체활동에 참여하기	신체활동에 참여하기
	바깥에서 신체활동하기
	기구를 이용하여 신체활동하기

- 세부내용

<table>
<tr><th>내용범주</th><th>내용</th><th>1수준</th><th>2수준</th></tr>
<tr><td rowspan="4">감각과 신체 인식하기</td><td>감각 능력 기르기</td><td colspan="2">다양한 감각적 차이에 반응한다.</td></tr>
<tr><td>감각기관 활용하기</td><td colspan="2">감각기관으로 주변 환경을 탐색한다.</td></tr>
<tr><td rowspan="2">신체를 인식하고 움직이기</td><td colspan="2">신체 각 부분의 명칭을 안다.</td></tr>
<tr><td colspan="2">신체 각 부분의 움직임을 탐색한다.</td></tr>
<tr><td rowspan="5">신체 조절과 기본 운동하기</td><td>신체 균형잡기</td><td colspan="2">안정된 자세를 취하려고 시도한다.</td></tr>
<tr><td>대근육 조절하기</td><td colspan="2">팔, 다리, 목, 허리 등 움직임을 조절한다.</td></tr>
<tr><td>소근육 조절하기</td><td colspan="2">눈과 손을 협응하여 소근육을 조절해본다.</td></tr>
<tr><td rowspan="2">기본운동하기</td><td colspan="2">걷기, 계단 오르기 등 이동운동을 한다.</td></tr>
<tr><td colspan="2">제자리에서 몸을 움직여본다.</td></tr>
<tr><td rowspan="3">신체 활동에 참여하기</td><td>신체활동에 참여하기</td><td colspan="2">신체활동에 자발적으로 참여해 본다.</td></tr>
<tr><td>바깥에서 신체활동하기</td><td colspan="2">규칙적으로 바깥에서 신체활동을 한다.</td></tr>
<tr><td>기구를 이용하여 신체활동하기</td><td colspan="2">간단한 기구를 이용하여 신체활동을 한다.</td></tr>
</table>

② 예술경험

가. 성격

예술경험 영역은 주변 생활에서 예술적 요소를 탐색하고 즐기며, 리듬이나 노래, 움직임, 자발적인 미술활동, 모방행동을 자유롭게 시도해 봄으로써 아름다움에 관심을 가지고 예술경험을 즐기기 위한 영역이다.

영아기는 주변 생활 속에서 예술적 요소들을 탐색해가면서 예술적 요소에 대한 인식과 지각 능력을 발달하고 심미적 태도를 증진시켜 나가는 시기이다. 그러므로 영아가 간단한 소리를 만들다가 점차 리듬 있는 소리를 만들며 음악에 맞추어서 리듬을 탐색해 보는 경험이 중요하다. 또한 몸 움직임이나 미술, 모방이나 상상놀이를 통해서도 단순한 심미적 요소에서부터 관심을 가지고 탐색해 보는 경험이 필요하다. 영아는 다양한 의사표현방법으로 자신의 느낌과 생각을 자발적으로 표현하는 능력을 길러나간다. 이를 통해 영아는 표상 능력을 발달시키고 언어 능력을 향상시키며, 사회적 관계에 대한 이해를 넓히고 영아가 사회적 지식과 기술을 익히는 데 도움이 된다.

예술경험 영역에서는 '아름다움 찾아보기', '예술적 표현하기', '예술 감상하기'의 세 가지 내용범주로 구성된다. '아름다움 찾아보기'는 예술적 요소를 탐색하는 내용이며, '예술적 표현하기'는 간단한 리듬이나 노래, 움직임, 자발적인 미술활동을 자유롭게 시도하고, 모방이나 상상놀이로 표현하는 내용으로 구성되어 있다. '예술 감상하기'는 아름다움을 즐기기 위한 내용으로 구성되어 있다.

예술경험 영역에서는 영아가 주변 환경에서 나는 소리, 모양이나 색 등에 주의를 주고 눈여겨보도록 하며 호기심을 가지고 탐색하는 데 중점을 둔다. 영아가 노래를 따라 부르고 간단한 도구를 이용하여 몸으로 표현하며 일상생활 경험을 상상놀이로 즐기도록 한다. 나아가 생활 속의 소리나 움직임, 친근한 음악과 춤을 관심 있게 보고 즐기며 자신과 또래가 표현한 노래, 춤, 미술작품 등에 관심을 가지고 즐기는 데 중점을 둔다.

나. 목표

- 아름다움에 관심을 가지고 예술경험을 즐긴다.
  - 주변 생활에서 예술적 요소를 발견하고 흥미롭게 탐색한다.
  - 간단한 리듬이나 노래, 움직임, 자발적인 미술활동을 자유롭게 시도하고 모방이나 상상놀이로 표현한다.
  - 주변의 환경과 자연 및 다양한 표현에서 예술적 요소를 관심 있게 보고 즐긴다.

예술경험 영역의 목표는 영아가 자기 주변의 예술적 요소를 탐색하고 아름다움을 즐기며 소리, 노래, 움직임, 미술활동, 상상놀이를 통해 예술적으로 표현하는 과정을 즐기는 태도를 형성하고 기초적인 감성 발달을 목표로 한다.

영아기는 능동적으로 주변을 탐색하며 아름다움을 즐길 줄 알고 자발적으로 표현하는 것을 즐김으로써 향후 창의성 발달에 기초를 이루는 중요한 시기이다. 그러므로 영아가 주변 환경에 대하여 단순한 관심에서 벗어나 적극적으로 좋아하는 것을 찾아보는 경험에 중점을 둔다. 또한 친근한 노래를 따라 부르며 간단한 도구를 이용하여 몸으로 표현하고, 일상생활 경험을 상상놀이로 즐길 줄 하는 태도를 갖는 데 중점을 둔다.

- 주변 생활에서 예술적 요소를 발견하고 흥미롭게 탐색한다.

영아기는 신체조절이 원활해지면서 주변에서 찾아볼 수 있는 자연, 사물에 대하여 선, 모양, 색, 움직임, 흐름 등의 예술적 요소를 탐색하며 성장해 가는 시기이다. 그러므로 영아가 호기심을 가지고 바라보며 만져보고 조작하면서 아름다움을 경험하고 즐기는 경험을 반복적으로 갖는 것이 중요하다. 영아가 자연이나 사물에 대하여 단순한 요소 탐색에서 시작하여 복합적인 요소로, 익숙한 것에서 시작하여 새로운 것으로 경험을 넓혀나가는 것이 필요하다. 이를 통해 아름다운 심성과 태도를 형성하기 위한 기초를 마련하도록 한다.

- 간단한 리듬이나 노래, 움직임, 자발적인 미술활동을 자유롭게 시도하고 모방이나 상상놀이로 표현한다.

영아기는 선입견이나 타인의 시선에 영향을 받지 않고 자신의 의사나 감정, 생각 등을 노래와 움직임, 미술활동, 상상놀이를 통해 자유로운 표현을 즐기는 시기이다. 영아가 리듬 있는 소리를 만들어 내거나 노래를 부르고 움직임으로써 리듬감 발달과 창의적인 표현 능력 증진에 중요하다. 또한 대소근육 조절과 기본운동 능력이 발달하면서 간단한 도구를 조작하거나 활용하여 리듬감 있는 움직임과 미술로 표현해 봄으로써 풍부한 정서 발달과 자유로운 표현 능력 증진에 중요하다. 마찬가지로 영아의 일상을 반영한 모방행동과 상상놀이는 표상 능력과 사회적 상호작용 증진에 중요하다. 그러므로 영아가 다양한 내용으로 자신을 생각과 감정을 편안한 분위기에서 표현하는 것을 즐기도록 하는 것에 중점을 둔다. 이를 통해 영아의 창의적인 표현 능력을 증진하기 위한 기초를 이루도록 한다.

- 주변의 환경과 자연 및 다양한 표현에서 예술적 요소를 관심 있게 보고 즐긴다.

영아기는 예술작품보다는 자신이 일상에서 익숙하게 마주하는 환격과 자연, 자신과 또래의 표현과정에서 예술적 요소를 찾아보며 감상하기를 즐기는 시기이다. 그러므로 영아가 주변과 자연환경에 관심을 돌려 노래, 춤, 자연물 등을 자주 경험하도록 하는 데 중점을 두는 것이 중요하다. 또한 자신과 또래가 예술적으로 표현하는 과정과 관심을 두며 즐기는 것이 중요하다. 단순한 요소를 감상하다 점차 복합적인 요소를 찾아보고, 자신의 작품에서부터 또래의 작품 그리고 익숙한 자연물과 설치물 나아가 지역사회에서 찾아볼 수 있는 작품 등으로 감상의 영역을 넓혀나가는 것이 중요하다. 이를 통해 자신의 주변을 풍부한 시각으로 바라보는 것을 즐거워하고, 자신과 타인의 표현을 존중하면서 심미감 발달과 감상 능력을 계발하는 데 기초를 이루도록 한다.

다. 내용구성

예술경험 영역은 2세 영아가 자신의 신체와 주변 환경에서 예술적 요소를 탐색하고 간단한 리듬, 노래, 움직임, 미술활동, 모방 및 상상놀이로 표현하고, 주변의 환경과 자연 및 다양한 표현에서 예술적 요소를 감상하고 즐기는 태도를 기르기 위한 영역이다. 예술경험 영역은 '아름다움 찾아보기', '예술적 표현하기', '예술 감상하기'의 세 가지 내용범주로 구성되며, 범주별 내용은 다음과 같다.

- 내용체계

내용범주	내용
아름다움 찾아보기	예술적 요소 탐색하기
예술적 표현하기	리듬 있는 소리와 노래로 표현하기
	움직임으로 표현하기
	자발적으로 미술활동하기
	모방과 상상놀이하기
예술 감상하기	아름다움 즐기기

• 세부내용

<table>
<tr><th>내용범주</th><th>내용</th><th>1수준</th><th>2수준</th></tr>
<tr><td rowspan="2">아름다움 찾아보기</td><td rowspan="2">예술적 요소 탐색하기</td><td colspan="2">주변 환경에서 나는 다양한 소리와 움직임을 탐색한다.</td></tr>
<tr><td colspan="2">주변 환경에서 색, 모양을 탐색한다.</td></tr>
<tr><td rowspan="7">예술적 표현하기</td><td rowspan="2">리듬있는 소리와 노래로 표현하기</td><td colspan="2">친근한 노래를 따라 부른다.</td></tr>
<tr><td colspan="2">신체, 사물, 리듬악기 등을 이용하여 간단한 리듬과 소리를 만든다.</td></tr>
<tr><td rowspan="2">움직임으로 표현하기</td><td colspan="2">노래나 리듬에 맞춰 몸으로 표현한다.</td></tr>
<tr><td colspan="2">간단한 도구를 활용하여 몸으로 표현한다.</td></tr>
<tr><td rowspan="2">자발적으로 미술활동하기</td><td colspan="2">자발적으로 그리기, 만들기를 한다.</td></tr>
<tr><td colspan="2">간단한 도구와 미술재료를 다룬다.</td></tr>
<tr><td>모방과 상상놀이하기</td><td>모방행동을 놀이처럼 즐긴다.</td><td>일상생활 경험을 상상놀이로 즐긴다.</td></tr>
<tr><td rowspan="3">예술 감상하기</td><td rowspan="3">아름다움 즐기기</td><td colspan="2">자연이나 생활의 소리, 움직임, 친근한 음악과 춤을 관심있게 듣거나 본다.</td></tr>
<tr><td colspan="2">일상생활에서 자연과 사물의 아름다움에 관심을 가지고 즐긴다.</td></tr>
<tr><td colspan="2">자신과 또래가 표현한 노래, 춤, 미술품 등에 관심을 가지고 즐긴다.</td></tr>
</table>

2) 유치원 누리과정

교육과학기술부 고시 제 2012-16호, 유아교육법 제13조 제2항에 의거하여 유치원 교육과정의 내용은 다음과 같다.

총론

현재의 누리과정은 유아의 심신의 건강과 조화로운 발달을 도와 민주시민의 기초를 형성하는 것을 목적으로 유아교육법 제13조 제2항에 의거한 유치원 교육과정(2012. 7.10 교육과학기술부 고시 제 2012-16호)과 영유아보육법 시행규칙 제30조에 의거한 제3차 어린이집 표준보육과정(2013. 1. 21. 보건복지부 고시 제 2013-8호)의 3~5세 보육과정을 통합한 공통 과정을 말한다. 이는 2013년 3월 1일부터 시행되었다.

(1) 3~5세 누리과정의 영역별 목표

① 신체운동·건강

기본운동 능력과 건강하고 안전한 생활습관을 기른다.

가. 감각 능력을 기르고, 자신의 신체를 긍정적으로 인식한다.

나. 신체를 조절하고 기본운동 능력을 기른다.

다. 신체활동에 즐겁게 참여한다.

라. 건강한 생활습관을 기른다.

마. 안전한 생활습관을 기른다.

② 의사소통

일상생활에 필요한 의사소통 능력과 바른 언어 사용 습관을 기른다.

가. 다른 사람의 말을 주의 깊게 듣는 태도와 이해하는 능력을 기른다.

나. 자신의 생각과 느낌을 말하는 능력을 기른다.

다. 글자와 책에 친숙해지는 경험을 통하여 글자 모양을 인식하고 읽기에 흥미를 가진다.

라. 말과 글의 관계를 알고 자신의 생각, 느낌, 경험을 글로 표현하는 데 관심을 가진다.

③ 사회관계

자신을 존중하고 다른 사람과 더불어 생활하는 능력과 태도를 기른다.

가. 자신을 소중히 여기며 자율성을 기른다.

나. 자신과 타인의 감정을 알고, 자신의 감정을 적절하게 표현하고 조절한다.

다. 가족과 화목하게 지내며 서로 협력한다.

라. 친구, 공동체 구성원들과 서로 돕고, 예의·규칙 등 사회적 가치를 알고 지킨다.

마. 우리 동네, 우리나라, 다른 나라에 관심을 가진다.

④ 예술경험

아름다움에 관심을 가지고 예술 경험을 즐기며, 창의적으로 표현하는 능력을 기른다.

가. 자연과 주변 환경에서 발견한 아름다움과 예술적 요소에 관심을 갖고 탐색한다.

나. 자신의 생각과 느낌을 음악, 움직임과 춤, 미술, 극 놀이를 통해 창의적으로 표현하는 것을 즐긴다.

다. 자연과 다양한 예술작품을 감상하며, 풍부한 감성과 심미적 태도를 기른다.

⑤ 자연탐구

호기심을 가지고 주변 세계를 탐구하며, 일상생활에서 수학적 · 과학적으로 생각하는 능력과 태도를 기른다.

가. 주변의 사물과 자연 세계에 대해 알고자 하는 호기심을 가지고 탐구하는 태도를 기른다.

나. 생활 속의 여러 상황과 문제를 논리·수학적으로 이해하고 해결하기 위한 기초 능력을 기른다.

다. 주변의 관심 있는 사물과 생명체 및 자연현상을 탐구하기 위한 기초 능력을 기른다.

(2) 3~5세 누리과정의 영역별 내용

3~5세 누리과정의 영역별 내용 역시 유아의 음악활동과 직접적인 관련을 맺는 신체운동·건강 영역과 예술경험 영역의 내용을 살펴보고자 한다.

① 신체운동·건강

가. 성격

신체운동·건강 영역은 유아가 자신의 신체를 긍정적으로 인식하고 신체활동에 즐겁게 참여함으로써 유아기에 필요한 기본운동 능력과 기초 체력을 기르고, 건강하고 안전한 생활을 실천하는 능력과 태도를 기르기 위한 영역이다.

유아가 신체운동 능력을 가지고 건강한 신체 및 정신을 유지하는 것은 자신에 대한 긍정적인 인식을 형성하는 것은 물론 대인관계에서도 자신감을 가질 수 있게 한다. 이 시기 유아는 신체운동을 성공적으로 수행하면서 성취감을 느낄 수 있기 때문이다. 이러한 경험은 유아가 또래 친구들과 우호적인 관계를 형성하는 기초가 된다. 따라서 유아가 긍정적인 신체인식 능력을 형성하기 위해서는 발달 수준이나 흥미에 적절한 신체운동활동을 제공해 주는 것이 중요하다. 유아기 기초 체력은 신체조절 능력과 이동운동, 비이동운동을 통해 형성하는 근력, 근지구력, 민첩성, 유연성, 협응성 등을 포함하는 개념으로, 이후 아동기나 청소년기 체력과 운동 능력에 영향을 미친다. 최근 생활 형태의 변화로 유아의 신체운동 기회가 점차 줄어들어 기초체력이 저하되고, 식습관의 변화로 비만 등의 문제가 발생하고 있으므로 유아기에 바른 식습관을 형성하는 것도 중요하다. 또한 생활 속에서 자연재해나 안전사고의 발생 위험 또한 증가하고 있으므로, 유아가 다양한 신체운동활동에 적극적이고 지속적으로 참여함으로써 기본운동 능력을 형성하고 건강하고 안전한 생활습관을 기르도록 지원하는 것이 중요하다.

나. 내용구성

신체운동·건강 영역은 '신체인식하기', '신체조절과 기본 운동하기', '신체활동에 참여하기', '건강하게 생활하기', '안전하게 생활하기'의 다섯 가지 내용범주로 구성되어 있다.

앞의 세 내용범주는 주로 기본운동 능력과 신체활동과 관련된 내용이며, 나머지 내용범주는 건강하고 안전한 일상 생활습관에 관한 내용으로 신체운동 및 건강이라는 차원에서 통합된다.

신체운동·건강 영역에서는 유아의 발달 수준과 흥미에 맞는 다양한 신체운동활동과 규칙적인 운동을 통해 기본운동 능력과 기초 체력을 형성하고, 적절히 휴식하며, 주변을 청결히 하고, 위생적이고 안전한 생활습관과 위험한 상황으로부터 자신을 지킬 수 있는 방법과 태도를 자연스럽게 습득하도록 한다.

신체운동·건강 영역에서는 유아가 신체조절 능력과 기본운동 능력을 기르고 건강한 생활습관을 통해 질병에 대한 면역력을 키울 수 있도록 하며, 안전 관련 위험요소를 예방하고 위험에 적절히 대처하는 능력을 기르도록 한다.

'신체인식하기'는 감각 능력과 감각기관의 활용 능력을 기르고 다양한 신체 움직임을 통하여 자신의 신체를 긍정적으로 인식하도록 돕는 내용으로 구성되어 있다.

'신체조절과 기본운동하기'는 신체를 움직일 때 균형이 맞게 바로잡는 조절력을 기르고, 몸을 한 장소에서 다른 장소로 위치를 변화시키며 움직이는 이동운동이나 제자리에서 다양하게 움직여 보는 운동을 통해 운동 능력의 기초를 형성하는 데 중점을 두고 있다.

'신체활동에 참여하기'는 유아가 자발적으로 신체활동에 참여하며 실내뿐 아니라 실외에서의 다양한 운동활동과 기구를 이용한 신체활동을 통해 즐거움을 느끼고 기초 체력을 기르는 내용이다. 이러한 신체운동활동을 통해 유아가 즐거움을 느끼고 규칙적이며 자발적인 운동습관을 기르는 데 중점을 둔다.

'건강하게 생활하기'는 청결과 위생, 바른 식생활하기, 규칙적이고 건강한 일상생활하기를 통해 건강한 생활습관과 태도를 형성하고 질병을 예방할 수 있는 능력과 태도를 형성하는 내용으로 구성되어 있다.

'안전하게 생활하기'는 유아가 일상생활에서 안전하게 놀이하는 습관을 형성하고, 교통규칙을 알고 지키며, 재난이나 사고 등 비상사태에서 안전하게 대처하는 방법을 알고 실천하도록 하는 데 중점을 둔다.

3세 신체운동·건강

내용체계

내용범주	내용
신체인식하기	감각 능력 기르고 활용하기
	신체를 인식하고 움직이기
신체조절과 기본운동하기	신체조절하기
	기본운동하기
신체활동에 참여하기	자발적으로 신체활동에 참여하기
	바깥에서 신체활동하기
	기구를 이용하여 신체활동하기
건강하게 생활하기	몸과 주변을 깨끗이 하기
	바른 식생활하기
	건강한 일상생활하기
	질병 예방하기
안전하게 생활하기	안전하게 놀이하기
	교통안전 규칙 지키기
	비상시 적절히 대처하기

세부내용

내용범주	내용	세부 내용
신체 인식하기	감각 능력 기르고 활용하기	감각적 차이를 경험한다.
		감각기관을 인식하고, 활용해 본다.
	신체를 인식하고 움직이기	신체 각 부분의 명칭을 알고, 움직임에 관심을 갖는다.
		자신의 신체를 긍정적으로 인식하고 움직인다.
신체조절과 기본 운동하기	신체조절하기	신체균형을 유지해본다.
		공간, 힘, 시간 등의 움직임 요소를 경험한다.
		신체 각 부분의 움직임을 조절해 본다.
		눈과 손을 협응하여 소근육을 조절해 본다.

내용범주	내용	세부 내용
	기본운동하기	걷기, 달리기 등 이동운동을 한다.
		제자리에서 몸을 움직여 본다.
신체활동에 참여하기	자발적으로 신체활동에 참여하기	신체활동에 자발적으로 참여한다.
		다른 사람과 함께 하는 신체활동에 참여한다.
	바깥에서 신체활동하기	규칙적으로 바깥에서 신체활동을 한다.
	기구를 이용하여 신체활동하기	여러 가지 기구를 이용하여 신체활동을 한다.
건강하게 생활하기	몸과 주변을 깨끗이 하기	손과 이를 깨끗이 하는 방법을 알고 실천한다.
		주변을 깨끗이 한다.
	바른 식생활하기	음식을 골고루 먹는다.
		몸에 좋은 음식에 관심을 갖는다.
		바른 태도로 식사한다.
	건강한 일상생활하기	규칙적으로 잠을 자고, 적당한 휴식을 취한다.
		하루 일과에 즐겁게 참여한다.
		스스로 화장실에서 배변한다.
	질병 예방하기	질병의 위험을 알고 주의한다.
		날씨에 맞게 옷을 입는다.
안전하게 생활하기	안전하게 놀이하기	놀이기구나 놀잇감, 도구를 안전하게 사용한다.
		안전한 놀이장소를 안다.
		TV, 인터넷, 통신기기 등을 바르게 사용한다.
	교통안전 규칙 지키기	교통안전 규칙을 안다.
		교통수단을 안전하게 이용한다.
	비상시 적절히 대처하기	학대, 성폭력, 실종, 유괴상황을 알고 도움을 요청한다.
		재난 및 사고 등 비상시 적절하게 대처하는 방법을 안다.

4세 신체운동·건강

• 내용체계

내용범주	내용
신체인식하기	감각 능력 기르고 활용하기
	신체를 인식하고 움직이기
신체조절과 기본운동하기	신체조절하기
	기본운동하기
신체활동에 참여하기	자발적으로 신체활동에 참여하기
	바깥에서 신체활동하기
	기구를 이용하여 신체활동하기
건강하게 생활하기	몸과 주변을 깨끗이 하기
	바른 식생활하기
	건강한 일상생활하기
	질병 예방하기
안전하게 생활하기	안전하게 놀이하기
	교통안전 규칙 지키기
	비상시 적절히 대처하기

• 세부내용

내용범주	내용	세부 내용
신체 인식하기	감각 능력 기르고 활용하기	감각적 차이를 구분한다.
		여러 감각기관을 협응하여 활용한다.
	신체를 인식하고 움직이기	신체 각 부분의 특성을 이해하고 활용하여 움직인다.
		자신의 신체를 긍정적으로 인식하고 움직인다.
신체조절과 기본 운동하기	신체조절하기	다양한 자세와 움직임에서 신체균형을 유지한다.
		공간, 힘, 시간 등의 움직임 요소를 활용하여 움직인다.
		신체 각 부분을 협응하여 움직임을 조절한다.
		눈과 손을 협응하여 소근육을 조절해 본다.

내용범주	내용	세부 내용
	기본운동하기	걷기, 달리기, 뛰기 등 다양한 이동운동을 한다.
		제자리에서 몸을 다양하게 움직인다.
신체활동에 참여하기	자발적으로 신체활동에 참여하기	신체활동에 자발적이고 지속적으로 참여한다.
		다른 사람과 함께 하는 신체활동에 참여한다.
		자신과 다른 사람의 운동 능력의 차이에 관심을 갖는다.
	바깥에서 신체활동하기	규칙적으로 바깥에서 신체활동을 한다.
	기구를 이용하여 신체활동하기	여러 가지 기구를 이용하여 신체활동을 한다.
건강하게 생활하기	몸과 주변을 깨끗이 하기	손과 이를 깨끗이 하는 방법을 알고 실천한다.
		주변을 깨끗이 하는 습관을 기른다.
	바른 식생활하기	음식을 골고루 먹는다.
		몸에 좋은 음식을 알아본다.
		음식을 소중히 여기고 식사예절을 지킨다.
	건강한 일상생활하기	규칙적으로 잠을 자고, 적당한 휴식을 취한다.
		하루 일과에 즐겁게 참여한다.
		바른 배변습관을 가진다.
	질병 예방하기	질병을 예방하는 방법을 알고 실천한다.
		날씨와 상황에 알맞게 옷을 입는다.
안전하게 생활하기	안전하게 놀이하기	놀이기구나 놀잇감, 도구를 안전하게 사용한다.
		안전한 장소를 알고 안전하게 놀이한다.
		TV, 인터넷, 통신기기 등의 위해성을 알고, 바르게 사용한다.
	교통안전 규칙 지키기	교통안전 규칙을 알고 지킨다.
		교통수단을 안전하게 이용한다.
	비상시 적절히 대처하기	학대, 성폭력, 실종, 유괴상황 시 도움을 요청하는 방법을 알고 행동한다.
		재난 및 사고 등 비상시 적절하게 대처하는 방법을 알고 행동한다.

5세 신체운동·건강

내용체계

내용범주	내용
신체인식하기	감각 능력 기르고 활용하기
	신체를 인식하고 움직이기
신체조절과 기본운동하기	신체조절하기
	기본운동하기
신체활동에 참여하기	자발적으로 신체활동에 참여하기
	바깥에서 신체활동하기
	기구를 이용하여 신체활동하기
건강하게 생활하기	몸과 주변을 깨끗이 하기
	바른 식생활하기
	건강한 일상생활하기
	질병 예방하기
안전하게 생활하기	안전하게 놀이하기
	교통안전 규칙 지키기
	비상시 적절히 대처하기

세부내용

내용범주	내용	세부 내용
신체 인식하기	감각 능력 기르고 활용하기	감각으로 대상이나 사물의 특성과 차이를 구분한다.
		여러 감각기관을 협응하여 활용한다.
	신체를 인식하고 움직이기	신체 각 부분의 특성을 이해하고 활용하여 움직인다.
		자신의 신체를 긍정적으로 인식하고 움직인다.
신체조절과 기본 운동하기	신체조절하기	다양한 자세와 움직임에서 신체균형을 유지한다.
		공간, 힘, 시간 등의 움직임 요소를 활용하여 움직인다.
		신체 각 부분을 협응하여 움직임을 조절한다.
		눈과 손을 협응하여 소근육을 조절해 본다.

내용범주	내용	세부 내용
		도구를 활용하여 여러 가지 조작운동을 한다.
	기본 운동하기	걷기, 달리기, 뛰기 등 다양한 이동운동을 한다.
		제자리에서 몸을 다양하게 움직인다.
신체활동에 참여하기	자발적으로 신체활동에 참여하기	신체활동에 자발적이고 지속적으로 참여한다.
		다른 사람과 함께 하는 신체활동에 참여한다.
		자신과 다른 사람의 운동 능력의 차이를 이해한다.
	바깥에서 신체활동하기	규칙적으로 바깥에서 신체활동을 한다.
	기구를 이용하여 신체활동하기	여러 가지 기구를 이용하여 신체활동을 한다.
건강하게 생활하기	몸과 주변을 깨끗이 하기	스스로 몸을 깨끗이 하는 습관을 기른다.
		주변을 깨끗이 하는 습관을 기른다.
	바른 식생활하기	적당량의 음식을 골고루 먹는다.
		몸에 좋은 음식을 선택할 수 있다.
		음식을 소중히 여기고 식사예절을 지킨다.
	건강한 일상생활하기	규칙적으로 잠을 자고, 적당한 휴식을 취한다.
		하루 일과에 즐겁게 참여한다.
		규칙적인 배변습관을 가진다.
	질병 예방하기	질병을 예방하는 방법을 알고 실천한다.
		날씨와 상황에 알맞게 옷을 입는다.
안전하게 생활하기	안전하게 놀이하기	놀이기구나 놀잇감, 도구의 바른 사용법을 알고 안전하게 사용한다.
		안전한 장소를 알고 안전하게 놀이한다.
		TV, 인터넷, 통신기기 등의 위해성을 알고, 바르게 사용한다.
	교통안전 규칙 지키기	교통안전 규칙을 알고 지킨다.
		교통수단을 안전하게 이용한다.
	비상시 적절히 대처하기	학대, 성폭력, 실종, 유괴상황 시 도움을 요청하는 방법을 알고 행동한다.
		재난 및 사고 등 비상시 적절하게 대처하는 방법을 알고 행동한다.

② 예술경험

가. 성격

예술경험 영역은 유아가 친근한 주변 환경에서 발생하는 소리, 음악, 움직임과 춤, 모양과 색 등의 미술 요소에서 아름다움을 느끼고, 또래와 교사, 부모, 지역사회의 주민이나 작가가 표현한 예술작품을 가까이 접하면서, 이를 탐색하고 창의적으로 표현하는 것을 즐기며 감상하기 위한 영역이다.

인간은 아름다운 것을 보고 듣고 느끼는 경험을 통해 아름다움을 추구하고 이에 대한 기쁨을 알아가고, 이러한 아름다움을 표현하고자 하는 기본적 욕구가 있을 뿐 아니라 아름다움을 다른 사람과 공유하고 소통하고자 하는 예술적 존재이다. 예술경험은 주변의 아름다움을 매개로 다른 사람과 소통도 가능하게 하므로 개인적이면서도 사회적인 활동이다. 따라서 예술경험 영역에서는 만 3~5세 유아들에게 아름다움을 찾아보고, 그 아름다움을 표현하며, 자신의 창의적 표현을 즐기고 감상하도록 한다. 또한 다른 사람의 예술적 표현을 존중하고, 우리 문화에 내재된 아름다움을 찾아보며 느낌을 나눌 수 있도록 하는 경험에 중점을 둔다.

나. 내용구성

이 영역은 '아름다움 찾아보기', '예술적 표현하기', '예술 감상하기'의 세 가지 내용범주로 구성되어 있다. 그러나 유아기의 예술경험은 이 세 가지 내용이 구분되기보다는 서로 밀접하게 연관되어 있다. 아름다움 찾아보기, 예술적 표현, 예술 감상은 서로 연계되고 순환되면서 유아의 예술경험을 새롭게 재구성한다는 특징이 있다. 따라서 인위적인 구분에 따라 별개의 독립된 활동으로 다루기보다 수시로 일상생활 속에서 다양한 예술 매체와의 친숙한 경험을 통해 아름다움을 찾고 표현하며, 감상하는 활동이 순환되고 통합되도록 하는 것이 중요하다.

예술경험 영역은 다른 영역에 비해 개인의 자유로운 감성과 표현이 존중되는 영역인 만큼 집단활동으로 이루어지는 경우에도 각 유아가 가진 느낌을 편안한 마음으로 자유롭게 표현하고 즐길 수 있도록 하는 허용적인 분위기 조성이 필요하다.

예술경험 영역의 목표는 유아가 자연과 사물을 접하면서 느낄 수 있는 다양한 예술적 요소를 찾아보고 이를 창의적으로 표현하며, 아름다움에 관심을 가지고 예술활동을 즐기고 추구할 수 있는 소양과 더불어 아름다움의 다양성을 이해하고 존중하는 역량을 기르는 데 있다.

유아기는 주변에 관심을 갖고 감각과 신체를 이용하여 보고, 듣고, 만지며 느낀 것을 자연스럽게 표현함으로써 예술적 요소를 인식할 수 있는 기초 능력이 발달되는 시기이다. 또한 만 3~5세 유아들은 자연을 비롯한 주변 사물이 지닌 다양한 예술적 요소를 인식하고 친숙한 대상에 대한 느낌과 생각을 표현할 수 있다. 나아가 이 시기의 유아는 느낌, 생각, 상상한 것을 자신만의 창의적인 방법으로 상징적인 표현을 한다.

이로 인해 미적 감각 및 심미적 태도가 발현되기도 한다. 이러한 유아기 동안 미적 감각과 심미적 태도가 형성되도록 하는 것은 일생을 살아가면서 정서적 풍요로움과 행복감을 얻는 기본적인 역량을 제공한다는 점에서 가치가 높다. 따라서 예술경험 영역에서는 유아가 자연과 일상생활 속에서 아름다움에 관심을 갖고 예술경험을 즐기며, 창의적으로 표현하고 감상하는 능동적인 태도를 가질 수 있도록 돕는 데 목표를 둔다.

예술경험 영역의 '아름다움 찾아보기', '예술적 표현하기', '예술 감상하기'의 세 가지 범주는 아름다움과 예술이라는 큰 체제 속에서 통합적인 경험이 될 수 있도록 해야 한다.

'아름다움 찾아보기'는 자연 및 예술의 모든 영역을 아우르며 음악, 움직임 및 춤, 미술의 요소를 자유롭게 탐색하도록 하는 내용을 다룬다. 이를 통해 유아가 주변 환경 속에 잠재된 아름다움을 발견하고, 적극적으로 찾아보려는 태도를 형성하는 데 중점을 둔다.

'예술적 표현하기'는 다양한 예술표현방법을 통해 자신의 느낌과 생각을 표현하도록 하는 내용을 다룬다. 자신이 나타내고자 하는 바를 마음껏 펼칠 수 있을 때 잠재된 창의성과 표현력이 발휘되므로, 풍부한 재료 및 도구와 함께 편안하고 허용적인 환경을 제공하는 것이 무엇보다 중요하다.

'예술 감상하기'는 자신과 다른 사람의 작품 그리고 우리나라 전통예술을 포함하여 다양한 종류의 예술을 감상하는 경험들로 구성되어 있다. 주변에서 친근하게 접할 수 있는 자연이나 사물, 예술작품을 비롯하여 인류 보편의 감성을 담고 있는 다양한 문화의 작품들에도 관심을 가져 보는 기회를 제공한다.

3세 예술경험

• 내용체계

내용범주	내용
아름다움 찾아보기	음악적 요소 탐색하기
	움직임과 춤 요소 탐색하기
	미술적 요소 탐색하기
예술적 표현하기	음악으로 표현하기
	움직임과 춤으로 표현하기
	미술활동으로 표현하기
	극 놀이로 표현하기
	통합적으로 표현하기
예술 감상하기	다양한 예술 감상하기
	전통예술 감상하기

• 세부내용

내용범주	내용	세부 내용
아름다움 찾아보기	음악적 요소 탐색하기	다양한 소리, 음악의 셈여림, 빠르기, 리듬 등에 관심을 갖는다.
	움직임과 춤 요소 탐색하기	움직임과 춤의 모양, 힘, 빠르기 등에 관심을 갖는다.
	미술적 요소 탐색하기	자연과 사물의 색, 모양, 질감 등에 관심을 갖는다.
예술적 표현하기	음악으로 표현하기	간단한 노래를 듣고 따라 부른다.
		전래동요를 즐겨 부른다.
		리듬악기로 간단한 리듬을 표현해 본다.
		간단한 리듬과 노래를 즉흥적으로 만들어 본다.
	움직임과 춤으로 표현하기	신체를 이용하여 주변의 움직임을 자유롭게 표현한다.
		움직임과 춤으로 자신의 생각과 느낌을 표현한다.
		도구를 활용하여 다양한 움직임으로 표현한다.

내용범주	내용	세부 내용
	미술활동으로 표현하기	다양한 미술활동을 경험해 본다.
		미술활동에 필요한 재료와 도구에 관심을 가지고 사용한다.
	극 놀이로 표현하기	일상생활의 경험을 극 놀이로 표현한다.
	통합적으로 표현하기	예술활동에 참여하여 표현과정을 즐긴다.
예술 감상하기	다양한 예술 감상하기	다양한 음악, 춤, 미술작품, 극 놀이 등을 듣거나 본다.
		나와 다른 사람의 예술표현을 소중히 여긴다.
	전통예술 감상하기	우리나라의 전통예술에 관심을 갖는다.

4세 예술경험

- 내용체계

내용범주	내용
아름다움 찾아보기	음악적 요소 탐색하기
	움직임과 춤 요소 탐색하기
	미술적 요소 탐색하기
예술적 표현하기	음악으로 표현하기
	움직임과 춤으로 표현하기
	미술활동으로 표현하기
	극 놀이로 표현하기
	통합적으로 표현하기
예술 감상하기	다양한 예술 감상하기
	전통예술 감상하기

- 세부내용

내용범주	내용	세부 내용
아름다움 찾아보기	음악적 요소 탐색하기	다양한 소리, 음악의 셈여림, 빠르기, 리듬 등에 관심을 갖는다.
	움직임과 춤 요소 탐색하기	움직임과 춤의 모양, 힘, 빠르기 등에 관심을 갖는다.
	미술적 요소 탐색하기	자연과 사물의 색, 모양, 질감 등에 관심을 갖는다.
예술적 표현하기	음악으로 표현하기	노래로 자신의 생각과 느낌을 표현한다.
		전래동요를 즐겨 부른다.
		리듬악기를 연주해 본다.
		간단한 리듬과 노래를 즉흥적으로 만들어 본다.
	움직임과 춤으로 표현하기	신체를 이용하여 주변의 움직임을 자유롭게 표현한다.
		움직임과 춤으로 자신의 생각과 느낌을 표현한다.
		도구를 활용하여 다양한 움직임으로 표현한다.
	미술활동으로 표현하기	다양한 미술활동으로 자신의 생각과 느낌을 표현한다.
		협동적인 미술활동에 참여한다.
		미술활동에 필요한 재료와 도구를 다양하게 사용한다.
	극 놀이로 표현하기	일상생활의 경험이나 간단한 이야기를 극 놀이로 표현한다.
		소품, 배경, 의상 등을 사용하여 협동적으로 극 놀이를 한다.
	통합적으로 표현하기	음악, 움직임과 춤, 미술, 극 놀이 등을 통합하여 표현한다.
		예술활동에 참여하여 표현과정을 즐긴다.
예술 감상하기	다양한 예술 감상하기	다양한 음악, 춤, 미술작품, 극 놀이 등을 듣거나 보고 즐긴다.
		나와 다른 사람의 예술표현을 소중히 여긴다.
	전통예술 감상하기	우리나라의 전통예술에 관심을 갖는다.

5세 예술경험

내용체계

내용범주	내 용
아름다움 찾아보기	음악적 요소 탐색하기
	움직임과 춤 요소 탐색하기
	미술적 요소 탐색하기
예술적 표현하기	음악으로 표현하기
	움직임과 춤으로 표현하기
	미술활동으로 표현하기
	극 놀이로 표현하기
	통합적으로 표현하기
예술 감상하기	다양한 예술 감상하기
	전통예술 감상하기

세부 내용

내용범주	내용	세부 내용
아름다움 찾아보기	음악적 요소 탐색하기	다양한 소리, 악기 등으로 음악의 셈여림, 빠르기, 리듬 등을 탐색한다.
	움직임과 춤 요소 탐색하기	움직임과 춤의 모양, 힘, 빠르기, 흐름 등을 탐색한다.
	미술적 요소 탐색하기	자연과 사물에서 색, 모양, 질감, 공간 등을 탐색한다.
예술적 표현하기	음악으로 표현하기	노래로 자신의 생각과 느낌을 표현한다.
		전래동요를 즐겨 부른다.
		리듬악기를 연주해 본다.
		리듬과 노래 등을 즉흥적으로 만들어 본다.
	움직임과 춤으로 표현하기	신체를 이용하여 주변의 움직임을 다양하게 표현하며 즐긴다.
		움직임과 춤으로 자신의 생각과 느낌을 표현한다.
		다양한 도구를 활용하여 창의적으로 움직인다.

내용범주	내용	세부 내용
	미술활동으로 표현하기	다양한 미술활동으로 자신의 생각과 느낌을 표현한다.
		협동적인 미술활동에 참여하여 즐긴다.
		미술활동에 필요한 재료와 도구를 다양하게 사용한다.
	극 놀이로 표현하기	경험이나 이야기를 극 놀이로 표현한다.
		소품, 배경, 의상 등을 사용하여 협동적으로 극 놀이를 한다.
	통합적으로 표현하기	음악, 움직임과 춤, 미술, 극 놀이 등을 통합하여 표현한다.
		예술활동에 참여하여 창의적으로 표현하는 과정을 즐긴다.
예술 감상하기	다양한 예술 감상하기	다양한 음악, 춤, 미술작품, 극 놀이 등을 듣거나 보고 즐긴다.
		나와 다른 사람의 예술표현을 소중히 여긴다.
	전통예술 감상하기	우리나라의 전통예술에 관심을 갖고 친숙해진다.

2 영유아음악활동의 영역

현대의 음악교육은 기술이나 기능을 습득하는 것이 아니라 음악 전체를 그대로 받아들일 수 있게 하는 것이며, 영유아의 생활 속에서 자연스럽게 만족과 즐거움을 주는 과정 중심의 교육이어야 한다. 타고난 음악적 능력을 발전시키려면 생활 속에서 음악을 즐길 수 있는 환경과 음악적인 경험을 제공할 수 있어야 한다.

영유아음악교육의 내용이나 음악활동 영역은 교육과정이나 학자들의 관점에 따라 다르게 제시된다. 음악교육의 내용으로 음악의 기본개념, 즉 음의 높낮이, 리듬, 멜로디, 화성, 음색, 셈여림, 빠르기, 음의 짜임새, 형식, 음악적 양식 등을 제시하는 학자들은 음악교육을 음악의 구성요소와 관련지어 전문적이고 절대적인 개념으로 보는 입장이다. 하지만 현대의 영유아음악교육은 '음악'이라는 절대 영역만으로는 곤란하다. 음악, 언어, 동작, 춤, 문학, 미술, 연극 등의 영역과 통합된 내용으로 교육활동이 이루어짐을 알 수 있다.

이러한 음악교육의 내용을 영유아에게 실제 경험으로 활동하게 하는 활동 영역 또한 학자에 따라 각기 다르게 제시된다. 영유아의 음악활동을 4대 영역(음악 듣기, 노래 부르기, 악기탐색 및 연주, 신체표현하기)으로 나누는 학자들과 여기에 창작하기를 보태어 5대 영역으로 주장하는 학자들도 많다. 5대 영역으로 제시된 창작하기는 노래 부르기, 악기 다루기, 신체표현 영역에서 포함되어 활동된다고 보는 관점은 4대 영역을 주장한다. 하지만 필자는 영유아음악활동의 영역을 실제 현장에서 이루어지는 교육활동으로 세분하여 7대 영역(감상하기, 노래 부르기, 악기 다루기, 신체표현, 창작하기, 극 놀이, 전통음악)으로 구분하였다. 물론 극 놀이는 창작하기 영역에 포함시킬 수 있으며, 전통음악은 감상하기, 노래 부르기, 악기 다루기, 신체표현 영역에 포함시킬 수 있으니 따지고 보면 5대 영역으로 나누어지는 셈이다. 하지만 본 교재에서는 영역별 내용과 교수-학습방법을 구체적으로 제시하려는 의도에서 음악활동 영역을 7개 영역으로 세분하였다.

1) 영유아음악활동 영역의 분화과정

영유아의 음악적 능력 발달의 가장 기본은 듣기 능력의 발달이다. 청감각의 발달은 태아기부터 시작되어 출생 후 8세, 10세경에 정점을 이룬다. 음악은 청각 예술이다. 소리 또는 음악 듣기는 가장 기본적인 음악적 경험이 되는 셈이다. 영유아음악교육의 가장 근본적인 핵심은 소리를 귀 기울여 듣는 활동이라고 할 수 있다. 음악듣기는 정서적·지적으로 경험하는 능동적인 과정으로서 모든 영유아의 음악적 경험에 기본적이면서 가장 중요한 음악활동이다(전인옥, 2014).

영유아의 연령이 증가함에 따라 점차 연주 표현하기와 음악 창조하기로 분화되지만, 영아기에는 이 두 영역이 통합되어 나타난다. 음악 옹알이와 언어 옹알이로 소리를 만들어내는 실험을 하면서 음악에 대한 창조적 반응을 시작하면서 여러 가지 사물을 가지고 소리를 만들고 리듬에 반응하는 연주 표현, 창작하기 반응을 한다.

연령이 증가함에 따라 음악듣기와 연주 표현하기, 창작하기로 분화된다. 연주 표현하기는 노래 부르기, 악기 다루기, 신체표현활동 영역으로 분화된다. 이로써 영유아의 음악활동은 크게 감상하기, 노래 부르기, 악기 다루기, 신체표현, 창작하기의 5대 영역으로 분화된다고 볼 수 있다.

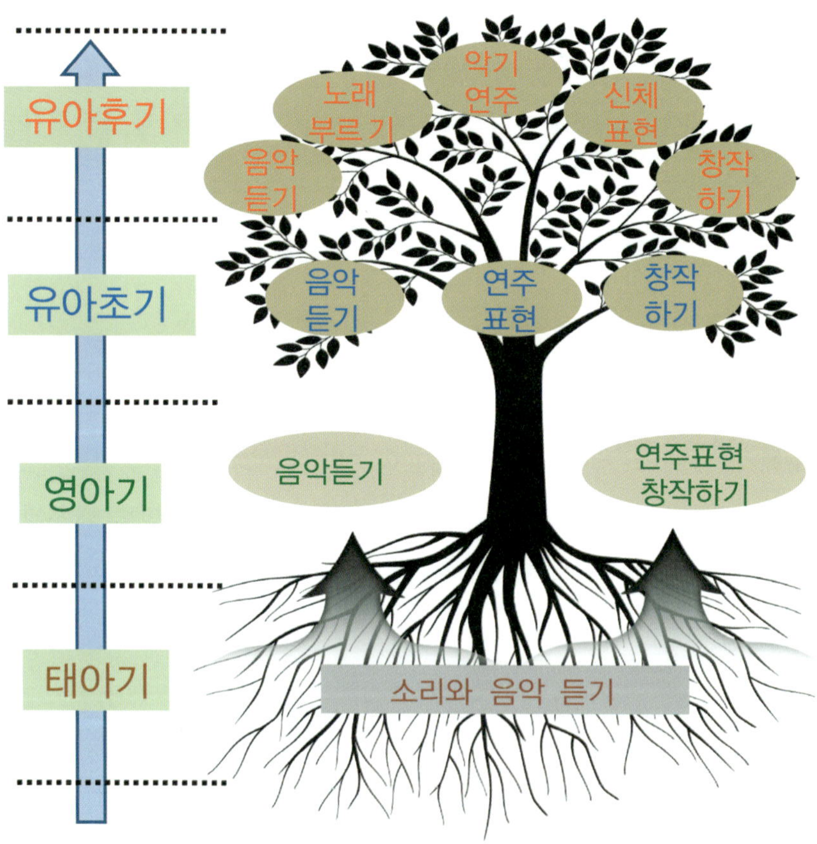

[그림 3-1] 영유아음악활동 영역의 분화과정

3 영유아음악활동 영역에 따른 교육내용

영유아음악교육에서 학습의 주체자인 유아가 자발적이고 자율적으로 무엇을 발견하고, 창조하고, 표현할 수 있도록 하기 위해서는 가르쳐야 할 음악적 내용이 마련되어야 한다. 여기에서는 영유아음악교육내용을 음악 본질에 따른 교육내용, 감상하기활동에서의 교육내용, 노래 부르기활동에서의 교육내용, 악기 다루기활동에서의 교육내용, 신체표현 활동에서의 교육내용, 음악 창작하기활동에서의 교육내용, 음악극(뮤지컬)놀이에서의 교육내용, 전통음악활동에서의 교육내용의 영역으로 분류하여 살펴본다.

1) 음악 본질(개념)에 따른 교육내용

기본적으로 음악을 이해하기 위해서는 음악의 구성요소인 가락(멜로디, 선율), 고저(음감, 음고, 음높이, 음정 패턴), 리듬(리듬꼴, 리듬패턴, 박, 박자, 흐름결), 화성(하모니, 화음, 조성), 빠르기(속도), 셈여림(강세, 강약, 다이나믹스, 음량, 아티큘레이션), 음색(소리의 질, 음질, 음색의 조합), 장단(음의 길고 짧음), 프레이즈(악구), 형식(스타일, 구조, 짜임새) 등의 음악적 개념을 감지하고 받아들일 수 있어야 한다. 음악은 이 본질을 통해서 표현되고, 느껴지고, 전달되기 때문이다.

영유아의 음악개념 발달은 출생과 더불어 시작되고, 많은 음악적 경험을 통하여 확장된다. 영유아 시기에 이 음악의 본질, 즉 음악개념에 대한 체험은 대단히 중요하다. 음악적 능력 향상이나 음악적 심성은 음악 본질을 통해서 형성되기 때문이다.

우리나라의 표준보육과정은 음, 리듬, 선율, 셈여림, 빠르기, 장단을 이해 영역으로 제시하였으며, 유치원교육과정은 음, 리듬, 가락, 화음, 빠르기, 강약, 음색, 형식을 유아가 경험해야 하는 이해 영역으로 제시하였다. 미국의 MENC(1994, Music Educators National Conference/미국 음악교사연합 단체)의 교육과정 또한 빠르기, 높이, 크기, 음색, 화음, 리듬, 형식을 음악본질 체험의 요소로 지정하고 있다.

그러므로 영유아의 모든 음악활동 영역(감상하기, 노래 부르기, 악기 다루기, 신체표현, 창작하기, 음악극놀이, 전통음악활동)에서는 음악본질(개념)에 대한 체험을 기본 전제로 모든 음악활동이 계획되고 실행되어야 함을 명심해야 한다. 이에 교사는 음악의 기본개념에 대한 지식을 갖추고 영유아들이 음악개념을 이해하고 표현할 수 있도록 도와야 하며, 다양한 활동들을 구상하여 실행에 옮길 수 있는 역량을 갖추어야 한다.

[표 3-1] 음악의 개념(요소)

음악개념	
1. 음(Tone)	
• 강약(Intensity)	• 장단(Duration)
• 고저(Pitch)	• 음색(Color)
2. 리듬(Rhythm)	
• 박(Beat)	• 속도(Tempo)
• 리듬패턴(Rhythm Pattern)	
3. 멜로디(Melody)	
• 가락(Tunes)	• 고저의 변화(Varying Pitch)
• 가락패턴(Tonal Pattern)	
4. 화성(Harmony)	
• 복합음(Multiple Sound)	• 독주(Solo)
• 반주(Accompaniment)	
5. 역동성(Dynamics)	
• 셈여림(Loud, Soft)	• 강세(Accent)
• 변화(Change)	
6. 형식(Form)	
• 반복(REpeat)	• 대조(Contrast)

2) 음악활동 영역에 따른 교육내용

(1) 감상하기활동에서의 교육내용

감상하기의 목적은 영유아들이 음악을 듣고 음악에 내제된 여러 가지 음악적 요소를 느끼고 음악의 아름다움을 감상하고 표현할 수 있도록 하는데 있다(이춘자 외, 2001). 영유아는 소리에 귀 기울이고 반응하는 활동을 통해서 음악감상 능력이 발달한다. 가장 가까운 부모님의 목소리를 듣고, 선생님의 노래를 듣고 따라하면서 소리로 자신을 표현하는 능력, 즉 노래하는 능력이 발달하며 주변 사물의 소리에 귀 기울이고, 소리를 만들어 내는 활동을 통하여 연주하는 능력을 향상시켜 나간다. 그러므로 듣기는 소리를 느끼고 이해하는 기장 기본적인 활동이라고 말할 수 있다.

영유아교육과정의 중요한 목표 중의 하나는 청각적 지각력 배양이다. 청각적 지각력이란 소리를 이해하며 듣는 능력을 말하며, 청각적 지각력은 9세에 절정에 달한다. 또한 주의 깊게 소리를 듣는 능력의 발달은 음악성 발달의 결정적인 요인이 된다. 이는 후에 성공적인 언어 발달과 읽기교육과 직결되기 때문에 영유아기 듣기활동은 매우 중요하다.

듣기활동은 먼저 소리탐색 및 변별활동, 음악의 본질(개념)과 연관하여 듣기, 소리 만들기, 음악의 상징적 느낌 이해하기(감상하기)로 분류한다.

소리탐색 및 변별은 일반적인 소리(주변의 소리), 현상적인 소리(자연의 소리)로 구분된다. 주변의 다양한 도구, 기계, 사물, 사람의 소리를 비롯하여 자연의 비, 바람, 천둥, 번개, 물소리를 비롯하여 동물의 소리 등을 포함한다. 이러한 소리를 듣고 탐색하고, 변별하는 활동은 듣기활동의 중요한 내용이 된다.

또한 음악의 본질(개념)과 연관하여 소리의 크고 작음, 빠르고 느림, 세고 약함, 길고 짧음, 이어지고 끊어짐, 딱딱하고 부드러움을 이해하며 듣고 표현하는 활동은 음악성 발달의 근본이 된다. 사물을 이용하여 소리를 만들고, 내 몸을 이용하여 소리를 만들어 보는 활동은 연주 능력과 창의력 신장에 도움을 준다.

음악의 상징적 느낌 이해하기, 즉 감상하기는 심미적 인간으로의 성장을 지향하는 교육의 궁극적인 목표이다. 감상은 단순하지 않고 복합적으로 진행되는 과정이다.

감상(鑑賞)은 예술작품을 느끼고 이해하는 일련의 과정으로, 작품을 이해하고 그 속에 담긴 의미를 해석하고 주관적인 평가를 내리며, 그러한 과정에서 발견한 결과를 내면화하는 과정을 거쳐서 완성된다. 영유아음악교육내용은 감상의 과정까지 포함한다.

영유아도 감상을 할 수 있는 능력을 가지고 있다. 영유아의 감상곡은 얼마나 흥미로운가? 충분히 느낄 수 있는가?를 교사는 판단해야 한다. 전통음악을 비롯한 다양한 문화권의 다양한 장르의 음악을 교육활동 소재로 사용함이 바람직하다. 영유아기에 체계적인 음감, 리듬감교육을 경험하면 70% 이상이 절대음감, 리듬감 체득이 가능하다고 한다.

영유아의 감상활동의 내용은 소리탐색과 변별을 포함하여 음악적 개념(요소)과 연관하여 소리를 느끼고, 소리를 만들고, 나아가 음악의 느낌을 상징적으로 이해하는 과정이 담긴 내용으로 계획되고 실행되어야 한다. 이와 더불어 교사는 평소 음악을 즐기고, 음악을 받아들일 수 있는 아름다운 마음가짐이 필요하다. 또한 영유아교육에 필요한 많은 명곡들을 숙지하고 있어야 하며, 영유아의 일상에서 보다 효과적으로 음악적 느낌을 전달할 수 있는 음악을 준비하고 사용할 수 있어야 한다. 또한 영유아의 감상자료로 많이 사용되는 클래식 작품 중 표제음악과 이에 반하는 절대음악 작품을 분별하고 그 개념을 이해하고 있어야 한다.

[표 3-2] 클래식 감상곡 목록

분 류	감 상 곡
※ 상쾌한 아침 (유치원 올 때)	• 비발디 – 사계 중에서 봄 • 하이든 – 세레나데 • 모차르트 – 세레나데 제4번, 터키 행진곡 • 베토벤 – 엘리제를 위하여, 미뉴엣 제6번 • 브람스 – 왈츠 • 그리그 – 결혼일, 아침 • 드보르작 – 유모레스크 • 차이콥스키 – 백조의 호수 중에서 정경, 꽃의 왈츠 • 보케리니 – 미뉴엣 제5번 • 멘델스존 – 봄노래
※ 놀이하고 있을 때	• 비발디 – 바이올린 협주곡 F장조 • 바하 – 프랑스 조곡 제5번 • 헨델 – 수상음악 중에서(알레그로) • 하이든 – 장난감 교향곡 • 모차르트 – 터키 행진곡, 교향곡40번

분 류	감 상 곡
	• 베토벤 – 교향곡(6번) 전원 • 슈베르트 – 군대행진곡, 현악5중주(숭어), 사냥꾼의 합창, 악흥의 순간 • 쇼팽 – 빗방울 전주곡, 즉흥환상곡, 화려한 대원무곡 • 스트라우스 – 봄의 소리 왈츠, 트리치 트라치 폴카 • 차이콥스키 – 호두까기 인형, 백조의 호수 중에서(왈츠) • 발트토이펠 – 스케이트 왈츠 • 레하르 – 메리 위도우
※ 간식 시간에	• 하이든 – 장난감 교향곡 • 모차르트 – 미뉴에트, 세레나데 13번, 피아노 협주곡 21번 • 베토벤 – 터키 행진곡 • 슈베르트 – 아베마리아 • 멘델스존 – 봄노래 • 보케리니 – 미뉴에트, 첼로협주곡 B장조 • 로시니 – 윌리암텔 서곡 • 비제 – 하바네라, 아를르여인 중에서 '아다지에토' • 드리고 – 세레나데 • 오에스텐 – 알프스의 저녁놀 • 마티니 – 사랑의 기쁨 • 바다르제프스카 – 소녀의 기도
※ 잠잘 때	• 바하 – G선상의 아리아 • 베토벤 – 피아노 소나타 '월광' • 슈베르트 – 아베마리아, 세레나데 • 슈만 – 모음곡 "어린이 정경" 중에서 트로이메라이(꿈) • 쇼팽 – 이별곡, 야상곡 • 브람스 – 헝가리 무곡 제5번, 자장가 • 토스티 – 기도 • 구노 – 아베 마리아 • 드보르작 – 신세계 교향곡 제2악장 • 생상스 – 백조의 춤 • 마스넷 – 타이스의 명상곡 • 바다르제프스카 – 소녀의 기도 • 와이만 – 은파 • 포스터 – 스와니강, 꿈길에서
※ 잠에서 깨어 있을 때	• 헨델 – 수상음악 • 베토벤 – 미뉴에트, 엘리제를 위하여 • 쇼팽 – 강아지 왈츠

분 류	감 상 곡
	• 멘델스존 – 노래의 날개위에 • 드보르작 – 유모레스크 • 요한 슈트라우스 – 푸른 다뉴브 강 • 차이콥스키 – 잠자는 숲속의 미녀
※ 정서안정 (명상할 때)	• 모차르트 – 자장가 • 베토벤 – 그대를 사랑해 • 슈베르트 – 음악에 • 슈만 – 트로이메라이 • 비숍 – 즐거운 나의 집 • 드보르작 – 유모레스크 • 토셀리 – 세레나데 • 세르만 - 디즈니랜드 송
※ 편안한 휴식	• 비발디 – 사계 중에서 가을 • 바하 – 선장의 아리아 • 모차르트 – 엘비라 마디간, 클라리넷 협주곡 K.622 • 베토벤 – 월광소나타 • 슈베르트 – 세레나데, 아베마리아 • 차이콥스키 – 안단테 칸타빌레 • 슈만 – 모음곡 "어린이 정경" 중에서 트로이메라이(꿈) • 생상스 – 백조 • 파헬벨 – 캐논 • 볼프 – 페라리 – 성모의 보석 • 마스네 – 타이스 명상곡 • 마스카니 – 카발레리아 루스티카나 • 브람스 – 자장가
※ 상쾌하게 (머리를 맑게)	• 모차르트 – 소나타 • 슈베르트 – 월계꽃 • 요한 슈트라우스 – 아름답고 푸른 도나우강 • 요나슨 – 뻐꾸기 • 포스트 – 켄터키 옛집, 금발의 제니, 언덕위의 집, 올드블랙죠 • 도이칠란드 민요 – 옹달샘 • 바이엘 – 물레방아 • 비제 – 아를르 여인 • 코세크 – 가보트

※ 위 감상곡들의 적용 시점이 절대적인 것은 아니다. 교사의 판단 여하에 따라서 중복으로 사용해도 무방하다.

• 절대음악/표제음악

절대음악 (Absolute Music : 순음악)	순수한 음의 나열로써 아름다움을 추구하는 음악이다. 음(音) 자체의 구성과 형식에서 아름다움을 추구하며, 구성된 음들만이 그 표현 내용이며 엄격한 형식만이 작품의 테두리이다. 즉, 문학이나 극, 미술 등의 다른 예술과 관련을 가지면서 그 표제의 분위기나 느낌을 표현하려 하지 않았다. 작곡자의 음악적인 상념을 오로지 소리들(音) 간의 배합으로 음향을 구축함으로써 아름다움을 표현하였다. 절대음악은 듣는 사람이 그 음악에서 어떤 느낌이 드는지를 듣는 사람 자율에 맡긴다. 소나타, 교향곡, 협주곡, 변주곡, 푸가, 론도 등은 대부분 절대음악으로 작곡되며, 그 제목도 '교향곡 제41번 C장조' 등과 같이 음악적인 제목만 사용된다. 절대음악은 18세기 바하, 하이든, 모차르트, 베토벤의 악곡에서 절대음악의 구성이 완성되었다고 볼 수 있다.
표제음악 (Programme Music)	인간의 감정, 자연계의 현상, 문학적, 회화적, 극적인 내용 등을 표현한 음악을 말한다. 표제음악은 듣는 사람에게 작곡자가 붙인 표제와 관계되는 상황이나 느낌을 의도적으로 유도한다. 미리 제목을 정하고 그 제목에서 느껴지는 특수한 분위기나 그 제목에서 느껴지는 상황을 세밀하게 묘사하거나, 제목에서 느껴지는 추상적인 관념을 음악으로 묘사하는 등 표현 기법이 다양하다. 극음악, 발레음악, 서곡, 교향시 등은 대표적인 표제음악들이며, 이는 19세기 낭만파 시대부터 성행하였다고 볼 수 있다.

(2) 노래 부르기활동에서의 교육내용

노래 부르기는 영유아가 노래의 가사를 이해하고, 가사와 가락의 관련성을 파악하며 목소리를 사용하여 음악의 의미를 만들어가는 활동이다(이민정, 2014). 노래 부르기는 영유아의 음악활동 중 가장 일반적이고 기본적인 활동이며, 영유아는 노래 부르기를 통해서 생각과 느낌을 표현하고, 언어 발달이나 사회성 발달, 창의력 발달의 기회를 갖게 된다.

노래 부르기활동에서는 노래를 듣고 따라 부르기활동부터 소품을 이용한 응답창하기, 캐논(돌림)형식의 노래 부르기 등 다양하게 노래 부르는 활동과 노랫말 바꾸어 부르기, 리듬 바꾸어 부르기, 가락 바꾸어 부르기, 동화속 인물이 되어 노래하기(음악극) 등의 창작활동 등이 포함되어야 한다. 또한 바른 자세와 발성으로 노래할 수 있도록 지도해야 하며, 혼자 노래하기, 그룹으로 노래하기, 서로 다른 선율을 노래하는 합창을 경험함으로써 음악활동을 통하여 다 같이 즐겁고 아름다운 심성을 기를 수 있도록 계획되어야 한다. 유아는 혼자서 반복하여 노래 부르는 것은 부담스러워하나 4, 5세가 되면 함께 노래하는 것을 즐거워하고 중창이나 합창이 가능해 진다.

영유아의 음역에 맞는 노래를 선택하고 내용이 친숙한 소재를 중심으로 접근해야 한다. 가사말이나 멜로디가 반복적이고 의성어, 의태어가 적절히 섞여 있는 노래가 암기하여 동작을 함께 표현하기에 좋다.

유아에게 꼭 동요만을 가르쳐야 한다고 고집할 필요는 없다. 교육목표와 교육주제와 연관해서 유아가 이해하고 받아들일 수 있고, 교육적으로 적합한 노래라고 판단되면 어떤 노래도 가능하다. 교육목표와 교사의 역량에 따라 다양한 문화권의 다양한 장르의 노래를 경험할 수 있으면 더욱 좋다.

영유아의 노래는 기본생활습관이나 질서와 예절, 교육적인 내용, 정서적으로 아름다움을 느낄 수 있는 내용이면 좋으나, 가사내용이 너무 긴 노래는 적절치 못하다. 특히 내용이 상업적이고, 자극적이며 중독성이 강하고 영유아들에게 오락적인 즐거움만을 추구하는 노래는 배제되어야 한다. 영유아가 노래할 수 있는 음역 내에서 선율이 아름답고 기본 화음이 중시되는 간단하고 짧은 노래가 효과적이다. 노래 부르기활동에서 사용된 노래는 다시 신체표현이나 악기 다루기, 창작하기에서 다양하게 응용되고 복합적이고 통합적으로 활용되어야 하기 때문이다.

노래를 지도할 때는 그림이나 기호 등 간단한 교구를 활용하여 가사를 이해하고 외울 수 있도록 도우며, 손기호(Hand Sign)를 활용하여 영유아가 음높이와 선율의 움직임을 시각적으로 이해할 수 있도록 도와야 한다.

노래 부르기활동은 다음과 같은 방법으로 다양하게 전개할 수도 있다.

- **그림을 통한 학습방법** : 가사내용을 몇 장의 그림으로 이해하면서 노래를 익히는 방법이다. 교사는 그림을 제시하면서 영유아에게 가사를 기억하게 하고 노래를 선창하고 따라 하게 한다.
- **기호를 통한 학습방법** : 가사의 내용을 몇 장의 기호로 이해하면서 노래를 익히는 방법이다. 교사는 기호를 제시하면서 영유아에게 가사를 기억하게 하고 노래를 선창하고 따라하게 한다.

- **동작을 통한 학습방법** : 가사 내용을 동작으로 이해하면서 노래를 익히는 방법이다. 교사는 가사내용을 동작과 노래로 제시하면서 노래를 선창하고 영유아는 따라 한다. 이때 교사는 특색 있는 부분의 가사부터 순차적으로 동작을 제시하면서 노래를 선창하고 이를 반복한다.
- **그리기를 통한 학습방법** : 가사 내용을 몇 장의 밑그림으로 미리 준비하여 그룹별로 나누어주고 색칠을 하면서 노래를 익히는 방법이다. 영유아가 색칠하는 동안 녹음된 노래를 계속 들려주어야 하며 색칠이 끝난 후에는 그룹별로 한 명씩 유아가 그림을 들고 나와서 노래 순서에 맞게 그림을 차례로 맞추는 활동을 하면서 노래를 익힌다.
- **놀이를 통한 학습방법** : 실제 놀이를 하면서 노래를 익히는 방법이다. 놀이 설명 과정에서 교사가 미리 노래를 들려주고, 놀이가 진행되는 동안 영유아는 녹음된 노래를 듣고 따라 부르면서 놀이한다.
- **동화, 동시를 통한 학습방법** : 동화, 동시로 된 노래를 먼저 이야기 나누기와 시화를 제시하면서 이해하게 하고, 시화를 보고 노래를 따라 부르면서 익히는 방법이다.
- **현장학습을 통한 학습방법** : 시장이나 관공서, 소방서, 병원, 경찰서 등을 견학한 후 이야기 나누기를 통해서 노래의 가사를 이해하고 교사의 선창을 따라 노래를 익히는 방법이다.

교사는 곡에 따라 어떤 방법이 적절한지를 판단하여 효과적인 활동이 되도록 해야 한다.

다음은 노래동화의 예이다.

소라의 집

김 성 균 글 · 곡

잎새는 엄마 아빠와 함께 바닷가에 갔어요.

수영도 하고 모래성도 쌓고 재미있게 놀았어요.

점심을 먹고는 커다란 바위 위에 올라가서 놀았어요.

그런데 그 바위틈에서 아주 예쁘고 작은 집을 발견했어요.

잎새는 그 집이 너무나 예쁘고 신기해서 그 집 속으로 들어가 보고 싶었어요. 또, 그 집은 누가 사는 집인지 무척 궁금했어요. 그래서 그 집 문 앞에 서서 문을 두드려 보았어요.

노래 ① 똑똑똑 들어가도 되나요.

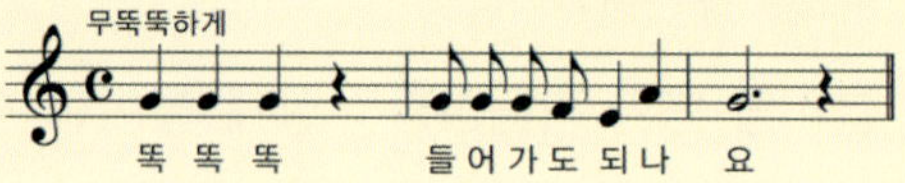

하지만 그 집 속에서는 아무 대답도 들리지 않았어요. 안타까웠어요. 잎새는 엄마에게 물어보았어요.

"엄마! 왜 아무 대답이 없지요?"

"잎새야, 더 예쁜 목소리로 말해 보렴. 그 집은 아주 예쁜 집이잖아."

잎새는 다시 아주 예쁜 목소리로 노래했어요.

노래 ② 똑똑똑 들어가도 되나요.

그랬더니 그 집 속에서 아주 예쁜 목소리가 들려왔어요.

노래 ③ 문 열렸어요, 어서 들어오세요.

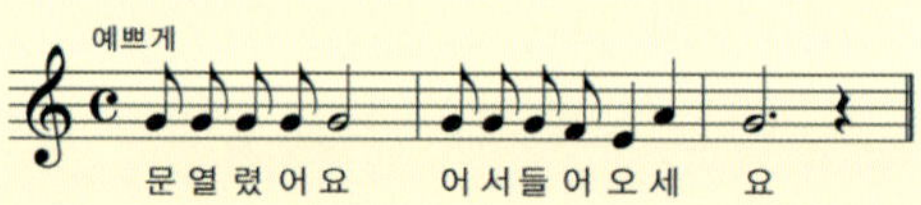

잎새는 너무나 반가웠어요.

잎새는 조심스럽게 문을 열었어요. 문이 스르르 열렸어요.

잎새가 그 집 안에 들어가 보니까, 그 집은 너무나 예쁜 집이었어요. 피아노는 초콜릿과 초코과자로 만들었고 벽시계는 케이크로 만들어져 있었고, 커튼은 아이스크림, 식탁은 생과자, 그 집 안은 정말 너무나 좋았어요.

그런데 왜 아무도 없을까?

잎새는 이상해서 집 안을 잘 살펴보았어요.

그랬더니 한쪽에 아주 예쁜 문이 보였어요.

잎새는 또 그 문 앞에 서서 문을 두드렸어요.

노래 ④ 똑똑똑 들어가도 되나요.

또 아무 대답이 없었어요.

"아참! 예쁜 목소리로 말해야지."

잎새는 다시 노래했어요.

노래 ⑤ 똑똑똑 들어가도 되나요.

그랬더니 그 속에서 또 예쁜 목소리가 들려왔어요.

노래 ⑥ 문 열렸어요, 어서 들어오세요.

잎새는 살며시 문을 열고 그 방을 들여다 보았어요.

잎새의 눈은 둥그래지지 않을 수가 없었어요.

그 방은 이 세상에서 가장 예쁜 꽃으로 가득 차 있는 꽃방이었어요.

빨강꽃, 노랑꽃, 커다란 꽃, 조그만 꽃, 정말 예쁜 방이었어요.

그런데 그 방에도 아무도 보이지 않았어요.

잎새는 그 방을 또 잘 살펴보았어요.

그랬더니 그 방 가운데 아주 멋진 꽃으로 만든 보석상자가 보였어요.

"아, 이 집의 주인이 바로 이 속에 있나 보다."

잎새는 그 보석상자를 두드리며 또 말했어요.

노래 ⑦ 똑똑똑 들어가도 되나요.

아무 대답이 없었어요.

"아이참! 예쁜 목소리로 말해야지."

잎새는 다시 예쁜 목소리로 말했어요.

노래 ⑧ 똑똑똑 들어가도 되나요.

그랬더니 그 속에서 또 예쁜 목소리가 들려왔어요.

노래 ⑨ 문 열렸어요. 어서 들어오세요.

잎새는 살며시 그 보석상자를 열어 보았어요.

그 속에는 꽃으로 만든 침대가 있었고, 침대 위에는 엄마소라가 아기소라를 자장자장 잠재우고 있었어요.

"우리 아기소라를 재우느라고 나가서 문 열어드리지 못해 미안해요."

잎새는 엄마소라에게 인사드리며 마음속으로 생각했어요.

'아, 이 집은 소라의 집이었구나.'

(3) 악기 다루기활동에서의 교육내용

악기 다루기는 영유아들에게 리듬감을 느끼게 하는 음악활동으로 음악에 대한 관심과 흥미를 길러주고 즐기도록 하여 음악적 선호를 발달시키는 데 그 목적이 있다(하정희 외, 2013).

영유아는 소리를 내는 모든 자연과 주변의 사물에 관심이 많으며, 사물을 두드려 소리 내는 것을 좋아한다. 또한 도구를 사용하여 소리를 만들고 듣는 과정 속에서 음악을 편안하게 받아들이는 자신을 발견한다. 악기 다루기는 영유아의 음악활동 속에서 음악의 본질을 체험하게 하는 가장 직접적인 활동이라고 할 수 있다.

악기는 창의적 자기표현의 매체이다. 영유아교육기관에서는 연령에 따른 악기 다루는 활동을 계획하여 다양한 악기를 탐색하고 실험해 볼 수 있는 기회를 제공하여 음악성 발달은 물론 복합적인 영유아 발달을 도와야 한다.

악기 다루기활동내용 속에는 기본적으로 자신의 신체를 이용해서 소리를 내는 경험 또한 중요하다. 손가락 튕기기, 손뼉치기, 무릎치기, 발구르기 등과 입소리(타, 파, 츠, 크, 흐 등), 혀차기, 허밍, 그 외 신체 부위(가슴, 어깨, 엉덩이, 배 등)를 소리 내고 연주하는 활동을 연령과 상관없이 지속적으로 반복해 나간다.

그 다음 교육내용과 연령에 따라 타악기(리듬 타악기, 선율 타악기-다양한 실로폰), 관악기(리코더, 버드, 휘슬, 오카리나 등) 외에 수업활동에 필요한 다양한 소리를 낼 수 있는 특수악기를 활용해야 한다. 폐품을 이용하여 나만의 악기를 만들어 보거나 생활도구를 이용한 생활악기 연주활동도 경험하면 더 즐거울 수 있다. 영유아음악교육은 조기재능교육이 아님을 명심하고 영유아 개인에게 피아노, 현악기, 관악기를 권장하는 일은 지양해야 한다. 학자들의 연구에 의하면 개인 기술이 요구되는 독주악기 연마는 개인차가 존재하지만 대략 만 6세 이후가 적절하다고 알려져 있다.

영유아 교사는 피아노 외에 기타, 우쿨렐레, 크로마 하프 등 아이들과 상호작용이 용이한 반주 악기를 사용할 수 있도록 준비되어야 한다.

처음 악기 다루기활동은 노래 부르기와 병행하여 경험하는 것이 좋다. 이때 같이 연주할 노래는 영유아가 이미 배워서 잘 알고 있는 노래여야 하고, 연주할 악기 역시 리듬 타악기(우드블럭, 트라이앵글, 탬버린 등) 종류가 좋다.

점차 음악적인 연주로 발전해 가기 위해서는 영유아들이 리듬기호를 이해할 수 있도록 연령에 따라 리듬 시각기호를 제시하여 리듬 시각기호를 보고 악기를 연주할 수 있도록 지도하여야 한다. 악기연주에 있어서 리듬지도는 필수적이다. 리듬은 4박자 계통, 2박자 계통, 자 3박 계통으로 단계적으로 지도해야 한다. 교사는 영유아들이 이해할 수 있는 다양한 시각 리듬기호 교구를 준비하고 다양한 리듬말을 미리 숙지해야 한다.

차차 연습된 오스티나토(Ostinato) 리듬을 연주곡에 적용시키는 활동, 크기와 음색이 다른 다양한 선율 타악기로 보르둔(Bordun) 반주를 적용하는 경험을 하게 함으로써 리듬 타악기만의 시끄럽고 비음악적인 연주에서 선율이 있고 화음이 있는 음악적인 연주로 발전해 가는 활동을 경험하게 하여, 음악의 아름다움을 더욱 깊이 느끼고 음악교육의 궁극적인 목적인 심미감교육과 음악적인 인간으로의 성장을 꾀하는 것이다.

[표 3-3] 영유아교육기관에서 사용하는 악기의 종류

구 분	종 류
선율 타악기	글로켄쉬필(종금) : 소프라노, 알토 자일로폰(목금) : 소프라노. 알토, 베이스 메탈로폰(철금) : 소프라노, 알토, 베이스 콘트라베이스 바, 계단실로폰
무선율 타악기	나무울림 : 클레이브스, 우드블록, 탬플블록, 투톤블록, 슬리트 드럼, 귀로, 슬랩스틱, 캐스터네츠, 마라카스, 열매쉐이크, 에그쉐이크 등 금속울림 : 탬버린, 트라이앵글, 심블즈, 핑거심블, 행거심블, 윈드차임, 에너지차임, 카우벨, 아고고벨, 로터리벨, 슬라이스벨, 핸드벨, 징글탭, 벨 플레이트, 메탈쉐이크, 챠이니스 공, 방울 등 가죽울림 : 큰북, 작은북, 스네어 드럼, 핸드 드럼, 오션 드럼, 스프링 드럼, 봉고, 콩가, 젬베, 로터리 드럼, 로터리 팀파니, 플로어 탐 등 특수 타악기 : 붐 헤커, 레인메이커, 센드블록, 쉬케레, 카시시, 윕, 라쳇 비브라 슬랩 등
관악기	카쥬, 오카리나, 버드휘슬, 기차휘슬, 슬라이스휘슬(6세 이후)
현악기	유아 : 6세 이후 교사 : 오토하프, 기타, 우쿨렐레
신체 악기	손가락 튕기기, 손뼉치기, 무릎치기, 발 구르기 입소리 : 휘파람, 혀차기, 허밍 그외 신체부위 : 가슴, 어깨, 엉덩이, 배 등
건반악기	피아노는 만 6세 이후
폐품악기	각 교육현장의 교육활동에 따라 다름
우리나라 전통악기류	꽹과리, 장구, 북, 징, 가야금, 거문고, 아쟁, 해금, 대금, 통소, 피리 등

다음은 악기동화의 예이다.

토끼소년

글 · 박 선 자

(제 1부)

깊은 숲속, 이른 아침

'깡총 깡총 깡총 깡총' [우드블록]

토끼소년이 숲속을 뛰어가고 있었어요. 토끼엄마가 몹시 편찮으시거든요.

토끼마을에서는 토끼소년의 엄마가 죽을 병이라고 쑥덕공론이랍니다.

오늘 밤 열두시 이내로 약을 구하지 못하면 토끼엄마는 돌아가신대요. 그런데 토끼 엄마의 병을 낫게 할 약은 저 산 너머 무지개 마을에 가야 구해 올 수 있다고 했어요.

토끼소년은 아직 어리고 무지개 마을로 가는 길도 몰랐지만 마음을 굳게 먹고 달려나왔어요. 그리고 정신없이 뛰었어요.

'깡총 깡총 깡총 깡총' [우드블록]

어느덧 산 중턱에 올라 뛰어가는데, 별안간 숲속에서 드르르륵 [기 로] 하는 소리가 들렸어요. 누군가 분명히 움직이는 소리였어요.

"어이쿠, 사냥꾼인가?"

토끼는 깜짝 놀라 납작 엎드렸어요.

"나다 나! 어딜 그렇게 바쁘게 가니?"

뜻밖에도 황소아저씨였어요. 토끼는 안심하며,

"아저씨 제가 좀 급해서 그래요. 무지개 마을을 가려면 어느 길로 가야 하나요?"

하고 여쭈어 보았어요.

"무지개 마을은 저 언덕에서 왼쪽으로 가면 빠르게 갈 수 있단다."

토끼소년은 황소아저씨가 가르쳐 주는 길로 더 빠르게 뛰었어요.

'깡총 깡총 깡총 깡총' [우드블록]

황소아저씨가 가르쳐 주신 대로 왼쪽으로 막 돌아서는데, 어디선가

쿵! 쿵! [큰 북] 하는 소리가 났어요. 토끼는 더럭 겁이 났어요.

눈을 꼭 감고 그 자리에 주저앉았어요.

쿵쿵 소리는 점점 더 가까이 크게 다가왔어요. [큰 북]

(제 2부, 제 3부 생략)

참고: 김성균-유아음악

(4) 신체표현활동에서의 교육내용

영유아는 끊임없이 움직이며 성장한다. 영유아의 움직임은 태내에서부터 시작하며, 움직임은 영유아에게 의사소통의 수단인 동시에 환경을 탐색하고 자신의 신체를 발견하는 방법이기도 하다. Synder(신더, 1997)는 영유아의 신체표현활동은 '자신과 주변을 통해 얻은 지식을 신체라는 도구를 통하여 표현하는 활동으로 의사소통의 역할을 한다'고 하였다. 영유아는 움직임을 통해서 자신과 외부세계를 지각하며 신체와 공간에 대한 기본 이미지를 발달시키고, 반복적인 움직임 속에서 자신의 신체를 조정하는 능력과 다양하게 움직이는 방법들을 발견하고 새로운 운동 기능을 습득하게 된다(황순각, 2005).

음악교육에서의 신체표현은 영유아가 음악의 요소와 느낌을 신체 움직임을 통해 표현해 보는 과정을 통하여 자신의 생각과 느낌을 자유롭게 표현하는 활동이다. 특히 영유아의 생각은 감각적인 운동에서부터 개념이 형성되기 때문에 신체적 표현을 함께 할 때 의미 있는 음악적 개념 학습이 이루어질 수 있다는 것이다. 영유아는 신체표현활동을 통하여 인지, 언어, 정서, 사회성, 창의력 등 다양한 능력의 발달을 이루기 때문에 음악을 동반하는 신체표현활동은 중요하다.

음악과의 관계에서 신체표현활동은 E. J. Dalcroze(에밀 자크 달크로즈, 1865~1950)의 교육방법에서 구체화되었다. 달크로즈의 유리드믹스(Eurythmics)활동에서는 음악속에 내포된 리듬에서 느껴지는 이미지나 아이디어를 몸짓으로 표현하도록 강조한다. 이는 음악 속에서 음악의 구성요소인 템포, 리듬, 다이나믹스, 음색 등을 발견하여 통합적으로 몸짓으로 표현하도록 유도하고 있다.

그 후에 Z. Kodály(졸탄 코다이), C. Orff(칼 오르프) 등의 음악교육자들에 의해 교육내용이 더욱 구체화되었다. 특히 Orff는 음악의 요소가 음악만으로 되어 있지 않고 동작, 춤, 언어와 함께 이루어지는 복합 형태로 보았다. 그러므로 움직임, 춤, 언어가 모두 음악교육의 내용에 포함되어야 함을 강조하였다.

신체표현의 교육내용은 먼저 자신의 신체를 인식하는 활동에서부터 동작의 구성 요소(공간/시간/에포트–무게, 흐름/관계)를 이해하고, 기본동작활동(이동동작, 비이동동작, 조작적 동작)과 음악적 요소에 반응하는 활동(음악적 요소 표현), 구조적 음률활동(노랫말에 따라 정해진 움직임), 반구조적 음률활동(노랫말 내용을 제한적으로 지시), 손유희,

창의적 신체표현활동(각자의 느낌을 자유롭게 표현)으로 나눌 수 있다.

[표 3–4] 동작의 요소 이해

요소	탐색주제	탐색 내용
신체인식 (Body Awareness)	신체 부분	신체 안(근육, 뼈, 심장 등), 신체 밖(머리, 얼굴, 목, 어깨, 가슴, 허리, 배, 엉덩이, 다리, 무릎, 손목, 손가락, 발, 발가락 등)
	신체 모양	신체 형태(길게, 짧게, 넓게, 좁게, 똑바로, 꼬이게, 둥글게)
	신체 동작	비이동동작, 이동동작, 조작적 동작
공간 (Space)	장소	자기 공간, 일반 공간
	높낮이	높게, 낮게, 중간으로
	방향	앞(으로), 뒤(로), 옆(으로), 위(로), 아래(로), 안과 밖, 비스듬히
	범위	크고 작은 영역
	진로	바닥 모양(곡선, 직선, 지그재그)
시간 (Time)	속도	빠르게, 느리게, 점점 빠르게, 점점 느리게
	강세	강하게, 약하게
	지속	길게, 짧게
노력, 에너지 (Effort)	무게	무거운, 가벼운
	흐름	자유로운, 제한된
관계 (Relationship)	사람과 사람	거울, 그림자, 대조, 만나고 헤어지기, 모방, 반향, 부르고 반응하기, 연속, 연합, 일치, 지지, 가까이, 멀리, 따라 하기
	신체와 물체	위, 아래, 너머, 가까이, 멀리
	신체와 신체	가까이, 멀리, 꼬이게

• 신체인식

신체인식이란 '무엇이 움직이는가'를 이해하는 것이다. 영유아가 신체를 자유로이 움직이기 위해서는 자신의 신체에 대한 기본적인 인식과 자신의 신체가 움직일 수 있는 가능한 범위를 안다는 것이다. 신체인식은 신체 부분에 대한 이해, 신체 모양에 대한 이해, 신체 동작에 대한 이해를 포함한다.

• 공간의 이해

공간에 대한 이해란 신체 움직임에서 '어디로 움직일 수 있는가'를 이해하는 것이다. 공간의 요소는 개인공간과 일반공간으로 구성된다. 개인공간은 영유아 신체 주변의 영역을 말하며, 일반공간은 개인의 신체로 도달할 수 없는 영역, 즉 집단이 함께 사용하는 공간을 말한다.

공간의 요소는 다음과 같은 주제를 포함한다.

- 높낮이(Level) : 높은 수준(high)/중간 수준(middle)/낮은 수준(deep)
- 방향(Direction) : 신체 방향(앞, 뒤, 옆) 활동 방향(앞으로, 뒤로, 옆으로, 위로, 아래로, 시계방향, 시계반대방향)
- 범위(Extention) : 동작의 크기(크다, 보통, 작다), 동작의 길이(길다. 짧다/좁고 넓음)
- 진로/경로(Pathway) : 바닥경로–곡선/직선/바닥에서/지그재그로/솟아오름/내려앉음 공중경로–신체, 도구를 사용하는 것
- 형태(Shape) : 둥글게/각지게/곧게 뻗은/삐뚤어진/구부러진
- 초점(Focus) : 먼 곳으로/가까운 곳으로/혼란스러운/눈을 감은 상태

• 시간의 이해

움직임에서 시간은 '얼마나 변화있게 움직이는가'를 의미한다.

- 시간이란 속도의 요인으로 빠르고, 느리고의 리듬 차이에 반응하여 얼마나 변화 있게 움직이는가를 말한다.
- 리듬은 지속성과 속도가 포함되며 악센트, 가속, 감속 등이 결합됨으로써 움직임에 생명감을 느끼게 한다.
- 템포와 강약 등을 동작으로 표현하면서 리듬을 이해하는 것은 매우 중요하다.

• 에포트(무게, 흐름)의 이해

에포트는 신체표현의 질을 의미하는 것으로 무게(힘)나 흐름(움직임의 연속성)에 관련된 요소이다. 같은 표현이라도 에포트에 따라 표현의 질(느낌)이 달라진다.

- 힘이란 어떠한 동작을 유지하는데 필요한 근육 수축의 정도를 말한다.
- 긴장하여 사용하면 근육은 단단해지고 강력한 에너지가 힘찬 동작으로 나타나며 완화하면 부드럽고 섬세한 동작을 표현할 수가 있다.
- 강하게(긴장된 근육–힘찬 동작)/약하게(이완된 근육–부드럽고 섬세한 동작)
- 무거움/가벼움/단단하게/부드럽게
- 흐름이란 '어떻게 하면 몸을 더 잘 움직일 수 있는가'를 이해하는 것이다.
- 흐름이란 한 동작에서 힘이 어떻게 조절되어 다음 동작으로 연결되는가를 말한다.
- 흐름은 탄력과 유연함으로 구분된다.
- 탄력적인 흐름은 순간적으로 멈출 수 있는 움직임이며 유연한 흐름은 순간적으로 멈출 수 없는 움직임을 말한다.
- 자유로운 흐름/제한된 흐름(쉽게 멈출 수 있는 동작)

• 관계의 이해

신체표현에서의 관계란 신체와 신체와의 관계, 신체와 물체와의 관계, 사람과 사람과의 관계를 말한다. 영유아는 신체와 신체의 다른 부분들을 협응하여 가까이 멀리, 위, 아래에서 동작을 만들고, 신체와 소도구, 즉 풍선, 리본, 스카프, 후프, 공 등을 이용하여 신체를 표현할 수 있다. 또한 영유아는 다른 영유아와 짝이 되어 혹은 집단의 일원으로 신체표현을 할 수 있다.

신체와 신체와의 관계	몸으로 싹트는 모습 표현하기/폭풍우 표현하기/시냇물 표현하기 등 가슴과 무릎 맞대기/다리를 얼굴에 대기
신체와 물체와의 관계	몸으로 풍선 옮기기/리본/스카프/훌라후프/줄/밴드 등 도구 사용
사람과 사람과의 관계	**[거울(mirror) 반사하기]** 상대와 마주보고 거울을 보는 것처럼 신체를 이용하여 같은 동작을 하는 것. 따라하는 사람은 리더와 거의 동시에 동작을 하게 된다. **[그림자 / shadow]** 한 사람이 다른 사람의 뒤를 따라 가면서 동시에 같은 동작을 하는 것 **[대조 / contrast]** 개인 또는 집단이 동작을 하면 다른 집단이 반대되는 동작을 하는 것 앞으로 이동 - 뒤로 이동/무거운 동작-가벼운 동작 대조는 시간으로 표현할 수도 있다. 즉, 동작의 속도를 다르게 하여 대조를 이룰 수 있다. **[만나고 헤어지기 / meeting & parting]** 짝을 이루어 서로를 향해 이동하여 만난 후 다시 반대쪽으로 이동하면서 헤어지는 것을 표현하는 동작 **[모방, 흉내 내기 / copy & match]** 서로 똑같은 동작을 하는 것 **[반향 / echo]** 리더의 동작을 따라하는 사람은 잠깐 멈추었다가 같은 동작을 하는 것 동작과 동작 사이에 시간차가 발생한다. **[부르고 반응하기 / call & respond]** 언어로 소통하는 것과 같다. 개인이나 집단이 먼저 동작(부름)을 하면 다른 개인이나 집단이 뒤이어 동작(반응)하는 것. 부르는 사람과 반응하는 사람의 동작은 정확하게 같을 수도 아주 다를 수도 있다. **[연속 / successive]** 도미노처럼 한 사람이 동작을 시작하면 가까이 있는 사람이 거의 동시에 같은 동작을 이어나가는 것 **[연합 / connected]** 두 명 이상이 한 개 이상의 신체 부위를 연합하여 동작하는 것 **[일치 / unison]** 두 명 또는 집단이 동시에 같은 동작을 하는 것 **[지지 / supported]** 다른 사람에게 기대거나 다른 사람을 들어 올리는 동작으로 다른 사람의 체중의 일부나 전체를 지탱하는 동작

출처: 송주승 외 2013. 참조

• 기본 신체동작활동의 이해

이동/비이동/조작적 동작

- 기본 동작은 일상에서 자주 실행되는 움직임들로써 노력하지 않아도 저절로 익혀지는 것으로 생각하기 쉽다.
- 상황에 적합하게 효율적으로 움직이고 다른 사람의 움직임보다 정확하고 다양하게 표현하기 위해서는 기본 동작에 대한 지식과 다양한 경험이 필요하다.

① 이동 동작하기(Locomotive Movement)–무게의 중심이 이동되는 동작

– 기어가기(Creeping) – 걷기(walking) – 달리기(running) – 뛰기(jumping) – 뛰어넘기(leaping) – 호핑(hopping)/앙감질(깨금발) – 겔로핑(galloping) – 미끄러지기(sliding) – 스키핑(skipping) – 오르기(climbing) – 구르기(Rolling)	– 한쪽으로 기기(Crawl) – 도망치다, 질주하다(Flee) – 맴돌며 질주(Spin) – 날아오르다(Soar) 쇼-오어 – 되튀다(Bounding)-비이동 / 조작동작

② 비이동 동작하기(Non locomotive Movement)–한 장소에 머물러 있는 동작

– 뻗기(stretching) – 구부리기(bending) – 꼬기(twisting) – 흔들거리기(swinging) – 회전하기(turning) – 앉기(Sit) – 균형잡기(balancing) – 피하기(dodging) – 구르기(rolling)	– 뻗다(Reach) / 펴다(Extend) – 빙빙돌다(Whirl) – 보유하다(Hold) – 앉다, 얹다(Perch) – 중지(Pause) – 자리잡다(Settle) – 가라앉다(Sinking) – 떨어지다(Fall) / 떨어지다(Drop) – 붕괴되다(Collapse) – 떠오르다(Rising) – 들어올리다(Lifting) – 균형잡다(Balancing)

③ 조작적 동작하기(Manipulative Movement)–물체와 관계를 이루는 동작

– 잡아당기기(Pulling) – 밀어내기(Pushing) – 던지기(Throwing) – 굴리기(Rolling) – 튀기기(Bouncing) – 차기(Kicking)	– 들어올리기(Lifting) – 잡기(Catching)/받기 – 치기(Striking) – 되받아치기(volleying) – 쳐내기(Striking) – 드리블링(Dribbling)

• 음악적 구성요소 표현

음악적 구성요소 표현하기는 음악의 개념인 리듬, 가락, 음색, 음의 높이, 음의 크기, 빠르기, 형식 등과 같이 음악을 이루는 구성요소를 발견하여 신체로 표현하는 활동이다. 이는 Dalcroze의 유리드믹스활동에서 중요하게 여기는 현대적 음악교육의 일환이다.

• 구조적, 반구조적 신체표현(손유희 및 음률활동)

구조적 신체표현하기는 노랫말이나 음악적 표제에 의해 구체적으로 정해진 신체표현 활동을 말한다. 주로 교사의 지시나 시범에 따라 정해진 동작을 반복해서 모방하게 하는 직접 교수방법이다. 노래 가사의 내용에 따라 표현하는 율동, 손유희, 수화, 포크댄스 등이 이에 속한다. 특히 손유희의 제시어는 누가, 언제, 어디서, 무엇을, 어떻게, 왜 움직이는지의 이유를 알게 하면서 움직임의 방향을 제안한다. 손유희는 소근육 발달 뿐만 아니라 언어, 수, 기억력 발달에도 긍정적인 영향을 미친다.

구조적 신체표현활동은 영유아가 즐겁고 흥미로운 경험을 할 수 있을 뿐만 아니라 노랫말의 내용을 쉽게 이해할 수 있으며, 다른 영유아들과의 동질감, 소속감을 갖게 한다. 또한 처음 신체표현을 경험하는 영유아나 창의적 신체표현이 어려운 영유아는 부담없이 신체표현을 할 수 있는 기회를 제공하는 장점이 있다. 하지만 오랜 시간 반복되면 자칫 신체표현활동에 흥미를 잃을 수 있음을 우려해야 한다.

반구조적 신체표현은 정해진 동작을 일률적으로 따라하는 부분과 영유아가 자유롭게 음악의 느낌과 생각을 창의적으로 표현해 보는 부분을 공유하는 신체표현활동을 말한다. 반구조적 신체표현하기는 항상 몸을 어떻게 움직일 수 있을 것인가의 다양한 방법을 생각하게 하므로 음악적 이해를 동반한 음악적 사고의 기회를 제공하기도 한다(이미혜 외, 2017).

- 창의적(비구조적) 신체표현

창의적 신체표현활동은 인간의 사고와 감정, 신체와 정신 간의 조화로운 관계를 형성하는 가장 좋은 매개체이다. 창의적 신체표현활동은 영유아에게 많은 생각과 상상할 기회를 주며, 생각과 느낌을 자유롭게 표현할 수 있는 기회를 제공하는 활동이다(배인자·한규령, 1998). 창의적 신체표현은 사고와 감정, 신체와 정신이 상호작용하여 이루어지므로 영유아가 자신감을 가지고 상상을 통해 나름대로의 독특한 방법으로 신체를 표현할 수 있는 기회를 제공하는 일은 매우 중요하다(전인옥 외, 2014)

창의적 신체표현활동은 노래 가사내용에 따른 창의적 신체표현하기, 음악의 구성 요소에 따른 창의적 신체표현하기, 음악적 개념에 따른 창의적 신체표현하기, 음악의 느낌을 창의적으로 표현하기, 자연의 현상, 기계, 도구의 움직임을 창의적으로 표현하기, 손유희, 춤 등을 새롭게 만들어 표현하기, 음악극 역할에 따른 창의적 신체표현하기 등이 있다.

(5) 음악 창작하기활동에서의 교육내용

창의적 음악 만들기는 영유아기부터 시작되고 경험되어야 한다. 영유아의 음악 만들기는 기보에 의한 구조적인 작곡이 아닌 놀이를 통한 자유로운 음악활동 속에서 경험되어야 한다.

영유아음악 만들기는 초기에는 들었던 소리를 변형하여 소리 만들어보기로 시작되지만, 연령이 증가함에 따라 음악적 발달 수준에 적합한 음악적 이해가 형성되고, 음악개념이나 음악적 지식을 능동적으로 구성하면서 점차 창의적 음악 만들기가 활발해 진다(Hildebrandt, 1998).

음악 창작하기활동은 소리탐색활동에서부터 노래 부르기, 악기 다루기, 신체표현, 창작하기 및 극 놀이 등 각 영역에서 이루어질 수 있다. 또한 영유아의 음악 창작하기활동은 즉흥연주활동을 포함한다.

노래 부르기활동에서는 가사의 일부분을 유아가 새롭게 바꾸어 부른다거나, 노래 중의 일부분(특히 의성어, 의태어 부분)의 선율을 변형(교사가 제시하는 2선 악보의 음을 바꾸거나 리듬 변형)하여 표현할 수 있으며, 가사의 내용에 따라 즉흥으로 노래를 만들어 보는 활동(시, 이야기, 그림, 동작 등의 내용을 소리, 노래로 표현하기)을 할 수 있다. 또한 교사는 유아의 라임 만들기나 챤트 음악 만들기를 도와야 한다. 짧은 4마디 정도의 리듬이나 멜로디를 이용하여 즉흥 응답창활동 또한 중요한 경험이 된다. 이때는 교사의 지도역량이 필요하다.

악기 다루기활동에서는 사물의 소리를 탐색하고 새로운 소리를 만들기, 사물 또는 악기로 음악 만들기, 영유아의 느낌을 즉흥연주로 표현하기 등의 활동을 할 수 있다. 악기를 사용하면 음악의 개념(음길이, 빠르기, 셈여림, 박자, 리듬)을 표현하기가 노래로 표현할 때보다 훨씬 수월할 수 있다. 악기 다루기에서의 창작활동은 영유아가 음악개념을 경험하는 데 도움을 준다.

신체표현활동에서의 창작하기는 음악 속에 공통적으로 나타나는 음악의 구성요소를 발견하고, 그것을 생각과 느낌을 통해 몸으로 표현하는 것이다. 신체표현에서의 창작하기는 Dalcroze의 유리드믹스 활동이 좋은 예가 된다. Dalcroze는 현대적 음악교육에서 '걷기', '달리기', '점프하기', '구부리기', '펴기' 등을 통합한 움직임을 기본으로 '음악 표현하기', '지휘하기' 등의 활동을 통하여 음악의 요소를 발견하게 한다. 처음에는 교사의 움직임을 모방하면서 빠르기, 셈여림, 강약, 리듬 등을 자연스럽게 습득하게 되고, 항상 다양한 방법으로 몸을 어떻게 움직일 것인가를 생각하게 하므로 음악적 이해를 동반한 음악적 사고의 기회를 제공한다. 이러한 활동은 조금만 학습하게 되면 누구나 쉽게 응용할 수 있는 기초 활동이지만, 초기에는 교사를 모방하게 되므로 교사의 전문성이 요구되는 활동이다. 일반적으로 쉽게 할 수 있는 활동으로는 노래 가사내용에 따른 창의적 신체표현하기, 음악의 구성 요소, 음악적 개념에 따른 신체표현하기, 음악의 느낌을 창의적으로 표현하기, 자연의 현상, 기계, 도구의 움직임을 창의적으로 표현하기, 손유희, 춤 등을 새롭게 만들어 표현하기, 음악극 역할에 따른 창의적 신체표현하기 등이 있다.

음악 창작하기활동은 유아의 듣기, 묘사, 문제해결력을 비롯한 다른 학습 영역에 도움을 주며, 유아의 음악표현과 해석에 있어서도 자연스럽게 도움을 줄 수 있다고 하였다(이미혜·박소연, 2017 재인용). 그러나 현장의 교사는 음악 창작하기활동을 가장 지도하기 어려워하며, 음악 창작하기활동은 거의 하지 않는다고 많은 연구에서는 보고하고 있다.

• 이야기 음악만들기(김성균-봄비의 아침)

> **봄비의 아침**
>
> 글 · 김 성 균
>
> '봄비'라는 예쁜 어린이가 있었어요.
>
> 어느날 봄비가 아침에 일어나서 기지개를 길게 펴고 있으려니까 [실로폰]
>
> 창 밖에서 누군가가 똑 똑 똑 [우드블록] 하고 창문을 두드렸어요. [실로폰]
>
> 봄비가 "누구세요?" 하고
>
> 창문을 드르륵 [기로] 열어보니까 아주 귀여운 참새들이 와서 무슨
>
> 이야기를 하고 있었어요.
>
> 들어보니
>
> "봄비 아가씨는 소원이 무엇이에요? 라고 말하고 있었어요. [방울]
>
> "세상에서 제일 예쁜 사람이 되고 싶어요."
>
> "그것은 아주 비밀인데 가르쳐 드리죠."
>
> "세상에서 제일 예뻐지려면 매일 아주 맑고 깨끗한 공기를 마셔야 돼요" [휘슬]
>
> "그 맑고 깨끗한 공기가 어디에 있나요?"
>
> "그 공기는 방안에는 없구요, 봄비아가씨의 창 밖에 있어요.
>
> 그런데 그 맑고 깨끗한 공기는 아침 일찍 잠깐 있다가 사라지거든요.
>
> 봄비 아가씨!
>
> 매일 아침 일찍 일어나서 밖으로 나와 맑고 깨끗한 공기를 많이 마시세요.
>
> 그러면 세상에서 제일 예쁜 봄비 아가씨가 될 거예요." [휘슬]
>
> 안녕 . . .

(6) 음악극(뮤지컬) 놀이활동에서의 교육내용

음악극활동은 음악, 미술, 동작, 문학 등 모든 예술 장르가 통합되는 통합적 접근이 가능하다. 음악극은 동화속 이야기의 문어체를 영유아의 느낌과 사고 안에서 가능한 대화체로 바꾸고, 내용의 일부를 노래로 재탄생시키며, 도구나 악기를 사용하여 동화의

분위기를 음악으로 표현하고, 무대를 꾸미고, 의상을 차려 입고, 배역의 몸짓과 동작으로 이야기 내용을 전달한다.

유아교육과정에서도 통합교육과정은 강조되어 왔으며, 유아음악활동에서도 인지가 '지금-여기'에 제한되어 있는 영유아의 경험이 통합되어 계속적으로 성장할 수 있어야 한다는 것이다(임은애, 2007). Mannis(만니스, 1994) 또한 음악극은 음악, 문학, 미술, 움직임 등의 예술 영역뿐만 아니라 다른 교과 영역들과도 연결된 통합적 활동으로 상상력을 기르고 통합적인 삶에 다가가게 된다고 하였다.

음악극활동은 교사가 들려 준 동화를 중심으로 유아들이 극화해 보는 활동으로 활동의 사이사이에 노래와 음악, 율동 등이 어우러져 일반 극 놀이보다 더 흥미로워 유아들은 이것을 매우 즐긴다. 음악극뿐만 아니라 극 놀이활동은 진행과정에서 연기자(player), 관객(Audience), 연출자(Director) 등 누구나가 한 가지 역할은 꼭 맡게 되기 때문에 모든 유아들이 적극적인 참가자로서 다양한 경험을 하게 되는 장점이 있다.

음악극활동을 계획하면서 가장 먼저 해야 할일은 년간, 월간 교육계획에 근거한 생활주제와 연관하여 동화를 선정하는 일이다. 음악극의 내용이 될 동화는 유아에게 흥미롭고, 친숙하며, 발달 수준에 맞는 내용을 선정해야 하며, 소요시간이 20분 이상 넘지 않는 것이 좋다. 물론 동화는 유아들과 충분한 의논을 거쳐서 선정하여야 한다. 선정된 동화의 내용이 다소 어렵거나 내용이 길 경우에는 유아의 흥미와 요구를 고려하고, 생활주제 중심의 내용에 근거해서 융통성 있게 그 내용을 변경해서 연출을 해도 무방하다. 교육과정에 따른 생활주제를 중심으로 실시할 수 있는 음악극의 목록을 정리하면 다음과 같다.

[표 3-5] 유치원 생활주제에 따른 동화의 목록

유치원 생활주제	동화	유치원 생활주제	동화
유치원과 친구	서울쥐 시골쥐 빨간 모자 오즈의 마법사 두 친구의 지혜 말썽쟁이 피노키오 이야기	나와 가족	콩쥐 팥쥐 흥부와 놀부 효녀 심청 효성스런 호랑이 방귀쟁이 며느리 해와 달이 된 오누이

<table>
<tr><th colspan="2">유치원
생활주제</th><th>동화</th><th>유치원
생활주제</th><th>동화</th></tr>
<tr><td colspan="2"></td><td></td><td></td><td>헨젤과 그레텔
미운 오리새끼
라푼젤
비만 오면 우는 청개구리</td></tr>
<tr><td colspan="2">우리동네
/이웃</td><td>뚱보 아줌마
털보 아저씨
선녀와 나무꾼
혹부리 영감
꼬마 비둘기 코코
우리 동네가 제일 좋아
양치기 소년과 늑대
행복한 왕자와 제비</td><td>건강과 안전</td><td>우리와 두리를 지켜라
늘보 깨비가 버스를 탔어요
냉장고 속 나쁜 음식을 찾아라
세균대장 꼬질이가 좋아하는 것
캠핑장의 사고뭉치 찌리릿 귀신이 나타났다
앗, 뜨거워! 생일파티
이 닦기는 너무너무 귀찮아</td></tr>
<tr><td colspan="2">동식물과
자연</td><td>아기돼지 삼형제
브레멘 음악대
일곱 마리 아기 양
아기돼지 열두 마리
원숭이와 모자 장수
황금거위
도깨비와 도토리
토끼와 거북이</td><td>환경과 생활</td><td>아슬아슬 사라지는 동물
금개구리 왕눈이의 모험
지구 구출 대작전
콜록 마을 이야기
나무를 돌려줘!
미세먼지 펭귄
엘린과 숲의 비밀
해와 바람
바닷물이 짠 이유
바람이 가져다준 선물</td></tr>
<tr><td colspan="2">교통
기관</td><td>자동차의 왕 포드
하늘의 길을 연 라이트 형제</td><td>생활도구</td><td>각시방의 일곱 친구들
발명왕 에디슨</td></tr>
<tr><td rowspan="4">계
절</td><td>봄</td><td>흰나비의 눈물
보릿고개 이야기</td><td rowspan="4">세계
여러 나라/
우리나라</td><td rowspan="4">백설공주와 일곱 난장이
신데렐라
긴머리 공주
인디언 이야기
나는 코끼리 덤보
검둥이 삼보</td></tr>
<tr><td>여름</td><td>사랑의 빛
견우와 직녀
여름나라 겨울나라</td></tr>
<tr><td>가을</td><td>밀알을 누가 심었을까?</td></tr>
<tr><td>겨울</td><td>꼬마 산타</td></tr>
</table>

영유아들은 발달 단계적 특성으로 인하여 그들의 느낌, 생각, 상상 등을 만족스럽게 표현할 수 있는 기회에 관심을 갖는다. 이것을 위한 교육수단의 하나로 음악극이 활용되어 왔다.

음악극 놀이는 살아있는 학습상황, 살아있는 경험이며, 자신을 알게 하고 지식과 개념을 탐색하도록 도우며, 세상을 알게 하는 살아있는 교수-활동이라고 할 수 있다.

영유아음악극 놀이의 교육적 가치는 다음과 같이 정리할 수 있다(하정희 외, 2014 재인용).

- 유아들의 음악적 능력 향상을 돕는다.
- 유아들의 다양한 간접체험을 돕는다.
- 유아들의 의사소통 능력을 돕는다.
- 유아들의 다양한 예술적 경험을 돕는다.
- 유아들의 자발적인 학습성향을 돕는다.
- 유아들의 통합적 발달을 돕는다.

이상에서 보면 극 놀이는 언어, 사회, 인지(탐구), 신체(건강), 정서(표현) 등의 발달(생활) 영역에 모두 영향을 준다고 볼 수 있다.

음악극활동의 구체적인 지도내용은 동화 선정하기, 이야기 들려주기, 등장인물 분석하기, 대본화, 역할분담, 노래 및 악기연주, 동작으로 표현하기, 소품 만들기, 무대설치, 공연, 반복 공연 등으로 유아가 고루 경험할 수 있도록 하며 마무리 정리를 한 후 평가가 이루어질 수 있도록 한다. 또한 음악극활동은 생활주제에 맞는 동화를 선정하여 통합적으로 계획할 수 있다.

[표 3-6] 음악극의 발달 영역 간, 교과 영역 간의 통합적인 구성(심성경 외, 2013 재인용)

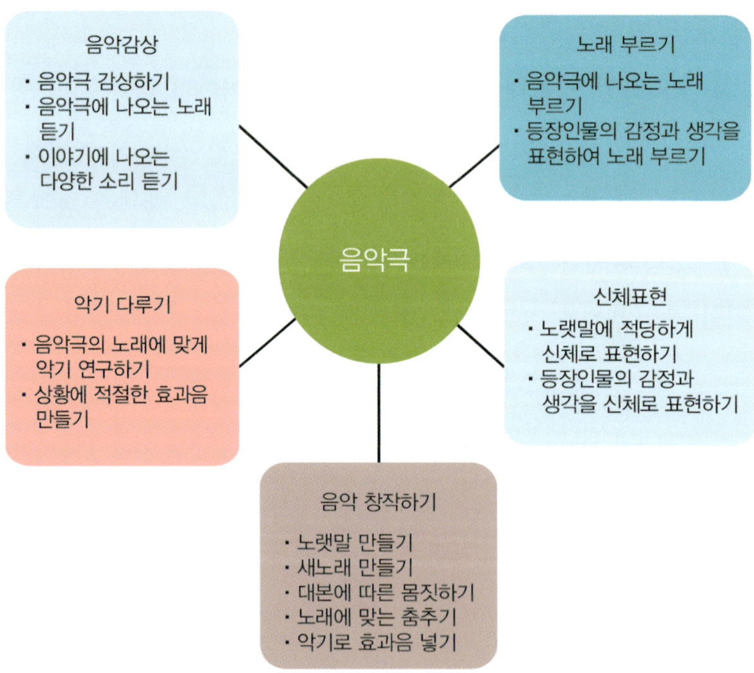

[표 3-7] 음악극과 음악활동 영역 간의 통합(하정희 외, 2014 재구성)

(7) 전통음악활동에서의 교육내용

유아의 전통음악활동의 교육내용은 3~5세 누리과정의 5개 영역 중 사회관계 영역에서 사회에 관심 갖기(내용범주), 우리나라에 관심 갖고 이해하기(내용), 우리나라의 전통놀이와 풍습에 관심을 갖는다(세부내용)와 예술경험 영역에서 예술 감상하기(내용범주), 전통예술 감상하기(내용), 우리나라 전통예술에 관심을 갖는다(세부내용)로 내용이 제시되어 있다. 하지만 0~2세의 표준보육과정에서는 구체적인 내용이 제시되어 있지 않다. 본 교재에서는 누리과정 예술경험 영역의 국악교육 세부내용을 제시하였다.

[표 3-8] 누리과정 예술경험 영역의 국악교육 세부내용(윤명원 외, 2018 참조)

<table>
<tr><th rowspan="2">내용범주</th><th rowspan="2">내용</th><th colspan="3">유아국악교육 세부 내용</th></tr>
<tr><th>만 3세</th><th>만 4세</th><th>만 5세</th></tr>
<tr><td rowspan="3">아름다움 찾아보기</td><td>음악적 요소 탐색하기</td><td colspan="2">다양한 종류의 우리 소리에 관심을 갖는다.</td><td>• 전통악기 소리를 탐색하고 소리 내 보기
• 전통악기 소리 듣고 구별하기</td></tr>
<tr><td>움직임과 춤 요소 탐색하기</td><td colspan="2">다양한 종류의 우리 춤을 감상한다.</td><td>• 우리 춤이 갖는 특징 탐색하기
• 장단의 빠르기에 따른 춤사위, 춤에 사용되는 도구들을 탐색한다.</td></tr>
<tr><td>미술적 요소 탐색하기</td><td colspan="2">우리나라 전통 색, 문양, 재료에 관심을 갖는다.</td><td>• 우리나라의 전통 색, 문양, 재료, 건축물 등을 찾아본다.</td></tr>
<tr><td rowspan="3">예술적 표현하기</td><td rowspan="2">음악으로 표현하기</td><td colspan="3">전래동요를 즐겨 부른다.</td></tr>
<tr><td colspan="2">• 빠른 장단에 리듬과 가사가 반복적인 노래를 부른다.
• 생활악기, 북, 소고로 자유롭게 소리를 만들고 장단 안에서 자유롭게 두드린다.</td><td>• 시김새가 있는 노래를 부르며 노랫말을 만들어 불러 본다.
• 다양한 리듬악기로 자유롭게 소리를 만들고 기본 장단을 연주한다.</td></tr>
<tr><td>움직임과 춤으로 표현하기</td><td colspan="2">• 우리 춤의 소도구를 탐색해 본다.
• 개별적으로 춤을 표현한다.</td><td>• 우리 춤의 소도구를 탐색하고 그것을 춤에 이용한다.
• 개별적 혹은 2~4명의 유아가 함께 짝을 지어 표현해 본다.</td></tr>
</table>

내용범주	내용	유아국악교육 세부 내용		
		만 3세	만 4세	만 5세
	미술활동으로 표현하기	• 다양한 기법으로 전통 색과 문양을 표현해 본다.		• 전통 미술 도구나 기법을 이용하여 미술 작품을 표현하거나 묘사해본다. • 전통 방법과 재료로 염색하기, 만들기를 경험한다.
	극 놀이로 표현하기	• 전래동요에 등장하는 동물이나 인물을 극 놀이로 표현한다. • 전래동화를 듣고 역할을 나누고 소품, 배경을 사용하여 극 놀이를 한다.		
	통합적으로 표현하기	탈춤이나 창극 등을 감상하고 그에 사용되는 음악, 춤, 미술, 극 놀이를 통합적으로 표현해 본다.		
예술 감상하기	다양한 예술 감상하기	우리나라 전통 예술에 관심을 갖는다.		우리나라 전통 예술에 관심을 갖고 친숙해진다.
	전통 예술 감상하기	시대에 따라 지역에 따라 각각 다른 전통 음악과 무용 등이 있음을 알고 그것을 듣고 보고 즐길 수 있게 한다.		

박찬옥 외(2013)는 3~5세 연령별 누리과정 교사용 지도서의 활동을 전통문화 범주에 따라 연령, 생활주제, 활동유형을 검토하여 전통문화교육내용을 전통생활, 전통놀이, 전통예술, 전통의례, 전통역사로 분류하여 다음과 같이 제시하였다.

[표 3-9] 영유아 전통문화교육의 내용 분류(박찬옥 외, 2013 참조)

범주	하위범주	정의	내용
전통생활	의생활	전통의복 및 소품, 의복과 관련된 생활	한복, 모자, 엽색, 신발, 옷감, 족두리, 상투, 버선, 한복 장신구 등
	식생활	전통 일상음식, 특별한 날 먹는 음식, 식재료, 조리법, 보관법	김치, 만두, 밥, 전, 쌀, 상차림 떡, 강정, 절임음식, 나물, 채소, 주먹밥, 떡국, 식혜, 수정과 등
	주생활	전통가옥, 가옥의 종류와 재료	초가집, 기와집, 한옥, 너와집, 궁, 기둥 등
	일상생활 도구	전통생활, 전통생활 용품	전통시장, 농경생활, 우물, 부채, 다림질, 엽전 등

범주	하위범주	정의	내용
전통놀이		전통 일상놀이, 특별한 날 하는 놀이	제기차기, 비석치기, 고누, 연날리기, 썰매타기, 윷놀이, 그네 등
전통예술	음악	전래민요, 전래동요, 전통악기, 장단	북, 장구, 꽹과리, 징, 가야금, 거문고, 아리랑, 강강술래, 이거리 저거리 각거리, 국악 동요 등
	무용	전통 춤	탈춤, 한국무용 등
	문학	전래동화, 한국 고전문학	요술항아리, 팥죽할멈과 호랑이 방귀시합, 흥부전, 별주부전 등
	미술	전통그림, 화가 미술도구	김홍도, 신윤복, 붓, 먹, 벼루 등
전통의례	예절	우리나라의 사회적 지위에 따라 행동을 규제하는 규칙과 관습체계	인사, 언어, 장례예절 등
	명절	우리나라 명절	설, 추석 등
	세시풍속	특별한 행사 또는 절기에 이루어진 축제나 의례	단오, 삼짇날, 대보름, 복날, 돌 등
전통역사	가치	예로부터 선조들이 바람직하다고 여겼던 생각	두레, 품앗이 등
	인물	기록된 옛날에 살았던 사람	이순신, 세종대왕, 광개토대왕 등
	상징	우리나라를 대표하는 유형, 무형의 개념	태극기, 애국가 등
	문화재	조상들이 남긴 유산 중 역사적, 문화적 가치가 높아 보호해야 할 것	첨성대, 남대문, 해시계, 물시계, 측우기 등
	사건	역사에 기록된 옛날 일	독도, 6.25 등
	신화	기원, 신이나 영웅에 관한 설화	단군신화, 박혁거세 등

이상과 같은 전통문화교육의 내용 중에서 본 장에서는 전통음악에 관한 내용을 중심으로 살펴보았다. 전통음악활동과 관련된 춤, 놀이, 전래동화, 명절, 세시풍속 등은 교육활동 속에서 통합적으로 다루어져야 한다.

영유아 전통음악교육의 교육내용 역시 현재 전승되고 있는 수많은 전통 문화 중에서 영유아 시기에 가장 적절하고, 가장 의미 있는 내용들이 취사선택되고, 영유아의 눈높이에 맞게 지도되어야 한다.

영유아 전통음악교육의 활동 영역은 소리탐색과 표현하기, 노래 부르기, 악기탐색과 연주하기, 움직임/놀이/춤으로 표현하기, 감상하기, 음악극하기 등 6개 영역으로 구분할 수 있다. 각 영역은 서로 분리되어 활동되는 것이 아니라 유기적으로 통합되어 운영되어야 한다. 각 영역별 내용은 다음과 같다.

[표 3-10] 영유아 국악교육의 영역과 내용(윤명원 외, 2018 참조).

영역	교육내용
소리탐색과 표현하기	자연의 소리를 듣고 언어, 신체, 미술로 표현하기
	생활 주변에서 나는 소리를 듣고 비교, 탐색하고 표현하기
	사람의 몸에서 나는 소리와 목소리를 탐색하고 표현하기
	국악기의 다양한 소리를 언어, 신체, 미술로 표현하기
	다양한 재료로 소리와 장단 만들기
노래 부르기	전래동요, 창작국악동요, 민요 부르기
	노래의 선율과 장단 살려 부르기
	노래말의 내용과 지역 특성을 알아보고 후렴구 부르기
	장단과 빠르기에 변화를 주어 부르기
악기탐색과 연주하기	국악기의 모양, 재료, 음색, 연주방법에 따라 소리탐색하기
	소고의 연주법을 탐색하고 신체표현하기
	사물악기의 소리를 탐색하고 장단 연주하기
	말놀이, 신체, 게임, 놀이로 장단 익히기
	악기의 기본 타법과 호흡법, 구음, 채잡는 법, 앉는 자세 익히기
	즉흥적으로 장단 만들기
움직임과 춤으로 표현하기	음악을 듣고 움직임과 춤으로 표현하기
	전래동요를 부르며 놀이하기
	한국춤의 다양한 춤사위 익히기
	음악을 들으며 창의적으로 춤사위 만들어 표현하기
감상하기	다양한 종류의 국악곡을 듣고 즐기기
	음악을 듣고 표현 방식, 악기의 명칭, 음색 등을 이해하기
	음악을 듣고 국악기의 역사를 이해하고 전통문화에 관심 갖기

영역	교육내용
	음악을 듣고 느낌을 언어, 신체, 미술 등으로 표현하기
음악극 하기	음악극에 맞는 대사, 노래, 장단, 소품 만들기
	다양한 국악기를 사용하여 음악극에 표현하기
	역할을 나누어 극 놀이 해보기
	국악을 활용한 음악극 시연으로 예술적 표현 즐기기

소리탐색과 표현활동은 영유아 전통음악활동의 가장 기본적인 요건이라 할 수 있다. 생활 속에서 듣게 되는 소리, 즉 사람의 목소리, 사물의 소리, 자연의 소리, 동물의 우는 소리, 악기소리를 관심 있게 듣고 소리의 특성과 차이점을 인식하며 다양한 방법으로 표현하는 것은 음악예술활동의 기본이 되는 요소이다. 음악을 이루는 기본 요소로서 음향적 재료인 '소리' 자체에 대한 인식과 표현, 나아가 소리가 지니는 빠르기, 세기, 리듬 등의 인식은 음악활동을 이루는 기본적이며 근원적인 것이기에 소리탐색과 표현활동은 매우 중요한 음악교육의 내용이라 할 수 있다.

노래 부르기는 영유아들이 자신을 표현하며 즐거움을 느끼는 활동으로 영유아가 가장 좋아하며 현장에서 가장 많이 활용되는 활동이다. 노래 부르기에서 다루어지는 내용은 전래동요 부르기, 국악동요 부르기, 민요 부르기로 나누어진다. 그중 전래동요는 말과 노래와 놀이가 내포된 한국 고유의 '아이들 노래'인 동시에 한국 고유의 '아동음악문화'라고 할 수 있다. 근대에 와서 일제 강점기와 한국전쟁을 겪으면서 단절되었던 것이 1960년대 이후 노인들의 기억으로부터 더듬어 일제 강점기의 창가 형식이나 서양음악 어법에 기반하여 불리어 졌고 그 형태가 애매모호하게 전승되었다. 음악적인 특징은 노래라기보다는 말에 가깝고, 선율은 단순한 2~3음계로 되어 있다. 가사는 친자연적 소재의 내용이며 이러한 친자연적인 다양한 소재를 노래로 불러보는 과정에서 간접적인 경험을 할 수 있으며, 자연을 세심하게 관찰하고 노래하는 과정을 통하여 아동의 사고를 넓히고, 아이들의 심성을 순화시키는 작용을 한다(모형오 외, 2010).

또한 국악동요는 성인이 만든 노래로서 국악의 음악어법에 기반하여 새롭게 작곡된 노래이며, 창작국악동요는 서양음악 어법으로 만들어진 노래를 의미한다.

민요는 민중의 삶속에서 불리고 전해진 한국 고유의 기성음악문화이다. 민요는 유아가 직접 부르기에는 무리가 있어 들어보거나 경험해 보는 차원에서 접근되어야 하며,

통속민요보다는 토속민요가 적합하다. 토속민요는 노랫말이 반복되기도 하며 메기고 받는 형식으로 되어 있어 유아에게 적용할 수 있는 부분도 있지만, 시김새와 같은 기능적인 부분이나 어려운 가사 등 유아에게 적합하지 않은 노래가 많다. 따라서 유아에게 민요를 지도할 때는 감상하기, 노래에 맞추어 국악기 연주하기, 후렴구만 불러보기, 노랫말 바꾸어 불러보기 등 수준에 맞추어 구성해야 한다(고정미 외, 2014).

악기를 탐색하고 연주하는 활동은 영유아에게 즐거움을 주며 상상력, 표현력, 창작력을 기를 수 있게 하는 매우 중요한 활동이다. 유아교육기관에서 다루는 국악기의 종류는 소고, 꽹과리, 장구, 북, 징 등이다. 국악기 연주는 장단교육이 우선되어야 한다. 장단은 호흡을 바탕으로 하며 유아는 무릎치기, 손뼉치기, 발구르기 등 신체놀이와 말놀이를 통해 호흡을 익힌 후 장단을 익힐 수 있다.

영유아가 익히는 장단은 궁중에서 사용하는 아악이나 정악장단이 아닌 민속악 장단이다. 민속악 장단은 굿거리, 세마치, 자진모리, 동살풀이, 휘모리, 단모리, 별달거리 장단 등이다.

특히 장단교육은 국악기를 연주하는 활동에서 가장 기본이 되며, 장단은 국악의 특징을 잘 표현하기 때문에 중요시되고 있다. 우리의 장단은 호흡을 통해서 이루어지며 호흡의 느림과 빠름에 의해 장단이 결정된다. 국악의 호흡을 익히기 위해서는 신체를 움직이거나 말놀이를 하는 등 다양한 활동이 동반되기도 한다. 영유아는 무릎치기, 손뼉치기, 발구르기 등의 신체 움직임과 말놀이를 통해 국악의 장단을 쉽게 익힐 수 있으며, 국악기를 연주해 보는 즐거움과 우리 가락의 흥겨움과 신명을 느낄 수 있다. 또한 눈과 손의 협응력과 함께 소근육 발달에도 도움을 줄뿐 아니라 또래와 함께 연주하면서 협력적인 태도를 가지게 되어 사회성 발달에도 긍정적인 영향을 준다(고정미 외, 2014).

움직임/놀이/춤으로 표현하기는 소리, 악기, 놀이, 음악, 움직임, 춤 등 국악의 모든 음악 요소를 포괄하는 영역이다. 이러한 활동은 유아가 경험하는 감정, 정서를 자신의 몸을 통해 표현하는 과정이라 할 수 있다. '춤'은 영유아의 능동적인 움직임보다 한 차원 높은 표현활동으로 단순한 움직임의 차원을 넘어선다. 춤은 음악에 맞춰 소고, 한산, 부채 등 소품을 이용하며 단순한 '움직임'이란 표현으로는 부족함이 있다. 또한 '놀이'는 일정한 형태의 규칙과 약속이 있는 활동이며 짧은 형태의 '전래동요'나 '민요감상'과 함께 활동된다.

영유아 전통음악활동에서의 감상하기는 영유아 전통음악활동에서 사용되는 악기소리를 잘 듣고 소리를 비교하는 탐색활동과 전래동요, 국악동요, 민요 감상, 전문가들의 춤, 노래, 악기연주, 놀이 등을 감상하는 활동으로 이어진다. 전통음악감상하기는 음악적 선호가 발달하지 않은 영유아들에게 폭넓은 음악세계를 제공할 수 있다.

창작하기·음악극하기는 영유아가 좋아하는 다양한 음악예술적 요소와 상상의 요소가 포함되어 있고, 영유아의 음악적 흥미를 높이고 음악적 개념을 발달시킬 수 있는 효과적인 교육방법이다. 따라서 음악과 관련된 미술, 문학, 조형 등의 타 예술 영역과 건강생활, 사회관계, 자연탐구, 의사소통, 예술경험의 생활 영역까지 포함하여 종합활동으로 구성되어야 한다. 한 사람이 부르는 '판소리', 역할을 나눠서 극적으로 표현한 '창극', 현대에 이르러 많이 공연되는 '마당놀이' 등을 비롯하여 탈춤, 탈놀이 등을 감상하고, 다양한 전통음악활동이 무르익을 즈음 극 놀이에 도전해 보는 경험은 한국 전통음악교육의 정체성을 확립함과 동시에 영유아의 역사적 창의력을 계발하는 일일 것이다(모형오 외, 2010).

전통예술교육은 우리 문화에 대한 바른 가치관을 세우고 다음 세대에 전통문화를 전달하며, 한국인으로서의 정서를 가꾸어 세계화를 향한 민족적 정체성을 확립하는 측면에서 매우 중요한 활동이다(임영옥, 2012)

4 영유아음악교육의 내용 선정 원리

영유아음악교육은 발달에 적합한 내용으로 선정되고, 선정된 내용은 발달 연령에 맞게 계획되고, 연결되고, 실행되어야 한다. 영유아음악교육의 내용 선정 원리는 발달적합성의 원리, 생활중심의 원리, 학습계열화의 원리, 통합성의 원리로 분류할 수 있다. 이 네 가지 내용 선정 원리를 구체적으로 살펴보면 다음과 같다.

1) 발달적합성의 원리

이 원리는 영유아의 음악적 능력 발달, 인지 발달, 신체 발달, 정서 발달, 심미감 발달, 창의력 발달에 적합한 내용을 구성하여 조직하는 것이다. 발달적합성의 원리를 구체적으로 살펴보면 다음과 같다.

(1) 영유아의 음악적 능력 발달을 고려한 내용을 선정한다.

영유아의 음악적 능력 발달 중 노래 부르기 능력 발달은 1세 미만의 영아는 언어 옹알이, 음악 옹알이 단계를 거치고, 1~2세 영아는 2,3도 음정의 좁은 음정으로 노래하며, 가끔 한 음절씩 분명한 음정을 흉내 내고, 주위의 도움으로 노래를 배우는 시기이다. 가창 능력 발달의 중요한 시기이며 이 시기 개인의 환경과 경험은 성인기 가창 능력에도 영향을 미친다. 2~3세 유아는 리듬과 선율이 있는 자발적인 노래(Spontaneous song)를 부르기 시작하며, 음정이 정확해지고 나름 친근한 음정을 즐긴다. 또한 반복 리듬, 반복가락 패턴으로 노래할 수 있으며, 이 시기는 노래 훈련과 활동 기회를 제공해야 한다.

4~5세 유아기는 다양한 노래를 습득하는 시기이다. 노래의 인지 기능이 발달하고 말하는 소리, 노래하는 목소리를 구분할 수 있으며, 다양한 음색으로 변화하며 노래할 수 있다. 가온 '다'에서 옥타브의 음정을 낼 수 있으나 편안한 음역(레~라) 안에서 쉽게 노래를 즐긴다. 또한 함께 노래하는 것을 즐기며 중창, 합창이 가능해 진다. 이 시기는 자발적으로 즉흥적인 노래를 만들기도 한다. 6~7세 유아는 두성 쓰는 법을 배울 수 있으며 노래의 정확성이 증가한다. 이때 영유아에 따른 개인차는 고려되어야 함을 명심해야 한다.

물론 영유아의 듣기, 노래 부르기, 악기 다루기, 신체표현, 음악 창작하기 등의 음악적 능력 발달에 적합한 내용이 단계적·균형적으로 제공되어야 한다.

(2) 영유아의 인지적 발달을 고려한 내용을 선정한다.

영유아의 연령 적합성을 고려하면서 인지적 발달에 적합한 흥미, 욕구, 음악적 자극과 경험을 제공하는 내용이어야 한다. 음악적 개념 이해와 습득을 위하여, 즉 음높이와 리듬, 빠르기, 셈여림의 개념을 이해하고 표현하기 위하여 사물 등을 활용한 구체적인 학습자료와 단계적 활동이 이루어져야 한다. 특히 영유아는 지적 능력, 성격, 신체조건, 가족배경, 경험 등이 각기 다름으로 인한 학습이해와 성장속도가 다른 독특성을 가지기 때문에 이에 적합한 교육내용과 교육활동이 계획되어야 한다.

(3) 영유아의 신체 발달을 고려한 내용을 선정한다.

영유아음악활동 속에서 신체표현 활동 영역은 단순한 동작의 대근육활동에서 복잡한 동작의 소근육활동으로 순차적으로 연결되어야 한다. 특히 악기 다루기활동 영역은 신체 악기 연주를 충분히 경험한 후에 리듬 타악기를 거쳐 선율 타악기와 가락 악기의 음악적 느낌을 체험하도록 교육내용이 단계적으로 설정되어야 한다.

(4) 영유아의 정서 · 심미감 발달을 고려한 내용을 선정한다.

영유아음악교육은 영유아의 정서와 심미감 발달을 고려하여 다양한 감정표현의 기회를 북돋아 줄 수 있는 교육내용이어야 한다. 음악활동을 통하여 자신의 감정을 자유롭게 표현할 수 있는 정서적 반응 능력을 키우고, 음악적 감수성을 계발할 수 있는 정서, 심미감 발달에 적합한 교육내용이 선정되어야 한다.

(5) 영유아의 창의력 발달을 고려한 내용을 선정한다.

영유아는 음악활동을 통하여 긍정적인 자아개념과 창의적 문제해결력을 신장한다. 또한 음악활동을 통하여 자신의 창조성을 발휘하는 가운데 자신감과 성취감을 느끼게 된다. 따라서 음악교육내용은 영유아의 창의력 발달을 고려한 내용이 선정되어야 한다.

그러므로 영유아음악교육의 내용은 발달적합성의 원리, 연령적합성의 원리, 개인 적합성의 원리를 근거로 구성되고, 실행된다고 볼 수 있다.

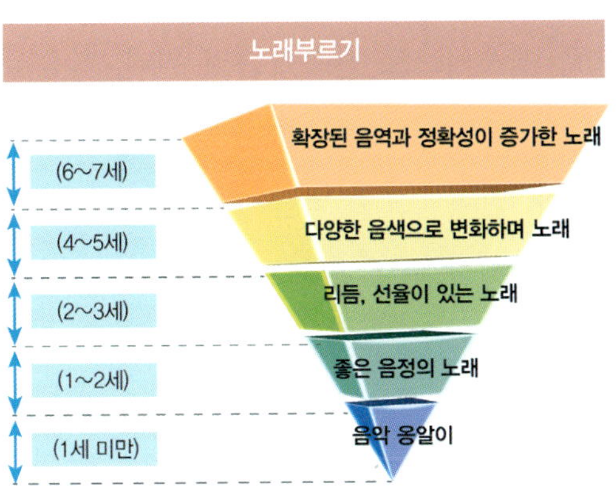

[그림 3-2] 영유아의 노래 부르기 발달 단계

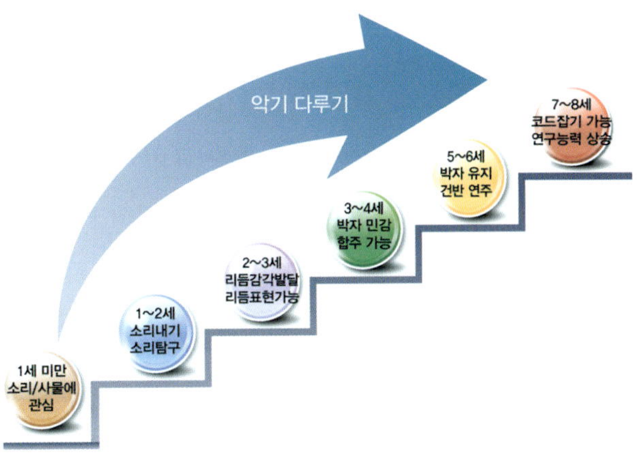

[그림 3-3] 영유아의 악기 다루기 발달단계

2) 생활중심의 원리

동심원의 원리라고도 한다. 음악활동의 내용 구성을 유아 자신의 일상생활에서부터 가정, 유치원, 지역사회, 우리나라, 세계로 점차 확대하고, 내용 간 상호 연계가 될 수 있도록 구성한다. 다시 말해 가장 직접적이고 구체적이며 밀접한 내용부터 시작하여 점차적으로 간접적이고, 추상적인 내용으로 확대해 나가는 원리이다.

[그림 3-4] 생활중심의 원리

3) 학습계열화의 원리 : 나선형의 원리

교육내용이 계열화되어 나선형으로 반복적으로 제시되므로 반복학습의 원리, 학습계열화의 원리라고 한다. 예를 들어, 음악의 개념 발달을 위한 활동을 구성할 때 리듬, 멜로디 음색, 다이나믹스, 형식 등을 연령이 바뀌어도 반복적으로 학습시킴을 말한다. 특히 영유아의 음악개념 발달을 위한 활동은 음악활동의 기반이 되므로 어떤 연령, 어떤 시기에 국한될 수 없다. 리듬, 멜로디, 빠르기, 셈여림, 음색, 다이나믹, 형식 등이 연결의 고리로 계열화되어 단계적으로 나선형으로 반복, 지속적으로 심화학습이 되어야 한다.

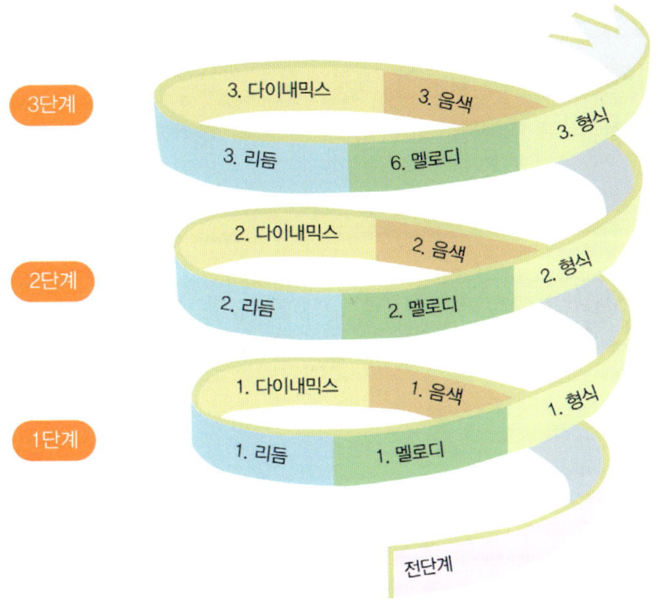

[그림 3-5] 학습계열화의 원리

4) 통합성의 원리 : 균형과 조화의 원리

통합성의 원리는 활동 영역 간의 통합, 교과 영역 간의 통합을 의미한다. 먼저 활동 영역 간의 통합이다. 영유아음악활동은 듣고 모방하여 따라 하는 원리에서 점차 노래 부르기, 악기탐색 및 연주하기, 신체표현, 창작하기활동으로 발전하도록 해야 한다. 결국 감상하기, 노래 부르기, 악기 다루기, 신체표현, 창작하기의 5가지 활동은 각기 분리되어 제시되는 것이 아니라 서로 긴밀한 관계를 맺으면서 동시에 진행됨을 의미한다.

[그림 3-6] 통합성의 원리

'가을'이라는 생활주제를 중심으로 '감상하기 영역에서는 가을의 소리탐색하기, 가을 노래 듣기 등의 활동과 노래 부르기 영역에서는 '가을', '허수아비 아저씨', '바람개비' 등의 노래 부르기활동을 하며, 악기 다루기 영역에서는 '악기로 낙엽 표현하기', '바람

소리 표현하기' 등의 활동을 하며, 신체표현 영역에서는 '바람되어보기', '허수아비 되어보기', '낙엽 되어보기' 등의 활동이 이루어질 수 있으며, '창작하기' 영역에서는 '도깨비와 도토리' 동화를 극 놀이로 표현하는 활동을 할 수 있다.

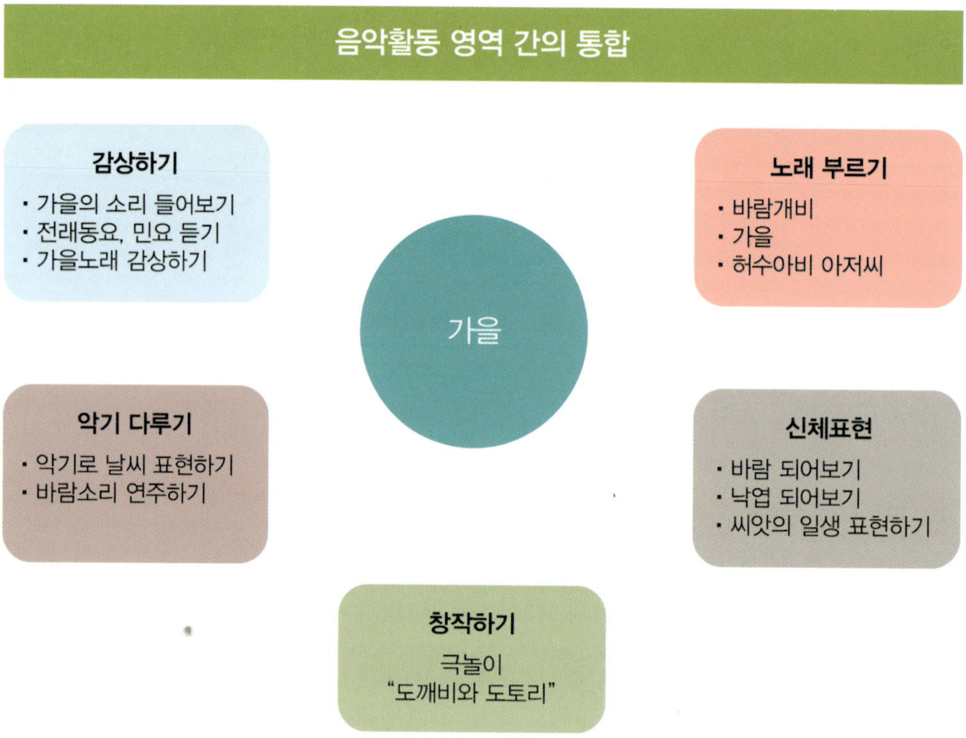

[그림 3-7] 음악활동 영역 간의 통합

교과 영역 간의 통합에서 영유아교육과정은 생활주제를 중심으로 음악 영역과 다른 영역이 통합으로 활동된다. 예를 들어, '바람개비'라는 새노래 부르기활동을 하면서 이야기 나누기활동, 바람의 원리를 이해하고 체험하는 과학 영역의 활동과 색종이로 바람개비를 만들어 보는 미술활동, 바깥에서 바람개비를 돌려보는 신체활동 등이 동시에 이루어짐으로써 음악활동이 다른 교과활동에 대한 흥미를 증가시키는 역할을 하고, 영유아에게는 통합적인 경험을 할 수 있도록 내용 구성이 이루어짐을 의미한다.

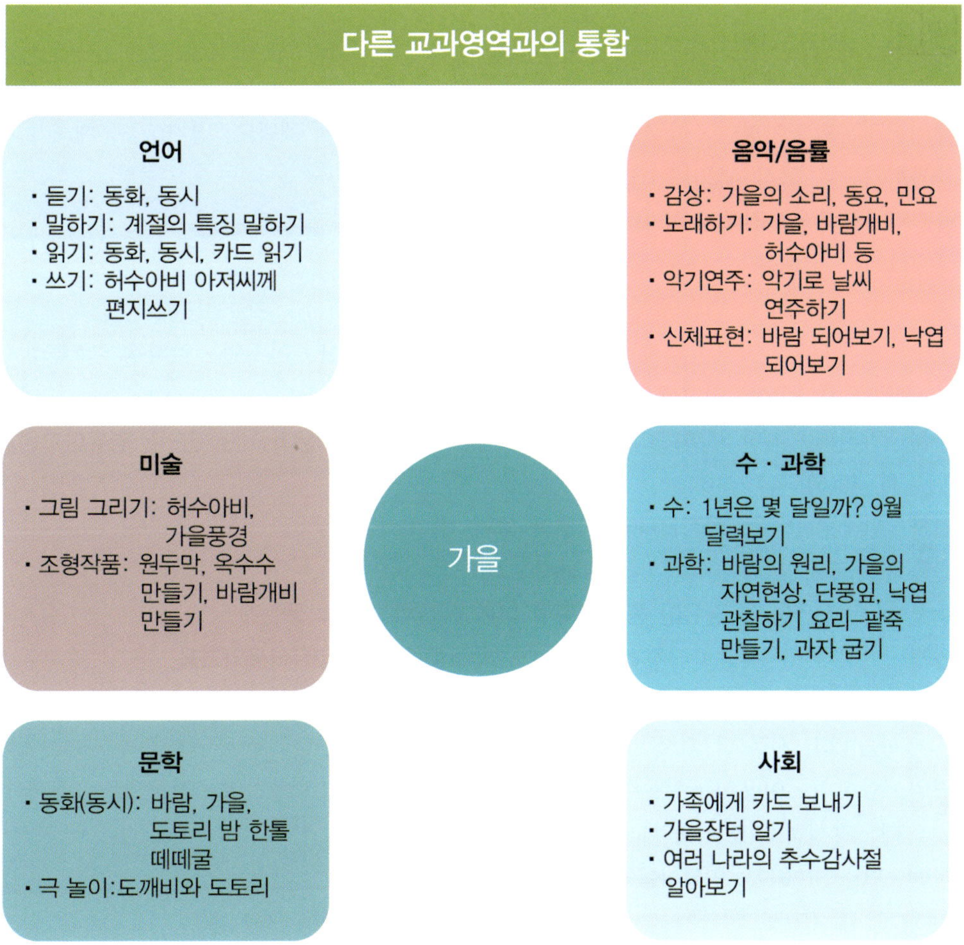

[그림 3–8] 다른 교과 영역 간의 통합

통합성의 원리에서 영유아음악활동들은 활동주제별, 발달 영역별, 내용체계별 연관을 가지고 영역 간의 균형과 조화가 이루어지도록 내용체계를 통합하는 것이다.

참고문헌

고정미 · 권은희 · 이경민 · 이정현(2014). **유아국악교육 이렇게 해봐요.** 경기: 공동체.

교육과학기술부 고시 제2012-16호. 유치원 교육과정.

교육과학기술부 · 보건복지부(2013). 3-5세 연령별 누리과정 교사용 지침서.

김성균(2007). **유아음악.** 서울: 현대음악출판사.

김진희 · 강미영(2017). **영유아 국악교육.** 경기: 공동체.

모형오 · 한계숙 · 남미연 · 남정화 · 서지희 · 유다영 · 이도선 · 이지언 · 임하정 · 조인정 · 전송배(2010). **유아국악교육.** 경기: 양서원.

박찬옥 · 김진희 · 이진경(2013). 누리과정 교사용지도서 전통문화 내용 분석. **영유아교원교육학회, 17(5), 441-464.**

배인자 · 한규령(1998). **동작교육의 이론과 실제.** 경기: 양서원.

보건복지부 고시 제2013-8호. 제3차 표준보육과정.

송주승 · 김민은(2013). **영유아 동작교육의 이론과 실제.** 서울: 동문사.

심성경 · 이희자 · 이선경 · 김경의 · 이효숙 · 박주희(2013). **영유아음악교육.** 경기: 양서원.

윤명원 · 곽은아 · 강혜인 · 박소현 · 박지영 · 정모희 · 황부남 · 이영주 · 배영진(2018). **국악 교수.학습방법.** 서울: 학지사.

윤명원 · 임미선 · 이용식 · 신은주 · 이진원 · 허윤정 · 강혜인 · 박지영 · 정모희 · 곽은아 · 신응재 · 강선하(2018). **국악교육론.** 서울: 학지사.

이미혜 · 박소연(2017). **영유아음악교육.** 서울 : 동문사.

이민정(2014). 유아노래 부르기 능력분석. 유아교육연구, 30(6), 331-343.

이춘자 · 조인경(2013). **예비교사와 현직교사를 위한 유아 음악교육.** 서울: 창지사.

임영옥(2012). **아동음악과 동작.** 경기 : 양서원.

임은애(2007). 통합 음악교육 프로그램이 유아의 음악적 능력 향상에 미치는 효과. 영남대학교 대학원 박사학위논문.

전송배 · 모형오(2005). **유아국악교육.** 경기 : 양서원.

전인옥 · 이숙희(2014). **유아음악교육.** 서울: 한국방송통신대학교.

하정희 · 조영진 · 강혜정(2014). **유아 음악교육.** 경기: 공동체.

황순각(2005). **영유아 발달에 적합한 신체활동.** 경기: 양서원.

Hildebrandt(1998). Creativity in music and early childhood. *young Children, 53(6),* 68-74.

Mannis(1994). Bridge building in early-childhood music. *Music Educational Journal, 80,* 1-6, 37-43.

Miller, S.(1984). Opera made elemantary. *Music Educators Journal, 71,* 52-54.

MENC(1992). National Association for Music Education.

______(1994). Position Statement on Early Childhood Education. MENC Soundpost, 8(2), 21-22. *The school music program: A new vision. Reston, VA: Auther.*

MMCP(1965). MMCP synthesis: A structure for music education. Snyder, S,(1994). "Language, movements, and music-process connections". *General music Today,* 7(3), 5.

Synder, S.(1997). Developing misical intelligence: Why and How. *Early Childhood Education Journal*, 24(3), 165-171.

Chapter

04

영유아음악교육의 교수-학습방법

현대적 음악교수법에서는 영유아가 능동적으로 참여하는 놀이중심의 학습원리를 바탕으로 발달에 적합한 교육내용이 균형 있게 제공되고, 교육내용에 적합한 다양한 교수방법을 통한 체험적, 경험적 학습과정을 강조한다.
영유아음악활동은 생활주제를 중심으로 활동 영역별로 독립적으로 다루어지거나, 다른 교과들과 통합으로 활동된다. 적절한 교수-학습방법을 제공하여 영유아의 음악적 소양을 증진시키고, 평가를 통해서 영유아의 음악적 성취와 수준을 진단할 수 있어야 한다. 또한 영유아음악교육은 교육의 목적과 교육내용, 교수-학습방법, 평가가 연결되는 환류체제를 갖추어야 한다. 이러한 연계가 이루어졌을 때 영유아의 음악적 이해를 돕고 음악성 발달과 음악적 인간으로의 성장을 가능하게 한다. 이 장에서는 영유아음악교육의 교수-학습원리, 음악활동 영역별 현대적 교수-학습방법을 구체적으로 알아보도록 한다.

1 영유아음악교육의 교수–학습 원리

영유아음악교육의 교수–학습과정도 발달에 적합하게 계획되고 실행되어야 한다. 영유아음악교육에서 고려되어야 할 교수–학습 원리는 놀이학습의 원리, 개별화의 원리, 탐구학습의 원리, 통합적 표현활동의 원리로 분류할 수 있다. 네 가지 교수–학습 원리의 적용을 구체적으로 살펴보면 다음과 같다.

1) 놀이학습의 원리

영유아의 모든 학습활동은 놀이가 그 바탕이 되어야 한다. 이숙재(2014)는 '놀이는 그 자체에 기쁨과 즐거움을 내포하고 있으며 내적으로 동기화된 능동적이고 자발적인 행동'이라고 하였다. Comenius(코메니우스)는 영유아는 감각을 통한 학습이 가장 효과적이며, Sensory Education(감각교육)은 모든 학습의 기초가 된다고 하였다. 이 감각교육의 기초가 바로 놀이이며, 놀이는 영유아의 자발성을 발휘하고 신체적, 지적 발달을 이루는 중요한 과정으로 보았다(권세경 외, 2017). 특히 음악활동은 단순한 방법이나 지식을 전달하는 것이 아니라 영유아가 직접 참여하여 경험하는 과정중심의 활동으로, 놀이와 음악은 밀접하게 연결된 활동이다(Van der Linde, 1999). 노래문답 놀이, 리듬놀이, 악기 놀이, 신체 놀이, 창작 놀이, 음악게임, 춤추기 등의 활동을 통하여 영유아가 음악활동에 흥미를 느끼고 자발적으로 참여하고 즐길 수 있도록 음악활동은 놀이학습의 원리가 적용되어야 한다.

2) 개별화의 원리

Orff(오르프)는 '영유아는 타고난 음악적 재능과 상관없이 누구나가 음악을 즐길 권리를 가진다'고 하였다. 영유아는 독특한 개성을 가지고 있으므로 연령과 발달 수준, 흥미, 욕구, 음악성, 음악적 경험 등 개인차에 따라 활동내용, 활동수준, 활동방법 등을 다양하게 조절하여 실시하여야 한다.

영유아의 연령과 발달 수준에 따라 수준별 활동을 제시하고, 흥미와 욕구에 따라 다양한 내용을 준비해야 하며, 같은 주제라 할지라도 다양한 방법으로 음악을 즐기고 느낄 수 있도록 하여야 한다.

감상하기 영역에서는 소리듣기의 기본에 머무르는 유아와 소리에서 음악을 느끼고 아름다움을 받아들이는 감상의 능력을 가진 유아가 함께 자신의 능력대로 음악을 받아들일 수 있도록 해야 한다.

노래 부르기활동에서 발성과 음감 능력이 빠른 유아의 자신감으로 인해 발달이 느린 유아가 좌절하고 흥미를 잃지 않도록 배려가 필요하다. 악기 다루기활동에서는 자연스럽게 악기를 탐색하고, 그림악보나 리듬 악보를 보고 표현할 수 있는 유아는 변화 있는 선율을, 발달이 느린 유아는 변화가 적은 베이스 음을 연주할 수 있게 하여 하모니의 즐거움을 같이 느끼게 하여야 한다. 신체표현 또한 자신의 능력에 따른 표현을 유도하여 자발적인 성취감을 얻을 수 있도록 지도한다.

3) 탐구학습의 원리

영유아는 본능적으로 오감을 활용하여 주변의 상황을 감지하고, 느끼고, 받아들인다. 그러므로 음악활동을 통하여 스스로 탐색하고 표현하도록 학습 주체자로서의 역할을 담당하게 해야 한다.

그러므로 교사는 영유아로 하여금 주변의 다양한 소리를 탐색하게 하고, 다른 유아의 노래와 자신의 노래를 비교하고, 주변의 사물이나 다양한 악기를 관찰하고 실험해 보도록 격려하여 스스로 사고력을 발전시킬 수 있도록 도와야 한다. 영유아는 스스로 탐구하여 자발적인 학습이 이루어졌을 때 자신감을 느끼고 다음 학습에 대한 동기 유발이 된다(강보라, 2017).

4) 통합적 표현활동의 원리

영유아음악교육은 다양한 시청각자료와 언어, 문학, 무용, 미술, 조형, 건축, 연극 등 다양한 영역의 감각적인 활동들이 통합적인 교수-학습방법으로 표현된다. 그러므로 교사는 영유아에게 획일적인 모방이나 기능중심의 반복적인 학습이 아닌 창의적 표상활동을 중심으로 한 학습활동이 이루어지도록 해야 한다. 통합적 표현활동의 원리는 최근 유아교육에서 가장 강조되고 있는 원리로, 발달 영역 간의 통합, 교육내용과 교육활동

간의 통합, 과거와 현재 그리고 미래 경험들 간의 통합, 유아교육기관과 가정, 지역사회와의 연계적인 음악활동을 포함하는 원리이다(전인옥 외, 2014).

2 영유아음악교육의 활동 영역별 교수-학습방법

영유아음악교육에서 음악활동 영역은 감상하기(듣기 및 감상), 노래 부르기, 악기 다루기(악기탐색 및 연주하기), 신체표현하기, 창작하기, 음악극 놀이 활동 영역으로 구분할 수 있다.

여기에서는 체험과 경험중심의 현대적 음악교수법을 적용한 영유아음악활동 6가지 영역의 구체적인 학습방법을 알아보고자 한다.

1) 감상하기활동

인간의 청각 능력은 태내에서부터 가능하다. 태아의 청각 능력은 임신 24주부터 발달하며 이 시기에는 산모의 특정 음악에 익숙한 반응을 나타내기도 한다, 출생 후 신생아의 청각 능력 또한 뛰어나다. 소리의 강도, 소리의 지속시간, 소리의 고저를 변별한다. 신생아는 태내에서 들었던 소리와 밖에서 들은 소리에 다른 반응을 보이고, 출생 후 12시간이 지나면 엄마의 소리와 낯선 소리를 구분할 수 있다. 결국 인간은 언어를 사용하기 전에 먼저 소리의 형태를 듣는다는 것이다.

주의 깊게 소리를 듣는 능력의 발달은 음악성 발달의 결정적인 요인이 되며, 이는 후에 성공적인 언어 발달, 읽기교육으로 직결된다. 듣기를 통한 음악활동은 음의 높고 낮음, 크고 작음, 길고 짧음, 음색 등의 변별력이 발달하게 되며, 모든 음악교육의 기초가 될 뿐만 아니라 인지 발달의 기초가 되므로 아무리 강조해도 지나치지 않다. 영유아기에 음감과 리듬감교육을 체계적으로 도입하여 음악적 경험을 하게 되면 70% 이상이 절대음감과 리듬감을 체득할 수 있다는 학자들의 연구결과는 음악교육의 기초가 되는 듣기활동의 중요성을 반영하는 결과이다.

영유아기는 '음악적 감각 학습기'라고 부를 정도로 소리에 가장 민감하게 반응하는 시기로, 심미적 음악성이 형성되는 중요한 시기이다. 또한 유아교육과정의 중요한 목표 중의 하나는 청각적 지각력(이해하며 듣기)의 배양이며, 청각적 지각력은 9세경에 절정에 이른다.

영유아는 언어를 배움과 동시에 소리를 비교, 대조해 보는 음악적 경험을 통해서 음과 리듬의 음악적 구조를 이해하게 되며, 소리의 듣기과정에서 발전하여 감상(鑑賞)의 능력을 갖추게 된다. 감상은 예술작품의 아름다움을 느끼고 이해하고 즐기는 일련의 과정이다. 작품을 이해하고, 그 속에 담긴 의미를 해석하고, 주관적인 평가를 내리며, 그러한 과정을 거쳐 발견한 결과를 내면화하는 과정을 거쳐서 감상이 완성되므로, 감상은 단순하지 않고, 복합적으로 진행되는 과정이라고 말할 수 있다.

감상하기활동의 내용선정 원리는 다음과 같다.

첫째 : 음악적 흥미가 유발될 수 있는 다양한 소재를 선정하여야 한다. 영유아에게 일상 주변의 다양한 소리를 탐색하게 하고 사물의 소리, 자연의 소리를 주의 깊게 들을 수 있는 기회를 제공한다. 또한 음악 이야기나 인물 이야기, 음악과 연관된 상상 놀이를 제공한다.

둘째 : 음악적 요소(개념)에 대한 기본적인 이해를 도울 수 있는 내용을 선정하여야 한다. 음악적 개념은 리듬, 선율, 화성, 음색, 형식, 다이나믹 등의 요소를 말하며, 영유아가 음악활동 속에서 음악개념을 체험하고 경험할 수 있도록 하여야 한다.

셋째 : 음악의 특징(장르, 작곡자, 음악적 느낌)에 따라 자극을 느끼고, 내용을 변별하고, 추론하고 상상력을 넓힐 수 있는 내용을 선정하여야 한다. 유아 발달에 적합하며 예술성이 살아있는 음악은 영유아의 심미감 발달을 도운다.

영유아의 감상하기는 다음과 같은 활동으로 분류할 수 있다.

첫째, 일반적 듣기활동이다. 일상적인 주변의 소리(문 여닫는 소리, 세면기 물소리 등)와 생활도구의 소리(기계 소리, 자동차 소리, 전화벨 소리, 세탁기 소리, 청소기 소리 등), 생활현장의 소리(시장의 소리, 공사장의 소리, 사람들의 소리), 교통기관의 소리 등의 탐색을 통해서 영유아는 소리분별 능력을 발달시킨다. 따라서 교사는 일반적인 듣기활동의 중요성을 인식하고, 이를 계획하고 실시할 수 있어야 한다.

둘째, 현상적 듣기활동이다. 자연의 소리(바람 소리, 빗 소리, 천둥 소리, 새 소리, 파도 소리, 동물들의 소리) 등을 탐색하고 느낄 수 있는 활동을 통하여 영유아는 집중력과 기억력이 향상된다. 주의 깊게 소리를 듣는 경험은 음악적 능력 발달의 기초를 이룬다.

셋째, 개념적 듣기활동이다. 우리 몸에서 나는 소리, 노래 소리, 악기 소리 등을 통하여 소리의 강약, 고저, 장단, 음색, 빠르기, 다이나믹 등을 느낄 수 있는 영유아는 음악적 개념과 연결하여 음악을 이해할 수 있는 능력이 향상된다. 따라서 교사는 음악적 요소를 잘 이해하고 흥미로운 음악을 선별하여 들려줄 수 있어야 한다.

넷째, 상징적 듣기활동이다. 예술적인 음악작품 감상, 동화듣기 등 음악을 듣고 상징적인 느낌을 이해할 수 있는 활동을 말한다. 음악이 무엇을 표현하고자 했으며, 무엇을 상징하는지를 추론하는 활동이다. 상징적인 감상활동을 위해서 교사는 음악감상곡의 목록을 준비하고 미리 음악감상을 통한 음악적 느낌을 감지하고 있어야만 한다.

생활주제에 의한 클래식 감상곡의 목록은 다음과 같다(박명숙 외, 2017 재인용).

[표 4-1] 생활주제에 의한 클래식 감상곡 목록(박명숙 외, 2017 재인용)

생활주제	곡 목	작곡자	음악의 특징요소
유치원과 친구	어린이정경 중 숨바꼭질	슈만	셈여림/액센트
	갤럽	비제	리듬/셈여림
	유머레스크	드보르작	리듬/형식
나와 가족	사랑의 인사	엘가	음색/연주형태
	사랑의 기쁨	클라이슬러	음색/연주형태
	결혼행진곡	바그너	리듬
	휘바람 부는 사람과 개	프라이어	음색/리듬
	즐거운 농부	슈만	리듬
우리 동네	나팔수의 휴일	앤더슨	리듬, 스타카토
	호다운	코플랜드	셈여림
	대장간의 합창	베르디	음색
건강과 안전	놀람교향곡	하이든	셈여림
	타이스의 명상곡	마스네	음색/빠르기
	라데츠키 행진곡	요한 슈트라우스	리듬/형식
	마왕	슈베르트	음색
동식물과 자연	강아지 왈츠	쇼팽	빠르기/형식
	고양이 왈츠	앤더슨	음색
	왕벌의 비행	림스키코르사코프	음색
	동물의 사육제	생상스	리듬/음색
계절	봄의 소리 왈츠	요한 슈트라우스	리듬/빠르기/셈여림
	바이올린 소나타	베토벤	음색/리듬

생활주제	곡 목	작곡자	음악의 특징요소
	사계(봄, 여름, 가을, 겨울)	비발디	음색/빠르기
	뻐꾸기 왈츠	요나슨	리듬/선율
	스케이트 왈츠	발트토이펠	리듬/선율
환경과 생활	빗방울 전주곡	쇼팽	리듬
	아름답고 푸른 도나우	요한 슈트라우스	리듬
	작은별 변주곡	모차르트	형식
	천둥과 번개	요한 슈트라우스	셈여림
	페르귄트조곡 중 산속동굴	그리그	셈여림
	호두까기 인형 중 꽃의 왈츠	차이콥스키	리듬
교통기관	크시코스 우편마차	네케	빠르기/선율
	푸니쿨리 푸니쿨라	루이지 덴차	음높이/셈여림
	호프만 이야기 중 뱃노래	오펜바하	리듬
	코펜하겐의 증기기차-갤롭	룸뷔에	음색
세계 여러 나라	페르시아 시장	케텔비	빠르기/리듬
	호두까기 인형 중 중국 인형	차이콥스키	장단/고저
	호두까지 인형 중 러시아춤	차이콥스키	리듬
	헝가리 무곡	브람스	빠르기
우리나라	사물놀이 연주곡	전통음악	음색/리듬/빠르기
	가야금 산조 연주곡	전통음악	음색/리듬/빠르기
	아리랑 등 경기민요	전통민요	빠르기/선율
	국악동요, 전래동요	전래동요	리듬/선율

제3장 음악교육의 과정 및 내용에서 소개하였던 유아교육기관에서 영유아의 일상과 연관되는 감상곡이나, 위의 유치원 생활주제와 연관된 클래식 감상곡들은 대부분 표제음악들이다 위의 클래식 감상곡들을 음악교육 자료로 활용하려면 교사는 먼저 절대음악과 표제음악의 개념을 이해하여야 한다.

절대음악(Absolute Music)과 표제음악(Programme Music)의 개념 설명은 제3장 음악

교육 과정 및 내용 감상하기활동에서의 교육내용에서 제시하였다.

영유아의 음악감상활동에는 절대음악으로 작곡된 작품보다 표제음악으로 작곡된 작품들이 훨씬 더 용이할 때가 많다는 것이다.

다음은 감상하기활동 지도방법의 단계를 제시하였다.

도입 단계(약 3분)

- 영유아의 흥미와 관심을 끌 수 있는 다양한 매체를 준비한다(시청각자료, 동영상 등).
- 감상곡을 소개한다.
  - 생활주제, 영유아의 흥미, 기호 등을 고려한다.
  - 교사는 감상곡에 대해 충분히 이해하여야 한다.
  - 작곡가나 작품에 대한 일반적인 설명을 해준다.
    (교사의 의도에 따라 지나친 사전암시는 주의해야 한다.)
- 음악을 감상할 때 지켜야 할 약속을 정한다.

전계 단계(약 14분)

- 음악을 들려준다.
  - 최상의 질로 녹음된 명연주의 음악을 들려준다.
  - 음악의 길이는 2~3분 정도가 적당하다.
  - 곡이 너무 길 때는 부분적으로 들려줄 수도 있다.
    (감상의 느낌이 깨어지지 않도록 필요 부분을 교사가 미리 편집한다.)
- 음악을 들은 후의 느낌에 대해 이야기 나눈다.
  - 교사는 허용적인 분위기에 자신의 느낌을 표현하도록 유도한다.
  - 음악의 특징이나 내용을 영유아의 수준에 맞게 구체적으로 설명한다.
    (교사의 설명이 단언적이지 않도록 영유아가 상상할 수 있는 여분을 두어야 한다.)
- 음악을 다시 들어본다.
  - 교사는 중점적으로 들을 부분을 제시한다.
    (멜로디 중심으로/특정 악기만/두 개의 악기에 집중/리듬/화성의 변화에 중점 등)
  - 유아는 음악의 구성요소에 반응하며 듣는다.
  - 교사는 음악의 느낌에 따라 신체적 반응을 해도 자유롭게 허용하는 분위기를 조성한다. 단 다른 사람에게 방해가 되지 않도록 주의시킨다.
- 느낌을 토론한다.
  - 유아가 특히 관심이 가는 부분이나 선생님이 안내한 부분의 느낌을 서로 토의한다.
- 감상하기와 연계되는 다른 활동 영역과 통합활동을 한다(노래 부르기, 신체표현,

악기 다루기, 창작하기 등).

정리 단계(약 3분)
- 활동 후의 느낌을 이야기한다.
  - 교사는 유아의 느낌이 지나치지 않게 지도한다.
  - 교사는 유아가 어렵게 느낀 부분이나 잘 할 수 있었던 부분을 이야기하도록 유도 한다.
- 몇 명의 유아가 발표할 수 있는 기회를 준다.
  - 이때 교사는 전체 유아들이 이해하고 받아들일 수 있는 수준으로 자가 평가한다.
- 자료를 관련 영역에 비치하고 스스로 감상할 수 있는 기회를 제공한다.
- 차시의 확장활동을 미리 예고할 수 있다.

감상(듣기)하기활동 지도 시의 유의점은 다음과 같다.

- 듣고 싶다는 흥미와 동기 유발이 될 수 있도록 해야 한다.
- 다양한 장르(민요, 재즈, 락, 동요, 성악, 기악, 타악, 건반)와 다양한 문화권의 질 좋은 음악을 제공한다.
- 유아의 청각적 지각력을 키울 수 있는 소재 선택을 위한 연구가 필요하다.
- 감상곡은 영유아의 청감각 훈련에 도움이 될 수 있어야 한다.
- 선택한 소재를 유아가 끝까지 듣고 느낌을 표현할 수 있도록 교수방법 연구가 필요하다.
- 이해를 돕는 자료, 교수기기, 시각적 자료 활용은 필수적이다.
- 감상곡에 대한 교사의 충분한 이해가 우선시 되어야 한다(작곡배경, 분위기, 음악적 요소, 연주되는 악기 등).
- 감상곡은 친숙한 소재에서 생소한 소재의 곡으로, 단순한 것에서 복잡한 것으로 단계적으로 접근해야 한다.
- 느낌적으로 비교되는 소재를 선정(악기, 독주, 합주, 목소리, 기쁨, 슬픔 등 대조)하여 들려주는 것이 효과적이다.
- 감상의 특정한 곡이 따로 있는 것이 아니며 얼마나 흥미로운가, 충분히 느낄 수 있느냐가 중요하다.
- 교사는 음악의 아름다움과 예술적 의미를 통찰하고 심미적 체험이 될 수 있는 곡

을 선곡할 수 있어야 한다.

- 감상하기활동은 노래 부르기, 악기 다루기, 신체표현, 창작하기, 그림 그리기, 글쓰기, 이야기 나누기 활동과 연계함으로써 영유아는 음악의 의미를 총체적으로 받아들인다.

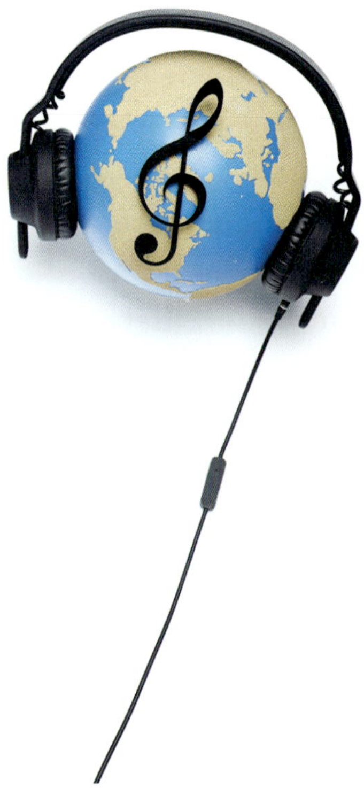

감상하기활동의 예

<table>
<tr><td>일시</td><td></td><td>장소(반)</td><td></td><td>대상연령</td><td>만 5세</td><td>지도교사</td><td></td></tr>
<tr><td>활동명</td><td colspan="3">무슨 소리일까?</td><td>활동주제</td><td colspan="3">유치원과 친구</td></tr>
<tr><td>활동영역</td><td colspan="3">감상하기(노래 부르기, 악기 다루기)</td><td>음악개념</td><td colspan="3">음색, 음(강약, 장단, 음질), 빠르기</td></tr>
<tr><td>활동목표</td><td colspan="7">1. 교실에서 나는 다양한 소리를 구별할 수 있다.
2. 교실에 있는 물건을 가지고 여러 가지 소리를 만들 수 있다.</td></tr>
<tr><td>활동자료</td><td colspan="7">교실에서 찾을 수 있는 소리, 동화 판, 소리 상자, 소리 모양 카드</td></tr>
<tr><td>활동방법</td><td colspan="7"><도입 : 전시 학습 확인 및 동기 유발>
- 지난 시간에 배운 노래 '무슨 소리일까?'를 다같이 부른다.
- 동화 '무슨 소리일까요?'에서 모양 카드를 보며 어떤 소리일지 생각한다.
- 교사가 노래하는 목소리로 동화를 읽어주면 유아가 따라 부른다.

<전개 : 유아와의 상호작용>
- 교실 주변의 소리에 대해 이야기 나눈다.
- 교사는 녹음된 소리를 유아들에게 들려주며 어떤 소리인지 이야기 나눈다.
- 교실에서 나는 소리를 찾아 탐색해 본 후 소리 나는 물건으로 다양한 소리를 만들어본다.
- 친구들한테 내가 찾은 소리를 소개한다.
- 교실에서 찾은 소리를 도구의 재료별로 분류해서 들어본다.
- 노래를 부르며 소리 나는 도구로 연주해본다.

<정리 : 활동결과 확인, Feedback 및 종결>
- 교실에서 나는 다양한 소리의 느낌에 대해 이야기를 나눈다.
- 몇 명의 유아가 각자의 도구로 발표한다.
- 재료에 따라 음색이 어떻게 달랐는지 자신의 생각을 이야기한다.
- 활동을 통해 재미있었던 점과 어려웠던 점에 대해 이야기를 하며 평가한다.

<차시예고>
- 유아와 함께 녹음기를 들고 바깥을 나가 주변의 소리를 직접 녹음하기</td></tr>
<tr><td>유의점</td><td colspan="7">- 소리를 두 번씩 들려주어 유아가 소리를 탐색할 시간을 충분히 준다.</td></tr>
</table>

	- 혼자 소리를 표현하기 어렵다면 모둠을 구성하여 소리를 탐색하고 표현할 기회를 제공한다.
활동 평가	- 교실에서 나는 다양한 소리들에 관심을 가지는가? - 소리 나는 물건을 가지고 다양한 소리를 만들 수 있는가?
확장 활동	- 다양한 소리를 그림으로 표현하기

활동자료

'무슨 소리일까요?' 동화

<table>
<tr><td>일시</td><td></td><td>장소
(반)</td><td></td><td>대상
연령</td><td>만 4세</td><td>지도
교사</td><td></td></tr>
<tr><td>활동명</td><td colspan="3">빗소리를 들어볼까요</td><td>활동
주제</td><td colspan="3">계절(여름)</td></tr>
<tr><td>활동
영역</td><td colspan="3">감상하기(악기 다루기)</td><td>음악
개념</td><td colspan="3">음(강약), 음색, 빠르기</td></tr>
<tr><td>활동
목표</td><td colspan="7">1. 다양한 형태의 빗소리를 분별할 수 있다.
2. 다양한 빗소리를 여러 가지 생활 도구와 악기를 가지고 표현할 수 있다.</td></tr>
<tr><td>활동
자료</td><td colspan="7">손인형(삐삐), 빗소리 mp3 파일, 생활 도구(페트병, 젓가락, 신문지, 비닐봉지)와 악기(탬버린, 트라이앵글, 우드블록 등)</td></tr>
<tr><td>활동
방법</td><td colspan="7"><도입 : 전시 학습 확인 및 동기 유발>
- 손유희(어떤 소리 날까요)를 통해 주의 집중을 시킨다.
- ‘모뽀리 소리’(동화)를 통해 배운 여름의 특징에 대해 이야기 나눈다.
- 비에 대해 알고자 교실에 찾아온 손인형(삐삐)를 소개한다.
- 손인형(삐삐)과 비에 대한 유아들의 경험을 이야기 나눈다.

<전개 : 유아와의 상호작용>
- 여러 가지 빗소리를 들어본다.
- 빗소리를 듣고 느낀 점에 대해 이야기 나눈다.
- 다시 한 번 여러 가지 빗소리를 들어보며 강약과 빠르기를 느껴본다.
- 생활 도구와 악기를 제시하고 탐색한다.
- 교사의 나레이션에 맞춰 빗소리를 생활 도구와 악기를 통해 자유롭게 표현한다.

<정리 : 활동결과 확인, Feedback 및 종결>
- 빗소리를 생활 도구와 악기를 통해 어떻게 표현해보았는지 이야기 나눈다.
- 몇몇 유아들에게 빗소리를 표현하게 한다.
- 손인형(삐삐)과 새롭게 알게 된 점에 대해 이야기 나누고 인사를 한다.

<차시예고>
- 남한산성으로 소풍을 가서 직접 다양한 여름의 소리에 대하여 알아보기</td></tr>
<tr><td>유의점</td><td colspan="7">- 빗소리를 감상할 때 조용히 바른 자세로 감상할 수 있도록 유도한다.
- 유아가 보다 더 자유롭게 악기연주를 할 수 있도록 충분한 시간을 제공한다.</td></tr>
<tr><td>활동
평가</td><td colspan="7">- 다양한 형태의 빗소리를 분별할 수 있는가?
- 여러 가지 생활 도구와 악기로 빗소리를 표현할 수 있는가?</td></tr>
</table>

확장 활동	- 과학 영역: 비는 왜 내리는지 알아보기 - 언어 영역: 동화 '비 오는 날 또 만나자'를 읽으며 비가 내리는 날의 풍경을 이야기해 보기

활동자료

1) 페트병

2) 손인형(삐삐)

3) 신문지

4) 비닐봉지

5) 나무 젓가락

<table>
<tr><td>일시</td><td></td><td>장소
(반)</td><td></td><td>대상
연령</td><td>만 5세</td><td>지도
교사</td><td></td></tr>
<tr><td>활동명</td><td colspan="3">물방울이 되어보자</td><td>활동
주제</td><td colspan="3">환경과 생활</td></tr>
<tr><td>활동
영역</td><td colspan="3">감상하기(신체표현)</td><td>음악
개념</td><td colspan="3">다이내믹스, 빠르기</td></tr>
<tr><td>활동
목표</td><td colspan="7">1. 음악을 감상하고 물의 느낌을 이야기 나눈다.
2. 음악을 감상한 후 창의적으로 신체표현할 수 있다.</td></tr>
<tr><td>활동
자료</td><td colspan="7">“물의 유희” mp3, 비오는 동영상, 폭포 동영상, 분수 동영상, 시냇물 동영상, 바다 동영상, 물의 유희 곡 제목 코팅한 것, 투명한 컵, 그릇, 지퍼백</td></tr>
<tr><td>활동
방법</td><td colspan="7"><도입 : 전시 학습 확인 및 동기 유발>
- 그릇에 담긴 물을 만져보고 느낌을 나눈다.
- 투명한 컵에 물을 담아 그릇에 따라 본 후 어떻게 움직이고 어떤 소리가 나는지 이야기 나눈다.
- 지퍼백에 담긴 물을 흔들어보며 물이 어떻게 움직이고 어떤 소리가 나는지 이야기 나눈다.
- 음악을 감상하는 방법에 대해 이야기 나눈다.

<전개 : 유아와의 상호작용>
- 제목을 알려주지 않고 “물의 유희”를 들려준다.
- 음악에서 어떤 느낌을 느꼈는지 이야기 나눈다.
- 음악을 소개한다.
- 물의 움직임을 관찰한 경험에 대해 이야기 나눈다.
- 물의 움직임을 나타낸 다양한 동영상을 본다(비, 폭포, 분수, 시냇물, 바다).
- 다시 한 번 “물의 유희”를 들려준다.
- 물의 움직임을 몸으로 어떻게 표현할 것인지 생각해본다.
- “물의 유희”를 들으며 물의 움직임을 창의적으로 표현해본다.

<정리 : 활동결과 확인, Feedback 및 종결>
- 물방울이 되어본 느낌을 이야기 나눈다.
- 신체로 표현하기 어려웠던 점, 잘 표현할 수 있었던 점을 이야기 나눈다.
- 물이 움직이는 모습을 어떻게 표현했는지 몇 명의 유아가 나와서 표현해본다.

<차시예고>
- 다양한 빗소리를 들으면서 그림으로 표현하기</td></tr>
<tr><td>유의점</td><td colspan="7">- “물의 유희”를 들으며 신체표현할 때 다양한 표현을 할 수 있도록 지도한다.</td></tr>
<tr><td>활동
평가</td><td colspan="7">- 물의 느낌을 언어로 표현할 수 있는가?
- 물의 움직임을 창의적으로 표현하였는가?</td></tr>
<tr><td>확장
활동</td><td colspan="7">- 과학 영역: “물의 순환”에 대해 알아보기</td></tr>
</table>

활동자료

그릇, 투명한 컵에 담긴 물

지퍼백

① '물의 유희'라는 곡은 라벨을 알려준 대표적인 곡이다. 물방울의 움직임의 느낌 나는 도입부 아르페지오로 시작하는 피아노 음색이 통통 튀는 물방울을 연상시킨다.
각각의 물방울들이 하늘에서 내려와 나뭇잎을 흐르고, 그것들이 모여 작은 천을 이루고, 큰 강으로 흘러가 듯 물의 여행을 표현하듯 한음이 톡톡 튀며 그 주제 선율이 물의 흐름을 나타내고 있다.
작고 조용한 시작에서 격정적으로 흘러가는 물의 힘을 표현하고, 다시 한곳에 모여 잔잔하고 고요해지는 물을 신비롭게 표현한 곡이다.

② 모리스 라벨은 스페인 국경의 소도시 시부르에서 태어났다.
라벨의 아버지는 상당한 음악 애호가로서 어렸을 때부터 라벨에게 피아노와 화성악, 작곡을 가르쳤다.
라벨은 14세에 파리 음악원 피아노 예과에 입학하여 본격적인 공부를 시작하고, 2년 후에는 본과에 진급해 피아노 외에 화성법을 배웠는데, 이 무렵에는 샤브리에와 사티 등 반 아카데믹 작품의 영향을 강하게 받았다. 1899년 이색적인 작품 '죽은 왕녀를 위한 파반느'를 발표하며 세상에 널리 알려지게 되었다.

<table>
<tr><td>일시</td><td></td><td>장소
(반)</td><td></td><td>대상
연령</td><td>만 5세</td><td>지도
교사</td><td></td></tr>
<tr><td>활동명</td><td colspan="3">바람과 바다가 대화를 나누어요!</td><td>활동
주제</td><td colspan="3">동식물과 자연</td></tr>
<tr><td>활동
영역</td><td colspan="3">감상하기(창작하기)</td><td>음악
개념</td><td colspan="3">빠르기, 다이내믹스(역동성)</td></tr>
<tr><td>활동
목표</td><td colspan="7">1. 음악을 듣고 자신의 생각과 느낌을 자유롭게 이야기할 수 있다.
2. 음악의 빠르기와 다이내믹스를 그림으로 표현할 수 있다.</td></tr>
<tr><td>활동
자료</td><td colspan="7">‘참 재미있었지’ 음원, 드뷔시 - 바다 중 3악장 ‘바람과 바다의 대화’ 음원, 파도 소리, 바람 소리 등 자연의 소리 음원, B4용지, 크레파스, 색연필, 사인펜</td></tr>
<tr><td>활동
방법</td><td colspan="7"><도입 : 전시 학습 확인 및 동기 유발>
- ‘참 재미있었지’ 손유희로 주의집중을 한다.
- ‘참 재미있었지’에 나온 것들에는 무엇이 있었는지 이야기 나눈다.
- 음악감상 시 태도에 대해 이야기 나눈다.
- 바다와 산에 가보았던 경험에 대해 이야기 나눈다.

<전개 : 유아와의 상호작용>
- 파도 소리, 바람 소리, 시냇물 소리 등을 들려주고 어떤 소리일지 이야기 나눈다.
- 음악을 감상한다.
- 어떤 장면이 떠오르는지/빠르기가 어떤지/음악의 센 부분과 여린 부분 등 음악적 요소와 연계해서 이야기 나눈다.
- 다시 한 번 자연의 현상을 떠올리며 감상한다.
- 음악속 바람과 바다가 어떤 대화를 나누었을지 물어본다.
- 만약 내가 바람이라면/바다라면 서로에게 어떤 말을 했을지에 대해 이야기 나눈다.
- 음악을 들으며 할 미술활동을 소개한다(빠르기와 다이내믹스를 그림으로 표현하기).
- 유아 개인별로 B4용지를 나누어준다.
- 음악을 들으며 빠르기와 다이내믹스를 크레파스, 색연필, 사인펜 등을 이용해 그림으로 표현해본다.

<정리 : 활동결과 확인, Feedback 및 종결>
- 음악의 어떤 부분을 그림으로 표현하였는지 소집단으로 구성된 모든 유아들이 발표해 본다.
- 자신의 그림에 어울리는 제목을 만들어 본다.</td></tr>
</table>

	- 음악을 감상하며 어떤 부분이 기억에 남았는지 이야기 나눈다. - 감상활동을 하면서 즐거웠던 점/아쉬웠던 점에 대해 이야기 나눈다. **<차시예고>** - 음악의 제목을 정하고 동화를 만들기
유의점	- 유아가 다양한 대답을 할 수 있도록 교사는 열린 질문으로 발문한다. - 미술활동에만 치중되지 않도록 한다.
활동 평가	- 음악을 감상한 후 생각과 느낌을 말로 표현할 수 있는가? - 음악의 느낌을 그림으로 표현할 수 있는가?
확장 활동	- 언어활동, 창작활동: 동화 만들기 - 신체활동: 바람과 바다를 신체로 표현해 보기

영유아의 감상하기는 듣기활동에서 소리의 자극을 느끼고, 소리를 변별하는 청각적인 지각력 발달을 시작으로 점차 소리의 아름다움을 느끼고 즐기는 과정을 거쳐 예술작품을 이해하고, 그 속에 담긴 의미를 상상하고 추론하고 내면화하는 감상(感想)의 단계로 발전한다. 영유아는 아직 심신이 미성숙한 단계이기 때문에 감상은 쉽지 않은 복합적이고 어려운 과정이다. 하지만 영유아기는 들리는 음악을 특별한 거부감 없이 쉽게 받아들이기 때문에 음악감상에 있어서 부모나 교사의 의도가 비교적 잘 받아들여지는 시기라고 말한다. 따라서 어려서부터 좋은 음악을 선별해서 들려주며, 올바른 감상의 태도를 길러주는 일은 영유아의 음악적 능력 발달에 매우 중요한 일이라고 하겠다.

감상하기 지도 시 교사가 참고해야 할 영유아의 음악청취 발달 단계를 방은영(2015)은 다음과 같이 제시하고 있다.

- 영유아의 음악청취 발달 단계

– 1단계 : 감각적 청취 단계

이 단계는 경쾌하거나 빠른 음악의 리듬과 박자에 반응하며 몸을 흔들거나 움직이는 단계이다. 음악의 특징적인 리듬이나 분위기에 감각적으로 반응하는 단계이다. 음악감상 경험이 적은 영유아에게 나타나며 이 단계에서 영유아는 리듬, 선율, 음색에 대한 감각적인 이해를 하며 음악에 흥미를 보이며 친숙해 진다.

– 2단계 : 연상적 청취 단계

이 단계는 영유아가 자신에게 일어난 현재의 일이나 사건, 과거의 경험 등을 연관지어 그 일을 연상하며 음악에 반응하는 단계이다. 음악은 영유아의 특별한 삶의 시간을 기억하게 하고 공유하며 삶에 특별한 의미를 가지도록 돕는 역할을 한다.

– 3단계 : 이해적 청취 단계

이 단계는 음악에 대한 단순한 감각적 반응이나 연상을 넘어 음악의 개념과 구조 등에 대해여 분석적으로 반응하는 단계를 말한다. 음악의 기본 요소인 리듬, 선율, 화성, 음색, 형태, 양식 등 기본적인 이해에서부터 분석의 규모가 광범위하다. 처음에는 음악적 요소가 분명히 나타나는 곡을 좋아하는 경향이 있으며, 점차 경쾌한 리듬의 악곡들, 제목이 명시된 표제음악 등 음악선호의 경향이 나타나기 시작한다.

2) 노래 부르기

영유아는 태어나서 주변의 여러 가지 소리를 들으며 스스로 소리를 만들어 내기 시작한다. 또한 울거나 옹알이를 하고 의미없는 소리를 만들면서 자신의 목소리를 실험하고 탐색해 나간다. 이러한 과정을 통해서 목소리를 조절하고 노래하는 기초를 다지게 되며, 목소리는 자신만의 음색을 표현하는 악기가 되고 노래를 부른다는 것은 영유아의 삶속에서 자신의 생각과 느낌을 표현하는 의미 있는 활동이 된다(장은주, 2017). 따라서 노래 부르기는 음악을 직접 경험하고 학습하는 가장 효과적인 방법이라고 할 수 있다(Scott-Kassner, 1993).

영유아의 노래 부르기는 일반적으로 5단계의 발달과정을 거친다고 한다(김혜경, 2001).

• 노래 부르기 발달 단계

1단계 : 초기 발성기(출생 ~ 3개월)
– 쿠잉(Cooing) 4개월 미만의 영아가 만드는 ‘구구’ 등의 모음

2단계 : 목소리 실험과 소리 모방하기(3개월 ~ 1년 6월)
– 언어 옹알이(3~4개월) 음악 옹알이(6~9개월) 노래할 준비 완료

3단계 : 대략적으로 노래 부르기(1년 6개월 ~ 3세)
- 노래 배우기 시작. 가창 발달의 중요한 시기.
- 충분한 기회 제공. 성인기 영향 미침

4단계 : 한정된 범위에서 정확히 부르기(3 ~ 4세)
- 제한된 음역과 음정 훈련 가능. 다양한 장르 제공. 함께 노래 부르기 즐김.

5단계 : 넓은 범위에서 정확하게 부르기(5세 이상 ~)
- 목소리 사용 능숙. 강약, 템포 인지. 악기, 동작 등 동시활동 가능

노래 부르기는 마치 일상의 언어와 같이 영유아가 가장 자연스럽고 쉽게 경험할 수 있는 영역이다. 또한 교사가 가장 선호하는 음악활동의 한 영역이라고 할 수 있다. 영유아의 노래지도는 노래 부르는 기술에 초점을 두기보다는 영유아가 노래 속에서 무엇을 느끼는지, 느낌을 어떻게 표현하는지에 초점을 두고 다양한 곡들을 풍부하게 경험할 수 있도록 해야 하며, 바람직한 노래 부르는 습관을 형성하는 측면에서 지도되어야 한다. 그러므로 노래 부르기 지도는 영유아의 연령 및 발달의 특성과 영유아음악교육의 전문적인 관점에서 체계적으로 실시되어야 한다.

영유아들에게 좋은 소리로 바람직한 노래 부르기 경험을 가르치기 위해서 교사는 좋은 모델링이 되어야 한다. 교사는 새노래를 가르치기 전에 곡을 충분히 익히고, 외워서 정확한 음정으로 곡의 특징을 살려 노래할 수 있도록 준비하여야 하며, 노래 지도에 필요한 학습도구는 물론 악기 반주까지 충분한 연습을 필요로 한다. 교사가 아름다운 목소리, 올바른 자세로 곡의 특징을 잘 살려 노래를 부를 때 영유아들은 교사처럼 노래하고 싶어 하고 새노래에 흥미를 느끼게 된다.

새노래는 교육계획에 의거하여 생활주제를 반영한 곡들을 선정하여야 하며, 교사는 선정한 곡의 가사(歌詞), 선율(旋律), 리듬, 형식(型式)에 대한 분석을 할 수 있어야 한다. 노래 부르기의 곡 선정 기준은 다음과 같다.

노래 부르기의 곡 선정 기준

가. 가사(歌詞)의 기준

영유아의 노랫말은 영유아의 일상생활과 밀접한 관련을 맺으며 마음으로, 생각으로, 경험으로 얻어진 것이 말로 되어 노래로 불리어져야 한다. 영유아에게는 동물이나 식물도 벗이 될 수 있고, 시냇물이나 빗방울과도 친구가 되어 이야기할 수 있다. 성인의 개념으로 서론과 본론, 옳고 그름, 질서와 형식, 타당성 등이 확립된 이론적인 글보다 성인이 유아 세계 속에서 함께 숨쉬며, 속삭이며, 놀아주며 그 속에서 발견한 글이어야 한다(김성균, 2007).

- 영유아가 노래하는 바람직한 노랫말의 기준은 다음과 같다.

– 영유아의 생활과 밀접하고 친근한 내용의 가사(기본생활습관의 노래)
– 생활주제와 연관해서 교육적 측면의 내용이 구체적인 가사
– 영유아가 경험하였거나 앞으로 체험할 수 있는 내용의 가사
– 내용이 흥미롭고, 아름다운 상상을 하거나 새로운 발견을 할 수 있는 내용의 가사
– 기쁨을 체험할 수 있는 가사
– 의성어, 의태어가 적절히 포함된 가사
– 율동과 움직임, 손유희를 하기에 적절한 가사
– 6하 원칙(누가, 언제, 어디서, 무엇을, 어떻게, 왜?)으로 설명할 수 있는 가사

나. 선율(旋律)의 기준

영유아 노래의 선율은 아름다움을 느끼거나, 친근감을 느끼거나, 행위로 표현하고 싶을 정도로 느낌적이어야 한다. 음정 또한 음감, 성대의 폭, 성숙도를 고려한 유아의 성역(聲域) 안에서 이루어져야 할 것이다.

- 유아에게 적합한 선율의 기준은 다음과 같다.

– 단조로우면서 음감 발달의 기초가 되는 선율
– 말의 억양, 말의 장단, 말의 뜻과 잘 어울리는 선율
  (예: 하늘은 높다-높은 선율 / 바다는 깊다-낮은 선율)
– 음정의 큰 도약이 없이 자연스럽게 연결되는 선율

- 아름다움에 젖거나 행동으로 표현하기 좋은 느낌적인 선율
- 영유아의 목소리 개인차를 고려한 누구나 편안하게 노래할 수 있는 음역
- 노래의 시작음은 낮은음이나 중간음에서 시작하는 것이 무리가 없으며, 3~6세 유아는 상행 선율보다 하행 선율을 더 쉽게 부를 수 있다.

영유아의 음역

3~4세 : 레(D)~라(A)까지의 음역

4~5세 : 도(C)~시(B) *개인차에 따라 A'(라') ~ C'(도')

6~7세 : 도(C)~도(C') *개인차에 따라 G'(솔') ~ D'(레')

(3~4세) (4~5세) (6~7세)

*아래의 이음줄(◡)은 개인차에 따른 최대 음역임.

다. 리듬과 박자의 기준

영유아의 노래에 있어서 리듬은 가사를 살아있는 생생한 이야기로 전달된다. 점 8분음표와 16분 음표의 연결된 리듬(♪. ♬)은 영유아가 가장 즐거워하면서 노래하지만 정확하게 표현하기에는 어려움이 따른다.

박자는 연령에 따라 획일적으로 결정하기는 어렵지만, 일반적으로 2박자, 4박자 계통의 곡은 즐겁고, 생동감이 있어 영유아들이 쉽게 익히고 선호하는 편이나 3박자 계통의 서정적이고 부드러운 노래도 함께 제공하는 것이 교육적으로 바람직하다.

특히 6/8박자는 6박으로 노래하거나 2박자의 겹박으로 연주할 수 있는 곡으로 자장가부터 빠른 2박 계열의 행진곡까지 폭넓게 선곡할 수 있는 매력적인 박자이다. 하지만 영유아들이 따라 부르기에는 리듬이 부담스럽고, 호흡하기가 조금 힘들 수가 있어 교사의 지도 역량이 요구된다.

- 적절한 리듬과 박자의 분석기준은 다음과 같다.

- 리듬은 말의 억양과 강약, 길고 짧음이 잘 나타나는 곡
  (하얀눈 하얀눈 어째서 하얀나 마음이 맑으니 하얗지...)
  *기상변화의 눈 / 신체의 이목구비 중의 눈은 말의 길이가 다르게 표현되어야 함.
  (나는 눈이 좋아서 꿈에 눈이 오나봐....) 등등
- 온음표(𝅝)의 표현은 영유아가 호흡하기에 적절치 않다.
- 2박, 4박을 먼저 경험한 후 3박을 경험하도록 한다.

라. 형식의 기준

영유아는 노래의 반복되는 부분과 새로운 부분의 느낌을 감각적으로 받아들이고, 곡을 파악하고 곡의 형태를 이해하게 된다. 교사는 영유아가 곡의 형식을 느낄 수 있도록 그룹으로 노래하면서 소절에 따라, 가사 내용에 따라 단편적인 동작으로 표현하거나 입체적 동작으로 표현하게 하여 곡의 형태를 이해할 수 있도록 도와야 한다. 특히 영유아의 노래는 길지 않아야 한다. 짧고 단조롭지만 내용이 재미있고, 음감, 리듬감이 잘 살아나고, 반복되는 즐거움이 있어 악기 놀이를 하거나 신체활동 등 다른 놀이와 연계할 수 있는 곡이 적합하다. 영유아에게 대중매체의 자극적이고 중독성 있는 리듬과 이해하기 힘든 내용의 긴 가사의 노래를 가르치는 것은 바람직하지 못하다.

- 영유아에게 적합한 노래의 형식은 다음과 같다.

- 3, 4세 유아 : 한도막(8마디) 형식, 두도막(16마디) 형식, 작은 세도막(12마디) 형식의 곡
- 5, 6세 유아 : 두도막(16마디) 형식, 세도막(24마디) 형식, 작은 세도막(12마디) 형식의 곡
- 가사/멜로디/형식(에코형식) 등이 반복되는 곡
  토끼야 토끼야 진달래 보았니? 토끼야 토끼야 개나리 보았니?
  토끼야 토끼야 산속의 토끼야 겨울이 되며는 무얼 먹고 사느냐? 등

이외에 조성, 박자, 음정, 빠르기, 셈여림 등을 고려하여 선정하여야 한다. 일반적으로 조성은 C(다장조), F(바장조), D(라장조), G(사장조) 등의 곡이 조표가 복잡하지 않고 영유아가 노래하기에 편하며 교사가 반주하기에도 부담이 적을 수 있다.

영유아기부터 장조(Major)곡과 단조(Minor)곡 모두를 고루 경험하여야 한다. 우리나라의 유치원과 초등학교 교육과정에서 다루어지는 곡들은 대부분 장조로 된 곡들이 많아서 성인이 되어서도 단조의 음감이나 느낌은 생소하고 친근하게 느끼지 못한다. 다시 말해 음악의 편식교육을 받은 문제점을 낳게 된다.

위와 같은 기준에 의거하여 노래 곡 선정이 끝나면 교사는 선정한 노래를 어떤 방법으로, 어떻게 가르칠 것이냐를 고민하여야 한다. 흥미롭고 재미있는 노래 부르기활동을 위해서 교사는 다음과 같은 사전 준비를 하여야 한다.

- 정확한 리듬과 음정연습(교사의 가창 능력)
- 곡의 내용과 흐름 파악(음악에 대한 지식)
- 교수자료 준비(그림악보, 손음정악보, 가사판, 그림, 기호, 도구, 음반 등)
- 노래의 표현기법 연구(표정, 동작, 음색 등)
- 반주 능력(피아노/하프/기타/우쿨렐레/리코더 등)
- 영유아와 음악에 대한 애정과 교사의 안정된 정서가 바탕이 되어야 한다.

다음은 영유아의 노래 부르기 지도에 필요한 Zoltan · Kodály의 손기호이다. 손기호는 원래 영국의 John Curwen이 고안하여 사용하였으나 코다이가 이를 수정 보완하여 사용하였다.

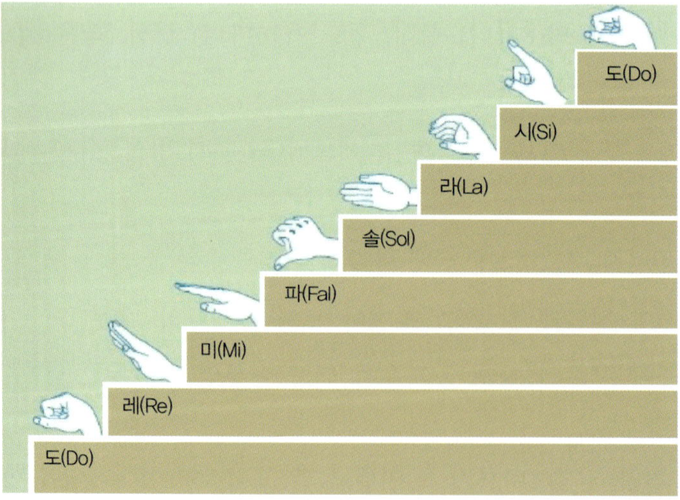

출처: 2012 choirly.com.

[그림 4-1] 코다이 시스템의 손기호 1

우리말 이름	계 이름	제원	기능	모양
도	do	주먹을 가볍게 쥐고 가슴 높이로 옆으로 향하게 한다.	으뜸음	
레	re	손바닥을 펴서 위로 비스듬히 향하게 한다.	으뜸음에서 위로 향하는 첫음	
미	mi	‘레’의 손끝 높이에서 옆으로 평행이 되게 한다.		
파	fa	주먹을 쥐고 엄지를 아래로 향하게 한다.	항상 ‘파’음이 ‘미’로 향하려 한다.	
피 (피#)	fi	‘파’음과 같은 방법이지만 엄지의 방향을 위로 향하게 한다.	‘파’를 반음 올린 음	
소 (솔)	so	‘파’보다 위에 손등을 바깥쪽으로 향하게 하고, 손가락을 모두 붙여서 보인다.	으뜸음 다음으로 중요한 떨림음	
시 (솔#)	si	‘솔’음에서 손가락을 모두 펼쳐 보인다. 보통 ‘실’로 발음되나 영어권에서는 ‘시’다.	‘솔’을 반음 올린 음	
라	la	손목을 구부려 비스듬히 바깥쪽으로 해서 보이며, 엄지손가락을 안으로 향하게 한다.		
타 (시b)	ta	‘시’음과 같은 방법이지만 검지를 구부려서 표시해 준다.	‘시’를 반음 내린 음	
티 (시)	ti	검지를 약간 비스듬히 위로 향하게 한다.	언제나 으뜸음을 향해 올라가는 성질의 이끔음	

[그림 4-2] 코다이 시스템의 손기호 2

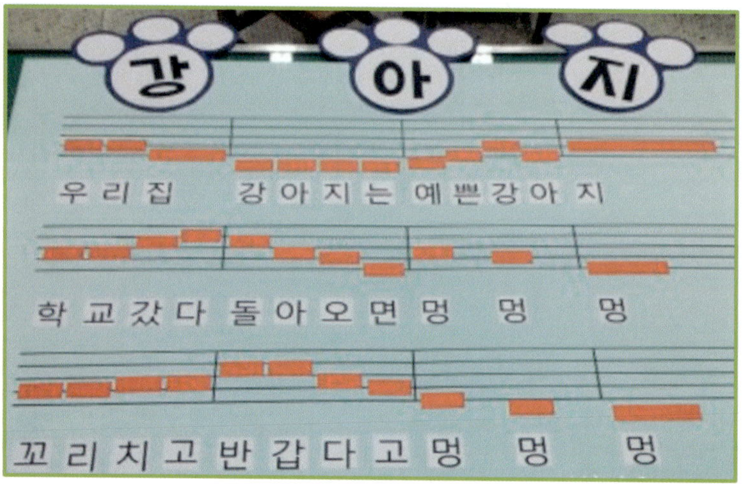

[그림 4-3] 노랫말과 선율, 리듬 악보(출처: 웨이렌)

1. 방울종이 울린–다	2. 방울종이 울린–다
유치원 가자	유치원 가자
바둑이도 따라–서	가방메고 인사하고
유치원 가자	유치원 가자

[그림 4-4] 그림과 선율, 리듬 악보(방울종, 출처: 웨이렌)

이 모든 준비가 갖추어지면 실제 새노래를 어떤 방법으로 가르칠 것이냐 하는 교수-학습방법이 중요하다. 영유아 교사는 추상적인 노래(동시, 문학적 가사)를 현실적인 노래(생활언어)로 변환하여 지도할 수 있는 능력을 갖추어야 한다.

다음은 노래 부르기활동 지도방법의 단계를 제시하였다.

도입(약 3분)

- 노래와 연관된 동화, 손유희, 수수께끼, 손인형, 막대인형, 그림 자료 등 다양한 방법으로 동기유발한다.
- 오늘 배울 새노래에 대해 소개한다.
  - 생활주제와 관련하여 소개한다.
  - 이 노래를 왜 배우는지를 이해하게 한다.
- 새노래를 들려준다.
  - 교사가 직접 불러 주면 가장 흥미롭지만 음반도 무방하다.
  - 무반주로 들려 주는 것이 더 효과적이다. 과도한 반주는 노래의 전달을 방해하고 노래 부르기의 흥미를 잃게 한다.
  - 단 나중에 반주할 경우를 생각해서 교사는 반주악기의 키(Key)에 맞추어 노래한다.
  - 소리가 부드러운 우크렐레나 기타 반주가 좋다.
  - 노래 부르기가 자신이 없는 교사는 피아노로 단선율을 보태어 노래해도 무방하다.

전개(약 14분)

- 새노래의 가사를 소개한다.
  - 가사판에 그림, 기호 등 시각자료를 보태어 가사의 이해를 도운다.
  - 가사와 시각자료를 연결하여 문답하면서 반복적으로 따라 한다.
  - 교사는 영유아가 가사내용을 이해하고 받아들이는지를 판단해야 한다.

- 선율을 따라 부른다(이 방법은 짧고 간단한 노래에 적용하거나 생략해도 좋다).
  - 랄라, 나나 등의 모음으로 한 소절씩 혹은 두 소절씩(Phrase by Phrase) 따라 부른다.
  - 무릎치기의 기본박을 치면서 노래한다.
  - 이때 영유아 성대에 무리가 가는 '아' 발성이나 허밍은 피하는 것이 좋다.
  - 노래의 흐름을 전체적으로 이해하도록 처음부터 끝까지 들어 보도록 하는 것도 좋다.
  - 소절의 반복 후 전체(Whole song)를 익힌다.
  - 손음정 악보를 준비하여 영유아가 손음정을 하며 노래하도록 한다.

- 가사로 노래 부른다(혹은 음반을 들려주며 따라 부르게 한다).
  - 한 소절씩 혹은 두 소절씩(Phrase by Phrase) 따라 부른다.

- 잘 표현되지 않는 부분은 반복(Combination whole song)하여 따라 부른다.
- 소절의 반복 후 전체(Whole song)를 익힌다.
- 노래할 때는 기본박이나 리듬박을 치면서 노래하는 것은 기본이다.

• 반복해서 불러본다.
  - 노래를 잘 따라 부를 수 있는지를 판단하여 한 소절, 두 소절씩 나누어 노래한다.
  - 잘 표현되지 않는 부분(음정, 박자, 리듬, 발음, 가사, 표현 등)은 반복하여 부른다.
  - 기본박이나 리듬박을 치면서 노래한다.
• 전체를 반주에 맞추어 노래한다.
  - 전주에 맞추어 노래를 시작할 수 있도록 지도한다('시작'이라는 말은 주의).
  - 흥미를 발전시켜 즐기도록 도우며 완전한 것을 강요하지 않는다.

• 다양한 방법(혼자 한 부분을 담당, 그룹별로, 캐논형식, 내청법(Inner hearing-마음으로 듣기))으로 노래한다.
  - 내청법에 동작이나 율동을 한 소절씩 순차적으로 보태거나 순차적으로 생략하는 방법은 훨씬 더 음악적인 학습이 될 수 있다.

• 선율의 흐름을 손음정이나 손기호로 표현하면서 노래할 수 있다.
  (이 과정은 생략해도 무방하다. 코다이(Kodály) 솔페이지는 영유아보다 초등생에게 더 적합하다. 손기호는 미리 학습이 되고 숙달이 된 상태이면 더욱 좋다.)

• 준비된 다른 활동과 연계하면 훨씬 효과적이다.
  - 노래 부르기와 신체표현하기, 노래 부르기와 악기 다루기, 노래 부르기와 창작하기 등

• 영유아가 직접 자일로폰 등 선율 타악기의 보르둔 반주를 하면서 노래할 수 있다.

정리 및 평가(약 3분)

• 유아가 발표하는 시간을 갖는다.
  - 교사는 영유아가 가사를 잘 이해했는지, 노래의 느낌을 잘 표현했는지 판단한다.

• 활동 후 느낌을 이야기 나눈다.
  - 영유아들은 어려운 부분, 재미있는 부분, 느낌 등을 이야기한다.

• 녹음하여 들려주고 평가해 보는 기회를 갖는다.
  - 교사는 계획한 학습목표에 부합되는 활동이었는지, 학습활동이 효과적으로 잘 이루어졌는지에 대한 평가를 한다.

• 추후 학습(확장활동/다른 영역과 연계)을 예고한다.

• 활동자료는 자유 놀이 영역에 비치하고 영유아가 활용할 수 있도록 안내한다.

• 노래 부르기활동 지도 시의 유의점은 다음과 같다.

- 영유아의 학습활동시간은 길면 지루해하고 흥미를 잃어버리기 때문에 연령에 따라 15~20분 안에 끝나야 한다.
- 도입에서의 장황한 설명은 금물이다.
- 전개에서는 충분한 활동이 이루어져야 한다. 영유아에게 한 번 따라 하게 하고는 다 할 수 있을 것이라고 착각해서는 안 된다.
- 정리 및 평가에서는 구체적인 질문을 해야 한다. 획일적으로 '어땠어요?'라는 질문은 금물이다.
- 새노래 부르기는 영유아가 새노래의 내용을 이해하고 반복적인 활동을 통해서 그 느낌을 자유롭게 표현할 수 있는가를 목표로 하기에 가창의 완벽을 위한 지도는 지양해야 한다.
- 실제 활동에 있어서 '랄라', '룰루', '나나' 등의 모음 발성이나 허밍(Humming)은 역량이 부족한 교사의 지도로 인해 노래의 흥미를 잃을 가능성이 크기 때문에, 섣불리 시도하다간 수업실패의 결과를 초래할 수 있다. 짧고, 간단한 곡이거나 발성과 선율지도에 적절한 곡일 경우, 충분한 숙련을 거쳐서 실시하지 않으면 안 된다.
- 새노래를 들려줄 때 교사의 목소리가 가장 효과적이다. 그러므로 교사는 바른 발성과 가창력을 갖추어야 한다.
- 가창에 자신이 없는 교사는 새노래를 선창할 때 피아노의 오른손 멜로디를 곁들여 노래해도 무방하다.
- 가사의 이해를 위해서 노랫말에 그림과 기호가 곁들여진 가사판을 준비한다.
- 손음정 가창을 위해서 그림악보를 준비하거나 평소 손기호 가창 연습을 한다.
- 음반 준비를 한다.
- 악기반주는 자신이 있다고 해서 지도 초기부터 함부로 적용해서는 안 되며, 영유아가 처음 듣는 새노래를 잘 듣고 느낄 수 있도록 반주를 생략하거나 절제해야 한다.
- 처음부터 과도한 반주는 오히려 듣기에 방해가 되며 새노래 배우기의 흥미를 잃게 한다.
- 피아노 이외의 다양한 악기(우쿨렐레, 기타, 자일로폰, 신디사이즈 등)로 반주할 수 있도록 평소에 준비한다.

- 교사의 반주 능력은 영유아 노래 부르기를 극대화시켜 주는 최후의 보루인 만큼 부족함이 없도록 갖추어야 함은 당연한 일이라 하겠다.
- 영유아가 자발적으로 즐겁게 참여하는 분위기를 조성해야 한다.

• 노래 부르기활동을 통하여 영유아에게 기대되는 효과는 다음과 같다.

- 자신의 감정을 발산하거나 억제함으로써 감정의 균형을 유지하는 능력을 기른다.
- 유아의 지각, 기억력, 상상력, 사고력 등의 뇌기능을 촉진함으로써 인지 능력, 언어 능력, 창의력이 향상된다.
- 함께 노래 부르고 소리를 맞추어가는 과정을 통하여 협동정신과 사회성이 발달된다.
- 아름답게 노래함으로써 음악적 감동을 경험하고 풍부한 정서와 심미감, 음악성이 발달된다.

노래 부르기활동의 예

<table>
<tr><td>일시</td><td></td><td>장소
(반)</td><td></td><td>대상
연령</td><td>만 4세</td><td>지도
교사</td><td></td></tr>
<tr><td>활동명</td><td colspan="3">숲속의 합창</td><td>활동
주제</td><td colspan="3">계절(봄)</td></tr>
<tr><td>활동
영역</td><td colspan="3">노래 부르기(감상하기, 창작하기)</td><td>음악
개념</td><td colspan="3">음, 리듬, 박자</td></tr>
<tr><td>활동
목표</td><td colspan="7">1. ‘숲속의 합창’ 노래 가사를 바꾸어 부를 수 있다.
2. 봄에 들을 수 있는 소리를 감상하고 알 수 있다.</td></tr>
<tr><td>활동
자료</td><td colspan="7">동요 ‘숲속의 합창’ 음원, 동요판(그림 자료), 녹음해 온 봄의 소리파일</td></tr>
<tr><td>활동
방법</td><td colspan="7"><도입 : 전시 학습 확인 및 동기 유발>
- ‘봄소풍’ 경험을 떠올려 그곳에서 본 것과 들은 소리에 대해 이야기 나눈다.
- 교사가 ‘봄소풍’ 때 녹음해 온 소리를 듣고 퀴즈 맞추기를 한다.

<전개 : 유아와의 상호작용>
- 교사가 준비한 새노래를 들려준다.
- 음악의 제목과 작곡가를 소개한다.
- 가사에 관련된 퀴즈를 맞추고 가사에 대해 이야기 나눈다.
- 교사가 가사판을 보여 주면서 다시 한 번 불러준다.
- 모음으로 한 소절씩 따라 부르기를 한다.
- 가사를 넣어 두 소절씩 따라 부르기를 한다.
- 노래를 처음부터 끝까지 같이 불러본다.
- 가사를 바꿔 노래 부르기를 한다.

<정리 : 활동결과 확인, Feedback 및 종결>
- 새롭게 배운 동요의 느낌에 대해 이야기 나눈다.
- 재밌던 점에 대해 이야기 나눈다.
- 다음에 무슨 활동을 해볼지 이야기 나눈다.

<차시예고>
- 배운 노래에 맞춰 악기연주하기</td></tr>
<tr><td>유의점</td><td colspan="7">- 교사가 바른 음과 박자로 노래를 지도한다.</td></tr>
</table>

	– 가사 바꾸기활동을 할 때 유아의 생각과 사고를 제한하지 않는다.
활동 평가	1. 유아가 음악의 아름다움을 느끼며 새노래를 혼자 부를 수 있는가? 2. 유아가 음악의 아름다움을 느끼며 가사를 바르게 이해하였는가?
확장 활동	– 다른 계절에 대한 소리와 새노래 배우기 활동하기

활동자료

그림 노래판과 가사바꾸기 가사판

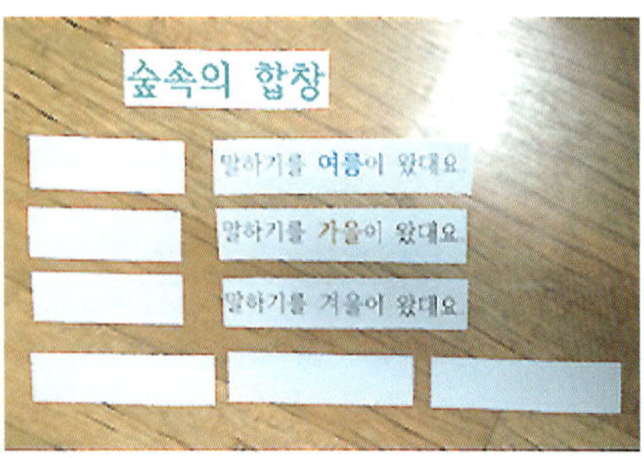

숲속의 합창 악보

<table>
<tr><td>일시</td><td></td><td>장소(반)</td><td></td><td>대상 연령</td><td>만 4세</td><td>지도 교사</td><td></td></tr>
<tr><td>활동명</td><td colspan="3">둥근 해가 떴습니다</td><td>활동 주제</td><td colspan="3">유치원과 친구</td></tr>
<tr><td>활동 영역</td><td colspan="3">노래 부르기(신체표현)</td><td>음악 개념</td><td colspan="3">음, 리듬, 박자, 다이내믹스, 빠르기</td></tr>
<tr><td>활동 목표</td><td colspan="7">1. '둥근 해가 떴습니다' 노래를 외워서 부를 수 있다.
2. 가사의 내용을 창의적으로 신체표현할 수 있다.</td></tr>
<tr><td>활동 자료</td><td colspan="7">곰돌이 손인형, 가사판, 피아노, '둥근 해가 떴습니다' 음원, 그림</td></tr>
<tr><td>활동 방법</td><td colspan="7"><도입 : 전시 학습 확인 및 동기 유발>
- 어제 읽었던 '곰 세 마리' 동화를 상기하며 곰돌이 손인형을 소개한다.
- 인형과 함께 유치원에 오기 전 아침에 일어나서 했던 일을 회상하며 이야기 나눈다.

<전개 : 유아와의 상호작용>
- '둥근 해가 떴습니다' 노래를 소개한다.
- 처음부터 끝까지 노래를 들어본 후 느낌에 대해서 이야기 나눈다.
- 그림카드를 보면서 가사의 내용을 유추해본다.
- 가사판을 보고 가사의 내용을 알아보고 이해한다.
- 기본박에 맞춰서 모음(랄라, 나나)으로 따라 불러본다.
- 가사판을 보고 다양한 방법으로 노래를 부른다.
(선생님과 번갈아 부르기, 친구들과 주고받으며 부르기)
- 반주에 맞춰 불러본다.
- 서로 의논하여 가사에 어울리는 신체표현을 만들어 본다.
- 노래를 부르며 신체표현을 두 번 해본다.
(첫 번째에는 선생님이 유아랑 함께, 두 번째는 반주에 맞춰 유아들끼리)

<정리 : 활동결과 확인, Feedback 및 종결>
- 몇 명의 유아가 발표한다.
- 노래를 부른 후 느낌과 재미있었던 점, 어려웠던 점에 대해 이야기 나눈다.
- 마지막으로 반주에 맞춰 노래와 함께 신체표현을 하며 활동을 마무리한다.

<차시예고>
- 다음 시간에는 동요를 들으면서 그림으로 그려보는 활동을 할 것이라고 이야기한다.</td></tr>
<tr><td>유의점</td><td colspan="7">- 노래의 가사와 음정에 주의하며 노래를 부른다.
- 유아가 노래에 익숙해지도록 반복해서 지도한다.</td></tr>
</table>

활동 평가	- 제제곡을 외워서 노래할 수 있는가? - 가사의 내용을 창의적으로 신체표현할 수 있는가?
확장 활동	- '둥근 해가 떴습니다'의 가사를 바꿔서 불러보기 - 하루 일과에 대해 이야기 나누고 그림으로 그려보기

활동자료

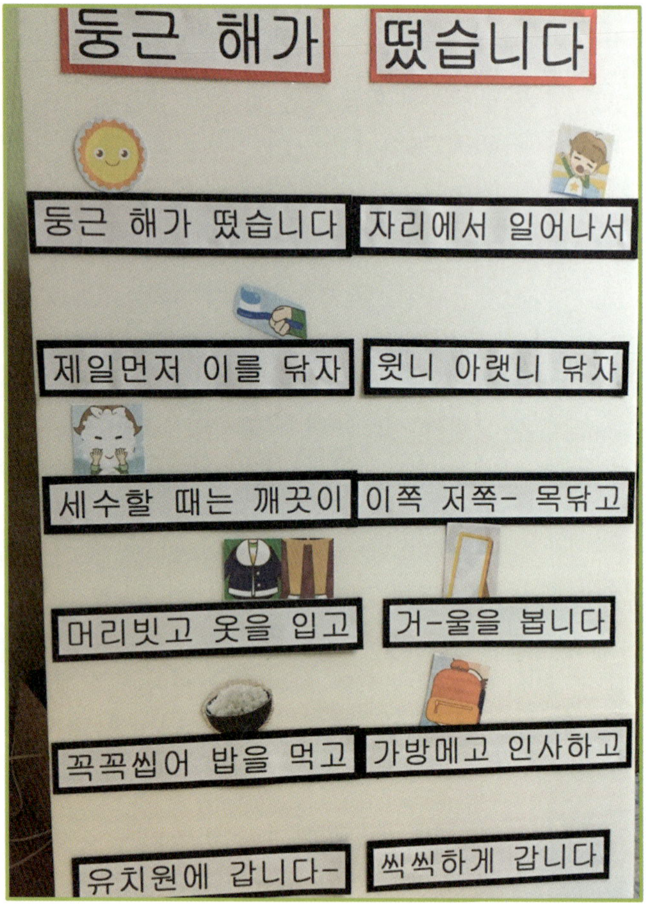

<table>
<tr><td>일시</td><td></td><td>장소
(반)</td><td></td><td>대상
연령</td><td>만 5세</td><td>지도
교사</td><td></td></tr>
<tr><td>활동명</td><td colspan="3">병원차와 소방차</td><td>활동
주제</td><td colspan="3">우리 동네</td></tr>
<tr><td>활동
영역</td><td colspan="3">노래 부르기(악기 다루기)</td><td>음악
개념</td><td colspan="3">음정, 음색, 리듬, 박자</td></tr>
<tr><td>활동
목표</td><td colspan="7">1. ‘병원차와 소방차’ 노래를 외워서 부를 수 있다.
2. ‘병원차와 소방차’ 노래를 부르며 리듬악기를 연주할 수 있다.</td></tr>
<tr><td>활동
자료</td><td colspan="7">병원차 소리, 소방차 소리, 소방차 사진, 병원차 사진, 그림 가사판, 오스티나토 리듬판, 리듬 악보판, 탬버린, 우드블럭</td></tr>
<tr><td>활동
방법</td><td colspan="7"><도입 : 전시 학습 확인 및 동기 유발>
- 병원차와 소방차의 ‘삐뽀삐뽀, 애앵애앵’ 소리를 들려주고 흥미를 유발한다.
- 병원차와 소방차 사진을 보여 주고 병원차나 소방차를 보거나 타본 경험과 역할에 대해 이야기 나눈다.

<전개 : 유아와의 상호작용>
- 교사가 ‘병원차와 소방차’ 노래를 선창한다.
- 노래를 들은 후 그림 가사판을 보며 노래의 가사와 느낌에 대해 이야기 나눈다.
- 신체 악기로 기본박을 치면서 ‘랄라-’로 따라 불러본다(무릎 손뼉 손뼉 손뼉).
- 그림 가사판을 보며 교사를 따라 한 소절씩 불러본다.
- 그림 가사판을 보며 처음부터 끝까지 함께 불러본다.
- 피아노 반주에 맞춰 그림 가사판을 보지 않고 전체를 불러본다.
- 신체 악기로 이전에 배웠던 ‘타 타 타 타’, ‘투 우’, ‘트릴’, ‘쉼’ 오스티나토 리듬을 복습해본다.
- 치고 싶은 악기를 가지고 네 개의 리듬을 연달아 쳐본다.
- 교사를 따라 리듬 악보를 보고 악기로 리듬을 익힌다.
- 각 조별로 노래를 부르면서 다른 종류의 악기를 노래에 맞춰 연주해 볼 수 있도록 한다(조별로 돌아가며 총 2종의 리듬악기를 연주).

<정리 : 활동결과 확인, Feedback 및 종결>
- 피아노 반주에 맞추어 그림 가사판을 보지 않고 리듬 악보만 보고 노래를 부르며 악기를 연주해본다.
- 활동 중 어려웠던 점, 재미있었던 점에 대해 이야기 나눈다.
- 오늘 사용한 리듬악기 이외에 무엇을 사용하면 좋을지에 대해 이야기 나눈다.

<차시예고>
- ‘병원차와 소방차’ 노래를 신체로 다양하게 표현해보기</td></tr>
</table>

유의점	- 유아가 노래를 충분히 익힐 수 있도록 노래를 반복해서 불러본다. - 기본박자를 충분히 이해하고 연주할 수 있도록 한다.
활동 평가	1. '병원차와 소방차' 노래를 외워서 부를 수 있는가? 2. 리듬 악보를 보고 악기를 연주할 수 있는가?
확장 활동	- 병원차, 소방차 퍼즐 맞춰보기 - 병원차, 소방차에게 감사 그림편지 써 보기

활동자료

'병원차와 소방차' 그림 가사판

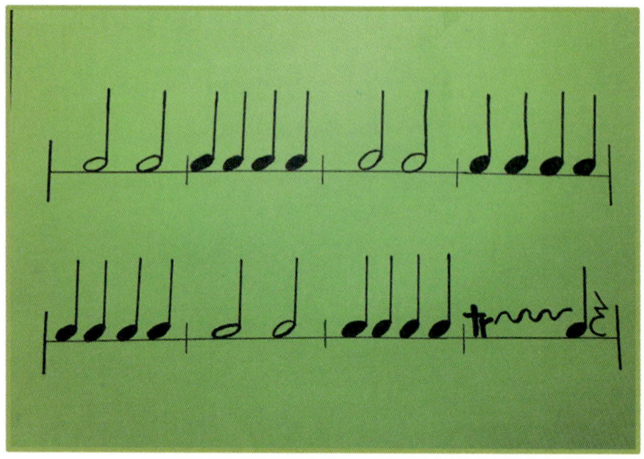

'병원차와 소방차' 리듬 악보판

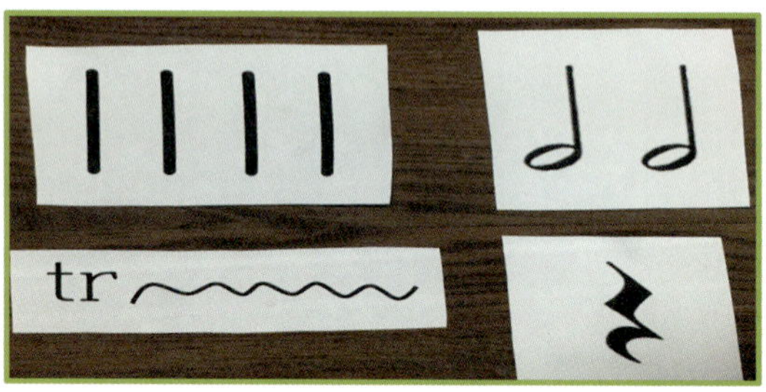

오스티나토 리듬판

병원차 사진, 소방차 사진

우드블럭, 탬버린

• 생활주제에 의한 노래 부르기의 곡목은 다음과 같다.

[표 4-2] 생활주제에 의한 노래 곡목

생활주제	곡 목	작곡자	수준
유치원과 친구	모두 제자리	김성균	Ⅰ
	식사기도	외국곡	Ⅰ
	안녕	김성균	Ⅰ
	인사노래	이요섭	Ⅰ
	제자리에 치우사	김현수	Ⅰ
	조용히 말해요	송여숙	Ⅰ
	내 몸	현 사	Ⅰ
	내 짝	나운영	Ⅰ
	새싹들이다	좌승원	Ⅱ
	우리 유치원	한용희	Ⅰ
	유치원 원가(어린이집 원가)	윤영배	Ⅰ
	유치원 원가	김공선	Ⅱ
	유치원에 갑니다	김성균	Ⅰ
	친구하고	김진영	Ⅰ
	아침 일찍 일어나	임혜정	Ⅰ
	약속	김성균	Ⅰ
	예쁜 종소리	김성균	Ⅰ
	착한 아이	김성균	Ⅰ
	Hello	윤영배	Ⅰ
	내 짝	나운영	Ⅱ
	누구일까?	김규환	Ⅰ
	용서하는 아이	정혜옥	Ⅱ
	유치원에 가면	윤현진	Ⅱ
나와 가족	내 동생	최종혁	Ⅱ
	닮은 곳이 있대요	김성균	Ⅰ
	사랑	김성균	Ⅰ
	어머님 은혜	박재훈	Ⅱ
	엄마 아빠	김성균	Ⅰ
	엄마와 함께	김성균	Ⅰ
	옛날 이야기	김진영	Ⅱ
	우리 할머니	박준식	Ⅰ
	나의하루	이수인	Ⅱ

생활주제		곡 목	작곡자	수준
		그런 집 보았니	김성균	Ⅱ
		누구하고 노나	한용희	Ⅰ
		뽀뽀뽀	이재휘	Ⅰ
우리 동네		서로서로 도와가며	정세문	Ⅱ
		우리 동네	김성균	Ⅰ
		우체부 아저씨	정 근	Ⅰ
건강과 안전		그러면 안돼	김성균	Ⅱ
		안마를 합시다	정 근	Ⅰ
		예쁜 손	정 근	Ⅰ
		The Finger Family	미국동요	Ⅰ
		미소	이수인	Ⅱ
		뽕나무	이요섭	Ⅰ
		손을 씻어요	정혜옥	Ⅰ
		스마일 스마일 스마일	외국곡	Ⅱ
		싹싹 닦아라	정 근	Ⅰ
동식물과 자연		산중호걸	이요섭	Ⅱ
		새들의 결혼식	외국곡	Ⅰ
		숲속의 아침	김성균	Ⅰ
		작은 동물원	김성균	Ⅰ
		종달새의 하루	이은렬	Ⅱ
		코끼리 아저씨	변규만	Ⅰ
		토끼야	권길상	Ⅰ
		동물농장	로드바기스	Ⅱ
		다람쥐	외국곡	Ⅱ
		매미	박재훈	Ⅰ
		부지런한 개미	오스트리아동요	Ⅰ
		새	독일동요	Ⅰ
		올챙이와 개구리	윤현진	Ⅰ
		옹달샘	외국곡	Ⅰ
		코끼리와 거미줄	한용희	Ⅰ
		멋쟁이 토마토	김영광	Ⅱ
		앵두	정혜옥	Ⅰ
		잉잉잉	김성균	Ⅰ
계절	봄	나비	김성균	Ⅰ
		보슬비	장수철	Ⅰ
		봄	장수철	Ⅰ

생활주제		곡 목	작곡자	수준
		봄님	김성균	Ⅰ
		봄동산 꽃동산	이계석	Ⅰ
		봄바람	김성균	Ⅰ
		봄바람	모차르트	Ⅰ
		봄비	김성균	Ⅰ
		봄이 오는 소리	김성균	Ⅰ
		새싹	김숙경	Ⅰ
		숲속의 합창	김성균	Ⅰ
		씨앗	김성균	Ⅰ
	여름	고기잡이	윤극영	Ⅰ
		수박파티	정 근	Ⅱ
		시냇물	안병원	Ⅰ
		시장잔치	김성균	Ⅰ
		신나는 캠프	김성균	Ⅱ
		여름방학	박홍수	Ⅰ
		조금더 다가가서	김성균	Ⅱ
		즐거운 여름	김성균	Ⅱ
		참 재미있었지	김성균	Ⅰ
		파란 마음 하얀 마음	한용희	Ⅱ
		햇볕은 쨍쨍	홍난파	Ⅰ
	가을	가을	김성균	Ⅱ
		가을 길	김규환	Ⅱ
		나뭇잎	김성균	Ⅰ
		나뭇잎 배	윤용하	Ⅱ
		도토리	황철익	Ⅰ
		몰래 들어와서는	김성균	Ⅱ
		바람개비	김성균	Ⅱ
		옥수수 하모니카	홍난파	Ⅱ
		잠자리	손대업	Ⅰ
		코스모스	김공선	Ⅱ
		허수아비 아저씨	김규환	Ⅱ
계절	겨울	겨울나무	정세문	Ⅱ
		겨울바람	백순진	Ⅱ
		겨울밤	외국곡	Ⅱ
		고드름	윤극영	Ⅱ
		괜찮아요	김성균	Ⅱ

생활주제		곡 목	작곡자	수준
		꼬마 눈사람	한용희	Ⅱ
		눈	박재훈	Ⅱ
		눈 내리는 날	김성균	Ⅱ
		눈꽃	박대현	Ⅱ
		눈이 내리면	김성균	Ⅱ
		소복소복	김방옥	Ⅱ
		솜사탕	이수인	Ⅱ
		어디서 살까	권길상	Ⅱ
		창밖을 보라	외국곡	Ⅱ
		춥지 않을까? 배고프지 않을까?	김성균	Ⅱ
		하얀 나라	김성균	Ⅰ
		하얀 눈길	김규환	Ⅰ
		호호	김성균	Ⅰ
환경과 생활		농약은 싫어요	김혜선	Ⅱ
		로케트	김성균	Ⅰ
		산에 나무가 없으면	손정우	Ⅰ
		아기 새의 눈물	김성균	Ⅰ
		아기별	김성도	Ⅰ
		형제별	정순철	Ⅱ
		반달	윤극영	Ⅱ
		나무를 심자	박태현	Ⅰ
		작은별	모차르트	Ⅰ
		우리 지구	작곡 미상	Ⅱ
		하늘 위에 사는 것들	작곡 미상	Ⅱ
생활도구		가위	이수인	Ⅱ
		시계	권길상	Ⅰ
		예쁜 종소리	김성균	Ⅰ
		텔레비전	정 근	Ⅰ
		악기 놀이	유병무	Ⅰ
		시계	유경손	Ⅰ
교통기관		간다 간다	김성균	Ⅰ
		건너가는 길	김성균	Ⅰ
		기차	박태현	Ⅰ
		자전거	김대현	Ⅰ
		꼬마 불자동차	김성균	Ⅰ
		로케트	유경손	Ⅰ

생활주제	곡 목	작곡자	수준
	병원차와 소방차	유경손	Ⅰ
	비행기	외국곡	Ⅰ
세계 여러 나라	나는 기쁘다	외국곡	Ⅰ
	세계의 아침 인사	윤현진	Ⅱ
	감사의 인사	윤영배	Ⅱ
	김치	임혜정	Ⅱ
	생일 축하 노래	외국곡	Ⅰ
	원더풀 코리아	임혜정	Ⅰ
	세계의 인사	윤영배	Ⅱ
	아름다운 지구인	윤영배	Ⅱ
	유치원에서	윤영배	Ⅱ
우리나라	우리나라	김성균	Ⅰ
	태극기	박태현	Ⅰ
	남생아 놀아라	전래동요	Ⅰ
	늴리리야	경기민요	Ⅱ
	대문놀이	전래동요	Ⅰ
	동대문	윤극영	Ⅰ
	도라지 타령	전래동요	Ⅱ
	방아 타령	송택동	Ⅱ
	색시풀	전래동요	Ⅱ
	산도깨비	조광재	Ⅱ
	실구대 소리	전래동요	Ⅰ
	어깨동무	전래동요	Ⅰ
	여우야 여우야	전래동요	Ⅰ
	자장가	전래동요	Ⅱ
	참새노래	이성천	Ⅰ
	호랑장군	박범훈	Ⅱ

3) 악기 다루기

사물을 두드리거나 흔들어서 소리를 내는 것은 영유아의 본능이다. 다양한 악기활동은 영유아에게 음악을 가깝고 편안한 것으로 인식시키며, 소리를 창조하는 기쁨과 성취감을 맛보게 한다(Kenny, 1997). 그러므로 악기는 영유아의 창의적 자기표현의 매체라고 할 수 있다.

또한 악기는 영유아들이 생활 속에서 쉽게 접하고 경험할 수 있는 과학의 소재이기도 하다. 악기 다루기는 소리의 장단, 강약, 고저, 음색들의 음악적 개념을 이해할 수 있는 기회를 제공하며, 소리의 발생, 전달, 수신 등의 과학적 개념과 관찰하기, 분류하기, 예측하기 등의 과학의 과정과 기술을 습득할 수 있도록 해준다(안경숙 외, 2012).

영유아기부터 다양하고 질 좋은 악기를 탐색, 실험해 볼 수 있는 기회를 제공하고, 발달에 적합한 프로그램으로 악기 다루기활동을 경험하게 하는 일은 영유아의 음악성 발달에 매우 중요한 일이다. 특히 영유아기는 오감을 자극-반응-몰입하는 활동을 즐기며, 스스로 무엇인가를 주도하고 만들어 내면서 자율성과 주도성을 기르는 시기이다(하정희 외, 2014).

교사는 영유아에게 먼저 질 좋은 악기소리로 자극을 주고, 소리에 반응을 유도하고, 좋은 소리를 느끼고 받아들이는 과정을 통해서 영유아가 자발적으로 소리 만들기에 흥미를 가지도록 유도하여야 한다.

영유아에게 악기를 제공할 때는 흔들거나 긁는 악기, 효과음을 내는 악기에서 점차 리듬 타악기, 선율 타악기를 즐기게 해야 한다. 영유아는 자기중심적이며 자기주도적 연주를 하려는 경향이 강하기 때문에 충분한 즉흥연주활동을 경험하게 함으로써 두드리거나 흔들거나 긁으려는 본능을 해소함과 동시에 자존감을 높일 수 있다.

영유아는 악기 다루기를 하면서 친구들과 함께 합주하는 기회를 가지게 되며, 합주는 협동심과 사회성을 기르고, 소리의 조화와 아름답다는 느낌을 느끼게 한다. 이러한 경험은 음악적 성장뿐만 아니라 내면적인 사고와 정서적인 성장을 가져오며 음악적 선호를 발달시킨다. 악기 다루기는 실제 시각적, 촉각적 경험을 제공함으로써 음악적 능력 발달에 있어 매우 중요한 역할을 한다는 것이다(김현자 외, 2015).

영유아는 악기를 연주하며 대근육 뿐만 아니라 소근육을 정밀하게 사용하는 방법을 터득하면서 균형적인 신체 발달을 이루고 인지적으로도 성장해 간다(방은영, 2015). 그러므로 손가락 튕기기, 손뼉치기, 무릎치기, 발구르기 등의 신체 악기는 물론 입소리(휘파람, 혀차기, 허밍), 그외 신체부위(가슴, 어깨, 엉덩이, 배 등)의 활용은 물론 생활 주변의 사물을 이용한 소리실험이나 소리 만들기활동도 폭넓게 체험을 할 수 있어야 한다.

악기 다루기는 즐기는 과정을 중시하고, 기술습득을 위한 활동은 지양되어야 한다. 피아노와 같은 건반악기, 바이올린을 포함한 현악기, 특히 연주기술을 익혀야 하는 관악기는 6세 이후에 음악을 즐길 줄 아는 유아일지라도 조심스럽게 접근하여야 한다.

유아교사 또한 피아노 외 다양한 악기(오토하프, 기타, 우크렐레 등)를 익혀서 영유아와 상호작용하는 것이 바람직하며, 공연장 체험이 부족한 환경에서는 연주 동영상 활용이나 학부모 연주자를 초청하여 악기연주를 들려주는 기회를 제공하는 것도 효과적이라고 하겠다.

- 악기 다루기의 발달 단계

- 1세~2세 : 음악적, 비음악적 소리 구분 가능. 두드리기 열중, 소리탐색 가능
  *8개월~3세 : 운동 능력 발달과 함께 리듬감각 개발 음악에 맞출 수 있는 리듬악기 제공 필요
- 2세~3세 : 근육 협응이 가능하고 짧은 시간 동안 규칙적인 리듬으로 연주 가능.
  교육 없이도 간단한 리듬표현 가능
- 3세~4세 : 악기에 대한 흥미 증가. 타악기의 음색, 강약, 속도(템포)에 관심
  박자에 민감. 긴 시간 동안 규칙적인 리듬 연주 가능
  독립적 연주보다 합주활동 중요. 중주, 합주 가능
- 5세~6세 : 대부분의 리듬악기 연주 가능. 박자 유지
  음악개념을 시각적인 기호, 부호와 연결 이해 가능(악보)
  초보적인 손의 교체. 간단한 화음 연주 가능. 타악기 반주 가능
  피아노 양손 연습 가능
- 7세~9세 : 눈과 손의 협응 능숙. 코드잡기 가능

- 악기 탐색과정
  - 악기 동화, 수수께끼로 동기 유발
  - 준비된 악기 소개

▸ 악기가 소리 내는 과정을 통한 범주화 – 현악기/관악기/타악기/신체 악기 등

▸ 재료에 의한 범주화 – 가죽악기/나무악기/금속악기/신체 악기 등 그 외 플라스틱

▸ 내는 소리에 의한 범주화 – 높은 소리/낮은 소리

– 적절한 노래와 같이 연주

• 다양한 악기연주 활동

– 신체 악기(손가락 튕기기, 손뼉치기, 무릎치기, 발구르기, 입소리 등)

– 리듬 타악기(가죽, 나무, 금속)

– 선율 타악기(실로폰, 멜로디언, 멜로디카, 리코더, 현악기)/국악기/특수 악기/생활용품 악기

– 노래 부르기와 병행하여(노래 부르기와 악기 다루기 동시 만족)

– 리듬 Ostinato(오스티나토) 연습

– Simple Bordun(단순 보르둔) 반주 : Chord, Level, Broken, Cross over으로 노래 반주

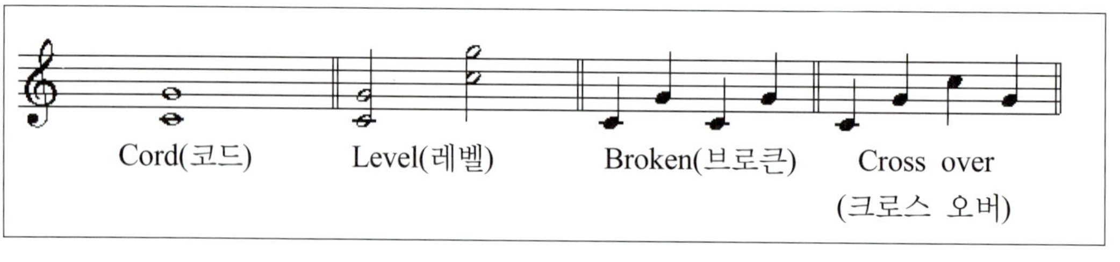

[그림 4–5] 단순 보르둔(Simple Bordun)의 종류

- 영유아 악기 다루기활동에 사용되는 악기의 종류는 다음과 같다.

<table>
<tr><th>구분</th><th colspan="4">종류</th></tr>
<tr><td rowspan="4">선율 타악기</td><td>글러켄쉬필(종금)</td><td>
소프라노</td><td>
알토</td><td></td></tr>
<tr><td>자일로폰(목금)</td><td>
소프라노</td><td>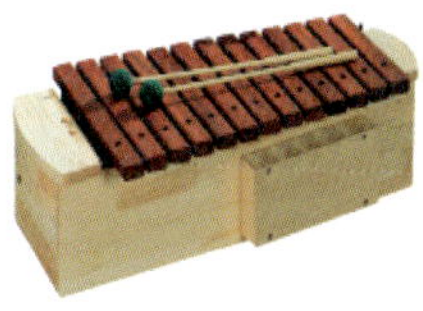
알토</td><td>
베이스</td></tr>
<tr><td>메탈로폰(철금)</td><td>
소프라노</td><td>
알토</td><td>
베이스</td></tr>
<tr><td colspan="2">
콘트라베이스 바</td><td colspan="2">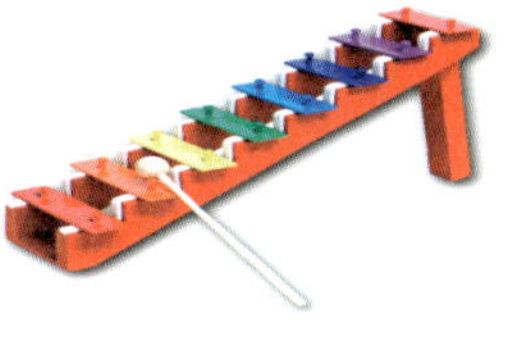
계단실로폰</td></tr>
<tr><td rowspan="2">무선율 타악기</td><td rowspan="2">나무 울림</td><td>
클레이브스</td><td>
우드블록</td><td>
탬플블록</td></tr>
<tr><td>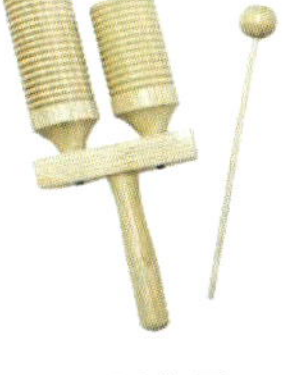
투톤블록</td><td>
슬리트 드럼</td><td>
귀로</td></tr>
</table>

무선율 타악기		 슬랩스틱	 캐스터네츠	 마라카스
		 열매 쉐이커	 에그 쉐이커	 탬버린
	금속 울림	 트라이앵글	 심블즈	 핑거심블
		 행잉심블	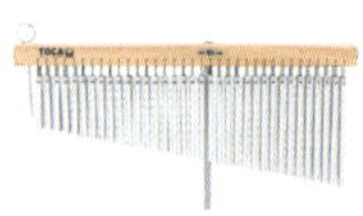 윈드챠임	 에너지챠임
		 카우벨	 아고고벨	 방울
		 슬라이스벨	 핸드벨	 징글 탭

무선율 타악기		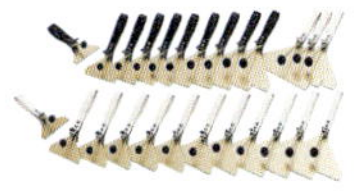 벨 플레이트	 메탈 쉐이커	 챠이니스 공
	가죽 울림	 큰 북	 작은 북	 스네어 드럼
		 핸드 드럼	 오션 드럼	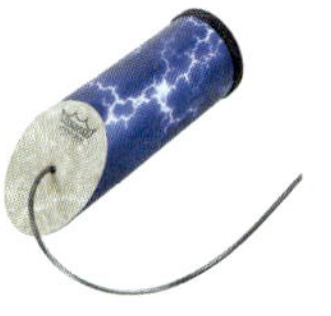 스프링 드럼
		 봉고	 콩가	 젬베
		 로터리 드럼	 캐틀 팀파니	 플로어 탐
	특수 악기	 붐웨커	 레인메이커	 샌드블럭

구분				
	특수 악기	 쉬케레	 카사시	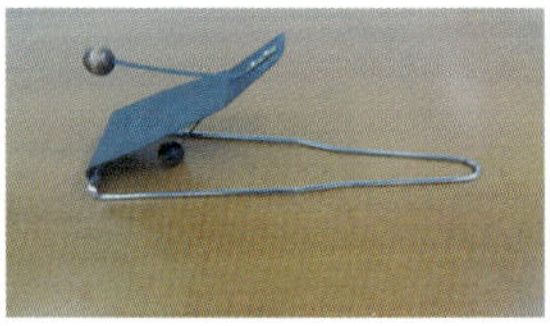 플랙사톤
		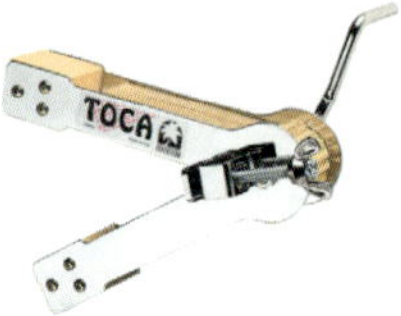 라쳇	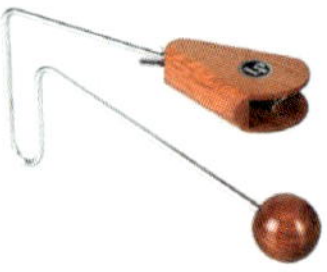 비브라 슬랩	
관악기		 카쥬	 오카리나	 버드휘슬
		 기차휘슬	 슬라이드 휘슬(6세 이후)	
현악기	유아	6세 이후		
	교사	 오토하프	 기타	 우쿨렐레

[그림 4-6] 악기 다루기에 사용되는 악기의 종류

*사진출처: ㈜ 엔젤악기, ㈜ 네오뮤직, ㈜ 드럼몬스터, ㈜ 독일소노, ㈜ studio49, ㈜ 탐뮤직토노, ㈜ 타이쿤, ㈜ Kids Percussion, ㈜ 메이늘 퍼커션, ㈜ 사비안, ㈜ Sol, ㈜ Nino, ㈜ fuzeau, ㈜ tocca, 한국오르프악기

- 악기연주 지도 시 유의점

- 악기 다루기에 사용되는 유아용 악기는 가치 있는 품질의 것으로 다양하게 준비한다.
- 악기를 탐색할 시간을 충분히 준다.
- 악기 다루기의 시간을 충분히 준다.
- 신체 악기를 포함한 다양한 악기를 다룰 수 있는 기회를 제공한다.
- 악기연주는 결과보다 과정을 중요하게 여긴다.
- 영유아의 생각과 느낌을 자유롭게 표현할 수 있는 허용적인 분위기를 조성한다.
- 악기연주법과 기본적인 규칙을 준수하게 한다.
- 사용한 악기를 정리 보관할 수 있도록 지도한다.

- 악기연주를 위한 시각적 리듬 음절의 예

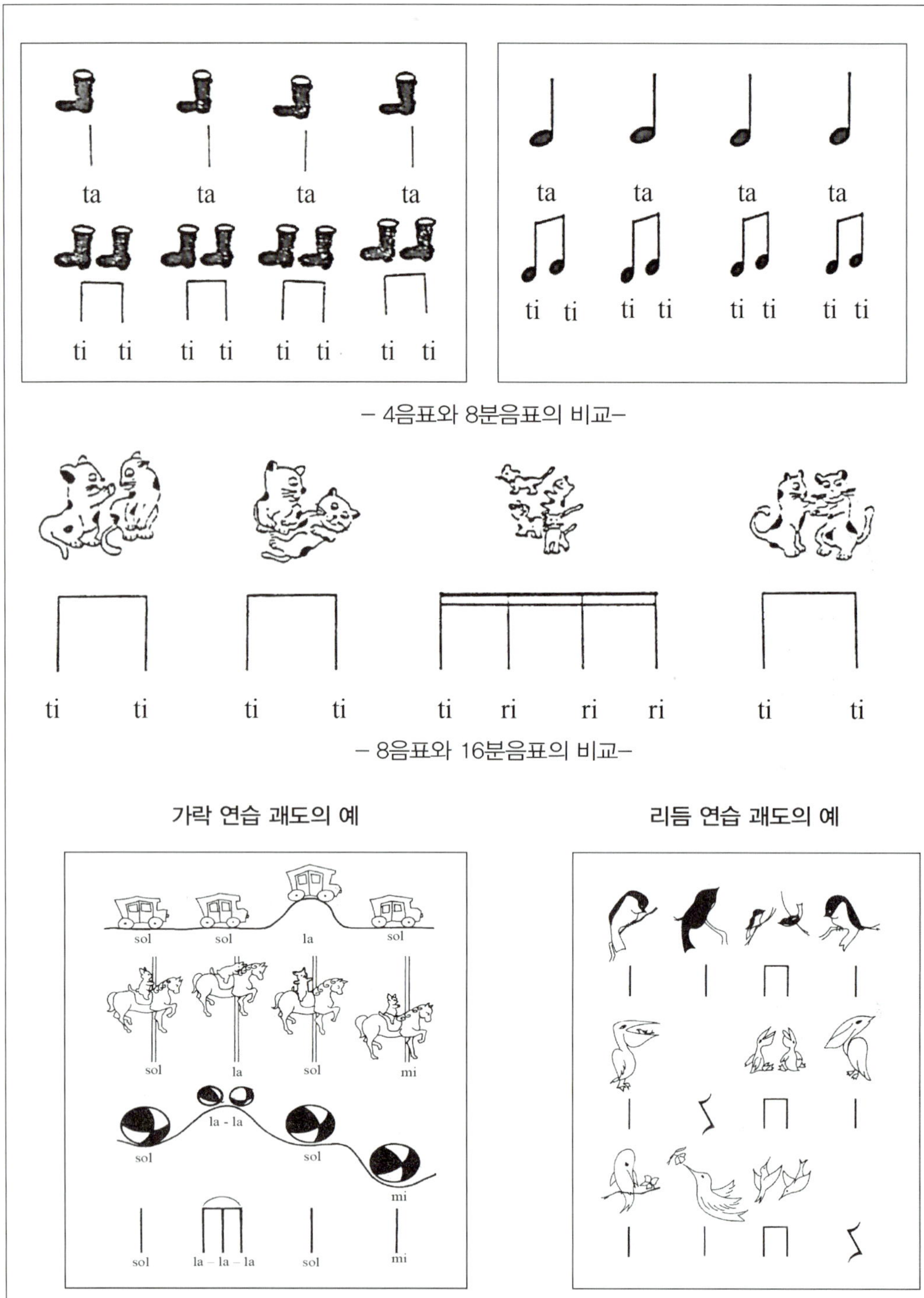

[그림 4-7] 코다이 시스템의 시각적 리듬음절(출처: 이흥수, 1990)

[4분음표와 4분쉼표의 이해]

[4분음표와 8분음표의 이해]

[그림 4-8] 리듬지도에 사용하는 시각기호 및 도표 I(출처: 안재신, 1996)

리차즈의 리듬 연습 도표(4분음표, 8분음표, 쉼표의 연습)

[그림 4-9] 리듬지도에 사용하는 시각기호 및 도표 II(출처: 안재신, 1996)

코다이 지도에 있어서는 음표의 음가를 음표의 기둥과 기(旗)로만 나타냄으로써 순화된 악보의 효과를 노리기도 한다.

[표 4-3] 꼭 알아둬야 할 코다이 리듬말(출처: 채완병 외, 1999)

[홑박자 계]

Kodály식 기보	전통적 기보	음절	Kodály식 기보	전통적 기보	음절
|	♩	따	⊓.	♬.	리 팀
⊓ - ♪♪	♫ -♪♪	띠 띠	♪| ♪	♪♩ ♪	띠따띠 (싱코파)
⊓⊓ (3)	♫♪ (3)	트리올라	⊓⊓	♬♪♬	리띠리
⊓⊓⊓	♬♬	띠리리리	𝅗𝅥	𝅗𝅥	따 아
⊓⊓	♪♬	띠띠리	𝅝	𝅝	따아아아
⊓⊓	♬♪	띠리띠	𝄽-Z	𝄽	쉼(레스트)
⊓.	♪.♬	팀 리	𝄾	𝄾	쉬
|.	♩.	따이(툼)			

[겹박자 계]

Kodály식 기보	전통적 기보	음절
|.	♩.	따 이(툼)
⊓⊓	♫♪	띠 띠 띠
| ♪	♩ ♪	따 띠
♪ |	♪ ♩	띠 따
Z 𝄾	𝄽 𝄾	쉼 쉬

• 다음은 악기 다루기활동의 지도 방법의 단계를 제시하였다.

도입(약 3분)

- 악기에 대한 동화나 수수께끼 손유희 등으로 동기 유발한다.
- 준비된 악기를 소개한다.
- 악기 다루는 법/규칙엄수/질서 있는 배분/멈춤과 연주 구분
- 악기 연주하기에 적절한 곡(노래)을 소개한다.

전개(약 14분)

- 연주할 곡을 주의 깊게 들을 기회를 준다(2회 정도 : 박자, 리듬, 분위기 등).
- 연주방법이 제시된 악보(그림, 기호, 오스티나토 리듬카드 등)를 이해하고 숙달한다.
- 악보를 보면서 신체 악기로도 연주해 본다(신체 악기, 입소리 등).
- 개인별 음악에 맞는 악기를 배정한다.
- 리듬악보를 보고 반복 연주한다.
- 합주를 할 경우 그룹별(개인별) 담당악기를 배정한다.
- 다른 종류의 악기를 고루 연주해 볼 수 있게 한다.
- 오르프 선율악기로 보르둔 연주를 보탠다.
- 악보와 다른 창의적인 연주(즉흥연주)를 할 기회를 제공한다.

정리 및 평가(약 3분)

- 몇 명의 유아가 발표해보는 기회를 제공한다.
- 연주 악보를 잘 이해했는지
- 악보의 표시된 대로 잘 연주했는지
- 연주 후의 느낌은 어땠는지
- 계획한 학습목표에 부합되는 연주였는지
- 학습활동이 효과적으로 잘 이루어졌는지
- 녹음하여 들려주고 스스로 평가해 보는 기회를 주는 것도 좋다.
- 악기 정리 보관 지도 및 차시예고

악기 다루기활동의 예

<table>
<tr><td>일시</td><td></td><td>장소
(반)</td><td></td><td>대상
연령</td><td>만 5세</td><td>지도
교사</td><td></td></tr>
<tr><td>활동명</td><td colspan="3">결혼행진곡</td><td>활동
주제</td><td colspan="3">나와 가족</td></tr>
<tr><td>활동
영역</td><td colspan="3">악기 다루기(감상하기)</td><td>음악
개념</td><td colspan="3">리듬, 박자, 셈여림, 다이내믹스(역동성)</td></tr>
<tr><td>활동
목표</td><td colspan="7">1. 멘델스존의 ‘결혼행진곡’에 맞추어 오스티나토 리듬을 연주할 수 있다.
2. 멘델스존의 ‘결혼행진곡’의 음악에 맞춰 셈여림을 표현할 수 있다.</td></tr>
<tr><td>활동
자료</td><td colspan="7">멘델스존의 ‘결혼행진곡’ 음악, 노트북, 리듬악기(탬버린, 트라이앵글, 우드블록), 리듬악기판, ‘결혼행진곡’ 셈여림판</td></tr>
<tr><td>활동
방법</td><td colspan="7"><도입: 전시 학습 확인 및 동기 유발>
- ‘결혼식’에 대한 수수께끼를 낸다.
- 결혼식을 본 경험에 대해 이야기 나눈다.

<전개: 유아와의 상호작용>
- 멘델스존의 ‘결혼행진곡’을 감상한다.
- 신체 악기로 기본박을 연습한다(무릎 손뼉 손뼉 손뼉).
신체 악기로 ‘투– 투–’, ‘쉼 타 타 타’, ‘쉼 타 타 쉼’ 리듬을 연습한다.
(이때 전체 음악에 나누어 리듬을 연습한다.)
- 교사가 제시하는 리듬을 그룹별로 연주한다.
(트라이앵글로 ‘투– 투–’ 리듬을 연주한다.)
(우드블록으로 ‘쉼 타 타 타’ 리듬을 연주한다.)
(탬버린으로 ‘쉼 타 타 쉼’ 리듬을 연주한다.)
- 점점 강하게, 점점 약하게 리듬을 치며 박자에 맞게 연습한다.
(커지고 작아지는 부분을 구체적으로 말해준다.)
- 셈여림판을 보며 결혼행진곡에 맞춰 악기연주를 한다.
- 그룹별로 악기를 교대로 연주한다.
- 자신이 원하는 악기로 한 번 더 연주해 본다.

<정리: 활동결과 확인, Feedback 및 종결>
- 리듬악기별로 한 명씩 나와 발표한다.
- 연주하면서 어려웠던 점/아쉬웠던 점/재미있었던 점을 이야기 나눈다.</td></tr>
</table>

	<차시예고> - '결혼행진곡'에 맞춰 결혼식 하는 모습을 몸으로 표현해보는 활동을 한다고 알려준다.
유의점	- 유아들이 제시된 것과 다르게 연주할 경우, 다시 시도할 기회를 제공하여 성공할 수 있도록 하고, 격려해준다.
활동 평가	- 오스티나토 리듬을 제대로 연주할 수 있는가? - 강하게 치는 부분과 약하게 치는 부분을 제대로 표현하였는가?
확장 활동	- 유아들이 스스로 점점 강하게 치는 부분과 점점 약하게 치는 부분을 정해 연주하기 - 빠르기를 바꾸어 합주하기

활동자료

	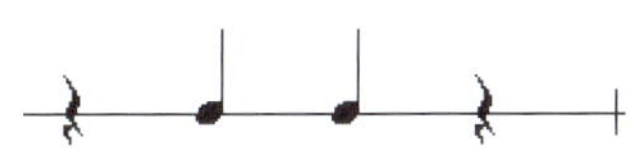

<table>
<tr><td>일시</td><td></td><td>장소(반)</td><td></td><td>연령</td><td>만 4세</td><td>지도 교사</td><td></td></tr>
<tr><td>활동명</td><td colspan="3">골고루 맛있게 냠냠!</td><td>활동 주제</td><td colspan="3">건강과 안전</td></tr>
<tr><td>활동 영역</td><td colspan="3">악기 다루기(노래 부르기)</td><td>음악 개념</td><td colspan="3">리듬, 박자, 음색</td></tr>
<tr><td>활동 목표</td><td colspan="7">1. 음식을 골고루 먹는 것에 대한 중요성을 안다.
2. 노래를 부르며 박자에 맞춰 리듬악기를 연주할 수 있다.</td></tr>
<tr><td>활동 자료</td><td colspan="7">음악 파일, 리듬 악보, 가사판, 우드블록, 탬버린, 트라이앵글</td></tr>
<tr><td>활동 방법</td><td colspan="7"><도입 : 전시 학습 확인 및 동기 유발>
- 지난 시간에 배운 노래 '냠냠' 노래의 내용에 대해 이야기 나눈다.
- 아침식사를 할 때 골고루 먹었는지 생각해본다.
- '냠냠' 노래를 불러본다(가사판을 보며).

<전개: 유아와의 상호작용>
- 노래의 기본박자에 맞춰 무릎치기를 한다.
- 유아가 원하는 리듬악기로 기본박을 연주한다.
- 그동안 배웠던 '타', '투', '티', '티리리리'를 손뼉을 치며 복습해본다.
- 교사를 따라 리듬 악보를 보고 손뼉리듬을 익힌다.
- 한 가지씩 리듬악기별로 리듬을 익힌다.
- 각 분단별로 다른 종류의 리듬악기를 노래에 맞춰 연주해 볼 수 있도록 한다.
(분단별로 돌아가며 총 3종의 리듬악기를 연주)
- 노래하며 유아가 원하는 리듬악기로 연주를 해본다.

<정리 : 활동결과 확인, Feedback 및 종결>
- 각 리듬악기별로 1~2명씩 나와 친구들 앞에서 연주를 해본다.
(원하는 유아가 나올 수 있도록 한다.)
- 활동 중 어려웠던 것, 즐거웠던 것, 생각해 본 것에 대해 이야기 나눈다.
- 오늘 사용한 리듬악기 이외에 무엇을 사용하면 좋을지에 대해 이야기 나눈다.
- 앞으로 골고루 먹는 식습관을 갖기로 약속을 한다.

<차시 예고>
- 폐품악기 만들기활동을 예고하고 준비물을 안내한다.</td></tr>
<tr><td>유의점</td><td colspan="7">- 기본박자를 충분히 이해하고 연주를 할 수 있도록 한다.
- 유아가 리듬 악보를 보며 연주를 할 수 없을 것을 유의하며 충분히 반복을 해본다.</td></tr>
</table>

활동 평가	- 음식을 골고루 먹는 것의 중요성을 이해하였는가? - 리듬 악보를 보고 악기를 연주할 수 있는가?
확장 활동	- 직접 리듬 악보를 만들어 보고 리듬악기를 연주해보기

활동자료

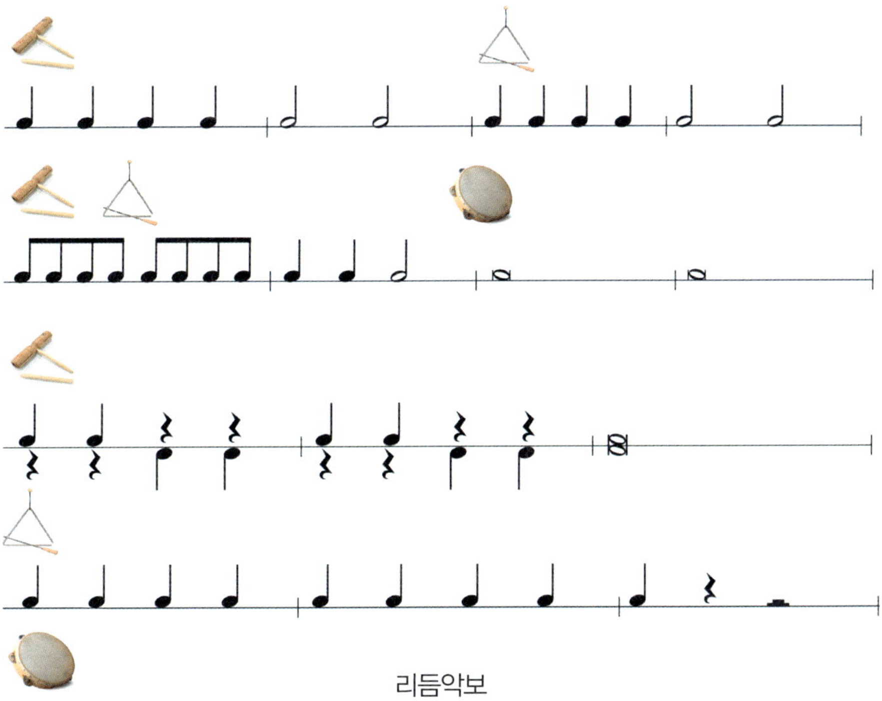

리듬악보

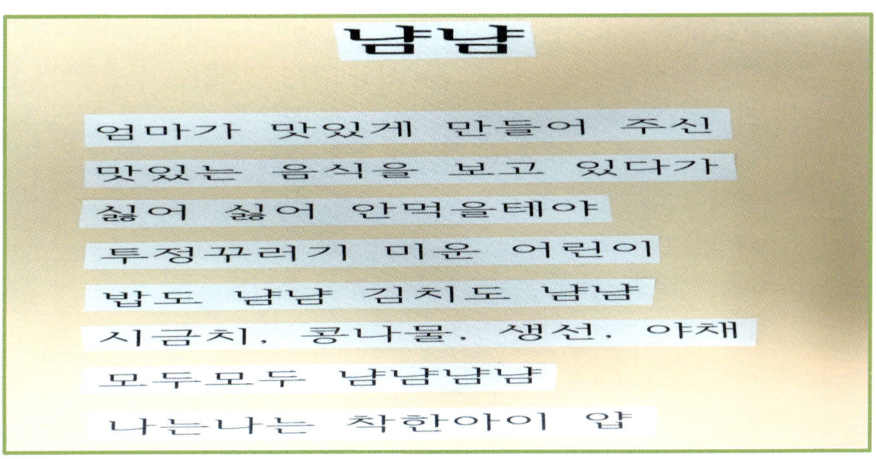

가사판

4) 신체표현

영유아음악교육에서의 신체표현활동은 영유아 신체 운동 기능이나 체력 발달을 위한 활동이 아닌 영유아가 신체를 통하여 자신의 생각과 감정을 표현하고, 자신의 상상을 자유롭고 다양하게 표현할 수 있도록 돕는 활동이어야 한다.

[표 4-4] 신체활동과 연관된 영유아의 음악성 발달

연령	신체활동 관련 음악성
만 1세 미만	- 음악을 들으면 팔을 움직이는 동작을 한다(6~9개월). - 음악을 듣고 몸을 흔드는 것이 가능하다.
만 1세	- 음악을 듣고 몸 흔들기, 고개 끄덕이기, 손뼉치기 등이 가능하다(12~18개월). - 반복적인 리듬, 박자에 반응하며, 음악소리를 따라 리드미컬한 몸 움직이기를 즐긴다(18~24개월). - 유아의 상황과 사물에 대한 구체적인 경험이 있을 때 상상만으로도 신체표현이 능하다(18~24개월).
만 2세	- 음악에 따른 다양한 신체표현이 가능하다. - 짧고 간단한 손유희를 따라할 수 있다. - 짧은 시간동안 규칙적인 리듬에 맞추어 집중하여 몸을 흔든다.
만 3세	- 음악에 맞추어 몸동작을 자유롭게 구사한다. - 음악의 시작과 끝에 맞추어 신체표현할 수 있다. - 손유희활동이나 친숙한 음악에 맞춰 적극적으로 참여하며 즐긴다. - 박자와 리듬에 맞추어 손뼉치기와 발구르기가 가능하다. - 간단한 노래게임이 가능하다. - 음악의 구성요소에 맞추어 신체를 반응할 수 있다.
만 4세	- 노래 부르면서 손뼉치고, 춤추기와 같은 움직임을 동반한다. - 신체로 음악을 표현하고 극화하는 데 흥미를 느낀다. - 뛰고, 스킵하고 춤출 수 있으며 공을 던지고 받을 수 있다. - 규칙적인 리듬에 맞추어 발구르기를 할 수 있다. - 다양한 음악의 구성요소에 신체를 반응할 수 있다. - 다른 사람과 함께 신체표현하는 것을 즐거워한다.
만 5~6세	- 음악에 맞추어 움직이거나 리듬게임, 율동하기를 즐긴다. - 리듬과 박자에 거의 완벽하게 신체적 반응을 할 수 있다. - 단순한 댄스를 배울 수 있다. - 음악에 맞춰 줄넘기를 할 수 있다.

- 신체활동 지도 시 유의할 점

– 영유아의 표현을 적극적으로 수용하고 격려해야 한다.

– 신체표현 활동 시 충분한 공간을 확보하여야 한다.

– 교사의 자발인 참여는 영유아의 흥미를 북돋운다.

– 음악감상 시 충분한 감상이 되도록 하여야 한다.

– 창의적 신체표현을 위한 소도구(스카프, 리본막대, 공, 후프, 모자 등)를 준비한다.

– 활동 중 교사는 영유아의 심리상태와 체력을 세심히 살핀다.

- 다음은 신체표현활동의 지도방법 단계를 제시하였다.

도입(약 3분)
- 악기에 대한 동화나 수수께끼 손유희 등으로 동기 유발한다.
- 활동 주제에 대한 시청각 자료 제시와 경험에 대해 이야기 나눈다.

전개(약 14분)
- 활동 주제의 특징에 대해 이야기 나눈다.
- 활동의 주제를 신체로 표현하는 방법에 대해 이야기 나눈다.
- 신체표현 시 유의할 점에 대해 이야기 나눈다.
- 음악에 맞추어 활동 주제를 몸으로 다양하게 창의적으로 표현한다.
  (영유아가 신체표현할 때 교사는 활동 주제의 구체적인 모습이나 상황을 제시해 준다.)
- 신체표현을 도와줄 소도구를 제공한다.
- 즐겁고 충분한 표현의 시간을 제공한다.

정리 및 평가(약 3분)
- 몇 명의 유아가 발표해보는 기회를 제공한다.
- 주제의 특징을 잘 이해했는지
- 자기의 생각과 느낌대로 잘 표현했는지
- 신체표현 후의 느낌은 어땠는지
- 즐거웠던 점이나 어려웠던 점
- 계획한 학습목표에 부합되는 표현이었는지
- 학습활동이 효과적으로 잘 이루어졌는지
- 녹화하여 보여 주고 스스로 평가해 보는 기회를 주는 것도 좋다.
- 사용한 도구정리 보관 지도 및 차시예고

신체표현활동을 할 때 교사는 언어적 지원을 아끼지 말아야 한다. 영유아의 창의적 표현을 끌어내기 위한 지속적인 제안을 통해서 영유아의 생각을 자극하고 다양한 상상을 할 수 있도록 함이 중요하다. 준비된 스토리텔링과 활동 도구는 영유아의 활동을 더욱 풍성하고 깊이 있게 한다.

신체표현활동은 먼저 자신의 신체를 인식하는 활동에서부터 동작의 구성 요소(공간/시간/에포트-무게, 흐름/관계)를 이해하고, 기본동작활동(이동동작, 비이동동작, 조작적 동작)과 음악적 요소에 반응하는 활동(음악적 요소 표현), 구조적 음률활동(노랫말에 따라 정해진 움직임), 반구조적 음률활동(노랫말 내용을 제한적으로 지시), 손유희활동을 경험하고 궁극적으로 창의적 신체표현(각자의 생각과 느낌을 자유롭게 표현)을 할 수 있는 사람으로의 성장을 기대하는 것이다.

신체표현활동의 예

<table>
<tr><td>일시</td><td></td><td>장소
(반)</td><td></td><td>대상
연령</td><td>만 4세</td><td>지도
교사</td><td></td></tr>
<tr><td>활동명</td><td colspan="3">빨래가 되어 보자</td><td>활동
주제</td><td colspan="3">건강과 안전</td></tr>
<tr><td>활동
영역</td><td colspan="3">신체표현(감상하기)</td><td>음악
개념</td><td colspan="3">빠르기, 셈여림</td></tr>
<tr><td>활동
목표</td><td colspan="7">1. 빨래의 다양한 움직임을 신체를 이용하여 창의적으로 표현할 수 있다.
2. 세탁기가 돌아가는 상황을 셈여림과 빠르기로 표현할 수 있다.</td></tr>
<tr><td>활동
자료</td><td colspan="7">세탁기가 돌아가는 영상, 세탁기가 돌아가는 소리, 신체표현에 사용할 그림 자료, 빙글빙글 세탁기 음원, 그림 자료에 맞는 대본</td></tr>
<tr><td>활동
방법</td><td colspan="7"><도입 : 전시 학습 확인 및 동기 유발>
- 세탁기 손유희로 주의집중을 한다.
- 빨래에 대해 이야기 나눈다(옷이 더러워졌을 때 어떻게 해야 하는지, 빨래를 왜 해야 하는지, 빨래를 할 때 무엇이 필요한지 등).
- 빨래하는 모습을 본 경험을 이야기 나눈다.

<전개 : 유아와의 상호작용>
- 세탁기가 돌아가는 영상을 본다.
- 세탁기가 돌아가는 영상을 본 후 빨래의 움직임을 표현해 본다.
- 세탁기가 빨래하는 소리를 듣고 빠르기와 셈여림을 신체로 표현해 본다.
- '빙글빙글 세탁기' 노래에 맞추어 세탁이 이루어지는 상황을 그림 자료와 같이 제시하고 유아는 신체로 표현한다.

<정리 : 활동결과 확인, Feedback 및 종결>
- 빨래가 되어 본 느낌을 이야기 나눈다.
- 신체표현 후 재밌었던 점과 힘들었던 점을 이야기 나눈다.
- 몇 명의 유아가 나와서 세탁기가 돌아가는 모습을 셈여림과 빠르기에 맞춰 신체표현해 본다.

<차시예고>
- 세탁기가 빨래하는 소리를 다양한 악기를 사용하여 연주해 볼 것임을 예고한다.</td></tr>
</table>

유의점	- 유아들이 신체표현을 할 때 어려움을 겪지 않도록 교사가 상황을 제시해 준다. - 세탁기가 돌아갈 때 세탁기 문을 열면 위험하다는 것을 알려준다. - 한 번에 모든 유아가 참여하면 서로 부딪힐 수 있으므로 소그룹으로 나누어 신체표현을 할 수 있도록 한다.
활동 평가	- 빨래가 움직이는 모습을 창의적으로 표현할 수 있는가? - 세탁기가 돌아가는 상황을 셈여림과 빠르기로 표현할 수 있는가?
확장 활동	- 악기를 사용하여 세탁기 소리를 표현해 보기 - 세탁기를 만들어 보고 세탁소 놀이를 해 보기

활동자료

-대본-

★빨래들이 세탁기 안으로 들어가요! 세탁기에 세제를 넣었어요.
★시작 버튼을 누르자 쏴 쏴 세탁기에서 물이 나오고 있어요!! (아이 차가워!! 너무 차갑다)
★물이 차오르자 윙윙 왼쪽 오른쪽으로 세탁기가 돌아가기 시작했어요.(어! 언니 바지랑 엉켰어!! 에이 저리가~!!)
★이리 비틀, 저리비틀, 빨래들이 춤을 추고 있어요. 물이 빠져나오자 빨래들이 점점 아래로 가라앉으며 축 처지고 있어요. 물이 점점 빠지고 있어요. (어!! 내가 가라앉는다.)
★물이 다 빠지고 더 힘차게 세탁기가 한 방향으로 돌고 있어요! (아이 어지러워! 너무 어지럽다!) 이제 멈췄어요! 빨래들이 바깥쪽으로 모여 있어요.
★다시 세탁기에 물이 채워지고 있어요! (아이 차가워!! 너무 차갑다!!)
★띵동 띵동 소리가 나자 엄마가 피죤을 넣었어요! (아이 미끄러워!)
★물이 차오르자 윙윙 왼쪽 오른쪽으로 세탁기가 돌아가기 시작했어요! (어!! 이번엔 수건이랑 엉켰어!! 에~이 저리가!!)
★이리 비틀, 저리 비틀, 빨래들이 춤을 추고 있어요. 물이 빠져 나오자 빨래들이 점점 아래로 가라앉으며 축 처지고 있어요. 물이 점점 빠지고 있어요. (어!! 내가 가라앉는다!!)
★물이 다 빠지고 더 힘차게 세탁기가 한 방향으로 돌고 있어요.(아이 어지러워! 너무어지러워)
★그때 (빰 빠라라람 빠라바 바라바밤 빰 빠라라라) 음악이 나오고 세탁기가 멈췄어요.
★깨끗이 빨아진 빨래들이 세탁기 속에서 나와 탁! 탁! 소리내며 펴지고 있어요. 빨랫줄에 하나 둘, 살랑살랑 바람을 맞으며 옹기종기 모여 있어요! 즐거운 빨래 끝~~!!!!

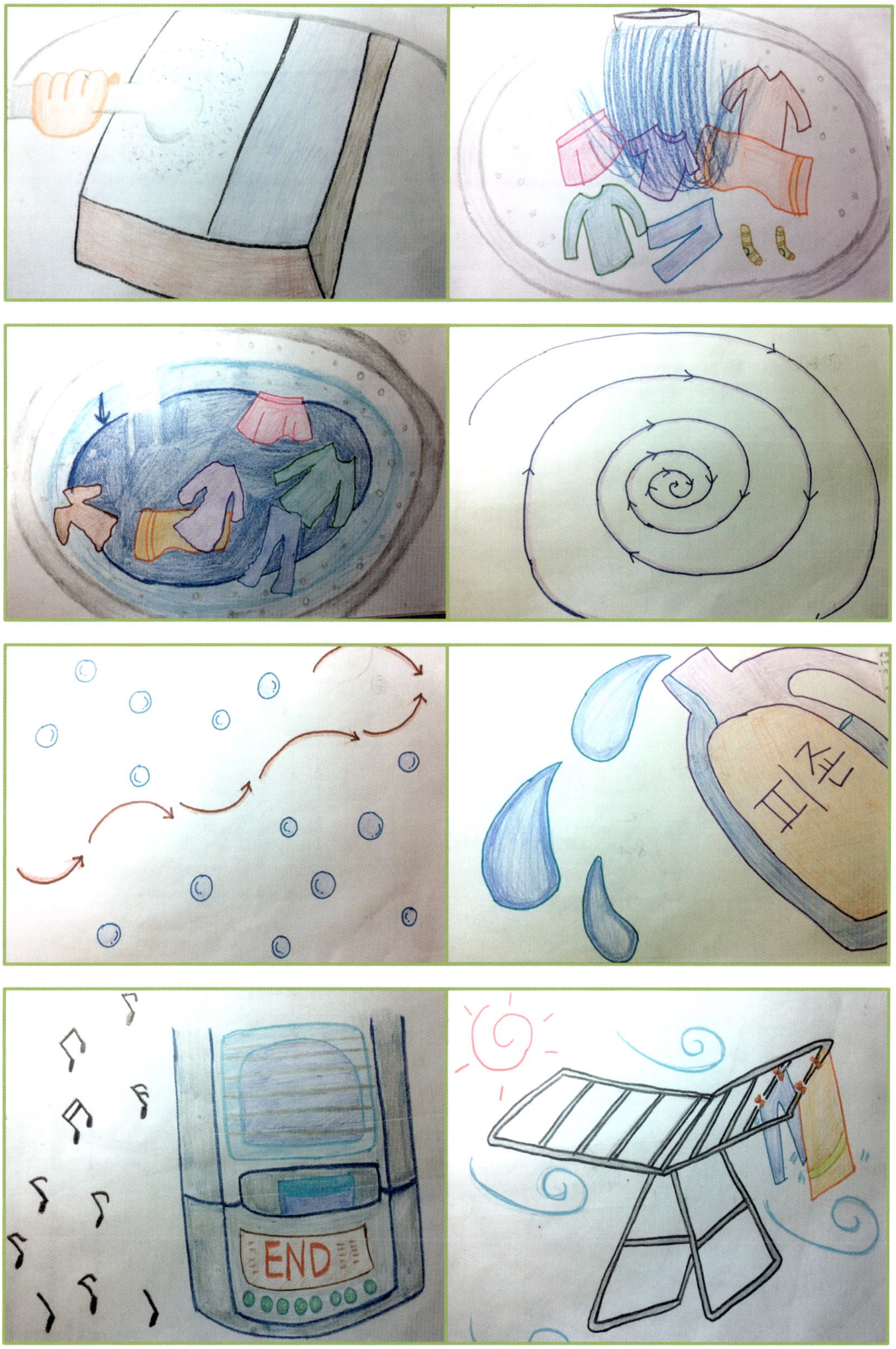
피존
END

<table>
<tr><td>일시</td><td></td><td>장소
(반)</td><td></td><td>대상
연령</td><td>만 4세</td><td>지도
교사</td><td></td></tr>
<tr><td>활동명</td><td colspan="3">시장에 가요</td><td>활동
주제</td><td colspan="3">우리 동네</td></tr>
<tr><td>활동
영역</td><td colspan="3">신체표현(감상하기)</td><td>음악
개념</td><td colspan="3">리듬, 다이내믹스(역동성)</td></tr>
<tr><td>활동
목표</td><td colspan="7">1. 동요 ‘시장잔치’를 듣고 가사의 내용을 신체로 표현할 수 있다.
2. 시장에서 볼 수 있는 모습들을 자유롭게 신체로 표현할 수 있다.</td></tr>
<tr><td>활동
자료</td><td colspan="7">시장잔치 동요 mp3, 시장사진, 수박 · 참외 · 호박 · 오이 사진, 수박 끈, 물고기 · 오징어 · 게 사진</td></tr>
<tr><td>활동
방법</td><td colspan="7"><도입 : 전시 학습 확인 및 동기 유발>
- 지난 시간에 둘러보았던 우리 동네에 대해 이야기 나눈다.
- ppt의 시장사진을 보며 어느 장소인지 맞춰본다.
- 시장에 갔던 경험에 대해 이야기 나눈다.

<전개 : 유아와의 상호작용>
- 동요 ‘시장잔치’를 감상한다.
- 동요를 감상한 후 느낌과 가사에 대해 이야기 나눈다.
- 가사의 내용을 신체로 표현하는 방법에 대해 이야기 나눈다.
- 신체표현 시 유의할 점에 대해 이야기 나눈다.
- 동요를 들으며 가사의 내용을 몸으로 다양하게 표현한다.
- 동요를 들으며 시장에서 볼 수 있는 모습들을 자유롭게 표현한다.
(이때 신체표현할 시장의 구체적인 상황을 미리 제시한다.)

<정리 : 활동결과 확인, Feedback 및 종결>
- 활동 후 느낀 점이나 재미있었던 점, 어려웠던 점에 대해 이야기 나눈다.
- 가사의 내용을 어떻게 표현해 보았는지 발표시킨다.
- 시장 속 어떤 모습을, 어떻게 표현해보았는지 발표시킨다.

<차시예고>
- 다음 시간에 시장 역할놀이를 해 볼 것임을 예고한다.</td></tr>
<tr><td>유의점</td><td colspan="7">- 소극적인 유아는 교사를 따라 하도록 유도하면서 참여를 돕거나, 친구들의 활동을 감상할 수 있도록 배려한다.
- 교사가 제시하는 활동 자료 외에 유아가 생각하는 창의적인 표현을 할 수 있도록 한다.
- 활동하기 충분한 공간에서 활동한다.</td></tr>
</table>

활동 평가	1. 동요를 듣고 가사의 내용을 신체로 표현할 수 있었는가? 2. 시장에서 볼 수 있는 모습들을 자유롭게 신체표현하였는가?
확장 활동	- 부모님과 함께 시장에 가보기 - 시장놀이(역할놀이)를 해보기

활동자료

<도입 - 시장사진 PPT>

<전개 - 가사 내용 사진>

<전개 - 수박 끈 실물자료>

<전개 - 수산 시장에서 볼 수 있는 것들 사진>

<table>
<tr><td>일시</td><td></td><td>장소
(반)</td><td></td><td>대상
연령</td><td>만 4세</td><td>지도
교사</td><td></td></tr>
<tr><td>활동명</td><td colspan="3">몸으로 만드는 놀이공원</td><td>활동
주제</td><td colspan="3">유치원과 친구</td></tr>
<tr><td>활동
영역</td><td colspan="3">신체표현(감상하기)</td><td>음악
개념</td><td colspan="3">리듬, 박자, 가락, 다이내믹스</td></tr>
<tr><td>활동
목표</td><td colspan="7">1. 놀이공원에 가 본 경험을 신체로 표현할 수 있다.
2. 신체표현을 통하여 친구들과 긍정적인 상호작용을 할 수 있다.</td></tr>
<tr><td>활동
자료</td><td colspan="7">‘놀이공원 솜사탕’ 음원 파일, 놀이기구 퀴즈 사진자료, 스피커</td></tr>
<tr><td>활동
방법</td><td colspan="7"><도입 : 전시 학습 확인 및 동기 유발>
- 현장학습으로 다녀온 놀이공원에 대해 이야기 나눈다.
- 한 유아가 나와 놀이기구에 관한 퀴즈를 친구들에게 마임으로 설명하고 나머지 유아가 맞춰본다.
- 지난 시간에 배운 ‘놀이공원 솜사탕’ 음악을 들어본다.

<전개 : 유아와의 상호작용>
- 교사가 지시하는 놀이기구를 신체로 표현해본다(개인표현/그룹표현).
- 4명씩 조를 나누어 ‘놀이공원 솜사탕’ 음악을 들으며 놀이공원을 신체로 표현해본다.
- 신체로 표현한 놀이공원을 한조씩 발표하고 나머지 유아들은 감상한다.

<정리 : 활동결과 확인, Feedback 및 종결>
- 유아들이 다시 보고 싶어 하는 조가 나와서 발표한다.
- 놀이공원을 신체로 표현해 본 것에 대한 느낌을 나눈다.

<차시예고>
- 놀이공원에서 타 본 놀이기구를 생각하며 놀이공원 꾸미기</td></tr>
<tr><td>유의점</td><td colspan="7">1. 놀이공원을 신체로 표현하면서 유아들이 서로 부딪혀 다치지 않도록 한다.
2. 놀이기구 사진자료를 제시하여 유아들이 신체로 표현하기 쉽도록 한다.</td></tr>
<tr><td>활동
평가</td><td colspan="7">1. 놀이공원에 가 본 경험을 신체로 표현할 수 있는가?
2. 신체표현을 통하여 친구들과 긍정적인 상호작용을 할 수 있는가?</td></tr>
<tr><td>확장
활동</td><td colspan="7">가정에서 놀이공원에 다녀온 경험을 그림으로 표현해보기</td></tr>
</table>

활동자료

5) 음악 창작하기

일반적으로 음악 창작하기는 악보의 개념을 이해하고, 악보를 읽고, 쓰고, 표현할 수 있을 때, 창작이 가능하다고 생각하기 쉽다. 하지만 일찍부터 영유아에게는 창작 본능이 있음을 알 수 있다.

4개월 미만의 영아가 만드는 모음 '구구' 등의 소리 쿠잉(Cooing), 4~6개월 영아의 옹알이(울부짖는 것이 아닌 분명한 아티큘레이션 시작), 9~10개월 영아의 즉흥적인 흥얼거림 구사하기, 만 1세아는 연속적인 음정으로 소리를 연결하거나 단순한 멜로디 악기나 목소리로 선율을 만들기도 한다. 만 2세아는 자신의 목소리나 멜로디 악기로 즉흥적인 가락을 만들어낸다. 만 3세아는 자발적인 노래(Spontaneous song)를 부르기 시작한다. 만 5세아는 멜로디, 노랫말 창작이 가능하다.

Hildebrandt(힐데브란트, 1998)는 '영유아는 처음에는 들었던 소리를 변형하여 소리를 만들기 시작하지만, 연령이 증가함에 따라 음악적 발달 수준에 따른 적합한 음악적 이해를 형성하고, 음악적 개념이나 지식을 능동적으로 구성하면서 더욱 더 창의적 음악 만들기가 가능하게 된다'고 하였다.

영유아의 모든 창작활동은 작곡과 같이 기보를 하지 않은 즉흥적인 연주하기라고 말할 수 있다. 즉흥연주(Improvisation)는 자신의 감흥에 따라 음악의 일부를 창작하여 그것을 악보에 적지 않고 즉석에서 연주하는 일, 즉 작곡과 연주를 동시에 하는 음악행위를 말한다. 따라서 영유아의 창작하기활동은 거의 모두가 즉흥연주에 해당된다고 볼 수 있다. 이러한 영유아 창작하기활동에는 소리 탐색하기, 소리 만들기, 노랫말 바꾸기, 멜로디 만들기, 리듬 만들기 등으로 분류할 수 있다. 즉, 사물이나 악기를 탐색하는 과정에서 일반적이지 않은 소리를 찾아낸다거나, 즉흥적으로 흥얼거리면서 소리를 만들거나, 기존의 멜로디를 다르게 표현하거나, 악곡의 리듬을 바꾸어 재창조하거나, 노래의 가사말을 바꾸기, 이야기가 있는 음악 만들기, 그림을 이용한 음악 만들기 등의 활동을 말한다. 특히 '이야기가 있는 음악 만들기'활동은 노래동화나 악기 동화에서처럼 동화를 읽어 줄 때 내용에 맞는 노래를 삽입하여 불러준다거나 내용에 맞는 적절한 악기를 사용하여 효과음을 넣어 주는 활동을 말한다. '그림을 이용한 음악만들기'활동 역시 그림을 보면서 그림에서 느껴지는 이미지나 감정을 음악으로 표현하는 활동이다. 그림의 특징을 음악적 요소(빠르기, 셈여림, 강, 약, 고, 저 등)로 소리 내거나 그림의 느낌을 다양한 악기로 소리 내는 활동을 말한다.

영유아는 어느 때나 자신만의 새로운 음악 만들기를 시도할 수 있으나, 그 표현의 형태나 방법에 상관없이 양육자나 교사가 긍정적으로 반응해 줄 때 더욱 창의적인 시도를 즐긴다고 한다. 하지만 현장의 교사는 음악 창작하기 지도를 가장 어려워하며 창작하기 활동을 거의 시도하지 않은 것으로 나타났다.

음악 창작하기는 개개인의 즉흥표현 뿐만 아니라 마음으로부터 즐기고 감동을 표현하는 음악활동이다. 이를 통해 내면적인 예술 감각 및 정서 발달은 물론 실제 생활에서 음악을 생활화하는 태도를 형성할 수 있다(강보라, 2017), 그러므로 교사는 항상 획일적인 수업을 계획하기보다 다양한 활동 유형을 계획하여 영유아기부터 창의적인 활동 경험이 활발하게 이루어지도록 지도해야 한다.

음악 창작하기는 보편적인 음악활동 영역인 감상하기, 노래 부르기, 악기 다루기, 신체표현 영역에 포함되어 활동되는 것이 일반적이다. 이 책에서 역시 일반적인 음악활동 영역에 통합적으로 창작하기를 포함시켰다(예 : 노래 부르기 + 창작하기/악기 다루기 + 창작하기/신체표현 + 창작하기). 하지만 여기에서는 창작하기의 중요함을 강조하기 위해서 창작활동이 주가 되는 활동으로 역통합 차원(창작하기 + 노래 부르기/창작하기 + 악기 다루기/창작하기 + 신체표현)에서 창작하기활동을 별도로 다루었다.

[표 4-5] 창작하기활동과 연관된 영유아의 음악성 발달

연 령	발달 특성
4개월 미만	영아가 만드는 모음 '구구' 등의 소리. 쿠잉(Cooing)
4~6개월	영아의 옹알이(울부짖는 것이 아닌 분명한 아티큘레이션 시작)
9~10개월	영아의 즉흥적인 흥얼거림 구사하기
만 1세	연속적인 음정으로 소리를 연결하거나 단순한 멜로디 악기나 목소리로 선율을 만들기도 한다.
만 2세	자신의 목소리나 멜로디 악기로 즉흥적인 가락을 만들어낸다.
만 3세	자발적인 노래(Spontaneous song)를 부르기 시작한다.
만 4세	박자와 셈여림 표현을 자유롭게 한다.
만 5세	멜로디, 노랫말 창작이 가능하다.

[표 4-6] 음악 창작하기를 위한 MMCP 교수법의 탐색적 방법

과 정	내 용
자유로운 탐색	영유아는 창의적 활동을 할 수 있는 능력이 있기 때문 다양한 매체들을 조작하여 소리 만들어 보기
안내된 탐색	새로운 소리를 찾도록 안내하며 소리의 근원이 무엇인지 탐색하기
실험적 즉흥연주	소리의 관계들을 발견하고 다양한 조합과 패턴을 구성하면서 영유아와 창의적 상호작용하기
계획된 즉흥연주	새로 발견한 소리의 패턴과 조합을 표현하고 더 나은 방향의 음악 만들기
재적응	서로 다른 다양한 느낌을 나타내는 방법 모색하기 위해 음악 자료를 조작할 수 있음을 알기

※MMCP(Manhattanville Music Curriculum Project)

- 음악 창작하기활동 지도 시 유의할 점

– 언제라도 창의적 음악활동이 일어날 수 있도록 교구와 환경을 준비한다.

– 모든 창의적 표현을 격려하고 칭찬을 아끼지 않는다.

– 창의적 표현이 이루어질 수 있는 분위기를 조성하고 충분한 여유를 준다.

– 일상이나 행사 시 다양한 악기로 즉흥연주할 수 있는 기회를 제공한다.

– 지도자는 솔선수범하며 항상 모델이 되어야 한다.

– 모든 활동은 결과의 질보다 과정을 즐기도록 해야 한다.

– 영유아에게 영감을 주고 새로운 시도를 도운다.

– 항상 개방적인 질문을 한다.

- 다음은 음악 창작하기활동 지도방법의 단계를 제시하였다.

도입(약 3분)
- 내용과 관련된 동화나 수수께끼 손유희 등으로 동기 유발한다.
- 활동 주제에 대한 시청각자료, 그림, 카드 등의 제시와 경험에 대해 이야기 나눈다.
- 음악 창작활동 시 유의할 점에 대해 이야기 나눈다.

전개(약 14분)
- 활동 내용 특징에 대해 이야기 나눈다.

- 활동의 내용을 표현하는 방법에 대해 이야기 나눈다.
- 소리탐색 후 창작하기는 충분한 탐색 후 새로운 소리를 만들어 보게 한다.
- 노래 부르기에서의 창작하기는 멜로디 바꾸기, 리듬 바꾸기, 노랫말 바꾸기 등으로
- 악기 다루기에서의 창작하기는 가락 바꾸기, 리듬 바꾸기, 다른 악기로 표현하기 등으로
- 신체표현에서의 창작하기는 내용과 관련된 동작을 창의적으로 표현한다.
- 내용에 따른 본인의 생각과 느낌을 노래, 악기, 신체 등으로 다양하게 창의적으로 표현한다.
- 음악 창작하기를 표현할 때 교사는 자유로운 분위기로 표현에 용기와 격려를 해준다.
- 창의적 표현을 위한 도구나 악기를 제공한다.
- 특히 가락이나 리듬 바꾸기 활동에서는 융판에 2선 악보를 제시하고 찍찍이가 부착된 다양한 부직포 음표를 준비하여, 유아가 마음대로 융판 2선 보표에 음표를 탈부착하면서 음악 만들기를 할 수 있도록 준비한다.
- 음악 창작하기는 의성어나 의태어가 있는 부분 등 일부분을 정하고 실시한다.
- 유아가 새롭게 표현한 리듬이나 선율, 가사는 즉석에서 연주할 수 있도록 도와준다.
- 즐겁고 충분한 표현의 시간을 제공한다.

정리 및 평가(약 3분)
- 몇 명의 유아가 발표해 보는 기회를 제공한다.
- 내용을 잘 이해했는지/자기의 생각과 느낌대로 잘 표현했는지/즉흥연주 후의 느낌은 어땠는지/즐거웠던 점이나 어려웠던 점
- 계획한 학습목표에 부합되는 표현이었는지/학습활동이 효과적으로 잘 이루어졌는지
- 녹음(녹화)하여 들려주고 원곡과 비교해서 평가해 보는 기회를 주는 것도 좋다.
- 사용한 도구정리 보관 지도 및 차시예고

• 이야기가 있는 음악 만들기 활동

노래동화나 악기동화에서처럼 동화를 읽어 줄 때 내용에 맞는 노래를 삽입하여 불러준다거나 내용에 맞는 적절한 악기를 사용하여 효과음을 넣어 주는 활동.

• 그림을 이용한 음악 만들기 활동

그림을 보면서 그림에서 느껴지는 이미지나 감정을 음악으로 표현하는 활동이다. 그림의 특징을 음악적 요소(빠르기, 셈여림, 강, 약, 고, 저 등)로 소리 내거나 그림의 느낌을 다양한 악기로 소리 내는 활동.

2선 악보의 5음 음계

2선 보표에서의 선율창작

4분 음표와 8분 음표 및 기호

8분 음표와 16분 음표 및 쉼, 쉬

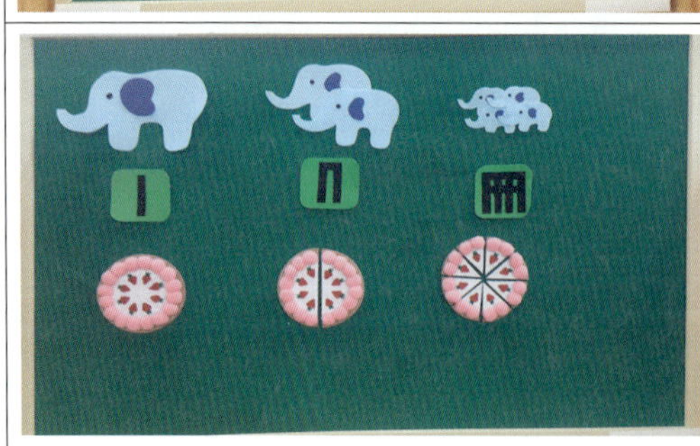

타, 티티, 티리리리, 쉼 시각기호

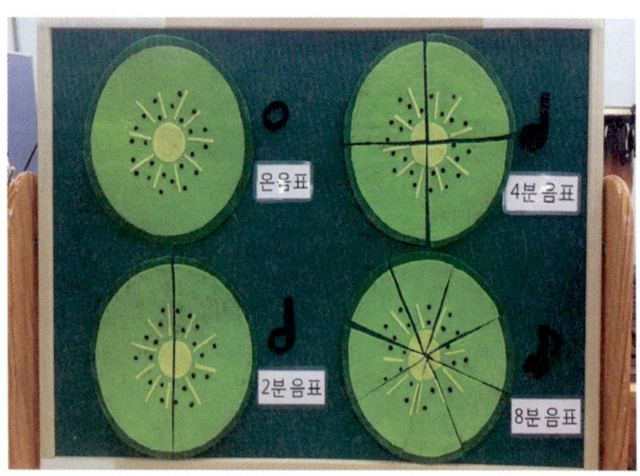

음표와 시각자료

[그림 4-10] 2선 보표 및 다양한 음표 시각자료

음악 창작하기활동의 예

<table>
<tr><td>일시</td><td></td><td>장소(반)</td><td></td><td>대상 연령</td><td>만 4세</td><td>지도 교사</td><td></td></tr>
<tr><td>활동명</td><td colspan="3">비발디 사계-봄</td><td>활동 주제</td><td colspan="3">계절(봄)</td></tr>
<tr><td>활동 영역</td><td colspan="3">창작하기(노래 부르기)</td><td>음악 개념</td><td colspan="3">음, 리듬</td></tr>
<tr><td>활동 목표</td><td colspan="7">1. 비발디 '사계-봄'에 가사를 붙여 노래를 부를 수 있다.
2. 비발디 '사계-봄'에 맞춰 봄의 소리에 대한 노랫말을 스스로 만들 수 있다.</td></tr>
<tr><td>활동 자료</td><td colspan="7">가사판, 봄 사진, 사계-봄 악보, 사계-봄 음악</td></tr>
<tr><td>활동 방법</td><td colspan="7"><도입 : 전시 학습 확인 및 동기 유발>
- 사진 속 계절인 봄에 대하여 이야기 나눈다.
- 봄에 들을 수 있는 소리들에 대하여 이야기 나눈다.

<전개 : 유아와의 상호작용>
- 클래식 '사계-봄'에 가사를 붙인 '봄이 왔어--요' 노래를 소개한다.
- 교사가 노래 전체를 부른다.
- 가사판을 보며 한 소절씩 따라 부른다.
- 1절씩 불러본다.
- 가사판을 보며 노래의 전체를 부른다.
- 가사 이외의 봄에 들을 수 있는 소리에 대하여 이야기 나눈 후 '봄이 왔어요'에 맞춰 개사한다.
- 개사한 가사를 '봄이 왔어요'에 붙여 노래를 부른다.
- '봄이 왔어요'의 원곡인 비발디의 '사계- 봄'을 소개한 후 음악을 감상한다.

<정리 : 활동결과 확인, Feedback 및 종결>
- '사계-봄'에 맞춰 노래를 부르고 만들어 본 것에 대하여 이야기 나눈다.
- '사계-봄'에 맞춰 '봄이 왔어요' 노래 부르기 수업을 마무리한다.

<차시예고>
- '사계-봄'을 감상한 후 악기를 연주하기</td></tr>
<tr><td>유의점</td><td colspan="7">- 노래가 익숙해진 후 개사하기 활동을 진행하여 혼란을 겪지 않도록 한다.
- 개사하는 활동에 어려워하지 않는지 유의한다.</td></tr>
</table>

활동 평가	1. 유아들이 노래를 즐겁게 부를 수 있었는가? 2. 개사하기활동에 어려움을 느끼지 않았는가?
확장 활동	– '사계-가을' 음악에 맞춰 악기를 연주해 보기

활동자료

Vivaldi : The Four Seasons 'Spring' 1st mov.

arr. Kim Mu

<table>
<tr><td>일시</td><td></td><td>장소
(반)</td><td></td><td>대상
연령</td><td>만 5세</td><td>지도
교사</td><td></td></tr>
<tr><td>활동명</td><td colspan="3">아프리카 친구</td><td>활동
주제</td><td colspan="3">세계 여러 나라</td></tr>
<tr><td>활동
영역</td><td colspan="3">창작하기(감상하기, 악기 다루기)</td><td>음악
개념</td><td colspan="3">음색, 강약</td></tr>
<tr><td>활동
목표</td><td colspan="7">1. '아프리카 친구 잠보' 동화 상황을 악기로 창의적으로 표현할 수 있다.
2. 정글의 소리를 듣고 상황을 상상해서 이야기할 수 있다.</td></tr>
<tr><td>활동
자료</td><td colspan="7">'아프리카 친구 잠보' 융판 동화자료, 정글 비디오(무더운 날씨와 비가 오는 날씨), 아프리카 사진, 버드휘슬, 자일로폰, 귀로, 썬더드럼, 레인메이커, 쉬케레, 오션드럼, 콩가</td></tr>
<tr><td>활동
방법</td><td colspan="7"><도입 : 전시 학습 확인 및 동기 유발>
– 지난 시간에 배운 아프리카에 대해 물어본다.
– 지난 시간에 들었던 '아프리카 친구 잠보'에 맞춰 악기 연주해 볼 것이라고 알려준다.
– 준비된 악기소리를 탐색한다.

<전개 : 유아와의 상호작용>
– (1분 영상으로) 화창한 정글 소리를 들으면서 어떤 소리가 들리는지 이야기 나눈다.
– 신체 악기나 준비된 악기로 비슷한 소리를 표현해본다.
– (1분 영상으로) 비가 조금 오는 정글의 소리를 들으며 소리를 표현해 본다.
– (1분 영상으로) 비가 많이 오는 정글의 소리를 들으며 소리를 표현해 본다.
– 영상에서 들리지 않았던 소리를 추가적으로 상상해서 이야기해 본다.
– '아프리카 친구 잠보' 동화에 맞춘 악기 창작활동을 안내한다.
– 융판 동화로 '아프리카 친구 잠보'를 들려준다.
– '아프리카 친구 잠보'에 어울리는 소리를 즉흥적으로 연주한다.

<정리 : 활동결과 확인, Feedback 및 종결>
– 유아가 동화의 상황에 맞게 악기로 소리를 잘 표현했는지 확인한다.
– 동화 소리 창작을 통해 느낀 점과 어려웠던 점에 대해 이야기를 하며 평가한다.

<차시예고>
– 아프리카에 사는 잠보 친구들이 가지는 환경문제를 듣고 편지를 써보는 활동을 예고한다.</td></tr>
</table>

유의점	- 정글의 소리와 악기 소리(음색)를 충분히 탐색할 수 있는 시간을 준다. - 유아가 창의적으로 효과음을 넣을 수 있도록 상상력과 감성을 살리는 발문한다.
활동 평가	1. 정글의 소리를 듣고 다양한 소리를 악기로 표현할 수 있는가? 2. '아프리카 친구 잠보'에 맞게 소리 만드는 것을 즐길 수 있는가?
확장 활동	- 과학 영역 : 아프리카 환경문제 알아보기

활동자료

① '아프리카 친구 잠보' 융판 동화자료

② 정글 영상(무더운 날씨와 비가 오는 날씨)

③ 세계 속 아프리카 사진

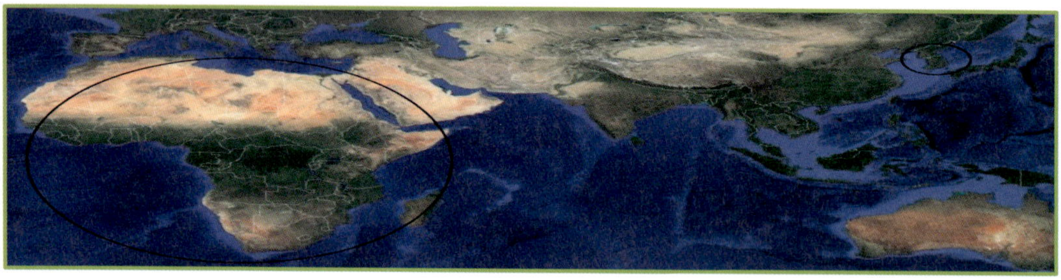

④ 악기

6) 음악극(뮤지컬) 놀이 지도

유아를 위한 음악극이란 동화나 동시의 내용을 극으로 꾸미고 등장인물의 대사와 극의 진행이 노래와 음악, 춤으로 이루어진 활동을 말한다. 즉, 등장인물의 대사는 어떤 순간에는 노래로 표현되기도 하고, 다양한 악기를 활용하여 효과음을 구성하며, 등장인물의 생각과 감정을 신체를 통해 다양한 몸짓이나 춤으로 표현하는 극의 형태라고 할 수 있다(하정희 외, 2014).

음악극 놀이에 대한 계획은 주로 이야기 나누기 시간에 대그룹으로 토의에 의해 이루어진다. 구체적인 준비는 먼저 동화선정하기, 이야기 들려주기, 등장인물 분석하기, 대본화, 역할분담, 노래 및 악기 연주, 동작으로 표현하기, 소품 만들기, 무대설치, 공연, 반복 공연 등으로 모든 유아가 경험할 수 있도록 하며 마무리 정리를 한 후 평가를 하도록 한다.

음악극에 대한 소개는 사전활동으로 미리 이루어질 수 있으며, 이를 토대로 실제 활동을 계획한다. 음악극 놀이에 대한 소개와 이해를 돕기 위하여 전문 공연단체나 다른 유아들이 공연하는 극을 직접 관람하는 기회가 있으면 더욱 효과적이다. 하지만 관람 기회가 여의치 않을 경우에는 비디오 동영상을 보여 준다.

음악극 준비 절차에 대한 세부내용은 다음과 같다(심성경 외, 2013 참조).

(1) 동화선정하기

음악극을 하기에 적합한 동화, 이야기의 내용은 다음과 같다.

① 유아가 공감할 수 있는 흥미롭고 친숙한 소재

② 성품이 바람직한 주인공, 유아가 동일시할 수 있는 등장인물

③ 전개과정(보통 3막 구성)이 간단하면서도 뚜렷한 줄거리

④ 상황이나 전개를 중간 중간 노래나 악기, 춤으로 표현할 수 있는 내용

⑤ 단순하면서도 극적인 클라이맥스로 표현할 수 있는 내용
(클라이맥스에서는 주인공이나 조연 등의 심정을 노래나 악기, 춤으로 표현)

⑥ 다양하고 특색 있는 행동 ⑦ 짧고 반복되는 대화

⑧ 가능한 한 등장인물이 많으면서 상황에 따라 늘이거나 줄여도 되는 내용

(2) 이야기 들려주기

교사는 이야기의 줄거리를 완전히 이해한 후 이야기를 시작해야 한다. 교사가 혼돈을 하게 되면 유아가 이야기 내용을 혼돈하게 되므로 극을 하기가 힘들게 된다.

유아들에게 극 놀이를 쉽게 할 수 있도록 교사는 이야기를 들려주는 동안 영유아를 이야기에 참여시킬 수 있다. 즉, 짧고 반복되는 대사를 함께 말하여 보게 할 수 있고, 간단한 동작을 함께 해 볼 수도 있다. 이러한 행동은 유아들의 호기심을 증가시키고 이야기를 이해하며 극중 대사를 기억하는 데 도움이 된다. 교사가 유아들에게 이야기를 들려 줄 때 활용할 수 있는 전달매체는 다양하다. 구연동화뿐만 아니라 TV동화, 그림동화, 반입체 그림동화, 막대인형, 테이블인형, 손인형, 손가락인형, 그림자인형 등을 사용할 수 있고 융판동화, 자석동화 등과 슬라이드, 비디오테이프, 동영상CD 등도 적합한 것들이다. 유아는 이야기를 들으면서 상상력과 창의력을 키우게 된다.

(3) 등장인물 분석하기

등장인물에 대한 분석은 등장인물 분석도를 작성함으로써 이루어진다. 대개 4~5명이 그룹으로 토의하며 최종 등장인물 분석도는 모든 유아가 함께 완성한다. 등장인물 분석도를 통해서 인물들의 느낌, 정서, 성격 등을 이해할 수 있다.

(4) 극을 위한 대본화(막 구성)하기

① 설명 부분은 삭제하고 간접화법을 직접화법으로 바꾼다.

② 필요한 대화를 첨가하거나, 필요없는 말은 삭제한다. 이때 가능하면 대화를 짧고 반복적으로 조절하게 되면 유아가 쉽게 대사를 기억할 수 있다.

③ 유아들이 사용하기에 적합하지 않은 어렵고, 추상적이고, 공격적이고, 아름답지 않은 단어들은 피하고 어휘를 필요한 것으로 바꾼다.

④ 극의 내용은 3막으로 한다. 1막은 이야기의 배경과 시작, 2막은 사건의 전개, 3막은 결론과 교훈으로 구성하는 것이 가장 적당하다.

(5) 역할 분담(배역선정)하기

주인공을 비롯한 등장인물 그리고 스탭(연출)담당자의 역할에 대해서 충분히 이야기 나눈 후 역할 분담을 한다. 처음하는 음악극을 위하여는 그 역할(노래, 연주, 춤)을 잘 해낼 수 있는 유아를 교사가 지명할 수 있다. 왜냐하면 음악극은 필히 노래가 삽입되어야 하고 그 첫 활동이 중요하기 때문이다. 그러나 유아들이 극에 익숙해지면 배역을 스스로 정하여 골고루 기회가 돌아갈 수 있도록 배려한다. 역할 분담을 할 때 교사가 유의할 점은 성 고정개념에서 벗어나 배역선정을 해야 하는 것이다. 중요한 교육목표 중의 하나가 편협한 성 고정개념을 피하도록 돕는 것임을 생각할 때 교사는 남녀 유아들이 다양한 역할을 할 수 있도록 격려해야 한다. 그리고 너무 적극적인 유아가 과잉행동하는 것을 조절하고, 수줍은 유아가 원하지 않을 경우에 역할을 하도록 강요하지 말아야 한다. 배역을 선정하여 역할 분담이 되면 각 유아는 “나는 ○○역할을 맡은 △△△입니다.”라고 자기소개를 한다.

(6) 노래 부르기 및 악기 연주하기

음악극 구성에 맞게 동화의 내용을 다시 구성하여 동화의 장면과 연결된 내용으로 노래를 만들고(곡은 유아들이 좋아하고 잘 아는 기존의 곡에다 가사를 붙여도 무방하다), 춤이나 신체표현을 더하여 막의 중간에 삽입하며 악기 연주를 포함한 다양한 방법으로 표현한다. 특히 음악적인 요소인 리듬, 박자를 탐색하여 극의 내용에 적합한 분위기를 연출하고 노래를 배운 후 극에 사용할 수 있도록 노래를 녹음한다. 노래를 배우기 전이나 후에 자유 놀이 활동시간에 자주 들어 볼 수 있는 기회를 준다.

(7) 동작으로 표현하기

등장인물 분석도를 통하여 분석한 인물들에 대해 신체표현을 좀 더 구체적으로 탐구하고 표현해 본다. 동화 속 인물들의 감정표현(화가 났을 때, 기쁠 때, 슬플 때, 겁이 났을 때, 겁을 줄 때)을 장면에 보다 적합하게 표현해 본다.

모두들 다같이 춤과 동작을 같이할 수 있는 장면을 삽입하여 다같이 연습을 한다.

(8) 소품 만들기

소품으로는 어떠한 것이 필요하고, 무엇으로 만들 수 있는지를 토의한 후 만들 작품과 재료를 결정하여 작업한다. 예를 들어, 포스터나 무대의상을 만들고 무대배경을 꾸밀 수 있다.

(9) 무대설치하기

극을 할 때 유아들이 우왕좌왕하며 무질서한 것을 피하기 위하여 교사는 유아와 함께 무대를 신중하게 꾸며야 한다. 무대를 꾸미기 위하여 다음의 순서로 활동을 하게 된다.

① 이야기의 줄거리와 사건의 순서를 회상한다. 이때는 대사 중심으로 묻고 대답하도록 하여 극의 흐름을 알게 한다.

② 공간구성을 신중하게 한다. 극의 진행과정에서 무엇이 필요하며, 그것이 어디에 있어야 유아들이 편안하고 질서 있게 움직일 수 있는지를 유아들과 함께 의논하며, 이야기가 진행되는 순서대로 유아들이 앉은 위치에서 정면으로 중앙에 소품들을 배치한다.

③ 교실 안의 모든 자료들 중에서 극에 필요한 소품을 찾는다. 적목을 이용하여 집을 지을 수도 있고, 의자, 책상 등을 그대로 활용할 수도 있다. 교사는 가면, 보자기 등 필요한 소품을 준비할 수 있으며, 미술활동시간에 유아들이 직접 만들어 사용할 수도 있다.

④ 친구들 앞에서 말하는 것을 수줍어하는 유아가 원할 경우에는 무대배경의 하나로 참여할 수 있도록 한다. 수줍은 유아에게는 활동에 참여했다는 사실이 중요한 것이므로 나무, 바위, 해 등 배경의 한 부분으로도 만족감을 느낄 수 있다.

(10) 공연하기

극을 시작하기 전에 등장인물에게 자기가 연기할 위치를 파악하게 하고 관객으로 남는 유아들은 자리를 정돈하도록 한다. 교사는 무대에서 연기하는 유아들을 모두 볼 수 있는 곳에 위치하여 극이 진행되는 동안 다음과 같은 도움을 줄 수 있다.

① 극의 시작을 알린다. ② 극의 진행을 이끌어 준다.

③ 문제 상황이 생기는 경우 행동을 제한한다.

④ 대사가 없이 이루어지는 동작을 격려한다.

⑤ 장면의 변화, 시간의 변화 등을 알린다. ⑥ 극의 마지막을 알린다.

⑦ 극을 했던 유아들은 무대 중앙에 한 줄로 서서 관객이었던 유아들에게 인사를 하고 들어간다.

극이 진행되는 동안, 유아가 대사를 교사가 이야기를 들려 준 것과 똑같이 하지 않을 수도 있다. 교사는 오히려 이러한 것을 격려하여 유아의 창의적 표현을 도와야 하며, 목소리는 크게 하여 모든 유아들이 들을 수 있도록 격려하는 것이 좋다.

(11) 반복공연하기

역할을 하지 못한 유아에게 기회를 주기 위하여 유아들이 원하고 상황이 허락하는 한 배역을 바꾸어 몇 번이고 공연을 할 수 있다. 원하는 유아가 많은 경우 때로는 2~3명이 한 배역을 맡아 함께 공연을 할 수도 있다. 재공연은 다음 날에도 가능하며 때로는 자유선택활동시간에 원하는 유아들끼리 자유롭게 이루어질 수 있다.

(12) 정리

공연이 끝난 후 무대장치에 사용되었던 물건들과 활동 중에 사용한 소품들을 제자리에 갖다 놓는다. 이때 공연을 했던 유아들이 정리하게 하거나 소극적이거나 극에 참여하지 않았던 유아들에게 정리하도록 기회를 주기도 한다. 무대와 소품이 간단할 경우 유아들이 원할 때 다시 해 볼 수 있도록 동극에 사용했던 것들을 교실의 한 영역에 비치해 놓을 수도 있다.

(13) 평가

평가는 긍정적인 것을 먼저 이야기하도록 하고, 후에 부정적인 것으로 다음 공연을 위하여 고쳐야 할 점, 보완해야 할 점 등을 이야기 나눈다. 이때 관객이 관람한 소감으로 연기자에 대한 평가와 연기자 스스로의 평가, 잘된 점과 고쳐야할 점 그리고 관객의 관람 태도에 대한 평가가 이루어질 수 있다.

교사가 유의할 점은 마치 정답과 오답이 있는 것과 같은 평가는 피해야 하며, 모든 유아들의 노력을 인정해 주어야 한다는 것이다. 유아가 공연한 비디오를 시청하면서 반성적인 평가를 실시하는 것도 효과적이다.

영유아의 극 놀이활동 또한 통합적인 활동이 되어야 한다. 다음은 '흥부와 놀부'의 극 놀이를 위한 언어·사회·정서·음률·수·과학·미술 영역의 통합적 구성의 예이다.

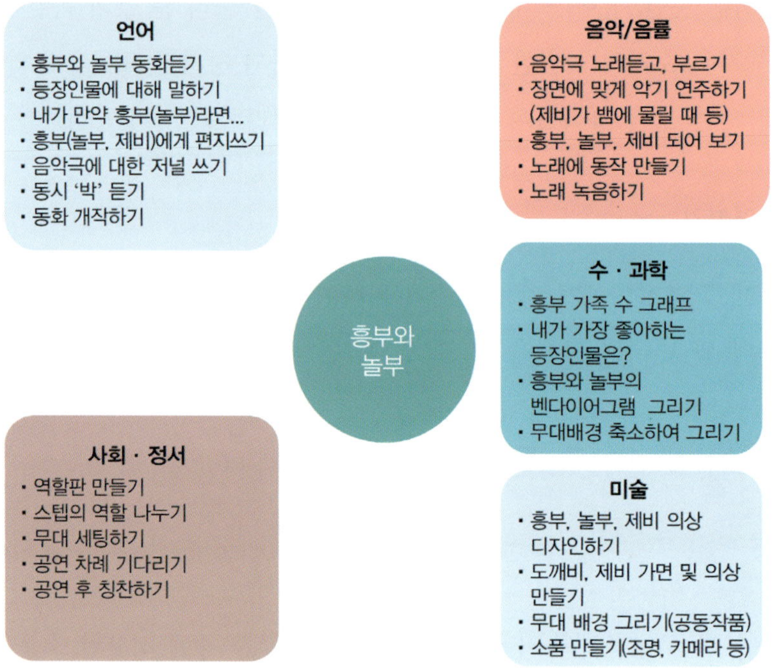

[그림 4-11] 흥부와 놀부 통합적인 활동구성(심성경 외, 2013 인용)

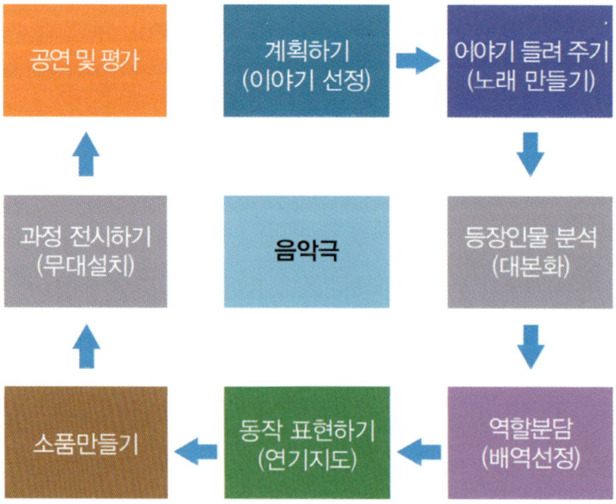

[그림 4-12] 음악극 놀이 지도과정

[표 4-7] 흥부와 놀부 음악극활동과정(심성경 외, 2013 인용)

기간	활동 과정	활동내용		활동 형태	집단 구성
1주	계획하기	동화듣기	• 흥부와 놀부 동화듣기	동화	대집단
		음악극 계획하기	• 흥부와 놀부 음악극 계획하기 • 음악극의 준비절차에 대해 이해하기	이야기 나누기	대집단
		등장인물 분석도 작성하기	• 등장인물 분석도 작성하기 흥부, 놀부, 아내, 아이들, 제비, 도깨비 • 흥부/놀부 벤다이어그램 그리기 • 소그룹으로 등장인물 분석도를 작성한 후 대그룹에서 종합적으로 완성하기	이야기 나누기 자유 놀이	대집단 소집단
		노래듣기	• 흥부와 놀부 음악극 노래테이프를 자유롭게 듣기	자유 놀이	대·소 집단
2주 ~ 3주	실행하기	노래 부르기	• 흥부와 놀부 음악극 노래 부르기 • 리듬, 박자를 다양하게 활용하여 노래 부르기 • 역할, 상황에 따라 노래 부르기 • 노래가사 개작하여 부르기	노래 부르기	대집단
		소품, 의상, 무대 디자인 하기	• 여러 가지 동화의 삽화를 보고 비교하기 • 등장인물과 제비의상 및 박, 보물소품 디자인하기 • 흥부와 놀부의 차이점 비교하여 디자인하기 • 재료의 선택과 기존의 설비를 활용할 수 있는 방법 토의하기(예, 보물 : 블록, 의상 : 한복)	작업	대집단
		역할 정하기	• 역할 및 스텝 정하기 • 등장인물과 스텝은 두 조로 나누어 배정하기	이야기 나누기	대집단
		노래 녹음하기	• 노래와 대사 녹음하기(이때 녹음되는 내용은 영유아음악극활동에 참여한 영유아들이 직접 노래나 대사를 녹음)	노래 부르기	대집단
		동작으로 표현하기	• 노래에 따라 상황에 맞는 신체표현하기 • 등장인물 분석도를 참고하여 흥부, 놀부, 아이들, 도깨비, 제비에 맞는 신체표현하기	신체표현 하기	대집단

기간	활동 과정	활동내용		활동 형태	집단 구성
			• 노래의 가사나 음악적 요소에 맞게 신체 표현하기		
		소품, 의상, 무대배경 만들기	• 디자인한 소품, 의상 만들기 • 무대배경 그리기(공동) • 색종이 찢어 제목 만들기(공동) • 무대 위 작은 조명 만들기	자유 놀이	개별 대·소집단
		저널쓰기	• 흥부와 놀부 음악극을 준비하면서 느낀 점에 대해 저널쓰기	자유 놀이	개별
4주	공연 및 평가하기	무대배경 설치하기	• 무대배경을 무대 위에 설치하기 • 기존의 설비를 활용하여 설치하기	자유 놀이	대·소집단
		연습하기	• 영유아들이 녹음한 노래테이프를 이용하여 연습하기 • 두 조로 나누어진 등장인물과 스텝의 역할 연습하기	자유 놀이 노래하기 신체표현하기	대집단
		공연 및 평가하기	• 1조와 2조 공연하기 • 공연할 때 찍은 비디오를 보면서 평가하기	자유 놀이 이야기 나누기	대집단
		저널쓰기	• 공연이 끝난 후에 감상과 느낌을 저널쓰기	자유 놀이	개별

• 음악극 놀이 지도시의 유의할 점은 다음과 같다(송주승 외, 2013).

1. 음악극 놀이는 행사, 발표용이 아닌 교육과정의 일부로 진행한다.
2. 음악극 놀이는 주제를 중심으로 다른 교육과정 영역과 연과 지어 교육내용간, 교과영역간, 발달영역간 통합적으로 구성하여 실행한다.
3. 음악극 놀이는 준비과정 중에 유아들의 생각과 의견을 존중하여 적극적으로 반영한다.
4. 음악극 놀이는 모든 유아가 역할을 맡아 참여할 수 있도록 한다. 소극적인 유아는 자연스럽게 참여를 유도하고 친구와 같은 역할이나 소품역할을 하게한다.
5. 음악극 놀이의 준비는 정규교육과정 활동에 영향을 주지 않도록 장기적인 프로젝트로 진행할 때 교육적인 효과가 크다. 그 기간은 한달 정도가 적합하다.

• 다음은 전래동화 '흥부와 놀부'를 각색한 극본을 견본으로 제시한다.

음악극[흥부와 놀부] 원작

-전래동화 극본 각색-

[주요인물 Character]

흥부	놀부로부터 쫓겨났으나 착하고 고운 마음씨를 지녀 후에 큰 부자가 됨
놀부	욕심이 많고, 심술궂지만 자신의 잘못을 뉘우치게 됨
흥부 아내	남편과 자식들을 사랑하는 현모양처
놀부 아내	욕심이 많고 이기적이며 경망스러움
흥부 자식들	가난으로 인해 배고픈 흥부의 자녀들
놀부 자식들	얄밉고 심술궂은 놀부의 자녀들
제비들	힘없고 나약해보이는 존재지만, 신기한 박씨를 물어다 줌
도깨비들	심술궂은 놀부 가족을 혼내 줌

[역할분담]

무대소품 1막-놀부집(놀부집 대문, 담)
길거리(흥부집 담, 나무)
놀부집(놀부집 대문, 담)
2막-흥부집(흥부집 담)
흥부집 지붕 위에 박, 중앙에 커다란 박
3막-놀부집(놀부집 담)
흥부집(흥부집 담)
놀부집(놀부집 대문, 담)
놀부집 지붕 위에 박, 중앙에 커다란 박
놀부집(흥부집 대문, 담)

인물소품 1막-놀부아내: 주걱
2막-제비: 박씨, 흥부: 붕대
3막-놀부: 막대기, 붕대, 제비: 박씨, 도깨비: 방망이

무대 방향 기준 : 객석에서 보이는 방향

전체 조명 : 조도0(Light off), 조도1, 조도2, 조도3

핀조명 8자 : 핀조명 두 개 살짝 겹치게

막	소품	음향	조명	시나리오
		Signal	조도fade in	"흥부와 놀부"
1막	Background (B) 놀부집 (대문, 담)	트랙1/~15초 오프닝 ▶3″ 노래만, ▶4″~15″나레이션 함께 트랙2(띵)	조도fade out ▷"형님놀부"–핀조명1 놀부 ▷"흥부"–핀조명2 흥부 핀조명 off 핀조명 8자 핀조명 off	옛날 옛날 한 옛날에 놀부와 흥부 형제가 살았어요. 형님 놀부는 동생을 생각할 줄 모르고 성질이 고약한 사람이었고, 흥부는 남을 도울 줄 알고 착한 성품을 가진 사람이었어요. 그러던 어느 날 흥부와 놀부의 아버지가 돌아가셨어요. 그러자 욕심 많은 흥부는 쌀과 집을 혼자 갖기 위해 흥부 가족을 내쫓았어요. **놀부:** 우리 집에서 썩 나가! **흥부:** 아이고, 형님~! 그게 무슨 말씀이십니까? 그럼 제 강아지 같은 자식들은 어떻게 하구요? **놀부:** 어서 나가지 못해? **흥부:** 형님~~~! 놀부가 흥부를 밀어서 내쫓는다. 흥부가 넘어진다.
	7″ term			
	B: 길거리 (나무, 담)	트랙3(바람 소리) 트랙4(꼬르륵) 트랙5/~40초 흥부의 노래 (찐득아)	 핀조명 8자 핀조명 off	(바람 소리/떨며) 흥부와 흥부의 가족들이 길거리에서 이리저리 고개를 돌리며 거처할 곳을 찾는다. **흥부자식1:** (꼬르르르륵/배를 문지르며) 아버지, 배가 너무 고파요. 배에서 천둥번개가 치는 것 같아요. **흥부자식2:** (주저 앉으며) 배고파서 더 이상은 못가겠어요. **흥부자식3:** 아버지, 우리 어디 가는 거에요? **흥부자식4:** 우리 밥 먹고 가요! **흥부자식들:** (다같이 배를 문지르며) 배가 고파요! **흥부자식2:** (양팔을 쓸면서) 그리고 여기는 너무너무 추워요! **흥부아내:** 아이고, 여보, 이제 어떻게 하면 좋아요? 우리에게는 갈 곳도, 먹을 것도 없어요. 놀부 형님네에 쌀이 많은데 가서 좀 달라고 해봐요. 흥부와 흥부 가족들 퇴장
	7″ term			
	B: 놀부집		핀조명 8자	흥부가 주위를 살피며 들어간다. (5″) **흥부:** 형님~ 놀부형님~ 아우, 흥부 왔수~! **놀부:** (방에 누워있다 놀라며) 아니, 흥부 네가 왜 여길 왔느냐? **흥부:** 배가 고파서 다시 왔어요. 아이들과 아내가 모두 굶고 있어요. 밥 좀 주시오, 형님!

놀부아내-주걱		핀조명 off	**놀부아내:** (주걱을 들고 등장/버럭 화를 낸다) 아니! 여기가 어디라고 들어와요! **놀부자식1:** (얄밉게 놀부아내 말투 따라서 비아냥거리며) 어디라고 들어와요! **흥부:** 음식 좀 나눠주세요. 저희 가족이 모두 굶고 있어요. **놀부아내:** 나눠줄 음식이 어디 있어요! 어서 나가요! **놀부자식2:** (얄밉게 놀부아내 말투 따라서 비아냥거리며) 어서 나가요! **흥부:** (배를 문지르며) 아~그러지 말고 도와주십시오. 배가 너무 고픕니다. **놀부아내:** (주걱을 보다가) 옳거니! 여기 밥을 줄테니 썩 나가요! (철썩/주걱으로 볼을 때린다) **흥부:** 아이고 아야! 오잉?!(볼에 묻은 밥풀을 떼어 입에 넣고) 이쪽도 때려주세요! (반대편 볼을 가리키며) **놀부아내:** (어이없다는 듯이) 허 참! (밀치면서) 어서 나가요! **놀부자식들:** (배꼽을 잡고 웃으며) 까르르르~ 흥부꼴 좀 보래요~ 놀부아내 주걱을 들고 아이들과 함께 우스꽝스럽게 걸으며 사라진다. (5″ term) **흥부:** 아이고 아이고... (먼산을 바라보며) 이제 어쩌면 좋지?
7″ term			
B: 놀부집 제비1-지푸라기 B: 흥부집 제비들-지푸라기	트랙6 (짹짹) 휘파람소리 트랙2(띵) 트랙7/ 10초~1분 9초 제비들의 노래 (꽃씨)	핀조명 8자 조명1-제비따라 움직임 핀조명 off	놀부가 바람을 쐬며 이리저리 돌아다닌다. (4″) 제비 한 마리가 지푸라기를 물고 날아온다. (4″) **제비:** 이 집 처마 밑에 집을 지어도 될까요? **놀부:** 우리 집은 안 돼! 다른데 가서 알아봐! 놀부가 제비를 민다. 제비 다리가 부러져 절뚝거리며 쫓겨난다. 제비가 흥부네 집으로 절뚝거리며 날아온다. (7″) 흥부는 지푸라기로 신발을 만들고 있다. **제비:** 이 집 처마 밑에 집을 지어도 될까요? **흥부:** 물론이죠. 집이 작지만 괜찮다면 집을 지어도 좋아요! 제비 식구들 (반주중) 나온다. 집을 지으며 노래를 하고 (간주중) 퇴장한다.
7″ term			

2막	B: 흥부집 흥부-붕대	트랙8(뾰로롱)	핀조명 8자 핀조명 off	**흥부:** 따뜻한 봄바람이 산들산들, 새싹이 새록새록, 우리 집 처마 밑에 집을 짓고 사는 제비집엔 제비 새끼들이 삑삑 짹짹. 흥부부인은 바느질하고 있다. 제비가 집아래 앉아있다. **흥부부인:** 여보, 여기 좀 보세요. 제비 다리가 부러졌나봐요. **흥부:** 쯧쯧, 얼마나 아플까. 우리가 치료해 줍시다. **흥부부인:** 어머나, 안쓰러워라. 그래요 우리가 치료해 줘요. 붕대를 가져와서 다리를 묶어준다.(10″) **흥부부인:** 여보, 여기 좀 보세요. 제비 새끼의 다리가 다 나았나봐요. 날 수도 있어요. **흥부:** 하하하, 정말 잘 되었구려. **제비:** 고마워요. (박 씨를 건네며) 제 다리를 고쳐주신 보답으로 이 박 씨를 드릴게요. **흥부:** 고맙다, 제비야. 여보, 어서 박 씨를 심읍시다.
	B: 흥부집 박	트랙9/32초 박타는 노래 (장단놀이) 트랙10(펑)	핀조명 on-흥부 핀조명 off ▷싸이드키3″ 핀조명 8자 핀조명off	흥부는 제비가 주고 간 박 씨를 심었어요. 얼마 지나지 않아 커다란 박이 흥부네 집 지붕에 주렁주렁 열렸어요! **흥부:** 나무들이 알록달록 옷을 갈아입고 낙엽들이 노래하네 바스락 바사삭, 우리 집 박은 무럭무럭 자라고 있다네. **흥부부인:** 여보 박이 다 익은 것 같은데 박을 열어 봅시다. 지붕 위의 박을 아이들이 가져온다. (10″ term) 박이 중앙에 놓여 있다. 흥부네 식구가 양쪽으로 나누어져 있다. 펑! 소리가 나며 금은보화가 나온다. **흥부아내:** (깜짝 놀라며) 에구머니나, 이것 좀 보세요! 반짝반짝 빛나는 금은보화가 가득 들어있어요! **흥부:** 이렇게 귀한 선물을 주시다니. **흥부아이들:** 우와!!! 금은보화가 가득 들어있다!!! (신나서 껑충껑충 뛰며) 우리는 이제 배고프지 않아요! 가족끼리 껴안고 즐거워 한다.
	7″ term			

	B: 놀부집		조도3 핀조명 8자	**놀부부인:** 여보, 여보~~~ 흥부네 이야기 들었수? **놀부:** (귀찮다는 듯이) 아유, 시끄럽네,,, 무슨 이야기인데 그렇게 시끄럽소? **놀부부인:** 글쎄, 흥부네가 갑자기 집도 생기고 하인도 생기고 부자가 되었다는 소문이 동네방네 자자하더이다! 요즘엔 글쎄~ 흥부네가 쌀을 나눠주고 있대요. **놀부:** 아니 뭐야?? 밥도 못먹고 쫄쫄 굶던 흥부네가 어떻게 부자가 된거지? (곰곰히 생각한다) 흥부네 집으로 한 번 가봐야겠다! (5″ term)
			조명1–놀부 따라간다.	**놀부:** 얘 흥부야, 어떻게 네가 갑자기 부자가 되었느냐? **흥부:** 제비의 부러진 다리를 고쳐주자 제비가 박 씨를 물어다 주었어요. 그 박 씨를 심고 잘 키워 박을 열자 박에서 큰 집이 뚝딱! 하인들이 펑! 금은보화들이 우수수수수! 나왔소~!
			핀조명 off	**놀부:** (손가락을 튕기며) 옳거니! 놀부 먼저 퇴장한다.
3막	B: 놀부집		핀조명 8자	놀부는 흥부의 말을 듣고 제비가 날아오는 봄이 돌아오기만을 기다렸어요. 가을이 지나고 겨울이 지나고 드디어 봄이 되자. 제비도 봄과 함께 날아왔어요.
	놀부–막대기, 붕대			놀부는 막대기를 가지고 제비를 찾는다. **놀부:** 제비가 흥부에게 준 박에서 금은보화가 나왔다지. 어디 제비 이놈, 나도 한 번 잡아보자. 제비가 지나간다.
	제비–박 씨			**놀부:** (살금살금 걸어가) 제비야 이리 오너라~! (3″ term) 요놈, 잡았다!(막대기로 다리를 부러뜨린다)
		트랙 11(뽀각) 트랙2(띵)		**제비:** 으아악!(넘어진다) 놀부 제비에게 대충 붕대를 묶어준다. (7″) **놀부:** 내가 너의 다리를 고쳐 주었으니 나에게도 흥부처럼 박 씨를 다오. **제비:** (박 씨를 건네며) 여러분, 제가 놀부에게 박 씨

			핀조명 off	를 줘도 될까요? (C.R) (7″) 놀부가 제비의 박 씨를 뺏는다. **제비:** 아! **놀부부인:** (뻔뻔하게) 제비가 다 나았나 봐요 여보, 제비가 우리에게도 박 씨를 놓고 갔어요~!! **놀부:** 어서 심고 잘 ~키웁시다. 놀부는 박 씨를 받고 좋아한다.
4막	B: 놀부집 박 도깨비–방망이	트랙 9/32초 박타는 노래 (장단놀이) 트랙 10(펑) 트랙 13/48초 도깨비들 노래 (도깨비 팬티)	핀조명 8자 핀조명 off ▷싸이드키5″ 핀조명 8자	놀부는 제비가 주고 간 박 씨를 심었어요. 시간이 지나고, 커~다란 박이 놀부네 집 지붕에 주렁 주렁 열렸어요. **놀부부인:** 여보 가을이 되니 박이 다 익은 것 같아요. 박을 열어 봅시다. 얘들아 나와서 박 좀 내려라~! **놀부:** 박이 아주 큰 것을 보니 박 안에 금은보화가 가득 들었나 보구나~!! 이제 우리는 더 부자가 될거야. 흐흐흐 신난다!! 지붕 위의 박을 아이들이 가져온다. (10″ term). 박이 중앙에 놓여 있다. 놀부네 식구가 양쪽으로 나누어 서 있다. 박을 타며 노래를 부른다. 팡! 박이 열리고 도깨비가 나온다. 놀부와 놀부부인은 깜짝 놀란다. **놀부, 놀부부인:** 에구머니나!!!! 이게 뭐람? 도깨비들이 나와서 노래와 율동한다(노래 중간에 놀부 혼내기). 도깨비들 퇴장
	7″ term			
	B: 놀부집 (흥부집 활용)		핀조명	놀부 가족이 바닥에 엎드려 있는데 흥부가 등장한다. **흥부:** (깜짝 놀라며 놀부를 부축한다.) 놀부형님, 왜 이러고 계세요! **흥부부인:** 어머! 이게 무슨 일이에요. 집과 하인들이 모두 사라졌어요! **놀부:** (울부짖으며) 내가 너를 내쫓고 못된 짓을 해서 벌을 받았구나.

			핀조명 off	**놀부부인:** 우리가 잘못했어요. 이제 남들을 도우며 사이좋게 살고 싶어요. **흥부:** 이제부터 저희 집에서 함께 살아요. 우리는 형제잖아요. **놀부:** (눈물을 닦으며) 정말 미안하구나. 이제 다시는 그런 일 없을거야. **흥부:** 네, 형님. 우리와 함께 오래오래 행복하게 살아요. **놀부:** 고맙다. 동생아 (모두 서로 껴안는다.)
		트랙 14/56초 엔딩	전체조명	무대인사

[흥부탄식 노래-57초 or 40초] 아이고(아이고) 아이고(아이고) 배에선 천둥번개 온몸이 바들바들 천둥번개 바들바들 첫째야 많이춥지 둘째야 배고프지 셋째야 미안하구나 조금만 참으렴 아이고(아이고) 아이고 (아이고) 어찌하노 우야면좋노 { -간주- : 흥부 생각하는척 옳거니 넓은집에 쌀도 많은 우리형님(놀부형님) 댁에가보자! } -( )는 흥부 자식과 아내가 부름 -너무 길면 { }안의 노래는 빼도됨	[도깨비노래-49초] 우리는 도깨비 나쁜 놀부 혼내주러 나왔다네 방망이 휘두르며 나타났다네 못된사람에게 벌을 주네 (아이고아이고 잘못했어요) 우리는 커다란 박속에서 살고있는 도깨비들 방망이 휘두르며 나타났다네 못된사람에게 벌을주네 (아이고아이고 잘못했어요) -( )는 놀부와 놀부가족들이 부름
[제비노래-32초] 산과들로 산과들로 지푸라기모아 집을짓자 마음씨 고운 흥부네 집에 복이 가득가득 들어올거야 랄랄랄라 하하하 호호호 히히히 웃음꽃이 활짝폈네 랄랄랄라 하하하 호호호 히히히 어절씨구 신이 나네	[박타는 노래] 두리 둥~실 박이 크게 열렸네 박을 열어볼까 톱을 갖고 오너라 박을 타~세 슬근슬근 타~세 둥근 박아 열려라 복을 갖고 오너라 으리얏차 으샤 조금더 힘을 내 박을 타~세 슬근슬근 타~세 박을 타~세 슬근슬근 타~세 둥근박아 열려라 복을 갖고 오너라 으리얏차 으샤 조금더 힘을 내 어기여잇차 둥근박이 열렸네

7) 전통음악활동지도

영유아 전통음악활동에서 노래 부르기, 악기탐색과 연주하기, 움직임/놀이/춤으로 표현하기, 감상하기, 음악극하기 등은 별개의 활동이 아닌 통합적으로 다루어져야 한다. 영유아 전통음악활동 영역 및 활동 내용은 다음과 같다.

[표 4-8] 영유아 전통음악활동 영역 및 활동 내용(전송배 외, 2005 참조).

전통음악활동 영역	활동 내용
악기탐색과 연주하기(장단)	장구 기본장단(굿거리, 세마치, 자진모리, 동살풀이, 휘모리, 단모리, 점고, 일체, 인사굿, 별달거리 등의 장단과 청령, 별달거리 비나리) 악기(꽹과리, 장구, 북, 징, 소고)
노래 부르기	전래동요
	국악, 창작동요
	민요
	판소리
움직임/놀이/춤으로 표현하기(춤/놀이)	민요와 춤
	국악동요와 춤
	전통춤(소고춤, 탈춤)
	전래놀이, 민속놀이
감상하기	국악곡 감상
창작하기(음악극)	극 놀이, 노랫말, 장단, 동작 짓기

특히 영유아 전통음악활동은 장단교육을 토대로 이루어진다. 노래(성악), 기악, 춤 등 전통음악의 모든 영역은 장단이 기본이 되며, 장단을 이해하는 것이 우리 음악을 이해하는 출발이라 할 수 있다(전송배 외, 2005).

장단교육은 아악이나 궁중음악에 사용되는 정악장단은 영유아의 수준에서는 어렵고 적절하지 못하며, 속악의 범위 내에서 민속악 장단 위주의 활동이 일반적이다. 민속악 장단은 진양조, 중모리, 굿거리, 중중모리, 세마치, 자진모리, 동살풀이, 휘모리, 단모리 장단이 있다. 이 중에서 유아에게 적용하기에 적합한 장단은 굿거리, 세마치, 자진모리,

동살풀이, 휘모리, 단모리 등이며, 그 외 사물놀이를 위해서 점고, 일체, 인사굿, 별달거리 등의 장단과 청령, 별달거리 비나리 등의 말놀이를 넣어서 사물놀이 장단을 연출할 수가 있다.

장단을 치는 타법의 기본은 호흡이다. 장단은 사람의 들숨과 날숨의 주기적인 호흡 구간을 길고, 짧은 회수로 질서화시킨 것이다. 호흡의 회수가 느리고 길면 느리고 긴 장단으로, 호흡의 회수가 빠르고 짧으면 빠르고 짧은 장단으로 체계화된다. 장단은 대개 판소리를 제외하고는 장구로 연주된다.

장단의 구성 원리는 우리말 어법과 일치하며 장단을 이해하는 것은 우리말의 어법을 이해함과 아울러 사고체계 또한 이해되는 일이다.

[표 4-9] 우리말의 어법과 굿거리장단

명사　조사	명사　조사	명사　조사	어간　어미
장구　를	배우　면은	정말　로	재미　있다
덩기덕	쿵　더러 러러	쿵 기덕	쿵　더러 러러

우리 장단은 봄, 여름, 가을, 겨울의 사계절 원리를 담고 있다. 봄에는 씨앗을 뿌리고 농사를 시작하고, 여름에는 햇볕에 곡식이 무르익고, 가을에는 익은 곡식을 수확하고, 겨울에는 다음해의 농사를 준비하며 쉬는 농경사회의 삶이 베어난다. 첫박에는 힘있게 장단을 끄집어내고, 둘째 박에서는 장단을 이어 달아가고, 셋째 박에서는 박을 야무지게 맺어주고, 넷째 박에서는 다음 장단을 예비하고 미리 준비하는 것이다.

[표 4-10] 4계절과 굿거리장단

봄	여름	가을	겨울
첫째 박	둘째 박	셋째 박	넷째 박
덩기덕	쿵더러 러러	쿵 기덕	쿵더러러러
내고	달고	맺고	풀고

또한 장단은 왼쪽 궁편에서 나는 '쿵'소리와 오른쪽 채편에서 나는 '덕'소리의 궁합이 잘 맞아야 한다. 이 두 소리의 조화를 음양의 조화라고 하는데, 장단은 소리의 음과 양이 조화를 이루어야 한다. 다른 악기와 조화도 마찬가지이다. 섬세하고 잔가락이 많은

'음'의 역할인 꽹과리와 장구, 정박 중심의 '양'의 역할인 북과 징 역시 조화를 이루어야 좋은 소리가 난다.

장단을 칠 때는 '얼씨구', '잘한다', '좋지' 등의 추임새를 넣어야 더욱 흥이 나며 악기소리와 사람소리가 조화를 이룰 수가 있다.

영유아 악기연주는 몇 가지 준비 단계를 거쳐야 비로소 자연스럽게 악기활동에 연결할 수 있다. 우선 전통음악 수업은 평소의 일상과 다른 마음가짐과 분위기 전환이 필요하다.

[표 4-11] 전통악기 연주활동의 준비 단계

기지개 켜기 긴장 풀기	안마놀이 몸 풀기	손뼉, 무릎치기 신체 놀이	소리 지르기 발성 준비	국악, 창작동요 노래 부르기

다음은 악기탐색 단계이다. 영유아들이 악기를 친숙하게 느낄 수 있도록 다양한 탐색 과정을 거쳐야 한다. 오감을 이용한 감각적, 감성적 단계는 악기소리에 대한 느낌을 더욱 진지하게 하며, 악기소리와 주변의 소리를 비교하고 그 느낌을 공유하는 감각을 키워준다.

[표 4-12] 오감을 이용한 악기탐색의 단계

시각	- 어떻게 생겼나요? - 무엇을 닮았나요?
후각	- 무슨 냄새가 나나요? - 어떤 냄새와 비슷한가요?
촉각	- 무엇으로 만들었나요? - 재료가 무엇인가요?
청각	- 어떤 소리가 나나요? - 무슨 소리와 닮았나요?
미각	- 어떤 맛이 나나요? - 악기와 뽀뽀를 해봐요

악기탐색이 이루어진 후에는 실제 악기를 연주하기 위한 예비 단계에서 기본 타법은 물론 악기다루는 법과 악기연주를 할 때의 지켜야 할 규칙과 약속을 정해야 한다.

영유아에게 장단교육을 할 때 역시 다음과 같은 순서를 거쳐야 쉽게 받아들일 수 있다.

[표 4-13] 전통음악·장단교육의 단계(전송배 외, 2005)

단 계	내 용
이야기 구연	- 장단의 말놀이(구음)를 추출하기 위한 단계이다. - 장단과 관계있는 내용으로 이야기를 꾸며 들려준다.
말놀이	- 구음을 기억하기 쉽도록 재미있게 꾸민 말놀이 표현을 의미한다. - 이야기 구연에서 들려주었던 내용을 소재로 말놀이를 설정한다.
신체활동	- 지도하려는 장단의 흐름을 손뼉, 무릎으로 직접쳐 보는 단계이다. - 이 과정을 통하여 장단의 느낌을 몸으로 체득할 수 있다.
구음(입장단)	- 장단을 입으로 소리나는 대로 적은 것을 구음이라고 한다. - '덩', '쿵', '덕' 등의 소리로 장단의 느낌과 흐름을 충분히 받아들인다.
악기연주	- 직접 악기로 장단을 쳐본다. - 말놀이, 신체, 구음으로 사전활동을 했기 때문에 악기연주가 수월하다.
노래/춤/움직임/놀이	- 전통음악은 노래, 장단, 춤이 유기적으로 결합된 형태이다. - 우리 문화의 정서를 자연스럽게 받아들일 수 있다.
다른 영역과 통합	- 활동과정 속에서 언어, 미술, 춤, 조형, 과학 등 다른 영역과 연계를 모색한다.

• 다음은 장단교육활동의 이야기 구연의 예이다(전송배 외, 2005).

이야기 구연(세마치)

우리 아빠의 이름은 '쿵'이에요. 힘이 세다고 붙여진 이름이지요. 우리 엄마는 부드럽고 고와서 '덕'이에요. 난 엄마와 아빠 사이에서 태어난 덩이에요. 오늘 우리는 산에 가기로 했어요. 아침에 김밥도 싸고 사과도 배도 배낭 속에 넣었어요. 모든 준비를 마치고 드디어 출발.

초록의 잣나무 숲 속을 걸었어요. 좀 걷다 보니 밤나무 숲과 아리랑 고개로 가는 두 개의 길이 있었어요.

쿵(아빠) : 우리 어떤 길로 갈까?
덕(엄마) : 음, 글쎄.
덩(유아) : 그런데 아리랑 고개가 뭐예요?
덕(엄마) : 글쎄, 그럼 우리 아리랑 고개가 뭔지 한 번 가 볼까?
쿵(아빠) : 그럴까?
덩(유아) : 그래요.

우리는 아리랑 고개를 넘어갔어요. 아리랑 고개는 꼬불꼬불한 고개였어요. 꼬불꼬불한 고개를 넘어갔더니 뭐가 보였는지 아세요? 우와! 단풍잎들로 빨갛게 물든 산이었지요. 우리는 단풍잎들이 떨어진 길을 소리 지르며 뛰기도 하고 예쁜 단풍잎을 줍기도 했어요. 사진도 찰칵, 찰칵, 찰칵 찍고 김밥과 과일도 먹었어요. 떨어지는 단풍잎을 잡으려고 우리는 단풍잎처럼 춤을 추었답니다.

[표 4-14] 세마치 장단놀이(출처: 전송배 외 2005)

분류 \ 박		1	2	3	2	2	3	3	2	3
숫자 장단		하	나	~	두	울	~	셋	~	
말 장단		아			리		랑	고	개	
		꼬	불		고		개	넘	어	
박수 장단		짝			짝		짜	짜	작	
무릎 장단		양			양		오	왼	오	
구음		덩			덩		덕	쿵	덕	
부호 장단		⦶			⦶		ㅣ	○	ㅣ	
타악기	꽹과리	갱			갱		개	개	갱	
	장구	덩			덩		덕	쿵	덕	
	북	둥			둥			둥		
	징	징								
음표식 가락보		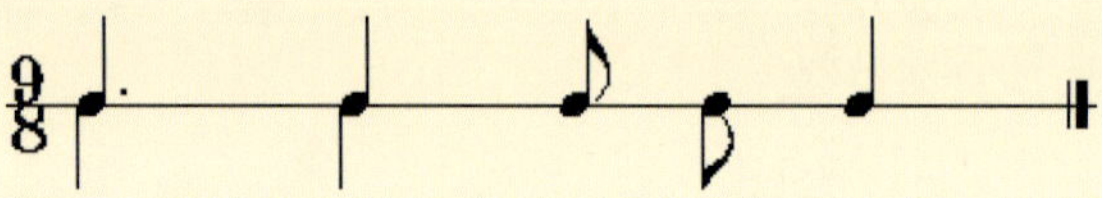								

[표 4-15] 장단교육의 단계(세마치)

단 계	실 제
이야기 구연	즐거운 산 오르기
말놀이	아 리 랑고개 꼬불 고 개넘어 단풍 나 무지나 산에 간 다
신체활동 (손뼉, 무릎, 걷기, 뛰기, 어깨춤 등)	손뼉으로 장단 치기 무릎으로 장단 치기 걷고 뛰기 어깨춤 춰 보기
구 음	덩덩 덕쿵덕 더덩 덩 덕쿵덕 더덩 덩 덕쿵덕 더덩 덩 헛
장구 연주	궁채와 열채로 장단 연주하기
노 래	어린이 아리랑 아리랑
춤, 움직임, 놀이	어린이 아리랑 장구놀이 진도아리랑(한삼춤)
감 상	아리랑 계통의 민요

출처: 전송배 외(2005 인용).

<table>
<tr><td>일시</td><td></td><td>장소
(반)</td><td></td><td>대상
연령</td><td>만 5세</td><td>지도
교사</td><td></td></tr>
<tr><td>활동명</td><td colspan="3">너영나영</td><td>활동
주제</td><td colspan="3">우리나라</td></tr>
<tr><td>활동
영역</td><td colspan="3">노래 부르기(창작하기)</td><td>음악
개념</td><td colspan="3">가락, 리듬, 장단</td></tr>
<tr><td>활동
목표</td><td colspan="7">1. 세마치장단에 맞추어 '너영나영'을 부를 수 있다.
2. 친구를 자랑하는 노랫말로 바꾸어 '너영나영'을 부를 수 있다.
3. 놀이를 통해서 친구와 친밀감을 형성할 수 있다.</td></tr>
<tr><td>활동
자료</td><td colspan="7">장구(교수자용), 노랫말판, 장단 정간보, 소고</td></tr>
<tr><td>활동
방법</td><td colspan="7">
<도입 : 전시 학습 확인 및 동기 유발>
- 제주도에 대한 사진자료를 보면서 이야기 나눈다.
- 제주도 전통가옥, 해녀 사진을 보며 이야기 나눈다.
▸ 제주도는 우리나라의 어디에 있는 곳일까요?
▸ 제주도는 바람이 많이 불어 돌로 담을 쌓고 지붕을 새끼줄로 묶어놨어요.
▸ 해녀는 무엇을 하는 사람일까요?

<전개 : 유아와의 상호작용>
- 세마치 장단에 맞추어 '너영나영'을 배운다.
<table>
<tr><td rowspan="2">세마치장단</td><td>⦶</td><td></td><td></td><td>⦶</td><td></td><td>ㅣ</td><td>○</td><td>ㅣ</td><td></td></tr>
<tr><td>덩</td><td></td><td></td><td>덩</td><td></td><td>덕</td><td>쿵</td><td>덕</td><td></td></tr>
</table>
- 교사의 선창에 따라 노래를 불러본다.
▸ 제주도에서는 너랑 나랑을 '너영나영'이라고 해요.
- 메기고 받는 소리로 나누어 노래를 불러본다.
- 소고를 치면서 노래를 불러본다.
- 메기는 부분의 노랫말을 바꾸어 불러본다.
- 친구를 자랑하는 노랫말로 바꾸어 노래를 불러본다.
예) 내 친구/민서는/노래를/잘하고요
내 친구/민준이는/달리기를/잘해요
- 받는 소리를 부를 때 친구와 손을 잡고 춤을 추거나 안아주기를 해본다.

<정리 : 활동결과 확인, Feedback 및 종결>
- 한 명의 유아가 메기고 나머지 유아는 받는 활동을 한다.
</td></tr>
</table>

	- 한 명의 유아가 노랫말을 바꾸어 불러본다. 몇 명의 유아가 발표한다. - 재미있었던 점, 어려웠던 점을 이야기한다. **<차시예고>** - 악기로 장단을 연주해보는 활동을 할 것임을 예고한다.
유의점	- 표현하기를 어려워하는 유아가 자유롭게 표현할 수 있도록 유도한다.
활동 평가	1. 세마치장단에 맞추어 '너영나영'을 부를 수 있는가? 2. 친구를 자랑하는 노랫말로 바꾸어 '너영나영'을 부를 수 있는가?
확장 활동	- 장구로 세마치 장단 배우기

활동자료

너영나영

세마치 장단 제주도 민요

(메기는 소리)

*윤명원 외(2018). 참조

<table>
<tr><td>일시</td><td></td><td>장소(반)</td><td></td><td>대상 연령</td><td>만 5세</td><td>지도 교사</td><td></td></tr>
<tr><td>활동명</td><td colspan="3">소리꾼이 되어보자</td><td>활동 주제</td><td colspan="3">우리나라</td></tr>
<tr><td>활동 영역</td><td colspan="3">감상하기(신체표현)</td><td>음악 개념</td><td colspan="3">가락</td></tr>
<tr><td>활동 목표</td><td colspan="7">1. 판소리를 감상하고 자신의 느낌과 생각을 자유롭게 이야기할 수 있다.
2. 소리꾼의 목소리 변화를 나만의 몸짓으로 표현할 수 있다.</td></tr>
<tr><td>활동 자료</td><td colspan="7">흥부가 중 ‘박타는 대목’ 동영상, 흥부가 중 ‘박타는 대목’ 음원, 판소리 사진</td></tr>
<tr><td>활동 방법</td><td colspan="7"><도입 : 전시 학습 확인 및 동기 유발>
- 지난 시간에 읽은 전래동화 ‘흥부와 놀부’의 내용에 대해 이야기 나눈다.
- 이번 달에 배우고 있는 ‘판소리’가 무엇인지 생각한다.

<전개 : 유아와의 상호작용>
- 판소리 흥부가 중 ‘박타는 대목’은 흥부전에서 어떤 장면인지 이해한다.
- 판소리 흥부가 중 ‘박타는 대목’ 공연 동영상을 감상한다.
- 판소리를 감상한 느낌과 생각을 이야기 나눈다.
- 동영상 속 소리꾼이 박을 타는 모습을 어떻게 표현하는지에 집중해서 판소리 공연 동영상을 감상한다.
- 판소리에서 소리꾼의 노래와 몸짓에 대해 이야기 나눈다.
- 소리꾼이 박을 타는 모습을 몸으로 어떻게 표현했는지 이야기 나눈다.
- 박을 타는 모습을 나만의 몸짓으로 표현해본다.
- 판소리에서 소리꾼이 어떠한 목소리로 말을 하고 노래를 불렀는지 흉내낸다.
- 소리꾼이 ‘박타는 대목’의 가사 중 ‘실근실근’을 소리 낼 때, 앞부분과 뒷부분의 차이에 대해 이야기 나눈다.
- 앞부분의 ‘실근실근’은 어떻게 소리 냈는지 흉내낸다.
- 뒷부분의 ‘실근실근’은 어떻게 소리 냈는지 흉내낸다.
- 판소리를 들으면서 소리꾼의 목소리 변화를 나만의 몸짓으로 표현해본다.

<정리 : 활동결과 확인, Feedback 및 종결>
- 오늘 한 활동을 정리한다.
- 몇 명의 유아가 흥부가 중 ‘박타는 대목’을 감상한 후 소리와 몸짓으로 어떻게 표현했는지 발표한다.
- 재미있었던 점, 어려웠던 점을 이야기한다.</td></tr>
</table>

	<차시예고> - 흥부가의 장단과 빠르기를 알아보고, 악기로 장단을 연주해보는 활동을 할 것임을 예고한다.
유의점	- 조용한 분위기에서 감상할 수 있도록 지도한다. - 표현하기를 어려워하는 유아가 자유롭게 표현할 수 있도록 생각을 유도한다.
활동 평가	1. 판소리를 감상하고 자신의 느낌과 생각을 자유롭게 이야기할 수 있는가? 2. 소리꾼의 목소리 변화를 나만의 몸짓으로 표현할 수 있는가?
확장 활동	- 흥부가의 내용을 바탕으로 극 놀이하기

활동자료

<table>
<tr><td>일시</td><td></td><td>장소
(반)</td><td></td><td>대상
연령</td><td>만 4세</td><td>지도
교사</td><td></td></tr>
<tr><td>활동명</td><td colspan="3">소고연주</td><td>활동
주제</td><td colspan="3">우리나라</td></tr>
<tr><td>활동
영역</td><td colspan="3">악기 다루기(신체표현)</td><td>음악
개념</td><td colspan="3">박자, 역동성, 리듬</td></tr>
<tr><td>활동
목표</td><td colspan="7">1. 소고의 연주법을 알고 여러 가지 장단에 맞춰서 소고를 칠 수 있다.
2. 소고춤을 알고 여러 가지 장단에 맞춰서 소고춤을 출 수 있다.</td></tr>
<tr><td>활동
자료</td><td colspan="7">소고춤 동영상, 자진모리 장단/세마치 장단 알려주는 그림, 소고, 소고 사진, 소고춤 사진</td></tr>
<tr><td>활
동
방
법</td><td colspan="7"><도입 : 전시 학습 확인 및 동기 유발>
- 소고 소리를 들려주고 무슨 악기의 소리인지 맞춰보게 한다.
- 우리나라 전통 소고춤을 소개하고 소고와 소고춤에 관한 경험을 이야기 나눈다.
- ‘소고춤’ 동영상을 감상하고 그 느낌을 이야기 나눈다.

<전개 : 유아와의 상호작용>
- 소고를 연주하는 다양한 방법을 소개한다.
- 자진모리 장단/세마치 장단을 소개하고 손뼉으로 장단을 쳐본다.
- 악기 다룰 때 주의점을 이야기 나눈 후 소고를 나눠준다.
- 소고를 교사의 장단 구음에 맞춰서 연주해 본다.
- 장단에 따라 소고로 어떤 동작을 출 수 있는지 이야기 나눈다.
- 장단을 들려주고 그 장단에 맞춰서 소고춤을 춰본다.
- 분단 별로 아이들이 한 명씩 나와 장단에 맞춰 소고춤을 춰본다.

<정리 : 활동결과 확인, Feedback 및 종결>
- 새롭게 알게 된 소고 연주법에 대해 이야기 나눈다.
- 여러 장단에 맞춰 소고춤을 추는 활동에 재미있던 점이나 어려웠던 점에 대해 이야기 나눈다.

<차시예고>
- 우리나라의 다양한 전통춤에 대해 알아본다.</td></tr>
<tr><td>유의점</td><td colspan="7">- 유아가 적극적으로 움직일 수 있도록 충분히 넓은 공간을 확보하여 활동한다.</td></tr>
<tr><td>활동
평가</td><td colspan="7">1. 소고를 연주하는 다양한 방법을 아는가?
2. 여러 가지 장단에 맞춰서 소고춤을 출 수 있는가?</td></tr>
</table>

확장 활동	- 소고춤 이외에 다양한 전통춤을 감상하기 - 미술 영역에서 다양한 재료를 이용하여 소고를 만들어보기

활동자료

세마치 장단

부호:	⦶			⦶		ㅣ	○	ㅣ	
구음:	덩			덩		덕	쿵	덕	

자진모리 장단

⊖			◎			◎		ㅣ	○		
떵			궁			궁		떡	궁		

https://www.youtube.com/watch?v=alrsr3P8GYo

3 교사의 자질 및 역할

음악교육에서 교사는 어떤 신념과 효능감을 가지고 음악활동에 임하느냐에 따라 영유아에게 미치는 영향이 크게 달라질 수 있음을 명심해야 한다. 즉, 음악교육의 질은 교사의 질을 벗어날 수 없음을 말한다. 영유아음악활동에서는 교사 스스로의 관심과 흥미를 바탕으로 음악이 주는 다양한 긍정적인 요소가 영유아에게 전달될 수 있도록 끊임없이 노력해야 한다(박명숙 외, 2017). 영유아음악교육에서 교사의 역할은 다음과 같다.

1) 영유아 음악교육 전문가로서의 역할

영유아에게 음악활동을 제공하는 교사는 첫째, 영유아 발달에 대한 전문가여야 하며, 둘째, 음악전문가로서의 역량을 갖추어야 하고, 셋째, 교육전문가여야 한다. 영유아에게 적절한 음악적 행동을 이끌어내고 음악성 발달을 도우기 위해서 교사는 영유아 발달 수준이나 행동 특성에 관한 지식은 물론 음악 이론에 관한 지식과 노래 부르기, 악기연주의 실기 역량을 갖추어야 한다. 또한 영유아교육 전문가로서의 지식과 교육자적 자질을 갖추어야 한다.

2) 영유아 음악활동계획자로서의 역할

영유아 교사는 정규 음악교육활동이든 비정규 음악활동이든 교육계획을 세워야 한다. 영유아 발달 수준에 적합한 음악활동을 계획해서 흥미롭고 즐거운 음악활동을 실시해야 한다. 비정규 음악활동은 매일의 일과에서 자연스럽게 음악활동이 이루어질 수 있도록 계획되어야 하며, 정규 음악교육활동은 년간, 월간, 주간 교육계획에 의거 생활주제와 관련된 교육계획안이 작성되어야 한다.

영유아 교사는 발달 수준과 생활주제에 맞는, 음악성 발달에 적합한 활동을 계획하는 능력을 갖추어야 한다. 교육활동 계획안은 감상하기, 노래 부르기, 악기 다루기, 신체표현, 창작하기, 음악극하기 영역의 활동이 골고루 이루어질 수 있도록 하여야 하며, 음악활동을 위한 준비물, 사전활동, 적절한 교수-학습방법, 확장, 연계활동에 대한 계획을 구체적으로 수립하여야 한다.

3) 영유아 음악환경제공자로서의 역할

교사는 영유아의 발달 수준과 행동 특성을 이해하고 발달에 적합한 음악환경을 제공해야 한다. 특히 음악적 경험이 부족한 영유아에게 교육기관의 음악환경은 매우 중요하다. 음악활동을 위한 직접적인 매체는 악기이다. 다양한 악기 구비는 영유아의 음악적 호기심을 자극한다. 이외에도 음악의 구성요소나 개념의 이해를 도울 수 있는 그림 자료나 다양한 교재·교구를 비치하고 영유아가 언제든지 흥미 있는 매체를 사용하여 음악적 욕구를 충족할 수 있도록 적극적인 환경과 경험을 제공하여, 영유아 자신의 생각이나 느낌을 더욱 풍부하게 확장해 나갈 수 있도록 음악환경을 제공해야만 한다.

4) 활동 시범 및 안내자로서의 역할

영유아음악활동에서 교사는 늘 시범과 안내자가 되어야 한다. 감상하기활동에서는 감상곡에 대한 이해와 안내, 노래 부르기활동에서는 항상 교사의 선창 시범이 가장 중요하다. 교사의 정확한 발음과 입모양, 노래하는 교사의 표정에서 영유아는 교사를 닮고 싶어하는 욕구를 가질 수 있다. 교사의 악기 다루는 솜씨와 태도, 교사의 신체표현은 모델링이 되어야 한다. 특히 안정된 분위기에서 음악을 즐기는 교사의 모습은 영유아에게 음악은 즐겁고 아름다운 것으로 인식될 것이며, 자발적으로 참여하고 싶은 욕구를 불러일으킨다. 또한 제시된 과제에 대해서는 해답을 미리 알려주지 말고 스스로 문제해결을 할 수 있도록 안내자 역할을 하여야 한다.

5) 활동 참여 및 상호작용자로서의 역할

음악활동에서 교사의 참여 또는 직·간접적인 개입은 영유아들의 즐겁고 적극적인 참여를 자극하고 촉진한다. 교사는 영유아와 같은 수준에서 영유아들의 활동에 같이 참여하는 여유를 가져야 한다. 교사의 참여는 때론 영유아의 음악세계를 세련되고 수준을 향상시시고 안목을 높여주는 효과가 있다(김연주 외, 2017). 더불어 교사는 개방적인 질문을 통해 영유아들이 자신감을 가지고 자유롭게 표현할 수 있도록 격려하며 음악활동 과정을 통해서 성취감을 얻도록 도와야 한다. 특히 상호작용 과정에서 교사의 적절한 비계설정(Scaffolding)은 영유아 발달 간의 격차를 좁히는 더욱 효과적인 음악활동이 될 것이다.

6) 창의적 프로그램 운영자로서의 역할

음악활동을 실행하는 교사는 교사 스스로가 끊임없이 새로운 아이디어를 찾는 노력을 해야 하며, 창의적 모델이 되어야 한다. 교사는 영유아의 개별성과 개성을 존중하며 자유로운 분위기 속에서 영유아의 적극적이고 창의적인 표현을 유도하며, 영유아의 반응을 수용하고 창의적 사고와 남다른 방법으로 음악을 새롭게 창조하려는 자발적인 시도를 격려해야 한다. 이를 위해 교사는 창의적 사고와 행동을 자극하는 교수–학습활동, 교수자료, 충분한 시간과 공간을 제공할 수 있어야 한다.

교사의 개방적이고 창의적인 사고와 융통성 있는 프로그램 운영은 영유아를 창의적 인간으로 성장시킬 수 있을 것이다.

7) 평가자로서의 역할

인간은 누구나 음악적인 능력을 가지고 태어나지만 능력에는 질적, 양적인 차이가 있다(강보라, 2017). 교사는 영유아의 음악성 발달에 민감하지만 영유아에게 완벽한 음악적 기술이나 표현을 요구하거나 비판을 하지 않으며, 객관적이고 긍정적인 평가를 할 수 있어야 한다.

평가는 하루의 일과 중 음악활동이 이루어지는 정규 또는 비정규활동을 통하여 수시로 이루어져야 한다. 또한 교사는 영유아의 음악적 반응을 예민하게 관찰하고, 발전적인 관점으로 평가하기 위해서 평가 기준을 설정할 수 있어야 하며, 학자들이 설정한 평가 기준을 활용하고 평가자료를 학부모와 공유하고 상담할 수 있어야 한다.

또한 교사 자신에 대한 평가를 게을리 하지 말아야 한다. 교사의 평가는 설정했던 목표를 어느 정도 달성했다고 생각하는가, 활동과정에서 계획과 다르게 진행된 점은 무엇인가, 그 이유는 무엇인가, 활동에 사용된 교수자료는 적절하고 효과적이었는가 등이다.

참고문헌

강보라(2017). **영유아음악교육.** 서울: 창지사.

권세경 · 황혜경 · 김지영(2017). **영유아 놀이지도.** 서울: 동문사.

김성균(2007). **유아음악교육의 실제.** 서울: 현대음악출판사.

김연주 · 양연숙 · 김현지(2017). **영유아음악교육.** 서울: 창지사.

김현자 · 장은정 · 서화니 · 오지영(2015). **영유아음악교육의 이론과 실제.** 서울: 동문사.

김혜경(2001). **유아음악교육.** 서울: 창지사.

박명숙 · 이상은 · 심혜숙(2017). **영유아음악교육.** 경기: 공동체.

방은영(2015). **영유아음악교육.** 경기: 공동체.

송주승 · 김민은(2013). **영유아음악교육.** 서울: 동문사.

안경숙 · 김소향 · 나은숙(2012). **영유아음악교육.** 경기: 양서원.

안재신(1996). **유아음악교육.** 경기: 교육과학사.

윤명원 · 곽은아 · 강혜인 · 박소현 · 박지영 · 정모희 · 황부남 · 이영주 · 배영진(2018). **국악 교수. 학습방법.** 서울: 학지사.

이미혜 · 박소연(2017). **영유아음악교육.** 서울: 동문사.

이숙재(2014). **영유아 놀이지도의 이론과 실제.** 서울: 창지사.

이홍수(1990). **음악교육의 현대적 접근.** 서울: 세광음악출판사.

장은주(2017) **유아음악교육.** 경기: 양서원.

전송배 · 모형오(2005). **유아 국악교육.** 경기: 양서원.

전인옥 · 이숙희(2014). **유아음악교육.** 서울: 한국방송통신대학출판문화원.

채완병 · 조홍기(1999). **코다이이론과 기초교육.** 서울: 다라.

하정희 · 조영진 · 강혜정(2014). **유아 음악교육.** 경기: 공동체.

Hildebrandt(1998). Creativity in music and early chukdhood. *Young Children, 53*(6), 68-74

Kenny. C. B(1997). Embracing Complexity : The Creation of a Comprehensive Research Culture in Music Therapy *Journal of Music Therapy, 35(3)*, 201-217

MMCP(1965). MMCP Synthesis: A Structure For Music Education.

Scott-Kassner, C.(1993). Musical characleristics. In M. Palmer & W. L. Sim(Eds). *Music in Prekindergarten : Planning & teaching.* Reston, VA : The National Assciation for Music Education.

Van der Linde, C(1999). The relationship between play and music in early childhood: *Educational insights. Education,* 119(4), 610-615.

Chapter 05

영유아음악활동의 계획 및 평가

영유아교육기관에서의 음악활동은 누가, 언제, 어디서, 무엇을, 어떻게, 왜 이루어지는가가 사전에 계획해야 한다. 정규 음악교육 활동계획은 국가차원의 교육과정과 영유아교육기관 자체의 교육계획에 의거 년간, 월간, 주간계획으로 작성된다. 하지만 비정규 음악활동은 교육기관의 교육활동 안에서 수시로, 대부분 집단이나 소그룹활동으로 이루어진다. 음악활동 후의 평가 또한 영유아의 음악성 발달과 활동 프로그램 개선을 위한 필수적 과정이다. 이 장에서는 영유아교육기관에서의 음악활동 유형, 음악활동계획의 작성, 음악활동 평가방법, 음악활동 평가척도 및 도구를 알아보고자 한다.

1 영유아교육기관에서의 음악활동 유형

영유아교육기관에서의 음악활동은 계획된 정규활동과 자유선택활동시간의 음악활동, 계획되지 않은 비정규활동으로 나누어 볼 수 있다.

계획된 정규 음악활동시간은 대부분 대그룹으로 교사의 지도 하에 획일적으로 이루어지는 활동이라고 말할 수 있으나, 자유선택활동시간의 음악활동은 영유아의 흥미에 따라 자발적으로 개인 또는 소그룹으로 이루어진다. 또한 비정규 음악활동은 하루 일과 중 다양한 시간에 우연히 일어나지만 이것 또한 교사의 의도적 목적에 따라 진행된다고 말할 수 있다.

1) 정규 음악활동

정규 음악활동은 영유아교육기관의 교육계획에 의거하여 생활주제를 중심으로 교사의 주도 하에 영유아의 흥미와 발달을 고려하여 영유아에게 필요한 교육내용을 의도적으로 계획하여 실행하며 대, 소집단으로 운영된다.

- 계획된 정규 음악활동 운영에 대하여 고려할 점은 다음과 같다.

- 정규 음악활동은 음악을 통한 활동(관련주의적 개념)과 음악을 위한 활동(절대주의적 개념) 시간으로 나누어 진행되어야 한다. 음악을 통한 교육시간은 생활주제의 내용을 중심으로 다른 영역의 활동과 타 교과와 통합적 활동으로 운영되지만 음악을 위한 교육시간은 영유아의 음악성 발달과 음악적 인간으로의 성장을 위한 음악활동이 중심이 되는 교육시간이 되어야 한다.
- 발달 특성상의 주의집중 시간을 고려해서 만 3세아는 10~15분, 만 4세아는 15~20분, 만 5세아는 20~25분 정도가 적당하나, 학기초와 학기말에 따라 집중시간이 달라질 수 있으므로, 일반적으로 약 20분 정도가 적당하다. 종일반의 경우 계획에 따라 오전, 오후 2회도 가능하다.
- 교사는 1주일 단위로 다양한 유형의 음악활동(감상하기, 노래 부르기, 악기 다루기, 신체표현, 창작하기, 전통음악, 음악극하기 등)을 계획하여 실천한다. 특히 노래 부르기에 편중되거나 음악활동을 기피하는 교사는 영유아에게 편식을 유도하여 건강 발달을 저해하는 영양사와 같음을 명심해야 하며, 음악활동 영역의 고른 지도 역

량을 키워야 한다.

- 교사는 음악교수방법을 연구하고 다양한 매체를 활용할 수 있어야 한다. 영유아에게 완벽한 음악적 표현을 요구하기보다는 다양한 표현을 유도하며, 완성도보다는 자발적인 참여와 체험하는 과정을 중시하며, 특히 창의적인 표현에 대해서는 칭찬과 격려를 아끼지 말아야 한다.
- 정규활동시간에 사용한 자료는 당분간 음률 영역에 비치하여 자유선택활동시간에 영유아가 개별적으로 사용할 수 있도록 하는 것이 좋다. 대, 소그룹활동에서와는 달리 영유아는 개별적 활동을 하면서 학습을 더 확장, 심화할 수 있다. 특히 내성적인 성향의 영유아에게는 또 다른 학습 참여의 기회가 될 수 있다(2017, 장은주).
- 교실에서의 대그룹 음악활동은 원이나, 반원 형태가 영유아와의 상호작용을 위해서 효과적이다. 또한 교사는 피아노 이외의 반주 악기를 다룰 줄 알아야 한다. 기타나 오토하프, 우쿨렐레, 리코더 등의 연주 능력은 영유아에게 특별한 음악적 느낌을 선사하고 상호작용을 훨씬 원활하게 할 것이다.

2) 자유선택활동시간의 음악활동

자유선택활동시간의 음악활동은 교실 내의 음률 영역에서 이루어지며 정규 음악활동시간의 대, 소그룹활동에서 간과할 수 있는 영유아의 개별적인 탐구와 표현의 기회를 극대화시킬 수 있는 시간이다. 또한 영유아가 자신의 흥미와 욕구에 의해 스스로 선택하고 다른 흥미 영역과 통합적으로 음악활동을 함으로써 즐거움과 성취감을 얻을 수 있는 영유아의 일과 중 중요한 시간이다.

- 자유선택활동시간의 음악활동 시 고려해야 할 사항은 다음과 같다.

- 다양한 음악경험이 일어날 수 있는 음률 영역에는 감상, 악기, 노래, 신체표현 및 창의적 표현을 촉진하는 다양한 도구 및 악기가 비치되어야 한다.
- 자유선택활동시간의 음악활동은 교사의 개입에 따라 소집단활동으로 발전되기도 한다. 정규 음악활동시간에 배운 노래를 감상하거나 따라 부르고 악기연주를 즐기거나 창의적인 즉흥연주를 하기도 한다. 이때 교사는 적절히 개입하여 격려할 수 있어야 한다.

3) 비정규 음악활동

비정규 음악활동은 영유아교육기관의 일과 중 다양한 시간에 일어난다.

• 비정규 음악활동이 일어나는 시간은 다음과 같으며 고려해야 할 사항은 다음과 같다.

- 등, 하원시간 통학버스 안이나 교실에서 간접적으로 음악을 감상할 수 있다. 교사는 이 시간을 통해서 영유아가 다양한 장르의 음악을 접할 수 있도록 미리 계획하고 준비하여야 한다.
- 간식 및 식사시간에도 음악을 틀어주어 자연스럽게 음악을 즐길 수 있도록 해야 한다. 교사는 이미 배웠던 노래나 들었던 기악곡 또는 앞으로 배울 노래나 음악을 주제별로 묶어서 들려주면 쉽게 음악을 배울 수 있을 뿐만 아니라 영유아의 음악 선호를 넓힐 수 있는 기회가 된다.
- 낮잠 및 휴식시간은 영유아에게 음악을 들려줄 수 있는 좋은 시간이다. 교사는 조용하고 편안한 음악을 미리 준비해서 들려주고, 일과 중에도 편안히 음악을 즐길 수 있는 기회를 제공한다.
- 노래나 노래게임, 손유희, 라임이나 챤트 등은 교사의 주도 하에 주의 집중이 필요할 때 수시로 사용된다. 교사가 주의 집중을 이끄는 동안 짧은 시간이지만 영유아는 음악을 경험하는 시간을 갖는다.
- 견학 및 실외활동 시에도 영유아에게 음악적 환경을 제공할 수 있다. 견학을 위한 이동 시나 실외활동 시 교사는 교육내용에 맞는 적절하고 경쾌한 음악을 준비하여 제공함으로써 교육활동의 목적을 더욱 효과적으로 달성할 수 있다.

2 영유아교육기관에서의 음악활동 지도계획

영유아음악활동 지도계획은 음악교육의 효율성을 도모하기 위해 음악활동의 목표를 설정하고, 영유아의 발달 수준과 흥미를 고려하여 활동 내용과 교수–학습방법, 평가에 이르는 일련의 교수계획을 일컫는다.

교육목표에 따른 음악활동을 계획하기 위해서는 년간, 월간, 주간 활동계획에 따라 주제를 중심으로 영유아의 연령과 흥미에 따라 활동 난이도를 정하고, 음악교육 내에서의 활동 영역과 다른 교과 영역 간, 예술 영역 간의 내용 통합이 이루어지도록 활동계획서를 작성하여야 한다.

1) 음악활동계획안 작성

영유아교육기관에서 음악활동을 체계적으로 계획하여 제공하는 일은 매우 중요하다. 교사들은 생활주제, 영유아들의 흥미와 발달을 고려하여 활동의 목표, 내용을 선정하여 수업을 계획하고 실행하게 된다. 영유아교육기관에서의 음악활동은 주 단위로 계획하여 감상하기, 노래 부르기, 악기 다루기, 신체표현, 창작하기 등의 활동 유형별로 다양하게 활동되어야 한다.

음악활동계획서는 대상연령에 따라 활동주제, 활동 영역 및 활동 목표를 정하고 활동명, 교육과정 관련 요소, 음악적 개념, 활동형태, 활동자료, 활동방법(도입 및 전시 학습 확인, 전개, 정리 및 평가, 차시예고), 활동상의 유의점, 활동평가, 확장활동의 내용으로 작성된다. 활동계획서 작성 시 가장 명확해야 하는 부분이 활동목표 진술이지만 영유아 교사들은 활동목표 진술에 어려움을 겪는 경우가 많다. 영유아음악활동의 활동목표 진술은 다음 학자들의 견해를 바탕으로 작성할 필요가 있다.

교육목표의 진술 형태로는 행동적 목표, 문제해결적 목표, 표현적 목표가 있다. Mager(메이거)가 강조한 행동적 목표 진술은 학습자의 입장에서 사전에 진술된 목표를 말한다. Mager는 행동적 목표를 다음과 같은 요소로 구성된 문장으로 진술해야 한다고 말하고 있다.

조건(Condition) + 준거, 판단 기준(Criterion) + 도달점 행동(Terminal behavior)
- 조건: 학습 조건, 상태, 처지
- 준거(판단 기준): 학습자가 어느 정도해야 잘 했다고 할 수 있는지를 밝히는 것
- 도달점 행동 : 수업을 통해 달성하려는 행동 특성

<예>

- 재제곡을 실로폰으로 연주하며 노래할 수 있다.

  (조건) (준거) (도달점 행동)

- 음악을 감상하고 그 느낌을 신체(도구)로 표현할 수 있다.
- 가사의 뜻을 이해하고 암기해서 노래할 수 있다.
- 1부터 9까지의 숫자들을 순서대로 배열할 수 있다.
- 물체를 보지 않고 만진 후 물체의 특성을 세 가지 형용사로 말할 수 있다.

문제해결적 목표 진술이란 어떤 문제와 그 문제를 해결할 때 지켜야 할 조건이 주어지면 그 조건을 충족시키면서 자유롭게 문제를 해결해야 하는 경우를 말한다.

예, 20만 원으로 최소 책 100권을 갖춘 학급문고 꾸미기

표현적 목표 진술을 강조한 Eisner(아이즈너)는 행동적 목표로는 감정이나 정서를 포함한 교육목표를 완전한 언어나 측정 가능한 행동으로 표시할 수는 없다고 보고, 교육결과의 질을 판단하는 기준으로 적합하지 못하다고 생각했다. 수업은 굉장히 역동적이고 복잡한 과정으로 진행되는데, 이런 상황에서는 수업 전에 미리 행동목표를 진술하는 것이 불가능하다고 판단했기 때문이다. 또한 모든 목표가 어떤 행위나 활동에 선행하여 설정되는 것은 아니라는 관점을 보였다. 그는 Tyler(타일러)의 행동목표에 대한 보완으로, 수업과정과 그 후에 드러나는 표출목표(expressive objects)를 주장했다(참고 : 신태식 중등 교육학논술/김현 키위교육학).

Eisner는 행동적 목표는 감정이나 정서를 표현하는 학습의 결과와 질을 판단하는 기준으로는 적합하지 못하다고 판단하고, 학습자의 개별적 성향과 다양성을 존중하여 표현적 목표 진술을 다음과 같이 제시하고 있다. 학습자는 성장 배경과 경험 정도에 따라 같은 상황에서도 다르게 인식하고 반응하며 표현하는 방식이 다양할 수 있다는 주장이다.

상황(Situation) + 문제(Problem) + 과제(Task)

- 상황 : 학습활동이 이루어지는 환경, 입장, 처지
- 문제 : 학습자가 학습활동을 할 때 어디에 의미를 두는가를 밝히는 것.
- 과제 : 학습자가 학습활동에 둔 의미를 표현하는 방법.

<예>

- 콩쥐와 팥쥐 이야기를 듣고 콩쥐에 대해 느낀 것을 이야기 나눈다.

(상황/입장/처지) (문제) (과제)

- 음악을 감상하고 연주되는 악기들에 대해 조사한다.
- 나뭇가지, 종이, 점토, 등 미술재료를 가지고 숲 속 동물을 만든다.

표현적 목표는 개인의 경험을 풍부하게 하고, 학습자의 삶을 다양하게 할 것이라고 여겨지는 장소나 여건 및 활동을 의도적으로 제공하여 학습자가 얻게 되는 교육과정의 결과를 말한다. 이런 목표들은 서로 다른 이해집단에서 상충될 경우가 많은데, 이를 제대로 처리하기 위해서는 숙의과정이 포함된 예술적인 기능과 재능이 요구된다고 Eisner는 보고 있다.

영유아교육은 유아기 발달적 특성상 잠재된 유아의 능력을 계발하는 과정에 1차적 목표를 두고 있다는 점에서 행동적 목표보다 표현적 목표가 적절할 때가 있다. 더구나 표현적 목표는 학습활동의 결과 얻어질 특수한 행동에 대해 상술하지 않는다. 그러나 영유아교육에서는 활동영역에 따라서 행동적 목표가 더 적합한 경우가 많다. 유아기에 형성해야 할 기본 습관이라든지, 과학, 수학, 음악, 동작 영역의 활동 등에서는 행동적 목표로 진술하는 것이 더 타당할 때가 많다는 것이다.

교육내용을 선정할 때는 학습자의 흥미, 사회의 요구, 전통적 학문이나 교과 등과 관련된 다양하고 구체적인 요소들을 고려해야 한다. 대중문화와 같은 아주 중요하면서도 학교교육과정에서 배제되어 왔던 교육과정도 신중하게 고려되어야 한다. Gardner의 다중지능이 시사하듯이 아이들은 전통적으로 강조해 온 언어적 지능이나 논리적 지능 이외에 공간적 지능을 위시한 지적 능력을 발달시킬 수 있다는 것이다.

교사는 아이들에게 의미 있고 만족스러운 다양한 학습기회를 제공하여야 한다. 이를 위해 교사는 '교육적 상상력'을 발휘하여 아이들에게 그러한 학습기회들을 제공할 수 있도록 교육목표와 교육내용을 적절한 형태로 변형하여 제시하여야 한다. 학습내용을 아이들에게 적절한 형태로 변형해 주는 일은 교육과정 계획자나 교사의 책무라고 본다.

학습기회면에서 교육과정 설계자는 여러 종류의 과제나 교재 또는 학습활동을 제공하고, 교사는 이것들을 '거미줄 모형'의 방식으로 다양한 학습결과를 얻을 수 있도록 해야 한다고 보았다. 미리 정해져 있는 계열에 따라 아이들을 조정하기보다는 아이들이 흥미를 갖고 자발적으로 참여하여 자신들이 해결해야 할 문제를 찾고, 그에 따라 필요한 기능을 습득하도록 하는 것이다. 교사들은 안내자의 위치에 있으며, 아이들은 자신의 개성에 따라 스스로의 교육목적과 내용을 선정할 수 있는 선택권을 갖는다.

내용 영역 면에서 Eisner는 인간이 부딪히는 문제는 학문적 성격을 띠고 있지도 않으며, 교과 이외의 경험이나 문제 상황에서는 어려움을 겪을 수밖에 없다는 사실을 강조한다. 이를 극복하기 위해서는 다양한 영역에 걸친 지식을 바탕으로 한 판단이 필요하다. 새로운 조직방식에 대한 인지적, 사회적, 지적 장애요인이 존재하지만, 내용은 다양한 방법으로 조직되고 통합되어야 한다고 주장하였다.

제시양식과 반응양식에 대한 논의에서 교사들은 단일한 의사소통 양태에 집착하는 바람에 아이들의 다양한 반응양태를 발달시킬 수 있는 기회까지 제약되었다고 보고 있다. 따라서 교사는 산문의 형식뿐 아니라 시적 진술에 적용되는 '은유'를 포함한 다양한 의사소통 양식을 개발하여 활용해야 한다고 주장하였다. 예를 들어, '가을'을 표현함에 있어서 화학자는 나무의 화학적 변화를 설명하는 과학적 진술을 통해 자신의 지식과 이해를 제시할 것이고, 문학가는 시적 표현이나 자연경관의 시각적 심상, 걸을 때 바스락거리는 잎사귀의 소리를 청각적으로 제시하는 양태도 있을 것이므로, 교사는 다양한 제시양태와 반응양태를 허용·활용해야 한다는 입장이다.

평가영역에서 Eisner는 평가가 교육과정계획 및 개발과정의 최종 단계에 행하는 것이 아니라 교육과정 개발과정 전반에 걸쳐 퍼져 있는 활동이라고 보고 있다. 평가는 인간이 일상생활을 하면서 주위와 자신에 대해 둘러보고 반성하고 성찰하는 지속적인 노력이다. 그러므로 누구나 연습하고 경험을 쌓다 보면 역량이 높아지게 된다. Eisner는 이를 교육에 응용하여 '교육적 감식안' 혹은 '교육적 비평'이라고 명명하였다. 교육적 감식안은 아이들의 성취 형태들 사이의 미묘한 차이를 감지하는 것을 말하고, 그 미묘한 차이를 교사가 아이와 학부모가 볼 수 있게 쉬운 언어로 표현하는 것을 교육적 비평이라고 하였다. 보석이나 포도주 감정가에게 탁월한 통찰력과 직관이 요구되듯이, 평가자는 교육과정 개발이 전체 과정을 지각하고 가치를 판단할 수 있어야 한다고 보았다. 그러므로 교실 상황에서 교육과정을 직접 실행하고 아이들과 상호작용을 경험하는 교사들이 교육과정에 관한 여러 가지 결정에 중요한 역할을 하게 된다(신태식, 2013).

• 수업목표 진술 시 범하기 쉬운 오류(김현, 2017).

① 교사의 수업활동으로 진술하는 오류

예, '현미경으로 양파껍질을 관찰시킨다.'

예, '산토끼 노래에 맞추어 리듬악기연주를 하게 한다'

② 학습과정으로 진술하는 오류

예, '지도에서 기호의 표식을 알 수 있게 한다.'

예, 노래에 맞추어 리듬 타악기를 익힌다.

③ 가르칠 내용을 세분하여 나열하는 오류

예, 빛의 세 가지 성질 중에서 첫 번째 성질을 꼭 알게 한다.

예, 신체활동에서 기본 동작 중 이동 동작과 비이동 동작을 알게 한다.

④ 몇 개의 학습결과를 동시에 포함하여 진술하는 오류

예, '우리나라 노래를 외워서 부르고 실로폰과 리듬악기로 연주할 수 있다.'

[표 5-1] 음악활동계획안

<table>
<tr><td>일시</td><td>년 월 일</td><td>장소
(반)</td><td></td><td>대상
연령</td><td>만 ( ) 세</td><td>지도
교사</td><td></td></tr>
<tr><td>활동명</td><td colspan="3"></td><td>활동
주제</td><td colspan="3">(유치원 생활주제별)</td></tr>
<tr><td>활동
영역</td><td colspan="3">2개 이상 영역 통합으로 작성
(감상, 노래, 악기, 신체표현, 창작하기 영역 2개 이상 통합)</td><td>음악
개념</td><td colspan="3">음(강약, 장단, 고저, 음질) 리듬, 박자, 가락, 화성, 음색, 다이내믹스(역동성), 빠르기, 형식</td></tr>
<tr><td>활동
목표</td><td colspan="7">1. 한 활동에서 3개 이상의 학습목표는 부담이 된다.
– 행동적 목표: 조건 + 준거 + 도달점행동
– 표현적 목표: 상황 + 문제 + 과제</td></tr>
<tr><td>활동
자료</td><td colspan="7"></td></tr>
<tr><td>활동
방법</td><td colspan="7"><도입 : 전시 학습 확인 및 동기 유발>

<전개 : 유아와의 상호작용>

☞ 상호작용이 아닌 활동내용을 적는다.

<정리 : 활동결과 확인, Feedback 및 종결>

<차시예고></td></tr>
<tr><td>유의점</td><td colspan="7"></td></tr>
<tr><td>활동
평가</td><td colspan="7"></td></tr>
<tr><td>확장
활동</td><td colspan="7"></td></tr>
</table>

[표 5-2] 활동계획안 작성 항목 및 내용(장은주, 2017 참조)

번호	항목	설명
1	생활주제	활동에 관련된 생활주제를 적는다. 생활주제는 연령에 따라 다를 수 있으며, 기관의 특성이 반영되기도 한다.
2	대상 연령	가르칠 대상인 영유아의 연령을 적는다. 같은 활동이라도 대상 연령에 따라서 활동의 난이도는 다르게 계획되고 실행되어야 한다.
3	활동명	계획하는 활동의 제목을 정해서 적는다. 기본 형태는 ‘ ’ 안에 해당하는 동요 이름을 적고 이어서 활동의 유형을 써 주면 된다(예: ‘수박’ 악기 연주하기). 창의적인 활동명으로 변형해서 정해 보는 것도 좋다(예: 수박 연주 밴드).
4	활동 영역	영유아를 위한 다양한 활동유형 중에서 세부적으로는 감상하기, 노래 부르기, 악기 다루기, 신체표현, 창작하기 등으로 표기한다.
5	음악적 개념	음악활동이므로 음악교육에서 다루어져야 하는 다양한 음악적 개념들(예: 음색, 리듬, 박, 박자…) 중에서 이 활동을 통해 학습할 수 있는 주요 음악적 개념을 적는다.
6	집단 형태	한 학급 전체 유아를 대상으로 계획한다면 ‘대집단’으로, 몇 명의 유아를 대상으로 활동을 계획한다면 ‘소집단’으로 분류되는데, 교사 주도 하의 수업에서는 대부분 대집단으로 진행되므로 **필수사항은 아니다.**
7	대형	활동의 특성에 따라 대형의 형태는 달라진다. 일반적으로 교사를 중심으로 반원 대형으로 앉는 것이 좋으며, 인원수에 따라 2줄로 앉을 경우 앞줄은 바닥 위 깔개에 앉고 뒷줄은 의자를 놓고 앉도록 한다. 유아들이 반원형으로 높이를 달리하여 앉으면 교사는 모든 유아의 반응을 고루 살필 수 있고, 유아들 또한 교사와 자료를 편하게 볼 수 있다. 교사의 위치 또는 융판과 같은 교수매체의 위치도 미리 계획하는 것이 좋다. 대형 역시 활동계획서의 **필수사항은 아니다.**
8	예상 소요 시간	활동의 형태, 연령, 학기 초기와 학기말에 따라 유아들의 주의집중 가능 시간은 달라진다. 일반적으로 만 5세 유아의 대집단 활동시간은 20~25분 사이가 적당하다.
9	활동목표	활동을 함으로써 얻게 되는 목표를 적는다. 활동목표는 보통 2가지 정도가 적당하다. 3개 이상의 목표는 활동에 부담을 주며 음악활동은 대부분 행동적 목표로 진술할 경우가 많다.

번호	항목	설명
10	교육과정 관련요소	활동의 목표, 내용이 교육과정(보육과정)의 어느 영역과 관련되어 있는지를 파악해서 적는다. **필수사항은 아니다.**
11	활동자료	활동을 실행하기 위해 필요한 준비물을 적는다. 구체적으로 적는 것이 실제 수업을 진행하기에 용이하다.
12	사전활동 및 전시학습 확인	계획하는 활동과 관련되어 본 활동 전에 실시할 활동을 적는다. 이렇게 함으로써 교육의 효과를 높일 수 있고, 유아들의 참여를 격려할 수 있다. 예를 들면, 동요에 맞추어 악기를 연주하거나 멜로디를 바꾸어 보는 음악 만들기활동의 경우에는 사전활동으로 새노래 배우기가 선행되어야 한다. 또한 본 활동과 관련된 사전활동은 영유아들과 확인해야 한다.
13	단계	활동의 단계는 크게 도입, 전개, 마무리 및 평가로 구성된다.
14	도입	활동을 시작하기 위해 유아들을 모아 앉히고 주의 집중을 한 다음, 계획한 활동을 소개하는 과정이다. 이 시간은 2~3분 정도가 적절하며, 최대 5분을 넘기지 않는 것이 좋다.
15	전개	본 활동을 구체적으로 진행해 가는 과정이다. 교육목표를 달성할 수 있도록 내용을 체계적으로 구성해야 한다. 전개에서는 '교사의 질문'과 '예상되는 유아의 반응'을 적어 보는 것이 좋다. 이러한 과정에서 유아의 확산적 사고를 적절하게 이끌어내는 발문을 하고 있는지 교사 스스로 분석해 볼 수 있기 때문이다. 계획안을 작성하는 과정은 유아들이 "예", "아니오" 중심의 답을 하는지 조망해 볼 수 있는 훈련의 과정이 될 수 있다. 활동에 맞는 적절한 교수자료를 활용하고 영유아가 적극 참여하여 즐길 수 있는 방법을 모색한다.
16	평가 및 마무리	활동을 정리하면서 유아들의 생각이나 느낌, 좋았던 점과 어려웠던 점에 대해 이야기 나누는 과정이다. 단, 어려웠던 점에 대한 질문은 융통성 있게 하는 것이 좋다. 즉, 유아들이 말한 어려웠던 점을 수정하여 다시 활동을 진행해 볼 기회가 있을 때에만 어려웠던 점에 대한 평가를 하는 것이 좋다. 유아들은 즐겁게 활동을 마무리하는 순간이었으면서도 "어떤 점이 힘들었는지?"에 대한 질문을 하게 되면, 순간 좋았던 점보다 힘들었던 점만 생각해 낼 수 있기 때문이다. 그러나 유아들이 실제로 힘들었다는 표현이 저절로 나왔을 때는 어떤 점이 그러했는지 이야기 나누면서 분석할 필요가 있다. 평가가 끝나면 다음 활동으로 전이시켜 주어야 하며, 유아들이

번호	항목	설명
		동시에 움직이지 않도록 그룹(grouping)을 만들어 보내는 것이 좋다.
17	활동상의 유의점	준비물과 유의점을 해당하는 부분에 구체적으로 적는 것이 활동을 보다 자연스럽고 원활하게 진행하도록 돕는다.
18	활동 평가	활동목표에 근거하여 평가 관점을 적는다.
19	확장활동	본 활동과 관련된 확장활동을 적는다.
20	사진자료	관련 자료를 사진으로 찍어서 정리한다.

[표 5-3] 음악활동을 포함한 All Day 학습 계획안 예시(생활주제 : 환경과 생활)

활동 및 시간	활동내용	활동교구 및 유의사항
등 원 09:00-09:10	등원 및 인사지도	• 건강관찰
자유선택활동 (09:10-10:00)	• 음악 영역 – 여러 가지 악기를 탐색하고 연주하기, 준비된 동요 들어보기 • 조작 영역 – 바람개비 만들기 • 언어 영역 – 동화책을 읽든지 CD로 동화를 듣기 • 수 영역 – 지구, 환경 퍼즐 맞추기, 게임판, 주사위 등을 이용한 놀이 • 과학 영역 – 풍선을 분다든지 바람개비를 돌려 공기가 있음을 실험하고, 공기가 왜 필요한지를 생각한다. – 퍼즐 맞추기	• 리듬 타악기 및 선율 타악기 리코더, 멜로디언, 멜로디카 • 색종이, 풀, 가위, 실핀, 수수깡 • <바람>, <노을>, <바람개비>, <공기>, <폭풍이 선물한 보자기> 등 동화, 오디오, CD • 풍선, 바람개비, 선풍기, 퍼즐, 게임판 등
정리 정돈 및 화장실 다녀오기 (10:00-10:10)	– 놀잇감을 제자리에 정리, 정돈한다. – 화장실에 다녀온다.	• 정리확인 • 줄서기 지도
간 식 (10:10-10:30)	– 간식 먹기 전 손씻기 – 간식 먹은 후 정리하기	• 간식 지도

활동 및 시간	활동내용	활동교구 및 유의사항
이야기 나누기 (10:30–10:50)	<공기와 바람> • 공기에 대한 이야기 나누기를 위해 수수께끼를 유도한다. • 공기의 색깔, 모양, 냄새에 대하여 이야기 나눈다. • 공기는 볼 수 없지만 자리를 차지한다는 것을 안다. • 공기가 없으면 사람은 물론 동·식물이 어떻게 되는지 이야기 나눈다. • 더러운 공기와 환경에 대해 이야기 나눈다. • 깨끗한 공기를 유지하기 위해 어떻게 해야 하는지 이야기 나눈다. • 공기와 같이 우리에게 없어서는 안 되는 것에 대해 이야기 나눈다(물, 불, 햇빛). • 자유 놀이활동에서 만든 바람개비를 살피며 어떻게 해야 돌아가는지 이야기 나눈다.	• 그림카드 • 그림카드 • 풍선 • 무중력 상태의 우주비행사의 사진 • 환경오염에 관한 사진자료 • 그림카드 • 바람개비
실외활동 (10:50–11:30)	– 바람개비 돌리기 놀이를 한다. – 빨리 움직일 때와 천천히 움직일 때 바람개비가 어떻게 돌아가나 관찰한다.	• 서로 부딪치지 않도록 주의시킨다.
정리 정돈 (11:30–11:40)	– 놀이 도구를 제자리에 정리하고 선생님의 말씀에 따라 놀잇감을 한군데 모은다.	• 손씻기 지도
새노래 부르기 (11:40–12:10)	• <바람개비> 노래 부르기 지도를 한다. – 한 손으로 멜로디를 치면서 노래를 들려준다. – 랄라–로 따라 해보게 한다. – 멜로디를 익힐 때까지 다양한 소리(로, 나)로 피아노에 맞춰 따라해 본다. – 노랫말을 알려준다. – 기본박으로 노랫말을 따라 읽게 한다. – 리듬박으로 노랫말을 따라 읽게 한다. – 정확한 노랫말과 음, 리듬으로 노래를	• 가사판 • 허밍은 피한다. • 무릎으로 기본박을 친다. • 손뼉으로 리듬을 친다. • 피아노로 멜로디만 친다.

활동 및 시간	활동내용	활동교구 및 유의사항
	따라 한다. – 유아들이 노래를 불러본다 – 피아노 반주에 맞추어 두세 번 정도 반복해서 부른다.	• 양손 반주한다.
점심식사 (12:10–13:00)	– 차례대로 줄서기, 손씻기 – 식사를 한다. – 식사가 끝난 후 정리 정돈을 한다.	• 올바른 식습관 지도 • 조용한 음악 틀기 • 식사가 먼저 끝난 유아는 책을 보거나 간단한 조작 활동을 한다.
동 시 (13:00–13:30)	• 동시 <누가 바람을 보았을까> 지도를 한다. – 누가 바람을 보았을까 누가 바람을 보았을까 나도 너도 못 보았지 그러나 나뭇잎이 흔들리면 바람이 불고 있는 것이지 – 누가 바람을 보았을까 누가 바람을 보았을까 너도 나도 못보았지 그러나 나무가 절을 하면 바람이 스쳐가고 있는 것이지	• 오디오, 동시CD • 동시 글자판, 그림 자료
귀가지도 (13:30–13:50)	– 내일 할 활동의 준비에 관한 이야기를 한다. – 그룹으로 나누어 귀가지도를 한다.	• 개별적으로 조용한 놀이를 하면서 보호자(차량귀가 시 –지역별)가 오는 대로 귀가

3 음악활동 평가

영유아음악교육활동에서 평가는 교수계획에 따라 음악활동이 적절히 잘 수행되었는지, 활동목표를 어느 정도 달성하였는지를 파악하는 과정이다. 평가를 통하여 교사는 영유아의 학습 수준과 영유아의 음악활동에 나타나는 특징을 객관적으로 파악하고, 이를 토대로 현재의 교수–학습활동을 계속할 것인지, 수정·보완할 것인지를 일정 준거에 의해 판단한다. 또한 교사 자신의 교육계획, 교육내용, 교육방법, 교수자료 사용 등의 교육계획 수행을 점검하여 교육의 목표를 달성하였는지를 확인하여야 한다.

교사는 정기적인 평가를 실시하여 영유아의 활동 수준과 참여 정도를 파악하고, 교사의 준비와 실행이 잘 이행되었는지를 판단하여 다음 활동계획에 반영함으로써 발달적 수준에 보다 적합한 체계적인 지도가 이루어질 수 있도록 해야 한다(강보라, 2017).

평가는 교사의 영유아 평가, 영유아 자신의 평가, 교사 자신의 평가, 부모의 평가로 구분된다.

1) 교사의 영유아 평가

영유아음악활동에 대한 평가는 영유아가 어떤 특정 능력을 기르고 그것을 수행할 능력이 있는가 없는가에 초점을 맞추는 평가가 아니고, 영유아가 어떠한 경험을 얼마나 다양하게 하였는가, 영유아가 다양한 음악적 경험을 하는 과정에서 스스로 참여하고, 시도하고, 만족하였는가를 평가하는 데 중점을 두어야 한다(하정희, 2014). 또한 교사는 음악활동을 통한 심미적 잠재력 개발과 영유아가 음악을 일상생활에서 자발적으로 즐기고, 음악의 아름다움을 느끼고 표현할 수 있도록 지원하는 맥락에서 평가가 이루어져야 함을 명심하여야 한다.

영유아 평가는 영유아의 음악적 행동 평가를 통해 발달 수준이나 교육성취 수준을 파악하는 데 쓰인다. 평가의 내용은 관찰기록이나 표준화된 검사지를 통해서 이루어진다. 특히 체크리스트나 검사지를 통한 평가는 점수와 결과에 대한 등급 매김이 아니라 영유아의 개별 성향이나 발달 정도를 파악하여 영유아의 음악적 발달을 지지하고 음악을 즐길 수 있도록 돕는 데 초점을 둔다. 이러한 평가를 통해서 영유아의 음악적 발달에 대한 정보를 얻을 수 있으며, 교사와 부모와의 효율적인 상담자료로 사용될 수 있다.

교사는 관찰이나 체크리스트를 통한 평가계획을 수립하여 영유아의 음악적 발달 정도를 체크해 나가야 한다. 관찰은 영유아가 언어 표현에 한계가 있고, 주의 집중 시간이 짧기 때문에 주어진 시간 내의 상황에서 자신의 능력을 최대한 발휘하지 못한다는 단점이 있음에도 불구하고, 자연스러운 발달을 있는 그대로 평가한다는 점에서 최근에 많이 강조되고 있다. 다음은 영유아 관찰에 주로 사용되는 관찰기록법의 종류를 제시하였다.

[표 5-4] 관찰기록법

방 법	목적/방법	장점	단점
일화기록	특정한 행동을 상세 설명하기 위함 사건 행동이 일어난 후 구체적 기록	제약 없음/비전문가 사용 서술적 묘사가 자유로움	기억력에 의존 자료분석이 어려움
표본식 기술	특정 행동 원인, 결과를 알아보기 위함 일정한 시간 동안 순차적으로 서술	제약 없음/광범위함 비전문가도 사용 가능	시간이 걸린다. 1회에 한 명만 기록
시간표집	행동 수정을 위한 기초 자료로 정해진 시간 동안 특정 행동 발생 여부 미리 선정된 행동 발생 횟수 기록	객관적/시간소비 적음 많은 유아 관찰 가능 양적 자료 제공 기능	제한적/빈번한 행동 관찰 한계/행동에 대한 서술 없음
ABC 서술식 사건표집	행동 수정을 위한 테이터/특정 행동에 대한 A(antecedent event), B (behavior), C(consequence) 기록	객관적/빈번하지 않은 행동을 심도 있게 평가	제한적/특정한 행동에 한함
빈도 사건표집	행동 수정의 기초 자료 특정 행동의 빈도를 표시	객관적/시간 소비가 적음 기록이 편리함	원인과 결과를 알기 어려움
평정척도	특정 행동, 특성 정도를 판단하기 위함. 점검표에 기록, 3, 4, 5점 척도로 평정. 행동발생 전, 후 과정 모두 기록	1회에 다수 관찰 용이 다관찰자/1명 관찰 용이	특정한 특성이나 행동에 제한됨
행동목록	특정 행동 존재 유무 확인하기 위함 행동 목록표에 표시/행동발생 전, 후 과정 모두 기록	여러 가지 행동들을 한 번에 관찰/표본 추출이나 연구자료 도구로 활용	특정 행동에 제한됨 행동 특성에 대한 정보가 없음

(1) 일화기록

일화기록은 영유아의 음악활동 상황, 음악활동에서의 상호작용 등 행동에 초점을 맞추어 기록하며, 영유아 개인의 특성을 이해하기 위한 구체적인 행동 사례나 어떤 사건에 관련된 상황들을 상세히 기록할 수 있다. '글로 묘사된 사진'이라고 말할 정도로 사건이나 행동을 직접 보지 못한 사람이 읽어도 그 상황을 잘 알 수 있도록 관찰 장면을 사실적으로 표현한다. 영유아교육현장에서 가장 많이 사용하는 관찰기록법이다(강보라, 2017).

(2) 평정척도법

평정척도법, 사건표집법 등은 기존의 유아의 특정 행동을 목록으로 작성해놓은 관찰표를 교사가 유아별로 가지고 있다가 그 행동이 나타나는 것을 관찰했을 때 체크하는 방법과 하루에 몇 명(예를 들면, 2~3명)의 아이들을 정해서(번갈아 가면서 일주일에 모든 아이들을 관찰할 수 있도록) 그 아이의 행동 특성 정도나 놀이에서 나타나는 또래관계 및 언어, 사회관계, 발달양식 등을 간략히 기록하는 방법이다. 이는 영유아의 현재와 이전행동을 비교할 때 사용하며 관찰자의 판단에 따라 등급이나 점수로 구분해서 평가하며 년 3회 이상 평가해야만 발달의 변화를 알 수 있다.

(3) 행동목록법

행동목록법은 사전에 작성해 놓은 행동목록표를 가지고 특정 행동이 나타나는지의 여부를 ○, X로 기록한다. 특정 행동이 나타나기 전, 후의 상황을 모두 기록한다. 교사는 년 3회 이상 행동목록 체크리스트를 통하여 영유아의 음악적 태도나 음악성 발달 정도를 체크할 수 있다.

[표 5-5] 음악활동 일화기록 I

일화관찰기록			
관찰아동	염○○	성 . 별	남
관 찰 일	20○○년 ○○월 ○○일	관찰자	담임교사
장면	정규 음악활동시간 노래 게임과 즉흥연주		
기록	나는 가사판을 보여 주면서 노래말을 읽었다. '자, 선생님이 하는 말에 재미있는 모양이나 흉내를 내어 보자.' 동물원은 어떤 모양일까? 꼬불꼬불한 집 모양요!, 아니 네모난 집요! 그러면 침팬지 흉내는 어떻게 내어볼까? 한 아이가 구불어진 자세로 긴팔을 아래 위로 움직인다. 나는 손을 갈퀴모양을 하고 얼굴을 긁어댔다. 노래를 익히고 한 동작씩 마임을 했다. 모두들 생각보다 순서를 잘 생각하면서 틀리지 않게 잘했다. 하지만 그때까지 ○○이는 적극적인 의사표시를 하지 않는다. 나는 많은 타악기를 소개했다. ○○이는 캬바사를 달랜다. 항상 작고 예쁘게 생긴 악기에 호기심을 보인다. 합주를 하면서 노래를 불렀다. 다른 아이들이 노래 마임을 할 때 □□이를 보르둔 반주를 시켰다. F조 코드 보르둔을 잘 연주했다.			
관찰의 초점	- 노래를 하면서 마임을 할 수 있다. - 선율 타악기로 코드 보르둔을 할 수 있다.		

[표 5-6] 음악활동 일화기록 II

일화관찰기록			
관찰아동	장○○	성 . 별	여
관 찰 일	20○○년 ○○월 ○○일	관찰자	담임교사
장면	정규 음악활동시간 2음(솔, 미) 손기호 익히기, 노래로 대답하기, 봄노래 선율악기 연주하기		
기록	○○이는 내가 손인형으로 인사를 하고 "친구 이름 뭐예요?"라고 노래로 질문을 했는데, 솔-미 음정으로 하는 대답이 자신이 없다. 겨우 "제 이름은 장○○"하고 기어들어 가는 목소리로 대답한다. 무릎치기로 실로폰 연주 연습을 하고 난 다음 선율 타악기 연주를 하게 했는데, "봄봄봄" 부분은 잘되는데 "시냇물은 흘러흘러 졸 졸졸 졸" 부분은 "티티 티티"로 연주를 해야 하는데 조금 자신이 없다. 하지만 만 5세의 유아들 대부분은 연주를 잘 따라 하면서 연주에 자신감을 가지고 있다. 아무 음판을 두드리는 것이 아니라 정확하게 노래를 연주하고 있다는 자신감을 느끼는 것 같다. 지도하는 나도 보람을 느낀다.			
관찰의 초점	- 신체 악기로 리듬치기를 할 수 있다. - 선율 타악기로 오스티나토 연주를 할 수 있다.		

[표 5-7] 음악적 표현능력 발달의 진보에 대한 평가지

음악 능력	내용	점수				
		1	2	3	4	5
감상하기	다양한 장르의 음악 듣기를 즐겨 한다.					
	감정을 이입하여 음악을 듣는다.					
	음악을 듣고 자신의 느낌을 명확하게 이야기한다.					
	음악의 구성 요소에 대해 민감하게 반응한다.					
	음악활동이나 놀이 상황에서 감상했던 음악을 회상하며 이야기한다.					
노래 부르기	단순한 동요를 처음부터 끝까지 노래를 부른다.					
	한 옥타브 안에서 정확한 음정으로 노래를 부른다.					
	단순한 동요를 정확한 리듬과 박자로 노래를 부른다.					
	노랫말을 음미하며 감정을 이입하며 노래를 부른다.					
	친구들과 함께 합창하며 노래 부르기를 즐긴다.					
	노래 가사를 바꾸어 부르기를 한다.					
악기 다루기	음악의 분위기에 어울리는 악기를 탐색하고 연주한다.					
	멜로디악기의 연주가 가능하다.					
	다양한 악기를 탐색하며 소리 내기를 즐겨 한다.					
	영유아 수준의 음악 상징체계에 대한 이해와 독보가 가능하다.					
	주변 사물을 활용하여 악기화 하기를 즐기고 연주한다.					
	리듬과 박자에 맞게 연주한다.					
	친구들과 함께 악기 합주에 참여하는 것을 즐긴다.					
	여러 가지 타악기의 연주 방법을 탐색하고 연주가 가능하다.					
신체 표현	음악의 분위기에 맞게 신체로 표현한다.					
	음악을 듣고 독창적인 방법으로 신체표현을 한다.					
	교사나 다른 영유아의 신체표현, 시범을 빨리 이해하고 해석하며 모방하거나 응용하기를 잘한다.					
	음악의 세부적인 개념들을 신체로 표현한다.					
창작하기	주어진 가사로 노래를 창작하고 부른다.					
	자신의 생각과 느낌을 노래로 만들어 표현한다.					
	자신이 이해한 음악개념들을 상징적인 그림이나 신체로 표현한다.					
	자신이 창작한 음악을 친구들 앞에서 발표하기를 즐긴다.					

음악 능력	내용	점수				
		1	2	3	4	5
	쉬운 동요의 노래 가사를 변형하거나 개사하여 부른다.					
	즉흥적으로 노래를 만들어서 부른다.					
	자신의 감정을 악기 소리로 바꾸어 표현한다.					
	다양한 방법으로 음악을 만들어 내고 놀이에 적용한다.					
점수 척도:	매우 못함	2. 못함	3. 보통	4. 잘함	5. 매우 잘함	

출처: 교육과학기술부·서울특별시유아교육진흥원(2010) 재구성.

[표 5-8] 0~2세 보육과정에 기초한 영아관찰 척도(예술경험 영역)

점수: 1점(전혀 그렇지 않음), 2점(그렇지 않은 편임), 3점(그런 편임), 4점(매우 그러함)

0세 예술경험 관찰문항(관찰 요소)	1학기				2학기			
	1	2	3	4	1	2	3	4
주변 환경의 아름다움(예: 소리, 움직임, 색, 모양 등)에 호기심을 가진다. [아름다음에 대한 호기심]								
리듬 있는 노래에 소리나 움직임으로 반응할 수 있다. [노래에 대한 반응]								
다양한 방법(예: 소리, 표정, 움직임)으로 모방할 수 있다. [모방행동]								
일상생활에서 아름다움(예: 소리, 노래, 자연물, 사물 등)을 경험한다. [아름다움 경험]								
1세 예술경험 관찰문항(관찰 요소)	**1학기**				**2학기**			
	1	2	3	4	1	2	3	4
주변 환경의 아름다움(예: 소리, 움직임, 색, 모양 등)에 호기심을 가진다. [아름다움에 대한 호기심]								
노래를 부분적으로 따라 부르고, 리듬에 맞춰 소리를 낼 수 있다. [노래 모방, 리듬감]								
간단한 미술경험을 한다. [감각적 미술경험]								
모방행동을 즐긴다. [모방행동]								
일상생활의 아름다움(예: 소리, 노래, 자연물, 사물 등)을 경험한다. [아름다움 경험]								
2세 예술경험 관찰문항(관찰 요소)	**1학기**				**2학기**			
	1	2	3	4	1	2	3	4
주변 환경의 아름다움(예: 소리, 움직임, 색, 모양 등)을 탐색할 수 있다. [아름다움 탐색]								
친근한 노래를 따라 부르고 간단한 리듬과 소리를 만들 수 있다. [노래표현, 리듬 및 소리표현]								
노래 또는 리듬에 맞추거나 간단한 도구를 활용하여 몸으로 표현할 수 있다. [신체표현, 도구 활용]								
간단한 도구와 재료를 이용하여 자발적으로 그리거나 만들 수 있다. [자발적 그리기, 도구 활용]								
모방행동과 상상놀이를 즐긴다. [모방행동, 상상놀이]								
예술적 환경의 아름다움(예: 자연이나 생활의 소리, 음악과 춤, 자신과 친구의 표현과 작품 등)에 관심을 가지고 즐긴다. [즐기는 태도, 심미감]								

출처: 이미화 · 엄지원 · 정주영(2014); 강보라(2017) 재구성.

보육과정에 기초한 0~2세 영아의 예술경험 영역 관찰을 통하여 영아의 발달 변화와 교사의 예술경험 영역의 교육과정 운영과 발전적인 보육계획 수립의 기초자료로 활용할 수 있다.

또한 누리과정에 기초한 예술경험 영역의 관찰을 통하여 개별 유아의 강점과 약점을 파악하고 연령에 따른 발달의 변화를 파악함으로써 교육계획에 반영하며 유아 발달을 이해하고 자극하는 데 유용한 자료로 활용할 수 있다.

[표 5-9] 3~5세 누리과정에 기초한 관찰 척도(평가문항)-예술경험 영역

문항		1학기			2학기		
3세 예술경험 영역		미흡(1)	보통(2)	우수(3)	미흡(1)	보통(2)	우수(3)
1	음악적 요소에 대하여 관심을 갖는다.						
2	움직임과 춤 요소에 대하여 관심을 갖는다.						
3	미술적 요소에 대하여 관심을 갖는다.						
4	간단한 노래를 듣고 따라 부른다.						
5	간단한 리듬이나 노래를 리듬악기로 표현한다.						
6	도구를 활용하여 움직임이나 춤을 표현한다.						
7	미술활동에 참여하며 미술재료와 도구를 사용한다.						
8	일상생활 경험 관련 극 놀이 표현을 즐긴다.						
9	예술활동에 참여하고 즐긴다.						
10	다양한 예술표현에 관심을 갖는다.						
11	자신의 예술표현에 관심을 갖는다.						
12	전통예술에 관심을 갖는다.						
4세 예술경험 영역		미흡(1)	보통(2)	우수(3)	미흡(1)	보통(2)	우수(3)
1	음악적 요소에 대하여 자발적이고 지속적으로 관심을 갖는다.						
2	움직임과 춤 요소에 대하여 자발적이고 지속적으로 관심을 갖는다.						
3	미술적 요소에 대하여 자발적이고 지속적으로 관심을 보인다.						
4	생각이나 느낌을 노래로 표현하며 부른다.						
5	리듬악기로 연주하고 간단한 리듬이나 노래를 즉흥적으로 만든다.						

6	도구를 활용하여 자유롭게 표현하고 움직임이나 춤을 다양하게 표현한다.						
7	다양한 재료와 도구를 사용하여 미술활동에 참여한다.						
8	소품을 활용하여 역할과 상황을 극 놀이 표현으로 즐긴다.						
5세 예술경험 영역		**미흡 (1)**	**보통 (2)**	**우수 (3)**	**미흡 (1)**	**보통 (2)**	**우수 (3)**
1	음악적 요소를 자발적으로 탐색한다.						
2	움직임과 춤 요소를 자발적으로 탐색한다.						
3	미술적 요소를 자발적으로 탐색한다.						
4	생각이나 느낌에 리듬을 붙여 노래로 표현하며 즐겨 부른다.						
5	리듬이나 음악을 리듬악기로 표현하고, 즉흥적으로 만든다.						
6	움직임이나 춤 표현을 즐기며 창의적으로 표현한다.						
7	미술표현을 즐기며 도구를 다양하게 사용한다.						
8	극 놀이 표현을 즐기며, 극 놀이 도구를 다양하고 적절하게 활용한다.						
9	음악, 움직임과 춤, 미술, 극 놀이를 통합적이고 창의적으로 표현하며 즐긴다.						
10	다양한 예술표현 감상을 즐긴다.						
11	자신과 타인의 예술표현을 존중한다.						
12	전통예술에 관심을 가지고 자주 참여한다.						

출처: 이정림 외(2014).

(4) 포트폴리오 평가

최근에는 영유아의 음악활동을 포트폴리오 형식으로 관찰, 기록, 수집, 평가하는 것이 일반적이다. 개인 파일이나 자료집을 통해 음악매체와 자료를 사용한 근거에 기초하여 영유아의 생각, 개념, 사물, 감정의 표현, 발달의 정도 및 성취도를 종합적으로 평가한다. 포트폴리오 평가를 체계적으로 활용한다면 영유아의 음악적 능력에 대한 총체적이고 심층적인 평가가 이루어질 수 있다(남기현 외, 2017).

포트폴리오의 핵심은 '작업표본'이라고 할 수 있는데, 이는 음악활동의 결과물을 의미한다. 즉, 영유아의 음악활동 사진, 영유아가 쓴 글, 영유아의 음악활동에 대한 기록, 친구들과 활동한 자료 모두가 작업표본이 될 수 있다. 사진과 비디오를 촬영한 장면에서는 사건의 전후, 목적, 장소, 참여 영유아의 이름, 각 장면의 의미 등을 기록해 두는 것이 유용하다.

유아의 음악활동에 대한 작업 표본, 일화기록, 행동목록 척도들로 구성된 포트폴리오 평가 양식지의 예시는 다음과 같다(황해익 외, 2001)

[표 5-10] 유아의 음악활동 포트폴리오 평가양식지

<table>
<tr><td>영유아명</td><td></td><td>생년월일</td><td>○○○○년 월 일</td></tr>
<tr><td>생활주제</td><td>신나는 여름</td><td>소주제</td><td>여름의 모습</td></tr>
<tr><td>활동명</td><td>싱그러운 여름을 연주하고
신체로 표현하기</td><td>관찰일시</td><td>○○○○년 월 일</td></tr>
<tr><td>활동목표</td><td colspan="3">노래를 듣고 자신의 생각과 느낌을 신체로 표현할 수 있다.
'싱그러운 여름'의 박자와 리듬에 맞추어 리듬악기를 연주할 수 있다.</td></tr>
<tr><td>평가내용</td><td colspan="3">탐색: 악기소리 탐색하기
표현: 노래 부르기, 리듬악기를 연주하기
감상: 음악감상</td></tr>
<tr><td>평가방법</td><td colspan="3">작업표본(사진), 일화기록법, 행동목록법</td></tr>
</table>

기록:

<table>
<tr><th colspan="2">구분</th><th>내용</th><th>예</th><th>아니요</th></tr>
<tr><td rowspan="3">음악
교육
내용</td><td>탐색</td><td>음악에 맞춰 손뼉으로 박자를 친다.
박자에 맞추어 리듬악기를 친다.</td><td></td><td></td></tr>
<tr><td>표현</td><td>노래로 자신의 생각과 느낌을 표현한다.
노래를 잘 부른다.
리듬악기를 연주한다.
다양한 리듬악기를 연주한다.
음악을 듣고 느낌을 신체로 표현한다.
리듬 합주를 잘 한다.</td><td></td><td></td></tr>
<tr><td>감상</td><td>다른 팀의 연주를 듣거나 즐긴다.</td><td></td><td></td></tr>
<tr><td colspan="2">해석</td><td></td><td></td><td></td></tr>
</table>

출처: 황해익 외(2001).

2) 영유아 자신의 평가

음악활동을 한 후 교사는 영유아의 전반적인 활동 참여에 대한 영유아 자신의 평가를 주도해야 한다. 영유아는 글이나 그림, 이야기 발표, 교사와 개인 면담, 질문지 등에 답하면서 음악활동 참여에 대한 자신의 소감을 표현할 수 있다.

음악활동이 끝나면 교사는 대그룹 혹은 소그룹 형태로 영유아들이 음악활동 참여에 대한 느낌을 이야기로 표현하도록 안내하며, 가능한 연령에서는 그림이나 글로 표현하도록 유도한다. 교사 자신이 주도한 음악활동에 대한 영유아들의 구체적인 평가를 원할 경우에는 개인 면담이나 구체적인 질문이 적힌 질문지를 준비하여 읽어 주고, 교사가 체크하거나 영유아가 직접 그림(활짝 웃는 얼굴, 보통 얼굴, 찡그린 얼굴)에 색칠을 하게 한다.

이러한 평가는 영유아와의 직접적인 상호작용을 통해서 자료를 수집하는 방법으로, 영유아의 흥미나 태도뿐만 아니라 전반적인 발달에 관한 정보를 얻는데 유용하며 추후 교사의 음악활동계획에 중요한 자료로 활용된다.

3) 교사 자신의 평가

음악활동 후 교사는 자신이 계획한 활동내용, 활동자료 등이 활동 진행에 적절하게 사용되었는가, 영유아들의 반응은 어떠하였는가, 상호작용은 적절히 이루어졌는가, 진행상의 문제점은 없었는가, 준비가 미흡한 점은 없었는지 등을 평가하여야 한다.

(1) 음악활동 프로그램에 대한 평가

음악활동 프로그램에 대한 평가는 교사가 계획하고 활동한 내용 전반에 대한 평가를 의미한다.

음악활동 프로그램에 대한 평가내용을 구체적으로 제시하면 다음과 같다.

- 영유아의 연령, 흥미, 발달 수준에 적합하였는가?
- 생활주제와 연관된 활동내용이었는가?
- 신체, 언어, 인지, 정서, 사회성, 창의성, 음악성 발달을 촉진하는 활동이었는가?
- 의도한 교육목표에 어느 정도 도달하였는가?

- 영유아가 스스로 탐색, 표현, 감상활동에 참여하였는가?
- 충분한 시간이 제공되었는가?
- 그림 자료, 노랫말자료, 악기, 악보, 음향 등 사용한 교수자료는 적절하였는가?
- 음악적 요소를 찾아 활용하도록 확산적인 질문을 사용하였는가?
- 감상하기, 노래 부르기, 악기 다루기, 신체표현, 창작하기 등 다양한 활동이 이루어졌는가?
- 활동과정(도입/전개/절정 및 마무리)에서의 문제점은 무엇인가?
- 음악활동을 다른 영역의 활동으로 확장하도록 유도하였는가?

다음은 음악활동 영역별 교사의 자체 평가표의 예이다.

[표 5-11] 음악활동에 대한 교사 자체 평가표

범주		내용	예	아니오
음악활동 선정		생활주제와 연계되는가?		
		유아들의 경험과 연계되는가?		
매체		그림, 손인형, 융판자료, 동영상 등의 적절한 자료를 사용하였는가?		
노래 부르기 지도	곡 선정	노래의 음역이 유아에게 적절한가?		
		노래의 길이가 유아에게 적절한가?		
		노래의 노랫말과 리듬이 반복적인가?		
	지도 과정	도입(노랫말을 소개)이 있는가?		
		교사가 정확한 음으로 노래를 불러 주는가?		
		반주 없이 멜로디만 불러 주는가?		
		한 단어(라, 나 등)로 멜로디를 다 같이 부르는가?		
		교사와 유아가 노래의 일부분씩 나누어 부르는가?		
		노래 전체를 다 함께 부르는가?		
		확장(노랫말 바꾸어 부르기)해서 부르는가?		
악기 다루기 지도	곡 선정	곡의 특징이 뚜렷하여 유아들의 악기연주에 적절한가?		
		곡의 길이가 유아에게 적절한가?		
	지도 과정	도입이나 주의 집중이 연주곡과 연계되어 있는가?		
		악기연주방법에 대한 설명이 있는가?		
		다양한 방법(예: 악기 바꾸기, 여아 남아와 나누어		

범주		내용	예	아니오
		연주해 보기 등)을 활용하여 악기연주를 하였는가?		
		유아들의 느낌이나 생각을 자유롭게 표현하도록 허용하였는가?		
신체 표현 지도	활동 선정	영유아 신체 발달에 적합한가?		
		활동주제를 신체로 표현하기에 적합한가?		
	지도 과정	동작의 요소를 근거로 한 신체활동이었는가?		
		기본운동(이동, 비이동, 조작적) 동작이 활용되었는가?		
		구조적, 반구조적 신체표현활동이 포함되어 있는가?		
		음악개념과 관련된 신체표현활동이 포함되어 있는가?		
		창의적 신체표현활동이 포함되어 있는가?		
		음악과 함께 자유롭고 다양하게 표현하였는가?		
		신체표현을 도와줄 소도구가 적절하였는가?.		
감상 지도	곡 선정	곡의 특징이 뚜렷하여 유아들이 듣기에 적절한가?		
		곡의 길이가 유아에게 적합한가?		
	지도 과정	도입이나 주의 집중이 감상곡과 연계되어 있는가?		
		감상곡에 대한 설명(곡의 배경, 작곡자 등)이 있는가?		
		감상곡에 대한 유아의 느낌에 대해 이야기 나누었는가?		
		다양한 방법을 활용하여 감상곡을 들었는가?		
		유아들의 느낌이나 생각을 자유롭게 표현하도록 허용하였는가?		
마무리		음악활동의 목표에 대한 평가를 하였는가?		
		음악활동시간이 끝났음을 알리고 다음 활동을 소개하는가?		

출처: 이춘자·조인경(2013) 재구성.

(2) 교사 자신의 자질(역량) 평가

영유아 교사는 무엇보다 음악지도를 할 수 있는 역량을 갖추어야 한다. 전 국민의 음맹(音盲) 탈출을 주창한 헝가리는 유·초등교사의 자격 기준에 음악지도 능력을 최우선시 하였음을 우리는 간과해서는 안 된다.

윤지영·김영연·양옥승(2015)은 영유아 교사의 음악교수 능력을 평가할 수 있는 도구를 개발하였다. 이 검사 도구는 유아교사의 음악교과내용에 대한 지식, 음악교육과정에 대한 지식, 음악교수-학습방법에 대한 지식, 학습자에 대한 지식을 평가하는 내용으로 구성되었다.

[표 5-12] 유아교사 음악교수 능력 평가 도구

	항목	내용
교과내용에 대한 지식	1	나는 음악(예: 나비야, 비행기 등)을 듣고 2/4박자, 4/4박자인지를 구별할 수 있다.
	2	나는 음악을 듣고 장조인지 단조인지 알 수 있다.
	3	나는 셈여림(p~f)을 구별하여 정확하게 연주할 수 있다.
	4	나는 빠르기 말(adagio, andante, moderato, allegro)을 알고 빠르기 순서로 나열할 수 있다.
	5	나는 동요를 반주할 때 V(솔시레)와 V6(시레솔)의 차이를 구별할 수 있다.
	6	나는 음악을 듣고 형식을 알 수 있다(예: 론도형식의 음악을 듣고 A, B부분을 구별할 수 있다).
	7	나는 음악감상곡을 듣고 주제 선율을 알 수 있다.
	8	나는 음악을 듣고 한손으로 리듬을 정확히 칠 수 있다.
	9	나는 처음 보는 악보를 보고 노래를 부를 수 있다.
	10	나는 악보에 씌여진 효과음(예: 트레몰로, 악센트 등)을 보고, 악기(북, 마카라스, 우드블럭, 실로폰, 우크렐레 등)로 연주할 수 있다.
	11	나는 동요의 반주를 할 수 있다.
	12	나는 기본 동작(walking, running, galloping, skipping 등)을 시범 보일 수 있다.
	13	나는 작곡(예: 동시를 노래로 바꾸기)을 할 수 있다.
	14	나는 음악을 감상할 때 음악의 형식 및 박과 리듬, 주제 선율 등을 알 수 있다.
	15	나는 노래 부르기(2/4, 3/4, 4/4박자) 활동 시 정확하게 지휘할 수 있다.
교육과정에 대한 지식	16	나는 음악교육활동(노래 부르기, 악기 연주, 음악감상 및 신체표현 등)을 위해 음악적 요소 및 개념을 고려하여 개념망 또는 활동망을 작성할 수 있다.
	17	나는 한 가지로 시작하여 두 가지 이상의 예술 영역 간의 통합으로 확장하여 표현활동(음악, 움직임과 춤, 극 놀이 등) 계획안을 작성할 수 있다.

	18	나는 음악교육활동을 위해 여러 유형(개별활동, 소집단활동, 대집단활동)으로 다양하게 진행할 수 있다.
	19	나는 음악 영역 이외의 흥미 영역에도 음악교육활동을 위한 자료를 제시할 수 있다(예: 나는 쌓기 영역에서는 음의 고저와 관련된 활동, 수·조작 영역에서는 리듬 패턴과 관련된 활동 등을 제시할 수 있다).
	20	나는 유아가 언어(말, 동시, 동요)와 매체(주변에서 볼 수 있는 사물)를 사용하여 역할극, 인형극, 노래극, 동극 등으로 자신을 표현할 수 있도록 계획안을 작성할 수 있다.
	21	나는 음악교육활동(노래 부르기, 악기 연주, 음악감상 및 신체표현 등)을 계획할 때 음악교육내용(음악적 개념 및 음악활동유형)을 선정, 제시할 수 있다.
	22	나는 음악교육활동(노래 부르기, 악기 연주, 음악감상 및 신체표현 등)을 위해 목표를 설정할 수 있다.
	23	나는 유아가 자신의 생각과 느낌을 신체를 이용하여 표현할 수 있도록 계획안을 작성할 수 있다.
	24	나는 교육과정 영역(신체운동·건강, 의사소통, 사회관계, 예술경험, 자연탐구 영역)을 통합하여 음악교육활동을 계획할 수 있다.
	25	나는 유아가 예술감상에 흥미와 관심을 가질 수 있도록 계획안을 작성할 수 있다.
교육과정에 대한 지식	26	나는 음악과 관련된 곳에 종사하는 사람 또는 음악 관련 전문가를 초대하거나, 유아들과 함께 지역사회에서 열리는 음악공연을 관람하도록 계획할 수 있다.
	27	나는 음악교육활동과정에서 유아의 음악적 발달을 고려하여 형태를 변형할 수 있다[예: 악기 연주를 할 때 유아의 음악적 발달을 고려하여 수준별로 다양한 리듬 패턴(또는 음정패턴)을 달리하여 활동을 제안할 수 있다].
	28	나는 유아가 일상생활 속에서 음악활동과 관련된 의견과 생각을 교환하도록 허용적인 분위기를 조성할 수 있다.
	29	나는 유아의 활동을 평가하기 위하여 면담을 통한 질문, 이야기 나누기 관찰기록, 활동 결과물의 기록, 행동관찰목록표, 일화기록 등의 다양한 수집방법을 알고 있다.
	30	나는 음악교육활동을 위한 음악 영역의 환경을 제공할 수 있다[예: 나는 다양한 주법(불기, 흔들기, 두드리기, 선 튕기기 등)의 악기와 활용이 쉬운 매체(CD플레이어와 헤드폰, 다양한 그림악보, 스카프, 리본 등)를 제공할 수 있다].

	31	나는 유아가 음악적 개념(음색, 셈여림, 빠르기, 리듬 등)을 탐색하도록 계획안을 작성할 수 있다.
교수학습 방법에 대한 지식	32	나는 유아가 간단한 타악기로 즉흥연주를 하도록 지도할 수 있다.
	33	나는 유아에게 악기로 짧은 리듬 패턴을 반복하여 연주하며 노래 부르기를 하도록 지도할 수 있다.
	34	나는 유아가 여러 활동을 동시에 할 수 있는지(손뼉 치면서 노래 부르기, 악기 연주하며 노래 부르기 등) 알 수 있다.
	35	나는 음악활동에서 유아가 무엇을 잘하고 어려워하는지 알 수 있다.
	36	나는 음악적 요소(빠르기, 강약, 고저 등)에 따라 유아가 소리에 반응하여 신체동작으로 표현하는 활동을 계획하여 지도할 수 있다.
	37	나는 유아가 기본박자에 적절히 반응하는지 알 수 있다.
	38	나는 유아에게 실로폰으로 동요에 어울리는 완전 5도(도-솔) 반주를 할 수 있도록 지도할 수 있다.
	39	나는 노래 부르기 지도 시 특정 음(또는 선율)만 마음속으로 노래 부르는 활동으로 계획하여 지도할 수 있다.
	40	나는 유아가 음악에 반응하여 신체로 다양하게 표현할 수 있도록 지도할 수 있다.
	41	나는 유아에게 악기(예: 핸드벨)를 연주할 때 바른 주법을 알려줄 수 있다.
학습자에 대한 지식	42	나는 유아의 가정에서 제공해 온 음악적 경험에 대하여 알 수 있다.
	43	나는 유아가 서로 다른 두 개 이상의 음(또는 선율)을 듣고 같은지 다른지 구별하는지 알 수 있다. [예: 나는 유아가 '나비야'와 '작은 별'의 첫 두 마디 음을 듣고 서로 같은지 다른지 구별하는지 알 수 있다.
	44	나는 유아가 주어진 음을 듣고 음개념(음의 세기, 음의 고저, 음색 등)에 따라 그룹화할 수 있는지 알 수 있다.
	45	나는 유아가 그룹화한 음을 정해진 음개념(음의 세기, 음의 고저, 음색 등)에 따라 차례대로 나열할 수 있는지 알 수 있다.

출처: 윤지영 외(2015).

4) 부모의 평가

영유아는 일차적인 음악환경은 가정에서 부모와의 상호작용을 통해 음악을 경험하는 것이다. 부모의 관심에 의한 영유아의 음악적 성장에 대한 정보는 교육기관에서의 교육적 효과를 높이는 데 필수적이다. 다음은 영유아의 음악적 성향 및 사전 경험에 대한 부모 평가지의 예이다.

[표 5-13] 부모에게 보내는 질문지의 예

이름:	나이: ○○○○년 개월		
관찰된 음악적 행동	빈도		
	자주	때때로	드물게
댁의 자녀는 음악에 따라 움직이는가? (텔레비전이나 레코드음악에) - 기본박자의 느낌에 리드미컬하게 움직이는가? - 자유롭게 음악에 맞추어 움직이는가? - 손유희와 노래놀이에 맞춰 재미있게 움직이는가? 노래하기를 좋아하는가? (혼자 혹은 여럿이 함께) - 두서없이 노래를 만들어 부르는가? - 혼자 노래할 때 단순한 멜로디는 정확하게 부르는가? - 텔레비전 광고 노래나 생일 노래 같은 멜로디를 부분적으로나 전체적으로 부르는가? - 다른 사람과 노래할 때 비교적 정확하게 간단한 멜로디를 부르는가? - 놀이의 일부로서 노래하는가? (인형노래를 만드는가?) 음악을 듣는가? - 소리에 대해서 호기심을 나타내는가? (음악뿐 아니라 환경에서 나오는 소리에도) - 주변에서 나는 소리와 음악소리를 구별해 내는가? - 음악을 들으면서 장난감을 가지고 노는가? - 특정하게 녹음된 음악을 요구하거나 스스로 녹음기를 트는가? 악기를 연주하는가? - 손가락으로 피아노 건반을 눌러 보는가? - 친숙한 멜로디를 피아노나 실로폰으로 연주해 보는가? 주변에 있는 물체를 이용해서 연주하는가? - 부엌의 여러 그릇의 소리를 실험하는가? - 가구나 벽을 리드미컬하게 쳐 보는가?			
학부모 소견:			
댁에 있는 음향기기를 체크해 주세요.	□ 녹음기 □ 라디오 □ 오디오	□ 피아노 □ 텔레비전 □ 기타(　)	

출처: 안재신(2006).

다음은 부모가 직접 체크하는 가정의 음악적 환경에 관한 체크리스트이다.

[표 5-14] 가정에서의 음악 환경 체크리스트

	문항	예	아니요	비고
1	부모는 가정에서 노래를 즐겨 부른다.			
2	부모는 가정에서 악기를 연주한다.			
3	부모는 가정에서 CD 음악을 듣는다.			
4	부모는 음악에 맞춰 춤을 춘다.			
5	부모는 아동이 음악적 요소를 탐색하도록 질문을 한다.			
6	부모는 아동과 함께 노래 부르기를 한다.			
7	부모와 아동이 함께 악기연주를 한다.			
8	부모와 아동이 함께 음악에 맞춰 신체표현을 한다.			
9	부모와 아동이 함께 음악을 자주 듣는다.			
10	부모는 아동과 콘서트나 음악회를 간다.			
11	부모는 아동과 음악 프로그램(TV)을 함께 본다.			
12	부모는 아동이 차를 탈 때 차 안에서 음악을 틀어 준다.			
13	가정에는 리듬악기, 멜로디악기, 현악기 등이 준비되어 있다.			
14	가정에는 카세트 및 컴퓨터, 음악 테이프, CD류 등이 준비되어 있다.			

출처: 김연주 외(2014).

4 영유아음악적성 및 음악적 행동 검사 도구

1) 음악적성 검사

Gordon(1979)이 개발한 음악적성 측정 도구인 Primary Measures of Music Audiation (PMMA)를 Iec Music English출판사(2004)에서 번안, 제작한 음반과 그림판 검사지의 내용은 다음과 같다.

PMMA는 유치원부터 초등 저학년(4세~7세)까지의 아동을 대상으로 고안된 음악적성을 측정하는 도구이다. 이 검사는 음감과 리듬감 검사로 구성되어 있으며 내용은 소수를 제외하고 장음조와 단음조에서 모든 쉬운 음정패턴과 각 박자에서 모든 쉬운 리듬 패턴들로 이루어져 있다. 문항은 각각 40문항이다.

음감 검사와 리듬감 검사는 각각 12분 정도로 녹음되어 있는데, 연습문제를 포함해서 각각 30분 정도의 시간이 소요된다. 유아는 몇 초의 간격을 두고 들려오는 두 개의 패턴을 듣고 문항의 사물이 그려져 있는 아래 네모 칸에 들려오는 두 개의 패턴이 동일하면 웃는 아이 얼굴에 동그라미, 패턴이 다르면 찡그린 아이의 얼굴에 동그라미를 그리면 된다. PMMA 검사 지침서(1986)에 따르면 음감 검사를 먼저 실시한 후 리듬 검사를 실시하며 두 검사는 일주일 이상의 간격을 두지 않도록 하고 있다. 이 도구의 내적 합치도(Cronbach α)는 음감이 .84, 리듬감이 .75였다.

[표 5-15] Primary Measures of Music Audiation(PMMA)의 구성

구분	내 용	문 항
음 감 (40문항)	2~5개의 음으로 이루어진 장조와 단조의 패턴으로 구성되며 모든 패턴은 동일한 음가로 연주된다.	2음 - 13문항 3음 - 25문항 4음 - 1문항 5음 - 1문항
리듬감 (40문항)	여러 가지 박자(2/4, 4/8, 6/8, 5/8, 7/8)의 리듬패턴이 제시되며 모든 패턴은 동일한 음고로 연주됨	• 한 문항에서 제시되는 두 패턴의 박자가 동일함 - 28문항 • 한 문항에서 제시되는 두 패턴의 박자가 다름 - 12문항

• 음악적성 발달 검사지

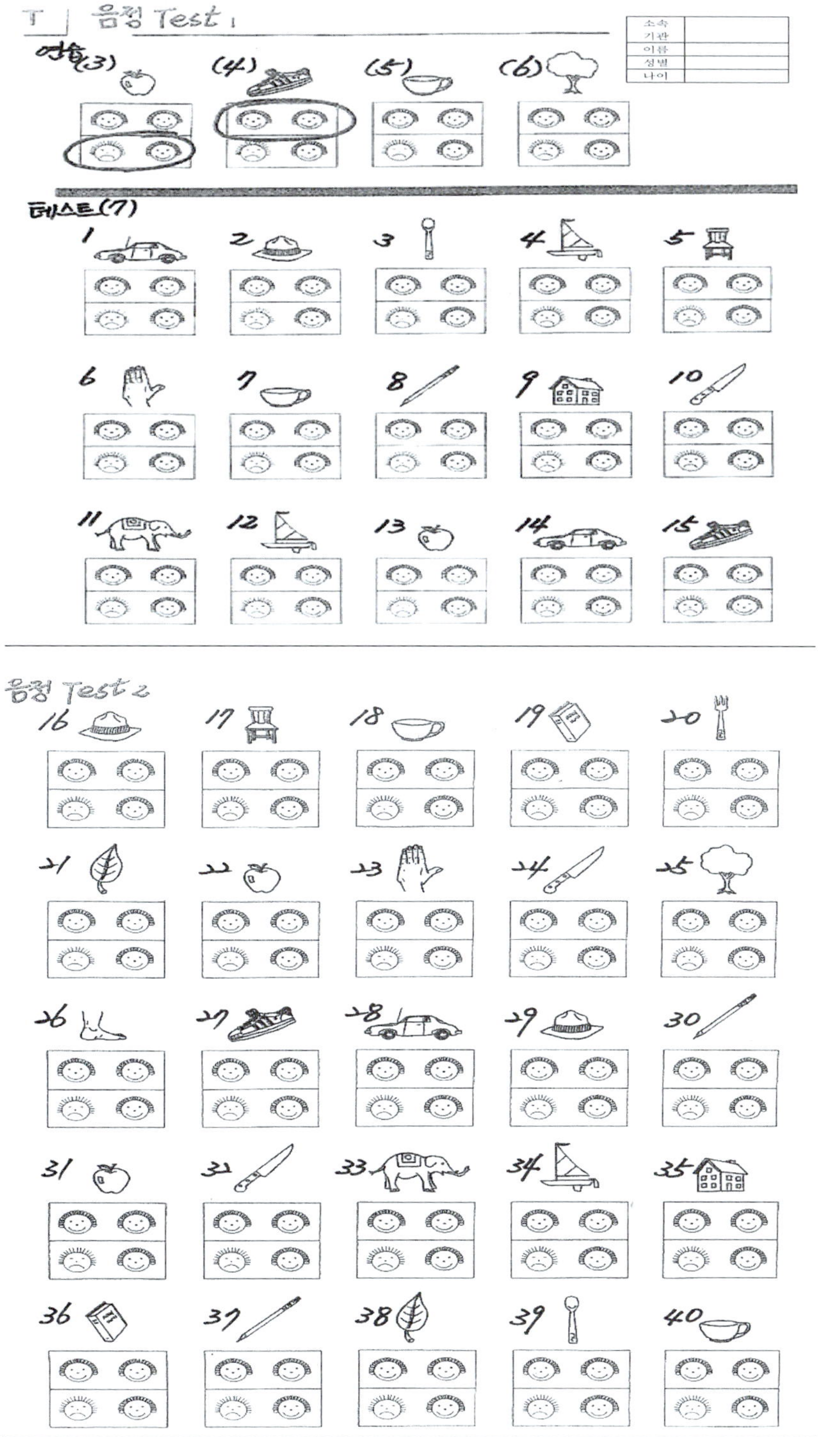

[그림 5-1] 음정 테스트

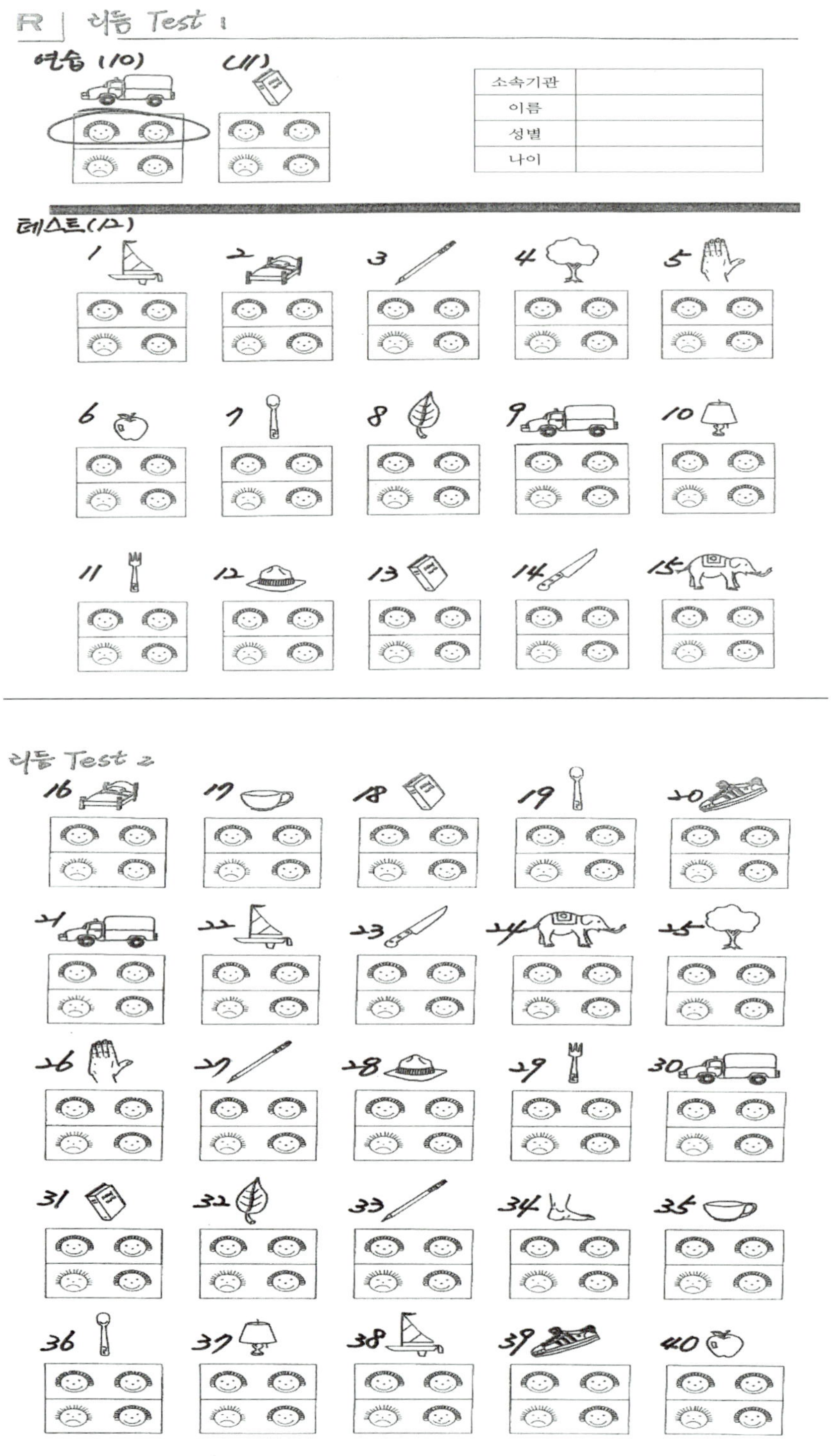
R 리듬 Test 1
연습 (10)
(11)
소속기관
이름
성별
나이
테스트(12)
1 2 3 4 5
6 7 8 9 10
11 12 13 14 15
리듬 Test 2
16 17 18 19 20
21 22 23 24 25
26 27 28 29 30
31 32 33 34 35
36 37 38 39 40

[그림 5-2] 리듬 테스트

2) 영유아음악적 성향 검사

방은영(2008)이 개발한 '유아 음악적 성향' 평정척도이다. 유아의 음악적 성향을 알 수 있는 문항, 유아의 음악 수행 관련 평가문항, 예비 연구를 통해 수집한 문항들을 비교·분석하여 요인분석과 신뢰도 검증을 거친 검사 도구이다.

전체 21문항으로 구성되어 있으며 교사가 각 문항을 읽고 유아들의 음악적 성향과 수행 능력, 참여정도 및 태도에 답하도록 되어 있다. 각 문항은 5점 척도로 '매우 그렇다 5점', '조금 그렇다 4점', '보통이다 3점', '별로 그렇지 않다 2점', '전혀 그렇지 않다 1점'으로 점수화되어 있다. 유아의 음악적 성향 평정척도 검사지는 다음과 같다.

[표 5-16] 유아 음악적 성향 평정척도

	평 가 항 목	1	2	3	4	5
1	음악에 대해 흥미를 보이고 즐거워하는가?					
2	새로운 음악교수자료와 방법에 대해 질문을 많이 하는가?					
3	음악활동의 내용과 방법 등에 대해 질문을 많이 하는가?					
4	노래 부르기와 신체표현 외에 다른 방법(즉흥 신체표현, 악기 다루기, 감상하기, 그림 그리기 등)을 사용하여 음악 표현하기를 좋아하는가?					
5	음악활동 시 주어진 과제에 흥미를 가지고 일단 시도해 보려는 자세를 지니고 있는가?					
6	음악활동 시 머뭇거림 없이 친구들 앞에서 여러 가지 표현 방식으로 잘 표현하는가?					
7	음악활동의 전개과정에서 자신의 느낌을 자신감 있게 말하는가?					
8	노래 부르기, 신체표현, 악기 다루기, 창작하기 등을 유창하게 잘하는가?					
9	음악의 요소들을 잘 변별하여 말하고 이를 여러 가지 방식으로 잘 표현하는가?					
10	음악활동 시에 교사와 또래들로부터 칭찬을 받을 때가 많은가?					
11	또래의 음악표현을 감상하고 비교적 정확하게 해석하여 말하는가?					
12	음악활동 시 교사의 설명 및 활동수행의 목표를 잘 이해					

	평 가 항 목	1	2	3	4	5
	하고 유능하게 반응하는가?					
13	음악에 대해 행복감을 표현하는가?					
14	음악과 관련된 모든 활동이 유아 자신을 즐겁게 한다고 이야기하는가?					
15	음악활동에서 자신이 느낀 즐거움을 또래에게 설명하고 함께 공유하기를 좋아하는가?					
16	음악활동에서 자신이 아이디어를 자주 말하고 수용되기를 바라는가?					
17	자기 주도적으로 음악표현방법을 선정하고 음악활동에 필요한 재료(악기 및 소품)를 선택하는가?					
18	자신의 음악활동을 스스로 계획하고 계획한 대로 활동을 잘 수행하는가?					
19	자신이 음악에 대해 이해하지 못하거나 음악적 표현이 미숙할 때 그 이유를 알고 싶어 하고 해결하려는 의지를 보이는가?					
20	음악활동에 집중하고 지속적으로 참여하며 마무리를 잘 하는가?					
21	차후 음악활동에 대한 지속적인 기대감을 보이는가?					

3) 영유아음악개념 검사

김춘희(1994)가 이건용(1987)의 청각을 통한 '음악능력 평가 시스템 검사' 중 유아에게 적합한 문항만을 선별하여 작성한 검사지이다. 검사 문항은 총 18문항이며 가락, 리듬, 화음, 음색, 표현법, 셈여림의 범주별로 각 3문항씩 구성되었다. 문제의 유형은 녹음된 문항을 듣고 두 예가 서로 같은지 다른지를 예/아니오 로 답하는 방식이다. 문항당 맞으면 1점, 틀리면 0점을 주어 최하 0~18점까지 주어진다.

4) 영유아 듣기 검사

김춘희(1994)가 이연섭(1980)의 '학습 준비도 검사' 중 청각 기능에 관련된 문항을 선별하여 만든 것이다. 검사문항은 총 24문항으로 청각변별 16문항, 청각기억 8문항으로 구성되었다. 각 문항당 맞으면 1점, 틀리면 0점, 최하 0~24점까지 주어진다.

• 검사 항목의 예는 다음과 같다.

*듣기검사 항목의 예

1. 주위에서 들을 수 있는 소리 알아 맞히기

① 기차소리	② 눈밟는 소리	③ 예식장 소음	④ 병아리	⑤ 호랑이	⑥ 양

2. 리듬악기 소리 알아 맞히기

① 북	② 트라이앵글	③ 우드블럭	④ 탬버린	⑤ 캐스터네츠

3. 빠른 소리와 느린 소리 구별하기(박자기로 녹음하기)

① 안단테(92)-알레그로(138)	② 프레스토(200)-알레그로(152)
③ 안단테(100)-아다지오(72)	④ 모데라토(112)-알레그로(138)
⑤ 안단테(92)-모데라토(112)	

4. 3가지 소리를 차례로 맞히기

① 캐스터네츠-트라이앵글-작은북	② 방울-탬버린-우드블럭
③ 트라이앵글-방울-탬버린(트레몰로)	

5. 박자치기를 한 번 듣고 따라 하기(손뼉치기)

참고문헌

교육과학기술부 · 서울특별시유아교육진흥원(2010). **종일제 특성화 프로그램.** 서울: 아해뮤직.

강보라(2017). **영유아음악교육.** 서울: 창지사.

김연주 · 양연숙 · 김현지(2014). **영유아음악교육.** 서울: 창지사.

김현(2017). **키위 교육학**. 서울: 북이그램.

김현자 · 장은정 · 서화니 · 오지영(2015). **영유아음악교육의 이론과 실제.** 서울: 동문사.

남기원 · 김남연 · 김명정(2017). **영유아음악교육.** 경기: 공동체.

방은영(2008). 유아 음악성 계발을 위한 프로그램 구성 및 적용효과. 중앙대학교 대학원 박사학위논문.

신태식(2013). **중등 교육학 논술.** 서울: 열린교육.

심성경 · 이희자 · 이선경 · 김경의 · 이효숙 · 박주희(2013). **영유아음악교육.** 경기: 양서원.

안제신(2006). **유아음악교육.** 서울: 교육과학사.

윤지영 · 김영연 · 양옥승(2015). 유아음악 교수내용 지식 측정 척도 개발. 음악교육연구, 44(1), 141-165.

이미화 · 엄지원 · 정주영(2014). 영아보육 질 제고를 위한 평가도구 개발 및 활용방안. 육아정책연구소.

이정림 · 정주영 · 최효미 · 오유정 · 이정아(2014). '3-5세 누리과정 유아관찰 척도'를 활용한 누리과정 효과 분석연구. 육아정책 연구소.

이춘자 · 조인경(2013). **예비교사와 현직교사를 위한 유아 음악교육.** 서울: 창지사.

장은주 · (2017). **유아음악교육.** 서울: 양서원.

하정희 · 조영진 · 강혜정(2014). **유아음악교육.** 경기: 공동체.

황해익 · 송연숙 · 최혜진 · 정혜영 · 이경철 · 민순영 · 박순호 · 손원경(2001). **유아교육기관에서의 포트폴리오 평가.** 서울: 창지사.

Memo

Chapter 06

영유아음악교육 환경

사람은 태어날 때 누구나 저마다의 음악적 능력을 가지고 태어난다고 한다. 하지만 음악적 능력은 출생 후의 사회문화적인 경험에 의해 변화된다고 많은 학자들은 보고하고 있다. 풍부한 음악적 환경을 접하고 음악교육을 경험하는 영유아는 태어날 때의 음악적 능력과 상관없이 그 능력이 다르게 성장한다고 한다. 음악적 능력 발달의 결정적 시기인 영유아기에 질 높은 음악경험과 풍부한 음악환경을 제공해 주는 일은 중요하다.

이 장에서는 영유아교육기관의 음악환경과 가정에서의 음악환경, 지역사회와 연계한 적절하고 이상적인 음악환경을 알아보고자 한다. 영유아교육기관의 환경지침은 교육과학기술부, 보건복지부. 연령별 누리과정 교사용 지침서(2013)를 인용하였다.

1 영유아교육기관의 음악환경

적절한 교재와 교구가 갖추어진 유치원과 어린이집의 물리적 환경은 프로그램의 질적 수준에 영향을 미치는 중요한 요인이다. 환경구성은 영유아의 심리적 안정, 신체적 안전, 발달적 적합성, 다양성을 고려하여 구성하는 것이 바람직하다.

영유아교육기관에서 일반적인 환경구성의 원리는 다음과 같다(교육과학기술부·보건복지부, 2013).

가. 공간은 영유아가 활동할 수 있을 만큼 충분히 넓어야 한다.

나. 시설 설비와 교구는 영유아의 연령 및 신체 발달에 적합하여 유아가 성인의 도움 없이 스스로 사용하고 정리할 수 있도록 한다.

다. 영유아에게 매력적이고 교육적으로 의미 있는 활동을 제공하도록 환경을 구성한다. 이를 위해 영유아에게 활동선택권을 주는 다양한 흥미 영역을 실내외 공간에 배치할 수 있다.

라. 청결하고 안전한 환경을 제공하고 적정 온도나 습도를 유지해야 한다.

마. 환경은 영유아의 발달 특성에 적합하여야 한다. 예를 들면, 영유아의 연령이 낮을수록 일상적이고 개별적인 보살핌을 위한 환경구성이 필요하고, 감각적인 경험의 기회가 많이 포함되는 환경을 제공한다.

바. 영유아가 장시간 유치원이나 어린이집에 머물 경우 혼자 놀거나 쉴 수 있는 공간이 필요하며, 일상적인 보살핌이나 낮잠을 위한 물건이나 놀잇감 보관을 위한 저장 공간을 마련한다.

1) 실내 환경

영유아의 교수학습을 지원하기 위해 실내에 일상생활영역, 쌓기놀이 영역, 언어 영역, 역할 놀이 영역, 수·조작 영역, 과학 영역, 음률 영역, 미술·조형영역 등의 흥미 영역을 구성하여 기본생활, 신체운동·건강, 의사소통, 사회관계, 예술경험, 자연탐구 등을 다양한 활동으로 전개할 수 있도록 한다. 흥미 영역에 제시되는 활동이나 자료는 주간 및 일일 주제와 관련되도록 한다. 또한 게임, 발표, 토의, 관찰, 실험, 조사, 현장체험 등 다양한 유형의 활동과 연계되도록 하여 영유아의 학습을 심화시킬 수 있도록 운영한다.

흥미 영역의 수는 전체 공간의 크기, 영유아의 수, 연령, 흥미를 고려하여 조절할 수 있다. 대체로 연령이 많아질수록 흥미 영역 개수가 늘어나며, 영유아의 흥미에 따라 흥미 영역을 가감하기도 한다. 흥미 영역은 1년에 3~4번 위치를 바꾸어 줌으로써 변화를 줄 수 있다. 흥미 영역 배치 공간의 크기, 소음, 채광, 물의 사용 여부 등을 고려하며, 벽에 붙이는 부착물은 영유아의 눈높이에 맞추어 게시한다. 모든 교재교구는 안전과 위생을 고려해야 한다.

흥미 영역구성과 배치는 영유아들이 의논하여 자율적으로 정할 수 있다. 영유아들에게 선택의 기회를 줌으로써 그들의 의견과 관심을 존중하는 영역구성을 할 수 있을 뿐 아니라, 영유아들이 흥미 영역의 활동에 더 흥미를 가지고 참여하여, 영유아 스스로 흥미 영역 정리를 잘 할 수 있게 한다(교육과학기술부·보건복지부, 2013).

(1) 자유선택활동에서의 음률 영역

흥미 영역에서 음률 영역의 공간구성은 Frost의 실내 영역구성 원리에 따라 구성하는 것이 효과적이다. Frost는 흥미 영역 공간구성을 제1영역은 건조하고 조용한 곳(언어, 이야기 나누기, 수, 조작놀이), 제2영역은 건조하고 활동적인 곳(음률, 역할, 쌓기 놀이), 제3영역은 물이 있고 조용한 곳 (미술, 조형활동), 제4영역은 물이 있고 활동적인 곳(과학실험, 요리하기, 물놀이)으로 구분하였다. 영유아를 위한 음률 영역은 건조하면서 활동적인 공간인 제2영역이 적절하며, 이를 그림으로 제시하면 다음과 같다.

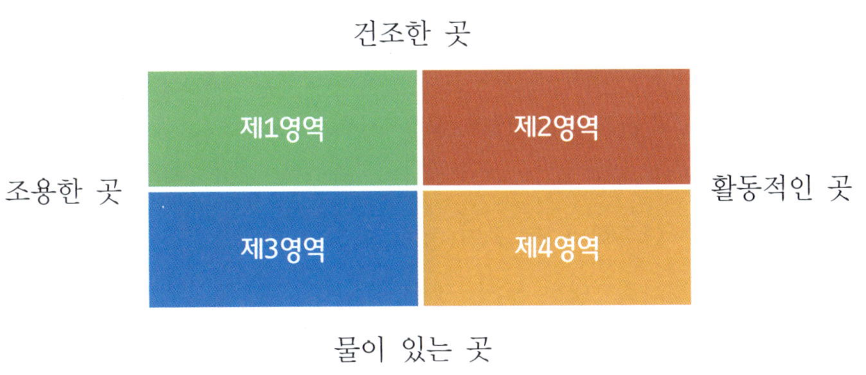

[그림 6-1] Frost의 실내 흥미영역 공간 구성

① 음률 영역 구성

음률 영역은 생활 주변에서 듣는 다양한 소리에 관심을 가지고 탐색하고, 음악을 듣고 노래를 부르고 여러 가지 악기를 다루어 보고 음악에 맞추어 자유롭게 몸을 움직이거나 창의적인 신체표현활동을 경험하는 영역이다. 영유아는 음률 영역의 활동을 통해 음악적 아름다움의 요소를 찾아보며, 음악이나 움직임과 춤으로 표현하고, 음악을 감상하는 능력을 키운다. 음률 영역은 음악에 맞추어 신체를 자유롭게 움직일 수 있는 충분히 넓은 공간이 필요하며, 소음이 많이 나는 영역이므로 다른 영역의 활동에 방해가 되지 않도록 배치하며 바닥에는 카펫을 깔아 안정된 분위기를 조성하며 소음도 줄일 수 있도록 한다.

- 영유아교육기관에서의 음률영역 구성원리는 다음과 같다.

- 음률 영역은 하나의 독립된 공간으로 구성하되 건조하고 활동적인 영역으로 역할놀이나 쌓기 놀이와 인접하여 연관성을 살려 배치한다.
- 자유로운 탐색과 신체활동 등 다양한 활동전개를 위한 충분한 공간을 갖추어야 한다.
- 악기와 교구를 종류와 쓰임새에 따라 교구장이나 선반에 적절하게 배치한다.
- 악기와 교수자료, 다양한 기자재의 사용방법을 제시하고 사용 후 정리할 수 있도록 표시를 한다.
- 교구장이나 벽면을 음악적인 분위기가 나도록 꾸민다.
- 카펫이나 커텐 등을 이용하여 최대한 소음을 줄인다.
- 사용한 악기나 음악관련 책, 교수자료들은 주기적으로 교체한다.

② 놀잇감 및 교재·교구(교육과학기술부·보건복지부, 2013)

- 기본 교구: 녹음기, 헤드폰, 카세트테이프, 다양한 음악 테이프나 CD, 악보, 악기 관련 사진, 각종 연주회나 춤 공연 등의 사진이나 동영상 자료 등
- 생활 속 악기: 젓가락, 냄비 뚜껑, 깡통, 빨래판, 체, 콩, 부채 등
- 우리나라 전통 악기류: 장구, 소고, 북, 꽹과리, 가야금, 피리 등
- 외국 악기류: 리듬악기(예: 탬버린, 캐스터네츠, 트라이앵글, 마라카스 등), 멜로디 악기(예: 실로폰, 멜로디언, 키보드, 피아노 등)

– 스카프, 리본, 작은 낙하산 등의 신체표현 도구나 음악 연주회나 춤 공연, 오페라 등에서 공연자가 입는 무대의상 등

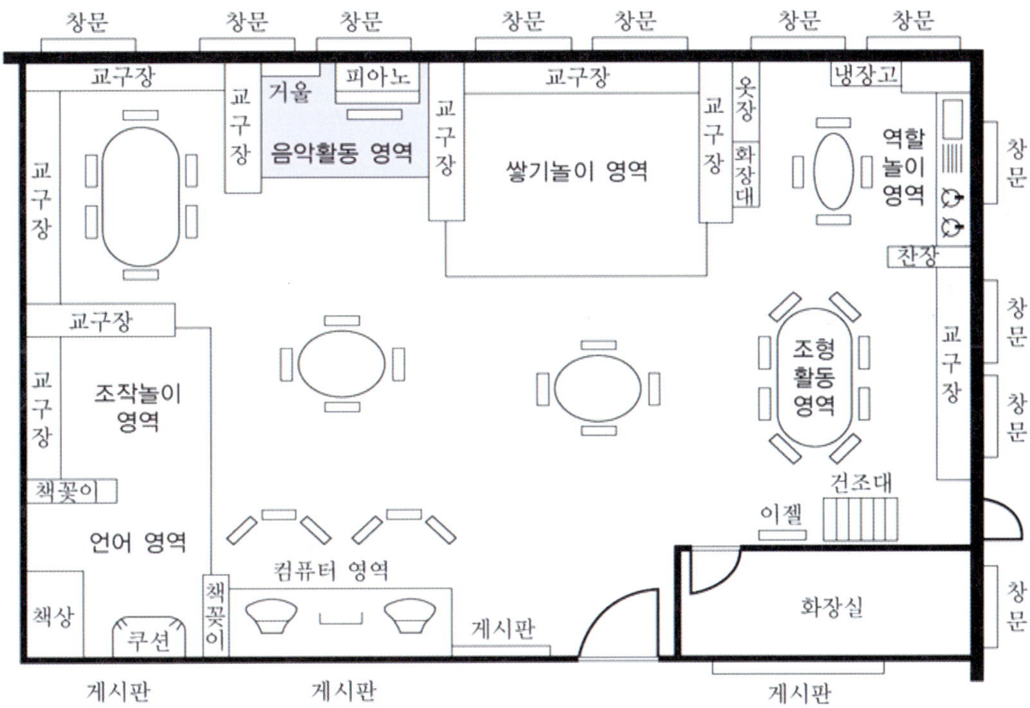

[그림 6-2] 영유아교육기관 음률 영역 배치의 예(이기숙 외, 2000)

[그림 6–3] 음률영역 놀잇감 및 교구

③ 연령별 음률 영역구성의 예(교육과학기술부· 보건복지부, 2013; 권세경 외, 2015 재인용)

– 만 18개월 미만의 영아는 리듬악기나 소리 나는 물건을 탐색하고, 친숙한 노래를 반복해 들음으로써 리듬감과 창의적인 표현 및 의사소통기술이 발달하게 된다. 자유롭게 표현하고 움직일 수 있는 충분한 공간과 다양한 악기, 노래테이프, 카세트 등을 마련해 주도록 한다.

– 36개월 미만의 유아는 악기를 탐색하고 연주하는 것을 즐긴다. 낮은 교구장에 악기와 놀잇감을 배치하고, 바닥에 악기그림을 붙여 사용 후 정리하기 쉽도록 한다. 처음에는 적은 수의 악기를 내어주고 점차 늘려 가도록한다. 악기 외에 노랫말이 적힌 악보, 카세트테이프, 리본 막대 등을 마련해 준다.

– 만 3세는 다양한 장르의 음악을 듣고 자유롭게 표현해 보는 활동을 할 수 있도록 하며, 다양한 리듬악기나 유아나 교사가 만든 악기, 소리를 녹음하여 들을 수 있는

녹음기 등을 비치하여 원할 때는 언제나 활용할 수 있도록 한다.

– 만 4세는 음악과 함께 몸을 마음대로 움직여 보고 노래를 부르며, 여러 가지 악기를 자유롭게 만지고 경험을 해 보도록 리듬악기류와 유아들이 직접 만든 마라카스와 수술, 리본막대, 우드블록, 핸드벨, 실로폰, 소고 등을 제시한다. 동작활동 자료로 다양한 동작카드, 한삼, 탈, 스카프, 접이부채, 응원 반짝이 수술 등이 있다.

– 만 5세는 음악을 들어보고 만들어 가는 경험을 할 수 있도록 유아 스스로 조작 가능한 CD플레이어를 제공하며, 그림으로 된 간단한 가사악보를 벽에 부착하여 간단한 연주를 해보도록 한다. 음률 영역에 전신거울을 두어 유아가 자기가 표현하는 모습을 볼 수 있도록 하여도 좋다. 음률활동을 위한 자료에는 다양한 동작카드, 한삼, 탈, 스카프, 접이부채, 응원 반짝이 수술 등이 있다.

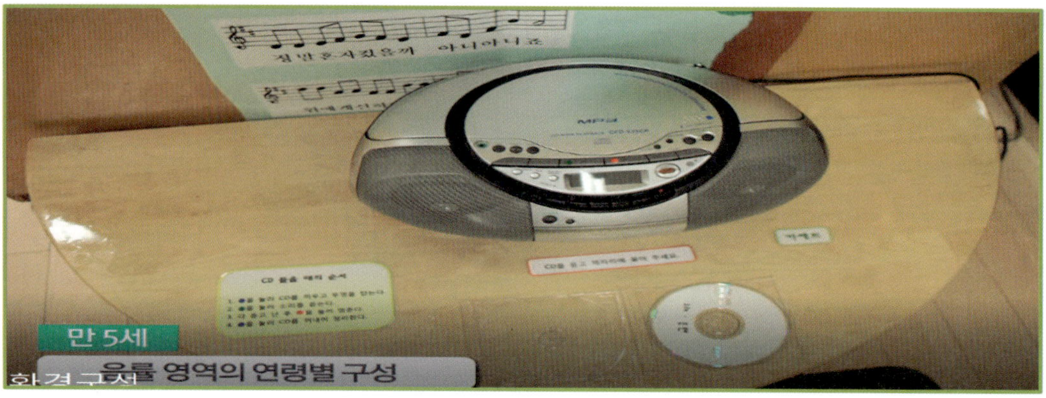

④ **유의점**(교육과학기술부· 보건복지부, 2013)

- 영유아가 스스로 음률활동에 참여할 수 있도록 여러 가지 매개체(예: 악기, 음악테이프, 리본, 의상 등)를 제공하고, 움직이는 모습을 볼 수 있도록 벽에 큰 거울을 준비해 주는 것도 좋다.
- 공연 관람, 지역인사나 전문가 초대, 비디오 관람 등 다양한 방법으로 움직임과 춤 경험, 음악적 표현 및 감상활동을 하도록 한다.
- 영유아가 소리를 정확히 변별하는 활동을 할 때는 집중할 수 있도록 주변 소리를 차단하는 장치를 하도록 한다.
- 움직임이나 춤과 관련된 활동을 할 때 신체 접촉을 꺼리는 영유아가 있으면 강요하지 않도록 하며, 서로 부딪히거나 다치지 않도록 미리 주의를 준다.
- 우리나라가 전통악기와 함께 다른 나라의 악기를 다양하게 준비하고, 영유아가 쉽게 다룰 수 있는 리듬악기나 타악기에서 시작하여 점차 멜로디 악기로 확장한다.

2) 실외 환경

실외 환경은 영유아들의 전인적 성장 발달을 촉진시키는 복합적인 기능을 수행할 수 있도록 몇 가지 영역으로 구분하여 구성하도록 한다. 바깥 놀이터는 영유아들이 마음껏 뛰어놀 수 있는 장소이며 날씨의 변화와 자연현상을 감각적으로 느낄 수 있는 곳으로, 영유아에게 즐거움을 주는 장소이다. 위험하지 않으면서 모험적이며 도전적인 놀이, 다양하고 창의적인 놀이를 할 수 있도록 구성한다. 따라서 바깥놀이 시설은 영유아의 안전을 위해 「어린이 놀이시설 안전관리법」에 따른 시설 기준을 적용하여 설치하도록 한다. 실외 환경은 정적인 영역과 동적인 영역을 분리하여 달리기, 공 놀이 자전거타기, 물·모래 놀이 등 적극적인 활동은 동적활동 영역에, 작업하기, 휴식하기, 책읽기 등은 정적인 활동 영역에 배치한다.

실외 환경의 영역은 운동 놀이 영역, 모래·물 놀이 영역, 자연탐구 및 관찰 영역, 작업 영역, 휴식 영역 및 놀잇감을 보관할 수 있는 보관창고 등으로 구성하며, 외부의 차량이나 사람들로부터 영유아를 보호할 수 있도록 울타리나 담장으로 둘러싸고, 전체적인 바깥놀이활동을 교사가 잘 감독할 수 있도록 영역을 구성한다. 실외놀이 환경에서도 영유아가 스피커를 통해서 상시 음악을 듣고 즐길 수 있도록 시설을 구성하는 것도 중요하다고 하겠다(교육과학기술부·보건복지부, 2013).

- 실외환경의 영역은 다음과 같다(권세경 외, 2015 재인용).

① 운동 놀이 및 작업 영역

그네, 미끄럼틀, 시소, 정글짐, 평균대 등의 대근육을 위한 시설과 터널, 흔들 사다리, 대형 적목, 각종 집짓기 도구 등의 시설이 마련되어야 한다.

② 모래·물 놀이 영역

모래 영역과 물 영역은 영유아의 관심이 많은 영역으로 서로 인접하여 배치하며 사용하는 도구를 공유하기도 하는데, 교사는 물과 모래를 각별하게 관리해야 한다. 여름철에는 파라솔을 설치해 그늘 아래에서 활동할 수 있도록 한다.

③ 자연탐구 및 관찰 영역

동물을 기를 수 있는 공간과 식물을 재배하는 공간은 영유아들이 가장 좋아하는 영역이다.

동·식물 영역에 영유아가 직접 참여하며 동물을 사랑하는 마음과 자연환경의 변화를 관찰할 수 있도록 한다.

④ 휴식 영역

나무그늘, 잔디밭 등에 의자를 배치하여 휴식공간을 꼭 마련해 준다. 영유아들은 대근육활동을 심하게 하고난 뒤에는 꼭 휴식이 필요하다.

⑤ 바닥 및 통로

실외 환경의 바각은 놀이 영역에 따라 다르게 마련한다. 흙바닥은 땅파기 흙 놀이에, 모래바닥은 그네, 시소 등의 시설물 바닥에, 시멘트나 타탄 등은 자전거 타기 등에, 잔디는 뛰어 놀거나 공놀이, 휴식 등의 공간으로 활용된다. 또한 직선, 곡선, 오르막 등 다양한 형태의 통로를 마련해 주어 영유아의 경험을 확장시킨다.

2 가정에서의 음악환경

가정은 영유아가 출생한 후 자연스럽게 음악을 접하는 최초의 환경이다. 가정의 음악환경은 영유아가 교육기관에 입학하기 전 이미 비형식적인 형태의 음악교육이 이루어지고 있다고 볼 수 있으며, 이러한 음악적 경험은 교육기관의 음악교육과 연결될 때 영유아의 음악적 성장과 발달은 극대화될 것이다. 또한 가정의 음악환경은 영유아가 교육기관에 입학한 후에도 일관성 있게 제공되어야 한다.

- 가정의 음악환경 조성을 위한 구체적인 방법을 살펴보면 다음과 같다.

– 일상생활 속에서 음악을 접하는 습관을 길러준다. 이를 위해서 부모가 먼저 음악을 즐겨 듣는 생활 분위기를 조성해야 한다.

– 가정에 소리 탐색을 지원하는 다양한 유아용 악기를 준비하고 긍정적인 지원을 한다.

– 음악을 들을 수 있는 오디오와 다양한 장르의 음반을 준비한다.

– 생일이나 특별한 날 가족과 함께 연주회를 준비하는 등 다양한 음악활동을 즐긴다.

– 가족이 함께 어린이 뮤지컬이나 음악 관련 공연을 함께 보며 문화생활을 향유한다.

– 부모는 교육기관의 음악활동 정보(가정통신문)를 영유아와 함께 공유하고 즐긴다.

3 지역사회와 연계된 음악환경

지역사회의 음악적 환경은 영유아에게 폭넓은 경험을 제공한다. 그러므로 지역사회와 가정 및 영유아교육기관과의 연계교육은 더욱 절실히 요망된다. 지역사회의 전문 연주단체나 전문 인력의 연계 프로그램은 영유아의 음악적 성장을 효과적으로 지원할 수 있다.

- 지역사회의 음악환경을 효과적으로 영유아교육에 활용하는 방법을 제시하면 다음과 같다.

- 지역의 시장, 거리, 역, 터미널, 비행장, 소방서, 응급실, 악기공장, 공원, 자연체험장 등의 시설에서 나는 다양한 소리를 들을 수 있는 기회를 마련한다.
- 악기를 만드는 곳이나 파는 곳(악기점)을 방문하여 다양한 악기소리를 감상하고 실제 악기의 제작 과정을 볼 수 있는 기회를 가진다.
- 지역사회의 공연장에서 영유아음악관련 공연이나 리허설, 총연습 장면을 견학함으로써 음악활동에 대한 동기 유발이 될 수 있다.
- 영유아가 보다 나은 수준의 음악활동에서 동기를 얻을 수 있도록 지역 초등학교 음악수업이나 특별활동 등 연계활동에 참여하는 기회를 가진다(남기원 외, 2017).
- 지역사회의 영유아에게 유용한 텔레비전 프로그램, 비디오 목록, 인터넷 주소를 공유한다.
- 지역 영유아교육기관의 부모교육에 적극 참여한다.

참고문헌

교육과학기술부 · 보건복지부(2013). 3~5세 연령별 누리과정 교사용 지침서.

권세경 · 황혜경 · 김지영(2015). **영유아놀이지도**. 서울: 동문사.

남기원 · 김남연 · 김영정(2017). **영유아음악교육**. 경기: 공동체.

이기숙 · 이영자(2000). **유아를 위한 교수-학습방법**. 서울: 창지사.

심성경 · 이희자 · 이선경 · 김경의 · 이효숙 · 박주희(2013). **영유아음악교육**. 경기: 양서원.

Part 2

영유아음악활동의 실제

제 1장 유치원과 친구

제 2장 나와 가족

제 3장 우리 동네

제 4장 건강과 안전

제 5장 동식물과 자연

제 6장 계절 I (봄/여름)

제 7장 계절 II (가을/겨울)

제 8장 환경과 생활

제 9장 교통기관

제10장 세계 여러 나라/우리나라

제11장 생활도구

※ 본 음악활동계획서는 저자가 재직하는 학교의 유아교육학과 학생들이 수업발표한 내용을 수정·재편집하여 제시함

Chapter 01

유치원과 친구

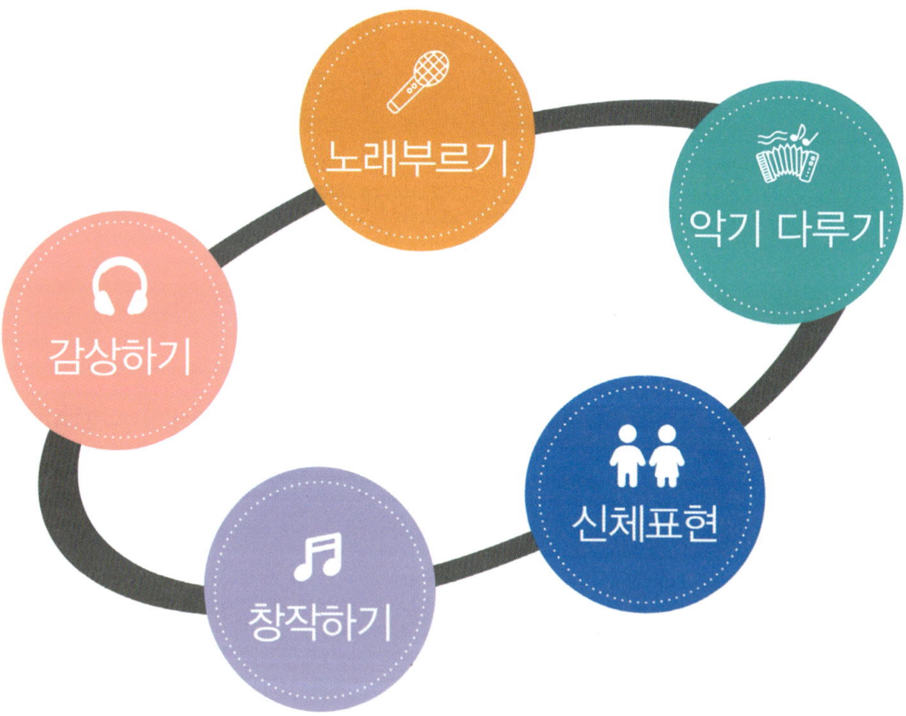

유치원과 친구-영역별 활동

감상하기	1. 장난감으로 음악을 만들어요
	2. 술래잡기
노래 부르기	1. 친구야 미안해, 사랑해
	2. 둥근 해가 떴습니다
악기 다루기	1. 유치원이 참 좋아요
	2. 반가워
신체표현	1. 하루 일과를 표현해요!
	2. 친구하고 마주보고
창작하기	1. 너와 함께라면
	2. 참 재미있었지
10개 활동	

감상하기 1. 장난감으로 음악을 만들어요

<table>
<tr><td>일시</td><td></td><td>장소
(반)</td><td></td><td>대상
연령</td><td>만 5세</td><td>지도
교사</td><td></td></tr>
<tr><td>활동명</td><td colspan="3">장난감으로 음악을 만들어요.</td><td>활동
주제</td><td colspan="3">나와 유치원</td></tr>
<tr><td>활동
영역</td><td colspan="3">감상하기(악기 다루기)</td><td>음악
개념</td><td colspan="3">빠르기, 강약, 음색, 다이나믹스</td></tr>
<tr><td>활동
목표</td><td colspan="7">1. ‘장난감 교향곡’에 대한 자신의 생각과 느낌을 자유롭게 이야기 나눈다.
2. ‘장난감 교향곡’에 맞추어 즉흥연주를 할 수 있다.</td></tr>
<tr><td>활동
자료</td><td colspan="7">음원(장난감 교향곡 1악장), 사진(레오폴드 모차르트, 종달새, 뻐꾸기, 딸랑이), 악기(트라이앵글, 우드블록, 탬버린, 카주, 장난감 나팔, 마라카스)</td></tr>
<tr><td>활동
방법</td><td colspan="7"><도입 : 전시 학습 확인 및 동기 유발>
- 지난 미술시간에 만들었던 마라카스를 보여 준다.
- 유치원에 있는 놀잇감에는 어떤 것들이 있는지 이야기 나눈다.
- 곡의 작곡가인 레오폴드 모차르트의 이야기를 들려 준다.

<전개 : 유아와의 상호작용>
- 음악감상 시 태도에 대해 이야기 나눈다.
- 모차르트의 장난감 교향곡을 감상한다.
- 음악을 듣고 난 후 느낌 / 빠르기 / 강약에 대해서 이야기 나눈다.
- 악기 소리 외에 어떤 소리가 들리는지 생각하면서 다시 음악을 감상한다.
- 악기 소리 외에 어떤 소리가 들리는지 이야기 나눈다.
- 음악에 나오는 종달새 소리, 뻐꾸기 소리, 딸랑이 소리를 듣고 목소리로 표현해본다.
- 장난감 교향곡을 유치원에 있는 악기를 이용해서 자유롭게 연주한다.
- 장난감 나팔 소리에 맞추어 합주한다.
- 악기를 연주한 느낌에 대해 이야기 나눈다.
- 자유롭게 연주했을 때와 합주를 했을 때 다른 점에 대해 이야기 나눈다.

<정리 : 활동결과 확인, Feedback 및 종결>
- 오늘 어떤 활동을 했는지 정리한다.
- 활동을 하면서 재밌었던 점, 어려웠던 점에 대해 이야기 나눈다.
- 악기를 직접 연주한 느낌에 대해 이야기 나눈다.</td></tr>
</table>

	<차시예고> – 신체영역 : 음악에 맞추어 종달새, 뻐꾸기의 움직임을 몸으로 표현하기
유의점	– 악기 연주 활동에 치우치지 않도록 주의한다. – 언제 나팔소리가 들리는지 교사는 유아에게 잘 설명해 주어야 한다.
활동 평가	1. '장난감 교향곡'에 대한 느낌과 생각을 자유롭게 표현하였는가? 2. '장난감 교향곡'에 맞추어 즉흥연주를 할 수 있는가?
확장 활동	신체활동 – 음악에 나온 동물들을 신체로 표현하기

활동자료

도입

레오폴드 모차르트(아마데우스 모차르트의 아버지)

전개(장난감 악기 소리)

뻐꾸기

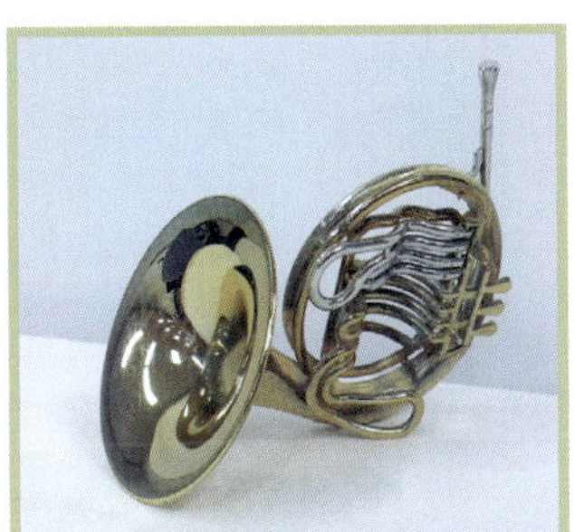

장난감 나팔

딸랑이

감상하기 2. 술래잡기

<table>
<tr><td>일시</td><td></td><td>장소
(반)</td><td></td><td>대상
연령</td><td>만 3세</td><td>지도
교사</td><td></td></tr>
<tr><td>활동명</td><td colspan="3">술래잡기</td><td>활동
주제</td><td colspan="3">유치원과 친구</td></tr>
<tr><td>활동
영역</td><td colspan="3">감상하기(신체표현)</td><td>음악
개념</td><td colspan="3">빠르기</td></tr>
<tr><td>활동
목표</td><td colspan="7">1. 감상하며 느낀 생각을 자유롭게 이야기할 수 있다.
2. 음악의 빠르기를 다양한 동작과 움직임, 포즈로 표현할 수 있다.</td></tr>
<tr><td>활동
자료</td><td colspan="7">슈만 <어린이의 정경 中 술래잡기> 음원-빠르기가 다른 2곡, 설명ppt</td></tr>
<tr><td>활동
방법</td><td colspan="7"><도입 : 전시 학습 확인 및 동기 유발>
- 유치원에서 해 본 놀이에 대해 이야기 나눈다.
- 슈만이 이 음악을 만들게 된 배경을 설명해주며 무슨 놀이를 보고 만들었을 것 같은지 물어본다. (자료: ppt)

<전개 : 유아와의 상호작용>
- 음악감상 시 태도에 대해 이야기 나눈다.
- 음악을 들으며 어떤 놀이가 떠오르는지 유의하며 음악을 들려 준다.
- 어떤 놀이가 떠올랐는지 이야기 나눈다.
- 슈만의 <술래잡기> 음악을 소개한다. (음악의 내용)
- 빠르기가 다른 2곡의 음악을 비교하면서 각각의 노래를 들으며 어떤 느낌이 들었는지 이야기 나눈다.
- 다시 한 번 음악을 들으며 술래잡기를 하는 어린이의 행동, 움직임을 떠올리며 감상한다.
- 음악을 들으며 할 신체활동을 소개한다.
- 신체활동 중의 주의사항을 숙지시켜 준다.
- 2곡의 음악을 연속해서 들으며 빠르기를 움직임, 동작, 포즈 등을 교사의 상황 제시에 따라서 표현한다.

<정리 : 활동결과 확인, Feedback 및 종결>
- 감상한 음악이 무엇이었는지 물어 본다.
- 음악을 들으며 어떤 이야기를 나누었는지 물어본다.
- 각 음악을 동작, 포즈, 움직임으로 어떻게 표현하였는지 물어본다.</td></tr>
</table>

	<차시예고> – 노래에 맞추어 술래잡기 놀이를 해볼 것임을 예고한다.
유의점	– 유아가 다양한 대답을 할 수 있도록 교사는 열린 질문으로 물어본다. – 예술활동에 치중되지 않도록 한다. – 많은 내용과 곡을 한 번에 들으므로 충분한 시간을 제공해준다.
활동 평가	1. 감상곡을 상상하며 느낌을 말로 표현할 수 있는가? 2. 음악의 느낌을 신체로 표현할 수 있는가?
확장 활동	– 신체활동–노래에 맞추어 함께 술래잡기 놀이 해보기

활동자료

- 이름: 슈만
- 직업: 작곡가
- 일생:

어렸을 때부터 음악에 관심이 많아 피아니스트가 되고자 했지만 집안에 반대가 심했다.
그럼에도 열심히 배우던 중 본인이 고안한 연습기계를 실험해보다가 손가락을 다쳐서 작곡가로 활동하게 된다.
스승의 딸인 클라라와의 결혼하며 그녀에 대한 사랑의 곡을 많이 작곡하였다.

① 술래잡기

Q. 다음 노래를 듣고 떠오르는 놀이는?

① 술래잡기

② 땅따먹기

③ 연날리기

술래잡기

술래잡기는 클라라가 슈만에게 보낸 편지 가운데 "나는 당신에게 어린애처럼 보일 때가 많은 것 같아요"라는 문장으로부터 영감을 받아 작곡하기 시작한 **어린이정경 中(중) 3번째 곡**이다.

여기저기 숨으며 안절부절하는 모습이 빠른 16분음표로 묘사된다.

어린이 다운 단순하면서도 순수한 선율만으로 구성하였다.

노래 부르기 1. 친구야 미안해, 사랑해

<table>
<tr><td>일시</td><td></td><td>장소(반)</td><td></td><td>대상 연령</td><td>만 4세</td><td>지도 교사</td><td></td></tr>
<tr><td>활동명</td><td colspan="3">친구야 미안해, 사랑해</td><td>활동 주제</td><td colspan="3">유치원과 친구</td></tr>
<tr><td>활동 영역</td><td colspan="3">노래 부르기(신체표현, 창작하기)</td><td>음악 개념</td><td colspan="3">음, 리듬, 박자</td></tr>
<tr><td>활동 목표</td><td colspan="7">1. '친구야 미안해, 사랑해' 노래를 즐겁게 부를 수 있다.
2. 노래 내용을 창의적으로 신체표현할 수 있다.</td></tr>
<tr><td>활동 자료</td><td colspan="7">노래MR, 그림 자료, 가사, 피아노</td></tr>
<tr><td>활동 방법</td><td colspan="7"><도입 : 전시 학습 확인 및 동기 유발>
- 지난 시간에 배웠던 활동을 다시 확인한다.
- 그림을 보여 주며 어떤 상황인지 이야기 나눈다.

<전개 : 유아와의 상호작용>
- '친구야 미안해, 사랑해' 노래를 들려 준다.
- 노래를 익힐 수 있도록 교사가 피아노로 멜로디를 치며 한 번 더 들려 준다.
- 노래를 어떤 감정으로 부를지 이야기 나눈다.
- 교사의 선창에 맞춰 한 소절씩 따라 불러본다.
- 가사를 자유롭게 동작으로 표현해본다.
- 동작으로 표현하는 것을 어려워하는 유아를 위해 교사가 시범을 보인다.
- 교사의 피아노 반주에 맞춰 노래하며 신체표현한다.

<정리 : 활동결과 확인, Feedback 및 종결>
- 오늘 부른 노래의 제목이 무엇인지 물어본다.
- 노래를 부르면서 재미있던 점과 어려웠던 점에 대해 이야기 나눈다.
- 노래를 부르면서 느꼈던 감정이나 느낌에 대해 이야기 나눈다.
- 어떤 부분의 가사에서 어떠한 동작으로 표현했는지에 대해 이야기 나눈다.

<차시예고>
- 미술활동-친구얼굴그리기</td></tr>
<tr><td>유의점</td><td colspan="7">- 노래를 귀와 몸으로 익힐 수 있도록 반복해서 들려 준다.
- 가사를 잘 못 읽는 유아를 위해 그림으로도 가사를 알 수 있도록 그림을 가사와 함께 둔다.</td></tr>
</table>

활동 평가	1. '친구야 미안해, 사랑해' 노래를 즐겁게 불렀는가? 2. 노래 내용을 창의적으로 신체표현할 수 있는가?
확장 활동	– 친구에게 감사 편지쓰기

활동자료

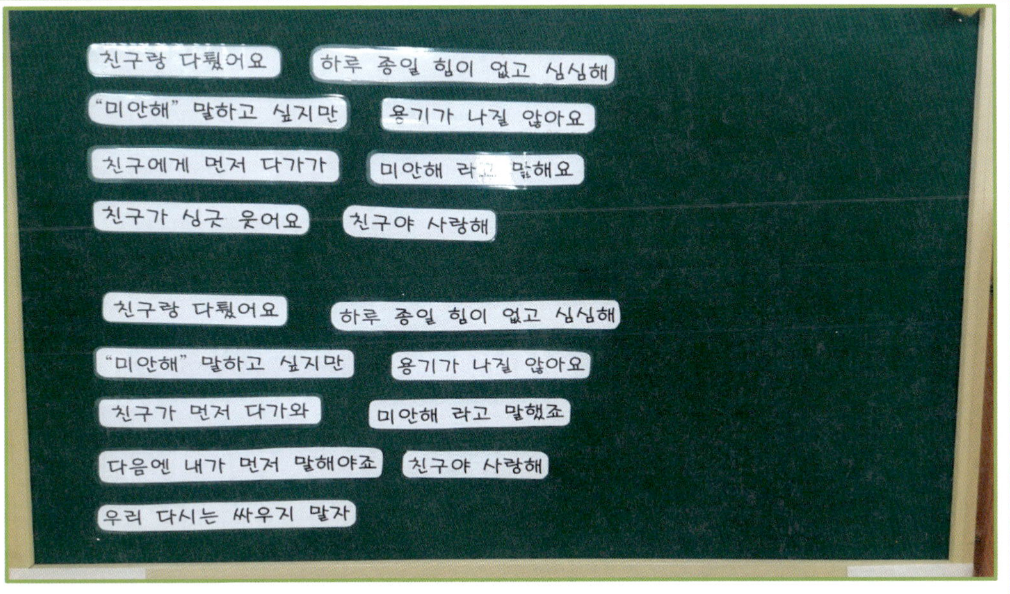

가사

그림 + 가사

노래 부르기 2. 둥근 해가 떴습니다

<table>
<tr><td>일시</td><td></td><td>장소(반)</td><td></td><td>대상연령</td><td>만 4세</td><td>지도교사</td><td></td></tr>
<tr><td>활동명</td><td colspan="3">둥근 해가 떴습니다</td><td>활동주제</td><td colspan="3">유치원과 친구</td></tr>
<tr><td>활동영역</td><td colspan="3">노래 부르기(신체표현)</td><td>음악개념</td><td colspan="3">음, 리듬, 박자, 다이내믹스, 빠르기</td></tr>
<tr><td>활동목표</td><td colspan="7">1. ‘둥근 해가 떴습니다’ 노래를 외워서 부를 수 있다.
2. 가사의 내용을 창의적으로 신체표현할 수 있다.</td></tr>
<tr><td>활동자료</td><td colspan="7">곰돌이 손인형, 가사판, 피아노, ‘둥근 해가 떴습니다’ 음원, 그림</td></tr>
<tr><td>활동방법</td><td colspan="7"><도입 : 전시 학습 확인 및 동기 유발>
- 지난 번에 읽었던 ‘곰 세 마리’ 동화를 상기하며 곰돌이 손인형을 소개한다.
- 인형과 함께 유치원에 오기 전 아침에 일어나서 했었던 일을 회상하며 이야기 나눈다.

<전개 : 유아와의 상호작용>
- ‘둥근 해가 떴습니다’ 노래를 소개한다.
- 처음부터 끝까지 노래를 들어본 후 느낌에 대해서 이야기 나눈다.
- 그림을 보면서 가사의 내용을 유추해본다.
- 가사판을 보고 가사의 내용을 알아보고 이해한다.
- 기본박에 맞춰서 모음(라, 나)으로 따라 불러본다.
- 가사판을 보고 다양한 방법으로 노래를 부른다.
(선생님과 번갈아 부르기, 친구들과 주고받으며 부르기)
- 반주에 맞춰 불러본다.
- 서로 의논하여 가사에 어울리는 신체표현을 만들어 본다.
- 노래를 부르며 신체표현을 두 번 해본다.
(첫 번째에는 선생님이 유아랑 함께, 두 번째는 반주에 맞춰 유아들끼리)

<정리 : 활동결과 확인, Feedback 및 종결>
- 노래를 부른 후 느낌과 재미있었던 점, 어려웠던 점에 대해 이야기 나눈다.
- 마지막으로 반주에 맞춰 노래와 함께 신체표현을 하며 활동을 마무리한다.</td></tr>
</table>

	<차시예고> - 다음 시간에는 동요를 들으면서 그림으로 그려보는 활동을 할 것이라 이야기한다.
유의점	- 노래의 가사와 음정에 주의하며 노래를 부른다. - 유아가 노래에 익숙해지도록 반복해서 지도한다.
활동 평가	1. 제재곡을 외워서 노래할 수 있는가? 2. 가사의 내용을 창의적으로 신체표현할 수 있는가?
확장 활동	- '둥근해가 떴습니다'의 가사를 바꿔서 불러보기 - 하루 일과에 대해 이야기 나누고 그림으로 그려보기

활동자료

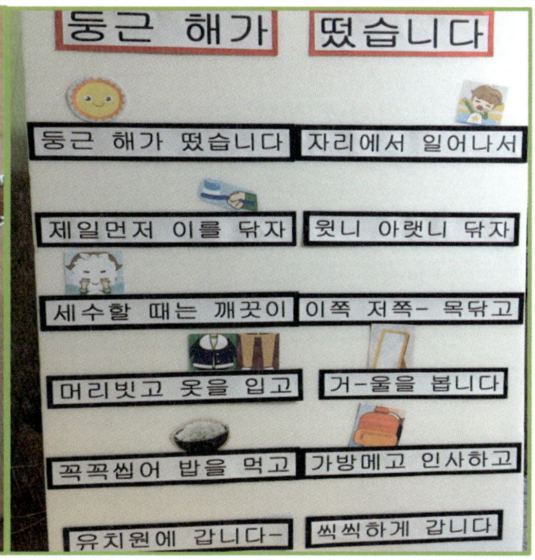

악기 다루기　1. 유치원이 참 좋아요

<table>
<tr><td>일시</td><td></td><td>장소
(반)</td><td></td><td>대상
연령</td><td>만 5세</td><td>지도
교사</td><td></td></tr>
<tr><td>활동명</td><td colspan="3">유치원이 참 좋아요</td><td>활동
주제</td><td colspan="3">나와 유치원</td></tr>
<tr><td>활동
영역</td><td colspan="3">악기 다루기(노래 부르기)</td><td>음악
개념</td><td colspan="3">리듬, 박자, 다이내믹스</td></tr>
<tr><td>활동
목표</td><td colspan="7">1. ‘유치원이 참 좋아요’ 노래에 맞춰 리듬 타악기를 연주할 수 있다.
2. 리듬 타악기의 트릴(떨기, 흔들기)을 연주할 수 있다.</td></tr>
<tr><td>활동
자료</td><td colspan="7">악기 그림 자료, 가사판, ‘유치원이 참 좋아요’ 음원, 코다이 리듬판, 리듬 악보판, 우드블럭, 탬버린, 트라이앵글</td></tr>
<tr><td>활동
방법</td><td colspan="7"><도입 : 전시 학습 확인 및 동기 유발>
- 악기에 대한 수수께끼를 통해 흥미를 유발한다.
- 오늘 연주할 탬버린, 트라이앵글, 우드블록을 소개한다.
- 오늘 할 활동을 안내한다.

<전개 : 유아와의 상호작용>
- 노래의 기본 박자에 맞춰 무릎치기를 한다.
- ‘타타타타’, ‘투–투–’, ‘타쉼쉼쉼’, ‘타티티타타’를 구음과 손뼉 치기로 연주한다.
- ‘타타타타’, ‘투–투–’, ‘타쉼쉼쉼’, ‘타티티타타’를 리듬악기로 연주한다.
- 악기별로 트릴(떨기, 흔들기)을 익힌다.
- 교사를 따라 리듬 악보를 보고 손뼉리듬을 익힌 후 리듬 타악기를 익힌다.
- 각 분단별로 다른 종류의 리듬악기를 노래에 맞춰 연주한다.
(분단별로 돌아가며 리듬악기를 연주한다).
- 교사의 피아노 반주에 맞춰 노래하며 즉흥연주한다.

<정리 : 활동결과 확인, Feedback 및 종결>
- 리듬악기별로 1명씩 나와 친구들 앞에서 연주를 해본다.
- 연주 후 느낌이 어땠는지 이야기 나눈다.
- 활동 중 새로웠던 것에 대해 이야기 나눈다.
- 오늘 사용한 리듬악기 이외에 무엇을 사용하면 좋을지에 대해 이야기 나눈다.

<차시예고>
- 다음 시간에는 오늘 사용한 리듬악기 외에 다른 악기로 연주해 볼 것임을 예고한다.</td></tr>
</table>

유의점	- 교사의 간단한 지휘로 유아들이 쉽게 연주할 수 있도록 한다. - 유아가 리듬 악보를 보며 연주를 할 수 없을 것을 유의하며 충분히 반복을 해본다.
활동 평가	1. '유치원이 참 좋아요' 노래를 듣고 박자에 맞춰 리듬 타악기를 연주할 수 있는가? 2. 리듬 타악기의 트릴(떨기, 흔들기)을 연주할 수 있는가?
확장 활동	- 유치원이 참 좋아요 노래에 맞춰 손유희 배우기 - 유치원의 좋은 점을 그림으로 그려보기

활동자료

도입

전개

악기 순서를 바꾸어 연주해 볼 수 있도록 보슬이와 까슬이를 이용해 붙였다 뗄 수 있게 제작

악기 다루기 2. 반가워

<table>
<tr><td>일시</td><td></td><td>장소
(반)</td><td></td><td>대상
연령</td><td>만 5세</td><td>지도
교사</td><td></td></tr>
<tr><td>활동명</td><td colspan="3">반가워</td><td>활동
주제</td><td colspan="3">유치원과 친구</td></tr>
<tr><td>활동
영역</td><td colspan="3">악기 다루기(노래 부르기)</td><td>음악
개념</td><td colspan="3">리듬, 박자, 음색</td></tr>
<tr><td>활동
목표</td><td colspan="7">1. '반가워' 노래에 맞춰 오스티나토 리듬을 연주할 수 있다.
2. 노래를 부르며 리듬악기를 즐겁게 연주할 수 있다.</td></tr>
<tr><td>활동
자료</td><td colspan="7">'반가워' 노래 음원, 리듬악기(트라이앵글, 탬버린, 우드블록), 가사판</td></tr>
<tr><td>활동
방법</td><td colspan="7"><도입 : 전시 학습 확인 및 동기 유발>
- 친구와 인사하는 사진을 보여 주고 이야기 나누기
- 지난 시간에 배운 '반가워' 노래에 대해 이야기 나눈다.
- 지난 시간에 배운 악기(트라이앵글, 탬버린, 우드블록)의 이름을 기억해본다.

<전개 : 유아와의 상호작용>
- '반가워' 노래를 노래의 분위기, 빠르기, 박자 등을 고려하며 듣는다.
- 노래를 따라 부르면서 다시 한 번 듣는다.
- 신체 악기로 노래에 맞춰 기본박을 연습한다.
(무릎 손뼉 손뼉 손뼉)
- 악기별로 오스티나토 리듬을 익힌다.
(트라이앵글은 '투-투-(𝅗𝅥-𝅗𝅥-)' 우드블록은 '쉼타타타'(𝄽 | | |)
탬버린은 '쉼타타쉼'(𝄽 | | 𝄽)
- 교사가 제시하는 악기별 리듬을 노래에 맞춰 말로 하며 손뼉을 쳐본다.
- 그룹별로 악기를 배정한다.
- 노래를 부르며 교사가 제시하는 리듬대로 합주해본다.
- 그룹별로 악기를 교대하여 합주한다.
- 노래에 맞춰 자유롭게 즉흥연주를 해 보도록 한다.

<정리 : 활동결과 확인, Feedback 및 종결>
- 리듬악기별로 한 명씩 나와 연주해 본다.
- 연주하면서 어려웠던 점, 아쉬웠던 점, 재미있었던 점에 대해 이야기 나눈다.</td></tr>
</table>

	<차시예고> - 다음 시간의 폐품악기 만들기 활동을 예고하고 폐품준비를 알린다.
유의점	- 악기 탐색의 주체가 교사가 아닌 유아가 되도록 한다. - 유아가 리듬 악보를 보고 연주할 수 있도록 충분히 반복한다.
활동 평가	1. '반가워' 노래에 맞춰 오스티나토 리듬을 연주할 수 있는가? 2. 노래를 부르며 리듬악기를 즐겁게 연주할 수 있는가?
확장 활동	- 직접 리듬 악보를 만들어 보고 리듬악기를 연주해 보기

활동자료

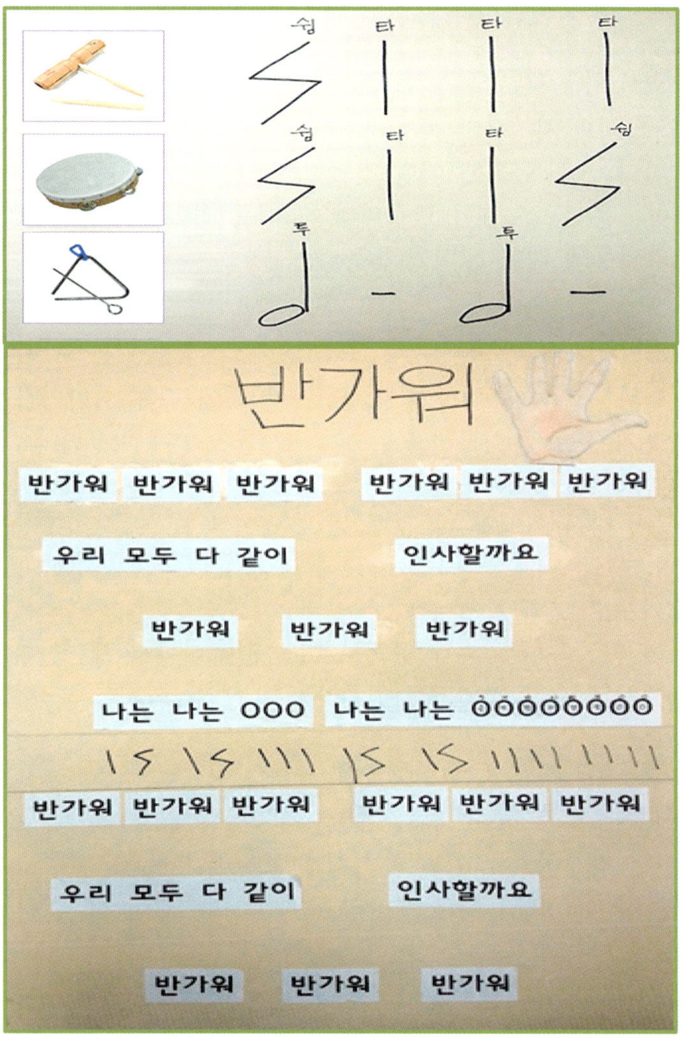

신체표현 1. 하루 일과를 표현해요!

<table>
<tr><td>일시</td><td></td><td>장소
(반)</td><td></td><td>대상
연령</td><td>만 5세</td><td>지도
교사</td><td></td></tr>
<tr><td>활동명</td><td colspan="3">하루 일과를 표현해요!</td><td>활동
주제</td><td colspan="3">유치원과 친구</td></tr>
<tr><td>활동
영역</td><td colspan="3">신체표현(감상하기)</td><td>음악
개념</td><td colspan="3">리듬, 다이내믹스(역동성)</td></tr>
<tr><td>활동
목표</td><td colspan="7">1. 하루 일과를 신체로 창의적으로 표현할 수 있다.
2. ‘둥근 해가 떴습니다’를 개사해서 부를 수 있다.</td></tr>
<tr><td>활동
자료</td><td colspan="7">동요 ‘둥근 해가 떴습니다’ MR과 음원, 하루 일과표, 가사 판</td></tr>
<tr><td>활동
방법</td><td colspan="7"><도입 : 전시 학습 확인 및 동기 유발>
- 유치원의 일과 사진을 보여주며 무엇을 하고 있는지에 대해 이야기를 나눈다.
- 우리 반의 하루 일과에 어떤 것들이 있었는지에 대해 이야기를 나눈다.
- 전시에 배운 ‘둥근 해가 떴습니다’ 노래를 기억하며 부른다.
- 오늘의 활동에 대한 설명을 듣는다.

<전개 : 유아와의 상호작용>
- 하루 일과를 신체로 어떻게 표현할 것인지에 대해 이야기를 나눈다.
- ‘둥근 해가 떴습니다’ 노래를 들으며 가사를 어떻게 바꾸면 좋을지 생각해본다.
- 교사의 시범을 보고 가사를 하루 일과에 맞추어 바꾸어 보는 활동을 한다.
- 친구들이 바꾼 가사를 다 같이 따라 읽어본다.
(이 때 교사는 바꾼 가사를 카드에 적어 융판에 붙인다.)
- 바꾼 가사로 노래 불러 본다.
- 바꾼 가사로 하루 일과를 신체로 어떻게 표현할지 생각한다.
- 바꾼 가사로 각자 창의적으로 신체표현 해 본다.

<정리 : 활동결과 확인, Feedback 및 종결>
- 자신이 신체로 표현한 하루 일과를 친구들에게 소개하고 보여준다.
- 다시한번 다같이 하루일과를 신체로 표현한다.
- 활동을 하면서 느낀 점과 재미있었던 점, 아쉬웠던 점, 어려웠던 점에 대해 이야기를 나눈다.</td></tr>
</table>

	<차시예고> – '유치원에 가면'이라는 새로운 노래를 배울 것임을 알려준다.
유의점	– 어려워하는 유아들을 위해 교사가 시범을 보여준다. – 유아들이 여러 가지 표현을 할 수 있도록 교사가 다양한 상황을 제시해준다.
활동 평가	– 하루 일과를 신체로 창의적으로 표현할 수 있는가 – '둥근 해가 떴습니다'를 개사해서 부를 수 있는가
확장 활동	– 자기만의 하루일과 책 만들기 – 자신이 가장 좋아하는 하루 일과를 골라 글이나 그림으로 표현하기

활동자료

신체표현

2. 친구하고 마주보고

<table>
<tr><td>일시</td><td></td><td>장소
(반)</td><td></td><td>대상
연령</td><td>만 3세</td><td>지도
교사</td><td></td></tr>
<tr><td>활동명</td><td colspan="3">친구하고 마주보고</td><td>활동
주제</td><td colspan="3">나와 유치원</td></tr>
<tr><td>활동
영역</td><td colspan="3">신체표현(감상하기)</td><td>음악
개념</td><td colspan="3">박자, 빠르기</td></tr>
<tr><td>활동
목표</td><td colspan="7">1. 노랫말에 따라 자신의 신체를 조절하여 표현할 수 있다.
2. 친구와 함께 신체활동에 즐겁게 참여한다.</td></tr>
<tr><td>활동
자료</td><td colspan="7">박수소리 음원, 노래 ‘친구하고 마주보고’ 음원, 노래 ‘친구하고 마주보고’ 가사판</td></tr>
<tr><td>활동
방법</td><td colspan="7"><도입 : 전시 학습 확인 및 동기 유발>
- 소리에 대한 퀴즈를 맞춰본다.
- 몸으로 낼 수 있는 다양한 소리에 대해 이야기 나눈다.
- 교실에서 여러 소리를 찾았던 지난 수업을 상기하며 오늘 활동을 소개한다.

<전개 : 유아와의 상호작용>
- ‘친구하고 마주보고’ 노래를 듣고 신체를 서로 부딪쳐 내는 소리를 찾아본다.
- 노래 속 소리들을 신체를 이용하여 내는 방법에 대해 이야기 나눈다.
- 자리에 앉은 상태에서 친구가 앞에 있다고 상상하며 노래에 맞춰 신체활동을 해본다.
- 신체표현을 하기 전 지켜야 할 약속을 정한다.
▸ 장난치지 않는다.
▸ 세게 부딪치지 않는다.
▸ 친구를 배려하며 즐겁게 한다.
- 노래를 들으며 노랫말에 맞춰 친구와 함께 자유롭게 신체를 부딪쳐 본다.
- 노래의 다양한 빠르기에 맞춰 신체활동을 해본다.

<정리 : 활동결과 확인, Feedback 및 종결>
- 몇 쌍의 유아가 앞으로 나와 노래에 맞춰 신체표현을 해본다.
- 활동을 하며 재미있었던 점이나 어려운 점에 대해 이야기를 나눈다.

<차시예고>
- 신체를 부딪쳤을 때 나는 소리를 유아가 이야기한 말로 노랫말을 바꾸어 동작해보기</td></tr>
</table>

유의점	- 친구와 서로 신체가 닿는 활동을 긍정적으로 인식하며 참여할 수 있도록 한다. - 유아들이 친구와 함께 움직일 수 있는 충분한 공간을 확보하도록 한다.
활동 평가	1. 친구와 함께 신체를 움직이며 즐겁게 참여하는가? 2. 노랫말에 따라 자신의 신체를 적절하게 조절하여 표현하는가?
확장 활동	- 신체를 부딪쳤을 때 소리가 나는 다른 신체 부위를 찾아 노랫말을 만들어보기

활동자료

창작하기 1. 너와 함께라면

<table>
<tr><td>일시</td><td></td><td>장소(반)</td><td></td><td>대상연령</td><td>만 4세</td><td>지도교사</td><td></td></tr>
<tr><td>활동명</td><td colspan="3">너와 함께라면</td><td>활동주제</td><td colspan="3">유치원과 친구</td></tr>
<tr><td>활동영역</td><td colspan="3">창작하기(노래 부르기)</td><td>음악개념</td><td colspan="3">음정, 리듬, 박자</td></tr>
<tr><td>활동목표</td><td colspan="7">1. ‘너와 함께라면’ 노래의 가사를 창의적으로 바꾸어 부를 수 있다.
2. ‘너와 함께라면’ 노래를 외워서 부를 수 있다.</td></tr>
<tr><td>활동자료</td><td colspan="7">편지, 그림판(그림+가사), 피아노</td></tr>
<tr><td>활동방법</td><td colspan="7"><도입 : 전시 학습 확인 및 동기 유발>
- 친구와 함께 하는 일을 생각해 보고 함께 하는 친구에 대해 고마움을 전하는 ‘메시지 전달하기’ 놀이를 해본다.
- 친구에게 전하는 메세지를 발표한다(1명만).
- 오늘 할 활동을 안내한다.

<전개 : 유아와의 상호작용>
- 그림판을 보여 주며 해당하는 가사를 제시하고 유아가 따라한다.
- 그림판을 보고 전체 가사를 말해본다.
- 교사가 그림판과 함께 노래를 부르고 유아가 따라한다(천천히).
- 그림판을 보고 전체 노래를 부른다.
- 교사의 피아노 반주에 맞춰 노래를 부른다.
- ‘난 항상 즐거워’, ‘난 항상 행복해’, ‘다툴 때도 있고’, ‘울 때도 있지만’ 부분을 유아가 창의적으로 가사를 만들어 부른다.
- 유아가 바꾼 가사로 새롭게 불러본다.

<정리 : 활동결과 확인, Feedback 및 종결>
- 그림판을 가리고 교사의 반주에 맞춰 노래를 부른다.
- 그림판을 보고 노래를 외우는데 힘들었던 점, 재밌었던 점에 대해 이야기 나눈다.
- 활동 중 새로웠던 것에 대해 이야기 나눈다.

<차시예고>
- ‘너와 함께라면’ 노래를 악기로 연주해보기</td></tr>
</table>

유의점	- 노래의 가사와 음정에 주의하며 노래를 부른다. - 노래를 부를 때 가사 내용에 해당하는 그림판을 가리켜 준다.
활동 평가	1. '너와 함께라면' 노래의 가사를 이해하고 외워서 노래할 수 있는가? 2. '너와 함께라면' 노래의 가사를 창의적으로 바꾸어 부를 수 있는가?
확장 활동	- 친구에게 편지 쓰고 노래로 만들기 - 다양한 악기를 이용해 '너와 함께라면' 노래 연주해보기

첨부자료

그림악보(전개)

친구야 너와 함께라면

(난 항상 즐거워)

친구야 너와 함께라면

(난 항상 행복해)

(다툴 때도 있고)

(울 때도 있지만)

친구야 너와 함께라면

(난 항상 즐거워)

친구야 너와 함께라면

(난 항상 행복해)

*창작하기가 주활동이지만 노래부르기가 주활동이 될 수도 있다.

창작하기 **2. 참 재미있었지**

일시		장소 (반)		대상 연령	만 4세	지도 교사	
활동명	참 재미있었지			활동 주제	유치원과 친구		
활동 영역	창작하기(노래부르기)			음악 개념	가락, 형식		
활동 목표	1. 창작의 의미를 알고 노래를 창작할 수 있다. 2. 가사와 선율을 창작하고 외워서 노래할 수 있다.						
활동 자료	가사판, 피아노, 2석 보표, 융판, 찍찍이 음표.						
활동 방법	**<도입 : 전시 학습 확인 및 동기 유발>** - 지난 시간에 배운 '참 재미있었지' 노래를 기억하는지 확인하고 노래를 부른다. - 주말을 어떻게 보냈는지 이야기 나눈다. - 주말 이야기를 자연스럽게 연결하여 노래부르기 창작활동을 할 것임을 소개한다. **<전개 : 유아와의 상호작용>** - 교사가 먼저 '참 재미있었지' 노래의 일부분을 주말 이야기로 개사해서 부른다. - 같은 방법으로 유아들의 주말 이야기를 함께 나누고 그에 맞게 개사하여 문답식으로 파트를 나누어 부른다. (파란색-교사 질문, 붉은색-유아 답) - '나는나는 ○○에 갔었지' 부분을 유아가 노래하고 '○○에서 무얼 보았니?'부분을 교사가 묻고 유아가 답하는 형식으로 나누어 부른다. - '랄랄라, 랄랄라' 부분과 마지막 '참 재미있었지' 부분의 선율을 2선 보표의 찍찍이 음표를 옮겨서 바꾸어 보도록 교사가 시범을 보인다. 한 유아가 나와서 '랄랄라' 부분을 바꾸고 다 같이 노래한다. 다른 유아가 나와서 '참 재미있었지'부분을 바꾸고 다 같이 노래한다. - 피아노 반주에 맞추어 바꾼 가사와 선율을 외워서 노래를 부른다. **<정리 : 활동결과 확인, Feedback 및 종결>** - 원곡과 바꾼 노래가 어떻게 다른지 이야기 나눈다. - 활동을 하면서 좋았던 점, 어려웠던 점을 이야기 나눈다. 한 유아가 교사와 문답을 하며 발표를 한다.							

	<차시예고> – 리듬창작하기: 참 재미 있었지 노래로 리듬 창작해보기
유의점	– 사전에 유아와 주말 지낸 이야기를 나눌 때, 좀 더 쉽게 개사할 수 있도록 미리 준비하고 생각해 둔다. – 노래를 새롭게 창작할 수 있음을 이해시킨다.
활동 평가	1. 자신의 생각을 표현하여 개사하고, 다른 유아에게 가사의 뜻을 전달하였는가?. 2. 바꾼 선율과 가사를 암기하여 자신 있게 노래하였는가?.
확장 활동	– 찍찍이 음표 만들기

활동자료

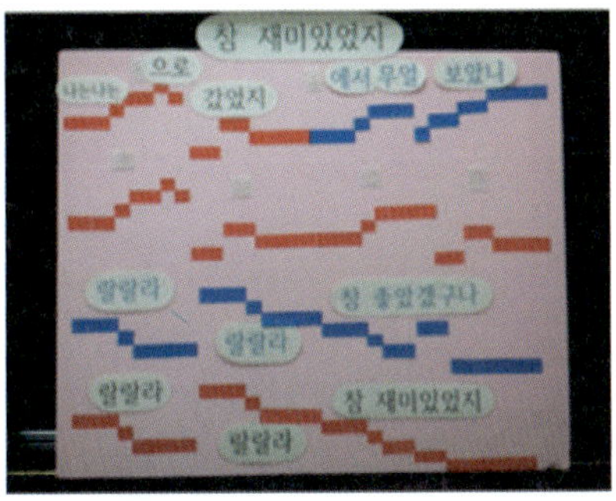

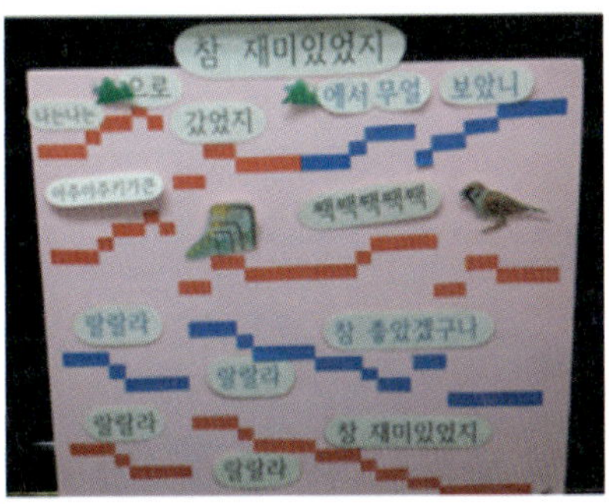

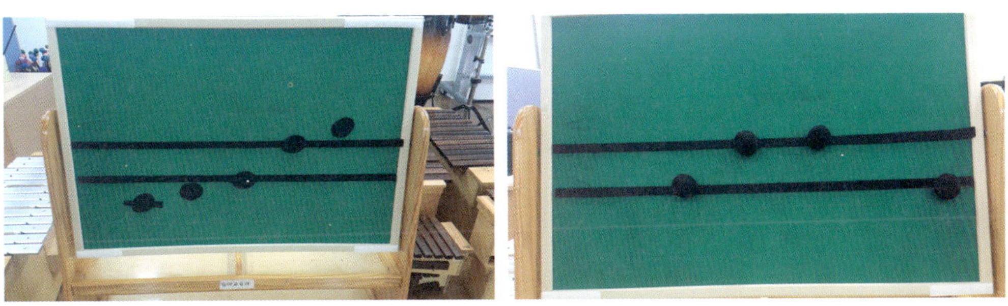

2선 보표와 찍찍이 음표

Chapter
02

나와 가족

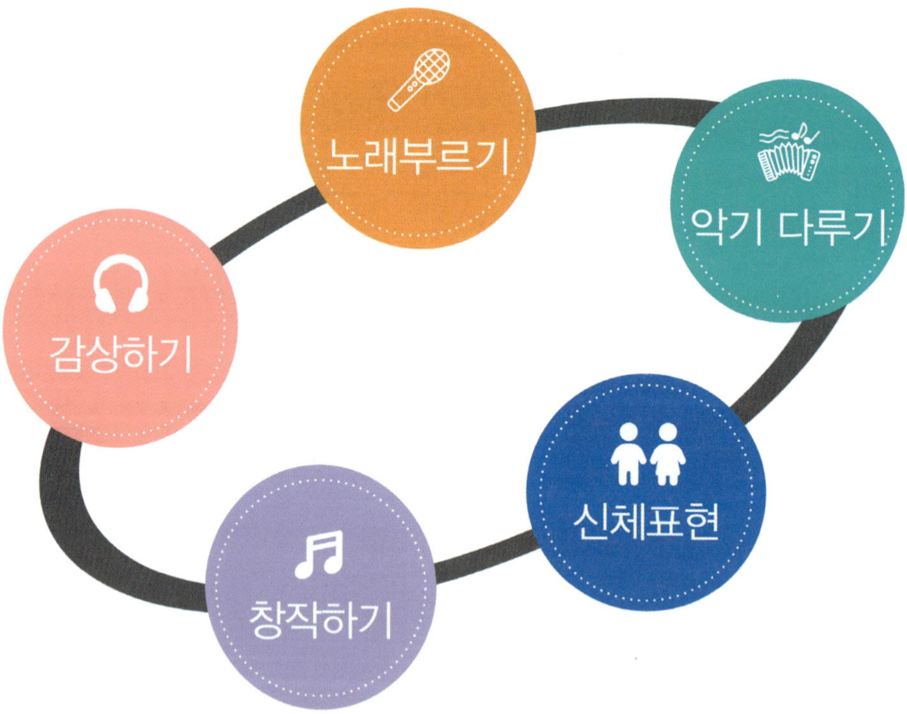

나와 가족-영역별 활동

감상하기	1. 집에서 나는 소리
	2. 자장가
노래 부르기	1. 내 몸
	2. 내 동생
악기 다루기	1. 우리 가족의 웃음소리
	2. 결혼행진곡
신체표현	1. 행복한 결혼식
	2. 우리 가족 걸음걸이
창작하기	1. 내가 엄마 뱃속에 있을 때
	1. 나는 나는 자라서
10개 활동	

감상하기 1. 집에서 나는 소리

<table>
<tr><td>일시</td><td></td><td>장소(반)</td><td></td><td>대상 연령</td><td>만 4세</td><td>지도 교사</td><td></td></tr>
<tr><td>활동명</td><td colspan="3">집에서 나는 소리</td><td>활동 주제</td><td colspan="3">나와 가족</td></tr>
<tr><td>활동 영역</td><td colspan="3">감상하기(신체표현, 창작하기)</td><td>음악 개념</td><td colspan="3">음색, 음(강약, 장단, 음질), 빠르기</td></tr>
<tr><td>활동 목표</td><td colspan="7">1. 집에서 나는 다양한 소리를 알고 구별할 수 있다.
2. 소리를 듣고 느낀 감정을 그림으로 표현할 수 있다.</td></tr>
<tr><td>활동 자료</td><td colspan="7">집에서 찾을 수 있는 소리 음원(청소기 소리, 현관문 소리, 설거지 소리, 전화벨 소리, 변기 물 내리는 소리), 종이, 색연필, 교사의 그림</td></tr>
<tr><td>활동 방법</td><td colspan="7"><도입 : 전시 학습 확인 및 동기 유발>
- 청소기 소리를 들려주고 무슨 소리인지 질문한다.
- 청소기와 관련된 유아의 경험을 이야기 나눈다.
- 오늘 할 활동에 대해 소개한다.

<전개 : 유아와의 상호작용>
- 교사가 미리 그려온 그림을 보여 주며 무슨 소리를 듣고 그린 그림인지 물어본다.
- 집에서 찾을 수 있는 물건들의 소리를 들려 준다.
- 소리를 듣고 느낀 감정을 유아가 그림과 신체로 표현한다.
- 유아들이 서로의 그림과 신체표현을 보고 무슨 소리인지 맞춰본다.

<정리 : 활동결과 확인, Feedback 및 종결>
- 집에서 들을 수 있는 소리를 다시 한 번 들려주고 무슨 소리인지 질문한다.
- 재미있게 들었던 소리에 대해 이야기 나눈다.
- 유아들이 들은 소리를 그림으로 어떻게 표현했는지 이야기 나눈다.
- 집에서 들을 수 있는 다른 소리를 더 찾아본다.

<차시예고>
- 집에서 들을 수 있는 소리들로 음악 만들어 보기</td></tr>
<tr><td>유의점</td><td colspan="7">- 소리를 두 번씩 들려주어 유아가 소리 탐색할 시간을 충분히 준다.</td></tr>
</table>

활동 평가	1. 집에서 나는 다양한 소리들에 관심을 가지는가? 2. 소리를 듣고 느낀 점을 신체와 그림으로 표현할 수 있는가?
확장 활동	- 주변의 사물로 악기연주하기

활동자료

감상하기 2. 자장가

<table>
<tr><td>일시</td><td></td><td>장소
(반)</td><td></td><td>대상
연령</td><td>만 4세</td><td>지도
교사</td><td></td></tr>
<tr><td>활동명</td><td colspan="3">자장가</td><td>활동
주제</td><td colspan="3">나와 가족</td></tr>
<tr><td>활동
영역</td><td colspan="3">감상하기(신체표현)</td><td>음악
개념</td><td colspan="3">리듬, 가락, 형식</td></tr>
<tr><td>활동
목표</td><td colspan="7">1. 음악을 듣고 자신의 느낌을 말로 표현할 수 있다.
2. 상황에 어울리게 신체표현을 할 수 있다.</td></tr>
<tr><td>활동
자료</td><td colspan="7">활동지, 브람스의 ‘자장가’ 음악 파일, 인형</td></tr>
<tr><td>활동
방법</td><td colspan="7"><도입 : 전시 학습 확인 및 동기 유발>
– 음악을 들려주고 감상느낌에 대해 이야기 나눈다.
– 제목을 알려주고 난 뒤 음악을 다시 듣고 무엇이 떠오르는지 이야기 나눈다.

<전개 : 유아와의 상호작용>
– 엄마가 자신을 재워줄 때 혹은 동생을 재워본 경험을 떠올리며 다시 음악을 듣는다.
– 경험에 대해 이야기 나눈다.
– 우리 가족이 자는 모습을 활동지에 표현한다.
– 표현한 것을 다른 유아들에게 소개한다.
– 유아 자신이 엄마가 되었다고 생각하고 친구 혹은 인형을 재워보는 신체활동을 한다.

<정리 : 활동결과 확인, Feedback 및 종결>
– 친구 혹은 인형을 재워보는 신체활동에 대해 이야기 나눈다.
(어떤 방법으로 재웠는지, 엄마가 된 기분은 어떤지)

<차시예고>
– ‘잘자라 우리 아가’ 새노래를 배우기</td></tr>
<tr><td>유의점</td><td colspan="7">– 활동을 어려워하는 유아를 격려해준다.
– 신체표현 시 안전에 유의한다.</td></tr>
</table>

활동 평가	1. 유아가 자신의 느낌을 어려움없이 말로 표현하였는가? 2. 상황에 어울리는 신체표현을 하였는가?
확장 활동	다양한 악기로 음악 연주해보기

활동자료

<잠 잘 때 우리 가족의 모습을 그려 보아요>

활동지

인형

노래 부르기 1. 내 몸

<table>
<tr><td>일시</td><td></td><td>장소
(반)</td><td></td><td>대상
연령</td><td>만 4세</td><td>지도
교사</td><td></td></tr>
<tr><td>활동명</td><td colspan="3">내 몸</td><td>활동
주제</td><td colspan="3">나와 가족</td></tr>
<tr><td>활동
영역</td><td colspan="3">노래 부르기(창작하기)</td><td>음악
개념</td><td colspan="3">음정, 리듬, 박자</td></tr>
<tr><td>활동
목표</td><td colspan="7">‘내 몸’ 노래를 외워서 부를 수 있다.
‘내 몸’ 노래의 가사를 창의적으로 바꿀 수 있다.</td></tr>
<tr><td>활동
자료</td><td colspan="7">가사판, 빈 가사 종이, 악보, 피아노, 신체 그림, 신체 이름카드</td></tr>
<tr><td>활동
방법</td><td colspan="7"><도입 : 전시 학습 확인 및 동기 유발>
– 우리 몸의 특징을 듣고 어느 부분인지 맞춰본다.
– 동요 ‘내 몸’을 소개한다.

<전개 : 유아와의 상호작용>
– 교사가 ‘내 몸’ 노래를 선창한다.
– 무릎으로 기본박을 치며 교사와 한 소절씩 불러본다.
– 무릎으로 기본박을 치며 처음부터 끝까지 불러본다.
– 반주에 맞춰 유아들끼리 불러본다.
– 유아들이 가사를 창의적으로 바꿔본다.
– 개사한 노래를 함께 불러본다.

<정리 : 활동결과 확인, Feedback 및 종결>
– 기존의 노래와 개사한 노래 중 어떤 것이 마음에 드는지 물어본다.
– 한 유아가 개사한 가사로 발표한다.
– 피아노 반주에 맞춰 개사한 노래를 다 같이 노래를 부른다.

<차시예고>
– 다음 주가 어버이 날임을 알려주고 카네이션을 만들 것임을 이야기한다.</td></tr>
<tr><td>유의점</td><td colspan="7">– 박자에 유의하여 지도한다.
– 유아가 따라할 수 있도록 천천히 지도한다.</td></tr>
<tr><td>활동
평가</td><td colspan="7">1. 동요 ‘내 몸’을 반주에 맞춰 부를 수 있는가?
2. 기존의 가사를 창의적으로 바꿀 수 있는가?</td></tr>
</table>

확장 활동 - 내 몸을 그림으로 그리기

활동자료

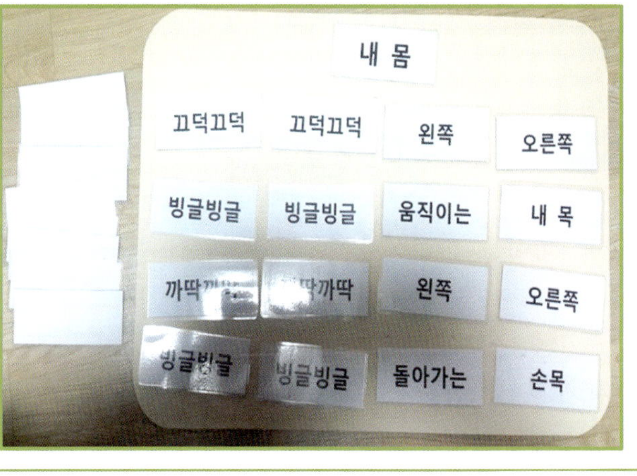

노래 부르기 2. 내 동생

<table>
<tr><td>일시</td><td></td><td>장소(반)</td><td></td><td>대상연령</td><td>만 4세</td><td>지도교사</td><td></td></tr>
<tr><td>활동명</td><td colspan="3">내 동생</td><td>활동주제</td><td colspan="3">나와 가족</td></tr>
<tr><td>활동영역</td><td colspan="3">노래 부르기(창작하기)</td><td>음악개념</td><td colspan="3">음정, 리듬, 박자</td></tr>
<tr><td>활동목표</td><td colspan="7">1. ‘내 동생’ 노래를 외워서 부를 수 있다.
2. 노래 가사를 창의적으로 바꿔 부를 수 있다.</td></tr>
<tr><td>활동자료</td><td colspan="7">가사판, 노래 동영상, 피아노, 교구(왕자님, 개구리, 돼지 그림)</td></tr>
<tr><td>활동방법</td><td colspan="7"><도입 : 전시 학습 확인 및 동기 유발>
- 지난 시간에 ‘가족’을 주제로 그렸던 그림을 보며 이야기 나눈다.
- 가족의 구성원에 대해 자유롭게 이야기 나눈다.
- 유아들과 가족의 별명에 대해 이야기 나눈다.

<전개 : 유아와의 상호작용>
- ‘내 동생’ 노래를 영상과 함께 들려 준다.
- 가사판을 보며 노래 가사에 대해 이야기 나눈다.
- 교사가 부르는 ‘내 동생’ 노래를 기본박을 치며 들어본다.
- 가사판을 보며 기본박을 치며 한 소절씩 따라 부른다.
- 반주에 맞추어 다양한 방법으로 노래를 불러본다.
(선생님과 번갈아 부르기, 친구들과 주고받으며 부르기 등)
- 서로 의논하여 별명 부분의 가사를 창의적으로 바꿔본다.
(‘꿀돼지’, ‘두꺼비’, ‘왕자님’ 부분)
- 바꾼 가사로 노래를 처음부터 끝까지 불러본다.

<정리 : 활동결과 확인, Feedback 및 종결>
- 몇 명의 유아가 나와 각자 창의적으로 개사하여 노래를 불러본다.
- 마지막으로 피아노 반주에 맞춰 다같이 노래를 부르고 활동을 마무리한다.

<차시예고>
- 다음 시간에는 ‘내 동생’ 노래를 신체로 표현해 보는 활동을 할 것임을 이야기한다.</td></tr>
</table>

유의점	– 유아가 따라할 수 있도록 천천히 부르며 지도한다.
활동 평가	1. '내 동생' 가사를 이해하고 외워서 노래할 수 있는가? 2. 가사를 창의적으로 개사하여 부를 수 있는가?
확장 활동	– '해와 달이 된 오누이' 동화읽기

활동자료

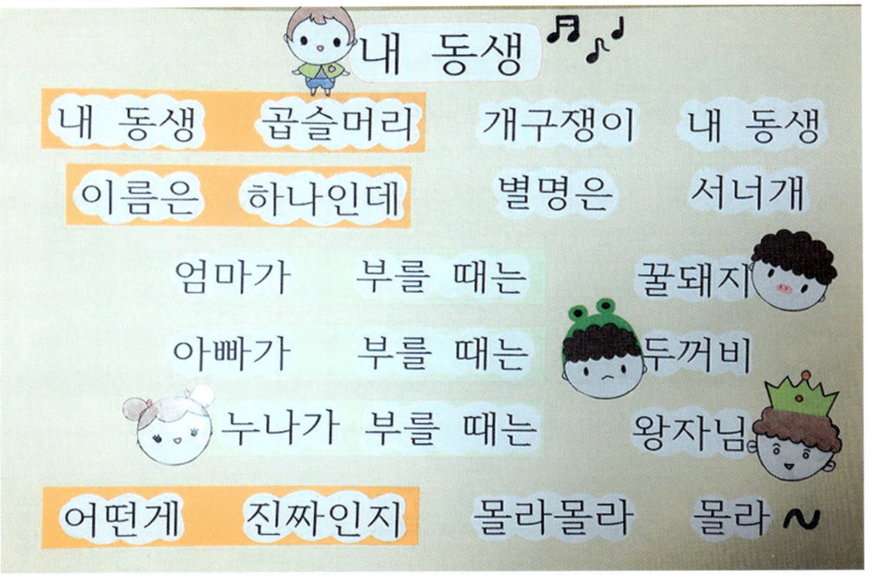

별명 그림 자료

악기 다루기

1. 우리 가족의 웃음소리

<table>
<tr><td>일시</td><td></td><td>장소
(반)</td><td></td><td>대상
연령</td><td>만 5세</td><td>지도
교사</td><td></td></tr>
<tr><td>활동명</td><td colspan="3">우리 가족의 웃음소리</td><td>활동
주제</td><td colspan="3">나와 가족</td></tr>
<tr><td>활동
영역</td><td colspan="3">악기 다루기(노래 부르기, 감상하기)</td><td>음악
개념</td><td colspan="3">리듬, 박자, 음색</td></tr>
<tr><td>활동
목표</td><td colspan="7">1. 노래를 부르며 리듬박자에 맞춰 악기를 연주할 수 있다.
2. 다양한 악기를 가지고 웃음소리를 연주한다.</td></tr>
<tr><td>활동
자료</td><td colspan="7">음악 파일(우리 아빠 웃음소리), 휴대폰(녹음), 블루투스 스피커, 가사판, 리듬판, 악기 ‘ta, titi 닭 병아리 교구’, 가족 얼굴(아빠, 엄마, 언니, 동생), 마라카스, 잼베, 핸드 벨, 캐스터네츠</td></tr>
<tr><td>활동
방법</td><td colspan="7"><도입 : 전시 학습 확인 및 동기 유발>
- 우리 식구 우리 가족의 웃음소리에 대해 이야기 나눈다.
- 가족의 웃음소리를 생각하며 지난 시간에 배운 노래(우리 아빠 웃음소리)를 손유희를 하며 불러 본다.

<전개 : 유아와의 상호작용>
- 그동안 배웠던 ‘타’ ‘투’ ‘티’ ‘티리리리’를 손뼉 치기로 복습해본다.
- 교사와 함께 오늘 연주할 오스티나토 리듬을 손뼉으로 익힌다.
- 유아가 악기를 탐색해보고, 원하는 악기를 정한다.
- 유아가 정한 악기로 오스티나토 리듬을 익힌다.
- 유아와 함께 역할에 맞는 악기를 정한다.
- 노래를 부르며 교사의 지휘에 맞추어 악기(역할)를 연주해 본다(녹음).
- 악기를 바꾸어 연주해본다.

<정리 : 활동결과 확인, Feedback 및 종결>
- 아이들의 연주녹음을 같이 감상한다.
- 자신의 연주녹음을 듣고 난 후의 느낀 점에 대해 이야기 나눈다.
- 악기를 연주하면서 느낀 점에 대해 이야기 나눈다.
- 유아와 함께 반 내에서 악기를 대신할 수 있는 물건을 찾아본다.

<차시예고>
- 가족들의 웃음소리에 맞는 동작을 생각해 보고, 다음 시간에 그 동작을 표현해보기</td></tr>
</table>

유의점	- 오늘 연주할 오스티나토 리듬을 충분히 이해하고, 연주할 수 있도록 한다. - 리듬 악보 보는 것을 어려워하는 유아들을 위해 반복하여 리듬을 익히도록 한다.
활동 평가	1. 리듬판을 보고 악기를 연주할 수 있는가? 2. 웃음소리와 어울리는 악기를 선택하였는가?
확장 활동	- 노래(우리 아빠 웃음소리)와 가족을 연관지어 신체표현하기

활동자료

가사판, 가족 얼굴

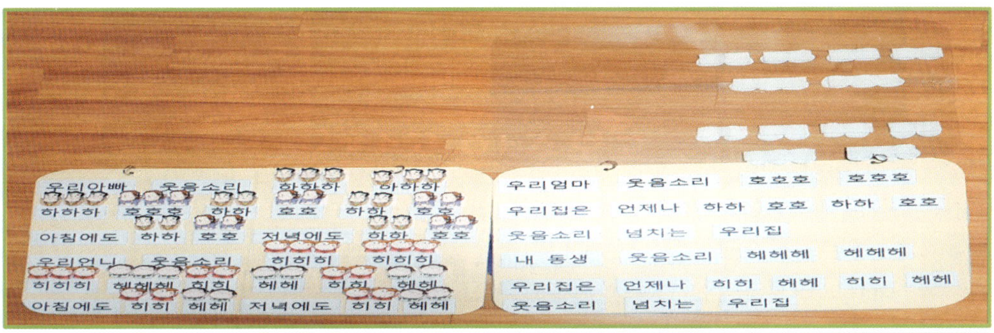

리듬판, 'ta, titi' 닭과 병아리 교구, 가족, 악기

악기 다루기 2. 결혼행진곡

<table>
<tr><td>일시</td><td></td><td>장소
(반)</td><td></td><td>대상
연령</td><td>만 5세</td><td>지도
교사</td><td></td></tr>
<tr><td>활동명</td><td colspan="3">결혼행진곡</td><td>활동
주제</td><td colspan="3">나와 가족</td></tr>
<tr><td>활동
영역</td><td colspan="3">악기 다루기(감상하기)</td><td>음악
개념</td><td colspan="3">리듬, 박자, 셈여림, 다이내믹스(역동성)</td></tr>
<tr><td>활동
목표</td><td colspan="7">1. 멘델스존의 ‘결혼행진곡’에 맞추어 오스티나토 리듬을 연주할 수 있다.
2. 멘델스존의 ‘결혼행진곡’의 음악에 맞춰 셈여림을 표현할 수 있다.</td></tr>
<tr><td>활동
자료</td><td colspan="7">멘델스존의 ‘결혼행진곡’ 음악, 노트북, 리듬악기(탬버린, 트라이앵글, 우드블록), 리듬악기판, ‘결혼행진곡’ 셈여림판</td></tr>
<tr><td>활동
방법</td><td colspan="7"><도입 : 전시 학습 확인 및 동기 유발>
- ‘결혼식’에 대한 수수께끼를 낸다.
- 결혼식을 본 경험에 대해 이야기 나눈다.

<전개 : 유아와의 상호작용>
- 멘델스존의 ‘결혼행진곡’을 감상한다.
- 신체 악기로 기본박을 연습한다(무릎 손뼉 손뼉 손뼉).
- 신체 악기로 ‘투-투-’, ‘쉼 타 타 타’, ‘쉼 타 타 쉼’ 리듬을 연습한다.
(이때 전체 음악에 나누어 리듬을 연습한다.)
- 교사가 제시하는 리듬을 그룹별로 연주한다.
(트라이앵글로 ‘투-투-’ 리듬을 연주한다.)
(우드블록으로 ‘쉼 타 타 타’ 리듬을 연주한다.)
(탬버린으로 ‘쉼 타 타 쉼’ 리듬을 연주한다.)
- 점점 강하게, 점점 약하게 리듬을 치며 박자에 맞게 연습한다.
(커지고 작아지는 부분을 구체적으로 말해준다.)
- 셈여림판을 보며 결혼행진곡에 맞춰 악기연주를 한다.
- 그룹별로 악기를 교대로 연주한다.
- 자신이 원하는 악기로 한 번 더 연주해 본다.

<정리 : 활동결과 확인, Feedback 및 종결>
- 리듬악기별로 한 명씩 나와 발표한다.
- 연주하면서 어려웠던 점, 아쉬웠던 점, 재미있었던 점을 이야기 나눈다.</td></tr>
</table>

	<차시예고> - 결혼행진곡에 맞춰 결혼식 하는 모습을 몸으로 표현해보는 활동을 한다고 알려준다.
유의점	- 유아들이 제시된 것과 다르게 연주할 경우, 다시 시도할 기회를 제공하여 성공할 수 있도록 하고 격려해준다.
활동 평가	1. 오스티나토 리듬을 제대로 연주할 수 있는가? 2. 강하게 치는 부분과 약하게 치는 부분을 제대로 표현하였는가?
확장 활동	- 빠르기 다르게 연주하기

활동자료

셈여림 연주

신체표현 1. 행복한 결혼식

<table>
<tr><td>일시</td><td></td><td>장소(반)</td><td></td><td>대상연령</td><td>만 5세</td><td>지도교사</td><td></td></tr>
<tr><td>활동명</td><td colspan="3">행복한 결혼식</td><td>활동주제</td><td colspan="3">나와 가족</td></tr>
<tr><td>활동영역</td><td colspan="3">신체표현(감상하기)</td><td>음악개념</td><td colspan="3">리듬, 다이내믹스</td></tr>
<tr><td>활동목표</td><td colspan="7">1. 결혼식의 모습을 신체를 이용해 창의적으로 표현할 수 있다.
2. 교사의 스토리텔링을 듣고 상황에 맞게 신체를 표현할 수 있다.</td></tr>
<tr><td>활동자료</td><td colspan="7">맨델스존의 결혼행진곡 mp3, 결혼식 동영상, 결혼식 사진, 스카프</td></tr>
<tr><td>활동방법</td><td colspan="7"><도입 : 전시 학습 확인 및 동기 유발>
- 결혼식에 대한 수수께끼를 낸다.
- 결혼식을 본 경험에 대해 이야기 나눈다.
- 결혼식의 신랑입장, 신부입장하는 모습을 동영상으로 보여 준다.

<전개 : 유아와의 상호작용>
- 음악감상 시 태도에 대해 이야기 나눈다.
- 결혼행진곡을 감상한다.
- 결혼행진곡을 듣고 어떤 장면이 떠오르는지 이야기 나눈다.
- 신체표현 시 유의할 점에 대해 이야기 나눈다.
- 결혼행진곡을 들으며 자유롭게 신체표현해 본다.
- 교사의 스토리텔링에 맞춰 결혼식의 모습을 신체표현해 본다.

<정리 : 활동결과 확인, Feedback 및 종결>
- 활동 중 어려웠던 점, 즐거웠던 점에 대해 이야기 나눈다.
- 몇 명의 유아가 나와서 결혼식의 모습을 신체표현해 본다.

<차시예고>
- 결혼행진곡에 맞춰 다양한 악기를 연주해 볼 것임을 예고한다.</td></tr>
<tr><td>유의점</td><td colspan="7">- 스토리텔링을 할 때 구체적인 상황을 제시한다.
- 활동하기 충분한 공간에서 활동한다.
- 유아가 스카프를 이용해 신체표현할 수 있게 한다.</td></tr>
</table>

활동 평가	1. 결혼식의 모습을 신체를 이용해 자유롭게 표현하였는가? 2. 교사의 스토리텔링을 듣고 상황에 맞춰 신체를 표현하였는가?
확장 활동	- 결혼식 역할극 하기 - 동화 '엄마와 아빠의 결혼' 읽기

첨부자료

신체표현 2. 우리 가족 걸음걸이

<table>
<tr><td>일시</td><td></td><td>장소
(반)</td><td></td><td>대상
연령</td><td>만 4세</td><td>지도
교사</td><td></td></tr>
<tr><td>활동명</td><td colspan="3">우리 가족 걸음걸이</td><td>활동
주제</td><td colspan="3">나와 가족</td></tr>
<tr><td>활동
영역</td><td colspan="3">신체표현(감상하기)</td><td>음악
개념</td><td colspan="3">강약, 리듬, 박자, 다이내믹스(역동성)</td></tr>
<tr><td>활동
목표</td><td colspan="7">1. 가족의 걸음걸이를 신체로 자유롭게 표현할 수 있다.
2. 가족 걸음걸이의 강약을 음악에 맞추어 신체로 표현할 수 있다.</td></tr>
<tr><td>활동
자료</td><td colspan="7">발걸음 소리, 큰 주사위(엄마, 아빠, 할아버지, 할머니, 언니/누나, 오빠/형, 동생, 나-가족), ‘아기코끼리 걸음마’ 음원</td></tr>
<tr><td>활동
방법</td><td colspan="7"><도입 : 전시 학습 확인 및 동기 유발>
- 발걸음 소리를 들려주어 유아의 호기심을 유발한다.
- 유아들의 가족 걸음걸이에 대해 이야기 나눈다.

<전개 : 유아와의 상호작용>
- 가족의 걸음걸이를 신체로 자유롭게 표현한다.
- ‘아기코끼리 걸음마’를 감상한다.
- 큰 주사위에 나온 가족의 걸음걸이를 음악에 맞추어 자유롭게 표현한다.
- 음악에 맞추어 자신이 원하는 가족 걸음걸이를 강하고 약하게 표현한다.

<정리 : 활동결과 확인, Feedback 및 종결>
- 가족의 걸음걸이를 어떻게 표현했는지 발표한다.
- 활동을 할 때 재미있었던 점에 대해 이야기 나눈다.
- 활동을 할 때 힘들었던 점에 대해 이야기 나눈다.

<차시예고>
- 다음 시간에는 음악에 맞추어 가족의 걸음걸이를 악기로 표현해보는 활동을 한다고 알려준다.</td></tr>
<tr><td>유의점</td><td colspan="7">- 유아들이 가족의 걸음걸이를 표현할 때, 어려움을 겪지 않도록 교사가 상황을 미리 제시해준다.
- 유아들이 가족의 걸음걸이를 표현할 때, 서로 부딪혀 다치지 않도록 한다.</td></tr>
<tr><td>활동
평가</td><td colspan="7">1. 가족의 걸음걸이를 신체로 자유롭게 표현할 수 있는가?
2. 음악에 맞추어 가족 걸음걸이의 강약을 신체로 표현할 수 있는가?</td></tr>
</table>

확장 활동	- '전원교향곡'에 맞추어 농부의 하는 일 신체표현하기

활동자료

창작하기 1. 내가 엄마 뱃속에 있을 때

<table>
<tr><td>일시</td><td></td><td>장소(반)</td><td></td><td>대상 연령</td><td>만 4세</td><td>지도 교사</td><td></td></tr>
<tr><td>활동명</td><td colspan="3">내가 엄마 뱃속에 있을 때</td><td>활동 주제</td><td colspan="3">나와 가족</td></tr>
<tr><td>활동 영역</td><td colspan="3">창작하기(감상하기)</td><td>음악 개념</td><td colspan="3">음(강약, 고저), 빠르기</td></tr>
<tr><td>활동 목표</td><td colspan="7">1. 태교음악을 듣고 음악의 느낌을 말할 수 있다.
2. 음악의 느낌을 도형, 선, 면으로 표현할 수 있다.</td></tr>
<tr><td>활동 자료</td><td colspan="7">호두까기 인형 중 행진곡 음원, 임신한 엄마 사진 ppt, 4절지, 크레파스, 색연필, 사인펜</td></tr>
<tr><td>활동 방법</td><td colspan="7"><도입 : 전시 학습 확인 및 동기 유발>
- 임신한 엄마 사진을 보면서 이야기 나눈다.
- 태교음악에 대해 소개한다.

<전개 : 유아와의 상호작용>
- 음악을 감상할 때의 태도에 대해 이야기한다.
- 눈을 감고 유아가 엄마 뱃속의 아기라면 어떻게 움직일지 유의하며 감상한다.
- 감상을 한 후 태아가 어떻게 행동하고 움직였을지 이야기 나눈다.
- 음악소개를 한다(호두까기 인형 행진곡 소개).
- 다시 한 번 음악을 들으며 음악의 빠르기, 강약의 변화를 찾아본 후 이야기 나눈다.
- 음악을 들으며 할 미술활동을 소개한다.
- 소집단으로 구성하여 전지를 나누어준다.
- 음악을 들으며 빠르기, 음(강, 약)을 크레파스, 색연필, 사인펜 등으로 전지에 태아의 움직임을 선, 모양, 점 등으로 다양하게 표현해본다.

<정리 : 활동결과 확인, Feedback 및 종결>
- 음악의 어떤 부분을 표현했는지 물어본다.
- 음악의 강, 약, 빠르기에 따라 어떻게 표현하였는지 물어본다.

<차시예고>
- 다음 시간에는 태아의 움직임을 몸으로 표현해보는 활동을 한다고 알려준다.</td></tr>
</table>

유의점	– 유아가 음악감상을 하고 자신의 느낌이나 생각을 구체적으로 표현할 수 있도록 유도한다. – 조별로 미술활동을 할 때 모든 유아가 참여할 수 있도록 한다.
활동 평가	1. 태교 음악을 들으며 음의 강약, 고저, 빠르기를 알 수 있는가? 2. 음악의 느낌을 점, 선, 면으로 잘 표현할 수 있는가?
확장 활동	– 나의 출생과 성장 알아보기

활동자료

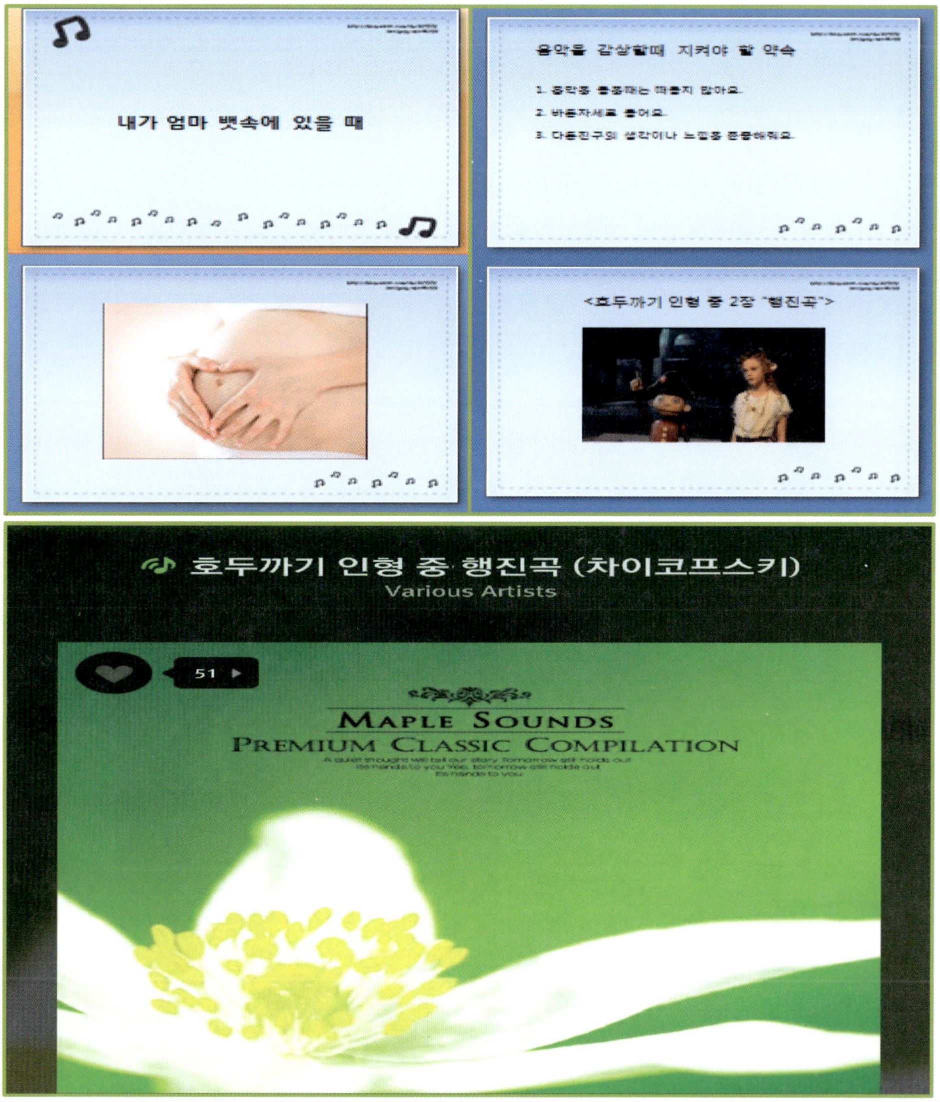

창작하기 2. 나는 나는 자라서

<table>
<tr><td>일시</td><td></td><td>장소
(반)</td><td></td><td>대상
연령</td><td>만 5세</td><td>지도
교사</td><td></td></tr>
<tr><td>활동명</td><td colspan="3">나는 나는 자라서</td><td>활동
주제</td><td colspan="3">나와 가족</td></tr>
<tr><td>활동
영역</td><td colspan="3">창작하기(신체표현, 노래 부르기)</td><td>음악
개념</td><td colspan="3">음, 리듬, 박자, 다이내믹스, 형식</td></tr>
<tr><td>활동
목표</td><td colspan="7">1. 자신의 장래직업이 하는 일을 신체로 표현할 수 있다.
2. 자신과 다른 사람의 신체표현을 비교하고, 느낀점을 이야기 나눈다.</td></tr>
<tr><td>활동
자료</td><td colspan="7">가사판, 피아노, ‘나는 나는 자라서’ MR, 보드마커</td></tr>
<tr><td>활동
방법</td><td colspan="7"><도입 : 전시 학습 확인 및 동기 유발>
- 장래직업에 대해 이야기 나눈다.
- 자신의 장래직업이 하는 일을 신체로 표현하고, 다른 유아들이 맞추는 퀴즈를 한다.

<전개 : 유아와의 상호작용>
- ‘나는 나는 자라서’ 노래를 교사의 반주에 맞춰 함께 부른다.
- ‘나는 나는 자라서’의 가사를 각자 자신의 장래직업에 맞게 개사한다.
- 교사의 반주에 맞춰 개사한 노래를 부른다.
- 자신의 장래직업이 하는 일을 자유롭게 신체로 표현한다.
- 몇 명의 유아가 자신이 개사한 가사를 소개하고 함께 부른다.
- 개사한 노래에 맞춰 신체표현을 발표한다.

<정리 : 활동결과 확인, Feedback 및 종결>
- 같은 장래직업을 가진 유아들의 신체표현을 비교해본다.
- 느낀 점에 대해 이야기 나눈다.

<차시 예고>
- 자신의 장래직업을 부모님께 말씀드리고 부모님이 원하는 나의 장래직업을 알아보는 활동</td></tr>
<tr><td>유의점</td><td colspan="7">- 장래직업이 없는 유아들은 장래직업을 가질 수 있도록 격려해 주어야 한다.
- 장래직업이 하는 일을 모르는 유아에게 정확한 정보를 제공해 주어야 한다.
- 창의적인 신체표현을 격려하고 지지해 주어야 한다.</td></tr>
</table>

활동 평가	1. 자신의 장래직업이 하는 일을 신체로 표현할 수 있는가? 2. 자신과 다른 사람의 신체표현을 비교하고, 느낀 점에 대해 이야기할 수 있는가?
확장 활동	자신의 장래직업의 역할을 해보는 역할놀이를 해보기

활동자료

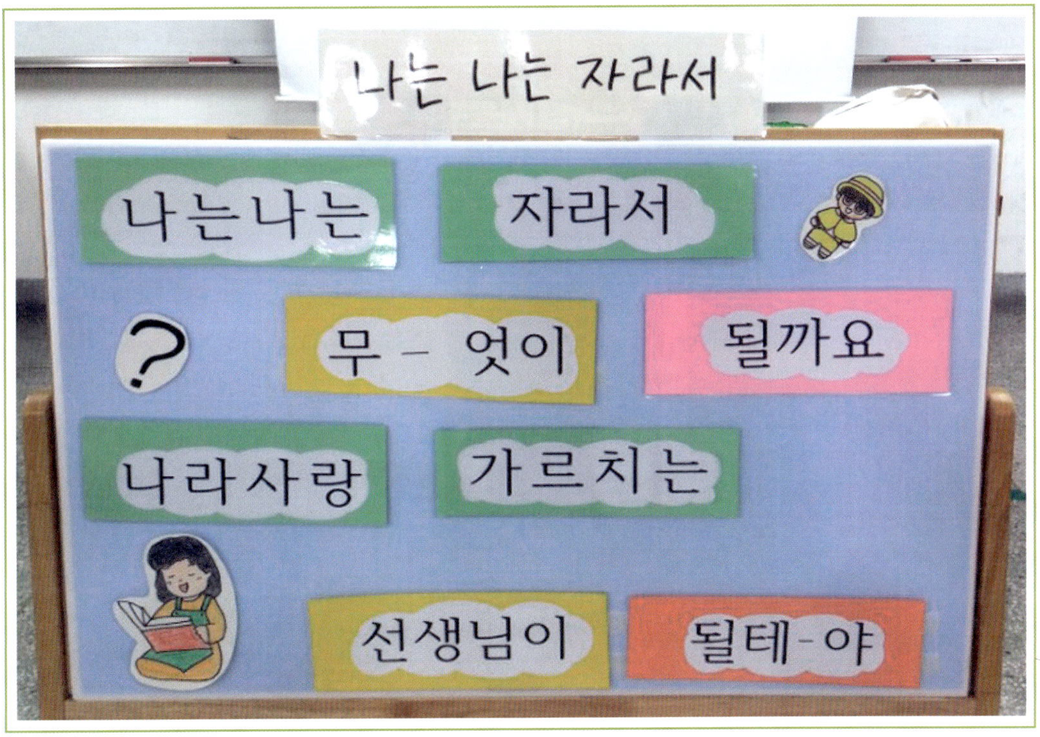

Chapter 03

우리 동네

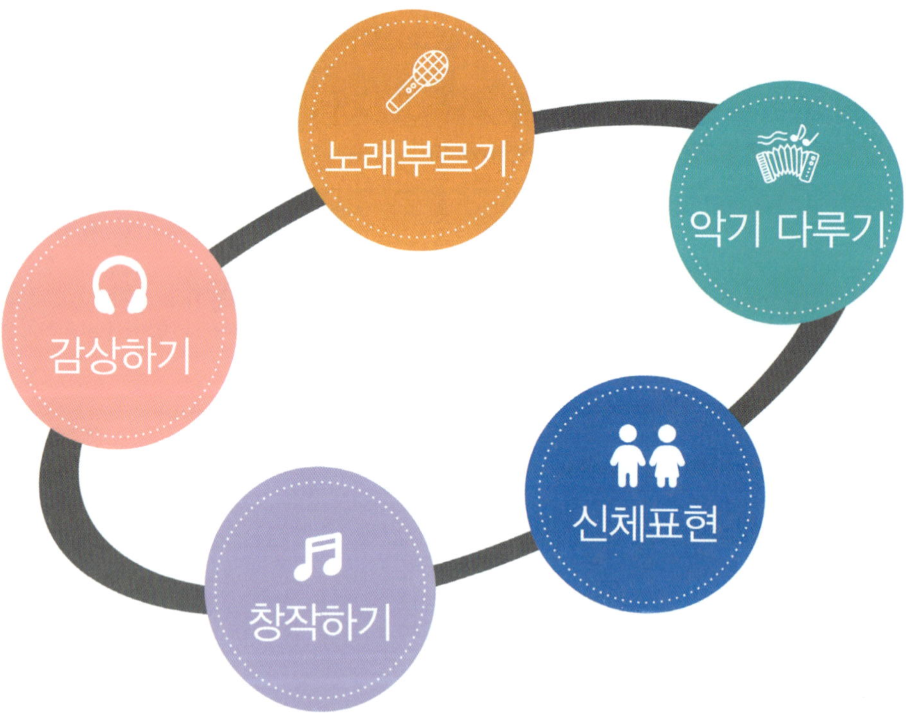

우리동네-영역별 활동

감상하기	1. 페르시아 시장
	2. 우리 동네 공공기관
노래 부르기	1. 병원차와 소방차
	2. 동네 한바퀴
악기 다루기	1. 행복한 우리 동네(1)
	2. 행복한 우리 동네(2)
신체표현	1. 불꽃 축제
	2. 즐거운 농부가 되어보자
창작하기	1. 동물원의 동물
	2. 우리 동네
10개 활동	

감상하기 1. 페르시아 시장

<table>
<tr><td>일시</td><td></td><td>장소(반)</td><td></td><td>대상 연령</td><td>만 4세</td><td>지도 교사</td><td></td></tr>
<tr><td>활동명</td><td colspan="3">페르시아 시장</td><td>활동 주제</td><td colspan="3">우리 동네</td></tr>
<tr><td>활동 영역</td><td colspan="3">감상하기(악기 다루기)</td><td>음악 개념</td><td colspan="3">역동성, 강약, 빠르기</td></tr>
<tr><td>활동 목표</td><td colspan="7">1. 케텔비 ‘페르시아 시장에서’를 듣고 자신의 생각과 느낌을 이야기할 수 있다.
2. 케텔비 ‘페르시아 시장에서’의 강약에 맞추어 즉흥연주를 할 수 있다.</td></tr>
<tr><td>활동 자료</td><td colspan="7">사진자료(작곡가, 시장, 낙타), 케텔비 ‘페르시아 시장에서’ 음원, ‘페르시아 시장에서’ 연주 영상, 악기(마라카스, 탬버린, 트라이앵글, 캐스터네츠)</td></tr>
<tr><td>활동 방법</td><td colspan="7"><도입 : 전시 학습 확인 및 동기 유발>
- 페르시아 시장의 풍경과 동물 사진을 보여주며 흥미 유발을 한다.
- 어떤 것이 보이는지 이야기 나눈다.
- 오늘 감상할 곡의 제목과 작곡가를 소개한다.
<전개 : 유아와의 상호작용>
- 케텔비의 ‘페르시아 시장에서’를 감상한다(1분 30초).
- 감상 후 음악을 들은 느낌에 대해 이야기 나눈다.
- ‘페르시아 시장에서’를 연주하는 모습을 감상한다.
- 연주하는 모습을 보고 기억에 남는 부분을 이야기 나눈다.
- 즉흥연주할 부분을 다시 한 번 들어본다.
- 즉흥연주 활동을 소개한다(마라카스, 탬버린, 트라이앵글, 캐스터네츠).
- 악기를 연주하는 방법을 알아본다.
- 교사의 지휘에 맞추어 연주해본다.
- 악기를 바꿔서 다시 한 번 연주해본다.
- 유아가 나와서 지휘를 해본다.
<정리 : 활동결과 확인, Feedback 및 종결>
- 새로 알게 된 점을 이야기 나눈다.
- 어떤 활동이 기억에 남았는지 이야기 나눈다.
- 즐거웠던 점, 아쉬웠던 점을 이야기 나눈다.
<차시예고>
- 신체활동 : 다음 시간에 ‘페르시아 시장에서’ 음악에 맞추어 신체표현을 해 볼 것을 이야기한다.</td></tr>
</table>

유의점	- 음률 영역에 음원을 두어 유아가 음악을 추가로 감상하도록 한다. - 유아가 다양한 악기로 연주할 기회를 충분히 제공한다.
활동 평가	1. 케텔비 '페르시아 시장에서'를 듣고 자신의 생각과 느낌을 이야기할 수 있는가? 2. 케텔비 '페르시아 시장에서'의 강약에 맞추어 즉흥연주를 할 수 있는가?
확장 활동	- 역할놀이 : 시장을 꾸미고 시장놀이 - 체험학습 : 유아와 함께 전통시장으로 견학

활동자료

작곡가 소개

시장

낙타

시장

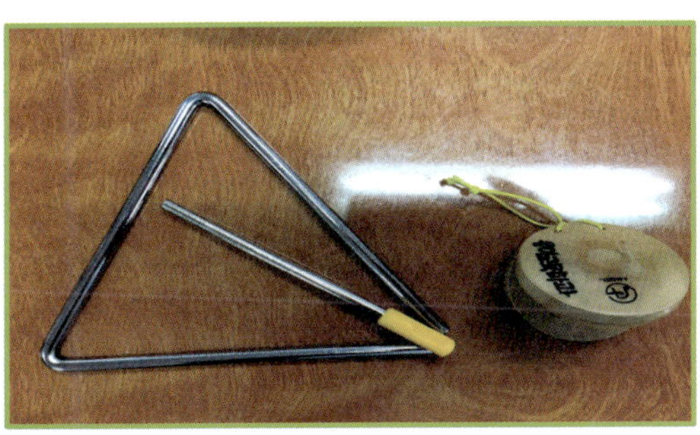

마라카스, 탬버린, 트라이앵글, 캐스터네츠

감상하기 2. 우리 동네 공공기관

<table>
<tr><td>일시</td><td></td><td>장소
(반)</td><td></td><td>대상
연령</td><td>만 4세</td><td>지도
교사</td><td></td></tr>
<tr><td>활동명</td><td colspan="3">우리 동네 공공기관</td><td>활동
주제</td><td colspan="3">우리 동네</td></tr>
<tr><td>활동
영역</td><td colspan="3">감상하기(신체표현)</td><td>음악
개념</td><td colspan="3">음색, 다이내믹스(역동성)</td></tr>
<tr><td>활동
목표</td><td colspan="7">1. 우리 동네에 있는 공공기관에서 나는 소리에 대해 알아본다.
2. 우리 동네에 있는 공공기관에서 나는 소리를 신체표현할 수 있다.</td></tr>
<tr><td>활동
자료</td><td colspan="7">우리 동네 공공기관 사진, 우리 동네 공공기관 소리 파일, ‘그런 집 보았니’ 가사판, ‘그런 집 보았니’ 노래파일</td></tr>
<tr><td>활동
방법</td><td colspan="7"><도입 : 전시 학습 확인 및 동기 유발>
- 김성균 작사, 작곡 ‘그런 집 보았니’ 노래를 감상한다.
- 노래에 나타난 공공기관에는 어떤 것이 있었는지 이야기 나눈다.
- 노래에 나타난 공공기관의 사진을 융판에 제시한다.
- 사진 속 공공기관에서 하는 일에 대하여 설명해준다.

<전개 : 유아와의 상호작용>
- 사진 속 공공기관에서 들어보았던 소리에 대하여 이야기 나눈다.
- 사진 속 공공기관인 소방서, 우체국, 병원에서 나는 다양한 소리를 감상한다.
- 어떤 소리를 나타낸 것 같은지 물어본다.
- 소리에 해당하는 장면이 무엇인지 사진을 융판에 제시하고 설명한다.
- 사진을 보며 소리가 나려면 어떤 행동이 필요할지 이야기 나눈다.
- 사진 속 공공기관에서 나는 다양한 소리를 다시 들려주고 신체표현 해본다. (교사가 소리에 맞는 상황을 제시해준다.)
- ‘그런 집 보았니’를 들려주고 신체로 자유롭게 표현해본다.

<정리 : 활동결과 확인, Feedback 및 종결>
- 노래에 나타난 공공기관에서 어떤 일을 하며, 어떤 소리가 나는지 이야기 나눈다.
- 다양한 소리에 따른 장면의 모습을 어떻게 표현했는지 나와서 표현해본다.</td></tr>
</table>

	<차시예고> - 우리 동네 공공기관에서 나는 소리를 악기로 표현해보기
유의점	- 소리를 들려줄 때 대기 시간이 길지 않도록 유의한다. - 유아에게 소리에 따른 신체표현을 자유롭게 표현할 기회를 제공한다.
활동 평가	1. 우리 동네에 있는 공공기관에서 어떤 소리가 나는지 아는가? 2. 우리 동네에 있는 공공기관의 소리에 따라 자유롭게 표현하였는가?
확장 활동	- 미술영역 : 우리 동네 지도 만들기 - 언어 영역 : '우리 동네 탐험하기' 책 읽기

활동자료

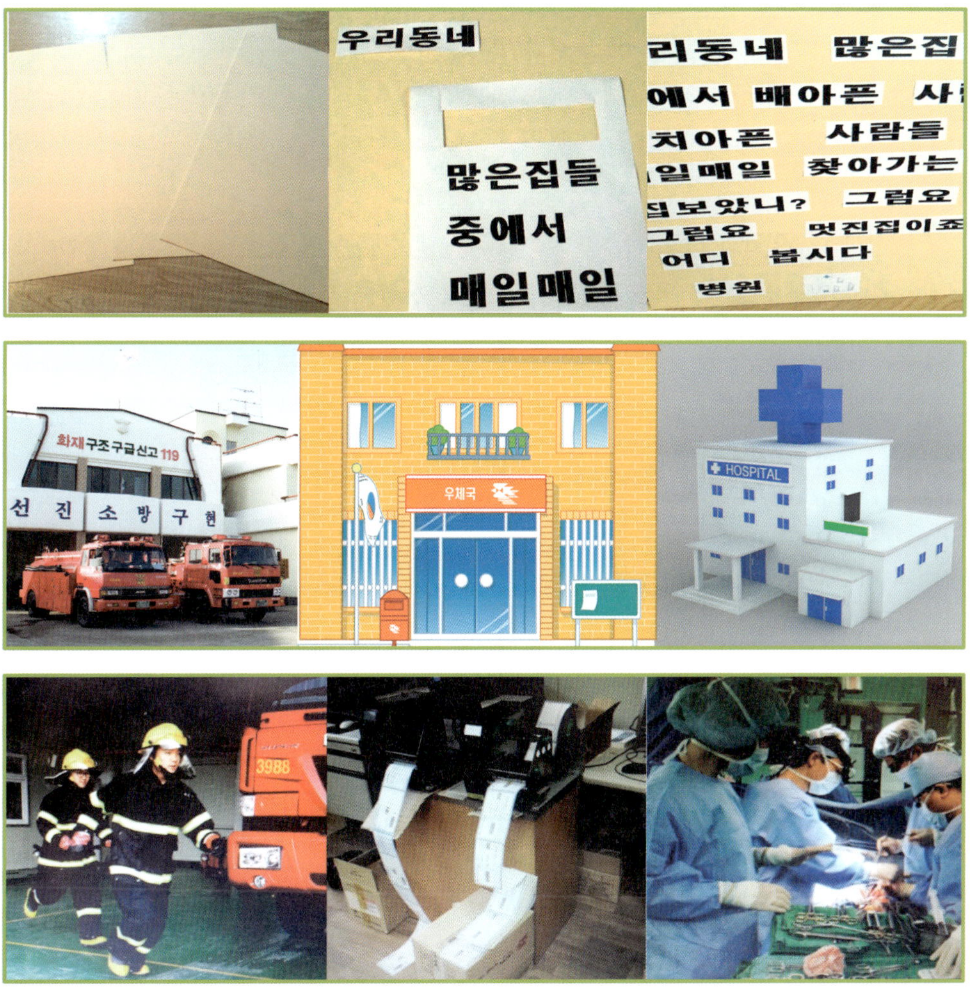

노래 부르기 1. 병원차와 소방차

<table>
<tr><td>일시</td><td></td><td>장소(반)</td><td></td><td>대상 연령</td><td>만 5세</td><td>지도 교사</td><td></td></tr>
<tr><td>활동명</td><td colspan="3">병원차와 소방차</td><td>활동 주제</td><td colspan="3">우리 동네</td></tr>
<tr><td>활동 영역</td><td colspan="3">노래 부르기(악기 다루기)</td><td>음악 개념</td><td colspan="3">음정, 음색, 리듬, 박자</td></tr>
<tr><td>활동 목표</td><td colspan="7">1. '병원차와 소방차' 노래를 외워서 부를 수 있다.
2. '병원차와 소방차' 노래를 부르며 리듬악기를 연주할 수 있다.</td></tr>
<tr><td>활동 자료</td><td colspan="7">병원차 소리, 소방차 소리, 소방차 사진, 병원차 사진, 그림 가사판, 오스티나토 리듬판, 리듬 악보판, 탬버린, 우드블럭</td></tr>
<tr><td>활동 방법</td><td colspan="7"><도입 : 전시 학습 확인 및 동기 유발>
- 병원차와 소방차의 '삐뽀삐뽀, 애앵애앵' 소리를 들려주고 흥미를 유발한다.
- 병원차와 소방차 사진을 보여 주고 병원차나 소방차를 보거나 타본 경험과 역할에 대해 이야기 나눈다.

<전개 : 유아와의 상호작용>
- 교사가 '병원차와 소방차' 노래를 선창한다.
- 노래를 들은 후 그림 가사판을 보며 노래의 가사와 느낌에 대해 이야기 나눈다.
- 신체 악기로 노래의 기본박을 치면서 '랄라-'로 따라 불러본다(무릎 손뼉 손뼉 손뼉).
- 그림 가사판을 보며 교사를 따라 한 소절씩 불러본다.
- 그림 가사판을 보며 처음부터 끝까지 함께 불러본다.
- 피아노 반주에 맞춰 그림 가사판을 보지 않고 전체를 불러본다.
- 신체 악기로 이전에 배웠던 '타 타 타 타', '투 우', '트릴', '쉼' 오스티나토 리듬을 복습해본다.
- 치고 싶은 악기를 가지고 네 개의 리듬을 연달아 쳐본다.
- 교사를 따라 리듬 악보를 보고 신체 악기로 리듬을 익힌다.
- 각 조별로 노래를 부르면서 다른 종류의 악기를 노래에 맞춰 연주해 볼 수 있도록 한다(조별로 돌아가며 총 2종의 리듬악기를 연주).

<정리 : 활동결과 확인, Feedback 및 종결>
- 피아노 반주에 맞추어 그림 가사판을 보지 않고 리듬 악보만 보고 노래를 부르며 악기를 연주해본다.
- 활동 중 어려웠던 점, 재미있었던 점에 대해 이야기 나눈다.</td></tr>
</table>

	- 오늘 사용한 리듬악기 이외에 무엇을 사용하면 좋을지에 대해 이야기 나눈다. **<차시예고>** - '병원차와 소방차' 노래를 신체로 다양하게 표현해보기
유의점	- 유아가 노래를 충분히 익힐 수 있도록 노래를 반복해서 불러본다. - 기본박자를 충분히 이해하고 연주를 할 수 있도록 한다.
활동 평가	1. '병원차와 소방차' 노래를 외워서 부를 수 있는가? 2. 리듬 악보를 보고 악기를 연주할 수 있는가?
확장 활동	- 병원차, 소방차 퍼즐 맞춰보기 - 병원차, 소방차 아저씨에게 감사 그림편지 써보기

활동자료

'병원차와 소방차' 그림 가사판

'병원차와 소방차' 리듬 악보판

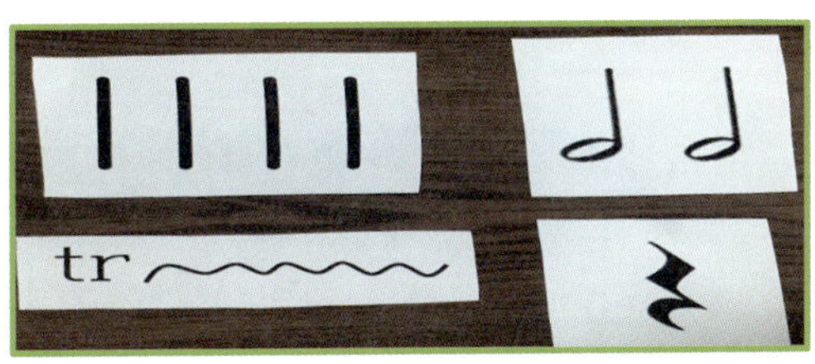

오스티나토 리듬판

병원차 사진, 소방차 사진

우드블럭, 탬버린

노래 부르기 2. 동네 한바퀴

<table>
<tr><td>일시</td><td></td><td>장소
(반)</td><td></td><td>대상
연령</td><td>만 3세</td><td>지도
교사</td><td></td></tr>
<tr><td>활동명</td><td colspan="3">동네 한바퀴</td><td>활동
주제</td><td colspan="3">우리 동네</td></tr>
<tr><td>활동
영역</td><td colspan="3">노래 부르기(신체표현)</td><td>음악
개념</td><td colspan="3">멜로디, 리듬, 다이내믹스</td></tr>
<tr><td>활동
목표</td><td colspan="7">1. '동네 한바퀴' 노래를 즐겁게 부를 수 있다.
2. 노래에 맞추어 신체표현을 할 수 있다.</td></tr>
<tr><td>활동
자료</td><td colspan="7">'동네 한바퀴' 가사판 PPT, '동네 한바퀴' 음악CD</td></tr>
<tr><td>활동
방법</td><td colspan="7"><도입 : 전시 학습 확인 및 동기 유발>
- 유아들이 그려본 동네 그림을 보며 이야기 나눈다.

<전개 : 유아와의 상호작용>
- 교사는 움직이는 PPT가사판과 함께 '동네 한바퀴' 노래를 들려 준다(2~3회).
- 가사를 함께 읽어 본다(2회).
- 가사에 대한 느낌에 대해 이야기 나눈다.
- 한소절씩 교사가 부르면 따라 부르도록 한다.
- 두소절씩 교사가 부르면 따라 부르도록 한다(2회).
- 교사와 유아가 나누어 부른다(바꾸어서 다시 한 번 불러본다.).
- 유아가 잘 하지 못하는 부분은 다시 한 번 불러본다.
- 전체 노래를 불러본다(2~3회).
- 노래가 충분하게 익숙해지면, 자리를 정리하고 일어나서 원을 그리며 걷거나 뛰는 신체활동을 하며 노래를 불러본다.
- 리더를 정하여 리더의 행동을 따라하며 신체표현해 본다.

<정리 : 활동결과 확인, Feedback 및 종결>
- 어려웠던 점이나 재미있었던 점에 대해 이야기 나눈다.
- 어떤 신체표현이 재미있었는지 이야기 나눈다.
- '동네 한바퀴'를 다시 한 번 부르며, 활동을 마무리한다.

<차시예고>
- '동네 한바퀴' 노래에 맞춰 악기 연주하기</td></tr>
</table>

유의점	- 노래가 충분히 익숙해진 다음 신체활동을 진행한다. - 신체활동 시 유아들이 어려워하는 경우 교사가 먼저 시범을 보인다. - 유아들이 노래를 완벽하게 익힐 수 있도록 컴퓨터영역과 음률 영역에 '동네 한바퀴'를 배치하여 준다.
활동 평가	1. '동네 한바퀴' 노래를 외워서 부를 수 있는가? 2. 노래에 맞추어 신체표현을 할 수 있는가?
확장 활동	- 우리 동네 둘러보기

활동자료

악기 다루기 1. 행복한 우리 동네(1)

<table>
<tr><td>일시</td><td></td><td>장소
(반)</td><td></td><td>대상
연령</td><td>만 4세</td><td>지도
교사</td><td></td></tr>
<tr><td>활동명</td><td colspan="3">행복한 우리 동네(1)</td><td>활동
주제</td><td colspan="3">우리 동네</td></tr>
<tr><td>활동
영역</td><td colspan="3">악기 다루기(노래 부르기)</td><td>음악
개념</td><td colspan="3">음색, 리듬, 박자, 다이내믹스(역동성)</td></tr>
<tr><td>활동
목표</td><td colspan="7">1. 우드블록과 탬버린을 다양한 방법으로 소리낼 수 있다.
2. 리듬 악보를 보며 박자에 맞춰 악기를 연주할 수 있다.</td></tr>
<tr><td>활동
자료</td><td colspan="7">‘행복한 우리 동네’ 노래, 리듬 악보, 우드블록, 탬버린</td></tr>
<tr><td>활동
방법</td><td colspan="7"><도입 : 전시 학습 확인 및 동기 유발>
- 지난 시간에 배운 ‘행복한 우리 동네’ 노래를 무릎을 치며 다시 한 번 불러본다.
- 오늘 ‘행복한 우리 동네’에 맞춰 악기연주를 함을 알려준다.

<전개 : 유아와의 상호작용>
- 악기(우드블록, 탬버린)을 보여 주며 이름과 소리내는 방법에 대해 이야기 나눈다.
- 교사가 그림악보를 보며 우드블록과 탬버린 연주를 시범보인다.
- 그림악보를 보며 교사를 따라 우드블록으로 한 줄씩 연주한다.
- 그림악보를 보며 교사를 따라 탬버린으로 한 줄씩 연습한다.
- 조를 짜서 그림악보를 보며 우드블록과 탬버린 합주를 한다.
- 악보를 바꾸고 싶었던 부분에 대해 이야기 나눈다.
- 유아들이 바꾼 악보를 보며 연주한다.
- 악기를 바꿔서 한 번 더 연주한다.

<정리 : 활동결과 확인, Feedback 및 종결>
- 각 리듬악기별로 1~2명의 유아가 나와 연주한다.
- 오늘 사용한 리듬악기 이외에도 어떤 악기를 사용할 수 있을지 이야기 나눈다.

<차시예고>
- 다양한 리듬악기로 즉흥연주하기</td></tr>
</table>

유의점	– 기본박을 익혀 유아가 박자를 쉽게 이해하도록 한다. – 유아가 어려워하는 부분을 다시 알려주고 격려하여 연주를 성공할 수 있도록 한다.
활동 평가	1. 우드블록과 탬버린을 다양한 방법으로 연주할 수 있는가? 2. 리듬 악보를 보고 리듬악기를 박자에 맞춰 연주할 수 있는가?
확장 활동	– 우리 동네 공공기관 견학하기

활동자료

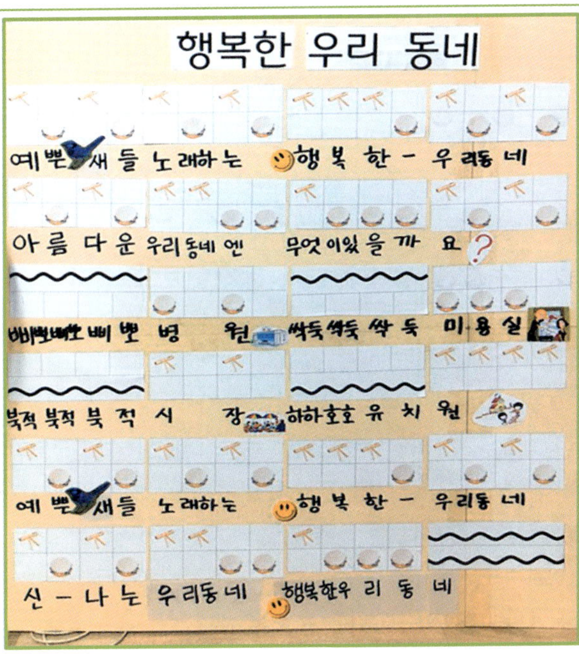

그림악보

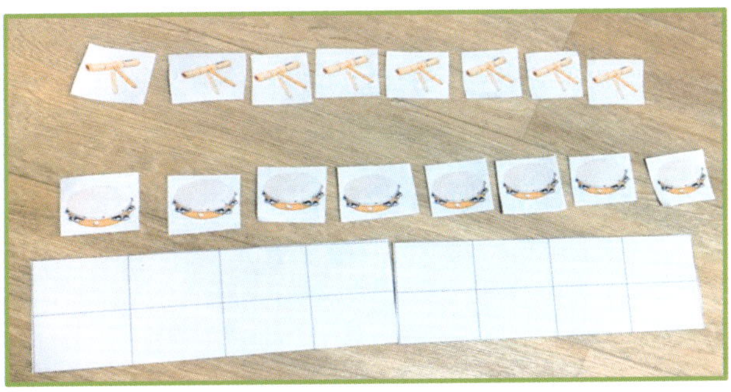

유아들이 창작해 볼 수 있는 그려지지 않은 그림악보와 악기사진

악기 다루기 2. 행복한 우리 동네(2)

<table>
<tr><td>일시</td><td></td><td>장소
(반)</td><td></td><td>대상
연령</td><td>만 4세</td><td>지도
교사</td><td></td></tr>
<tr><td>활동명</td><td colspan="3">행복한 우리 동네(2)</td><td>활동
주제</td><td colspan="3">우리 동네</td></tr>
<tr><td>활동
영역</td><td colspan="3">악기 다루기(노래 부르기)</td><td>음악
개념</td><td colspan="3">리듬, 박자, 음색</td></tr>
<tr><td>활동
목표</td><td colspan="7">1. 악기에 대해 관심을 가지고 탐색한 악기의 특성을 안다.
2. 동요 ‘행복한 우리 동네’의 기호악보를 이해하고 리듬악기로 연주할 수 있다.</td></tr>
<tr><td>활동
자료</td><td colspan="7">트라이앵글, 우드블럭, ‘행복한 우리 동네’ 기호악보, mp3음원, 악기수수께끼 문제</td></tr>
<tr><td>활동
방법</td><td colspan="7"><도입 : 전시 학습 확인 및 동기 유발>
- 전시 학습한 ‘행복한 우리 동네’를 불러본다.
- 수수께끼를 통해 오늘 사용할 악기를 맞춰본다(트라이앵글, 우드블럭).
- 악기연주 때 사용할 악기에 대해 탐색해보고 이야기 나눈다.

<전개 : 유아와의 상호작용>
- ‘행복한 우리 동네’ 기호악보를 소개한다.
- 악기로 연주해보기 전에 리듬박으로 손뼉을 치며 리듬을 익힌다.
- 먼저 트라이앵글을 가지고 기호악보를 두소절씩 다같이 연주해 본다.
- 우드블럭으로 기호악보를 두소절씩 다같이 연주해 본다.
- 두 그룹으로 나누어 한그룹은 트라이앵글, 한그룹은 우드블럭으로 모든 소절을 노래 부르며 연주한다.
- 그룹끼리 악기를 서로 바꾸고 모든 소절을 노래부르며 연주한다.

<정리 : 활동결과 확인, Feedback 및 종결>
- 모든 소절을 노래 부르며 원하는 악기로 연주해 본다.
- 트라이앵글과 우드블럭을 어떤 방법으로 연주했는지 이야기 나눈다.
- 악기를 연주한 느낌에 대해 이야기 나눈다.

<차시예고>
- 동네 공공기관의 소리들을 알아보는 활동</td></tr>
<tr><td>유의점</td><td colspan="7">- 교사가 말할 때는 유아가 악기를 치지 않도록 주의시킨다.</td></tr>
</table>

활동평가	1. '행복한 우리 동네' 그림악보를 보고 연주할 수 있는가? 2. 연주에 사용되는 악기 특성에 대해 이야기할 수 있는가?
확장활동	– 직접 리듬을 정하고 리듬악기로 연주해보기

활동자료

오늘의 악기 수수께끼

1. 나는 누구일까요?
   나는 세모 모양이에요
   내몸을 막대기로 치면 소리가 나요
   나는 누구일까요?

답: 트라이앵글

2. 나는 누구일까요?
   나는 몸이 길쭉해요
   나는 나무로 만들어졌어요
   나는 두 가지 소리를 가지고 있어요
   나는 누구일까요?

답: 우드블럭

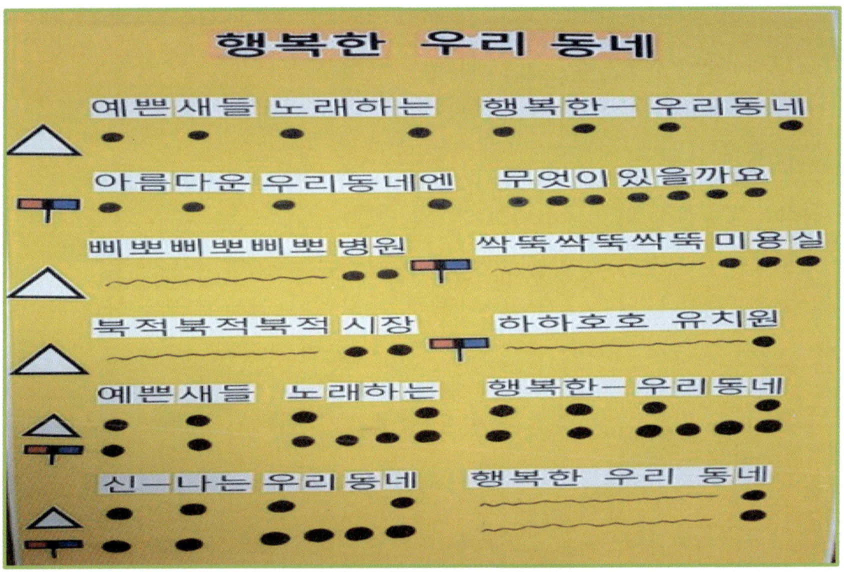

'행복한 우리 동네' 기호악보

신체표현

1. 불꽃 축제

<table>
<tr><td>일시</td><td></td><td>장소(반)</td><td></td><td>대상연령</td><td>만 4세</td><td>지도교사</td><td></td></tr>
<tr><td>활동명</td><td colspan="3">불꽃 축제</td><td>활동주제</td><td colspan="3">우리 동네</td></tr>
<tr><td>활동영역</td><td colspan="3">신체표현(감상하기)</td><td>음악개념</td><td colspan="3">리듬, 다이내믹스(역동성)</td></tr>
<tr><td>활동목표</td><td colspan="7">1. 음악을 듣고 떠오르는 장면을 신체로 표현할 수 있다.
2. 불꽃축제의 모습을 신체를 이용해 창의적으로 표현할 수 있다.</td></tr>
<tr><td>활동자료</td><td colspan="7">불꽃축제 사진자료, 음악 mp3파일(헨델-왕궁의 불꽃놀이 중 미뉴에트)</td></tr>
<tr><td>활동방법</td><td colspan="7">**<도입 : 전시 학습 확인 및 동기 유발>**
- 지난 시간에 이야기한 우리 동네의 축제 중 불꽃축제와 관련된 수수께끼를 푼다.
- 불꽃놀이 사진을 보며 불꽃축제에 대한 경험을 이야기 나눈다.
- 불꽃놀이 영상을 보며 불꽃의 모양, 움직임에 관해 이야기 나누다.

<전개 : 유아와의 상호작용>
- 눈을 감고 음악을 들으며 불꽃축제에 대한 기억을 떠올린다.
- 음악을 감상한 후 느낌이나 생각나는 것에 대해 이야기 나눈다.
- 음악의 느낌이나 떠오르는 장면을 다양한 동작으로 표현해본다.
- 신체표현 시 유의할 점에 대해 이야기 나눈다.
- 음악을 들으며 불꽃축제에서 볼 수 있는 모습들, 불꽃의 모습을 자유롭게 표현한다(이때 교사는 구체적인 상황을 제시한다).

<정리 : 활동결과 확인, Feedback 및 종결>
- 활동 후 제시한 상황을 어떻게 표현했는지 이야기 나눈다.
- 가장 기억에 남은 부분은 어떻게 표현해 보았는지 발표한다.

<차시예고>
- 우리 동네에 어떤 축제가 있으면 좋을지 이야기 나누어 보는 시간을 가져 볼 것을 예고한다.</td></tr>
<tr><td>유의점</td><td colspan="7">- 유아가 다양한 표현을 할 수 있도록 격려한다.
- 유아가 활동하기 충분한 공간을 제공한다.
- 여러 가지 상황을 제시해 창의적인 표현을 할 수 있도록 돕는다.</td></tr>
</table>

활동 평가	1. 음악을 듣고 떠오르는 장면을 신체로 표현할 수 있는가? 2. 불꽃놀이의 모습을 자신만의 동작으로 표현할 수 있는가?
확장 활동	– 미술 영역에서 불꽃 축제의 모습을 그림그리기 – 역할놀이 영역에서 불꽃 축제를 주제로 뉴스를 만들어보기

활동자료

큰 불꽃이 퍼지는 사진

여러 불꽃의 모양

수수께끼 마지막 도움 사진

사람들이 많이 모인 사진

주변이 어두워진 사진

작은 불꽃이 퍼지는 사진

신체표현 2. 즐거운 농부가 되어보자

<table>
<tr><td>일시</td><td></td><td>장소
(반)</td><td></td><td>대상
연령</td><td>만 4세</td><td>지도
교사</td><td></td></tr>
<tr><td>활동명</td><td colspan="3">즐거운 농부가 되어보자</td><td>활동
주제</td><td colspan="3">우리 동네</td></tr>
<tr><td>활동
영역</td><td colspan="3">신체 표현(감상하기)</td><td>음악
개념</td><td colspan="3">역동성, 음세기, 빠르기</td></tr>
<tr><td>활동
목표</td><td colspan="7">1. 슈만의 ‘즐거운 농부’를 듣고 느낌을 자유롭게 이야기할 수 있다.
2. 슈만의 ‘즐거운 농부’를 듣고 음의 강약과 빠르기를 신체로 표현할 수 있다.</td></tr>
<tr><td>활동
자료</td><td colspan="7">농부 막대 인형, 슈만 ‘즐거운 농부’ 음원, 슈만 ‘즐거운 농부’ 연주영상, 곡식 마라카스 5개</td></tr>
<tr><td>활동
방법</td><td colspan="7"><도입 : 전시 학습 확인 및 동기 유발>
- 농부 막대 인형을 움직이며 농부의 이야기를 들려준다.

친구들 안녕~ 나는 저 멀리 농촌에서 왔어.
나는 너희가 맛있는 밥을 먹을 수 있도록 열심히 일한단다.
나는 여러 가지 곡식과 열매를 가꾸고 기르지.
내가 누구인지 알겠니?

- 농부에 대해 이야기 나누며 오늘 할 활동을 소개한다.

<전개 : 유아와의 상호작용>
- 슈만의 ‘즐거운 농부’를 자유롭게 감상한다.
- ‘즐거운 농부’를 감상한 후 느낀 점을 이야기 나눈다.
- 감상한 음악의 제목과 작곡가를 소개한다.
- ‘즐거운 농부’를 연주하는 동영상을 감상한다.
- 농부가 하는 일들에 대하여 이야기 나눈다.
- 신체표현 활동 시 주의할 점을 이야기 나눈다.
- ‘즐거운 농부’ 음악에 맞추어 농부의 일들을 신체표현을 해본다.
(신체표현 활동 시 곡식 마라카스를 함께 제공하여 활동할 수 있도록 한다.)
- 농부의 일들을 신체표현할 때 일부 유아는 곡식 마라카스로 소리 음향을 보탠다.

<정리 : 활동결과 확인, Feedback 및 종결>
- 하고 싶은 유아가 나와서 음악에 맞추어 신체표현을 보여준다.</td></tr>
</table>

	- 신체표현 활동을 해본 느낌을 이야기 나눈다. - 활동하며 즐거웠던 점, 아쉬웠던 점을 이야기 나눈다. **<차시예고>** - 다음 시간에 '즐거운 농부'에 맞추어 악기 연주를 해볼 것을 예고한다.
유의점	- 유아가 자유롭게 음악에 대해 느낌을 표현할 수 있도록 허용적인 분위기를 조성한다. - 신체표현 활동에 앞서 안전사고 방지를 위해 양말을 벗는다.
활동 평가	1. 슈만의 '즐거운 농부'를 듣고 느낌을 자유롭게 이야기할 수 있는가? 2. 슈만의 '즐거운 농부'를 듣고 음의 강약과 빠르기를 신체로 표현할 수 있는가?
확장 활동	- 창작활동 : 다양한 악기를 사용하여 '즐거운 농부' 연주하기 - 체험학습 : 유아와 함께 농촌으로 견학

활동자료

곡식 마라카스

■ 참고자료

로베르트 알렉산더 슈만(1810~1856)

① 독일의 작곡가. 잡지 ≪음악신보≫를 발행하여 작곡과 함께 평론활동을 하였으며 쇼팽과 브람스 등을 소개하기도 하였다. 낭만주의와 슈베르트의 영향을 받았고 피아노독주곡과 가곡 작곡에 특히 뛰어났으며 ≪피아노협주곡≫, ≪사육제≫ 등의 작품을 남겼다.

② '즐거운 농부'는 슈만이 38세인 1848년 작곡된 피아노 소품집 Album fur die Fugend 어린이를 위한 앨범중 10번째 곡. 일을 마치고 저녁 식당으로 향하는 농부의 즐거운 모습을 묘사한 곡이다.

창작하기 1. 동물원의 동물

<table>
<tr><td>일시</td><td></td><td>장소
(반)</td><td></td><td>대상
연령</td><td>만 5세</td><td>지도
교사</td><td></td></tr>
<tr><td>활동명</td><td colspan="3">동물원의 동물</td><td>활동
주제</td><td colspan="3">우리 동네</td></tr>
<tr><td>활동
영역</td><td colspan="3">창작하기(신체표현)</td><td>음악
개념</td><td colspan="3">음(강약, 고저), 리듬, 다이내믹스(역동성)</td></tr>
<tr><td>활동
목표</td><td colspan="7">1. 음악을 듣고 자신이 생각한 동물의 모습을 표현할 수 있다.
2. 음악의 강약과 빠르기에 따라 다른 신체표현을 할 수 있다.</td></tr>
<tr><td>활동
자료</td><td colspan="7">헨리 메시니 ‘아기 코끼리의 걸음마’의 다양한 변주곡들(기타 버전, 오리지날 버전 등), 큰북, 작은북, 리듬막대, 다양한 동물 사진 목걸이</td></tr>
<tr><td>활동
방법</td><td colspan="7"><도입 : 전시 학습 확인 및 동기 유발>
- 교사는 큰북, 작은북, 리듬막대를 이용해 동물의 걸음소리를 묘사하여 주의를 집중시킨다.
- 어떤 동물의 걸음걸이일지 맞추어 본다.
- 지난 시간 동물원에 소풍 다녀온 경험을 상기시킨다(또는 과거에 동물원에 다녀온 경험을 상기시킨다).
- 어떤 동물이 있었고 동물들을 보고 느낀점을 이야기한다.
- 기억이 잘 나지 않는 유아를 위해 동물원 영상을 틀어준다.
- 오늘 할 활동에 대해 소개한다.

<전개 : 유아와의 상호작용>
- 음악을 듣는 방법에 대해 이야기한다.
- 유아가 듣고싶은 자세로 음악을 감상할 수 있도록 한다.
- 헨리 메시니의 ‘아기 코끼리의 걸음마’를 들려주며 유아가 특정 동물을 상상하며 듣도록 한다.
- 어떤 동물을 상상했는지 이야기 나눈다.
- 음악을 다시 들려주며 자신이 상상한 동물의 모습을 자유롭게 신체표현하도록 한다.
- 신체활동 시 유아에게 즉각적인 상호작용을 해준다.
- 동물 목걸이를 나누어 준다(코끼리, 사자, 호랑이, 여우, 사슴, 새 등등).
- 유아는 각각 목에 건 목걸이의 동물 역할을 신체로 표현한다(스토리텔링을 이용한다).

○○반 친구들이 자동차를 타고 부릉부릉 동물원에 왔어요, ~0.07</td></tr>
</table>

	하늘 위를 올려다 보니 예쁜 새가 하늘을 위로 아래로 옆으로 날아다니고 있어요. 하늘 위에서 춤을 추고 있는 것 같아요 ! ~0.30 계속해서 하늘 위의 새를 보고 있는데 갑자기 쿵, 쿵 하고 큰 발자국 소리가 들려요 어? 누구지? 코끼리 아저씨인가 봐요 코끼리 아저씨는 뒤뚱뒤뚱 엉덩이도 무겁게 실룩 샐룩 흔들면서 걸어가고 있어요. ~1.02 어! 저기를 보세요. 호랑이 한 마리가 풀숲에서 여우 한 마리를 잡아먹으려고 하고 있어요 ! ~1.11 하지만 날쌘 여우는 쉽게 잡힐리 없죠 ~ 여우는 호랑이 다리 사이를 이리저리 피해 달아나요 ~1.27 결국 호랑이를 따돌린 여우는 또다시 무서운 사자와 마주치게 되요. ~1.35 여우는 다시 사자를 피해 요리저리 피해가요 ~ 1.50 그때 코끼리 아저씨와 새가 여우를 도와주네요 ~ 코끼리와 새의 도움으로 사자와 호랑이를 피한 여우는 코끼리, 새와 함께 신나서 춤을 덩실덩실 춰요. ~2.15 저 멀리서 이 광경을 보던 호랑이와 사자는 결국 배가 고파 쓰러지고 말았답니다. ~ 2.30 - 역할을 서로 바꾸어 표현하도록 한다. (두 번째 이후로는 음악 소리에 맞게 교사가 큰북, 작은북, 리듬막대를 쳐주어 유아들이 강약을 더 잘 구분할 수 있도록 돕는다.) **<정리 : 활동결과 확인, Feedback 및 종결>** - 각각의 동물이 되어 본 느낌을 말해본다. - 몇명의 유아가 표현했던 동물을 나와서 표현해 본다. - 큰북 소리가 났을 때 나타난 동물과 작은북 소리가 났을 때 나타난 동물에 대해 이야기한다. - 또 어떤 동물이 나올 수 있는지 이야기한다. - 아쉬웠던 점과 재미있던 점에 대해 이야기한다. **<차시예고>** - 아기코끼리의 걸음마에 맞춰 악기연주를 할 것임을 예고한다.
유의점	- 수업을 시작하기 전 양말을 벗은 상태에서 진행한다. - 유아가 자유롭게 신체표현할 수 있는 충분한 공간을 마련한다. - 도입에서 큰북을 사용하였을 때 유아가 놀라지 않도록 주의한다. - 음악을 감상하기 전 유아가 강약에 유의해 들을 수 있도록 유도한다.
활동 평가	1. 유아가 동물의 모습을 창의적으로 표현하였는가? 2. 유아가 소리의 강약에 맞게 적절한 신체표현을 하였는가?
확장 활동	- 과학 영역 : '동물의 특징 알기' - 음률 영역 : '아기코끼리의 걸음마'에 맞춰 악기연주하기 - 역할영역 : 동물놀이

창작하기 2. 우리 동네

<table>
<tr><td>일시</td><td></td><td>장소
(반)</td><td></td><td>대상
연령</td><td>만 5세</td><td>지도
교사</td><td></td></tr>
<tr><td>활동명</td><td colspan="3">우리 동네</td><td>활동
주제</td><td colspan="3">우리 동네</td></tr>
<tr><td>활동
영역</td><td colspan="3">창작하기(노래 부르기)</td><td>음악
개념</td><td colspan="3">리듬, 박자, 음정</td></tr>
<tr><td>활동
목표</td><td colspan="7">1. 노래 가사를 창의적으로 바꿔 부를 수 있다.
2. '우리 동네' 노래를 외워서 부를 수 있다.</td></tr>
<tr><td>활동
자료</td><td colspan="7">'우리 동네' 가사판, '우리 동네' 동요 음원, 피아노</td></tr>
<tr><td>활동
방법</td><td colspan="7"><도입 : 전시 학습 확인 및 동기 유발>
- 지난 시간에 그렸던 우리 동네의 모습에 관해 이야기 나눈다.
- 우리 동네 사진을 보며 우리 동네에 관해 이야기 나눈다.
- 우리 동네의 이름, 우리 동네에 있는 기관에 관해 이야기 나눈다.

<전개 : 유아와의 상호작용>
- 활동을 하기 전 유아들에게 '우리 동네' 노래를 한 번 들려 준다.
- 가사판을 보며 노래 가사에 관해 이야기 나눈다.
- 교사가 부르는 '우리 동네' 노래를 기본박을 치며 감상한다.
- 우우, 리리, 라라 등 유아의 의견을 반영하여 한 음절로 된 소리로 노래를 불러본다.
- '우리 동네' 노래를 가사판을 보면서 한 소절씩 불러본다.
- '우리 동네' 노래를 다양한 방법으로 불러본다(선생님과 번갈아 가면서 한 소절씩 부르기, 친구들과 팀을 나눠서 한 소절씩 번갈아 부르기 등).
- 우리 동네에 맞게 기관의 종류나, 동 이름 등을 유아들이 자유롭게 바꿔 본 후 한 번 더 불러본다.

<정리 : 활동결과 확인, Feedback 및 종결>
- 한 명이나 두 명의 유아가 나와서 자신이 바꾼 가사를 유아들에게 들려 준다.
- 유아들이 노래를 외웠는지 가사판을 덮고 불러본다.
활동을 하면서 힘들었던 점이나 재미있었던 점에 관해 이야기 나눈다.

<차시예고>
- 우리 동네에 있는 경찰서에 견학을 가볼 것임을 이야기해준다.</td></tr>
</table>

유의점	– 유아가 충분히 따라할 수 있도록 천천히 지도한다. – 노래의 박자에 유의하며 지도한다.
활동 평가	1. '우리 동네' 노래를 외워 부를 수 있는가? 2. '우리 동네' 노래 가사를 창의적으로 바꿔 부를 수 있는가?
확장 활동	– 여러 가지 악기를 사용해서 '우리 동네' 노래를 연주해보기

활동자료

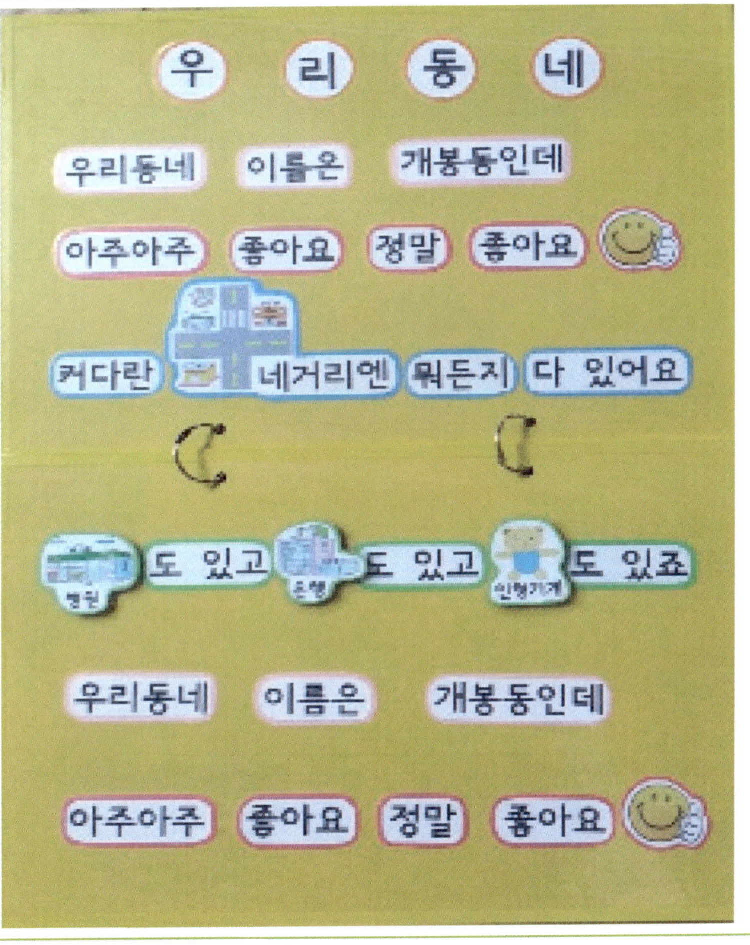

Chapter 04

건강과 안전

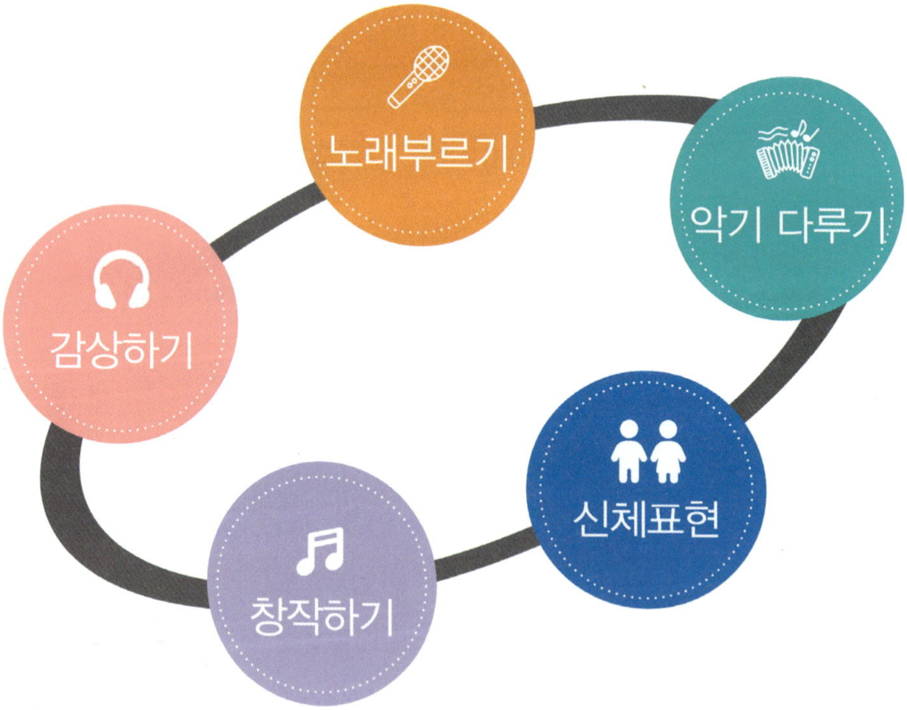

건강과 안전-영역별 활동

감상하기	1. 천둥과 번개 폴카
	2. 표정으로 말해요
노래 부르기	1. 방귀 타령
	2. 그러면 안돼
악기 다루기	1. 건너가는 길
	2. 손 씻기 체조
신체표현	1. 숲속의 나무
	2. 팝콘이 되어 보아요
창작하기	1. 악기로 말해요
	2. 달님에게 소원을 빌어요
10개 활동	

감상하기 1. 천둥과 번개 폴카

<table>
<tr><td>일시</td><td></td><td>장소(반)</td><td></td><td>대상연령</td><td>만 5세</td><td>지도교사</td><td></td></tr>
<tr><td>활동명</td><td colspan="3">천둥과 번개 폴카</td><td>활동주제</td><td colspan="3">건강과 안전</td></tr>
<tr><td>활동영역</td><td colspan="3">감상하기(악기 다루기)</td><td>음악개념</td><td colspan="3">음(강약), 리듬</td></tr>
<tr><td>활동목표</td><td colspan="7">1. ‘천둥과 번개 폴카’를 감상하고 천둥번개에 대한 느낌을 이야기 나눈다.
2. 음의 강약 리듬에 맞춰 천둥번개의 소리를 다양한 악기로 표현할 수 있다.</td></tr>
<tr><td>활동자료</td><td colspan="7">요한슈트라우스 ‘천둥과 번개 폴카’ 음원, 천둥소리.mp3, 번개사진, 천둥번개 동영상, 심벌즈, 큰북, 스프링 드럼, 오션드럼</td></tr>
<tr><td>활동방법</td><td colspan="7"><도입 : 전시 학습 확인 및 동기 유발>
– 비 오는 날, 천둥(소리파일 함께 제시)·번개(사진 제시)와 관련된 경험에 대해 이야기 나눈다.
– 천둥번개 동영상을 보고 천둥과 번개에 대한 느낌을 이야기 나눈다.

<전개 : 유아와의 상호작용>
– 요한슈트라우스의 ‘천둥과 번개폴카’를 감상한다.
– 음악을 들은 후에 음의 강약에 대한 느낌을 이야기 나눈다.
– 음악을 다시 들어보고 어떤 악기로 천둥과 번개를 표현했을 것 같은지 이야기 나눈다.
– 큰북과 심벌즈를 가지고 음의 강약 리듬에 맞춰 연주한다.
– 음악을 다시 들어보며 다른 악기로 천둥과 번개를 어떻게 표현해볼지 생각한다.
– 다양한 악기로 ‘천둥과 번개 폴카’를 들으며 천둥과 번개소리를 표현한다.

<정리 : 활동결과 확인, Feedback 및 종결>
– ‘천둥과 번개 폴카’를 어떤 악기로 천둥이나 번개소리를 표현했는지 발표한다.
– 천둥소리와 번개소리를 강하고 약하게 번갈아가며 짧게 연주·발표한다.
– 오늘 활동 중 어떤 것이 가장 기억에 남는지 이야기 나눈다.

<차시예고>
– 과학시간 천둥과 번개에 대해 공부할 것임을 예고한다.</td></tr>
</table>

유의점	– '천둥과 번개 폴카'를 감상할 때 천둥·번개 소리의 강약을 구분할 수 있는 충분한 시간을 준다. – 유아가 다양한 악기들을 활용하여 음의 강약을 표현할 수 있도록 지도한다.
활동 평가	1. '천둥과 번개 폴카'를 감상하고 천둥번개에 대한 느낌을 이야기할 수 있는가? 2. 음의 강약과 리듬에 맞춰 천둥번개의 소리를 다양한 악기로 표현할 수 있는가?
확장 활동	– 과학 영역 : 천둥과 번개가 어떻게 생기는지 알아보기 – 안전교육 : 비 오는 날의 천둥과 번개를 어떻게 대처해야 할지 알아보기

활동자료

번개사진자료

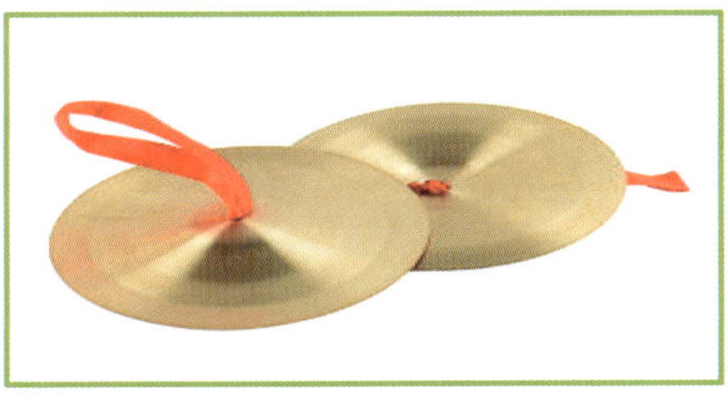

심벌즈: 번개소리

큰북: 천둥소리

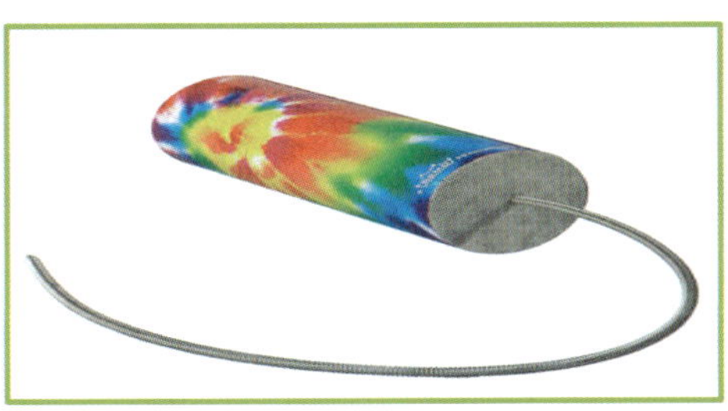

스프링 드럼, 오션드럼 : 다양한 천과 번개 소리를 표현하기 위한 추가 악기

감상하기 2. 표정으로 말해요

<table>
<tr><td>일시</td><td></td><td>장소(반)</td><td></td><td>대상연령</td><td>만 4 세</td><td>지도교사</td><td></td></tr>
<tr><td>활동명</td><td colspan="3">표정으로 말해요</td><td>활동주제</td><td colspan="3">건강과 안전</td></tr>
<tr><td>활동영역</td><td colspan="3">감상하기(신체 표현)</td><td>음악개념</td><td colspan="3">음, 선율, 강약, 빠르기</td></tr>
<tr><td>활동목표</td><td colspan="7">1. 음악을 듣고, 즐기며 음악적 개념들을 이해할 수 있다.
2. 음악을 듣고, 느낀 감정을 얼굴과 손을 이용하여 표현할 수 있다.</td></tr>
<tr><td>활동자료</td><td colspan="7">- 음원(베토벤-합창 교향곡, 오펜바하-오프만의 뱃노래)
- 활동지, 그림카드, 구멍 뚫은 신체그림 하드보드지 교구 등</td></tr>
<tr><td>활동방법</td><td colspan="7"><도입 : 전시 학습 확인 및 동기 유발>
- 지난 시간에 배웠던 근육에 대해 이야기를 나눈다.
- 그림카드를 제시하며 다양한 상황에서 지을 수 있는 표정들에 대해 이야기를 나눈다.

<전개 : 유아와의 상호작용>
- 베토벤의 ‘합창교향곡’, 오펜바흐의 ‘호프만의 뱃노래’를 감상하고 느낀 점, 떠오르는 상황에 대해 이야기를 나눈다.
- 음악을 한 번씩 더 들려주며 음악을 들으면서 느낀 기분이나 감정 등을 미리 그려놓은 활동지 얼굴 그림에 자유롭게 나타내 볼 수 있도록 한다.
- 유아들이 언어를 사용하지 않고 표정과 손동작을 이용해 의사를 전달 해보도록 한다.
- 교사는 다양한 정서 유발의 상황을 제시한다.
(칭찬을 들었을 때, 강아지를 안았을 때, 친구와 싸웠을 때, 비를 맞았을 때 등)
- 하드보드지의 신체그림을 이용해 음악을 감상하며 느껴지는 감정을 얼굴과 손동작으로 나타내 보도록 하고, 앉아 있는 유아들이 어떤 감정인지 맞추어 보는 활동을 한다.

<정리 : 활동결과 확인, Feedback 및 종결>
- 활동을 마친 후 느낀 점에 대해 이야기를 나눈다.
- 어떤 음악으로 활동을 더 하고 싶은지에 대해 이야기를 나눈다.</td></tr>
</table>

	<차시예고> - 음악의 느낌을 신체 전체를 이용해서 표현하기
유의점	- 교사는 감상 후 느낀 점들을 칠판에 기재해 유아들이 잘 볼 수 있도록 한다. - 교구를 사용할 때, 유아들이 다치지 않도록 주의한다.
활동 평가	1. 음악을 듣고, 즐기며 음악적 개념들을 이해할 수 있는가? 2. 음악을 듣고 느낀 감정을 손과 얼굴을 이용하여 표현할 수 있는가?
확장 활동	- 조형 영역에서 '다양한 표정 가면'을 만들어 보기

활동자료

그림 카드 (도입 시 사용)

활동지 (전개 시 사용)

하드보드지 교구 (전개 시 사용)

노래 부르기 1. 방귀 타령

<table>
<tr><td>일시</td><td></td><td>장소
(반)</td><td></td><td>대상
연령</td><td>만 5세</td><td>지도
교사</td><td></td></tr>
<tr><td>활동명</td><td colspan="3">방귀 타령</td><td>활동
주제</td><td colspan="3">건강과 안전</td></tr>
<tr><td>활동
영역</td><td colspan="3">노래 부르기(창작하기)</td><td>음악
개념</td><td colspan="3">음정, 리듬, 박자</td></tr>
<tr><td>활동
목표</td><td colspan="7">1. ‘방귀 타령’ 노래를 즐겁게 부른다.
2. 가사를 창의적으로 바꾸어서 노래할 수 있다.</td></tr>
<tr><td>활동
자료</td><td colspan="7">음성 파일(방귀 소리), 소화기관 자료, 가사판(그림 가사판)</td></tr>
<tr><td>활동
방법</td><td colspan="7"><도입 : 전시 학습 확인 및 동기 유발>
- 방귀 소리를 들려 준다.
- 지난 시간에 만든 소화 기관 자료를 제시하며 방귀가 어떻게 나오는지에 대해 이야기 나눈다.
- 방귀를 뀐 경험에 대해 이야기 나눈다.

<전개 : 유아와의 상호작용>
- 교사가 ‘방귀 타령’ 노래를 선창한다.
- 교사가 부른 노래를 듣고 가사에 대해 이야기 나눈다.
- 기본박을 치며 ‘라’로 두 마디씩 따라 부른다.
- 기본박을 치며 가사에 따라 두 마디씩 따라 부른다.
- 손유희를 하며 가사에 따라 네 마디씩 따라 부른다.
손유희를 하며 처음부터 끝까지 따라 부른다.
- 피아노에 맞추어 불러본다.
- 가사를 각자 바꾼다.
- 바꾼 가사들을 소개한다.
- 피아노에 맞추어 각자 바꾼 가사로 불러본다.

<정리 : 활동결과 확인, Feedback 및 종결>
- 기억에 남는 점에 대해 이야기 나눈다.
- 다음 시간에 부른다면 어떻게 해보고 싶은지 대해 이야기 나눈다.

<차시예고>
- 동물들과 곤충들의 방귀를 알아보기</td></tr>
</table>

유의점	- 첫 음을 잡을 때 피아노와 맞춘다. - 유아들이 잘 부르는지 확인하며 반복 횟수를 조절한다.
활동 평가	1. 유아들이 노래 부르기에 즐겁게 참여하는가? 2. 창의적으로 가사를 바꾸었는가?
확장 활동	- 역할 영역 : 방귀쟁이 며느리 동극하기

활동자료

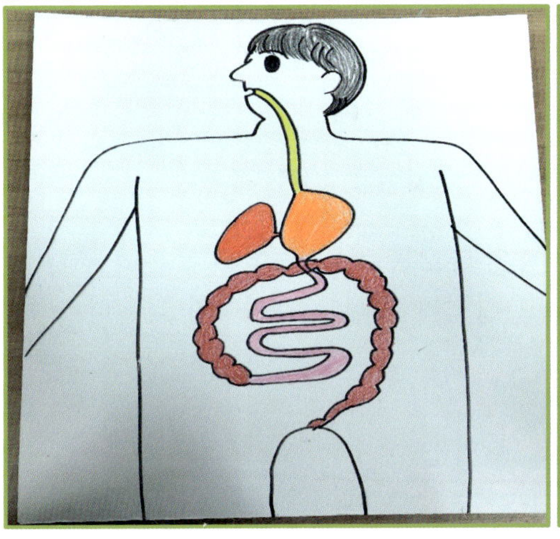

소화기관 자료

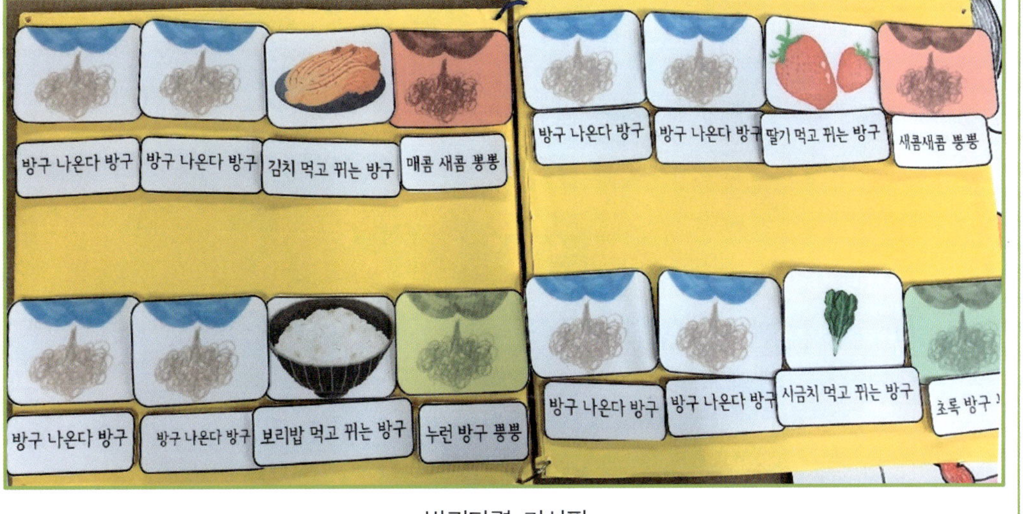

방귀타령 가사판

노래 부르기 2. 그러면 안돼

<table>
<tr><td>일시</td><td></td><td>장소
(반)</td><td></td><td>대상
연령</td><td>만 4세</td><td>지도
교사</td><td></td></tr>
<tr><td>활동명</td><td colspan="3">그러면 안돼</td><td>활동
주제</td><td colspan="3">건강과 안전</td></tr>
<tr><td>활동
영역</td><td colspan="3">노래 부르기(신체표현)</td><td>음악
개념</td><td colspan="3">음, 리듬, 박자, 형식</td></tr>
<tr><td>활동
목표</td><td colspan="7">1. ‘그러면 안돼’ 노래가사의 뜻을 이해하고 즐겁게 부를 수 있다.
2. 가사의 내용에 적절한 동작을 만들어 신체표현을 할 수 있다.</td></tr>
<tr><td>활동
자료</td><td colspan="7">동화 관련 그림, 가사판, 피아노</td></tr>
<tr><td>활동
방법</td><td colspan="7"><도입 : 전시 학습 확인 및 동기 유발>
- 교사가 준비한 새노래와 관련된 짧은 동화를 융판을 이용해 들려 준다.
- 동화에 대해 유아와 이야기 나누고 경험에 대해서도 이야기 나눈다.

<전개 : 유아와의 상호작용>
- 오늘 불러볼 노래 ‘그러면 안돼’를 들어본다.
- 동요 제목을 예측해보게 한 뒤 제목을 소개한다.
- 가사판을 보고 가사의 내용을 이해한다.
- 가사판을 보고 한 소절씩 교사와 번갈아 가면서 불러본다.
- 음악에 맞춰 유아들끼리 노래를 불러본다.
- 노래가사에 맞는 신체표현을 유아와 함께 만들어본다.
- 만든 신체표현을 노래를 부르며 함께 표현해본다.

<정리 : 활동결과 확인, Feedback 및 종결>
- 노래를 불러본 후 느낌과 어떤 생각을 하며 불렀는지에 대해 이야기한다(가사, 분위기 등).

<차시예고>
- 다음 시간엔 유치원 옥상에서 수영을 할 것임을 이야기한다.</td></tr>
<tr><td>유의점</td><td colspan="7">- 유아가 노래에 익숙해지도록 천천히 지도한다.
- 점심시간이나 자유선택활동 후 정리시간에 노래를 틀어주고 익숙해지게 한다.</td></tr>
<tr><td>활동
평가</td><td colspan="7">1. 제재곡을 친구들과 함께 따라 부를 수 있는가?
2. 노래 가사에 적절한 동작을 생각해볼 수 있는가?</td></tr>
</table>

확장 활동	- 건강한 식습관에 대해서 이야기 나누기

활동자료

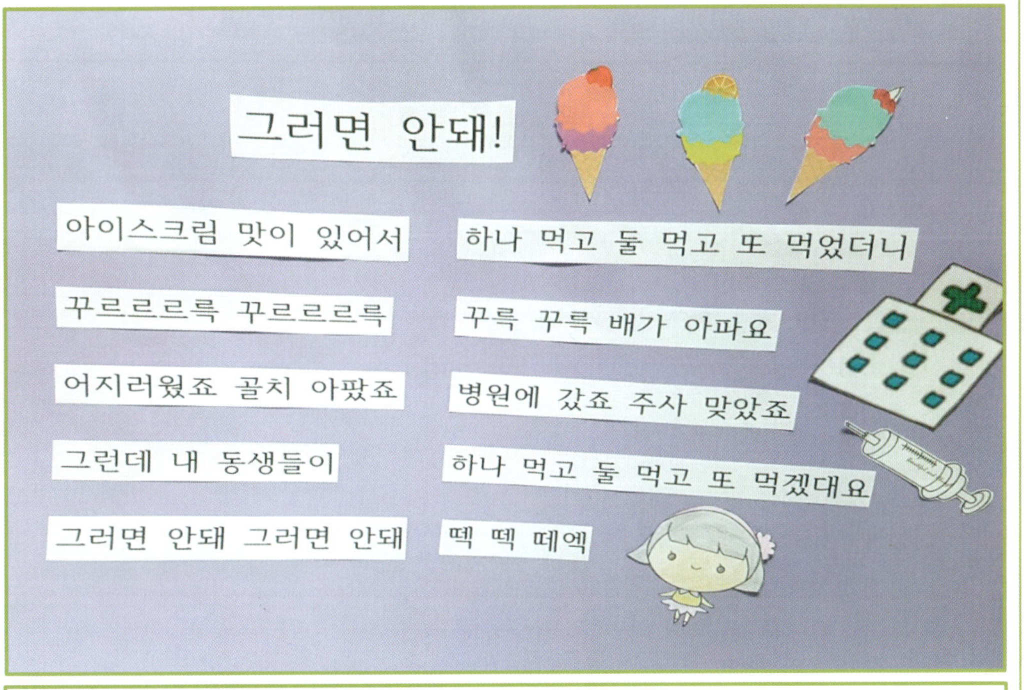

악기 다루기 1. 건너가는 길

일시		장소(반)		대상 연령	만 5세	지도 교사	
활동명	건너가는 길			활동 주제	건강과 안전		
활동 영역	악기 다루기(창작하기)			음악 개념	리듬, 박자, 음색		
활동 목표	1. ‘건너가는 길’ 노래에 맞추어 오스티나토 리듬을 연주할 수 있다. 2. 교사의 지휘에 맞추어 즉흥연주를 할 수 있다.						
활동 자료	‘건너가는 길’ 음원, 가사판, 오스티나토 리듬, 악보판						
활동 방법	**<도입 : 전시 학습 확인 및 동기 유발>** - 지난 시간에 배운 ‘건너가는 길‘을 피아노 반주에 맞추어 기본박을 치며 노래 부른다. - 악기를 소개 및 탐색한다(우드블록, 트라이앵글, 탬버린, 큰북). **<전개 : 유아와의 상호작용>** - 오스티나토 리듬을 손뼉을 치며 익힌다. - 오스티나토 리듬을 악기를 연주하며 익힌다. - 악보판을 보고 각 악기별 리듬을 익힌다. - 세 그룹으로 나누고, 그룹별로 악기를 배정한다. - 악보판을 보면서 ‘건너가는 길’ 음원에 맞추어 노래를 부르며 악기를 연주한다. - 그룹별로 다른 종류의 악기를 고루 연주한다. - 교사의 지휘에 맞추어 즉흥연주를 한다. **<정리 : 활동결과 확인, Feedback 및 종결>** - 즉흥연주 녹음본을 들려주고 유아들이 평가하도록 한다. - 유아들과 느낀 점 및 어려웠던 점, 좋았던 점에 대해 이야기 나눈다. **<차시예고>** - 다음 시간에는 선율 타악기로 연주해 볼 것을 예고한다.						
유의점	- 교사는 큰북을 치며 함께 악기를 연주한다. - 즉흥연주를 할 때 유아들이 혼란스럽지 않도록 지휘를 정확히 한다.						

활동 평가	1. '건너가는 길' 노래에 맞추어 오스티나토 리듬을 연주할 수 있는가? 2. 교사의 지휘에 맞추어 즉흥연주를 할 수 있는가?
확장 활동	- 언어 영역 : 교통안전과 관련된 동화 읽기 - 음율 영역(자유 선택 활동): 악보를 보며 자유롭게 연주하기

활동자료

1) 악기(우드블록, 탬버린, 트라이앵글, 큰북)

2) 오스티나토 리듬 악보

3) 악보판

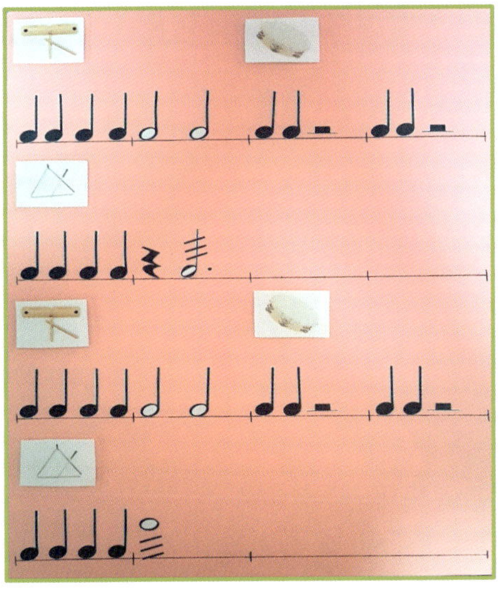

4) 가사판

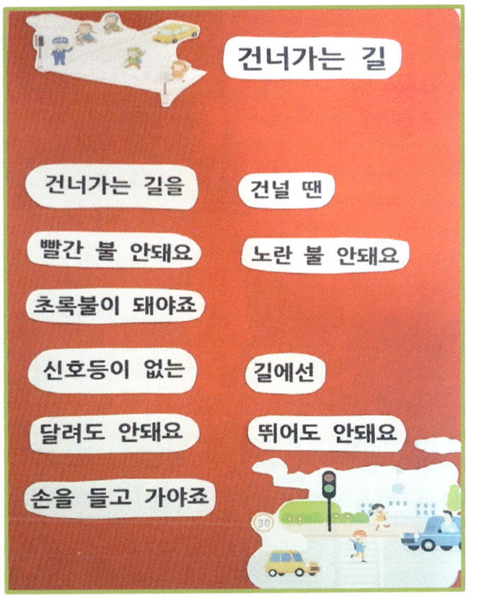

악기 다루기 2. 손 씻기 체조

<table>
<tr><td>일시</td><td></td><td>장소
(반)</td><td></td><td>대상
연령</td><td>만 4세</td><td>지도
교사</td><td></td></tr>
<tr><td>활동명</td><td colspan="3">손 씻기 체조</td><td>활동
주제</td><td colspan="3">건강과 안전</td></tr>
<tr><td>활동
영역</td><td colspan="3">악기 다루기(노래 부르기)</td><td>음악
개념</td><td colspan="3">음색, 리듬, 박자</td></tr>
<tr><td>활동
목표</td><td colspan="7">1. ‘손 씻기 체조’ 노래에 맞춰 오스티나토 리듬을 연주할 수 있다.
2. ‘손 씻기 체조’ 노래를 부르며 합주를 할 수 있다.</td></tr>
<tr><td>활동
자료</td><td colspan="7">손 씻는 소리 음원 파일. ‘손 씻기 체조’ 노래 파일, 가사판, 리듬 악보, 리듬악기(탬버린, 우드블록, 트라이앵글)</td></tr>
<tr><td>활동
방법</td><td colspan="7"><도입 : 전시 학습 확인 및 동기 유발>
- 손 씻는 소리를 듣고 무슨 소리인지 맞춰본다.
- 지난 시간에 배운 ‘손 씻기 체조’ 노래에 대해 이야기 나눈다.
- 무릎 박을 치며 노래를 불러본다.

<전개 : 유아와의 상호작용>
- 오늘 사용할 악기를 간단히 소개한다.
- 교사가 제시한 리듬을 신체 악기를 이용하여 연주해본다.
(쉼 쉼 쉼 타, 타 쉼 타 쉼, 타 쉼 티티 타)
- 연습한 리듬을 한 가지씩 리듬악기별로 연주해 본다.
*트라이앵글: ‘쉼 쉼 쉼 타’ (𝄽 𝄽 𝄽 |)
*우드블록: ‘타 쉼 타 쉼’ (| 𝄽 | 𝄽)
*탬버린: ‘타 쉼 티티 타’ (| 𝄽 ⊓ |)
- 노래에 맞춰서 오스티나노 리듬을 악기별로 연주해본다.
- 노래에 맞춰서 그룹별로 다른 종류의 리듬악기를 연주해본다.
- 그룹별로 악기를 교대하여 연주한다.
- 노래를 부르며 유아가 원하는 리듬악기로 연주를 해본다.

<정리 : 활동결과 확인, Feedback 및 종결>
- 리듬악기별로 한 명씩 나와 연주해본다.
- 오스티나토 리듬에 맞춰 리듬악기를 연주할 때 즐거웠던 점, 어려웠던 점에 대해 이야기 나눈다.
- 오늘 사용한 리듬악기 이외에 무엇을 사용하면 좋을지에 대해 이야기 나눈다.</td></tr>
</table>

	<차시예고> - 다음 시간에는 직접 오스티나토 리듬을 만들어 연주해볼 것임을 예고한다.
유의점	- 유아가 리듬 악보를 보며 연주를 할 수 없을 것을 유의하며 충분히 반복하여 연주한다. - 원하는 악기를 고를 때 유아들이 다양한 악기를 고르도록 유도한다.
활동 평가	1. '손 씻기 체조' 노래에 맞춰 오스티나토 리듬을 연주할 수 있는가? 2. '손 씻기 체조' 노래를 부르며 합주를 할 수 있는가?
확장 활동	- 유아가 직접 리듬 악보를 만들어 보고, 리듬악기를 연주해 보기 - 노래가사를 개사하여 불러보는 활동

활동자료

1) 오늘 할 활동을 소개하며 보여 주는 그림 자료

2) 리듬 악보

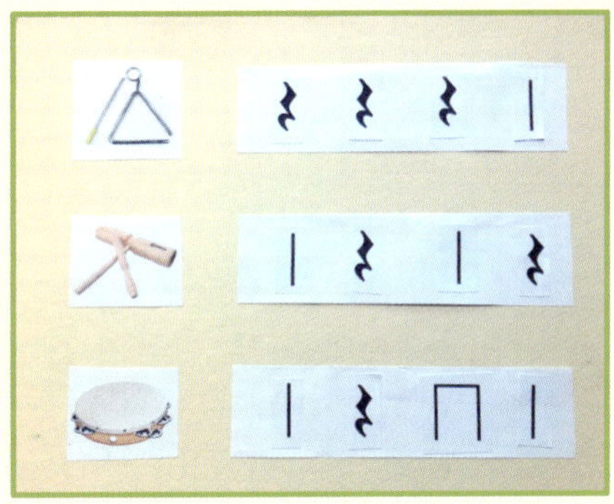

3) 가사판

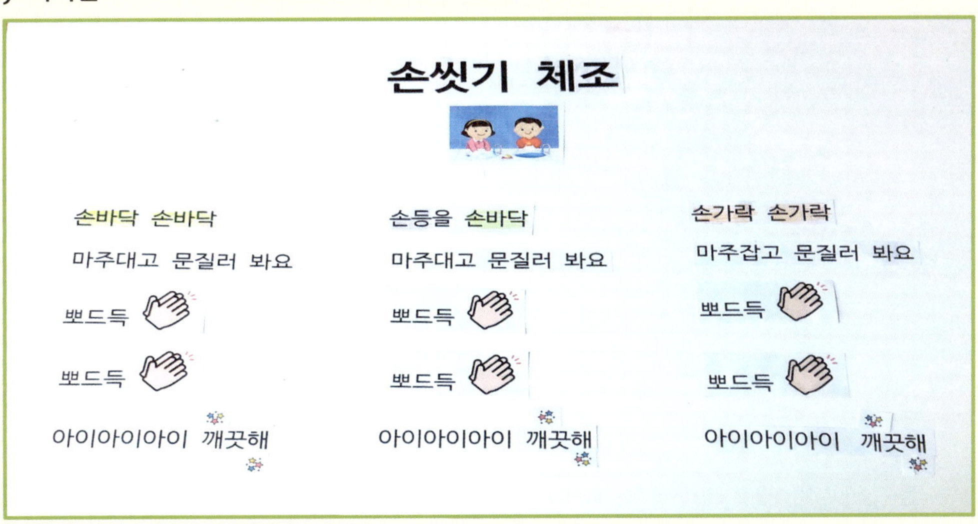

신체표현 1. 숲속의 나무

<table>
<tr><td>일시</td><td></td><td>장소(반)</td><td></td><td>대상 연령</td><td>만 5세</td><td>지도 교사</td><td></td></tr>
<tr><td>활동명</td><td colspan="3">숲속의 나무</td><td>활동 주제</td><td colspan="3">건강과 안전</td></tr>
<tr><td>활동 영역</td><td colspan="3">신체표현(악기 다루기)</td><td>음악 개념</td><td colspan="3">가락, 리듬, 박자, 속도, 빠르기, 다이내믹스(역동성)</td></tr>
<tr><td>활동 목표</td><td colspan="7">1. '숲속의 나무 이야기' 줄거리를 신체로 자유롭게 표현할 수 있다.
2. '숲속의 나무 이야기'를 들으며 악기를 자유롭게 연주할 수 있다.</td></tr>
<tr><td>활동 자료</td><td colspan="7">숲속의 나무의 이야기(스토리텔링), 악기(윈드 차임, 오션 드럼, 알토 메탈로폰, 베이스 자일로폰, 탬버린, 트라이앵글, 우드블록, 캐스터네츠, 작은북)</td></tr>
<tr><td>활동 방법</td><td colspan="7"><도입 : 전시 학습 확인 및 동기 유발>
- 오전에 이야기 나누었던 황사와 미세먼지에 대해 기억을 되살린다.
- 숲속의 나무가 이야기를 들려주러 왔음을 알려준다.

<전개 : 유아와의 상호작용>
- '숲속의 나무 이야기'를 들려 준다.
- 이야기 속에 나오는 나무, 바람, 새, 황사, 미세먼지, 비를 신체로 어떻게 표현할 것인지 이야기 나눈다.
- 악기를 탐색한다.
- 이야기 속에 나오는 나무, 바람, 새, 황사, 미세먼지, 비를 악기로 어떻게 표현할 것인지 이야기 나눈다.
- 악기연주 한 팀, 신체표현 한 팀으로 나눈다.
- 스토리에 맞추어 악기연주 팀이 연주를 하는 동안 신체표현 팀이 신체로 스토리를 표현한다.
- 팀을 바꾸어서 한 번 더 진행한다.

<정리 : 활동결과 확인, Feedback 및 종결>
- 표현을 한 후 느낌에 대해 이야기 나눈다.
- 표현하기 어려웠던 점, 잘 표현할 수 있었던 점에 대해 이야기 나눈다.

<차시예고>
- 미세먼지를 예방하는 방법에 대해 이야기 나눌 것임을 이야기한다.</td></tr>
</table>

유의점	- 이야기 속에 나오는 등장인물을 신체로 어떻게 표현할 것인지 충분한 이야기 나눈다. - 이야기 속 등장인물을 어떠한 악기로, 어떻게 표현할지 충분히 탐색하고 악기 사용법을 지도한다. - 자유로운 분위기에서 신체를 표현하고, 악기를 연주할 수 있도록 유도한다.
활동 평가	1. 스토리에 따라 숲속의 모습을 신체로 자유롭게 표현했는가? 2. 스토리를 들으며 자유롭게 악기 연주를 하였는가?
확장 활동	- 언어 영역에서 이번 활동을 통해 느낀 점을 토대로 나무에게 편지쓰기 - 숲 체험 프로그램에 참여하기

활동자료

<스토리텔링 대본 자료>

숲속의 나무

나는 숲속에 있는 아주 작은 나무야. 봄엔 따뜻한 햇빛과 시원한 봄바람을 맞으며 새소리를 듣곤 했었지. 새들은 지지배배. 짹짹. 그리고 시원한 봄바람의 나무들의 잎사귀는 '쏴아쏴아' 흔들렸지.

그런데 갑자기! '노오란' 공기가 빠르게 다가왔어!! "아야!아야! 이것은 모래먼지야! 내 피부에 모래들이 타닥타닥 튀어! 피부가 너무 따가워. 타닥타닥. 타닥타닥. 모래먼지가 내 입속으로도 들어와서 입안이 모래로 가아득 차버렸어. 모래가 내 입속에서 굴러다녀. 떼구르르 떼구르르."

"어어? 모래가 아닌 무언가가 더 있는 것 같아! 아! 이게 미세먼지인가봐. 미세먼지가 내 눈속으로 들어와 내 눈을 뻑뻑하게 만들었어! 그리고 점점 숨을 쉬기 힘들어졌어! '후~~하아아' 미세먼지가 내 몸속에서 나를 괴롭히고 있어. 아, 너무 힘들어!!"

그때 하늘에서 비가 왔지. '쏴아아아아아쏴아아아아.' 시원한 비가 미세먼지와 모래먼지를 다 깨끗하게 씻어주었어. 내 잎들도 파릇파릇 다시 생기가 생겼고, 주변 새들도 어디선가 다시 나타나 '지지배배 짹짹' 노래를 불렀지. 비가 그치고 바람도 살랑살랑 불었어. 그리고 나는 맑은 공기를 다시 마실 수 있게 되었지!

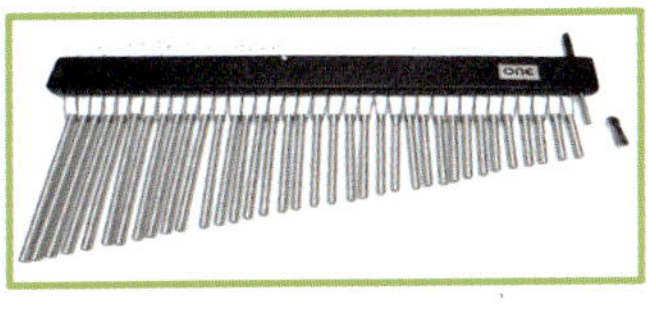
윈드차임

오션드럼

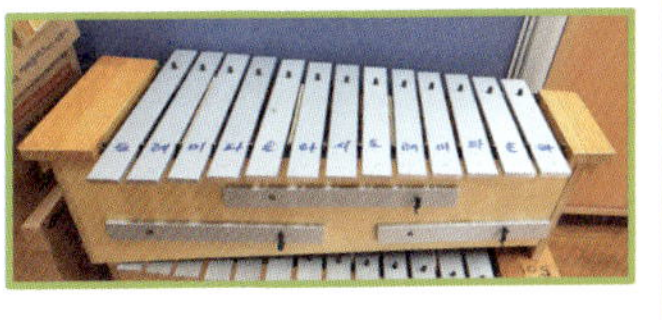
알토 메탈로폰

베이스 자일로폰

탬버린 우드블록, 트라이앵글, 캐스터네츠

작은북

신체표현

2. 팝콘이 되어 보아요

<table>
<tr><td>일시</td><td></td><td>장소(반)</td><td></td><td>대상연령</td><td>만 4세</td><td>지도교사</td><td></td></tr>
<tr><td>활동명</td><td colspan="3">팝콘이 되어 보아요</td><td>활동주제</td><td colspan="3">건강과 안전</td></tr>
<tr><td>활동영역</td><td colspan="3">신체표현(감상하기)</td><td>음악개념</td><td colspan="3">리듬, 강약, 다이내믹스</td></tr>
<tr><td>활동목표</td><td colspan="7">1. 몸의 근육을 자유롭게 움직일 수 있다.
2. 팝콘이 되는 과정을 관찰하고 창의적으로 표현한다.</td></tr>
<tr><td>활동자료</td><td colspan="7">팝콘 동영상, 팝콘음악, 팝콘만들기 자료판, 마스킹테이프, 우드블럭팝콘</td></tr>
<tr><td>활동방법</td><td colspan="7"><도입 : 전시 학습 확인 및 동기 유발>
- 전 시간에 요리활동으로 팝콘 만들기를 했던 것을 회상한다.
- 옥수수가 팝콘이 되는 동영상을 본다.
http://blog.naver.com/jadesy76/120058806234
- 팝콘만들기 자료를 보여주며 팝콘이 튀겨지는 과정을 이야기해준다.
- 뜨거운 불판에 화상을 입지 않으려면 어떻게 해야 하는지 이야기 나눈다.
- 팝콘이 튀겨지는 것을 상상하며 음악을 감상하고 느낌을 이야기한다.

<전개 : 유아와의 상호작용>
- 바닥에 커다란 원을 표시해 주어 이곳이 팝콘을 튀길 프라이팬이라고 이야기해준다.
- 스트레칭을 한 뒤 음악에 맞추어 팝콘이 되어본다.
- 음악을 들으면서 우드블럭으로 팝콘이 튀겨지는 소리를 만들어 본다.
- 우드블럭을 치는 동안 팝콘이 되어 춤을 추고, 우드블럭 소리가 갑자기 멈추면 움직이지 않는다.
- 팝콘음악에 맞추어 팝콘을 자유롭게 표현한다. 이때 교사는 [팝콘이야기] 스토리텔링을 해 준다.

<정리 : 활동결과 확인, Feedback 및 종결>
- 활동에 대한 느낌을 이야기 나눈다.
- 빠르기와 강약의 다른 점을 이야기 나눈다.
- 음악에 맞추어 몇 명 유아가 발표한다.</td></tr>
</table>

	<차시예고> - 악기다루기 활동 우드블럭으로 팝콘 표현하기
유의점	- 음악의 빠르기에 따라 동작이 달라지도록 지도한다. - 활동적인 신체 활동이므로 조용히 해야 할 때(교사가 이야기를 할 때 등)는 유아들이 집중을 할 수 있도록 지도해야 한다.
활동 평가	1. 몸의 근육을 자유롭게 움직일 수 있는가?. 2. 팝콘이 되는 과정을 관찰하고 창의적으로 표현할 수 있는가?
확장 활동	- 요리활동 : 팝콘 만들기

활동자료

팝콘 이야기 : "커다란 프라이팬에 버터를 넣었어요. 그리고는 불을 켰어요. 조금 있으니까 프라이팬이 점점 뜨거워졌어요! 버터가'아이 뜨거워'하면서 스르르 녹아서 프라이팬에 스며든 것처럼 되었지요. 그리곤 옥수수 알맹이와 소금을 넣고 뚜껑을 닫았어요. 옥수수 알맹이들이 '아, 아!, 뜨거워!'라고 소리치며 몸을 이리 비틀고 저리 비틀고 했어요. 그리곤 튀어 오르던 옥수수 알맹이들이 '탁, 타닥!, 톡!톡!톡!톡!'소리와 함께 맛있는 팝콘이 되었어요.

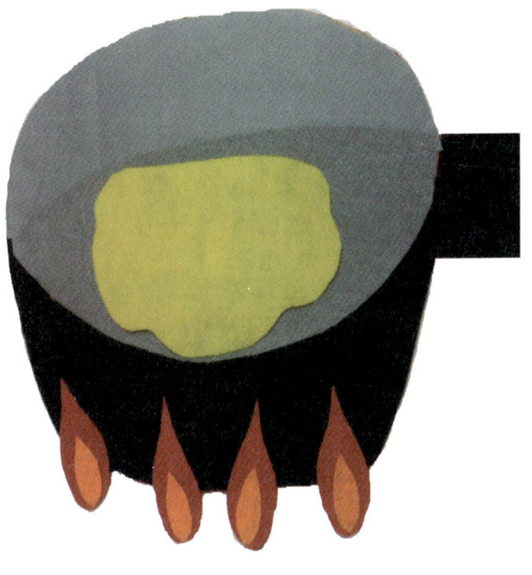

팝콘 만들기 자료판

창작하기 1. 악기로 말해요

<table>
<tr><td>일시</td><td></td><td>장소(반)</td><td></td><td>대상 연령</td><td>만 5세</td><td>지도 교사</td><td></td></tr>
<tr><td>활동명</td><td colspan="3">악기로 말해요</td><td>활동 주제</td><td colspan="3">건강과 안전</td></tr>
<tr><td>활동 영역</td><td colspan="3">창작하기(악기 다루기)</td><td>음악 개념</td><td colspan="3">빠르기, 강약, 가락, 리듬</td></tr>
<tr><td>활동 목표</td><td colspan="7">1. 주어진 상황을 악기로 자유롭게 표현할 수 있다.
2. 상황에 따라 연주의 빠르기, 강약, 분위기를 조절할 수 있다.</td></tr>
<tr><td>활동 자료</td><td colspan="7">문제 상황 그림카드, 해결 상황 그림카드, 약 봉투, 악기(작은북, 트라이앵글, 캐스터네츠, 탬버린, 우드블록, 윈드 차임, 에너지 차임, 콩가, 알토 메탈로폰, 베이스 자일로폰, 템플 블록, 신체)</td></tr>
<tr><td>활동 방법</td><td colspan="7"><도입 : 전시 학습 확인 및 동기 유발>
- 오전에 이야기 나눈 ‘우리 몸이 아플 때’에 대해 이야기 나눈다.
- 이번 시간에 할 활동을 소개한다.
- 활동에 사용할 악기를 소개한다.

<전개 : 유아와의 상호작용>
- 문제 상황 그림카드를 모두에게 하나씩 나누어 준다.
- 받은 카드의 상황이 같은 사람끼리 모여 3개의 조를 만든다.
- 다양한 악기를 탐색하며 문제 상황을 어떻게 표현할 것인지 조별로 이야기 나눈다.
- 주어진 문제 상황을 조별로 악기로 표현한다.
- 다른 조의 악기 표현이 어떤 상황을 표현한 것일지 이야기 나눈다.
- 해결 상황 그림카드를 넣어둔 약 봉투를 문제 상황 그림카드에 맞게 조별로 나누어 준다.
- 다양한 악기를 탐색하며 해결 상황을 어떻게 표현할 것인지 조별로 이야기 나눈다.
- 주어진 해결 상황을 조별로 악기로 표현한다.
- 다른 조의 악기 표현을 보고 느낌 점에 대해 이야기 나눈다.

<정리 : 활동결과 확인, Feedback 및 종결>
- 잘 표현할 수 있었던 점을 이야기 나눈다.
- 자신이 표현한 것을 친구들 앞에서 발표한다.
- 활동을 하면서 어려웠던 점, 아쉬웠던 점에 대해 이야기 나눈다.</td></tr>
</table>

	<차시예고> – 다음 시간엔 '약을 올바르게 사용하는 방법'에 대해 이야기 나눌 것임을 알려준다.
유의점	– 악기는 순서를 지키고 배려하며 사용할 수 있도록 지도한다.
활동 평가	1. 주어진 상황을 악기로 자유롭게 표현하였는가? 2. 상황에 따라 악기연주의 빠르기, 강약, 분위기를 조절할 수 있었는가?
확장 활동	– 역할놀이 영역 : 침묵의 병원놀이 – 이야기 나누기 : '약을 올바르게 사용해요!'

활동자료

유아 수만큼 골고루

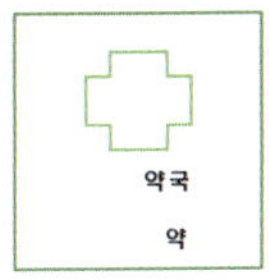

X 3개

한 장씩

⇨ 모두 A4의 1/4 크기

탬버린, 트라이앵글, 우드블록, 캐스터네츠

작은북

콩가

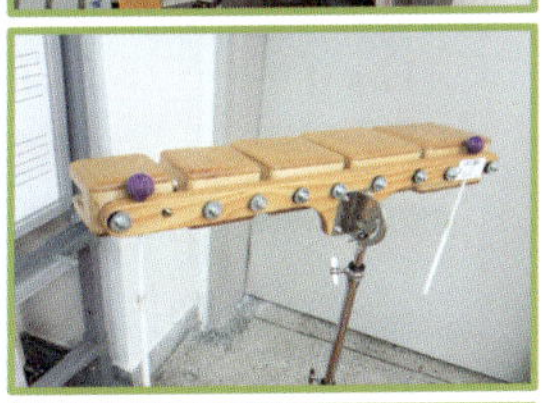

템플 블록

알토 메탈로폰

베이스 자일로폰

윈드 차임

에너지 차임

창작하기

2. 달님에게 소원을 빌어요

<table>
<tr><td>일시</td><td></td><td>장소
(반)</td><td></td><td>대상
연령</td><td>만 5세</td><td>지도
교사</td><td></td></tr>
<tr><td>활동명</td><td colspan="3">달님에게 소원을 빌어요</td><td>활동
주제</td><td colspan="3">건강과 안전</td></tr>
<tr><td>활동
영역</td><td colspan="3">창작하기(신체표현)</td><td>음악
개념</td><td colspan="3">리듬, 박자, 다이내믹스</td></tr>
<tr><td>활동
목표</td><td colspan="7">1. ‘강강술래’ 놀이에 맞추어 동작을 할 수 있다.
2. 자신의 소원을 이야기와 신체로 자유롭게 표현할 수 있다.</td></tr>
<tr><td>활동
자료</td><td colspan="7">강강술래 그림 자료, 강강술래 음원, 강강술래 동영상 자료, 스카프 ,보자기</td></tr>
<tr><td>활동
방법</td><td colspan="7"><도입 : 전시 학습 확인 및 동기 유발>
- 소원을 빌었던 경험에 대해 이야기 나눈다.
- 그림 자료를 보여 주며 옛날 사람들이 보름달에게 소원을 빌기 위해 추었던 전통놀이인 ‘강강술래’를 소개한다.
- 강강술래 동영상을 보여 준다.
- 동영상에서 어떤 동작이 있었는지 이야기 나눈다.

<전개 : 유아와의 상호작용>
- 강강술래 놀이를 하면서 달님에게 신체로 소원을 표현하는 활동을 할 것임을 이야기한다.
- 신체표현을 할 때 스카프도 활용할 수 있음을 이야기한다.
- 각자 소원을 생각하고 자신의 소원을 표현할 동작을 생각한다.
- 다 같이 일어나 원형을 만들고, 교사는 ‘강강술래’ 놀이의 동작(동영상과 같음)을 이야기한다.
- 한 명이 가운데로 나가 소원을 이야기하고 신체로 표현할 때, 나머지 유아는 친구의 신체표현을 따라함으로써 같이 소원을 빌어줄 것임을 이야기한다.
- 교사가 시범을 보여 준다.
- 지켜야 할 약속과 어느 쪽부터 먼저 나갈 건지 함께 정한다.
- ‘강강술래’ 음원에 맞추어 2소절 동안 원을 그리며 빙빙 돈다.
- 소원을 빌 때는 원을 그리며 도는 동작을 멈춘다.
- 먼저 시작하는 유아가 중앙으로 나가서 자신의 소원을 이야기하고 신체로 표현한다.
- 나머지 유아는 중앙에서 자신의 소원을 신체로 표현하는 유아의 동작을</td></tr>
</table>

	따라한다. - 신체표현을 끝낸 유아는 자신의 자리로 돌아오고 다함께 2소절 동안 원을 그리며 빙빙 돈다. - 모든 유아가 차례로 중앙에 나가서 자신의 소원을 신체로 표현할 때까지 반복한다. **<정리 : 활동결과 확인, Feedback 및 종결>** - 소원을 표현한 후 감정에 대해 이야기 나눈다. - 자신이 표현한 소원을 친구들 앞에 나와 발표한다. - 표현하기 어려웠던 점, 잘 표현할 수 있었던 점에 대해 이야기 나눈다. **<차시예고>** - 오늘 빌었던 소원을 그림으로 그려서 달님에게 편지를 보낼 것임을 이야기 한다.
유의점	- 자신의 소원을 신체로 표현하기 어려운 유아가 있다면 유아의 설명을 듣고 교사가 도움을 준다. - 자신의 소원을 빌고 나서 얻게 되는 마음의 건강에 초점을 맞춘 수업이므로 너무 강강술래의 방법 전하기에 초점을 맞추지 않도록 주의한다. - 활동 시작 전에 유아가 양말을 벗고 모두 보자기를 허리에 매도록 지도한다.
활동 평가	1. '강강술래' 놀이에 맞추어 동작을 할 수 있는가? 2. 자신의 소원을 이야기와 신체로 자유롭게 표현했는가?
확장 활동	- 음률 영역에서 '강강술래' 노래에 맞춰 다양한 리듬악기 연주하기

활동자료

https://www.youtube.com/watch?v=J-GeW-UatqE

<강강술래 동영상 자료> 시간: 2′ 47″~3′ 27″

<강강술래에 대한 정보>

- 풍요와 풍작을 기원하며 추었던 춤과 노래, 원형인 이유는 보름달을 형상화한 것

Chapter 05

동식물과 자연

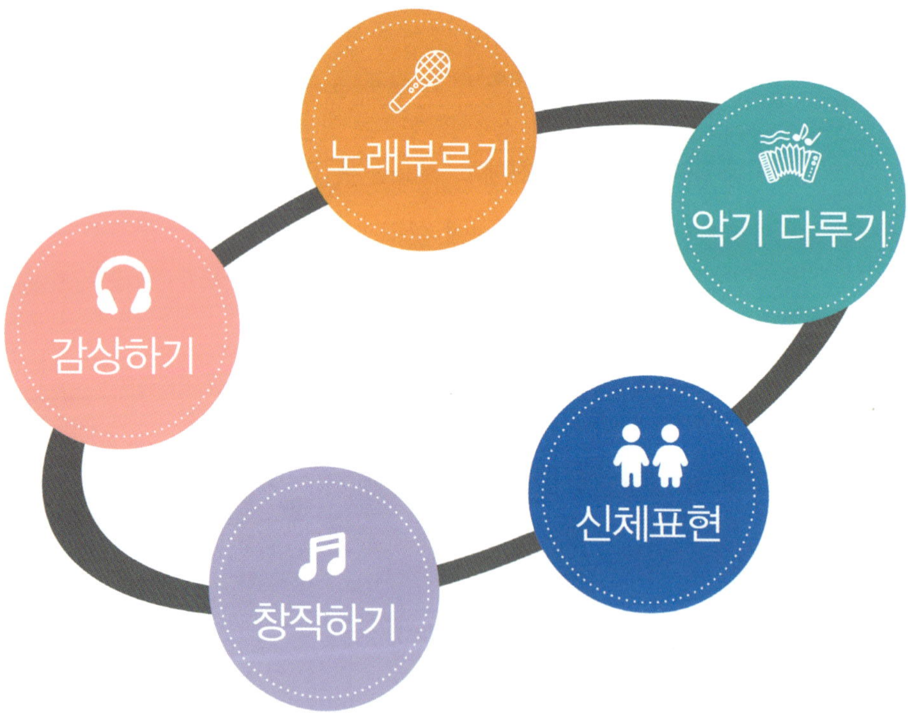

동식물과 자연-영역별 활동

감상하기	1. 나비가 되어보자
	2. 강아지 왈츠
노래 부르기	1. 숲 속을 걸어요(1)
	2. 숲 속을 걸어요(2)
악기 다루기	1. 전원교향곡
	2. 딸랑딸랑~ 멍멍!
신체표현	1. 홍학, 마지막 무대
	2. 바닷 속 동물 되어 보기
창작하기	1. 종달새의 비상
	2. 가자 가자 감나무
10개 활동	

감상하기 1. 나비가 되어보자

<table>
<tr><td>일시</td><td></td><td>장소
(반)</td><td></td><td>대상
연령</td><td>만 4세</td><td>지도
교사</td><td></td></tr>
<tr><td>활동명</td><td colspan="3">나비가 되어보자</td><td>활동
주제</td><td colspan="3">동식물과 자연</td></tr>
<tr><td>활동
영역</td><td colspan="3">감상하기(신체표현)</td><td>음악
개념</td><td colspan="3">다이내믹스(역동성), 빠르기</td></tr>
<tr><td>활동
목표</td><td colspan="7">1. 음악 ‘나비’를 듣고 자신의 생각과 느낌을 자유롭게 이야기 나눈다.
2. 음악 ‘나비’를 감상한 후 창의적으로 신체표현할 수 있다.</td></tr>
<tr><td>활동
자료</td><td colspan="7">쇼팽 ‘나비’ 음원, 펠트로 만든 나비, 나비 날개(유아 수 만큼), 날고 있는 나비 동영상, 스피커</td></tr>
<tr><td>활동
방법</td><td colspan="7"><도입 : 전시 학습 확인 및 동기 유발>
- 나비에 대한 수수께끼를 낸다.
- 펠트로 만든 나비를 보며 나비에 대한 경험을 이야기 나눈다.

<전개 : 유아와의 상호작용>
- 음악감상 시 태도에 대해 이야기 나눈다.
- 쇼팽 ‘나비’ 음악을 감상한다.
- 음악에서 어떤 느낌을 느꼈는지 / 어떤 장면이 떠오르는지를 이야기 나눈다.
- 쇼팽 ‘나비’ 음악을 소개한다(음악의 내용).
- 나비가 날아다니는 모습을 나타낸 동영상을 본다.
- 다시 한 번 음악을 들으며 음악 속 나비의 움직임을 상상해보면서 감상한다.
- 음악 속 나비의 움직임에 대해 이야기 나눈다.
- 음악을 들으며 할 신체활동을 소개한다(음악 속 나비가 되어 날아보기).
- 유아 개인별로 나비 날개를 나누어준다.
- 음악 속 나비의 움직임을 몸으로 어떻게 표현할 것인지 생각해본다.
- 쇼팽 ‘나비’ 음악을 들으며 나비가 날아다니는 모습을 창의적으로 표현해 본다.
- 교사는 나비가 날아다니는 상황을 스토리텔링하여 제시한다.

<정리 : 활동결과 확인, Feedback 및 종결>
- 나비가 날아다니는 모습을 신체로 표현했을 때 재미있던 점, 아쉬웠던 점에 대해 이야기 나눈다.</td></tr>
</table>

	– 몇 명의 유아가 나와 자신이 신체로 표현한 것을 친구들 앞에서 보여 준다. **<차시예고>** – 다양한 나비 사진을 보면서 자신만의 나비를 꾸며보기
유의점	– 유아가 '나비' 음악을 들으며 신체표현할 때 다양한 표현을 할 수 있도록 격려한다. – 신체활동에 치중되지 않도록 한다.
활동 평가	1. 음악을 감상한 후 생각과 느낌을 말로 표현할 수 있는가? 2. 나비의 움직임을 창의적으로 표현할 수 있는가?
확장 활동	– 곤충 박물관에 견학 가기

활동자료

펠트로 만든 나비

나비 날개

감상하기 2. 강아지 왈츠

일시		장소(반)		대상 연령	만 5세	지도 교사	
활동명	강아지 왈츠			활동 주제	동식물과 자연		
활동 영역	감상하기(신체표현)			음악 개념	빠르기, 다이내믹스(역동성)		
활동 목표	1. 음악을 듣고 자신의 생각과 느낌을 자유롭게 이야기할 수 있다. 2. 음악의 느낌을 지휘 동작으로 표현할 수 있다.						
활동 자료	쇼팽 '강아지 왈츠' mp3 음원, 우드블럭/트라이앵글 채, 쇼팽 사진 A4 용지						
활동 방법	**<도입 : 전시 학습 확인 및 동기 유발>** - 지난 시간에 '여러 가지 동물'에 대해 이야기를 나눈 것을 떠올린다. - 그 동물들 중 자신이 좋아하는 동물에 대해 이야기 나눈다. **<전개 : 유아와의 상호작용>** - 음악감상 시 태도에 대해 이야기 나눈다. - '강아지 왈츠'의 앞부분을 들려주고 어떤 동물에 관련된 음악인지 이야기 나눈다. - 음악에서 어떤 느낌을 느꼈는지 이야기 나눈다. - '강아지 왈츠'의 작곡가와 음악에 대한 이야기 나눈다. - 음악을 들으며 강아지의 어떤 모습이 떠오르는지 생각하며 감상한다. - 음악적 요소(빠르기, 분위기, 역동성)가 달라진 부분이 있는지 이야기 나눈다. - 음악의 빠르기 변화를 생각하며 다시 한 번 음악을 감상한다. - 음악적 요소(빠르기, 분위기, 역동성)가 변화한 부분에 대해 어떻게 변화했는지 이야기 나누고 변화한 부분을 들려 준다. - 우드블럭/트라이앵글 채를 이용하여 속도를 표현해본다. - 유아가 직접 지휘자가 되어 채를 이용해서 지휘를 하며 음악을 다시 감상한다. **<정리 : 활동결과 확인, Feedback 및 종결>** - 어떤 느낌과 방법으로 지휘를 했는지 발표해 본다. - 감상한 음악이 무엇인지 물어본다. - 음악을 감상하며 어떤 부분이 기억에 남는지 이야기 나눈다. - 감상 활동을 하면서 즐거웠던 점/아쉬웠던 점에 대해 이야기 나눈다.						

	- 오늘 한 활동을 정리하며 이야기 나눈다. **<차시예고>** - 여러 가지 동물 그림을 그려보기
유의점	- 유아가 다양한 대답을 할 수 있도록 교사는 열린 질문으로 발문한다. - 감상에 집중할 수 있도록 규칙을 정한다.
활동 평가	1. 음악을 감상한 후 생각과 느낌을 말로 표현할 수 있는가? 2. 음악의 느낌을 동작으로 표현할 수 있는가?
확장 활동	- 체험 학습 : 동물원에 가서 여러 동물들을 관찰하기 - 미술 활동 : 다양한 동물의 움직임을 그림으로 표현하기

활동자료

우드블럭 채

쇼팽

강아지 왈츠 음원

노래 부르기

1. 숲 속을 걸어요(1)

<table>
<tr><td>일시</td><td></td><td>장소
(반)</td><td></td><td>대상
연령</td><td>만 5세</td><td>지도
교사</td><td></td></tr>
<tr><td>활동명</td><td colspan="3">숲 속을 걸어요(1)</td><td>활동
주제</td><td colspan="3">동식물과 자연</td></tr>
<tr><td>활동
영역</td><td colspan="3">노래 부르기1(신체표현)</td><td>음악
개념</td><td colspan="3">음, 음색, 선율, 박자</td></tr>
<tr><td>활동
목표</td><td colspan="7">'숲 속을 걸어요' 노래를 외워서 부를 수 있다.
'숲 속을 걸어요' 노래를 부르며 다양한 신체표현을 할 수 있다.</td></tr>
<tr><td>활동
자료</td><td colspan="7">동요 '숲 속을 걸어요' 가사 그림판(가사카드&멜로디카드), 피아노</td></tr>
<tr><td>활동
방법</td><td colspan="7"><도입 : 전시 학습 확인 및 동기 유발>
- 숲 체험을 회상하며 이야기 나눈다.
- 그림을 보며 새노래 제목을 유추해본다.

<전개 : 유아와의 상호작용>
- 가사판의 그림을 보며 노래에 어떤 가사가 있을지 유추해본다.
- '숲 속을 걸어요' 노래 가사를 읽어본다.
- '숲 속을 걸어요' 멜로디 카드를 보며 노래의 멜로디를 예측해본다.
- 교사가 부르는 '숲 속을 걸어요' 노래를 감상한다.
- 가사판을 보며 교사를 따라 '숲 속을 걸어요' 노래를 한 소절씩 불러본다.
- 가사판을 보며 교사를 따라 '숲 속을 걸어요' 노래를 두 소절씩 불러본다.
- 처음부터 끝까지 함께 '숲속을 걸어요' 노래를 불러본다.
- 자유롭게 기본박을 치며 다양한 방법으로 노래를 불러본다.
(남자친구와 여자친구가 주고받으며 부르기, 점점 크게 불러보기)
- 그림을 보고 '숲 속을 걸어요' 노래 가사를 외울 수 있는지 다시 한 번 되짚어준다.
- 가사를 보지 않고 피아노 반주에 맞춰 노래 전체를 불러본다.
- 가사 내용을 신체로 표현해본다.
- 교실을 걸으며 '숲 속을 걸어요' 노래에 맞춰 신체표현을 해본다.

<정리 : 활동결과 확인, Feedback 및 종결>
- 배운 노래제목과 가사를 회상해본다.</td></tr>
</table>

	- '숲 속을 걸어요' 활동에 대해 어땠는지 이야기 나눈다. - 피아노 반주에 맞춰 '숲 속을 걸어요' 노래를 마지막으로 불러본다. <차시예고> - 다음 시간에는 노래 '숲속을 걸어요'를 부르며 악기연주를 할 것임을 이야기한다.
유의점	- 교사는 유아가 노래를 부를 때 해당 소절에 그림을 가리켜준다. - 못갖춘 마디부분을 유아가 잘 따라올 수 있도록 여러 번 따로 불러본다.
활동 평가	1. '숲 속을 걸어요' 노래를 외워서 부를 수 있는가? 2. '숲 속을 걸어요' 노래를 부르며 다양한 신체표현을 할 수 있는가?
확장 활동	- 동극: '숲 속을 걸어요' 동요와 '숲 속 음악회' 동화를 배운 뒤 유아들이 직접 동극해보기

활동자료

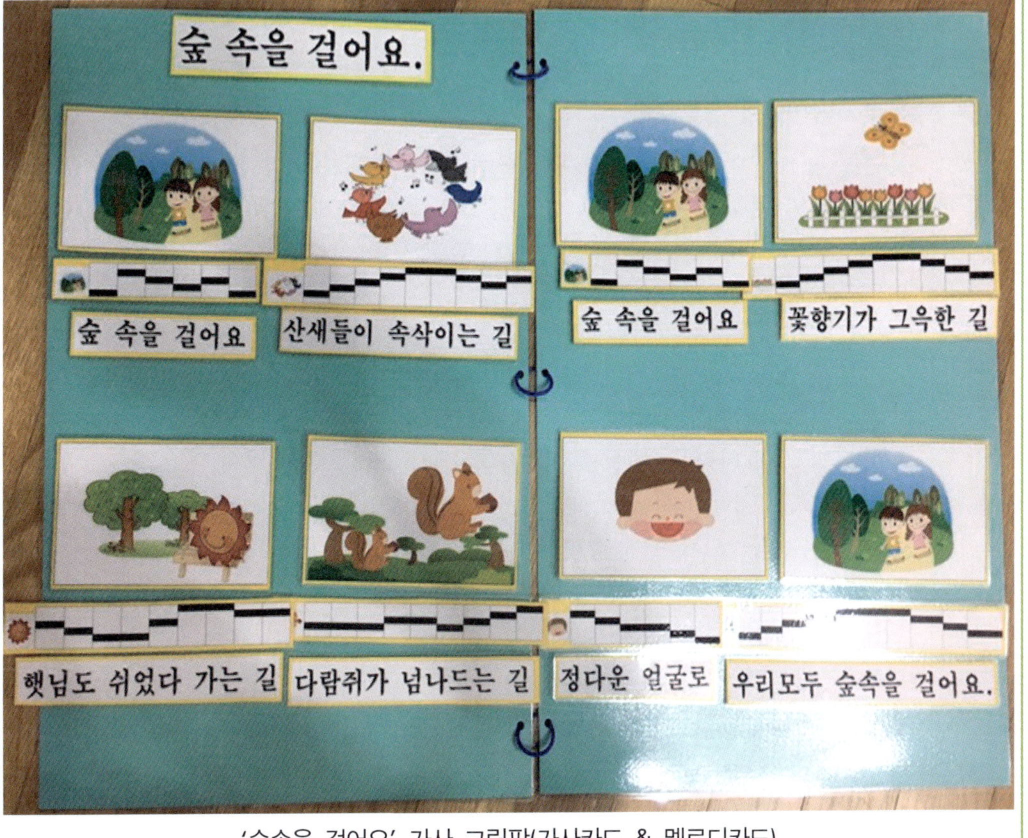

'숲속을 걸어요' 가사 그림판(가사카드 & 멜로디카드)

노래 부르기 2. 숲 속을 걸어요(2)

<table>
<tr><td>일시</td><td></td><td>장소
(반)</td><td></td><td>대상
연령</td><td>만 5세</td><td>지도
교사</td><td></td></tr>
<tr><td>활동명</td><td colspan="3">숲 속을 걸어요(2)</td><td>활동
주제</td><td colspan="3">동식물과 자연</td></tr>
<tr><td>활동
영역</td><td colspan="3">노래 부르기(악기 다루기)</td><td>음악
개념</td><td colspan="3">음, 리듬, 박자, 형식</td></tr>
<tr><td>활동
목표</td><td colspan="7">1. ‘숲 속을 걸어요’를 박자에 맞게 부를 수 있다.
2. ‘숲 속을 걸어요’를 오스티나토 리듬에 맞게 연주할 수 있다.</td></tr>
<tr><td>활동
자료</td><td colspan="7">숲 활동 사진, ‘숲 속을 걸어요’ 가사판, 리듬악기세트, 리듬 악보판</td></tr>
<tr><td>활동
방법</td><td colspan="7"><도입 : 전시 학습 확인 및 동기 유발>
- 사전 활동으로 진행한 ‘숲 체험’ 활동 사진을 보면서 숲에 갔던 기억을 떠올린다.
- 숲에 가서 보았던 것이나 느낌에 대해 이야기 나눈다.

<전개 : 유아와의 상호작용>
- ‘숲 속을 걸어요’ 노래 가사판을 보면서 함께 노랫말을 읽어본다.
- 선생님이 손으로 노랫말을 짚어주고 무릎박자에 맞추어 1절만 독창한다.
- 무릎박자에 맞추어서 가사에 ‘라’를 넣고 선생님과 유아가 주고받으며 1절만 불러본다.
- 무릎박자에 맞추어서 원래 가사대로 선생님과 유아가 주고받으며 1절만 불러본다.
- 선생님의 피아노 반주에 맞추어 1절을 다함께 불러본다.
- 악기별 오스티나토 리듬을 익힌다.
- 세 팀으로 나누어서 오스티나토로 악기 연주를 하며 노래를 부른다.
- 악기를 바꾸어 가며 오스티나토로 연주를 하며 노래를 부른다.

<정리 : 활동결과 확인, Feedback 및 종결>
- 오늘 배운 노래가 무엇인지 물어본다.
- 자신이 연주해 본 오스티나토 리듬에 대해서 이야기 나누어본다.
- 활동을 하면서 즐거웠던 점, 어려웠던 점에 대해서 이야기 나눈다.</td></tr>
</table>

	<차시예고> - 내가 가고 싶은 숲의 모습 그려보기
유의점	- 유아들이 충분히 가사를 인지하고 부를 수 있도록 한다. - 유아들이 제시된 리듬과 다르게 연주할 경우에 다시 시도해볼 수 있도록 한다.
활동 평가	1. 반복적으로 노래를 듣고 따라 부를 수 있는가? 2. 노래에 맞춰 오스티나토 리듬을 연주할 수 있는가?
확장 활동	- '숲 속을 걸어요'에 나온 동식물이 되어서 음악극하기

활동자료

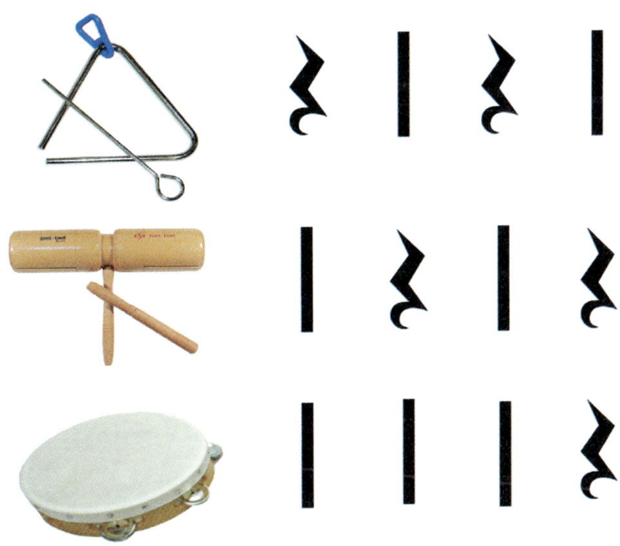

악기 다루기 1. 전원교향곡

<table>
<tr><td>일시</td><td></td><td>장소(반)</td><td></td><td>대상 연령</td><td>만 5세</td><td>지도 교사</td><td></td></tr>
<tr><td>활동명</td><td colspan="3">전원교향곡</td><td>활동 주제</td><td colspan="3">동식물과 자연</td></tr>
<tr><td>활동 영역</td><td colspan="3">악기 다루기(감상하기)</td><td>음악 개념</td><td colspan="3">음(강약), 빠르기, 다이내믹스(역동성)</td></tr>
<tr><td>활동 목표</td><td colspan="7">1. 주변에서 느낄 수 있는 자연의 소리에 대해 알고 느낌을 이야기할 수 있다.
2. ‘전원교향곡’의 강약과 빠르기에 맞춰 악기를 연주할 수 있다.</td></tr>
<tr><td>활동 자료</td><td colspan="7">베토벤 ‘전원교향곡’ 음원, 자연의 소리가 담긴 음원, 우드블럭, 트라이앵글, 에그 쉐이커, 휘슬, 마라카스, 오션드럼, 핑거 심벌즈</td></tr>
<tr><td>활동 방법</td><td colspan="7"><도입 : 전시 학습 확인 및 동기 유발>
- 자연이 무엇인지에 대해 묻고 이야기 나눈다.
- 자연의 소리를 들려주며 어떤 자연의 소리인지 묻고 느낌에 대해 이야기 나눈다(비 내리는 소리, 나뭇잎이 스치는 소리, 바람 부는 소리 등).
- 자연의 소리를 느낄 수 있는 음악을 소개해주기 전 감상을 위한 자세에 대해 이야기 나눈다.

<전개 : 유아와의 상호작용>
- 베토벤의 ‘전원교향곡’을 감상하고 음악의 느낌에 대해 이야기 나눈다.
- 작곡가 베토벤을 소개하고 ‘전원교향곡’의 의미에 대해서 알아본다.
- 주어진 악기들에 대해 소개를 하고 ‘전원교향곡’에 맞춰 원하는 악기를 자유롭게 연주해본다.
- ‘전원교향곡’의 강약에 따라 어떻게 연주할지 이야기 나누고 연주해본다.
- ‘전원교향곡’의 빠르기에 따라 어떻게 연주할지 이야기 나누고 연주해본다.
- ‘전원교향곡’에 따라 지시하는 교사의 손 지휘에 맞춰 악기를 연주해본다.
- 음악의 강약과 빠르기를 고려해 교사가 들려주는 이야기에 맞춰 악기를 자유롭게 연주해본다.

<정리 : 활동결과 확인, Feedback 및 종결>
- 자연과 ‘전원교향곡’ 제목의 의미에 대해 다시 이야기 나눈다.
- 악기별로 어떤 자연의 소리를 나타낼 수 있었는지 이야기 나눈다.
- 활동 중 새로 알게 된 점에 대해서 이야기 나눈다.</td></tr>
</table>

	<차시예고> – ‘전원교향곡’에 맞춰 자연의 소리를 신체로 표현해 보기
유의점	– 자연과 전원에 대한 의미를 알 수 있도록 자세한 설명을 제공한다. – 음악을 감상할 땐 집중하며 바른 자세와 태도로 감상할 수 있도록 유도한다. – 유아가 다양한 발언을 할 수 있도록 충분한 기회와 시간을 제공한다.
활동 평가	1. 자연의 소리를 듣고 자신의 생각과 느낌을 말로 표현할 수 있는가? 2. 음악을 감상하며 음의 빠르기와 강약에 맞춰 악기를 연주할 수 있는가?
확장 활동	– 남한산성에 올라 자연의 소리를 직접 녹음하고 그에 따른 악기 연주해보기

활동자료

1. 베토벤의 ‘전원교향곡’ 음원	2. 우드블럭
	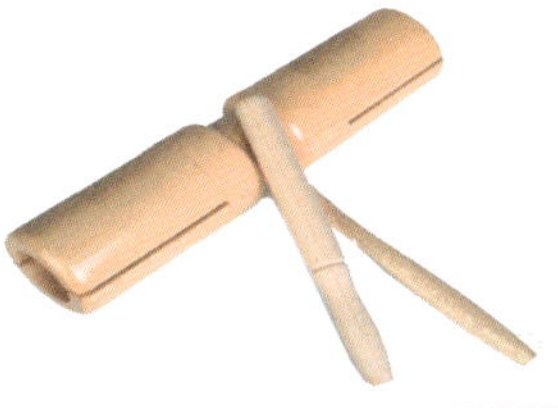
3. 트라이앵글	4. 에그 쉐이커
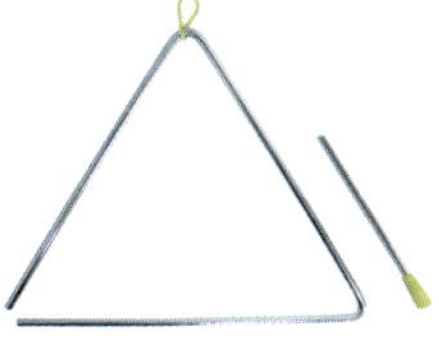	
5. 휘슬	6. 마라카스
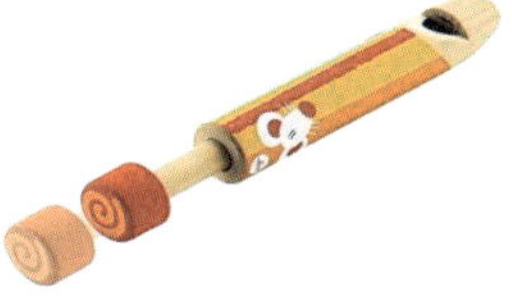	
7. 오션드럼	8. 핑거 심벌즈
	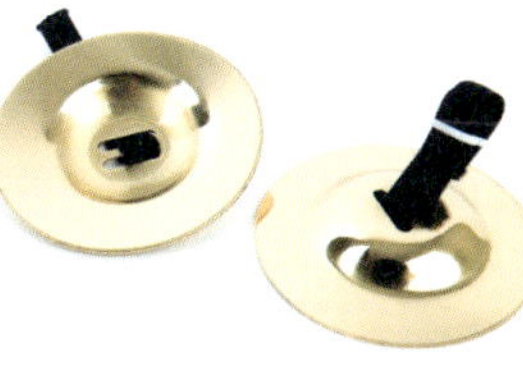

악기 다루기 2. 딸랑딸랑~ 멍멍!

<table>
<tr><td>일시</td><td></td><td>장소
(반)</td><td></td><td>대상
연령</td><td>만 5세</td><td>지도
교사</td><td></td></tr>
<tr><td>활동명</td><td colspan="3">딸랑딸랑~ 멍멍!</td><td>활동
주제</td><td colspan="3">동식물과 자연</td></tr>
<tr><td>활동
영역</td><td colspan="3">악기 다루기(노래 부르기)</td><td>음악
개념</td><td colspan="3">리듬, 박자, 음색, 다이내믹스(역동성)</td></tr>
<tr><td>활동
목표</td><td colspan="7">1. ‘바둑이 방울’ 노래에 맞춰 오스티나토 리듬을 연주할 수 있다.
2. ‘바둑이 방울’ 노래를 부르며 여러 가지 리듬 타악기를 연주할 수 있다.</td></tr>
<tr><td>활동
자료</td><td colspan="7">‘바둑이 방울’ 반주 음원, 가사판, 리듬 악보판, 탬버린, 우드블럭, 종, 강아지 손인형</td></tr>
<tr><td>활동
방법</td><td colspan="7"><도입 : 전시 학습 확인 및 동기 유발>
- 강아지 손인형으로 주의를 집중시킨다.
- 지난 시간에 배운 노래 ‘바둑이 방울’의 가사 ‘딸랑딸랑딸랑’에 대해 이야기 나눈다.
- 가사 ‘딸랑딸랑딸랑’ 부분에서 연주할 ‘종’의 소리를 들어본다.

<전개 : 유아와의 상호작용>
- 신체 악기로 노래의 기본박을 치면서 불러본다(무릎 손뼉 손뼉 손뼉).
- 신체 악기로 이전에 배웠던 ‘타 타 타 타’, ‘투– 투–’, ‘타 티티 타 타’, ‘타 쉼 쉼 타’ 리듬을 복습해본다.
- 치고싶은 악기를 가지고 네 개의 리듬을 연달아 쳐본다.
- 리듬 악보에서 ‘딸랑딸랑딸랑’ 부분에 종을 흔들도록 안내한다.
- 교사를 따라 리듬 악보를 보고 신체 악기로 리듬을 익힌다.
- 각 조별로 노래를 부르면서 다른 종류의 악기를 노래에 맞춰 연주해 본다(조별로 돌아가며 총 3종의 리듬악기를 연주).
- 교사의 지휘에 따라 노래를 부르면서 즉흥연주를 해본다.

<정리 : 활동결과 확인, Feedback 및 종결>
- 리듬악기별로 한 명씩 나와 친구들 앞에서 연주를 해본다.
- 활동 중 재미있었던 점, 아쉬웠던 점에 대해 이야기 나눈다.

<차시예고>
- ‘바둑이 방울’ 노래에 맞춰 강아지의 모습을 신체로 표현하기</td></tr>
</table>

유의점	- 기본박자를 충분히 이해하고 연주를 할 수 있도록 한다. - 유아가 리듬 악보를 보며 연주를 하는 것에 어려움을 느끼지 않도록 충분히 반복을 해본다.
활동 평가	1. 오스티나토 리듬을 제대로 연주할 수 있는가? 2. 리듬 악보를 보고 악기를 연주할 수 있는가?
확장 활동	- 직접 리듬 악보를 만들어보고 리듬악기 연주하기

활동자료

강아지 손인형

종

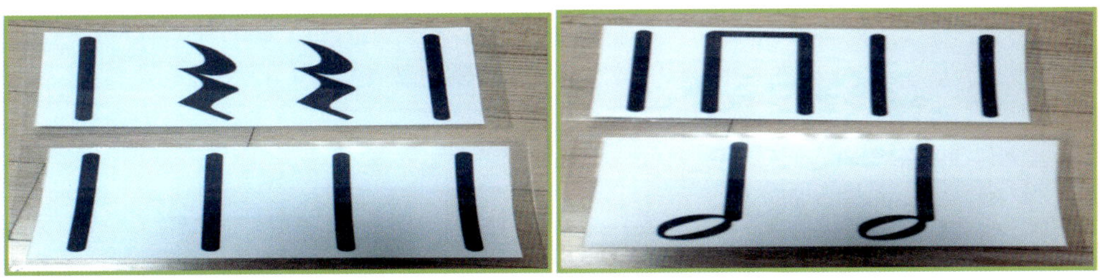

리듬판

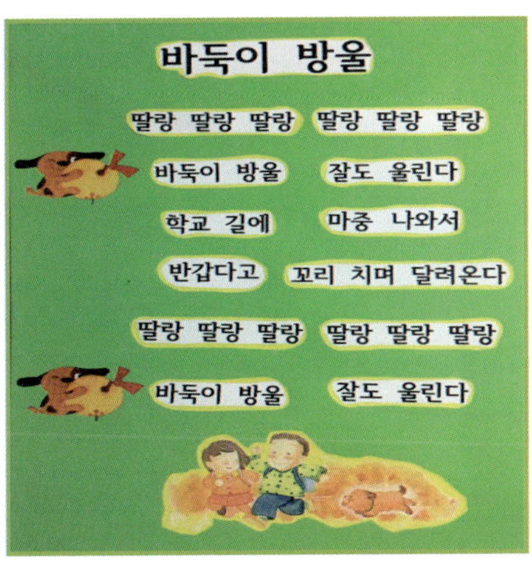

'바둑이 방울' 가사판

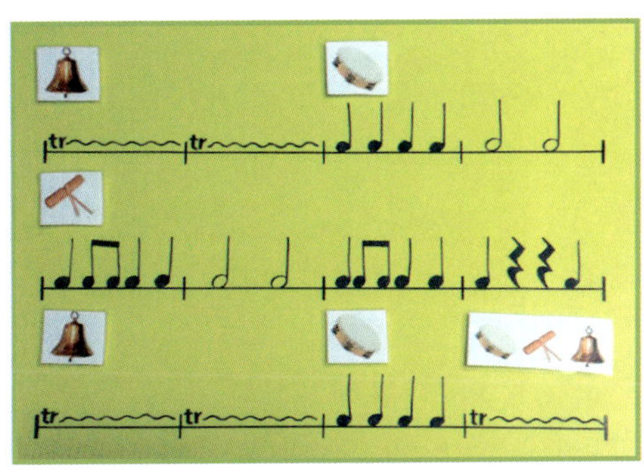

리듬 악보판

신체표현 1. 홍학, 마지막 무대

<table>
<tr><td>일시</td><td></td><td>장소
(반)</td><td></td><td>대상
연령</td><td>만 5세</td><td>지도
교사</td><td></td></tr>
<tr><td>활동명</td><td colspan="3">홍학, 마지막 무대</td><td>활동
주제</td><td colspan="3">동식물과 자연</td></tr>
<tr><td>활동
영역</td><td colspan="3">신체표현(감상하기)</td><td>음악
개념</td><td colspan="3">리듬, 다이내믹스(역동성), 빠르기</td></tr>
<tr><td>활동
목표</td><td colspan="7">1. ‘동물의 사육제-피날레’ 음악 중 홍학의 움직임을 빠르기, 리듬 등에 맞추어 신체표현할 수 있다.
2. ‘동물의 사육제-피날레’ 음악에 맞추어 힘(무게), 관계 등을 창의적으로 신체표현할 수 있다.</td></tr>
<tr><td>활동
자료</td><td colspan="7">‘동물의 사육제, 피날레’ mp3, 홍학 동영상, 홍학 애니메이션, 홍학 편지, 동물의 사육제에 나오는 동물 사진, 홍학 사진, 스카프(꼬리, 깃털로 사용)</td></tr>
<tr><td>활동
방법</td><td colspan="7"><도입 : 전시 학습 확인 및 동기 유발>
- ‘동물의 사육제’ 홍학이 보낸 편지로 주의를 집중시킨다.
- 지난 시간에 배웠던 동물의 사육제에서 나온 동물들에 대해 이야기 나눈다.
- ‘동물의 사육제, 피날레’ 음악을 감상해보고 이야기 나눈다.

<전개 : 유아와의 상호작용>
- 홍학의 동영상을 보고, 홍학의 움직임에 대해 이야기해 나눈다.
- 스카프(꼬리, 깃털)를 다양하게 이용해 홍학을 표현한다.
- 음악에 맞추어 음악적 요소, 빠르기, 리듬을 홍학이 되어 신체표현 해본다.
- 음악에 맞추어 동작적 요소, 힘(무게), 관계를 홍학이 되어 신체표현 해본다.
- 홍학 애니메이션을 보면서 교사의 이야기에 맞추어 홍학을 표현해본다.
- 음악에 맞추어 창의적으로 홍학을 표현해본다.

<정리 : 활동결과 확인, Feedback 및 종결>
- ‘동물의 사육제, 피날레’ 곡에 맞추어 홍학을 신체표현하고 느낀 점을 이야기한다.
- 활동 중 어려웠던 점, 재미있었던 점에 대해 이야기 나눈다.
- 음악적 요소, 빠르기, 리듬 등 홍학의 움직이는 모습을 몇 명의 유아가 나와서 표현해본다.
- 동작의 요소, 힘, 관계 등 홍학의 움직이는 모습을 몇 명의 유아가 나와서 표현해본다.</td></tr>
</table>

	<차시예고> - 서울대공원으로 견학
유의점	- 빠르기와 느림, 리듬에 맞추어 신체표현할 수 있도록 유의한다. - 동작적 요소, 힘(무게), 관계를 이용하여 신체표현할 수 있도록 유의한다. - 창의적으로 신체표현하는 동안 서로 부딪히지 않도록 유의한다.
활동 평가	1. 음악을 감상하고 빠르기, 리듬에 맞추어 홍학을 표현하였는가? 2. 음악을 감상하고 힘(무게), 관계를 이용하여 창의적으로 신체표현할 수 있는가?
확장 활동	서울대공원으로 견학가기

활동자료

동물의 사육제 '피날레'에 나오는 동물들

○○반 친구들에게

여러분 안녕하세요
저는 이 세상에서 가장 아름답고 우아한 홍학이에요
저는 긴 다리, 긴 목, 분홍색 깃털을 가졌어요.
물가에서 생활하고 플라밍고라고 불러요
그런데 제가 먼 곳으로 이동하는 철새라고 동물의 사육제에 초대받지
못했어요. 너무 속상해서 하루 종일 울었어요.
그래서 동물의 사육제 마지막 무대, 피날레에서 저의 아름다운 움직임을 여러분과 함께 뽐내고 싶어요. 저의 우아하고 아름다운 모습을 피날레 음악에 맞추어 표현해 보기로 해요.
무대에서 기다리고 있을 게요~

세상에서 가장 아름다운 새, 홍학이

깃털

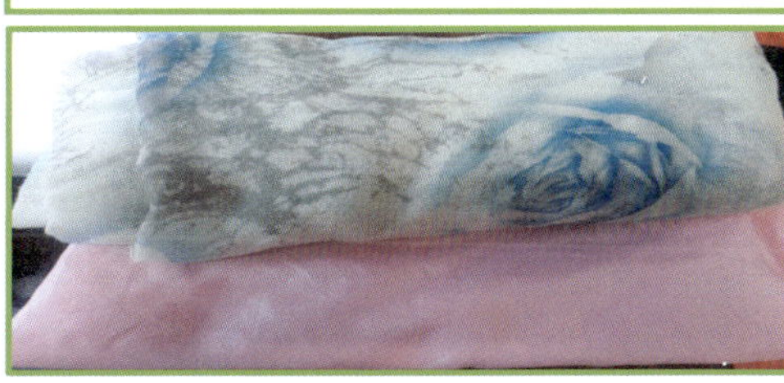

스카프

신체표현 2. 바닷속 동물 되어 보기

<table>
<tr><td>일시</td><td></td><td>장소(반)</td><td></td><td>대상 연령</td><td>만 4세</td><td>지도 교사</td><td></td></tr>
<tr><td>활동명</td><td colspan="3">바닷속 동물 되어 보기</td><td>활동 주제</td><td colspan="3">동식물과 자연</td></tr>
<tr><td>활동 영역</td><td colspan="3">신체표현(감상하기)</td><td>음악 개념</td><td colspan="3">음색, 빠르기</td></tr>
<tr><td>활동 목표</td><td colspan="7">1. 바닷속 동물이 되어 신체로 자유롭게 표현할 수 있다.
2. 바닷속 동물의 소리를 듣고 어떤 동물인지 명확히 분별할 수 있다.</td></tr>
<tr><td>활동 자료</td><td colspan="7">바닷속 동물 수수께끼 PPT, 바닷속 동물과 소리 동영상, 배경음악(율동), 바닷속 동물 그림판</td></tr>
<tr><td>활동 방법</td><td colspan="7"><도입 : 전시 학습 확인 및 동기 유발>
- 지난 시간에 배운 내용을 상기시킨다.
- 바닷속 동물에 대한 수수께끼를 낸다.
- 바닷속 동물 그림판에 동물을 하나씩 붙여 가면서 어떤 동물인지 이야기 나눈다.
- 바닷속 동물과 바닷속 동물 소리에 대해 이야기 나눈다.

<전개 : 유아와의 상호작용>
- 바닷속 동물과 함께 소리가 나오는 동영상을 보여 준다.
- 동영상을 끊어 가면서 바닷속 동물 소리를 들어본다.
- 바닷속 동물이 움직이는 동영상을 보여 준다(이때 무슨 동물인지 이야기해 준다).
- 배경음악에 맞추어 바닷속 동물의 움직임을 표현해 본다.
- 다양한 상황을 제시한 후 바닷속 동물이 되어 그 상황에 맞는 신체표현을 해본다(평화로움, 상어가 나타나 평화가 깨지고 빠르게 움직이기 등).

<정리 : 활동결과 확인, Feedback 및 종결>
- 바닷속 동물 소리를 들려준 후 어떤 동물인지 맞추고 움직임을 표현해본다.
- 오늘 활동을 하면서 느낀 점에 대해 이야기 나눈다.
(어떤 활동이 기억에 남는지, 어떤 점이 재미있었는지, 어떤 점이 아쉬웠는지 등)

<차시예고>
- 다음 시간에는 땅에 사는 동물이 되어 신체표현을 할 것임을 알려준다.</td></tr>
</table>

유의점	– 유아가 주어진 상황을 이해하고 그에 맞는 신체표현을 할 수 있도록 한다. – 유아가 부딪히지 않도록 충분한 공간을 확보한다.
활동 평가	1. 바닷속 동물이 되어 신체로 자유롭게 표현할 수 있는가? 2. 바닷속 동물의 소리를 듣고 어떤 동물인지 명확히 분별할 수 있는가?
확장 활동	– 바다에 직접 가서 바다 생물 관찰하기 – 바다 관련 책 읽어주기

활동자료

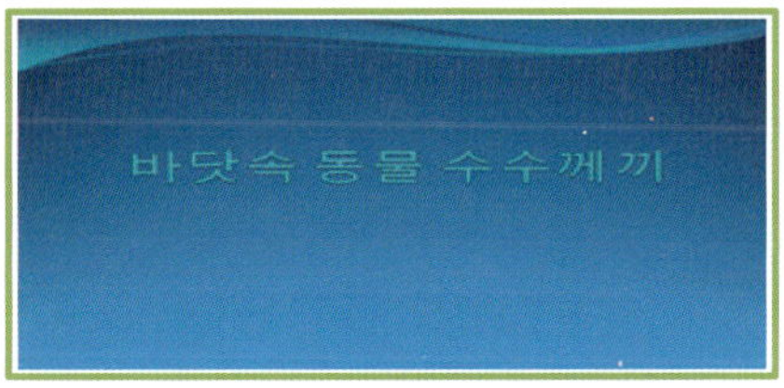

바닷속 동물 수수께끼 PPT

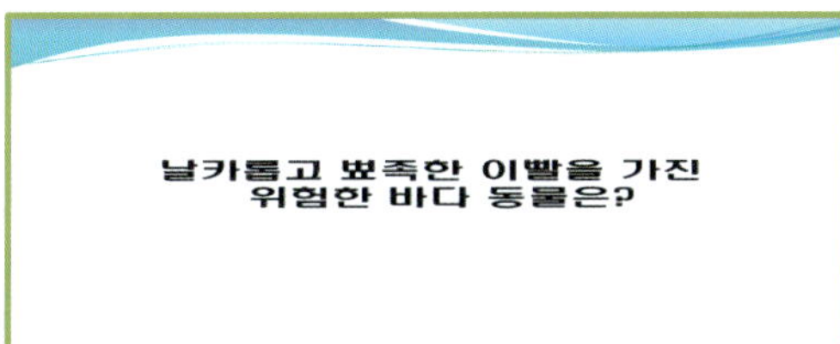

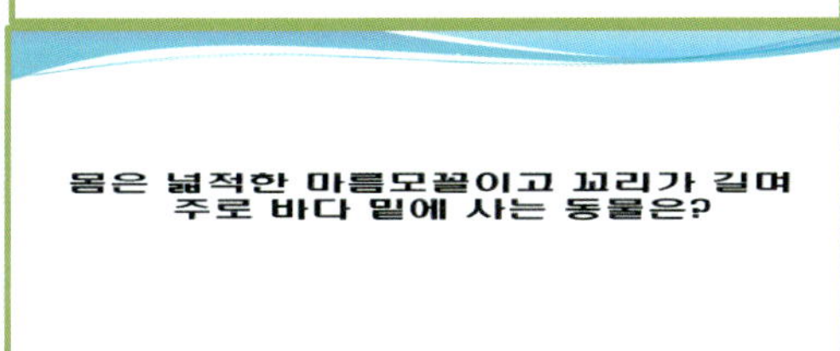

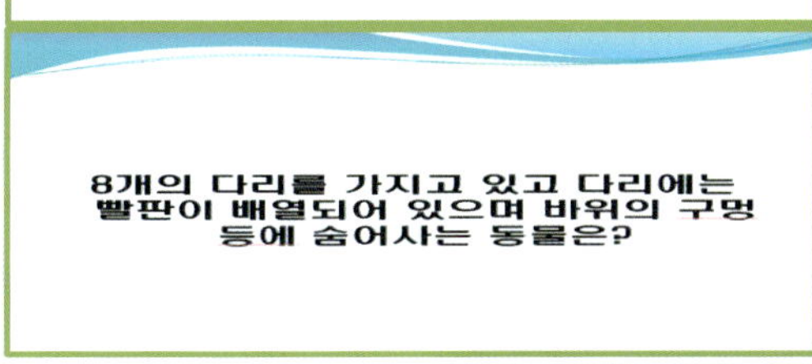

바닷속 동물 그림판

창작하기 1. 종달새의 비상

일시		장소(반)		대상 연령	만 5세	지도 교사	
활동명	종달새의 비상			활동 주제	동식물과 자연		
활동 영역	창작하기(감상하기, 신체표현)			음악 개념	음(강, 약), 빠르기, 리듬		
활동 목표	1. 음악 '종달새의 비상'을 감상하고, 이야기에 맞춰 신체표현을 할 수 있다. 2. 음악 '종달새의 비상'에 맞추어 표정과 스카프 팔찌를 통해 자유롭게 신체표현할 수 있다.						
활동 자료	종달새 소리와 사진, 종달새가 보낸 편지, 종달새의 비상음원파일, 본 윌리암스 사진, 종달새의 비상 시, 종달새의 비상-김연아 동영상, 링, 후프, 스카프						
활동 방법	**<도입 : 전시 학습 확인 및 동기 유발>** - '종달새'에 대해 소리, 생김새, 특징을 수수께끼를 통해 종달새를 맞춰본다. - 종달새가 보낸 온 편지를 읽어주며 주의를 집중시킨다. **<전개 : 유아와의 상호작용>** - 음악감상 시 태도에 대해 이야기 나눈다. - 음악 '종달새의 비상'을 감상해보고 유아의 생각과 느낌을 이야기 나눈다. - 교사가 작곡가 '본 윌리암스'와 '종달새의 비상'을 만든 배경을 소개한다. - 작곡의 배경인 '종달새의 비상' 시를 읊으며 음악 '종달새의 비상'을 감상한다. - '종달새의 비상'을 듣고 느끼는 표정을 표현하며 종달새의 모습을 신체표현을 한다. - '종달새의 비상'에 스케이팅을 하는 김연아 선수의 동영상을 감상한 뒤 신체표현을 한다. - '종달새의 비상'을 들으며 교사가 들려주는 이야기에 맞추어 신체표현을 해본다. - 스카프 팔찌를 끼고 '종달새의 비상' 음악을 들으며 창의적으로 신체표현을 해본다. **<정리 : 활동결과 확인, Feedback 및 종결>** - '종달새의 비상' 곡에 맞추어 신체표현을 했던 느낀 점을 이야기한다.						

	- 활동 중 인상 깊었던 점, 재미있었던 점에 대해 이야기 나눈다. - 음악의 빠르기, 리듬 등에 맞춰 종달새의 날개짓 모습을 몇 명의 유아가 나와서 표현해본다. <차시예고> - 다음 시간에는 '종달새의 비상'에 맞추어 악기연주를 할 것임을 이야기한다.
유의점	- 유아가 음악의 빠르기와 느림, 멜로디에 맞추어 신체표현을 할 수 있도록 유의한다. - '종달새의 비상' 곡의 길이를 교사가 적절하게 편집한다.
활동 평가	1. '종달새의 비상'을 감상하고, 이야기에 맞춰 종달새의 신체표현을 할 수 있는가? 2. '종달새의 비상'에 맞추어 표정과 스카프 팔찌를 통해 자유롭게 신체표현할 수 있는가?
확장 활동	- 다양한 재료를 이용하여 종달새를 만들어보기

활동자료

넓은들반 친구들 안녕?
너희들이 나를 맞춰줘서 정말 고마워.
나는 '종달새'라고 해.
내가 친구와 함께 날아가는 모습이나 나의 목소리, 우리의 날개짓의 모습을 보면서 만든 시가 있는데, 그 시를 보고 한 작곡가아저씨가 음악을 만들어주었어.
"종달새의 비상" 음악과 시를 한번 감상하면서 나의 모습을 표현해줄래?

https://www.youtube.com/watch?v=yhBc5LcIT6Q: 김연아 '종달새의 비상' 동영상 링크

창작하기 **2. 가자 가자 감나무**

<table>
<tr><td>일시</td><td></td><td>장소
(반)</td><td></td><td>대상
연령</td><td>만 5세</td><td>지도
교사</td><td></td></tr>
<tr><td>활동명</td><td colspan="3">가자 가자 감나무</td><td>활동
주제</td><td colspan="3">동식물과 자연</td></tr>
<tr><td>활동
영역</td><td colspan="3">창작하기(악기 다루기, 노래 부르기)</td><td>음악
개념</td><td colspan="3">리듬, 박자, 음색, 다이내믹스(역동성)</td></tr>
<tr><td>활동
목표</td><td colspan="7">1. ‘가자 가자 감나무’ 노래에 맞춰 오스티나토 리듬을 창작할 수 있다.
2. ‘가자 가자 감나무’ 노래를 부르며 리듬악기를 연주할 수 있다.</td></tr>
<tr><td>활동
자료</td><td colspan="7">‘가자 가자 감나무’ 반주 음원, 가사판, 리듬 악보판, 탬버린, 우드블럭, 트라이앵글, 감나무 사진</td></tr>
<tr><td>활동
방법</td><td colspan="7"><도입 : 전시 학습 확인 및 동기 유발>
- 감나무 사진으로 주의를 집중시킨다.
- 지난 시간에 배운 노래 ‘가자 가자 감나무’에 나오는 나무에 대해 이야기 나눈다.
- 가사 ‘가자 가자 감나무’ 부분에서 연주할 ‘우드블록’의 소리를 들어본다.

<전개 : 유아와의 상호작용>
- 신체 악기로 노래의 기본박을 치면서 불러본다(무릎 손뼉 손뼉 손뼉).
- 신체 악기로 이전에 배웠던 ‘타 타 티티티티’, ‘타 쉼 타 쉼’, ‘타 티티 타 티티’, ‘타 타 타 타’ 리듬을 복습해본다.
- 치고싶은 악기를 가지고 네 개의 리듬을 연달아 쳐본다.
- 4박자의 리듬을 자유롭게 만들어서 연주해본다.
- 나무 부분에 모두 함께 리듬을 통일한다.
- 각 조별로 노래를 부르면서 다른 종류의 악기를 노래에 맞춰 연주해 볼 수 있도록 한다(조별로 돌아가며 총 3종의 리듬악기를 연주).
- 교사의 지휘에 따라 노래를 부르면서 즉흥연주를 해본다.

<정리 : 활동결과 확인, Feedback 및 종결>
- 리듬악기 별로 한 명씩 나와 친구들 앞에서 연주를 해본다.
- 활동 중 어려웠던 점, 재미있었던 점에 대해 이야기 나눈다.
- 오늘 사용한 리듬악기 이외에 무엇을 사용하면 좋을지에 대해 이야기 나눈다.</td></tr>
</table>

	<차시예고> – ‘가자 가자 감나무’ 노래에 맞춰 동시를 지어보기
유의점	– 기본박자를 충분히 이해하고 연주를 할 수 있도록 한다. – 유아가 리듬 악보를 보며 연주를 하는 것에 어려움을 느끼지 않도록 충분히 반복을 해본다.
활동 평가	1. 오스티나토 리듬을 제대로 창작할 수 있는가? 2. 리듬 악보를 보고 악기를 연주할 수 있는가?
확장 활동	– 직접 리듬 악보를 만들어보고 리듬악기 연주해보기

활동자료

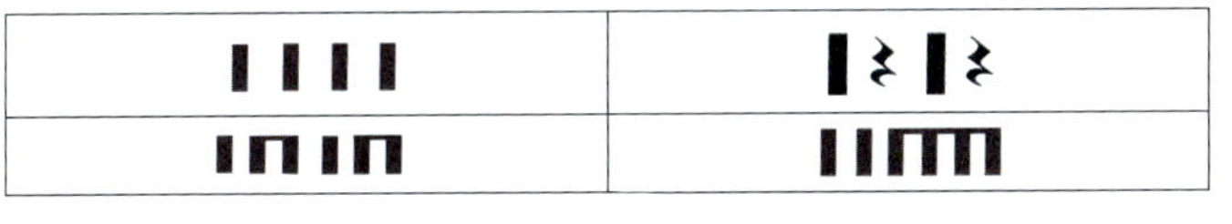

Chapter

06

계절 I(봄/여름)

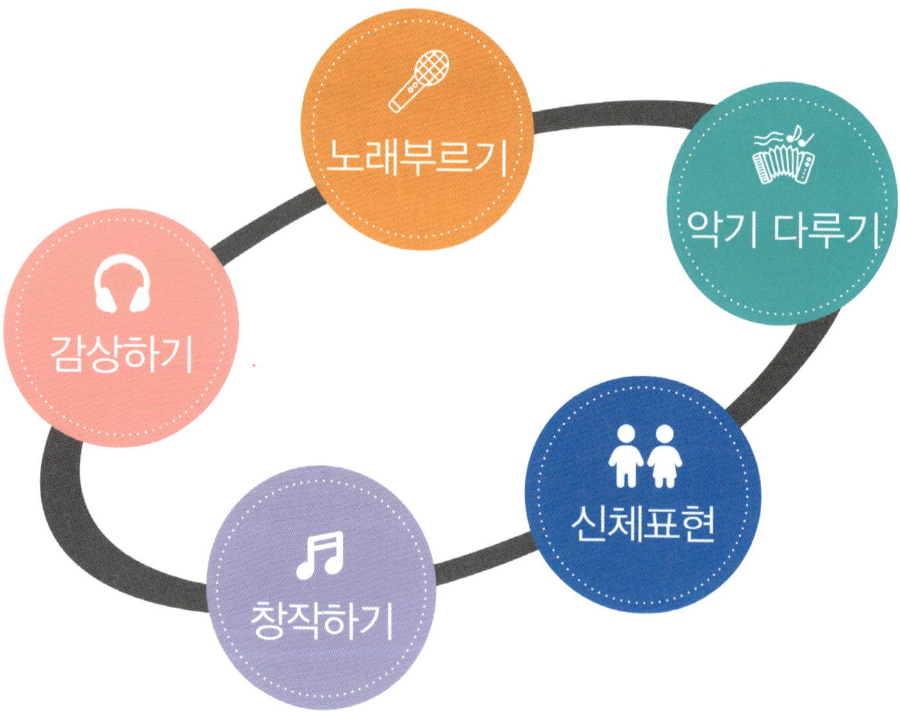

계절 I(봄/여름)-영역별 활동

영역	활동
감상하기	1. 봄비가 살살
	2. 빗방울 전주곡
노래 부르기	1. 숲속의 합창
	2. 조그만 씨앗 하나
악기 다루기	1. 즐거운 여름
	2. 수박 파티
신체표현	1. 활짝 피는 꽃
	2. 베르타의 조각배
창작하기	1. 참 재미있었지
	2. 바다 속 세상
10개 활동	

감상하기 1. 봄비가 살살

일시		장소(반)		대상 연령	만 4세	지도 교사	
활동명	봄비가 살살			활동 주제	계절(봄)		
활동 영역	감상하기(신체표현)			음악 개념	리듬, 음(강약), 빠르기, 음색		
활동 목표	1. 감상곡을 듣고 리듬을 느끼며 빗방울을 상상해서 그릴 수 있다. 2. 다양한 상황의 빗방울을 감상곡의 리듬에 맞춰 신체로 표현할 수 있다.						
활동 자료	활동지, 모차르트: 피아노 소나타 16번 다장조–2악장 음원 1:38까지, 우산, 여러 가지 빗소리 사이트 (http://mynoise.net/NoiseMachines/rainNoiseGenerator.php)						
활동 방법	**<도입 : 전시 학습 확인 및 동기 유발>** - 봄의 풍경을 알아봤던 전시 학습을 환기한다. - 봄과 관련된 소리를 들려주고 유아가 맞혀보게 한다. - 여러 가지 빗소리를 들어보고 비 오는 날의 경험을 말해본다. **<전개 : 유아와의 상호작용>** - 봄의 풍경을 떠올리며 감상곡을 들어본다. - 감상곡을 들으며 빗소리를 느끼고, 활동지에 자신이 생각하는 빗방울의 모습을 그리는 활동을 한다. - 감상곡을 들으며 그린 빗소리 그림을 발표한다. - 음악을 들으며 봄 풍경을 상상하고 상황에 맞는 빗방울의 움직임을 표현한다. **<정리 : 활동결과 확인, Feedback 및 종결>** - 감상곡을 다시 들려주고 어떤 상황에서의 빗방울인지 묻는다. - 빗소리를 그리고 표현한 소감에 대해 이야기 나눈다. - 감상곡에 맞춰 빗방울이 되어서 했던 신체표현을 발표한다. **<차시예고>** - 다음 시간에는 봄에 관한 노래를 배울 것임을 예고한다.						
활동 평가	1. 활동지에 빗소리와 어울리는 그림을 그렸는가? 2. 감상곡의 리듬에 맞춰 상황에 따른 빗방울을 표현할 수 있는가?						

확장 활동	- 자신만의 빗소리를 신체를 이용하여 소리내기 - 리본, 스카프 등의 도구를 이용하여 감상곡에 맞추어 신체표현하기

활동자료

빗속을 걸어요!

감상하기 2. 빗방울 전주곡

<table>
<tr><td>일시</td><td></td><td>장소
(반)</td><td></td><td>대상
연령</td><td>만 4세</td><td>지도
교사</td><td></td></tr>
<tr><td>활동명</td><td colspan="3">빗방울 전주곡</td><td>활동
주제</td><td colspan="3">계절(여름)</td></tr>
<tr><td>활동
영역</td><td colspan="3">감상하기(악기 다루기)</td><td>음악
개념</td><td colspan="3">음(강약), 다이내믹스</td></tr>
<tr><td>활동
목표</td><td colspan="7">1. 다양한 빗소리를 듣고 차이를 느낄 수 있다.
2. 소리에 맞춰 강약을 조절하며 리듬악기로 즉흥연주할 수 있다.</td></tr>
<tr><td>활동
자료</td><td colspan="7">다양한 강약의 빗소리 mp3 파일, 쇼팽-빗방울전주곡 mp3 파일, 요한슈트라우스2세-천둥과 번개 mp3 파일, 여러 빗소리 그림 자료, 우드블럭, 탬버린, 트라이앵글 등 다양한 리듬악기</td></tr>
<tr><td>활동
방법</td><td colspan="7"><도입 : 전시 학습 확인 및 동기 유발>
- 손유희(어떤 소리 날까요)를 통해 주의집중 시킨다.
- ‘모뽀리 소리(동화)’를 통해 배운 여름의 특징에 대해 이야기 나눈다.
- 비에 대해 알고자 찾아온 손인형 삐삐를 소개한다.
- 다양한 빗소리가 있음을 알려준다.

<전개 : 유아와의 상호작용>
- 조용하게 흐르는 빗소리, 번개 치며 내리는 빗소리 등 다양한 빗소리를 감상한다.
- 여러 빗소리 감상 후 소리의 강약이 어떻게 다른지 이야기 나눈다.
- 유치원 창밖에서 들리는 실제 빗소리는 어떤 빗소리일지 이야기 나눈다(큰 빗소리 or 작은 빗소리 or 번개소리가 들리는 빗소리 등).
- 쇼팽의 ‘빗방울전주곡’, 요한슈트라우스2세의 ‘천둥과 번개’ 두 곡의 차이점을 느끼며 감상한다.
- 한 번 더 듣고 감상해 본 후 어떤 악기로 어떻게 표현해볼 수 있을지 이야기 나눈다.
- 악기연주 시의 주의사항을 알려준다.
- 악기 배분 후 음악을 들으며 함께 즉흥 연주해 본다.

<정리 : 활동결과 확인, Feedback 및 종결>
- 몇 명의 유아가 나와서 약하고 강한 빗소리를 어떻게 표현했는지 발표해본다.</td></tr>
</table>

	- 음의 강약에 따라 악기연주를 해본 소감을 이야기 나눈다. - 어떤 점을 더 보완했으면 좋겠는지 이야기 나눈다. **<차시예고>** - 빗소리 말고도 여름에 들을 수 있는 자연의 소리를 함께 찾아보기
유의점	- 감상 시 유아가 다른 것에 집중하지 않도록 유의한다. - 유아가 음악의 소리 크기에 맞게 악기로 표현할 수 있도록 교사가 지도해준다.
활동 평가	1. 빗소리가 다양함을 인식했는가? 2. 소리의 강약에 맞춰 악기를 연주하였는가?
확장 활동	- 과학 영역 : 비 오는 날 어떤 생물이 나오는지 탐구하기 - 언어 영역 : 비에 관련된 동화책 읽기

활동자료

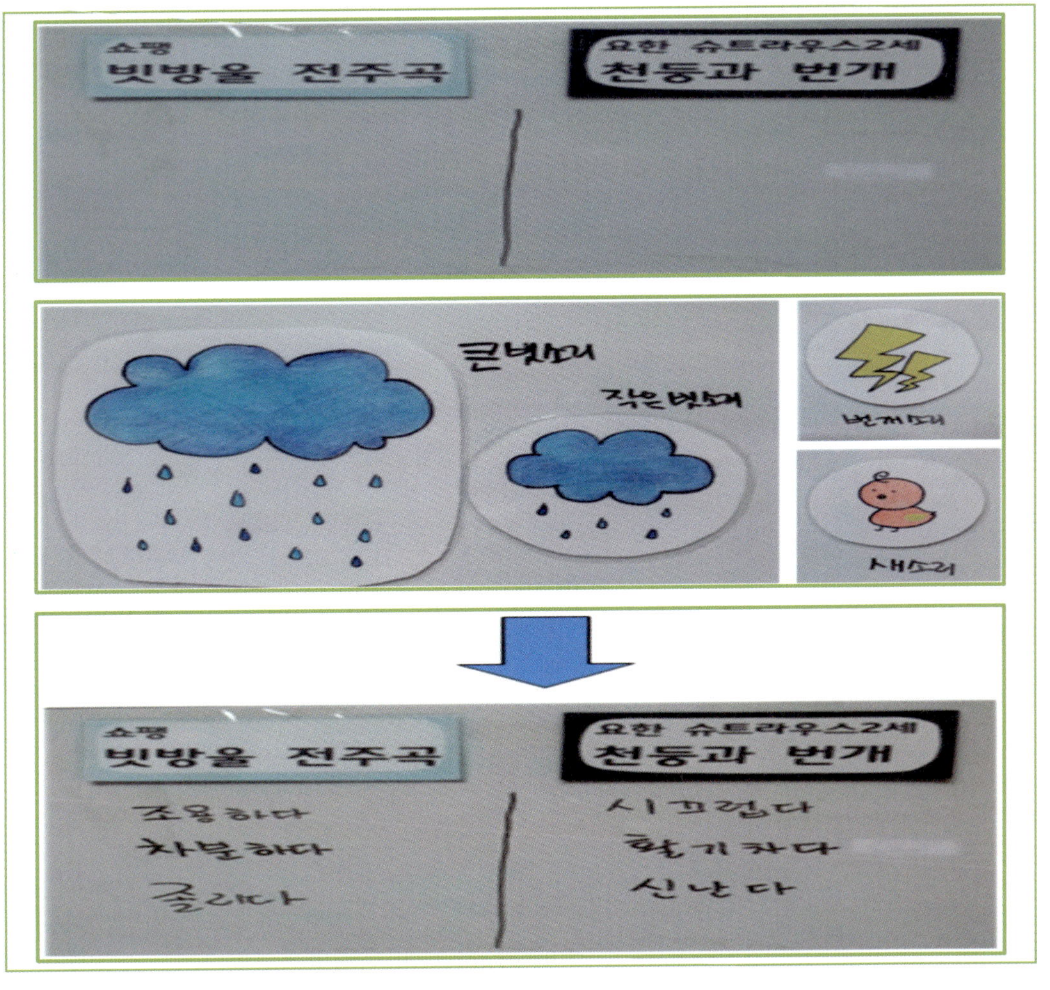

노래 부르기 1. 숲속의 합창

<table>
<tr><td>일시</td><td></td><td>장소(반)</td><td></td><td>대상연령</td><td>만 4세</td><td>지도교사</td><td></td></tr>
<tr><td>활동명</td><td colspan="3">숲속의 합창</td><td>활동주제</td><td colspan="3">계절(봄)</td></tr>
<tr><td>활동영역</td><td colspan="3">노래 부르기(감상하기, 창작하기)</td><td>음악개념</td><td colspan="3">음, 리듬, 박자</td></tr>
<tr><td>활동목표</td><td colspan="7">1. '숲속의 합창' 노래의 가사를 바꾸어 부를 수 있다.
2. 봄에 들을 수 있는 소리를 감상하고 느낄 수 있다.</td></tr>
<tr><td>활동자료</td><td colspan="7">동요 '숲속의 합창' 음원, 동요판(그림 자료), 녹음해온 봄의 소리파일</td></tr>
<tr><td>활동방법</td><td colspan="7"><도입 : 전시 학습 확인 및 동기 유발>
- '봄소풍' 경험을 떠올려 그곳에서 본 것과 들은 소리에 대해 이야기 나눈다.
- 교사가 '봄소풍' 때 녹음해온 소리를 듣고 퀴즈 맞추기를 한다.

<전개 : 유아와의 상호작용>
- 교사가 준비한 새노래를 들려준다.
- 음악의 제목과 작곡가를 소개한다.
- 가사에 관련된 그림카드를 보며 가사에 대해 이야기 나눈다.
- 교사가 가사판을 보여주면서 다시 한 번 불러준다.
- 모음으로 한 소절씩 따라 부르기를 한다.
- 가사를 넣어 두 소절씩 따라 부르기를 한다.
- 노래를 처음부터 끝까지 같이 불러본다.
- 가사를 바꿔 노래 부르기를 한다.

<정리 : 활동결과 확인, Feedback 및 종결>
- 새롭게 배운 동요의 느낌에 대해 이야기 나눈다.
- 재밌던 점에 대해 이야기 나눈다.
- 다음에 무슨 활동을 해볼지 이야기 나눈다.

<차시예고>
- 배운 노래에 맞춰 악기연주하기</td></tr>
<tr><td>유의점</td><td colspan="7">- 교사가 바른음과 박자로 노래를 지도한다.
- 가사 바꾸기 활동을 할 때 유아의 생각과 사고를 제한하지 않는다.</td></tr>
</table>

활동 평가	1. 유아가 음악의 아름다움을 느끼며 새노래를 혼자 부를 수 있는가? 2. 유아가 음악의 아름다움을 느끼며 가사를 바르게 이해하였는가?
확장 활동	- 다른 계절에 대한 소리와 새노래 배우기 활동하기

활동자료

그림 노래판과 가사바꾸기 가사판

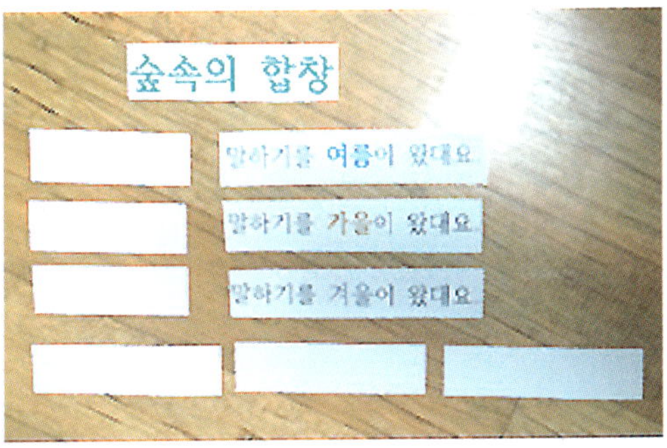

숲속의 합창 악보

노래 부르기 2. 조그만 씨앗 하나

<table>
<tr><td>일시</td><td></td><td>장소
(반)</td><td></td><td>대상
연령</td><td>만 4세</td><td>지도
교사</td><td></td></tr>
<tr><td>활동명</td><td colspan="3">조그만 씨앗 하나</td><td>활동
주제</td><td colspan="3">계절(봄)</td></tr>
<tr><td>활동
영역</td><td colspan="3">노래 부르기(신체표현)</td><td>음악
개념</td><td colspan="3">음(고, 저), 리듬, 박자, 가락</td></tr>
<tr><td>활동
목표</td><td colspan="7">1. 음정, 박자에 맞춰 노래를 외워서 부를 수 있다.
2. 노래를 듣고 가사에 어울리는 손유희를 할 수 있다.</td></tr>
<tr><td>활동
자료</td><td colspan="7">조그만 씨앗 하나 음악파일, 조그만 씨앗 하나 그림판, 씨앗 사진자료, 씨앗 모형</td></tr>
<tr><td>활동
방법</td><td colspan="7"><도입 : 전시 학습 확인 및 동기 유발>
- 씨앗 모형을 들고 유아들과 전시 학습을 이야기 나눈다.
- 씨앗에서 싹트는 흥미를 유발시킨다.
- 유아들과 어떻게 하면 씨앗에서 싹이 날 수 있는지 이야기 나눈다.

<전개 : 유아와의 상호작용>
- 그림판을 보여 주며 노래를 불러 준다.
- 그림판을 가리키며 교사가 한 소절씩 불러준다.
- 다시 한 번 교사의 선창을 듣고 유아가 한 소절씩 불러본다.
- 반주 없이 교사와 유아가 함께 부른다.
- 반주에 맞춰 노래를 부른다.
- 노래를 부르며 유아와 함께 손유희를 만들어 본다.
'조그만 씨앗 하나'를 손유희와 함께 불러 본다.
- 교사의 도움 없이 유아들끼리 '조그만 씨앗 하나'를 손유희와 불러 본다.

<정리 : 활동결과 확인, Feedback 및 종결>
- 씨앗이 자라는 과정을 함께 이야기한다.
- 한 유아가 나와 노래를 외워서 불러본다.

<차시예고>
- '조그만 씨앗 하나' 악기 연주하기</td></tr>
<tr><td>유의점</td><td colspan="7">- 박자가 유아에게 어려울 수 있으므로 여러 번 반복해서 불러준다.</td></tr>
</table>

활동 평가	1. 노래를 외워서 부를 수 있는가? 2. 가사에 맞는 손유희를 만들 수 있는가?
확장 활동	– 과학 영역 : 씨앗을 심고 씨앗이 자라는 과정을 관찰하기 – 언어 영역 : 씨앗, 봄에 관련된 동화를 읽어보기

활동자료

새싹 사진자료

새싹 손인형

'조그만 씨앗 하나' 그림 가사판

악기 다루기 1. 즐거운 여름

<table>
<tr><td>일시</td><td></td><td>장소(반)</td><td></td><td>대상 연령</td><td>만 5세</td><td>지도 교사</td><td></td></tr>
<tr><td>활동명</td><td colspan="3">즐거운 여름</td><td>활동 주제</td><td colspan="3">계절(여름)</td></tr>
<tr><td>활동 영역</td><td colspan="3">악기 다루기(감상하기)</td><td>음악 개념</td><td colspan="3">음, 박자, 리듬</td></tr>
<tr><td>활동 목표</td><td colspan="7">1. '타' '티티' 리듬을 신체나 악기로 연주할 수 있다.
2. '즐거운 여름' 노래에 맞추어 리듬 오스티나토를 연주할 수 있다.</td></tr>
<tr><td>활동 자료</td><td colspan="7">가사판, 즐거운 여름 음원, 악기(우드블록, 탬버린), '타' '티티' 카드</td></tr>
<tr><td>활동 방법</td><td colspan="7"><도입 : 전시 학습 확인 및 동기 유발>
- 교사와 유아가 주말에 지낸 이야기 나눈다.
- 교사의 주말에 지낸 이야기(냇가에 다녀온 이야기)를 한다.

<전개 : 유아와의 상호작용>
- '즐거운 여름' 노래를 들려주고 이야기 나눈다.
- '즐거운 여름' 노래를 들으며 신체를 이용하여 박자를 쳐본다.
- '타'와 '티티'에 대해 배운다.
- '타'와 '티티'로 만든 리듬을 신체를 이용해 쳐본다.
- '타'와 '티티'로 만든 리듬을 악기를 이용해 연주해 본다.
- '즐거운 여름' 노래를 들으며 리듬악기를 이용하여 연주해 본다.
- '타타타타' 리듬을 오스티나토로 연주해 본다(♩ ♩ ♩ ♩).
- '티티티티티티티티' 리듬을 오스티나토로 연주해 본다(♫ ♫ ♫ ♫).
- '즐거운 여름' 리듬박으로 연주해 본다.
- 악기를 바꾸어서 연주해 본다.
- 악기 부분을 나누어 자기 차례에 연주해 본다.

<정리 : 활동결과 확인, Feedback 및 종결>
- 각 악기그룹의 대표가 나와서 '즐거운 여름'을 연주해 본다.
- 음악을 연주한 느낌에 대해 이야기 나눈다.

<차시예고>
- 다른 여러 악기로 오스티나토 연주하기</td></tr>
</table>

유의점	– 박자에 대한 설명과 악기 연주에 대한 설명을 충분히 이해하였는지 파악한다.
활동 평가	1. '타'와 '티티'를 보고 올바르게 연주할 수 있는가? 2. '즐거운 여름'을 오스티나토로 연주할 수 있는가?
확장 활동	– 냇가 주변의 자연에 대해 알아보기

활동자료

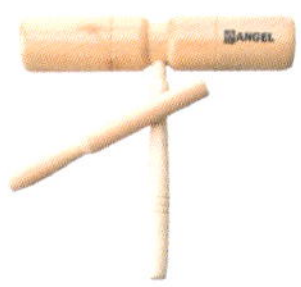

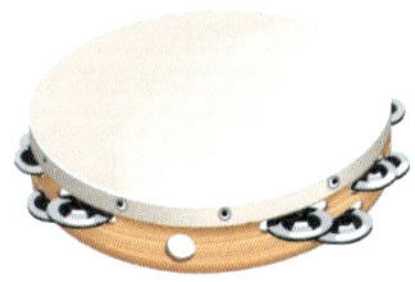

즐거운 여름

김성균 작사
김성균 작곡

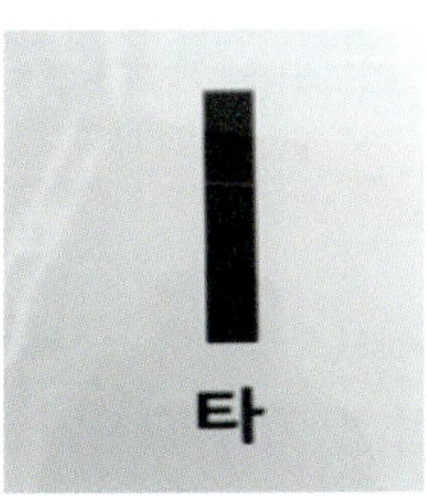

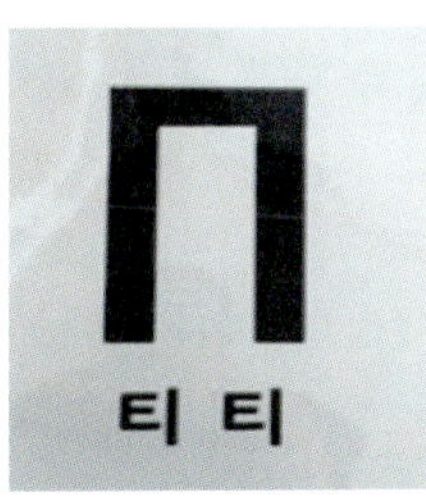

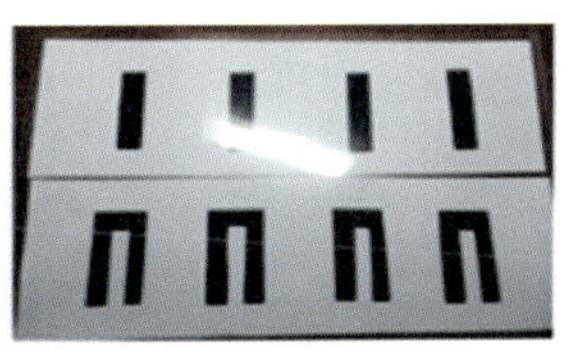

악기 다루기 2. 수박 파티

<table>
<tr><td>일시</td><td></td><td>장소
(반)</td><td></td><td>대상
연령</td><td>만 4세</td><td>지도
교사</td><td></td></tr>
<tr><td>활동명</td><td colspan="3">수박 파티</td><td>활동
주제</td><td colspan="3">계절(여름)</td></tr>
<tr><td>활동
영역</td><td colspan="3">악기 다루기(노래 부르기)</td><td>음악
개념</td><td colspan="3">리듬, 박자</td></tr>
<tr><td>활동
목표</td><td colspan="7">1. 다양한 오스티나토 리듬을 악기로 연주할 수 있다.
2. 제재곡을 리듬악기로 연주하며 노래할 수 있다.</td></tr>
<tr><td>활동
자료</td><td colspan="7">가사판, 악기 그림, 리듬악기, 오스티나토 리듬(타타타타, 티티타티티타, 티티티티티티티티)</td></tr>
<tr><td>활동
방법</td><td colspan="7"><도입 : 전시 학습 확인 및 동기 유발>
–지난 시간에 배운 '수박파티' 노래를 유아와 함께 불러본다.

<전개 : 유아와의 상호작용>
– 신체 악기를 이용해 기본박을 치며 노래를 부른다.
– 신체 악기를 이용해 리듬박을 치며 노래를 부른다.
– 각 분단마다 서로 다른 오스티나토 리듬을 정해서 신체 악기를 이용해 연주한다.
– 신체 악기로 리듬을 충분히 익힌 후 사용할 악기를 유아들과 함께 정한다.
– 노래와 함께 3개의 오스티나토 리듬을 악기로 연습한다.
– 각 분단마다 서로 다른 오스티나토 리듬을 리듬악기를 이용해 연주한다.

<정리 : 활동결과 확인, Feedback 및 종결>
– 악기 연주와 노래를 같이 부르는 것이 어렵지 않은지 확인한다.
– 악기 연주를 할 때 옆 친구와 다른 리듬으로 연주해 보았는데 어떤 느낌이 들었는지 이야기 나눈다.
– 유아에게 각각의 리듬을 앞에 나와 발표해보도록 기회를 준다.
– 다음 시간에는 어떤 악기로 연주해 보고 싶은지 이야기 나눈다.

<차시예고>
– 다음 시간에는 유아들이 정리 시간에 말한 악기로 연주하는 시간을 가진다.</td></tr>
<tr><td>유의점</td><td colspan="7">– 악기 연주를 할 때 유아가 어느 부분인지 놓치지 않도록 교사가 손으로 지시해주고 악기 연주를 어려워하는 부분이 있으면 함께 반복한다.</td></tr>
</table>

활동 평가	1. 유아가 능숙하게 악기 연주를 할 수 있는가? 2. 오스티나토 리듬을 보고 연주를 할 수 있는가?
확장 활동	– 미술 영역 : 수박 하모니카 그려보기 – 과학 영역 : 수박 재배과정 알아보기

활동자료

수박 파티

커다란 수박 하나 잘 익었나 통통통

단숨에 쪼개니 속이 보이네

몇 번 더 쪼갠 후에 너도 나도 들고서

우리 모두 하모니카 신나게 불어요

쭉쭉쭉쭉쭉 쓱쓱쓱쓱쓱 싹싹싹싹싹 쭉쭉 쓱쓱싹

수박 파티 가사판

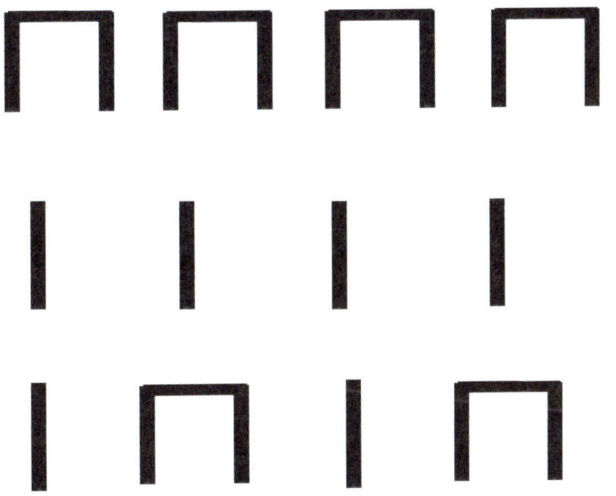

오스티나토 리듬

신체표현 1. 활짝 피는 꽃

<table>
<tr><td>일시</td><td></td><td>장소(반)</td><td></td><td>대상 연령</td><td>만 5세</td><td>지도 교사</td><td></td></tr>
<tr><td>활동명</td><td colspan="3">활짝 피는 꽃</td><td>활동 주제</td><td colspan="3">계절(봄)</td></tr>
<tr><td>활동 영역</td><td colspan="3">신체표현(감상하기)</td><td>음악 개념</td><td colspan="3">다이내믹스(역동성), 빠르기</td></tr>
<tr><td>활동 목표</td><td colspan="7">1. 꽃이 피는 과정을 안다.
2. ‘꽃의 왈츠’에 맞춰 신체로 꽃이 피는 과정을 표현할 수 있다.</td></tr>
<tr><td>활동 자료</td><td colspan="7">여러 가지 색의 스카프, ‘꽃의 왈츠’ 음원(~1분 50초), ‘꽃이 피는 과정’ 영상, ‘씨앗의 봄’ 이야기</td></tr>
<tr><td>활동 방법</td><td colspan="7"><도입 : 전시 학습 확인 및 동기 유발>
- 꽃이 피는 과정을 담은 영상을 본다.
- 꽃이 피는 과정에 대해 이야기 나눈다.

<전개 : 유아와의 상호작용>
- 꽃이 피는 모습을 상상하며 ‘꽃의 왈츠’를 감상한다.
- 어떤 모습을 상상하였는지 이야기 나눈다.
- 빠르기의 변화에 대해 이야기 나눈다.
- ‘꽃의 왈츠’를 감상하며 ‘씨앗의 봄’ 이야기를 듣는다.
- 신체표현을 할 때 지켜야 할 약속에 대해 함께 이야기 나눈다.
- ‘꽃의 왈츠’에 맞추어 ‘씨앗의 봄’ 이야기를 들으며 신체표현을 한다.
- ‘꽃의 왈츠’에 맞추어 스카프를 활용하여 자유롭게 신체표현을 한다.

<정리 : 활동결과 확인, Feedback 및 종결>
- 한 명의 유아가 신체표현을 해보도록 한다.
- 스카프를 활용하여 표현하였을 때의 느낌에 대해 이야기 나눈다.
- 활동을 통해 재미있었던 점과 어려웠던 점에 대해 이야기 나눈다.

<차시예고>
- 차시활동(나만의 꽃잎 꾸미기)을 예고한다.</td></tr>
<tr><td>유의점</td><td colspan="7">- 안전하게 신체표현을 할 수 있도록 지도한다.
- 유아가 신체표현을 할 수 있도록 음악을 충분히 들려 준다.
- 빠르기의 변화를 표현할 수 있도록 지도한다.</td></tr>
</table>

활동 평가	1. 꽃이 피는 과정을 아는가? 2. '꽃의 왈츠'에 맞춰 신체로 꽃이 피는 과정을 표현할 수 있는가?
확장 활동	- 나만의 꽃잎 꾸미기(미술활동)

활동자료

여러 가지 색의 스카프

'꽃이 피는 과정' 영상

추운 겨울이 지나고, 따뜻한 봄이 왔어요.

나는 힘껏 기지개를 켜고 땅 밖으로 나갈 준비를 해요.

드디어 땅 밖으로 나왔어요. 나는 따뜻한 햇살을 받고, 시원한 물을 마시며 무럭무럭 자라요!

점점 키가 커지더니 꽃봉오리가 생겼어요. 조금씩, 조금씩 꽃잎이 펴지더니...

짠! 꽃이 활짝 폈어요. 따뜻한 봄이 너무 좋아 춤을 춰요.

신체표현

2. 베르타의 조각배

일시		장소(반)		대상연령	만 4세	지도교사	
활동명	베르타의 조각배			활동주제	계절(여름)		
활동영역	신체표현(감상하기)			음악개념	리듬, 박자, 역동성, 빠르기		
활동목표	1. 음악을 감상하고 그 느낌을 이야기할 수 있다. 2. 음악에 맞춰 배를 타고 여행하는 모습을 창의적으로 표현할 수 있다.						
활동자료	동화책(베르타의 조각배), 물병 그림, 배 그림, 음악(모차르트 피아노 협주곡 21번 1악장), 날씨 그림, 트라이앵글						
활동방법	**<도입 : 전시 학습 확인 및 동기 유발>** - '베르타의 조각배' 동화책을 읽어준다. - 물병을 찾으러 떠날 때 무엇을 타고 가면 좋을지 이야기 나눈다. **<전개 : 유아와의 상호작용>** - 음악을 감상하며 배를 타고 여행하는 모습을 상상해본다. - 날씨의 변화에 따른 배의 움직임을 어떻게 표현할 수 있을지 이야기 나눈다. - 교사의 언어적 자극을 들으며 다양한 배의 모습을 표현해본다. ▶ 햇빛이 쨍쨍한 아침에 조각배가 넓은 바다 위를 아주 천천히 멋지게 가고 있어요. 바람이 살랑살랑 불어오고 배가 조금씩 조금씩 움직입니다. 시간이 흐르고 바람이 세지면서 비가 내리기 시작합니다. 천둥이 치고 배가 좌우로 크게 흔들리기 시작합니다. 큰 파도가 커다란 집만큼, 커다란 고래만큼 커졌습니다. 배가 뒤집힐 것 같아요. 아, 그런데 다행히 이제 조금씩 조금씩 바람이 약해집니다. 큰 파도 소리도 조금씩 조금씩 작아집니다. 다시 해가 떠오르고 앞에 보이는 섬을 향해 배는 빠른 속도로 움직입니다. 트라이앵글(쨍) 섬에 도착했습니다. 물병을 찾아주세요! - 교사의 지시에 따라 물병을 찾는 활동을 해본다. **<정리 : 활동결과 확인, Feedback 및 종결>** - 음악을 감상할 때 어떤 느낌이 들었는지 이야기 나눈다. - 음악에 맞추어 물병을 찾아 여행하는 모습을 신체로 어떻게 표현했는지 이야기 나눈다.						

	<차시예고> – '나만의 조각배 만들기' 활동을 해보기
유의점	– 신체로 표현해 볼 때 유아의 사고를 제한하지 않는다. – 유아의 수준에 적절한 언어적 자극을 제공한다.
활동 평가	1. 유아가 배의 움직임을 창의적으로 표현할 수 있었나? 2. 유아가 음악의 셈여림을 느끼며 적절하게 신체를 움직였는가?
확장 활동	– 배를 타고 가고 싶은 곳에 대하여 이야기 나누기

활동자료

창작하기 1. 참 재미있었지

일시		장소(반)		대상 연령	만 5세	지도 교사	
활동명	참 재미있었지			활동 주제	계절(여름)		
활동 영역	창작하기(악기다루기)			음악 개념	박자, 리듬, 강약, 다이나믹스		
활동 목표	1. '참 재미있었지' 노래에 맞추어 리듬타악기로 즉흥연주할 수 있다. 2. 리듬타악기로 오스티나토를 연주할 수 있다.						
활동 자료	탬버린, 트라이앵글, 우드블록, 악기소리녹음파일, '참 재미있었지' 악보판, 오스티나토(따, 따아, 쉼) 리듬카드, '참 재미있었지' MR, 동그란 모양의 수박스티커, 세모난 모양의 수박스티커						
활동 방법	**<도입 : 전시 학습 확인 및 동기 유발>** - 탬버린, 트라이앵글, 우드블록 녹음 파일을 듣고, 어떤 악기인지 알아맞히며 악기를 제시한다. - 탬버린, 트라이앵글, 우드블록을 탐색한다. **<전개 : 유아와의 상호작용>** - 오스티나토(따, 따아, 쉼)를 제시하고 손뼉, 무릎 등 신체로 리듬을 익힌다. - '참 재미있었지' 악보판을 보고 노래하며 오스티나토(따아, 따아, 따따따, 쉼)를 신체로 연주한다. - 3모둠으로 나누어 각각 탬버린, 트라이앵글, 우드블록을 연주한다. - 악기를 서로 바꿔서 연주한다. - 수박모양을 보며 악기를 작게, 크게, 점점 작게, 점점 크게 연주한다. - 반주에 맞추어 노래하면서 즉흥연주를 한다. **<정리 : 활동결과 확인, Feedback 및 종결>** - 한명의 유아가 연주를 해 보도록 한다. - 소리의 크기에 변화를 주며 연주하였을 때, 즉흥연주를 하였을 때의 느낌에 대해 이야기 나눈다. - 활동을 통해 재미있었던 점과 어려웠던 점에 대해 이야기를 하며 평가한다. **<차시예고>** - '참 재미있었지' 노래에 맞춰 율동하기를 예고한다.						

유의점	– 박자를 충분히 익힐 수 있도록 신체악기로 연주하는 활동은 두 번 이상 한다.
활동 평가	1. '참 재미있었지' 노래에 맞추어 리듬타악기로 즉흥연주 할 수 있는가? 2. 리듬 타악기로 오스티나토를 연주 할 수 있는가?
확장 활동	– 2마디 오스티나토 리듬 만들기

활동자료

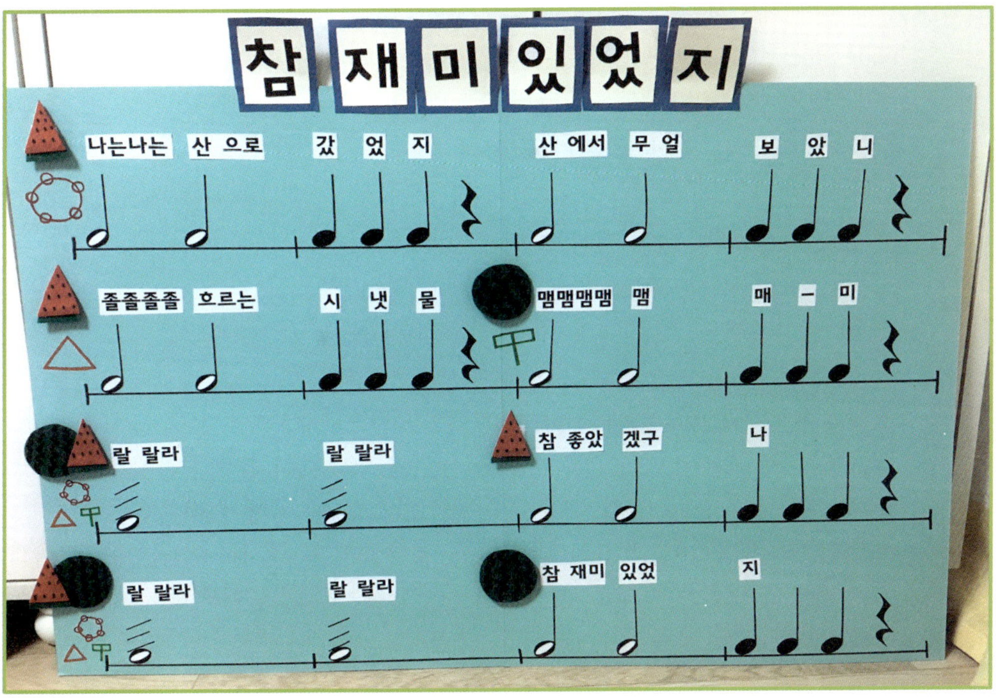

<'참 재미있었지' 악보판>

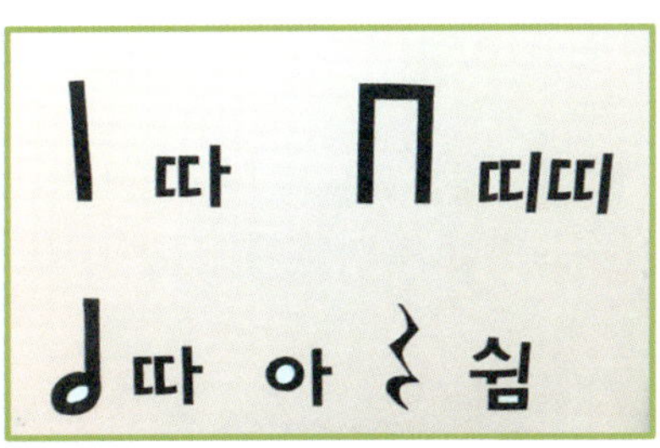

기호 음표

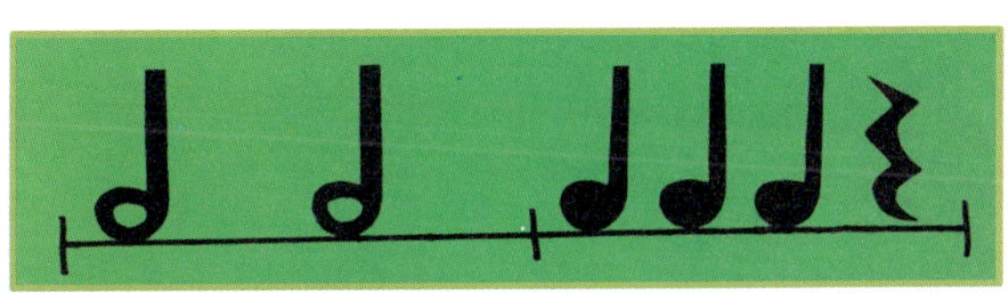

오스티나토 리듬카드

창작하기 2. 바다 속 세상

<table>
<tr><td>일시</td><td></td><td>장소
(반)</td><td></td><td>대상
연령</td><td>만 3세</td><td>지도
교사</td><td></td></tr>
<tr><td>활동명</td><td colspan="3">바다 속 세상</td><td>활동
주제</td><td colspan="3">계절(여름)</td></tr>
<tr><td>활동
영역</td><td colspan="3">창작하기(신체표현)</td><td>음악
개념</td><td colspan="3">멜로디</td></tr>
<tr><td>활동
목표</td><td colspan="7">1. 음악의 느낌을 신체로 표현할 수 있다.
2. 교사가 제시하는 상황에 적절한 신체표현을 할 수 있다.</td></tr>
<tr><td>활동
자료</td><td colspan="7">'under the sea'의 동영상과 음악파일, 바다 속 생물이 그려진 머리띠(물고기, 상어, 문어, 거북이, 미역)</td></tr>
<tr><td>활동
방법</td><td colspan="7"><도입 : 전시 학습 확인 및 동기 유발>
- 바다 소리를 들려주고 알아 맞히게 한다.
- 여름에 바다를 갔던 경험에 대해 이야기 나눈다.
- 바다 속에는 무엇이 있었는지 또는 무엇이 있을지 이야기 나눈다.
- 'under the sea' 동영상에 대해 설명해준다.

<전개 : 유아와의 상호작용>
- 교사는 유아들에게 'under the sea' 동영상을 보여 준다.
- 'under the sea' 동영상을 보고 느낀 점에 대해 이야기 나눈다.
- 바다 속 생물들이 그려진 머리띠를 유아들에게 제시하여 역할을 정한다.
- 정해진 역할로 이번에는 동영상이 아닌 음악을 듣고 어떻게 신체로 표현할 것인지 유아들에게 생각해 보도록 한다.
- 마지막으로 음악을 듣기 전에 미리 상황제시를 하여 유아들이 음악을 듣고 어떤 상황을 표현해야 할지 생각하도록 한다.
- 교사는 유아들의 신체표현을 격려하는 이야기를 해준다.

<정리 : 활동결과 확인, Feedback 및 종결>
- 교사는 유아들에게 신체로 표현한 느낌에 대해 물어본다.
- 어떤 상황이 재미있었는지 묻고 그 상황을 표현한 유아들에게 발표하도록 한다.
- 다음에는 어떤 상황을 표현해볼 수 있는지 물어본다.</td></tr>
</table>

	<차시예고> – 바다와 관련된 동요 배우기
유의점	– 바다 속 생물이 되어서 신체를 표현하는 것을 어려워하는 유아도 있을 수 있으니 교사는 옆에서 피드백하며 적절한 상호작용을 해주어야 한다.
활동 평가	1. 유아가 멜로디를 충분히 느끼면서 신체를 표현하였는가? 2. 교사가 제시한 상황에 맞추어서 유아가 다양한 표현을 하였는가?
확장 활동	– 조형 영역 : 바다 속 세상에 대해 그려 보기 – 언어 영역 : 바다와 관련된 동화책을 보거나 동시를 써 보기

활동자료

동영상 링크
http://movie.naver.com/movie/bi/mi/mediaView.nhn?code=10669&mid=22940#tab

Chapter 07

계절 Ⅱ(가을/겨울)

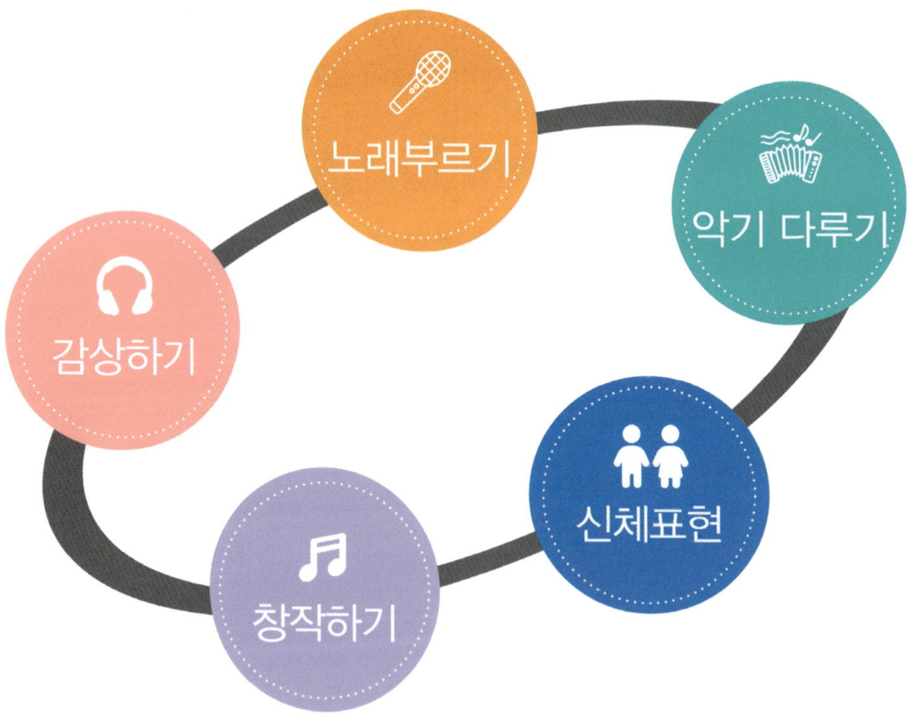

계절 II(가을/겨울)-영역별 활동

영역	활동
감상하기	1. 비발디 사계 '가을'
	2. 스케이트 왈츠
노래 부르기	1. 낙엽을 밟으며
	2. 하얀 나라
악기 다루기	1. 가을 길을 연주해요
	2. 가을 바람
신체표현	1. 날아라 잠자리
	2. 눈송이 왈츠
창작하기	1. 겨울바람이 불면
	2. 스케이트 선수가 되어 보아요
10개 활동	

감상하기

1. 비발디 사계 '가을'

<table>
<tr><td>일시</td><td></td><td>장소
(반)</td><td></td><td>대상
연령</td><td>만 4세</td><td>지도
교사</td><td></td></tr>
<tr><td>활동명</td><td colspan="3">비발디 사계 '가을'</td><td>활동
주제</td><td colspan="3">계절(가을)</td></tr>
<tr><td>활동
영역</td><td colspan="3">감상하기(신체표현)</td><td>음악
개념</td><td colspan="3">다이내믹스(역동성), 빠르기</td></tr>
<tr><td>활동
목표</td><td colspan="7">1. 음악을 감상하고 그 느낌을 신체로 표현할 수 있다.
2. 음악을 들으면서 가을 나뭇잎을 다양한 상황에 맞게 표현한다.</td></tr>
<tr><td>활동
자료</td><td colspan="7">가을풍경 그림 자료, 비발디-사계 '가을' 음악 파일</td></tr>
<tr><td>활동
방법</td><td colspan="7"><도입 : 전시 학습 확인 및 동기 유발>
- 가을과 관련된 그림 퍼즐로 주의 집중한다.
- 그림 퍼즐 완성 후에 가을에 대해 이야기 나눈다.

<전개 : 유아와의 상호작용>
- 음악을 듣기 전에 어떤 자세로 들어야하는지 이야기 나눈다.
- 비발디 사계 '가을'을 듣는다.
- 음악감상 후 느낀 점에 대해 이야기 나눈다.
- 비발디 바이올린 협주곡-사계에 대하여 소개한다.
- 음악의 주요 부분을 다시 한 번 감상한다,
- 교사는 유아들이 새로운 신체표현을 하기 전에 가을의 정취를 스토리텔링 하여 들려준 후 어떻게 표현할지 상상해 보도록 한다.
- 음악을 들으며 다양한 상황을 가을 나뭇잎이 되어 신체로 표현한다.
- 교사의 상황 스토리를 다시 들으며 상황에 맞게 신체로 표현한다.

<정리 : 활동결과 확인, Feedback 및 종결>
- 음악의 느낌을 이야기 나눈다.
- 음악을 듣고 나뭇잎이 되어 몸으로 표현했을 때의 느낀 점에 대해 이야기 나눈다.
- 몇명의 유아가 나와서 발표해 본다.

<차시예고>
- 동화 '단풍잎과 은행잎의 여행' 듣기</td></tr>
</table>

유의점	- 음악감상 시 바른 자세로 친구와 이야기하지 않고 조용히 듣는다. - 신체표현 시 나뭇잎 표현이 어려운 유아는 다른 유아나 교사가 하는 동작을 따라 표현할 수 있도록 격려한다.
활동 평가	1. 음악감상 시 바른 자세로 조용히 잘 들었는가? 2. 음악에 맞춰 나뭇잎을 잘 표현했는가?
확장 활동	- 종이에 가을의 나뭇잎을 붙여 자유롭게 꾸며보기

활동자료

가을풍경 그림 자료

퍼즐 맞추기 전

퍼즐 맞춘 후

감상하기 2. 스케이트 왈츠

<table>
<tr><td>일시</td><td></td><td>장소(반)</td><td></td><td>대상 연령</td><td>만 4세</td><td>지도 교사</td><td></td></tr>
<tr><td>활동명</td><td colspan="3">스케이트 왈츠</td><td>활동 주제</td><td colspan="3">계절(겨울)</td></tr>
<tr><td>활동 영역</td><td colspan="3">감상하기(신체표현)</td><td>음악 개념</td><td colspan="3">음(강약), 리듬, 빠르기, 다이나믹스</td></tr>
<tr><td>활동 목표</td><td colspan="7">1. 음악을 바르게 감상하는 태도를 기른다.
2. 음악을 감상하며 자신의 느낌을 언어와 신체로 표현할 수 있다.</td></tr>
<tr><td>활동 자료</td><td colspan="7">발트토이펠의 스케이트 왈츠 mp3 파일, '발트토이펠-스케이트 왈츠' 제목카드, 스케이트 왈츠 활동지, 스케이트 타는 사람들의 사진, 발트토이펠의 사진, 색연필</td></tr>
<tr><td>활동 방법</td><td colspan="7"><도입 : 전시 학습 확인 및 동기 유발>
- 스케이트 타는 사람들의 사진을 보고 이야기 나눈다.
▸ 사진 속의 사람들은 무엇을 하고 있니?
- 스케이트를 타본 경험에 대해 이야기 나눈다.

<전개 : 유아와의 상호작용>
- 발트토이펠의 스케이트 왈츠를 감상한다.
- 음악의 제목과 작곡가를 소개한다.
- 다시 한 번 들어보며 음악의 느낌을 활동지에 표현해본다.
- 활동지에 대해 이야기 나눈다.
- 음악을 들으며 자유롭게 스케이트 타는 모습을 신체로 표현해본다.

<정리 : 활동결과 확인, Feedback 및 종결>
- 음악에 맞추어 신체로 표현해 보았을 때 어떻게 표현했는지 이야기 나눈다.
- 음악을 감상한 느낌에 대해 이야기 나눈다.
- 어떤 방법으로 음악을 감상한 것이 가장 좋았는지 이야기 나눈다.

<차시예고>
- 셈여림을 알고 한 가지 리듬악기로 연주하기</td></tr>
<tr><td>유의점</td><td colspan="7">- 음악을 켜고 끌 때 수업의 흐름이 끊기지 않도록 주의한다.</td></tr>
</table>

	– 활동지에 표현할 때 음악의 느낌을 표현할 수 있도록 유도한다. – 신체로 표현해 볼 때 유아의 사고를 제한하지 않는다.
활동 평가	1. 음악을 감상하는 태도가 바른가? 2. 음악의 아름다움을 느끼며 적절하게 신체를 움직였는가?
확장 활동	– 스케이트의 날이 날카로운 이유에 대해서 알아보기

활동자료

'발트토이펠–스케이트 왈츠' 제목카드

발트토이펠의 사진

스케이트 타는 사람들의 사진

스케이트 왈츠 활동지

노래 부르기 1. 낙엽을 밟으며

<table>
<tr><td>일시</td><td></td><td>장소
(반)</td><td></td><td>대상
연령</td><td>만 5세</td><td>지도
교사</td><td></td></tr>
<tr><td>활동명</td><td colspan="3">낙엽을 밟으며</td><td>활동
주제</td><td colspan="3">계절(가을)</td></tr>
<tr><td>활동
영역</td><td colspan="3">노래 부르기(창작하기)</td><td>음악
개념</td><td colspan="3">음, 리듬, 박자, 가락</td></tr>
<tr><td>활동
목표</td><td colspan="7">1. ‘낙엽을 밟으며’ 노래를 외워서 부를 수 있다.
2. 노래 가사를 창의적으로 바꿔 부를 수 있다.</td></tr>
<tr><td>활동
자료</td><td colspan="7">가사판, 코팅한 네모판, 궁금이 상자, 낙엽</td></tr>
<tr><td>활동
방법</td><td colspan="7">**<도입 : 전시 학습 확인 및 동기 유발>**
- 낙엽을 궁금이 상자에 넣고 소리를 듣는다.
- 어떤 소리인지 이야기 나누고 낙엽에서는 어떤 소리가 나는지 이야기 나눈다.

<전개 : 유아와의 상호작용>
- 가사판을 보며 가사에 대해 이야기 나눈다,
- 교사가 부르는 ‘낙엽을 밟으며’를 기본박을 치며 듣는다.
- 기본박을 치며 교사를 따라 한 소절씩 불러본다.
- 기본박을 치며 처음부터 끝까지 불러본다.
- 교사의 반주에 맞추어 유아들끼리 노래를 부른다,
- 함께 상의하여 의성어 부분을 창의적으로 바꾸어본다.
(촉착촉착, 비삭비삭, 부스럭부스럭, 초국초국, 티딕티딕)
- 바꾼 가사를 가사판 위에 붙인다.
- 바꾼 가사로 노래를 처음부터 끝까지 불러본다.

<정리 : 활동결과 확인, Feedback 및 종결>
- 유아들이 노래를 외웠는지 확인하기 위해 가사판을 보지 않고 노래를 불러본다.
- 피아노 반주에 맞추어 노래를 부르고 마무리한다.
- 노래를 부르고 가사를 바꾼 활동을 한 느낌에 대해 이야기 나눈다.</td></tr>
</table>

	<차시예고> - 다음 시간에는 배운 동요의 낙엽이 되어보는 신체활동을 할 것임을 이야기 한다.
유의점	- 유아들이 의성어를 이해하도록 설명한다. - 교사가 음을 틀리지 않도록 충분히 숙지한다.
활동 평가	1. '낙엽을 밟으며' 노래를 외워서 부를 수 있는가? 2. 노래 가사를 창의적으로 바꿔 부를 수 있는가?
확장 활동	- 야외에 나가서 직접 낙엽을 만져보고 밟아보기

활동자료

도입에 사용하는 궁금이 상자

가사판에 부착할 그림

가사가 가려질 수 있는 크기의 종이를 코팅해 바로 글씨를 쓸 수 있도록 한다

노래 부르기 2. 하얀 나라

<table>
<tr><td>일시</td><td></td><td>장소
(반)</td><td></td><td>대상
연령</td><td>만 4세</td><td>지도
교사</td><td></td></tr>
<tr><td>활동명</td><td colspan="3">하얀 나라</td><td>활동
주제</td><td colspan="3">계절(겨울)</td></tr>
<tr><td>활동
영역</td><td colspan="3">노래 부르기(신체표현)</td><td>음악
개념</td><td colspan="3">음정, 리듬, 박자, 빠르기, 형식</td></tr>
<tr><td>활동
목표</td><td colspan="7">1. ‘하얀 나라’ 노래를 외워서 부를 수 있다.
2. 노래 가사의 내용을 이해하고 즐겁게 신체표현을 할 수 있다.</td></tr>
<tr><td>활동
자료</td><td colspan="7">겨울 수수께끼 교구, 노래와 관련된 그림, 가사판, 피아노</td></tr>
<tr><td>활동
방법</td><td colspan="7"><도입 : 전시 학습 확인 및 동기 유발>
- 겨울과 관련된 수수께끼를 통해 겨울에 대해서 이야기 나눈다.
- 수수께끼와 관련지어 눈 오는 날의 경험에 대해 이야기 나눈다.

<전개 : 유아와의 상호작용>
- 교사가 ‘하얀 나라’ 노래를 처음부터 끝까지 불러준다.
- 노래를 듣고 난 후 느낌에 대해 이야기 나눈다.
- 가사의 내용을 그림으로 제시하고 가사를 유추한다.
- 그림을 보면서 선생님의 선창을 한 소절씩 따라 불러본다.
- 다양한 방법(전체 노래 부르기, 친구들과 한 소절씩 주고받으며 노래 부르기)으로 노래를 불러본다.
- 노래를 익힌 후 피아노 반주에 맞춰 불러본다.
- 노랫말에 맞는 신체표현을 정한다.
- 음악파일에 맞추어 노래를 부르며 신체표현을 해본다.

<정리 : 활동결과 확인, Feedback 및 종결>
- 노래를 불러본 후 느낌에 대해 이야기 나눈다.
- 몇몇의 유아를 발표시킨다.
- 신체표현하면서 재미있었던 점과 힘들었던 점에 대해 이야기 나눈다.

<차시예고>
- 다음 시간에는 노래 ‘하얀 나라’에 맞춰서 악기 다루기활동을 할 것임을 이야기한다.</td></tr>
</table>

유의점	- 유아가 노래에 익숙해질 수 있도록 천천히 지도한다. - 노래의 가사와 음정에 주의하며 노래를 부른다. - 유아가 노래의 형식을 이해할 수 있도록 지도한다.
활동 평가	1. 제재곡의 가사를 이해하고 외워서 부를 수 있는가? 2. 노래에 맞춰서 즐겁게 신체활동에 참여했는가?
확장 활동	- 실외활동으로 눈 오는 날 눈사람 만들어보기

활동자료

악기 다루기 1. 가을 길을 연주해요

<table>
<tr><td>일시</td><td></td><td>장소
(반)</td><td></td><td>대상
연령</td><td>만 5세</td><td>지도
교사</td><td></td></tr>
<tr><td>활동명</td><td colspan="3">가을 길을 연주해요</td><td>활동
주제</td><td colspan="3">계절(가을)</td></tr>
<tr><td>활동
영역</td><td colspan="3">악기 다루기(노래 부르기)</td><td>음악
개념</td><td colspan="3">리듬, 박자, 음색</td></tr>
<tr><td>활동
목표</td><td colspan="7">- 리듬 악보에 맞추어 ‘가을 길’ 노래의 리듬을 악기로 연주할 수 있다.
- 노래를 부르며 리듬악기를 연주할 수 있다.</td></tr>
<tr><td>활동
자료</td><td colspan="7">‘가을 길’ 노래, 리듬악기(트라이앵글, 탬버린), 리듬 악보, 가사판</td></tr>
<tr><td>활동
방법</td><td colspan="7"><도입 : 전시 학습 확인 및 동기 유발>
- 소풍에서 본 가을의 풍경에 대해 이야기 나눈다.
- 지난 시간에 배운 ‘가을 길’ 노래를 기본박으로 무릎을 치며 부른다.
- ‘가을 길’ 노래에 맞추어 악기를 연주하는 오늘 할 활동에 대해 소개한다.
- 연주할 악기를 소개한다.

<전개 : 유아와의 상호작용>
- 지난 시간에 배운 ‘ta(|)’, ‘ta-a(♩)’를 신체 악기(무릎치기)로 다시 익힌다.
- 리듬 악보를 신체 악기(무릎치기)로 익힌다.
- 노래에 맞추어 리듬 악보를 신체 악기(무릎치기)로 연주한다.
- 리듬 악보를 리듬악기로 연주한다.
- 노래에 맞추어 리듬 악보를 리듬악기로 연주한다(2종의 리듬악기 연주).
- 노래를 부르며 원하는 리듬악기로 연주한다.

<정리 : 활동결과 확인, Feedback 및 종결>
- 각 리듬악기별로 2~3명씩 노래를 부르며 친구들에게 연주를 들려 준다.
- ‘가을 길’을 리듬악기로 연주하며 느낀 점에 대해 이야기 나눈다.
- 트라이앵글, 탬버린으로 연주했을 때 느낀 차이점 대해 이야기 나눈다.

<차시예고>
- 가을에 열리는 열매들에 대해 알아보기</td></tr>
<tr><td>유의점</td><td colspan="7">- 기본박자를 충분히 이해하고 연주할 수 있도록 한다.</td></tr>
</table>

	- 리듬 악보를 보며 연주할 수 있도록 충분히 반복한다.
활동 평가	1. 리듬 악보에 맞추어 '가을 길' 노래의 리듬을 악기로 연주할 수 있는가? 2. 노래를 부르며 리듬악기를 연주할 수 있는가?
확장 활동	- 음악적 요소(빠르기, 셈여림)를 다르게 하여 연주하기 - 즉흥연주하기

활동자료

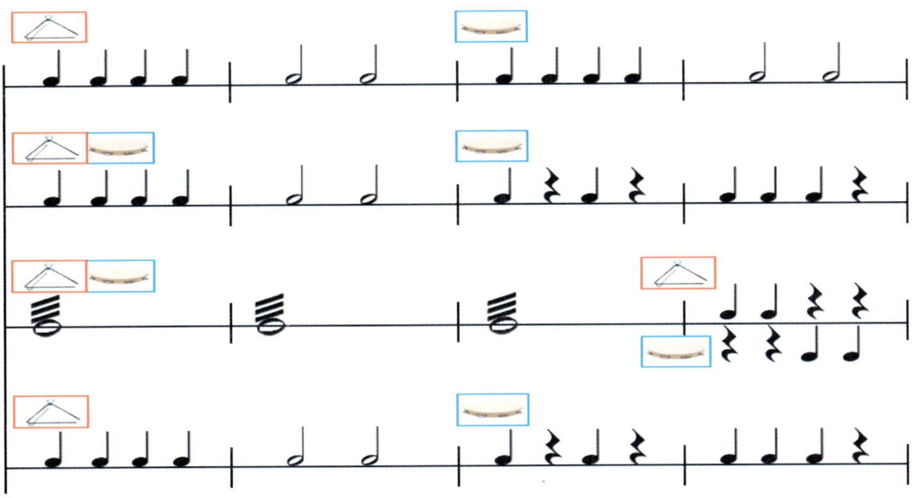

리듬 악보

가사판

악기 다루기 2. 가을 바람

<table>
<tr><td>일시</td><td></td><td>장소(반)</td><td></td><td>대상 연령</td><td>만 4세</td><td>지도 교사</td><td></td></tr>
<tr><td>활동명</td><td colspan="3">가을 바람</td><td>활동 주제</td><td colspan="3">가을</td></tr>
<tr><td>활동 영역</td><td colspan="3">악기 다루기(노래 부르기)</td><td>음악 개념</td><td colspan="3">음, 리듬, 박자</td></tr>
<tr><td>활동 목표</td><td colspan="7">1. 리듬악기로 '가을 바람'을 연주할 수 있다.
2. '가을 바람'을 반주에 맞춰 노래 부를 수 있다.</td></tr>
<tr><td>활동 자료</td><td colspan="7">수수께끼 사진자료(도토리, 단풍잎, 은행잎), '가을 바람' 가사판, '가을 바람' MR파일, 리듬악기(탬버린, 우드블럭, 트라이앵글), 피아노</td></tr>
<tr><td>활동 방법</td><td colspan="7"><도입 : 전시 학습 확인 및 동기 유발>
- 유아들에게 단풍잎, 은행잎 등 가을과 관련된 수수께끼로 주의 집중시킨다.
- 가을과 관련된 경험에 대해 이야기 나눈다.

<전개 : 유아와의 상호작용>
- 교사가 피아노 반주 없이 유아들에게 노래를 불러 준 후 동요 제목을 맞춰 본다.
- 가사판을 보고 가사에 대해 이야기 나눈다.
- 한 소절씩 '랄라'로 따라 부른다.
- 한 소절씩 가사로 따라 부른다.
- 처음부터 끝까지 교사와 유아가 함께 부른다.
- 교사와 유아가 나누어 노래 부른다.
- 노래를 부르지 않고 반주에 맞춰 리듬박수로 친다.
- 반주에 맞춰 탬버린, 우드블럭, 트라이앵글로 리듬박을 연주한다.
- 친구와 리듬악기를 바꾸어 연주한다.
- '살랑', '뱅글', '단풍잎, 은행잎' 부분을 나누어 리듬악기로 연주한다.

<정리 : 활동결과 확인, Feedback 및 종결>
- 교사의 피아노 반주에 맞춰 노래를 부르며 리듬악기로 연주한다.
- 리듬박 연주에 어려움은 없었는지 이야기 나눈다.

<차시예고>
- 비발디의 사계 '가을' 중 1악장을 듣고 가을의 느낌을 신체로 표현해 보기</td></tr>
</table>

유의점	- 노래를 부를 때 손으로 가사판을 가리키면서 지도한다. - 악기로 인해 수업이 산만해지지 않게 지도한다.
활동 평가	1. '가을 바람'의 반주에 맞춰 노래를 부를 수 있는가? 2. 리듬악기를 가지고 박자에 맞게 연주하였는가?
확장 활동	- 단풍잎, 나뭇잎이 움직이는 모습을 신체로 표현해보기 - 가을 바람에 움직이는 나뭇잎을 그림으로 표현하기

활동자료

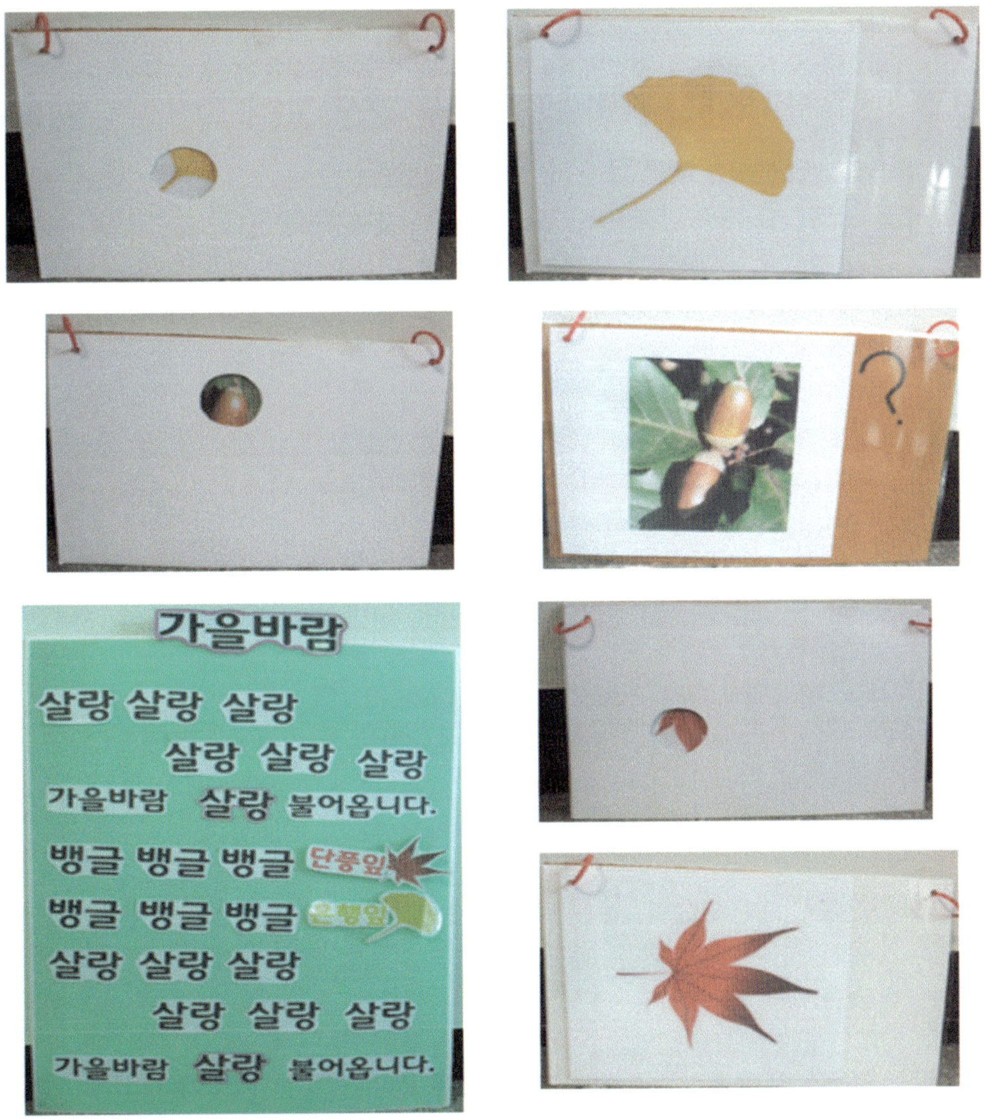

신체표현 1. 날아라 잠자리

<table>
<tr><td>일시</td><td></td><td>장소(반)</td><td></td><td>대상 연령</td><td>만 4세</td><td>지도 교사</td><td></td></tr>
<tr><td>활동명</td><td colspan="3">날아라 잠자리</td><td>활동 주제</td><td colspan="3">계절(가을)</td></tr>
<tr><td>활동 영역</td><td colspan="3">신체표현(노래 부르기)</td><td>음악 개념</td><td colspan="3">다이내믹스(역동성), 빠르기</td></tr>
<tr><td>활동 목표</td><td colspan="7">1. 잠자리의 생김새를 창의적으로 신체표현을 할 수 있다.
2. 잠자리가 나는 모습을 창의적으로 신체표현을 할 수 있다.</td></tr>
<tr><td>활동 자료</td><td colspan="7">잠자리 실물 사진, 잠자리 머리띠, 가사판, 동요 '날아라 잠자리' 음원</td></tr>
<tr><td>활동 방법</td><td colspan="7"><도입 : 전시 학습 확인 및 동기 유발>
- 잠자리에 대한 수수께끼로 유아들의 주의를 집중한다.
- 잠자리를 본 경험에 대해 이야기 나눈다.
- '날아라 잠자리' 동요에 맞추어 신체표현을 할 오늘의 활동을 소개한다.

<전개 : 유아와의 상호작용>
- 지난 시간에 배운 '날아라 잠자리'를 부른다.
- 신체표현 시 유의할 점에 대해 이야기 나눈다.
- 잠자리의 생김새를 신체로 표현해본다.
- 노래를 부르면서 잠자리가 나는 모습을 신체로 표현한다.
- 교사가 제시해주는 상황을 듣고 잠자리가 나는 모습을 신체로 표현한다.

<정리 : 활동결과 확인, Feedback 및 종결>
- 잠자리가 날아다니는 모습을 표현해본 느낌을 이야기 나눈다.
- 잠자리의 생김새를 어떻게 표현해보았는지 발표한다.
- 잠자리가 나는 모습을 어떻게 표현해보았는지 발표한다.

<차시예고>
- 가을 하늘을 날아가는 잠자리의 모습을 상상하여 그림 그리기 활동을 할 것을 예고한다.</td></tr>
<tr><td>유의점</td><td colspan="7">- 다양한 신체활동을 할 수 있도록 충분한 공간을 제공한다.
- 유아들이 신체표현을 할 때 어려움을 겪지 않도록 교사가 상황을 제시해 준다.</td></tr>
</table>

활동 평가	1. 잠자리의 생김새를 창의적으로 신체표현할 수 있는가? 2. 잠자리가 나는 모습을 창의적으로 신체표현할 수 있는가?
확장 활동	- 가을 하늘을 날아가는 고추잠자리의 모습을 상상하여 그림 그리기 활동해 보기

활동자료

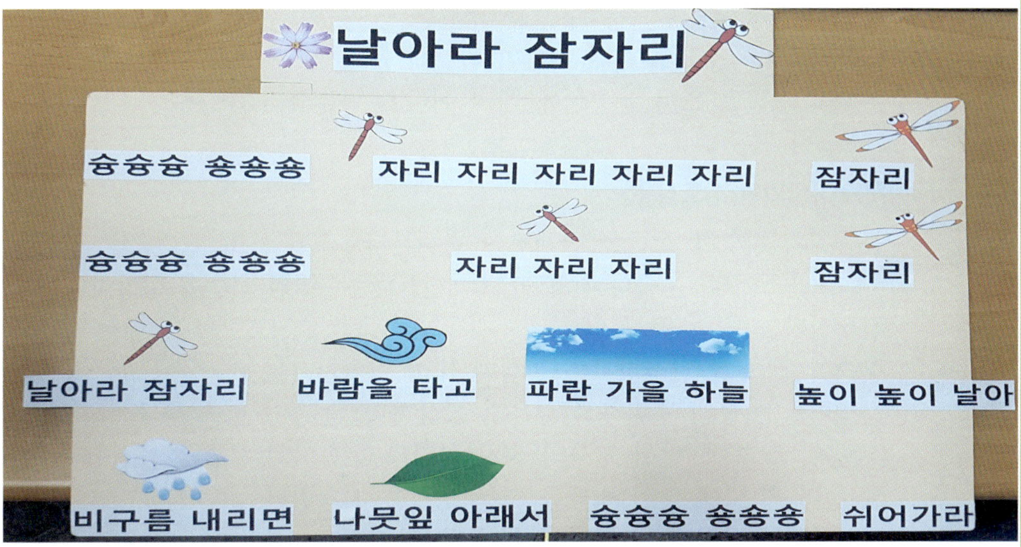

신체표현 2. 눈송이 왈츠

<table>
<tr><td>일시</td><td></td><td>장소
(반)</td><td></td><td>대상
연령</td><td>만 4세</td><td>지도
교사</td><td></td></tr>
<tr><td>활동명</td><td colspan="3">눈송이 왈츠</td><td>활동
주제</td><td colspan="3">계절(겨울)</td></tr>
<tr><td>활동
영역</td><td colspan="3">신체표현(감상하기)</td><td>음악
개념</td><td colspan="3">다이내믹스(역동성), 셈여림</td></tr>
<tr><td>활동
목표</td><td colspan="7">1. ‘눈송이 왈츠’를 듣고 자신의 생각과 느낌을 자유롭게 이야기할 수 있다.
2. 눈송이의 모습을 ‘눈송이 왈츠’에 맞추어 신체로 표현할 수 있다.</td></tr>
<tr><td>활동
자료</td><td colspan="7">눈송이 사진, ‘눈송이 왈츠’ mp3, ‘눈송이 왈츠’ 발레 영상, 차이코프스키 사진, 눈송이 왈츠 단어카드</td></tr>
<tr><td>활동
방법</td><td colspan="7"><도입 : 전시 학습 확인 및 동기 유발>
- 지난 시간에 배웠던 ‘눈’ 동요를 부른다.
- 눈송이를 본 경험에 대해 이야기 나눈다.
- 눈송이 사진을 보며 눈송이에 대해 이야기 나눈다.

<전개 : 유아와의 상호작용>
- 눈송이의 다양한 모습을 신체로 표현해본다.
- 차이코프스키의 ‘눈송이 왈츠’를 소개한 후 눈송이의 모습을 상상하며 곡을 감상한다.
- 눈송이 왈츠’를 감상하고 느낀점에 대해 이야기 나눈다.
- 눈송이를 어떻게 표현하고 싶은지 상상하며 ‘눈송이 왈츠’를 감상한다.
- ‘눈송이 왈츠’에 맞춰 교사의 지시에 따라 눈송이의 모습을 표현한다.
- ‘눈송이 왈츠’에 맞춰 발레를 하는 영상을 시청한다.
- 영상에서 본 것, 느낌에 대해 이야기 나눈다.
- ‘눈송이 왈츠’ 발레 영상을 보며, 영상 속의 모습을 따라 신체표현을 해본다.

<정리 : 활동결과 확인, Feedback 및 종결>
- 눈송이가 되어 본 느낌에 대해 이야기 나눈다.
- 몇 명의 유아가 앞으로 나와 눈송이의 모습을 ‘눈송이 왈츠’ 음악에 맞춰 짧게 표현해 본다.
- 활동을 하면서 재미있었던 점, 힘들었던 점에 대해 이야기 나눈다.</td></tr>
</table>

	<차시예고> – ‘눈송이 왈츠’를 감상하며, 눈송이의 모습을 그려보는 미술활동을 할 것임을 예고한다.
유의점	– 활동 전 과학 영역에 눈송이 사진과 돋보기를 미리 제시해놓아 유아들이 사전에 관찰할 수 있는 시간을 충분히 제공하도록 한다. – 음악에 맞추어 자유롭게 표현하는 것이 어려울 수 있으므로, 교사가 ‘눈송이들이 자신의 화려한 모습을 서로 뽐내고 있어요’와 같은 구체적인 상황을 제시해주도록 한다.
활동 평가	1. ‘눈송이 왈츠’를 듣고 자신의 생각과 느낌을 자유롭게 이야기할 수 있는가? 2. 눈송이의 모습을 ‘눈송이 왈츠’에 맞추어 신체로 표현할 수 있는가?
확장 활동	– 눈송이 왈츠 음악을 감상하며 눈송이의 모습 그리기

활동자료

눈송이 사진

차이코프스키 사진

눈송이 왈츠

눈송이 왈츠 단어 카드

창작하기

1. 겨울바람이 불면

<table>
<tr><td>일시</td><td></td><td>장소(반)</td><td></td><td>대상 연령</td><td>만 4세</td><td>지도 교사</td><td></td></tr>
<tr><td>활동명</td><td colspan="3">겨울바람이 불면</td><td>활동 주제</td><td colspan="3">계절(겨울)</td></tr>
<tr><td>활동 영역</td><td colspan="3">창작하기(신체표현)</td><td>음악 개념</td><td colspan="3">역동성(다이내믹스), 음색</td></tr>
<tr><td>활동 목표</td><td colspan="7">1. 다양한 바람 소리를 듣고 자유롭게 신체로 표현할 수 있다.
2. 감상곡 ‘겨울바람’을 듣고 스카프를 이용해 신체로 표현할 수 있다.</td></tr>
<tr><td>활동 자료</td><td colspan="7">쇼팽 - 겨울바람 음악파일, 다양한 바람 소리 음악파일, 스카프, 역할 목걸이</td></tr>
<tr><td>활동 방법</td><td colspan="7"><도입 : 전시 학습 확인 및 동기 유발>
- 바람에 관한 수수께끼를 맞혀본다.
- 겨울에 부는 바람과 상황에 대해 이야기 나눈다.

<전개 : 유아와의 상호작용>
- 다양한 바람 소리를 듣고 느낀 점에 대해 이야기 나눈다.
- 스카프를 이용하여 다양한 바람을 신체로 표현한다.
- 감상곡을 듣고 느낀 점에 대해 이야기 나눈다.
- 감상곡을 듣고 겨울바람이 부는 상황을 스카프를 이용하여 신체로 표현한다(이때 교사는 겨울바람이 부는 상황을 스토리텔링하며 제시한다).

<정리 : 활동결과 확인, Feedback 및 종결>
- 신체로 표현해본 소감에 대해 이야기 나눈다.
- 유아들이 가장 인상 깊었던 신체표현을 발표해본다.

<차시예고>
- 동요 ‘겨울바람’을 부르고 악기연주를 해본다.</td></tr>
<tr><td>유의점</td><td colspan="7">- 음악감상 시에 산만해 지지 않도록 주의한다.
- 신체표현 활동에 어려움을 겪는 유아에게는 구체적인 상황을 제시한다.</td></tr>
<tr><td>활동 평가</td><td colspan="7">1. 다양한 바람 소리를 듣고 자유롭게 신체로 표현할 수 있는가?
2. 감상곡의 역동성을 스카프를 이용해 신체로 표현할 수 있는가?</td></tr>
<tr><td>확장 활동</td><td colspan="7">- 음률 영역 : 동요 ‘겨울바람’을 부르고 악기를 연주하기</td></tr>
</table>

활동자료

창작하기 2. 스케이트 선수가 되어 보아요

<table>
<tr><td>일시</td><td></td><td>장소(반)</td><td></td><td>대상 연령</td><td></td><td>지도 교사</td><td></td></tr>
<tr><td>활동명</td><td colspan="3">스케이트 선수가 되어 보아요.</td><td>활동 주제</td><td colspan="3">계절(겨울)</td></tr>
<tr><td>활동 영역</td><td colspan="3">창작하기(신체표현)</td><td>음악 개념</td><td colspan="3">멜로디, 리듬, 빠르기</td></tr>
<tr><td>활동 목표</td><td colspan="7">1. 겨울 스포츠인 피겨 스케이팅에 관심을 가진다.
2. 음악에 맞추어 피겨 스케이팅 동작을 자유롭게 창의적으로 표현할 수 있다.</td></tr>
<tr><td>활동 자료</td><td colspan="7">피겨 스케이팅 선수 경기 동영상, 음악 mp3 파일(007 제임스본드 메들리), 사진자료(피겨 스케이팅) <동영상, 음악파일 출처: http://filei.co.kr/에서 다운로드></td></tr>
<tr><td>활동 방법</td><td colspan="7"><도입 : 전시 학습 확인 및 동기 유발>
- 눈사람 손유희로 주의집중한다.
(가위 바위 보로/가위 바위 보로/무얼 만들까/무얼 만들까/왼손은 주먹/오른손도 주먹/눈사람/눈사람/)
- 사진자료를 보며 피겨 스케이팅에 대해 이야기 나눈다.

<전개 : 유아와의 상호작용>
- 동영상 감상 시 주의점에 대해 말해 준다.
- 피겨 스케이팅 동영상을 감상한다.
- 감상한 느낌을 이야기 나눈다.
- 가장 기억에 남는 동작을 따라 표현해 본다.
- 음악에 맞추어 스케이트 선수가 되었다고 생각하고 자유롭게 창의적으로 표현한다.

<정리 : 활동결과 확인, Feedback 및 종결>
- 여러 유아가 나와서 발표한다.
- 친구의 동작을 다같이 따라해 본다.
- 남이 하지 않은 동작, 어려운 동작을 어떻게 하였는지 이야기 나눈다.

<차시예고>
- 다음 시간에는 겨울스포츠에 관해 알아보는 활동을 할 것임을 알린다.</td></tr>
<tr><td>유의점</td><td colspan="7">- 신체를 움직이는 활동이므로 산만해지지 않게, 다치지 않도록 주의한다.</td></tr>
</table>

활동 평가	1. 음악에 맞추어 창의적으로 신체표현하였는가?
확장 활동	- 리본막대를 사용해서 음악에 맞춰 자유롭게 신체표현하기

활동자료

Chapter 08

환경과 생활

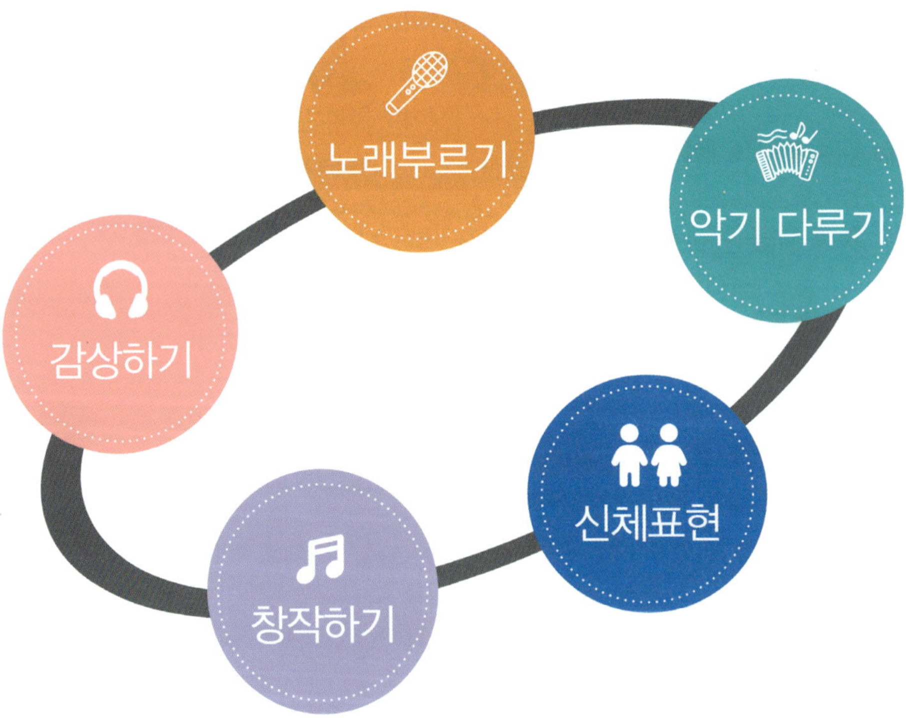

환경과 생활-영역별 활동

감상하기	1. '물'의 여행
	2. '물'의 춤
노래 부르기	1. 울어요
	2. 바람개비
악기 다루기	1. 빗방울의 노래
	2. '돌과 물' 리듬합주
신체표현	1. 분수가 되어보아요
	2. 갈대피리의 춤
창작하기	1. 연이 되어보자
	2. 오늘의 날씨
10개 활동	

감상하기 1. '물'의 여행

<table>
<tr><td>일시</td><td></td><td>장소(반)</td><td></td><td>대상 연령</td><td>만 4세</td><td>지도 교사</td><td></td></tr>
<tr><td>활동명</td><td colspan="3">'물'의 여행</td><td>활동 주제</td><td colspan="3">환경과 생활</td></tr>
<tr><td>활동 영역</td><td colspan="3">감상하기(악기 다루기)</td><td>음악 개념</td><td colspan="3">강약, 다이내믹스(역동성), 빠르기</td></tr>
<tr><td>활동 목표</td><td colspan="7">1. 물이 내는 여러 가지 소리의 강약 차이에 관심을 가진다.
2. 물이 내는 여러 가지 소리를 다양한 악기로 표현할 수 있다.</td></tr>
<tr><td>활동 자료</td><td colspan="7">'물방울', 물의 형태에 관련된 동영상(비, 시냇물, 폭포), 여러 가지 물소리 mp3 파일(비, 시냇물, 폭포), 여러 가지 악기(우드블록, 탬버린, 트라이앵글 등)</td></tr>
<tr><td>활동 방법</td><td colspan="7"><도입 : 전시 학습 확인 및 동기 유발>
- 교사가 물의 소리를 들려주면 어떤 소리일 것 같은지 이야기 나눈다.
- 물에 관한 유아의 경험에 대해 이야기 나눈다.
- 물이 내는 소리에 대해 이야기해 줄 '물방울'을 소개한다.

<전개 : 유아와의 상호작용>
- 여러 가지 물소리(비, 시냇물, 폭포)가 나오는 동영상을 본다.
- 동영상에서 물이 어디를 여행했는지 이야기 나눈다.
- 눈을 감고 물에 대한 소리들만 들어보며, 각 상황에서 소리의 차이를 자세히 느껴본다.
- 물의 여행을 악기로 어떻게 표현할 수 있을지 이야기 나눈다.
- 활동을 할 때 필요한 규칙에 대해 이야기 나눈다.
- 교사의 스토리텔링과 여러 가지 물소리를 들으며 물방울의 여행을 악기로 표현해본다.

<정리 : 활동결과 확인, Feedback 및 종결>
- 여러 가지 물소리를 악기로 어떻게 표현해보았는지 이야기 나눈다.
- 몇 명의 유아가 앞으로 나와 무엇을 어떻게 표현했는지 소개한다.
- 물소리를 악기로 표현해본 느낌, 어려웠던 점에 대해 이야기 나눈다.

<차시예고>
- 여러 가지 물의 여행을 신체를 사용해 표현해볼 것을 예고한다.</td></tr>
</table>

유의점	- 소리를 반복해서 들려주어 유아들이 자연의 소리를 충분히 탐색할 수 있도록 한다. - 유아들이 자유롭게 자연의 소리를 악기로 표현할 수 있도록 유도한다.
활동 평가	1. 여러 가지 물소리의 강약과 빠르기 차이를 알 수 있는가? 2. 다양한 물의 소리를 악기로 창의적으로 표현하였는가?
확장 활동	- 언어 영역 : '물은 어디로 가나요?'와 같이 물의 여행에 대한 책을 읽어보기 - 미술영역 : 물의 여행에 대한 그림을 꾸며보기 - 과학 영역 : 물의 순환이 어떻게 이루어지는지 알아보기

활동자료

물방울

감상하기 2. 물의 춤

일시		장소(반)		대상연령	만 4세	지도교사	
활동명	물의 춤			활동주제	환경과 생활		
활동영역	감상하기(신체표현)			음악개념	음, 리듬, 빠르기, 다이내믹스		
활동목표	1. 물이 순환되는 모습을 신체로 자유롭게 표현할 수 있다. 2. 물이 순환되는 과정에서의 움직임과 역동성에 관심을 가진다.						
활동자료	시냇물, 폭포, 호수, 바다 사진과 영상, 라벨의 '물의 유희' 음악, 물방울 모양 교구						
활동방법	**<도입 : 전시 학습 확인 및 동기 유발>** – 생활 속에서 물의 쓰임새와 중요성에 대해 이야기 나눈다. – 바닷물, 시냇물, 폭포, 호수의 물은 어떻게 흘러오게 된 것인지 이야기 나눈다. **<전개 : 유아와의 상호작용>** – 영상을 보며 시냇물, 폭포, 호수, 바다에서의 물의 움직임을 알아보고 소리의 강약을 느껴본다. – 시냇물, 폭포, 호수, 바다에서 물들이 어떻게 움직이는지 이야기 나눈다. – 동화 '물의 여행' 이야기를 들려 준다. – 동화 '물의 여행'의 내용을 유아와 함께 되짚어보며 어떻게 표현할지 몇 명의 유아가 나와서 보여 주도록 한다. – 이야기를 듣고 유아가 물이 되어 신체로 표현한다. ('물의 유희'를 배경음악으로 제공한다) **<정리 : 활동결과 확인, Feedback 및 종결>** – 물이 순환하는 모습을 어떻게 표현해봤는지 물어본다. – 몇 명의 유아가 나와서 자신이 표현했던 모습을 친구들에게 보여 주도록 한다. – 물이 되어 표현하면서 힘들었던 점과 재미있었던 점에 대해 이야기 나눈다. – 물의 소중함에 대해 이야기 나눈다.						

	<차시예고> - 다음 시간에 물이 순환하는 이야기를 직접 동화로 만들어 볼 것임을 예고한다.
유의점	- 교사는 유아가 표현할 때 어려움을 겪지 않도록 옆에서 이야기를 계속해서 들려 준다. - 유아가 활동 전에 동화 내용을 충분히 이해하도록 한다.
활동 평가	1. 유아가 물이 순환하는 모습을 신체로 자유롭게 표현하였는가? 2. 물이 순환되는 과정에서 물의 움직임의 역동성을 아는가?
확장 활동	- 음률 영역 : 물의 움직임을 악기로 연주해보기

활동자료

비 내리는 날, 시냇물, 폭포, 바다, 호수 사진을 코팅한 것/물방울 모양 교구

노래 부르기 1. 울어요

<table>
<tr><td>일시</td><td></td><td>장소
(반)</td><td></td><td>대상
연령</td><td>만 5세</td><td>지도
교사</td><td></td></tr>
<tr><td>활동명</td><td colspan="3">울어요</td><td>활동
주제</td><td colspan="3">환경과 생활</td></tr>
<tr><td>활동
영역</td><td colspan="3">노래 부르기(창작하기)</td><td>음악
개념</td><td colspan="3">박자, 가락, 리듬, 음(강약, 장단, 고저, 음질)</td></tr>
<tr><td>활동
목표</td><td colspan="7">1. ‘울어요’ 노래를 즐겁게 부를 수 있다.
2. 노래 가사를 상황에 맞게 바꿀 수 있다.</td></tr>
<tr><td>활동
자료</td><td colspan="7">바닷속과 숲속 그림판, ‘울어요’ 가사판, 보드마카, 블루투스 스피커, ‘울어요’ 노래파일, 바구니</td></tr>
<tr><td>활동
방법</td><td colspan="7"><도입 : 전시 학습 확인 및 동기 유발>
- 새노래를 배우기 전에 노래가사와 관련된 그림을 보여 준다.
- 물고기와 산새들이 왜 울고 있는지 이야기 나눈다.

<전개 : 유아와의 상호작용>
- 가사판을 보여 주며 ‘울어요’ 노래를 들려준다.
- 가사를 처음부터 끝까지 읽어준다.
- 멜로디로만 한 마디씩 유아와 번갈아가며 불러본다.
- 선생님의 반주에 맞추어 함께 불러본다.
- 물고기와 산새들의 울음을 그치게 해 줄 방법 대해 이야기 나눈다.
- 유아가 참여하여 그림판에 있는 쓰레기, 눈물, 먼지를 떼어낸다.
- 유아와 함께 새롭게 주어진 상황에 맞게 가사와 제목을 바꿔본다.
- 유아가 참여하여 바꾼 가사로 함께 노래를 불러본다.

<정리 : 활동결과 확인, Feedback 및 종결>
- 교사의 반주에 맞추어 유아가 창작한 가사로 ‘울어요’ 노래를 불러본다.
- 오늘 배운 노래가 어땠는지 이야기 나눈다.
- 눈물을 어떻게 그치게 해주었는지 이야기 나눈다.

<차시예고>
- 다음 시간에는 ‘울어요’ 노래에 맞추어 다양한 악기를 연주해볼 것임을 예고한다.</td></tr>
</table>

유의점	- 모든 유아가 노래 부르기에 참여하도록 돕는다. - 가사를 바꿀 때 유아가 창의적인 대답을 할 수 있도록 교사가 이끌어 준다.
활동 평가	1. '울어요' 노래를 외워서 부를 수 있는가? 2. '울어요' 노래의 가사를 상황에 맞게 바꿀 수 있는가?
확장 활동	- 야외에 나가서 쓰레기를 줍는 활동을 해보기 - 분리수거하는 법 알기

활동자료

바닷속 그림판

숲속 그림판

울어요 가사판

노래 부르기 2. 바람개비

일시		장소(반)		대상 연령	만 4세	지도 교사	
활동명	바람개비			활동 주제	환경과 생활		
활동 영역	노래 부르기(신체표현)			음악 개념	음, 리듬, 박자, 다이내믹스(역동성)		
활동 목표	1. '바람개비' 노래에 관심을 가지고 즐겁게 참여한다. 2. 바람개비가 돌아가는 모습을 자유롭게 신체로 표현할 수 있다.						
활동 자료	동요 음원, 대형 바람개비(벨크로 사용), 그림판, 바람개비(유아 수 만큼), 동요 악보, 스피커						
활동 방법	**<도입 : 전시 학습 확인 및 동기 유발>** - '바람개비'에 대한 수수께끼를 낸다. - 바람개비를 돌려본 경험을 이야기 나눈다. **<전개 : 유아와의 상호작용>** - 교사가 '바람개비' 노래를 선창한다(바람개비 접는 퍼포먼스를 보여 준다). - 교사가 부른 노래를 듣고, 그림판을 보며 노래의 가사와 느낌에 대해 이야기한다. - 기본박을 치며 '랄라-'로 따라 불러본다. - 그림 자료와 함께 노래가사를 소개한다. - 기본박을 치며 교사를 따라 한 소절씩 불러본다. - 자유롭게 신체 악기를 치며 처음부터 끝까지 함께 불러본다. - 반주에 맞춰 유아들끼리 불러본다. - 노래를 부르며 바람개비를 직접 돌려본다. - 바람개비가 돌아가는 모습을 자유롭게 신체로 표현해본다(모둠별). **<정리 : 활동결과 확인, Feedback 및 종결>** - 바람개비가 도는 모습을 신체로 표현할 때 즐거웠던 점, 어려웠던 점에 대해 이야기 나눈다. - 몇 명의 유아가 나와 자신이 신체로 표현한 것을 보여 준다. - 피아노 반주에 맞춰 다같이 노래를 불러본다.							

	<차시예고> - 미술영역 : 바람개비 만들기
유의점	- 바람개비를 돌리는 활동에서 제자리에 앉아서 돌려보게 한다. - 신체표현 활동 시 모둠별로 나누어 앞으로 나가 표현하게 하고, 모든 유아들이 한 번씩 표현할 수 있도록 한다. - 노래를 부를 때 현재 소절에 해당하는 그림을 가리켜 준다.
활동 평가	1. 활동에 관심을 가지고 즐겁게 참여했는가? 2. 신체를 이용하여 바람개비가 돌아가는 모습을 창의적으로 표현했는가?
확장 활동	- 과학활동: 바람개비를 직접 돌려보는 경험을 통해 원리 배우기

활동자료

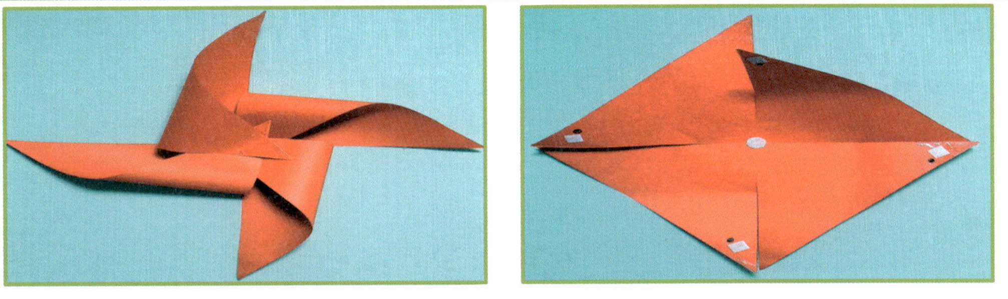

교사가 유아들 앞에서 선창 시 바람개비 날개를 접는 것을 보여 주는 퍼포먼스용

가사판 대신 사용하는 그림판

활동 시 필요한 바람개비 - 유아 수만큼 준비

악기 다루기 1. 빗방울의 노래

일시		장소(반)		대상연령	만 5세	지도교사	
활동명	빗방울의 노래			활동주제	환경과 생활		
활동영역	악기 다루기(노래 부르기)			음악개념	리듬, 박자, 음색, 강약		
활동목표	1. 'tu, ta, titi, 쉼' 리듬을 리듬 타악기로 연주할 수 있다. 2. 리듬 타악기로 소리의 크고 작음을 표현할 수 있다.						
활동자료	음악 파일(빗방울의 노래), 가사판, 리듬 악보, 리듬카드, 우드블록, 마라카스						
활동방법	**<도입 : 전시 학습 확인 및 동기 유발>** - 지난 시간에 배운 '빗방울의 노래'에 대해 이야기 나눈다. - 가사판을 보며 노래를 불러본다. - 수수께끼를 통해 연주에 사용할 악기를 소개하고 탐색해본다. **<전개 : 유아와의 상호작용>** - '빗방울의 노래'를 부르며 '똑똑똑'과 같은 의성어 부분에서만 신체 악기를 연주한다. - 손뼉을 치며 오스티나토 리듬(titi ta titi ta, 쉼 ta 쉼 ta, tutu, tititititata)을 익힌다. - 리듬 타악기(우드블록, 마라카스)로 오스티나토 리듬(titi ta titi ta, 쉼 ta 쉼 ta, tutu, titititi ta 쉼)을 연주해본다. - 리듬 악보를 보고 리듬 타악기(우드블록, 마라카스)로 연주해본다. - 소리가 커지고 작아짐에 따라 악기를 세게 또는 약하게 연주해 본다. - 모둠별로 악기를 나눠 갖고 '빗방울의 노래'를 부르며 연주한다. (모둠별로 악기를 교대로 연주한다.) - '빗방울의 노래'를 부르며 즉흥연주를 해본다. **<정리 : 활동결과 확인, Feedback 및 종결>** - 활동을 하면서 느낀 점에 대해 이야기 나눈다. - 원하는 유아가 악보를 보고 악기 연주를 발표한다. - 새로 알게 된 악기의 연주법과 소리에 대해 이야기 나눈다. - 연주해본 악기 외에 연주해보고 싶은 악기가 무엇이 있을지 생각해 본다.						

	<차시예고> – '빗방울의 노래'에 맞추어 빗방울이 떨어지는 모습을 몸으로 표현해본다.
유의점	– 유아가 악보를 보고 스스로 연주할 수 있을 만큼 충분히 반복한다. – 리듬이 너무 빨라지지 않도록 주의한다. – 교사는 지휘를 통해 유아가 적절하게 연주할 수 있도록 한다.
활동 평가	1. 리듬 'tu, ta, titi, 쉼'을 이해하고 연주할 수 있는가? 2. 소리가 크고 작음을 악기로 표현할 수 있는가?
확장 활동	– 빗방울이 떨어지는 모습을 신체로 표현해보기

활동자료

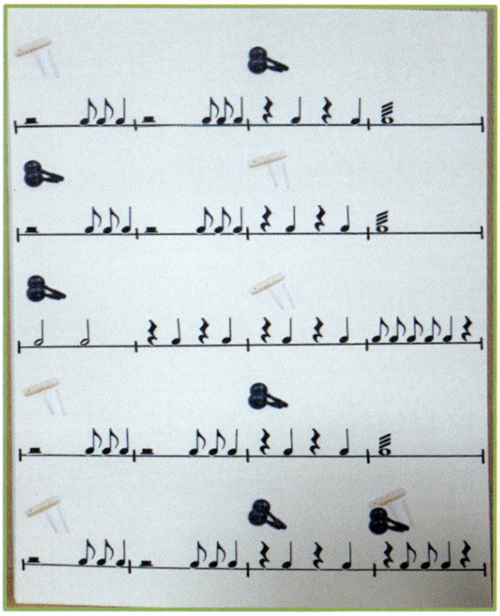

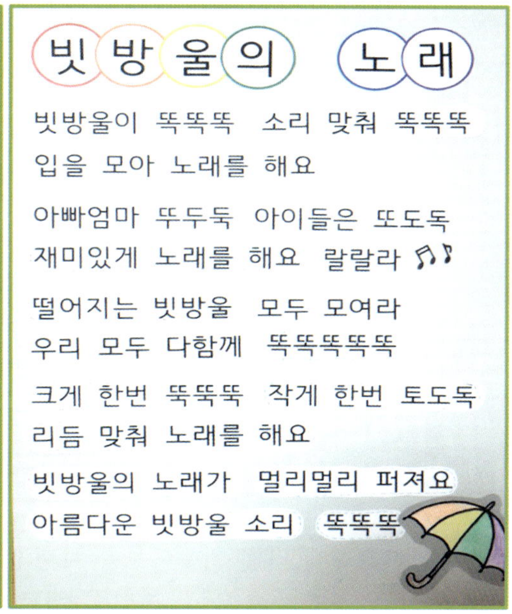

쉼

악기 다루기 2. '돌과 물' 리듬합주

<table>
<tr><td>일시</td><td></td><td>장소(반)</td><td></td><td>대상 연령</td><td>만 5세</td><td>지도 교사</td><td></td></tr>
<tr><td>활동명</td><td colspan="3">'돌과 물' 리듬합주</td><td>활동 주제</td><td colspan="3">환경과 생활</td></tr>
<tr><td>활동 영역</td><td colspan="3">악기 다루기(노래 부르기)</td><td>음악 개념</td><td colspan="3">리듬, 박자, 음색, 강약</td></tr>
<tr><td>활동 목표</td><td colspan="7">1. 오스티나토 리듬을 연주할 수 있다.
2. '돌과 물' 노래에 맞춰 리듬악기로 합주할 수 있다.</td></tr>
<tr><td>활동 자료</td><td colspan="7">'돌과 물' 음악파일, 블루투스 스피커, '돌과 물' 가사판, 리듬악기별 악보판, 리듬 악보판, 리듬악기(탬버린, 우드블록, 트라이앵글)</td></tr>
<tr><td>활동 방법</td><td colspan="7"><도입 : 전시 학습 확인 및 동기 유발>
- 지난 시간에 배운 '돌과 물' 노래에 대해 이야기 나눈다.
- 노래를 불러본다.
- 무릎치기 2번, 손뼉치기 2번을 사용하여 노래를 불러본다.

<전개 : 유아와의 상호작용>
- 그동안 배워왔던 악기(탬버린, 우드블록, 트라이앵글)의 오스티나토 리듬을 악기별로 배운다(악기로 연주하기 전에 무릎치기, 손뼉치기 등 신체악기로 먼저 익힌다).
탬버린 –'|♩𝄽𝄽𝄽|', 트라이앵글 – '|♩𝄽♩𝄽|', 우드블록 – |♩♩♩𝄽|
- 각 악기별로 오스티나토 리듬을 배우고 노래에 맞춰 악기별로 한 번씩 연주해본다.
- 노래에 맞춰 리듬악보를 보면서 정해진 악기를 연주한다(교사가 제시하는 악기).
- 3가지 악기를 돌아가면서 연주해볼 수 있도록 한다.
원하는 악기를 가지고 선생님 반주에 맞춰 합주를 해본다.

<정리 : 활동결과 확인, Feedback 및 종결>
- 배운 악기가 무엇인지 알고, 어떤 소리가 나고 어떻게 연주했는지에 대해 이야기 나눈다.
- 수업을 하면서 어려웠던 점, 즐거웠던 점, 아쉬웠던 점에 대해 이야기 나눈다.</td></tr>
</table>

	<차시예고> '돌과 물' 노래에 맞춰 몸으로 표현해보는 활동을 한다고 알려준다.
유의점	- 기본박자를 충분히 이해하고 연주를 할 수 있도록 한다. - 오스티나토 리듬의 개념을 익히고 연주할 수 있도록 한다.
활동 평가	1. 오스티나토 리듬을 잘 이해하였는가? 2. '돌과 물' 노래에 맞춰 악기로 합주할 수 있는가?
확장 활동	- 유아 스스로 원하는 리듬을 만들어보고 연주해보기

활동자료

신체표현 1. 분수가 되어보아요

<table>
<tr><td>일시</td><td></td><td>장소
(반)</td><td></td><td>대상
연령</td><td>만 5세</td><td>지도
교사</td><td></td></tr>
<tr><td>활동명</td><td colspan="3">분수가 되어보아요</td><td>활동
주제</td><td colspan="3">환경과 생활</td></tr>
<tr><td>활동
영역</td><td colspan="3">신체표현(감상하기)</td><td>음악
개념</td><td colspan="3">다이내믹스, 빠르기, 셈여림</td></tr>
<tr><td>활동
목표</td><td colspan="7">1. 음악분수의 모습을 신체로 표현할 수 있다.</td></tr>
<tr><td>활동
자료</td><td colspan="7">분수대 사진, 음악분수 동영상, 에스테 장의 분수 음원(리스트)</td></tr>
<tr><td>활동
방법</td><td colspan="7"><도입 : 전시 학습 확인 및 동기 유발>
- 물을 사용한 기구인 분수대를 본 경험을 이야기 나눈다.
- 음악 분수 동영상을 보며 물의 움직임을 관찰한 후 느낌을 이야기 나눈다.

<전개 : 유아와의 상호작용>
- 스토리텔링과 함께 리스트의 ‘에스테 장의 분수’를 감상한다.
- 음악을 감상한 후 떠오르는 분수에 모습 대해 이야기 나눈다.
- 스토리텔링의 내용을 신체로 표현하는 방법에 대해 이야기 나눈다.
- 신체표현 시 유의할 점에 대해 이야기 나눈다.
- 교사의 스토리텔링(음악의 세기, 속도, 음의 높이)에 맞춰 분수의 물줄기를 신체로 표현해본다.
- 신체로 분수를 표현한 방법에 대해 발표한다.
- 3명씩 조를 이루어 음악에 맞춰 분수대를 표현해본다.

<정리 : 활동결과 확인, Feedback 및 종결>
- 활동 후 느낀 점이나 재미있었던 점, 어려웠던 점에 대해 이야기 나눈다.
- 분수의 물줄기를 어떻게 표현해 보았는지 이야기 나눈다.
- 다시 보고 싶은 조의 분수대를 선정해 발표한다.</td></tr>
<tr><td>유의점</td><td colspan="7">- 유아의 자유로운 표현을 격려하며 다양한 방법으로 표현할 수 있도록 한다.
- 활동 시 음의 높이와 빠르기에 따라 신체의 높이나 빠르기를 다르게 하여 음악에 대한 리듬감을 느낄 수 있도록 지도한다.</td></tr>
<tr><td>활동
평가</td><td colspan="7">1. 음악분수의 모습을 신체로 표현할 수 있는가?</td></tr>
</table>

확장 활동	- 미술영역에서 음악분수의 모습을 감상한 느낌을 다양한 색과 모양으로 표현하기

활동자료

음악 분수 동영상

분수 사진

저기 앞에 분수가 노래에 맞춰서 춤을 추고 있어요. 가느다란 물줄기가 올라갔다 내려왔다 하며 자유롭게 놀고 있어요. 물줄기가 빠른 속도로 높은 하늘을 향해서 위로 올라가요. 다시 내려와서 빠르게 물결쳐요. 물줄기들이 서로 자신이 제일 멋있다며 뽐내고 있어요. 물줄기가 점점 굵어지다 물줄기가 하나씩 꺼지고 있어요. 분수가 잠잠해 졌어요. 다시 물줄기가 올라오고 있네요. 서서히 올라와서 왼쪽으로도 물을 뿜어보고 오른쪽으로 물을 뿌려 봐요. 물줄기들이 다양한 아름다운 모양을 만들고 있어요. 물줄기들이 떠나기 전 마지막 인사를 해요. 잘 가라고 손을 흔들어줘요.

신체표현 2. 갈대피리의 춤

일시		장소(반)		대상 연령	만 4세	지도 교사	
활동명	갈대피리의 춤			활동 주제	환경과 생활		
활동 영역	신체표현(감상하기)			음악 개념	빠르기, 다이내믹스, 셈여림		
활동 목표	1. 갈대의 움직임을 신체로 다양하게 표현할 수 있다. 2. 음악의 빠르기와 셈여림을 신체로 표현할 수 있다.						
활동 자료	음원 파일(갈대피리의 춤), 갈대피리, 갈대 머리띠, 스카프						
활동 방법	**<도입 : 전시 학습 확인 및 동기 유발>** - 갈대피리의 소리를 들으며 주의를 집중한다. - 갈대피리를 직접 불어보고, 갈대와 갈대밭에 대해 이야기 나눈다. (가 본 경험, 갈대의 생김새, 갈대밭에서 들리는 소리 등) **<전개 : 유아와의 상호작용>** - 갈대밭 영상을 보고, 갈대의 다양한 모습을 신체로 표현해본다. - '갈대피리의 춤'을 들어보고, 어떤 장면이 떠올랐는지에 대해 이야기 나눈다. - 음악 '갈대피리의 춤'에 대해 소개한다. - '갈대피리의 춤'을 다시 한 번 들으며, 들리는 소리와 빠르기에 대해 이야기 나눈다. - '갈대피리의 춤'을 맞추어 떠올렸던 장면을 신체로 표현한다. (신체표현을 하면서 유아가 표현하는 장면에 대해서 1:1로 상호작용한다.) - '갈대피리의 춤'을 듣고 빠르기에 따라 신체표현을 해본다. (빠르기가 달라지는 시점에서 피리를 불어주며 짧은 스토리텔링을 해준다.) - 필요에 따라 스카프를 사용할 수 있다. **<정리 : 활동결과 확인, Feedback 및 종결>** - 원하는 유아가 '갈대피리의 춤'에 맞추어 신체표현을 발표한다. - '갈대피리의 춤'에 맞추어 신체표현을 해본 느낌에 대해 이야기 나눈다. - 활동을 하면서 힘들었던 점과 재미있었던 점에 대해 이야기 나눈다.						

	<차시예고> - 도입시간에 불어 본 갈대피리를 직접 만들어 볼 것이라고 안내한다.
유의점	- 신체표현을 하면서 유아가 서로 부딪히지 않도록 충분히 넓은 공간을 제공한다. - 신체표현에 소극적인 유아에게는 교사가 예시를 제시하며 참여를 유도한다.
활동 평가	1. 신체로 갈대의 움직임을 다양하게 표현할 수 있는가? 2. 음악의 빠르기와 셈여림을 신체로 표현할 수 있는가?
확장 활동	- 갈대피리 만들기 - 악기를 이용하여 '갈대피리의 춤'에 맞춰 연주해보기

활동자료

갈대머리띠

갈대피리

창작하기 1. 연이 되어보자

<table>
<tr><td>일시</td><td></td><td>장소
(반)</td><td></td><td>대상
연령</td><td>만 4세</td><td>지도
교사</td><td></td></tr>
<tr><td>활동명</td><td colspan="3">연이 되어보자</td><td>활동
주제</td><td colspan="3">환경과 생활</td></tr>
<tr><td>활동
영역</td><td colspan="3">창작하기(신체표현)</td><td>음악
개념</td><td colspan="3">리듬, 박자, 다이내믹스</td></tr>
<tr><td>활동
목표</td><td colspan="7">1. 연의 움직임을 신체로 다양하게 표현할 수 있다.
2. 바람 소리를 듣고 바람의 세기를 구분할 수 있다.</td></tr>
<tr><td>활동
자료</td><td colspan="7">바람 소리, 연, 연날리기 그림판, 연날리기 동영상</td></tr>
<tr><td>활동
방법</td><td colspan="7"><도입 : 전시 학습 확인 및 동기 유발>
- 설날에 있었던 일에 대해 이야기 나눈다.
- 연날리기에 관한 경험에 대해 이야기 나눈다.
- 연날리는 동영상을 보여준다.

<전개 : 유아와의 상호작용>
- 세기가 다른 바람 소리를 들어본다.
- 바람의 세기에 따른 연의 모습에 대해 이야기 나눈다.
- 자신이 되어보고 싶은 연에 대해 생각해 보고 이야기 나눈다.
- 다양한 바람 소리에 따른 연의 모습을 상상하며 바람 소리를 들어본다.
- 바람 소리에 맞추어 연이 휘날리는 모습을 신체로 표현한다.
- 교사가 제시하는 상황에 맞추어 연의 모습을 신체로 창의적으로 표현한다.

<정리 : 활동결과 확인, Feedback 및 종결>
- 연이 되었을 때의 기분을 이야기 나눈다.
- 연의 움직임을 어떻게 표현하였는지 소개해본다.

<차시예고>
- 연을 직접 만들어 날려볼 것을 예고한다.</td></tr>
<tr><td>유의점</td><td colspan="7">- 교사의 상황제시를 통해 유아들이 더욱 다양한 신체표현을 할 수 있도록 한다.
- 활동 시 유아들이 자유롭게 활동할 수 있는 충분한 공간을 확보할 수 있도록 한다.</td></tr>
<tr><td>활동
평가</td><td colspan="7">1. 연의 움직임을 신체로 다양하게 표현할 수 있는가?
2. 바람의 소리를 들으며 세기를 구분할 수 있는가?</td></tr>
</table>

확장 활동 - 연이 하늘을 나는 모습을 그림으로 그려보기

활동자료

선생님은 명절에 공원에서 연날리기를 하고 왔어요.

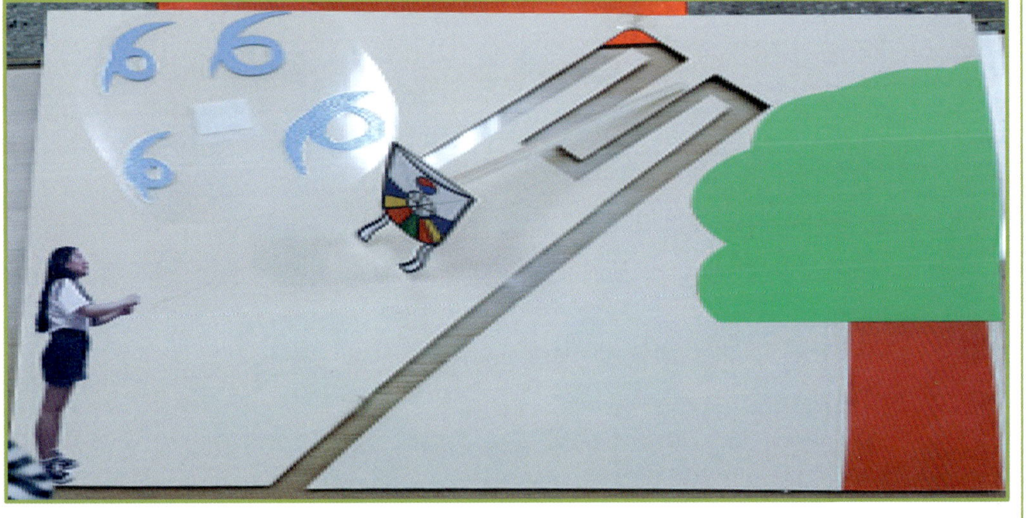

처음에는 바람이 솔솔 불어서 하늘 높이 연이 올라갔는데 시간이 지나니까 바람이 너무 세게 부는 거에요. 그래서 연이 이리 저리 흔들거리다가 결국 나무에 걸리고 말았어요. 열심히 선생님이 노력한 끝에 나무 걸린 연을 빼어냈는데 다시 연을 날리려고 보니까 바람이 더 이상 불지 않는 거에요. 그래서 하늘 높이 날던 연이 바닥으로 떨어지고 말았어요.

<상황 제시>

바람이 솔솔 부네요. 하늘 높이 연이 날고 있어요.
바람이 점점 세지는 것 같아요. 연이 전보다 이리 저리 흔들리기 시작했어요.
어! 나무에 걸릴 것 같아요!
바람이 더 세지고 있어요. 옆에 있는 연과 부딪칠 것 같아요. 옆의 연과 엉켰어요.
우리 다함께 빠져나와 볼까요? 어! 안돼! 실이 끊길 것 같아요.
연의 실이 끊어졌어요. 그런데 바람이 점점 약해지네요.
끊어진 연이 하늘 높이 날다가 점점 바닥으로 바닥으로 떨어지기 시작했어요.

창작하기 2. 오늘의 날씨

<table>
<tr><td>일시</td><td></td><td>장소(반)</td><td></td><td>대상연령</td><td>만 5세</td><td>지도교사</td><td></td></tr>
<tr><td>활동명</td><td colspan="3">오늘의 날씨</td><td>활동주제</td><td colspan="3">환경과 생활</td></tr>
<tr><td>활동영역</td><td colspan="3">창작하기(노래부르기)</td><td>음악개념</td><td colspan="3">음, 리듬, 박자, 가락(선율)</td></tr>
<tr><td>활동목표</td><td colspan="7">1. ‘오늘 날씨’의 창작하여 노래할 수 있다.
2. ‘오늘 날씨’ 가사와 가락을 부분적으로 창작할 수 있다.</td></tr>
<tr><td>활동자료</td><td colspan="7">‘오늘 날씨’ 그림악보, 날씨 사진, 창작 도구(빈 가사 판, 유성 펜)</td></tr>
<tr><td>활동방법</td><td colspan="7"><도입 : 전시 학습 확인 및 동기 유발>
- 지난 시간에 배운 새 노래 ‘오늘 날씨’의 그림 악보를 보고 반주에 맞춰 불러본다.
- ‘오늘 날씨’의 노랫말과 가락(선율)을 부분적으로 바꾸는 활동을 할 것을 알린다.
- ‘오늘 날씨’의 노랫말에 나온 날씨 이외에 어떤 날씨가 있는지 날씨 사진을 보며 이야기 나눈다.

<전개 : 유아와의 상호작용>
- 노랫말을 창작할 부분을 정한 후(셋째, 넷째 소절) 빈 가사 판을 덧붙인다.
- 이야기 나눈 날씨들로 노랫말을 어떻게 창작할 수 있는지 이야기 나눈다.
- 유아가 창작한 셋째, 넷째 소절의 노랫말을 빈 가사 판에 쓴다.
- 창작한 노랫말을 반복하여 불러본다.
선율 ‘어떤지’. ‘어때요’ 부분을 2선 악보의 음을 움직여 창작해 본다.
- 몇 명의 유아가 나와서 음을 움직여 선율을 바꾸어 본다.

<정리 : 활동결과 확인, Feedback 및 종결>
- 창작한 노랫말과 선율로 ‘오늘 날씨’를 피아노 반주에 맞춰 불러본다.
- 창작 활동의 소감을 자유롭게 이야기 하며 활동을 마무리한다.

<차시예고>
- 세계의 다양한 날씨 알아보기</td></tr>
</table>

유의점	- 유아가 창의적인 창작활동을 할 수 있도록 자유로운 분위기를 조성한다. - 유아가 노랫말을 창작할 때 날씨의 이해를 돕기 위해 날씨 사진을 제시한다.
활동 평가	1. 동요 '오늘 날씨'의 노랫말을 창의적으로 창작할 수 있는가? 2. 유아가 창작한 노랫말로 '오늘 날씨'를 부를 수 있는가?
확장 활동	- 날씨가 주제인 '두근두근 날씨!' 동화로 음악극 하기

활동자료

'오늘 날씨' 악보

선율창작 2선 악보 도구

가사말 창작 도구

다양한 날씨 사진

Chapter

09

교통기관

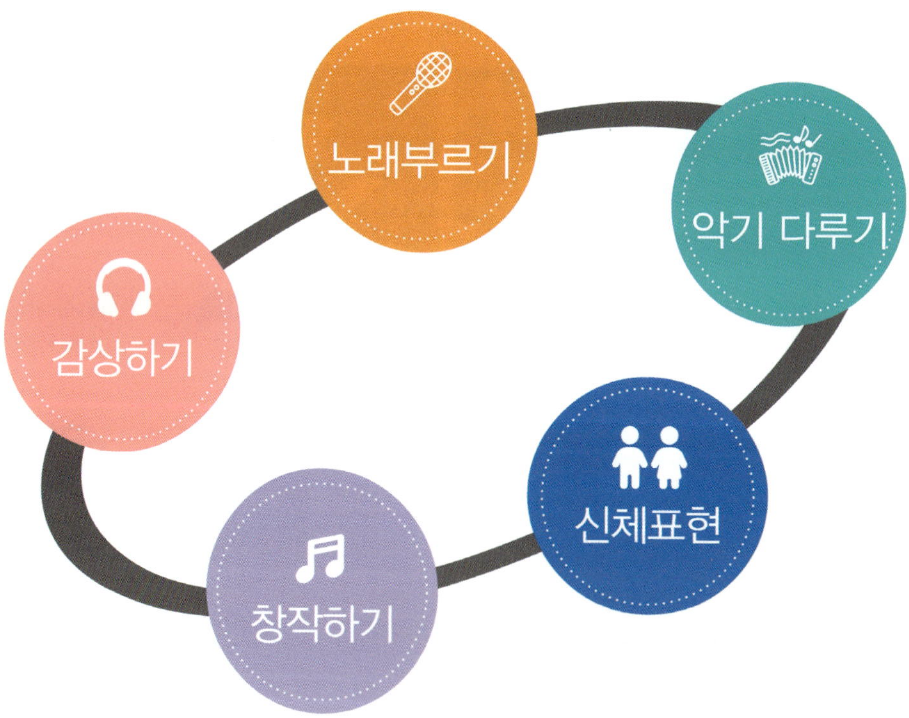

교통기관-영역별 활동

감상하기	1. 마차가 빠르게 달려요
	2. 무슨 소리일까요?
노래 부르기	1. 건너가는 길
	2. 병원차와 소방차
악기 다루기	1. 더 빠른 것 더 느린 것
	2. 씽씽 굴러가는 바퀴
신체표현	1. 카약 타보기
	2. 바퀴가 되어보자!
창작하기	1. 간다 간다
	2. 마차 여행
10개 활동	

감상하기 1. 마차가 빠르게 달려요

<table>
<tr><td>일시</td><td></td><td>장소(반)</td><td></td><td>대상 연령</td><td>만 5세</td><td>지도 교사</td><td></td></tr>
<tr><td>활동명</td><td colspan="3">마차가 빠르게 달려요</td><td>활동 주제</td><td colspan="3">교통기관</td></tr>
<tr><td>활동 영역</td><td colspan="3">감상하기(악기 다루기)</td><td>음악 개념</td><td colspan="3">음(강약) 빠르기, 음색, 다이내믹스</td></tr>
<tr><td>활동 목표</td><td colspan="7">1. ‘크시코스의 우편마차’를 감상하고 느낌을 이야기 나눈다.
2. 마차 소리를 여러 가지 악기를 이용하여 표현할 수 있다.</td></tr>
<tr><td>활동 자료</td><td colspan="7">‘크시코스의 우편마차’ 음원, 실제 마차소리 음원, 마차 사진, 헤르만 네케 사진, ‘크시코스의 우편마차’ 제목, 악기(탬버린, 우드블록, 트라이앵글, 심벌즈, 소고)</td></tr>
<tr><td>활동 방법</td><td colspan="7"><도입 : 전시 학습 확인 및 동기 유발>
- 실제 마차소리를 듣고 어떤 소린지 이야기 나눈다.
- 지난 시간에 배운 옛날 교통수단인 마차에 대해 회상하며 이야기 나눈다.

<전개 : 유아와의 상호작용>
- 음악감상 시 태도에 대해 이야기 나눈다.
- 음악을 감상하고 느낀 점에 대해 이야기 나눈다.
- 헤르만 네케의 ‘크시코스의 우편마차’ 음악을 소개한다.
- 음악의 강약과 빠르기에 유의하면서 다시 한 번 음악을 들어본다.
- 음악의 강약과 빠르기가 어떻게 변화하였는지 이야기 나눈다.
- 악기를 제시하고 탐색한다.
- 눈을 감고 교사의 나레이션을 들으며 장면을 상상해본다.
- 음악을 들으며 교사의 나레이션에 맞춰 즉흥연주를 해본다.

<정리 : 활동결과 확인, Feedback 및 종결>
- 음악의 강약과 빠르기에 대해 어떻게 느꼈는지 이야기 나눈다.
- 마차소리를 악기를 통해 어떻게 표현해보았는지 몇몇 유아들에게 표현해 보도록 한다.
- 활동을 통해 재미있었던 점과 어려웠던 점에 대해 이야기를 하며 평가한다.</td></tr>
</table>

	<차시예고> - 다음 시간에는 '크시코스의 우편마차' 음악에 맞춰 마차를 신체로 표현해 볼 것임을 예고한다.
유의점	- 유아가 다양한 대답을 할 수 있도록 교사는 열린 질문으로 발문한다. - 유아가 자유롭게 악기연주를 할 수 있도록 충분한 시간을 제공한다.
활동 평가	1. 음악을 감상하고 음악의 요소(강약, 빠르기 등)를 느낄 수 있는가? 2. 마차 소리를 악기를 이용하여 표현할 수 있는가?
확장 활동	- 체험학습: 마차박물관에 가서 마차를 실제로 관찰하고 체험해보기

활동자료

악기(탬버린, 우드블록, 트라이앵글, 심벌즈, 소고)

마차 사진

헤르만 네케 사진

'크시코스의 우편마차' 제목

감상하기 2. 무슨 소리일까요?

<table>
<tr><td>일시</td><td></td><td>장소
(반)</td><td></td><td>대상
연령</td><td>만 4세</td><td>지도
교사</td><td></td></tr>
<tr><td>활동명</td><td colspan="3">무슨 소리일까요?</td><td>활동
주제</td><td colspan="3">교통기관</td></tr>
<tr><td>활동
영역</td><td colspan="3">감상하기(신체표현)</td><td>음악
개념</td><td colspan="3">음색(환경소리)</td></tr>
<tr><td>활동
목표</td><td colspan="7">1. 버스에서 나오는 다양한 소리에 관심을 갖는다.
2. 버스에서 나오는 다양한 소리를 듣고 신체로 표현해본다.</td></tr>
<tr><td>활동
자료</td><td colspan="7">버스의 다양한 소리 mp3(버스카드 찍는 소리, 엑셀 밟는 소리, 엔진 소리, 버스벨소리, 멈추는 소리, 문 열리는 소리, 안내방송 소리), 버스 퍼즐 카드, 버스 상황 사진 카드</td></tr>
<tr><td>활동
방법</td><td colspan="7"><도입 : 전시 학습 확인 및 동기 유발>
- 버스 퍼즐 카드를 이용하여 어떤 교통기관인지 함께 유추해본다.
- 버스를 타 본 경험이 있는지 이야기 나눈다.
- 버스에서 어떤 소리가 날지 이야기 나눈다.

<전개 : 유아와의 상호작용>
- 버스에서 나오는 다양한 소리를 감상하고 어떤 상황에서 나오는 소리인지 이야기 나눈다.
- 버스에서 나오는 다양한 소리와 버스 관련 사진들을 연결시켜 본다.
- 버스에서 나오는 다양한 소리를 듣고 어떤 상황인지 동작으로 표현해본다.
- 버스 기사가 되어 엑셀 밟는 소리, 엔진 소리, 멈추는 소리를 듣고 상황을 동작으로 표현해본다.
- 버스 승객이 되어 버스카드 찍는 소리, 안내방송 소리, 벨 소리, 문 열리는 소리를 듣고 상황을 동작으로 표현해본다.

<정리 : 활동결과 확인, Feedback 및 종결>
- 버스 멈추는 소리를 들려주고 어떤 상황의 소리인지 다같이 동작으로 표현해본다.
- 버스에서 나오는 다양한 소리를 듣고 어떤 상황의 소리인지 찾을 때 어려웠던 점과 재밌었던 점에 대해 이야기 나눈다.
- 버스에서 나오는 다양한 소리를 듣고 어떤 상황의 소리를 동작으로 표현할 때 어려웠던 점과 재밌었던 점에 대해 이야기 나눈다.</td></tr>
</table>

	<차시예고> – 백업으로 핸들 교구 직접 만들기
유의점	– 유아가 소리를 구분할 수 있도록 정확한 버스의 다양한 소리를 들려 준다. – 유아가 잘 볼 수 있도록 그림카드를 크게 제시한다.
활동 평가	1. 버스에서 나오는 다양한 소리에 흥미를 느끼는가? 2. 버스에서 나오는 다양한 소리를 듣고 상황을 신체로 표현할 수 있는가?
확장 활동	– 백업으로 만든 핸들 교구를 이용하여 운전하기

활동자료

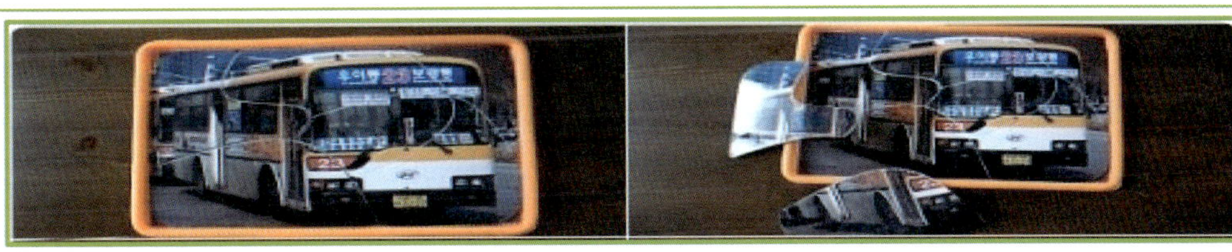

버스 퍼즐 카드

버스카드 찍을 때

버스가 달릴 때

버스안

버스안

버스 벨이 울릴 때

버스 문이 열릴 때

버스 상황 사진 카드

백업으로 만든 핸들 교구

노래 부르기 1. 건너가는 길

<table>
<tr><td>일시</td><td></td><td>장소(반)</td><td></td><td>대상 연령</td><td>만 4세</td><td>지도 교사</td><td></td></tr>
<tr><td>활동명</td><td colspan="3">건너가는 길</td><td>활동 주제</td><td colspan="3">교통기관</td></tr>
<tr><td>활동 영역</td><td colspan="3">노래부르기(신체표현)</td><td>음악 개념</td><td colspan="3">음, 리듬, 박자, 선율, 다이내믹스</td></tr>
<tr><td>활동 목표</td><td colspan="7">1. ‘건너가는 길’ 노래를 외워 부를 수 있다.
2. ‘건너가는 길’ 노래에 맞춰 율동을 만들 수 있다.</td></tr>
<tr><td>활동 자료</td><td colspan="7">가사 판, 신호등 그림 판</td></tr>
<tr><td>활동 방법</td><td colspan="7"><도입 : 전시 학습 확인 및 동기 유발>
- 유아가 유치원에 오는 길에 걷거나 차를 타면서 본 신호등에 대하여 이야기를 나눈다.
- 신호등은 어떤 것인지에 대해 유아와 이야기 나눈다(교구 제시).

<전개 : 유아와의 상호작용>
- 교사가 ‘건너가는 길’ 노래를 부른다(피아노 악보 키에 맞추어).
- 교사가 노래를 불러준 후, 유아에게 들은 단어를 물어본다.
- 기본 박을 치며 ‘랄라-’로 한 소절씩 따라 부른다.
- 기본 박을 치며 가사로 한 소절씩 교사를 따라 부른다(가사 판 제시).
- 기본 박을 치며 처음부터 끝까지 함께 불러본다.
- 교사의 반주에 맞춰 노래를 불러본다.
- 가사 판에 있는 단어를 부분으로 가리고 노래를 부른다(안돼요, 초록불이, 손을 들고 등).
- 노래 가사에 맞춰 유아들이 율동을 만들어 본다.

<정리 : 활동결과 확인, Feedback 및 종결>
- 유아가 앞에 나와 노래를 불러본다.
- 노래를 부르며 느꼈던 느낌에 대해 이야기 나눈다.
- 노래를 부르며 유아들이 만들었던 율동을 다시 한 번 상기시켜 준다.

<차시예고>
- 다음시간 ‘건너가는 길’ 노래에 맞춰 악기 연주하기</td></tr>
</table>

유의점	- 유아가 동작을 만들기 어려워 할 경우에는 교사가 동작을 제시한다. - 유아가 따라할 수 있게 천천히 노래한다. - 가사판을 보면서 현재 소절에 해당하는 그림과 가사를 가리켜준다.
활동 평가	- 가사를 이해하고 외워서 노래할 수 있는가? - 가사에 맞춰 유아가 능동적으로 율동을 만들 수 있는가?
확장 활동	- 언어 영역: 신호등에 관련된 동화 읽기 [초록 불, 빨간 불], [이럴 땐 어떻게?]

활동자료

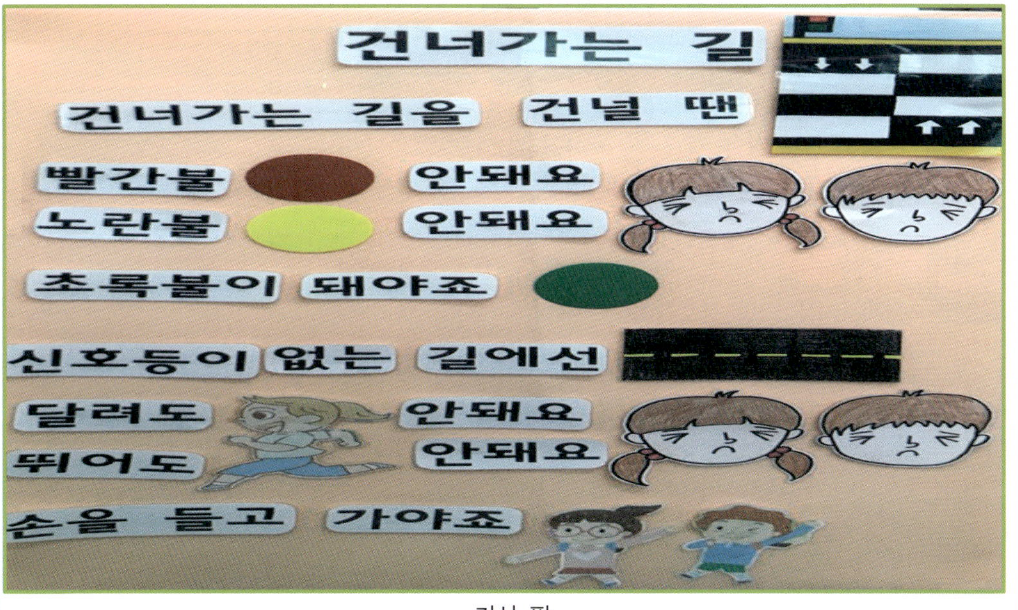

가사 판

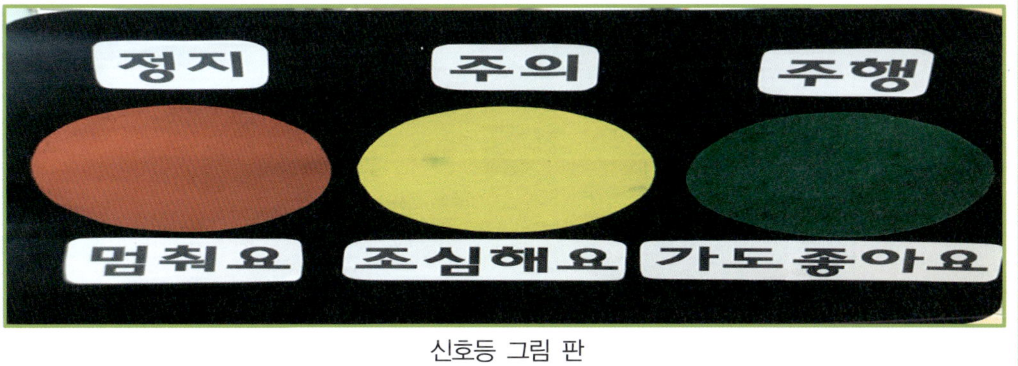

신호등 그림 판

노란불의 의미(조심해요, 멈출 준비를 해요)를 모두 알려줘야 한다.

노래 부르기 2. 병원차와 소방차

<table>
<tr><td>일시</td><td></td><td>장소
(반)</td><td></td><td>대상
연령</td><td>만 4세</td><td>지도
교사</td><td></td></tr>
<tr><td>활동명</td><td colspan="3">병원차와 소방차</td><td>활동
주제</td><td colspan="3">교통기관</td></tr>
<tr><td>활동
영역</td><td colspan="3">노래 부르기(신체표현)</td><td>음악
개념</td><td colspan="3">음정, 리듬, 박자</td></tr>
<tr><td>활동
목표</td><td colspan="7">1. 가사에 알맞은 율동을 창의적으로 표현할 수 있다.
2. ‘병원차와 소방차’ 노래를 율동하며 부를 수 있다.</td></tr>
<tr><td>활동
자료</td><td colspan="7">사이렌 소리, 병원차 영상, 노래영상, 반주녹음, 그림악보</td></tr>
<tr><td>활동
방법</td><td colspan="7"><도입 : 전시 학습 확인 및 동기 유발>
- 소리를 내며 달리는 자동차에는 어떤 것들이 있는지 이야기 나눈다.
- 영상을 보며 병원차와 소방차가 하는 일에 대해 이야기 나눈다.

<전개 : 유아와의 상호작용>
- ‘병원차와 소방차’ 노래를 영상과 함께 들려 준다.
- 노래를 듣고 그림판을 보며 노래의 가사와 느낌에 대해 이야기한다.
- 동요를 반복적으로 들려 준다.
- 교사가 부르는 ‘병원차와 소방차’ 노래를 무릎박을 치며 감상한다.
- 무릎박을 치며 ‘랄라–’로 따라 불러본다.
- 기본박(무릎과 손뼉)을 치며 한 소절씩 따라 불러본다.
- 기본박과 함께 두 소절씩 불러보며 변화하는 리듬을 느낀다.
- 기본박을 치며 처음부터 끝까지 함께 불러본다.
- 반주에 맞춰 유아들끼리 불러본다.
- 가사에 알맞은 율동을 다 같이 만들어본다.
- 율동과 함께 노래를 불러본다.

<정리 : 활동결과 확인, Feedback 및 종결>
- 노래 부르기활동과 율동을 만드는 활동이 어렵지 않았는지에 대해 이야기 나눈다.
- 병원차와 소방차가 지나갈 때 어떻게 해야 할지에 대해 이야기 나눈다.
- 다 같이 율동에 맞추어 노래를 불러본다.</td></tr>
</table>

	<차시예고> – 다음 시간에는 소방차에 대한 노래를 배울 것을 이야기한다.
유의점	– 유아가 따라할 수 있도록 천천히 부르며 지도한다.
활동 평가	1. 가사에 알맞은 율동을 신체로 표현할 수 있는가? 2. 율동을 하며 노래를 부를 수 있는가?
확장 활동	– 다양한 악기를 이용해 '병원차' 노래를 연주하기

활동자료

동영상

1	2
 **병원차와 소방차 […**	

1. http://jr.naver.com/s/love_song/view?sort=update&contentsNo=864)
2. http://www.nurinori.com/myscraplist.do)

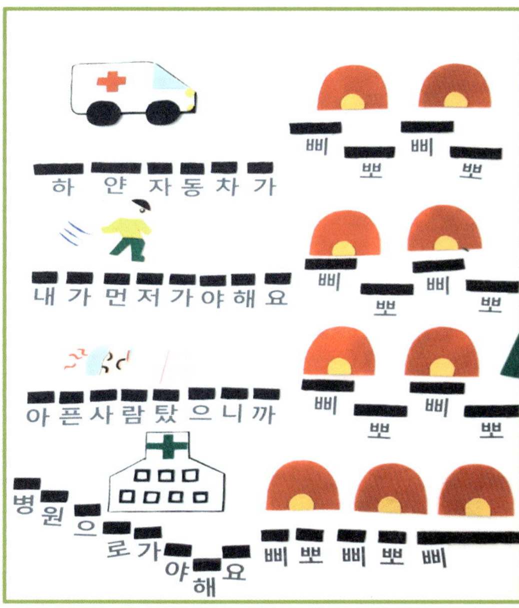

악기 다루기 1. 더 빠른 것 더 느린 것

<table>
<tr><td>일시</td><td></td><td>장소(반)</td><td></td><td>대상 연령</td><td>만 5세</td><td>지도 교사</td><td></td></tr>
<tr><td>활동명</td><td colspan="3">더 빠른 것 더 느린 것</td><td>활동 주제</td><td colspan="3">교통기관</td></tr>
<tr><td>활동 영역</td><td colspan="3">악기 다루기(노래 부르기)</td><td>음악 개념</td><td colspan="3">음(장단) 리듬, 박자</td></tr>
<tr><td>활동 목표</td><td colspan="7">1. ‘더 빠른 것 더 느린 것’ 노래에 맞춰 리듬악기를 연주할 수 있다.
2. ‘더 빠른 것 더 느린 것’ 노래를 부르며 합주를 할 수 있다.</td></tr>
<tr><td>활동 자료</td><td colspan="7">‘더 빠른 것 더 느린 것’ 노래파일, 가사판, 리듬악보, 교통기관 그림자료, 악기(우드블록, 탬버린, 트라이앵글)</td></tr>
<tr><td>활동 방법</td><td colspan="7"><도입 : 전시 학습 확인 및 동기 유발>
- 지난 시간에 ‘더 빠른 것 더 느린 것’ 노래를 통해 배운 교통기관에 대해 확인한다.
- 교통기관 그림을 보며 교통기관의 빠르기 순서에 대해 이야기를 나눈다.
- 지난 시간에 배운 노래를 기본박으로 무릎치기를 하며 불러본다.

<전개 : 유아와의 상호작용>
- 노래에 맞춰 연주할 악기(우드블록, 탬버린, 트라이앵글)를 소개한다.
- 교사가 한 소절씩 노래를 부르며 리듬악보에 맞춰 무릎치기 시범을 보인다.
- 유아가 한 소절씩 따라 부르며 무릎치기를 한다.
- 노래에 맞춰 교사와 유아가 함께 무릎치기를 하며 리듬악보를 연주한다.
- 교사가 한 소절씩 악기별 연주 시범을 보인다.
- 유아가 한 소절씩 악기별 연주를 따라한다(우드블록, 탬버린, 트라이앵글 순서대로 연주를 한다).
- 노래에 맞춰 교사와 유아가 함께 리듬악보를 보면서 악기 연주를 한다.
- 노래에 맞춰 자신의 담당 악기로 합주한다.
- 그룹별로 악기를 바꾸어 연주한다.

<정리 : 활동결과 확인, Feedback 및 종결>
- 리듬악보에 표시된 대로 연주하였는지 확인한다.
- 리듬악보의 트릴(떨기) 부분에서 유아가 어떻게 연주하였는지 이야기 나눈다.
- 세 가지 악기로 합주를 했을 때의 느낌에 대해 이야기 나눈다.</td></tr>
</table>

	<차시예고> – 다음시간에 더 빠른 것 더 느린 것' 노래를 부르며 신체로 표현하기
유의점	– 리듬악보를 이해할 수 있도록 충분한 시간을 준다. – 그룹별 악기를 충분히 연주할 수 있도록 지도한다.
활동 평가	1. '더 빠른 것 더 느린 것' 노래에 맞춰 리듬악보를 연주할 수 있는가? 2. '더 빠른 것 더 느린 것' 노래를 부르며 합주를 할 수 있는가?
확장 활동	– 재활용품을 활용한 교통기관 만들기

활동자료

'더 빠른 것 더 느린 것' 가사판

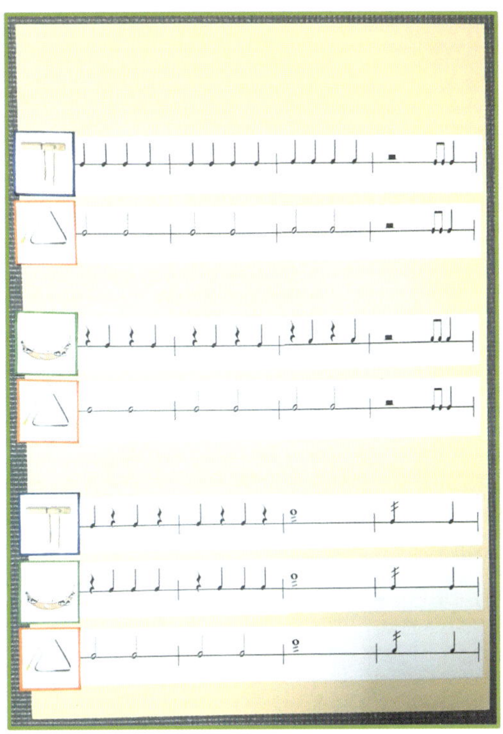

리듬악보

악기 다루기 2. 씽씽 굴러가는 바퀴

<table>
<tr><td>일시</td><td></td><td>장소
(반)</td><td></td><td>대상
연령</td><td>만 4세</td><td>지도
교사</td><td></td></tr>
<tr><td>활동명</td><td colspan="3">씽씽 굴러가는 바퀴</td><td>활동
주제</td><td colspan="3">교통기관</td></tr>
<tr><td>활동
영역</td><td colspan="3">악기 다루기(노래 부르기)</td><td>음악
개념</td><td colspan="3">리듬, 박자, 음색</td></tr>
<tr><td>활동
목표</td><td colspan="7">1. 제시된 악보판의 리듬을 정확하게 연주할 수 있다.
2. ‘씽씽 굴러가는 바퀴’ 노래에 맞춰 자유롭게 리듬악기를 연주할 수 있다.</td></tr>
<tr><td>활동
자료</td><td colspan="7">탬버린, 우드블럭, 트라이앵글, 피아노, 리듬 악보판, 리듬카드, ‘씽씽 굴러가는 바퀴’ mp3파일</td></tr>
<tr><td>활동
방법</td><td colspan="7"><도입 : 전시 학습 확인 및 동기 유발>
- 일상생활 속의 교통기관에 대해 이야기 나눈다.
- 지난 시간에 배운 ‘씽씽 굴러가는 바퀴’를 기본박을 치면서 노래한다.
- 연주할 악기들에 대한 수수께끼를 낸다.

<전개 : 유아와의 상호작용>
- 리듬카드를 보며 리듬을 손뼉으로 친다.
- 악보판을 보고 제시된 리듬을 신체 악기로 연주한다.
- 제시된 리듬을 자신이 선택한 악기를 가지고 처음부터 끝까지 연주한다.
- 악보판에 해당하는 악기의 리듬을 악기별로 연주한다.
- 분단별로 악기를 지정해 주고 해당하는 부분을 연주한다.
- 분단별로 악기를 바꾸어 가며 연주한다.
- 자신이 자유롭게 연주해보고 싶은 리듬에 대해 이야기 나눈다.
- 노래 가사의 의성어, 의태어 부분을 자유롭게 연주한다.
- 처음부터 끝까지 자신이 연주하고 싶은 리듬으로 자유롭게 연주한다(피아노 반주에 맞춰).

<정리 : 활동결과 확인, Feedback 및 종결>
- 연주할 때 어떤 부분이 재미있었고, 어려웠는지 이야기 나눈다.
- 제시된 리듬을 잘 연주했는지 몇 명만 나와서 연주해본다.
- 어떤 다른 악기로 연주해보고 싶은지 이야기 나눈다.</td></tr>
</table>

	<차시예고> – 다음 시간에 바퀴가 굴러가는 모습을 신체로 표현할 것을 예고한다.
유의점	– 유아들이 연주하기 어려운 부분이 없는지 확인하면서 지도한다. – 유아들이 연주할 때 악보판을 짚어주면서 연주할 부분이 어디인지 알게 해 준다.
활동 평가	1. 악보판에 제시된 리듬을 리듬악기로 연주할 수 있는가? 2. 악보판에 제시된 리듬을 자유롭게 연주할 수 있는가?
확장 활동	– 바퀴의 모양을 세모, 네모, 동그라미로 자동차를 만들어 보고 굴려보기

활동자료

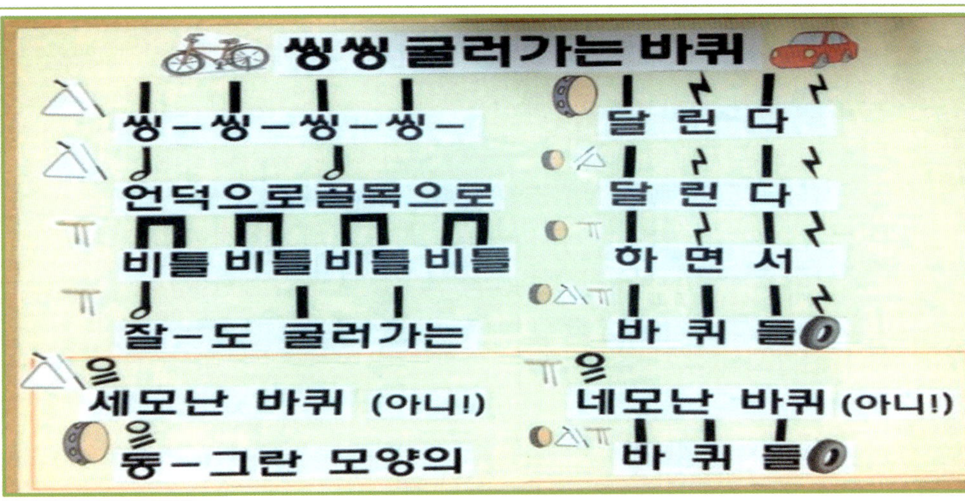

악보판

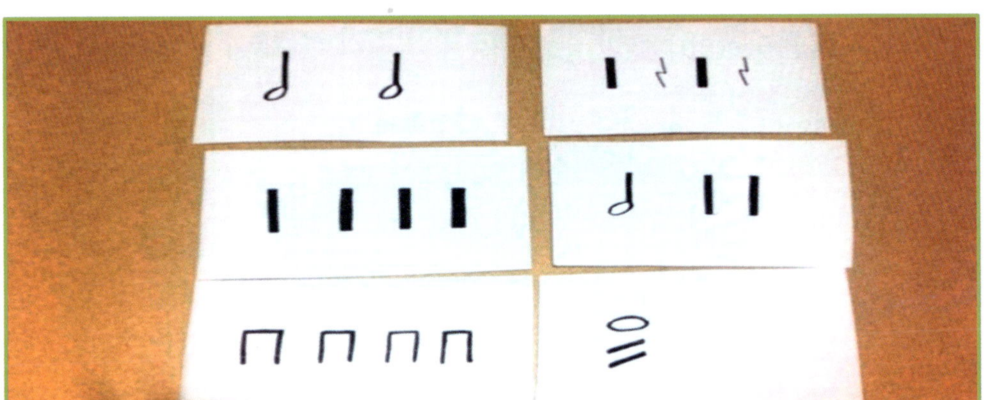

리듬 카드

신체표현 1. 카약 타보기

<table>
<tr><td>일시</td><td></td><td>장소
(반)</td><td></td><td>대상
연령</td><td>만 5세</td><td>지도
교사</td><td></td></tr>
<tr><td>활동명</td><td colspan="3">카약 타보기</td><td>활동
주제</td><td colspan="3">교통기관</td></tr>
<tr><td>활동
영역</td><td colspan="3">신체표현(감상하기)</td><td>음악
개념</td><td colspan="3">다이내믹스(셈여림), 빠르기</td></tr>
<tr><td>활동
목표</td><td colspan="7">1. 라벨의 ‘바다 위의 작은 배’를 들으며 카약의 움직임을 신체로 표현할 수 있다.
2. 라벨의 ‘바다 위의 작은 배’를 듣고 그 음악의 느낌을 이야기할 수 있다.</td></tr>
<tr><td>활동
자료</td><td colspan="7">라벨의 거울 모음곡 중 3번 ‘바다 위의 작은 배’ mp3, 방셀 라 파주의 ‘뇌우 속의 작은 배’ 그림, 노 젓는 소리, 카약의 사진, 카약의 동영상, 고무줄</td></tr>
<tr><td>활동
방법</td><td colspan="7"><도입 : 전시 학습 확인 및 동기 유발>
- 노 젓는 소리를 들려주며 무슨 소리인지 함께 유추해본다.
- 카약의 사진을 보여 주며 카약에 대해 간단하게 설명해준다.
- 카약 동영상을 보고 난 후 카약의 움직임에 대해 이야기 나눈다.
- 카약의 움직임을 다양한 방법으로 표현할 것을 안내한다.

<전개 : 유아와의 상호작용>
- 라벨의 거울 모음곡 중 ‘바다 위의 작은 배’에 대해 간단하게 설명해준다.
- 라벨의 거울 모음곡 중 ‘바다 위의 작은 배’를 들으며 교사가 카약의 움직임에 대한 스토리텔링을 해준다.
- 스토리텔링에서 카약의 움직임, 신체로 어떻게 표현할지에 대해 이야기 나눈다.
- 스토리텔링에서 빠르기 변화를 보여 주는 곡의 부분을 들려주며 간단하게 신체표현을 해본다.
- 신체표현 시 유의할 점에 대해 이야기 나눈다.
- 라벨의 거울 모음곡 중 ‘바다 위의 작은 배’를 들으며 교사의 스토리텔링(셈여림, 빠르기)에 맞춰 카약의 움직임을 신체표현한다.
- 한 줄로 이어 친구와 함께 카약의 움직임을 신체로 표현해본다.

<정리 : 활동결과 확인, Feedback 및 종결>
- 카약의 움직임을 어떻게 표현해 보았는지 발표해본다.
- 활동 후 느낀 점이나 재미있었던 점, 어려웠던 점에 대해 이야기 나눈다.</td></tr>
</table>

	<차시예고> - 다음 날 국립해양박물관 견학을 예고한다.
유의점	- 유아가 동작 요소 중 공간, 노력, 관계에 맞게 신체표현을 할 수 있도록 지도한다. - 신체활동하기 전 양말을 벗도록 지도한다. - 교사는 신체표현 활동 중 유아와의 상호작용을 적극적으로 한다.
활동 평가	1. 라벨의 '바다 위의 작은 배'를 들으며 스토리텔링에 맞춰 카약의 움직임을 신체로 표현할 수 있는가?
확장 활동	- 체험학습 : 국립해양박물관 견학하기

활동자료

카약 사진

고무줄-친구와 함께 타는 카약

곡을 설명하는 그림-방셀 라 파주의 '바다 위의 작은 배'

신체표현 2. 바퀴가 되어보자!

일시		장소(반)		대상 연령	만 5세	지도 교사	
활동명	바퀴가 되어보자!			활동 주제	교통기관		
활동 영역	신체표현(감상하기)			음악 개념	리듬, 빠르기, 다이내믹스(역동성)		
활동 목표	1. 여러 교통수단 바퀴들의 다양한 움직임에 관심을 갖는다. 2. 바퀴들의 다양한 움직임을 후프와 신체로 자유롭게 표현할 수 있다.						
활동 자료	여러 교통수단 바퀴들의 사진, 교통수단 바퀴 관련 동영상, 훌라후프						
활동 방법	**<도입 : 전시 학습 확인 및 동기 유발>** - 교통수단의 바퀴 수수께끼로 주의를 집중시킨다. - 지난 시간에 배운 교통수단 바퀴의 다양한 생김새에 대해 회상하며 이야기 나눈다. **<전개 : 유아와의 상호작용>** - 다양한 교통수단의 바퀴 관련 동영상을 보고, 바퀴의 움직임에 대해 이야기 나눈다. - 교통수단의 바퀴 관련 동영상을 보며 신체로 다양하게 표현해본다. - 다양한 교통수단의 바퀴가 등장하는 스토리텔링을 한다. - 교사의 스토리텔링에 맞춰, 이야기 속 바퀴의 움직임을 훌라후프를 이용하여 다양하게 표현해본다. (관계 – 신체 부분과 후프의 관계 / 노력 – 시간, 힘, 흐름) 중심으로 - 교사의 스토리텔링에 맞춰, 이야기 속 바퀴의 움직임을 신체로 다양하게 표현해본다. (관계 – 신체 부분과 부분 간의 관계 / 노력 – 시간, 힘, 흐름) 중심으로 **<정리 : 활동결과 확인, Feedback 및 종결>** - 훌라후프를 이용하였을 때와 신체로 표현했을 때 느낌이 어떻게 달랐는지에 대해 이야기 나눈다. - 활동 중 재미있던 점과 어려웠던 점에 대해 이야기 나누고 평가한다. - 이야기 속 바퀴의 움직임을 몇 명의 유아가 앞으로 나와서 표현해본다.						

	<차시예고> - 다음 시간에는 교통기관의 바퀴만들어 보기
유의점	- 동작의 기본 요소 관계(신체 부분과 물체의 관계, 신체 부분과 부분 간의 관계)와 노력(시간, 힘, 흐름)을 신체표현 속에 잘 녹여낼 수 있도록 지도한다. - 신체표현 시 양말, 스타킹을 다 벗고 맨발로 표현할 수 있도록 지도한다. - 신체표현 시, 일반 공간에서 서로 부딪히지 않도록 유의한다.
활동 평가	1. 여러 교통수단 바퀴들의 다양한 움직임에 관심을 갖고 이야기할 수 있는가? 2. 교사의 이야기 속 바퀴들의 다양한 움직임을 후프와 신체로 자유롭게 표현할 수 있는가?
확장 활동	- 교통기관 박물관으로 견학하기

활동자료

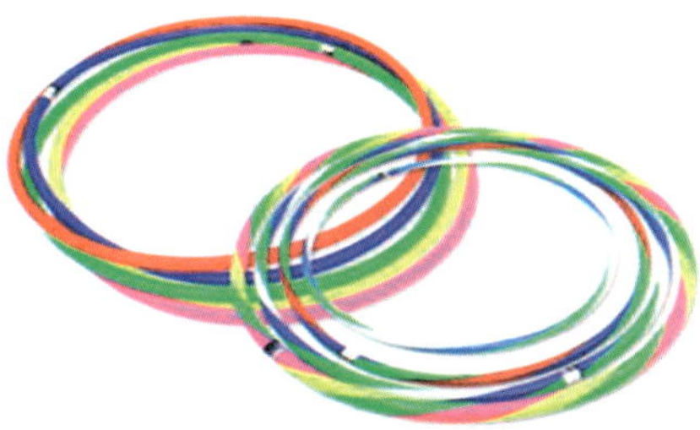
훌라후프

자전거바퀴

수레 바퀴

자동차 바퀴

버스 바퀴

덤프트럭 바퀴

비행기 바퀴

자전거, 수레, 자동차, 버스, 덤프트럭, 비행기, 헬리콥터, 배의 프로펠러, 포크레인 바퀴

창작하기 1. 간다 간다

<table>
<tr><td>일시</td><td></td><td>장소
(반)</td><td></td><td>대상
연령</td><td>만 5세</td><td>지도
교사</td><td></td></tr>
<tr><td>활동명</td><td colspan="3">간다 간다</td><td>활동
주제</td><td colspan="3">교통기관</td></tr>
<tr><td>활동
영역</td><td colspan="3">창작하기(노래 부르기)</td><td>음악
개념</td><td colspan="3">음, 리듬, 박자</td></tr>
<tr><td>활동
목표</td><td colspan="7">1. '간다 간다' 노래에 관심을 가지고 즐겁게 참여한다.
2. '간다 간다' 노래 가사를 창의적으로 바꿔 부를 수 있다.</td></tr>
<tr><td>활동
자료</td><td colspan="7">'간다 간다' 음원, '간다 간다' 악보, '간다 간다' 손유희 영상, 그림판</td></tr>
<tr><td>활동
방법</td><td colspan="7"><도입 : 전시 학습 확인 및 동기 유발>
- 손유희 '간다 간다'를 통해 주의를 집중시킨다.
- 교통기관을 타 본 경험에 대해 이야기 나눈다.
<전개 : 유아와의 상호작용>
- 교사가 '간다 간다' 노래를 선창한다.
- 교사가 부른 노래를 듣고, 그림판을 보며 노래의 가사와 느낌에 대해 이야기한다.
- 기본박을 치며 '랄라'로 따라 불러본다.
- 그림 자료와 함께 노래가사를 소개한다.
- 기본박을 치며 교사를 따라 한 소절씩 불러본다.
- 기본박을 치며 처음부터 끝까지 함께 불러본다.
- 반주에 맞춰 유아들끼리 불러본다.
- 서로 의논하여 가사를 창의적으로 바꿔본다.
(뛰뛰빵빵, 하늘높이, 굴을지나 / 자동차, 비행기, 기차 부분)
- 바꾼 가사로 노래를 처음부터 끝까지 불러본다
<정리 : 활동결과 확인, Feedback 및 종결>
- 몇 명의 유아가 나와 각자 창의적으로 개사하여 노래를 불러본다.
- 마지막으로 반주에 맞춰 다같이 노래를 부르고 활동을 마무리한다.
- 활동을 통해 재미있었던 점과 어려웠던 점에 대해 이야기를 하며 평가한다.
<차시예고>
- 다음 시간에는 '간다 간다' 노래에 맞춰 신체로 표현해보는 활동을 해볼 것임을 예고한다.</td></tr>
</table>

유의점	- '랄라 랄라' 부분의 박자에 유의하여 지도한다. - 유아가 따라할 수 있도록 천천히 부르며 지도한다. - 유아가 자유롭게 가사를 창의적으로 바꿔볼 수 있도록 충분한 시간을 제공한다.
활동 평가	1. '간다 간다' 노래에 관심을 가지고 즐겁게 참여할 수 있는가? 2. '간다 간다' 노래 가사를 창의적으로 바꿔 부를 수 있는가?
확장 활동	- 악기연주: '간다 간다' 노래에 맞춰 다양한 악기로 연주해보기 - 체험학습: 교통박물관에 가서 교통기관을 실제로 관찰하고 체험해보기

활동자료

간다 간다

김성균 작사
김성균 작곡

'간다 간다' 악보

그림판

창작하기 2. 마차 여행

<table>
<tr><td>일시</td><td></td><td>장소
(반)</td><td></td><td>대상
연령</td><td>만 5세</td><td>지도
교사</td><td></td></tr>
<tr><td>활동명</td><td colspan="3">마차 여행</td><td>활동
주제</td><td colspan="3">교통기관</td></tr>
<tr><td>활동
영역</td><td colspan="3">창작하기(감상하기)</td><td>음악
개념</td><td colspan="3">빠르기, 셈여림, 박자</td></tr>
<tr><td>활동
목표</td><td colspan="7">'크시코스의 우편마차'에 대한 자신의 느낌과 생각을 이야기할 수 있다.
'크시코스의 우편마차'의 빠르기와 셈여림을 선과 점 등으로 창의적으로 표현할 수 있다.</td></tr>
<tr><td>활동
자료</td><td colspan="7">헤르만 네케 '크시코스의 우편마차' 음원, 블루투스 스피커, 마차 그림, 마차 여행하는 그림판, 크레파스, 색연필, 사인펜, 전지, 종이 말, 종이 마차</td></tr>
<tr><td>활동
방법</td><td colspan="7"><도입 : 전시 학습 확인 및 동기 유발>
- 지난 시간에 다녀온 마차 박물관에 대해 이야기 나눈다.
- 마차가 옛날 교통기관이었다는 것에 대해 이야기 나눈다.
- 종이 말을 소개하며 마차박물관에서 을지반까지 어떻게 왔을지 이야기 나눈다.

<전개 : 유아와의 상호작용>
- 헤르만 네케의 '크시코스의 우편마차' 음악을 소개한다.
- 음악감상 시 태도에 대해 이야기 나눈다.
- 마차가 어떻게 여행하는지 생각하며 음악을 감상한다.
- 유아가 음악을 감상한 후 느낌에 대해 이야기 나눈다.
- 음악을 감상하며 할 미술활동을 소개한다.
- 소그룹으로 모여 선과 점이 표시되어있는 전지를 나눠준다.
- 음악을 감상하며 마차의 여행을 선과 점을 이용하여 따라 그린다.
다시 음악을 감상하며 풍경과 다양한 상황을 창의적으로 그린다.

<정리 : 활동결과 확인, Feedback 및 종결>
- 마차를 어떻게 표현했는지 물어본다.
- 음악의 빠르기가 빨랐을 때 선과 점을 어떻게 그렸는지 물어본다.
- 감상한 음악이 무엇인지 다시 알려준다.
- 활동 후 느낀 점, 재미있었던 점과 어려웠던 점에 대해 이야기 나눈다.</td></tr>
</table>

	<차시예고> - 마차가 되어서 움직임을 신체로 표현할 것을 예고한다.
유의점	- 유아가 다양한 대답을 할 수 있도록 열린 질문을 한다. - 유아가 창의적으로 표현할 수 있도록 다양한 채색도구를 준비한다.
활동 평가	1. 음악에 대한 자신의 느낌과 생각을 말로 표현할 수 있는가? 2. 음악의 느낌을 창의적으로 선, 점 등으로 표현할 수 있는가?
확장 활동	- 언어 영역 : '달려라, 검정말' 동화 읽고 이야기 나누기

활동자료

Chapter

10

세계 여러 나라/우리나라

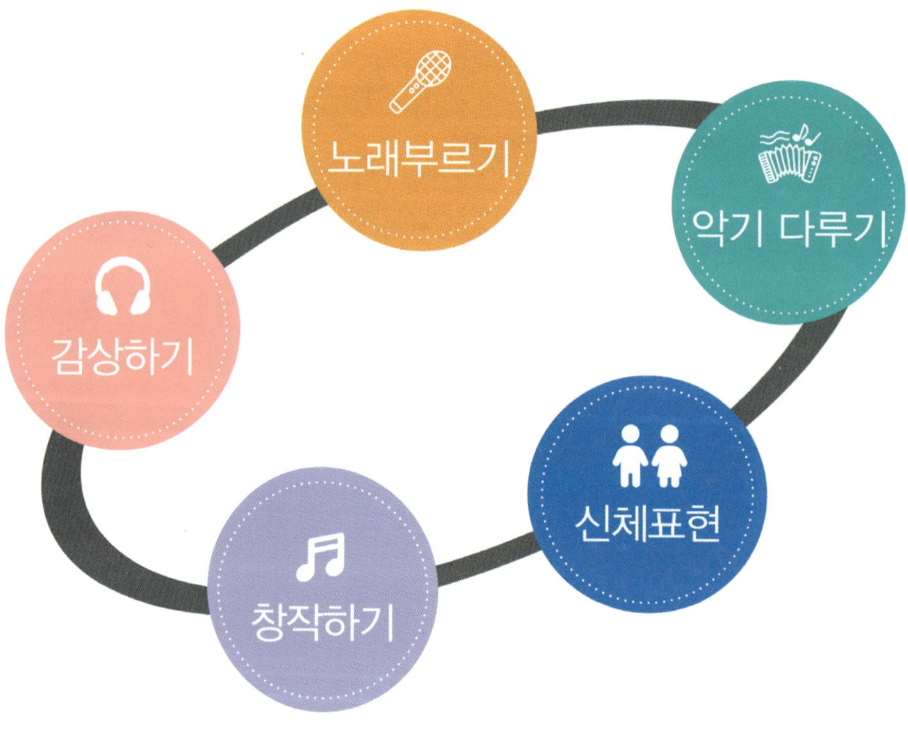

세계 여러 나라/우리나라-영역별 활동

감상하기	1. 케냐의 '잠보'
	2. 모차르트의 터키행진곡
노래 부르기	1. 아름다운 지구인
	2. 세계의 아침인사
악기 다루기	1. 전통 물건으로 즉흥연주
	2. 여러 나라의 악기를 연주해요!
신체표현	1. 하와이의 훌라춤
	2. 필리핀의 티니클링
창작하기	1. 오스트리아의 영웅, 라데츠키
	2. 아프리카 친구
10개 활동	

감상하기 1. 케냐의 '잠보'

<table>
<tr><td>일시</td><td></td><td>장소(반)</td><td></td><td>대상 연령</td><td>만 5세</td><td>지도 교사</td><td></td></tr>
<tr><td>활동명</td><td colspan="3">케냐의 '잠보'</td><td>활동 주제</td><td colspan="3">세계 여러 나라</td></tr>
<tr><td>활동 영역</td><td colspan="3">감상하기(신체표현, 악기 다루기)</td><td>음악 개념</td><td colspan="3">리듬, 가락</td></tr>
<tr><td>활동 목표</td><td colspan="7">1. '잠보' 노래와 함께 영상을 보고 느낌을 자유롭게 이야기 나눈다.
2. '잠보' 노래에 맞춰 즐겁게 신체표현할 수 있다.</td></tr>
<tr><td>활동 자료</td><td colspan="7">'잠보' 글자, 세계지도, 지라니 합창단 '잠보' 영상, 케냐의 모습이 담긴 영상, 젬베, 지라니 합창단 소품</td></tr>
<tr><td>활동 방법</td><td colspan="7"><도입 : 전시 학습 확인 및 동기 유발>
- 세계지도를 보며 지난 시간에 배운 세계 대륙에 대해 이야기 나눈다.
- 자음, 모음 글자를 활용하여 노래 제목을 맞추며 흥미를 갖는다(노래의 첫 소절을 들려 준다).
- '잠보'의 뜻을 소개한다.

<전개 : 유아와의 상호작용>
- '잠보' 노래에서 어떤 노랫말이 나올지 예측해보고, '잠보' 노래를 소개한다.
- 케냐의 모습이 담긴 영상과 함께 노래를 감상한다.
- 노래에 대한 느낌과 영상에 나온 케냐의 모습에 대해 이야기 나눈다.
- 지라니 합창단이 노래 부르는 영상과 함께 노래를 감상한다.
- 영상에서 합창단의 움직임이 어땠는지 이야기 나눈다.
- 박수 치기, 발 구르기, 가슴 치기, 무릎 치기를 하며 감상한다.
- 노래에서 연주된 악기인 '젬베'를 소개한 후, 젬베와 지라니 합창단의 소품을 나눠준다.
- 노래에 맞춰 젬베를 연주해본다.
- 노래에 대한 자신의 느낌을 표정과 동작으로 표현한다.

<정리 : 활동결과 확인, Feedback 및 종결>
- 감상한 노래와 어떤 활동을 했는지 물어본다.
- 활동을 하면서 재미있었던 점과 어려웠던 점에 대해 이야기 나눈다.
- 케냐 노래의 감상활동에 대해 어떤 점이 색다르게 느껴졌는지 이야기 나눈다.</td></tr>
</table>

	<차시예고> – 다음 시간에는 '잠보' 노랫말에 대해 알아보고 노래 부르는 활동을 할 것임을 이야기한다.
유의점	– 유아가 다양한 신체를 이용하여 박자치기하며 감상할 수 있도록 안내한다. – 신체활동 시, 유아가 젬베를 연주하고 싶다면 자유롭게 젬베를 연주할 수 있다는 것을 이야기한다.
활동 평가	1. '잠보' 노래와 함께 영상을 보고 느낌을 자유롭게 이야기 나눌 수 있는가? 2. '잠보' 노래에 맞춰 즐겁게 신체표현할 수 있는가?
확장 활동	– 음률 영역에서 '잠보' 노래에 맞춰 다양한 리듬악기 연주하기

활동자료

감상하기 2. 모차르트의 터키행진곡

<table>
<tr><td>일시</td><td></td><td>장소
(반)</td><td></td><td>대상
연령</td><td>만 5세</td><td>지도
교사</td><td></td></tr>
<tr><td>활동명</td><td colspan="3">모차르트의 '터키행진곡'</td><td>활동
주제</td><td colspan="3">세계 여러 나라</td></tr>
<tr><td>활동
영역</td><td colspan="3">감상하기(신체표현)</td><td>음악
개념</td><td colspan="3">빠르기, 형식</td></tr>
<tr><td>활동
목표</td><td colspan="7">1. '터키행진곡' 음악에 대한 느낌을 신체나 리본을 활용하여 표현할 수 있다.
2. '터키행진곡' 음악을 감상하며 론도형식을 찾을 수 있다.</td></tr>
<tr><td>활동
자료</td><td colspan="7">군악대가 행진하는 그림, 모차르트 사진, '터키행진곡' 음원, 다양한 길이의 리본, 그림카드</td></tr>
<tr><td>활동
방법</td><td colspan="7"><도입 : 전시 학습 확인 및 동기 유발>
- 군악대가 행진하는 그림을 보여 준다.
- 군악대와 행진곡에 대해 이야기 나눈다.
- 작곡가 사진을 보여 주며 작곡가의 이름과 작곡 배경을 소개한다.

<전개 : 유아와의 상호작용>
- '터키행진곡'을 감상한다.
- '터키행진곡'이 군악대의 음악처럼 경쾌함에 대해 이야기 나눈다.
- 처음 주제부가 계속적으로 반복되어 나오는 형식인 '론도'('돈다'라는 뜻)를 설명한다.
- 음악을 다시 한 번 들으며 론도형식을 찾을 수 있도록 유도한다.
- 음악을 들으며 자신의 몸으로 빠르기에 따라 움직여 보도록 한다(박수치기, 몸 흔들기, 몸 돌기).
- 다양한 길이의 리본을 가지고 자유롭게 음악에 따라 흔든다.
- 교사가 제시하는 그림카드를 보며 리본을 흔들어본다.
- 음악을 들으며, 리본을 가지고 춤을 춘다.

<정리 : 활동결과 확인, Feedback 및 종결>
- 활동 후 느낀 점이나 재미있었던 점, 어려웠던 점에 대해 이야기 나눈다.
- '터키행진곡' 음악에 따라 신체나 리본을 활용하여 움직여본 느낌을 이야기 나눈다.
- 음악에 대한 느낌을 신체나 리본을 활용하여 어떻게 표현해보았는지 발표한다.</td></tr>
</table>

	<차시예고> - 다음 시간에는 ‘터키행진곡’에 맞춰 다양한 악기를 사용하여 연주해볼 것임을 이야기한다.
유의점	- 유아가 다양한 대답을 할 수 있도록 교사는 열린 질문으로 물어본다. - 교사는 ‘행진곡’과 ‘론도’형식을 유아가 이해하기 쉽게 설명한다. - 유아가 다양한 길이의 리본을 번갈아가며 사용할 수 있도록 지도한다.
활동 평가	1. ‘터키행진곡’ 음악에 대한 느낌을 신체나 리본을 활용하여 표현할 수 있는가? 2. ‘터키행진곡’ 음악을 감상하며 론도형식을 찾을 수 있는가?
확장 활동	- 미술영역에서 ‘터키행진곡’을 들으며 음악에 대한 느낌을 그림으로 표현하기 - 체험학습으로 군사박물관 다녀오기

활동자료

지그재그

동그라미

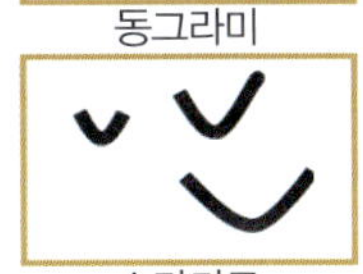
스타카토

회오리

×자모양

노래 부르기 1. 아름다운 지구인

<table>
<tr><td>일시</td><td></td><td>장소
(반)</td><td></td><td>대상
연령</td><td>만 5세</td><td>지도
교사</td><td></td></tr>
<tr><td>활동명</td><td colspan="3">아름다운 지구인</td><td>활동
주제</td><td colspan="3">세계 여러 나라</td></tr>
<tr><td>활동
영역</td><td colspan="3">노래 부르기(창작하기, 신체표현)</td><td>음악
개념</td><td colspan="3">음, 리듬, 박자, 다이내믹스(역동성)</td></tr>
<tr><td>활동
목표</td><td colspan="7">1. '아름다운 지구인' 노래에 관심을 가지고 즐겁게 참여한다.
2. '아름다운 지구인' 노래의 가사를 창의적으로 바꿔 부를 수 있다.</td></tr>
<tr><td>활동
자료</td><td colspan="7">'아름다운 지구인' 음원, '아름다움 지구인' 가사판, 세계 여러 나라 그림판과 나라 그림, '아름다운 지구인' 노래 영상</td></tr>
<tr><td>활동
방법</td><td colspan="7"><도입 : 전시 학습 확인 및 동기 유발>
- 지난 시간에 보았던 '세계 여러 나라' 사진을 보며 이야기 나눈다.
- 세계 여러 나라 사람들이 나라와 외형은 다르지만, 함께 사는 지구인임을 이야기 나눈다.

<전개 : 유아와의 상호작용>
- '아름다운 지구인' 노래를 영상과 함께 들려 준다.
- 노래에 대한 느낌과 생각에 대해 이야기 나눈다.
- 가사판을 함께 보며 노래의 가사에 대해 이야기 나눈다,
- 교사가 기본박을 치며 노래를 불러준다.
- 가사판을 보며 한 소절씩 따라 불러본다.
- 유아가 기본박을 치며 한 소절씩 따라 불러본다.
- 다함께 처음부터 끝까지 노래를 불러본다.
- 나라 이름 가사를 창의적으로 바꿔본다.
(아빠의 나라는 ---, 엄마의 나라는 ----)
- 개사한 가사에 맞게 신체 악기로 다양하게 표현해본다.
- 노래를 부르며 유아가 신체 악기로 표현해보고, 다른 유아가 따라 표현해본다.

<정리 : 활동결과 확인, Feedback 및 종결>
- '아름다운 지구인' 노래의 가사를 어떻게 바꿔 불러보았는지 발표해본다.
- 친구가 개사한 노래를 함께 따라 불러본다.</td></tr>
</table>

	– 오늘 활동에서 기억에 남는 점, 색다르게 느꼈던 점에 대해 이야기 나눈다. **<차시예고>** – 다음 시간에는 ‘아름다운 지구인’ 노래에 맞춰 신체로 표현해보는 활동을 할 것임을 이야기한다.
유의점	– 유아가 따라 부를 수 있도록 천천히 부르며 지도한다. – 신체 악기로 표현 시 무릎치기, 박수치기, 발 구르기, 손가락 튕기기 등 다양하게 표현하도록 한다.
활동 평가	1. ‘아름다운 지구인’ 노래에 관심을 가지고 즐겁게 참여했는가? 2. ‘아름다운 지구인’ 노래의 가사를 창의적으로 바꿔 부를 수 있는가?
확장 활동	– 세계 여러 나라 사람들과 관련된 동극을 만들어 발표해보기

활동자료

세계 여러 나라 그림판

세계 여러 나라 그림 카드

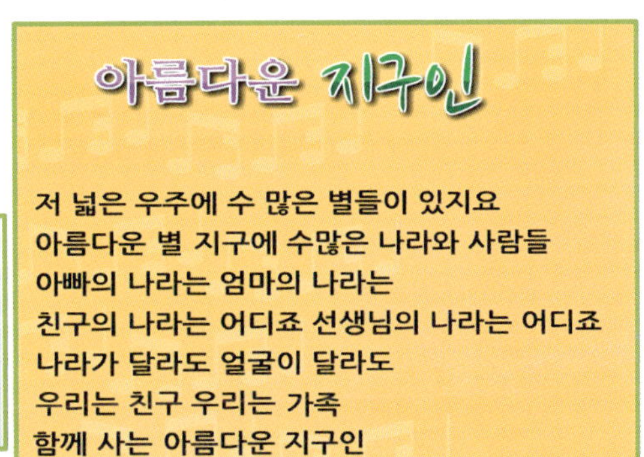

‘아름다운 지구인’ 가사판

노래 부르기 2. 세계의 아침인사

<table>
<tr><td>일시</td><td></td><td>장소(반)</td><td></td><td>대상 연령</td><td>만 4세</td><td>지도 교사</td><td></td></tr>
<tr><td>활동명</td><td colspan="3">세계의 아침인사</td><td>활동 주제</td><td colspan="3">세계 여러 나라</td></tr>
<tr><td>활동 영역</td><td colspan="3">노래 부르기(신체표현)</td><td>음악 개념</td><td colspan="3">음정, 리듬, 박자</td></tr>
<tr><td>활동 목표</td><td colspan="7">1. 세계 여러 나라의 인사법을 떠올리며 ‘세계의 아침인사’ 노래를 부를 수 있다.
2. ‘세계의 아침인사’ 노래를 부르며 세계의 친구들과 인사하는 모습을 신체로 표현할 수 있다.</td></tr>
<tr><td>활동 자료</td><td colspan="7">가사판, 피아노, ‘세계의 아침인사’ 노래 악보, ‘세계 여러 나라의 인사법’ 그림카드, ‘세계의 아침인사’ 노래 음원, 스피커</td></tr>
<tr><td>활동 방법</td><td colspan="7"><도입 : 전시 학습 확인 및 동기 유발>
- 아침인사를 해본 경험을 이야기 나눈다.
- 지난 시간에 배운 ‘세계 여러 나라의 인사법’ 그림카드를 보며 이야기 나눈다.

<전개 : 유아와의 상호작용>
- 가사판을 보며 노래 가사를 읽어준다.
- 한 손으로 피아노를 치며 교사가 ‘라’로 노래를 부른다.
- 한 손으로 피아노를 치며 유아와 함께 ‘라’로 노래를 부른다.
- 가사를 넣어 한 소절씩 불러본다.
- 반주에 맞춰 처음부터 끝까지 함께 불러본다.
- 노래를 부르며 다른 나라의 인사법을 신체로 표현한다.

<정리 : 활동결과 확인, Feedback 및 종결>
- ‘세계의 아침인사’ 노래를 불러보며 느낀 점에 대해 이야기 나눈다.
- 노래에 또 어떤 나라의 인사말을 넣어볼 수 있는지 이야기 나눈다.

<차시예고>
- 다음 시간에는 ‘세계의 아침인사’ 노래에 배우고 싶은 다른 나라의 인사법으로 바꾸어 불러보는 활동을 할 것임을 이야기한다.</td></tr>
<tr><td>유의점</td><td colspan="7">- 노래의 가사와 음정에 주의하며 노래를 부른다.
- 유아가 따라 부를 수 있도록 천천히 부르며 지도한다.</td></tr>
</table>

활동 평가	1. 친구와 아침인사를 해본 경험을 떠올리며 활동에 참여하였는가? 2. 노래를 부르며 세계의 친구들과 인사하는 모습을 신체로 표현하였는가?
확장 활동	– 음률 영역 : 다양한 악기를 이용해 '세계의 아침인사' 노래를 연주하기 – 언어 영역 : '내가 말하는 세계 인사 안녕 헬로우 니하오' 동화 읽기

활동자료

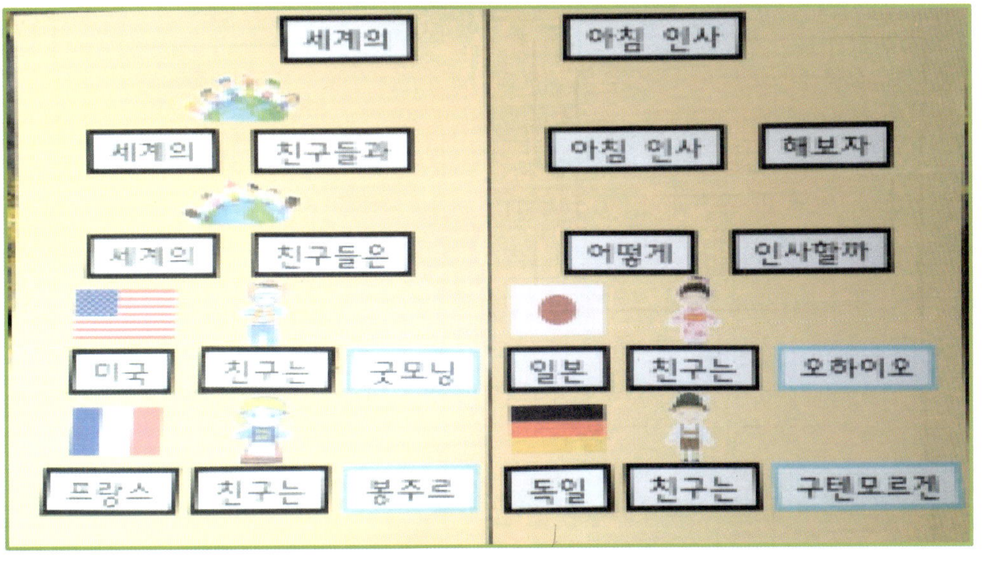

가사판

악기 다루기 1. 전통 물건으로 즉흥연주

<table>
<tr><td>일시</td><td></td><td>장소
(반)</td><td></td><td>대상
연령</td><td>만 5세</td><td>지도
교사</td><td></td></tr>
<tr><td>활동명</td><td colspan="3">전통 물건으로 즉흥연주</td><td>활동
주제</td><td colspan="3">우리나라</td></tr>
<tr><td>활동
영역</td><td colspan="3">악기 다루기(감상하기)</td><td>음악
개념</td><td colspan="3">리듬, 박자, 빠르기, 음색</td></tr>
<tr><td>활동
목표</td><td colspan="7">1. 전통 민요를 듣고 자신의 생각과 느낌을 자유롭게 이야기할 수 있다.
2. 부채, 참빗 등의 전통 물건을 가지고 창의적으로 연주할 수 있다.</td></tr>
<tr><td>활동
자료</td><td colspan="7">전통 물건(부채, 참빗, 표주박, 윷, 제기, 콩주머니) 사진자료, 전통 물건(부채, 참빗, 표주박, 윷, 제기, 콩주머니), 경기 아리랑 음원, 밀양 아리랑 음원</td></tr>
<tr><td>활동
방법</td><td colspan="7"><도입 : 전시 학습 확인 및 동기 유발>
- 지난 시간에 배운 우리나라 전통 물건(부채, 참빗, 표주박, 윷, 제기, 콩주머니)에 대한 수수께끼를 낸다.
- 우리나라 전통 민요(경기 아리랑, 밀양 아리랑)에 맞추어 전통 물건(부채, 참빗, 표주박, 윷, 제기, 콩주머니)으로 자유롭게 연주해 볼 것을 소개한다.

<전개 : 유아와의 상호작용>
- 우리나라 전통 민요(경기 아리랑, 밀양 아리랑)를 소개한다.
- 경기 아리랑에 대해 간단히 소개한 후 감상한다.
- 경기 아리랑을 듣고 어떤 느낌(빠르기, 세기, 분위기 등)이 들었는지 이야기 나눈다.
- 밀양 아리랑에 대해 간단히 소개한 후 감상한다.
- 밀양 아리랑을 듣고 어떤 느낌(빠르기, 세기, 분위기 등)이 들었는지 이야기 나눈다.
- 전통 물건으로 어떻게 연주를 할 것인지 이야기 나눈다.
- 경기 아리랑에 맞추어 자신이 선택한 전통 물건을 이용해 즉흥적으로 연주해본다.
- 밀양 아리랑에 맞추어 자신이 선택한 전통 물건을 이용해 즉흥적으로 연주해본다.
- 아쉬운 유아가 있다면 다른 전통 물건을 이용해 한 번 더 연주해본다.

<정리 : 활동결과 확인, Feedback 및 종결>
- 전통 민요를 들은 느낌에 대해 이야기 나눈다.</td></tr>
</table>

	- 전통 물건을 이용하여 어떻게 연주했는지 친구들에게 소개한다. - 또 다른 전통 물건으로 연주해 볼 수 있을지 이야기 나눈다. **<차시예고>** - 다음 시간에는 전통 악기(북, 장구, 징)로 전통 민요를 연주할 것임을 예고한다.
유의점	- 전통 음악에 맞추어 어떻게 연주할 것인지에 대한 충분한 이야기 나눈다. - 자유로운 분위기에서 즉흥연주할 수 있도록 한다.
활동 평가	1. 전통 민요를 듣고 자신의 생각과 느낌을 자유롭게 이야기할 수 있는가? 2. 부채, 참빗 등의 전통 물건을 가지고 창의적으로 연주할 수 있는가?
확장 활동	- 전통 악기로 전통 민요를 연주하기 - 전통 민요에 맞추어 한삼을 이용한 신체표현하기

활동자료

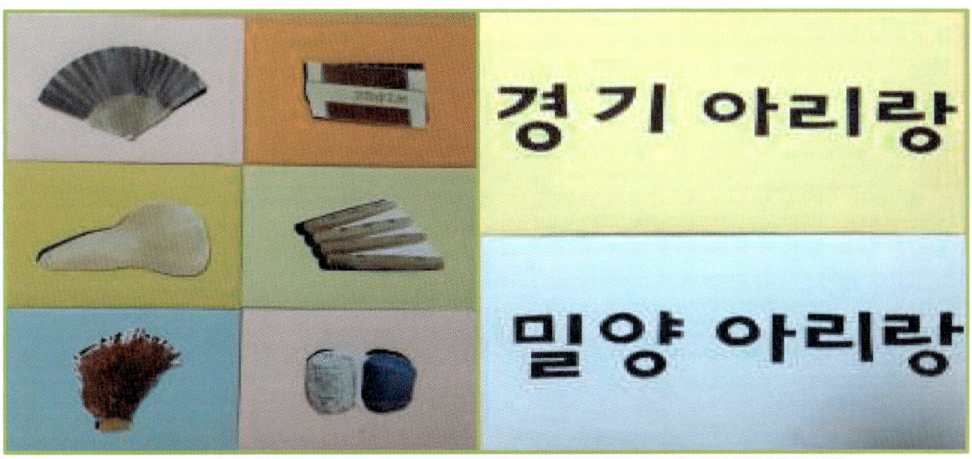

악기 다루기

2. 여러 나라의 악기를 연주해요!

<table>
<tr><td>일시</td><td></td><td>장소(반)</td><td></td><td>대상 연령</td><td>만 5세</td><td>지도 교사</td><td></td></tr>
<tr><td>활동명</td><td colspan="3">여러 나라의 악기를 연주해요!</td><td>활동 주제</td><td colspan="3">세계 여러 나라</td></tr>
<tr><td>활동 영역</td><td colspan="3">악기 다루기(창작하기)</td><td>음악 개념</td><td colspan="3">리듬, 음색, 박자</td></tr>
<tr><td>활동 목표</td><td colspan="7">1. ‘봄바람’ 노래에 맞추어 즉흥연주할 수 있다.
2. ‘봄바람’ 노래의 악기연주를 지휘할 수 있다.</td></tr>
<tr><td>활동 자료</td><td colspan="7">리듬박, 리듬 악보, 악기(젬베, 투톤블럭, 핸드드럼, 마라카스), 동요 ‘봄바람’ 음원</td></tr>
<tr><td>활동 방법</td><td colspan="7"><도입 : 전시 학습 확인 및 동기 유발>
- 마라카스의 소리를 들려주어 주의를 집중시킨다.
- 마라카스, 젬베, 핸드드럼, 투톤블럭의 이름과 연주방법에 대해 소개한다.

<전개 : 유아와의 상호작용>
- 유아와 악기연주 시 지켜야 할 규칙에 대해 이야기 나눈다.
- 유아에게 악기를 나누어 준다.
- 유아가 동요 ‘봄바람’에 맞추어 자유롭게 즉흥연주를 해본다.
- 유아가 동요 ‘봄바람’과 선생님의 지휘에 맞추어 즉흥연주를 해본다.
- 유아가 자유롭게 자신이 지휘할 때 어떤 동작을 할지 정한다.
- 유아가 친구들에게 자신이 정한 지휘 동작에 대해 설명한다.
- 유아가 동요 ‘봄바람’에 맞추어 자신이 정한 동작으로 즉흥연주를 지휘한다.
- 유아가 자신이 직접 지휘 해본 느낌을 말한다.

<정리 : 활동결과 확인, Feedback 및 종결>
- 오늘 했던 활동 중 어려웠던 점이나 새로웠던 점을 이야기 나눈다.
- 오늘 연주해본 악기의 이름과 연주방법에 대해 소개해본다.
- 오늘 연주해본 리듬 악보와 악기, 동요 ‘봄바람’ 음원을 음률 영역에 배치할 것을 안내한다.

<차시예고>
- 악기 박물관에 방문할 것을 예고한다.</td></tr>
</table>

유의점	– 유아가 젬베, 투톤블럭, 핸드드럼, 마라카스를 한 번씩 연주해볼 수 있도록 한다. – 모든 유아가 돌아가면서 한 번씩 즉흥연주를 지휘해보도록 한다.
활동 평가	1. ‘봄바람’ 노래에 맞추어 즉흥연주할 수 있는가? 2. ‘봄바람’ 노래의 악기연주를 지휘할 수 있는가?
확장 활동	- 미술활동: 세계 여러 나라의 악기를 그려보기

활동자료

핸드드럼

마라카스

젬베

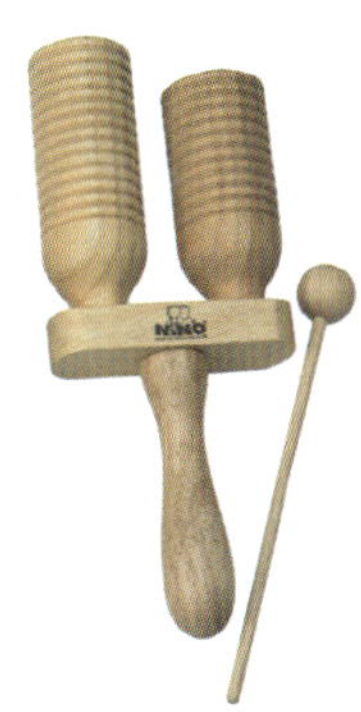

투톤블럭

신체표현 1. 하와이의 훌라춤

<table>
<tr><td>일시</td><td></td><td>장소
(반)</td><td></td><td>대상
연령</td><td>만 5세</td><td>지도
교사</td><td></td></tr>
<tr><td>활동명</td><td colspan="3">하와이의 훌라춤</td><td>활동
주제</td><td colspan="3">세계 여러 나라</td></tr>
<tr><td>활동
영역</td><td colspan="3">신체표현(감상하기)</td><td>음악
개념</td><td colspan="3">리듬, 속도, 음색</td></tr>
<tr><td>활동
목표</td><td colspan="7">1. 음악에 맞추어 하와이의 전통춤인 훌라춤을 출 수 있다.
2. 음악을 듣고 자신의 생각과 느낌을 자유롭게 이야기할 수 있다.</td></tr>
<tr><td>활동
자료</td><td colspan="7">훌라춤 영상, 하와이사진, 훌라춤 사진, 종이꽃 머리띠, 목걸이, 전통치마</td></tr>
<tr><td>활동
방법</td><td colspan="7"><도입 : 전시 학습 확인 및 동기 유발>
- 하와이 사진으로 주의를 집중시킨다.
- 하와이라는 나라에 대해 설명한다.
- 하와이의 전통춤인 훌라춤에 대해 설명한다.

<전개 : 유아와의 상호작용>
- 훌라춤 영상을 자유롭게 감상한다.
- 영상을 통해 본 훌라춤에 대한 느낌을 이야기 나눈다.
- 훌라춤의 음악에 집중할 것을 안내하며 다시 한 번 영상을 감상한다.
- 영상 속 훌라춤 음악의 느낌에 대해 이야기 나눈다.
- 훌라춤 영상을 보며 유아가 직접 훌라춤을 춰본다.
- 친구와 함께 훌라춤을 춰본다.
- 여러 대형으로 훌라춤을 춰본다(원모양으로, 일렬로, 마주보며 등).

<정리 : 활동결과 확인, Feedback 및 종결>
- 오늘 했던 활동 중 어려웠던 점이나 새로웠던 점을 이야기 나눈다.
- 유아가 훌라춤을 추면서 가장 마음에 들었던 동작을 발표해본다.
- 훌라춤 영상과 하와이 사진, 훌라춤 사진을 음률 영역에 배치할 것을 안내한다.

<차시예고>
- 자신만의 훌라춤을 만들어 보기</td></tr>
</table>

유의점	- 훌라춤 영상을 감상할 때 유아가 앉아서 자유롭게 신체를 움직여보도록 한다. - 다른 친구의 훌라춤도 감상해보도록 한다.
활동 평가	1. 음악에 맞추어 하와이의 전통춤인 훌라춤을 출 수 있는가? 2. 음악을 듣고 자신의 생각과 느낌을 자유롭게 이야기할 수 있는가?
확장 활동	- 훌라춤 의상 만들기

활동자료

하와이 사진

훌라춤 사진

신체표현 2. 필리핀의 티니클링

일시		장소(반)		대상 연령	만 5세	지도 교사	
활동명	필리핀의 티니클링			활동 주제	세계 여러 나라		
활동 영역	신체표현(창작하기)			음악 개념	다이내믹스, 빠르기, 리듬		
활동 목표	1. 음악에 맞춰서 필리핀의 전통춤인 '티니클링'을 출 수 있다. 2. 음악에 맞춰서 '티니클링'의 동작을 창의적으로 표현할 수 있다.						
활동 자료	티니클링 음원, 티니클링 추는 방법 ppt 자료, 티니클링 동영상, 필리핀 전통의상, 필리핀 전통 의상 사진, 긴 막대						
활동 방법	**<도입 : 전시 학습 확인 및 동기 유발>** - 필리핀에 대해 소개한다. - 필리핀 전통의상에 대해 소개한다. - 필리핀의 전통춤인 '티니클링'에 대해 소개한다. - '티니클링'에 대한 동영상을 본다. - 오늘의 활동을 소개한다. **<전개 : 유아와의 상호작용>** - '티니클링'에 대해 탐색한다. 막대 바깥에서 친구와 손뼉도 마주치고, 손도 마주잡아보고 뛰어보기도 하고, 한발로 뛰어보기도 하고, 막대 사이에 다리를 놓기도 해본다. - 오늘 배울 '티니클링' 동작을 같이 알아본다. - '티니클링' 기본동작인 두 발 벌려 뛰기를 배운다. - '티니클링' 기본동작인 한 발씩 번갈아 뛰기를 배운다. - 음악에 맞춰서 '티니클링' 기본 동작을 한다. - 필리핀 전통의상을 입고, 음악에 맞춰서 나만의 '트니클링'을 춰본다. **<정리 : 활동결과 확인, Feedback 및 종결>** - '티니클링' 기본동작을 할 수 있는지 발표한다. - 친구들에게 나만의 '티니클링'을 소개하고 발표한다. - '티니클링'을 춰본 후 느낌이 어떤지 물어본다. - 활동 후 좋았던 점, 아쉬웠던 점에 대한 물어본다.						

	<차시예고> - 다음 시간에는 필리핀에 대한 전통음식을 알아보는 시간을 갖는다.
유의점	- 부딪치거나, 다치지 않게 유의하기. 넓은 강당에서 활동하기
활동 평가	1. 티니클링의 기본동작을 할 수 있는가? 2. 티니클링 동작을 창의적으로 표현할 수 있는가?
확장 활동	- 필리핀 전통음악을 들어보기, 악기로 연주해보기

활동자료

티니클링이란?
필리핀의 대표적인 민속춤으로 대나무 춤이라고도 해요.
두 사람이 긴 대나무 막대를 양 끝에서 잡고 리듬에 맞춰 움직이면
대나무 막대 사이를 뛰거나 건너 다니며 경쾌하게 추는 춤이에요.

1

티니클링과 친해지기 -------- 티니클링 탐색하기
• 친구와 막대 바깥에서 손뼉 마주치기
• 친구와 막대 바깥에서 손 마주잡고 한 발로 뛰기

2

티니클링과 친해지기 -------- 티니클링 탐색하기
• 다리 사이에 막대 놓고 두 발 뛰기
• 친구와 나란히 막대 바깥에서 손 잡고 한 발 뛰기

3

티니클링과 친해지기 -------- 티니클링 탐색하기
• 다리 사이에 막대 놓고 두 발 뛰기
• 친구와 나란히 막대 바깥에서 손 잡고 한 발 뛰기

4

티니클링 감상하기
영상을 감상하며
티니클링 동작을
관찰해 보세요.

5

티니클링 기본동작 두 발 벌려 뛰기
두 발을 모아 막대 안쪽에서 두 번,
바깥쪽에서 한 번 뛰어요.

6

티니클링 기본동작 한 발씩 번갈아 뛰기
오른발로 막대 안쪽에서 두 번,
왼발로 막대 바깥쪽에서 한 번 뛰어요.

7

티니클링 기본동작 한 발씩 번갈아 뛰기
오른발로 막대 안쪽에서 한 번,
왼발로 막대 안쪽에서 한 번,
오른발로 막대 바깥쪽에서 한 번 뛰어요.

8

창작하기 1. 오스트리아의 영웅, 라데츠키

<table>
<tr><td>일시</td><td></td><td>장소(반)</td><td></td><td>대상 연령</td><td>만 5세</td><td>지도 교사</td><td></td></tr>
<tr><td>활동명</td><td colspan="3">오스트리아의 영웅, 라데츠키</td><td>활동 주제</td><td colspan="3">세계 여러 나라</td></tr>
<tr><td>활동 영역</td><td colspan="3">창작하기(감상하기, 악기 다루기)</td><td>음악 개념</td><td colspan="3">리듬, 박자, 다이내믹스(역동성), 강약, 빠르기, 음색</td></tr>
<tr><td>활동 목표</td><td colspan="7">1. ‘라데츠키 행진곡’이 생긴 배경에 대해 안다.
2. ‘라데츠키 행진곡’에 맞춰 친구와 함께 여러 가지 악기를 연주할 수 있다.</td></tr>
<tr><td>활동 자료</td><td colspan="7">‘라데츠키 행진곡’, 그림 동화, 요한 슈트라우스 사진, 라데츠키 사진, ‘라데츠키 행진곡’ 글자 판, 여러 가지 타악기(가죽 울림 타악기: 젬베, 봉고, 나무 울림 타악기: 우드블록, 마라카스, 금속 울림 타악기: 트라이앵글, 탬버린)</td></tr>
<tr><td>활동 방법</td><td colspan="7"><도입 : 전시 학습 확인 및 동기 유발>
- 지난 시간에 이야기 나눈 유럽 국가에 대해 상기한다.
- 라데츠키에 대한 동화를 들려주고 ‘라데츠키 행진곡’이 생긴 배경에 대해 알려준다.

<전개 : 유아와의 상호작용>
- ‘라데츠키 행진곡’을 감상한 뒤 음악의 분위기, 유아의 느낌과 경험에 대해 이야기 나눈다.
- 음악의 강약 부분에 초점을 맞춰서 ‘라데츠키 행진곡’을 다양한 신체 악기 방법을 이용하여 연주하며 감상한 뒤 이야기 나눈다.
- 오늘 연주해 볼 악기의 이름과 사용법에 대해 이야기 나눈다.
- 유아가 연주하고 싶은 악기를 택하여 즉흥연주해 본다.
- 가죽 울림 타악기, 나무 울림 타악기, 금속 울림 타악기를 돌아가며 연주해 본다.
- 강약 세기에 초점을 두고 즉흥연주를 해 본다.
- 교사의 지휘에 따라 즉흥연주회를 한다.

<정리 : 활동결과 확인, Feedback 및 종결>
- 활동을 하면서 즐거웠던 점에 대해 이야기 나눈다.
- 내가 연주했던 악기를 연주해 본다.
- 활동을 하면서 힘들었던 점, 아쉬웠던 점에 대해 이야기 나눈다.</td></tr>
</table>

	<차시예고> – '라데츠키 행진곡'에 맞춰 다양한 방법(줄을 서서 걷기, 짝을 지어 걷기 등)으로 행진하기
유의점	– '라데츠키 행진곡'의 강약 세기를 강조하는 교사의 지휘가 중요하다.
활동 평가	1. 라데츠키에 대한 동화를 듣고 '라데츠키 행진곡'이 생긴 배경에 대해 아는가? 2. '라데츠키 행진곡'에 맞춰 친구와 함께 여러 가지 악기를 연주할 수 있는가?
확장 활동	– 라데츠키 동화를 기반으로 동극하기

활동자료

요한 슈트라우스 사진, 라데츠키 사진

라데츠키 그림 동화

창작하기 2. 아프리카 친구

<table>
<tr><td>일시</td><td></td><td>장소(반)</td><td></td><td>대상연령</td><td>만 5세</td><td>지도교사</td><td></td></tr>
<tr><td>활동명</td><td colspan="3">아프리카 친구</td><td>활동주제</td><td colspan="3">세계 여러 나라</td></tr>
<tr><td>활동영역</td><td colspan="3">창작하기(감상하기, 악기 다루기)</td><td>음악개념</td><td colspan="3">음색, 강약</td></tr>
<tr><td>활동목표</td><td colspan="7">1. ‘아프리카 친구 잠보’ 동화 상황을 악기로 창의적으로 표현할 수 있다.
2. 정글의 소리를 듣고 상황을 상상해서 이야기할 수 있다.</td></tr>
<tr><td>활동자료</td><td colspan="7">‘아프리카 친구 잠보’ 융판 동화자료, 정글 비디오(무더운 날씨와 비가 오는 날씨), 아프리카 사진, 버드휘슬, 자일로폰, 귀로, 썬더드럼, 레인메이커, 쉬케레, 오션드럼, 콩가</td></tr>
<tr><td>활동방법</td><td colspan="7"><도입 : 전시 학습 확인 및 동기 유발>
– 지난 시간에 배운 아프리카에 대해 물어본다.
– 지난 시간에 들었던 ‘아프리카 친구 잠보’에 맞춰 악기연주해볼 것이라고 알려준다.
– 준비된 악기소리를 탐색한다.
<전개 : 유아와의 상호작용>
– (1분 영상으로) 화창한 정글 소리를 들으면서 어떤 소리가 들리는지 이야기 나눈다.
– 신체 악기나 준비된 악기로 비슷한 소리를 표현해본다.
– (1분 영상으로) 비가 조금 오는 정글의 소리를 들으며 악기로 표현해본다.
– (1분 영상으로) 비가 많이 오는 정글의 소리를 들으며 악기로 표현해본다.
– 영상에서 들리지 않았던 소리를 추가적으로 상상해서 이야기 나눈다.
– ‘아프리카 친구 잠보’ 동화에 맞춘 악기 창작활동을 안내한다.
– 융판 동화로 ‘아프리카 친구 잠보’를 들려 준다.
– ‘아프리카 친구 잠보’에 어울리는 소리를 즉흥적으로 연주한다.
<정리 : 활동결과 확인, Feedback 및 종결>
– 유아가 동화의 상황에 맞게 악기로 소리를 잘 표현했는지 확인한다.
– 동화 소리 창작을 통해 느낀 점과 어려웠던 점에 대해 이야기를 하며 평가한다.
<차시예고>
– 아프리카에 사는 잠보 친구들이 가지는 환경문제를 듣고 편지를 써보는</td></tr>
</table>

	활동을 예고한다.
유의점	- 정글의 소리와 악기의 소리(음색)를 충분히 탐색할 수 있는 시간을 준다. - 유아가 창의적으로 효과음을 넣을 수 있도록 상상력과 감성을 살리는 발문한다.
활동 평가	1. 정글의 소리를 악기로 표현할 수 있는가? 2. '아프리카 친구 잠보'에 맞게 소리 만드는 것을 즐길 수 있는가?
확장 활동	- 과학 영역 : 아프리카 환경문제 알아보기 - 언어 영역 : 아프리카 친구들에게 편지를 써보는 활동

활동자료

① '아프리카 친구 잠보' 융판 동화자료

② 정글 영상(무더운 날씨와 비가 오는 날씨)

③ 세계 속 아프리카 사진

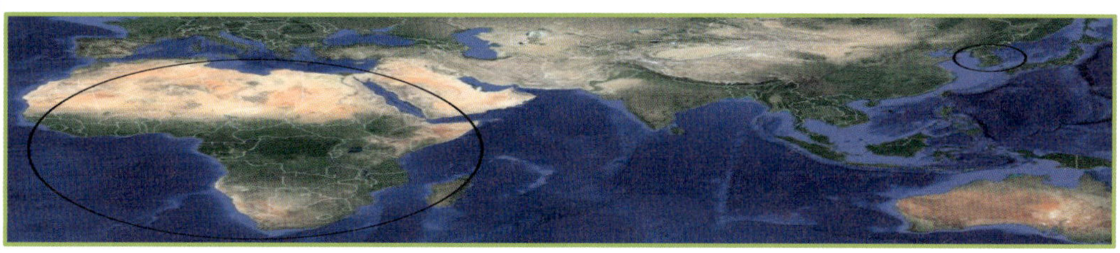

④ 악기

Chapter 11

생활도구

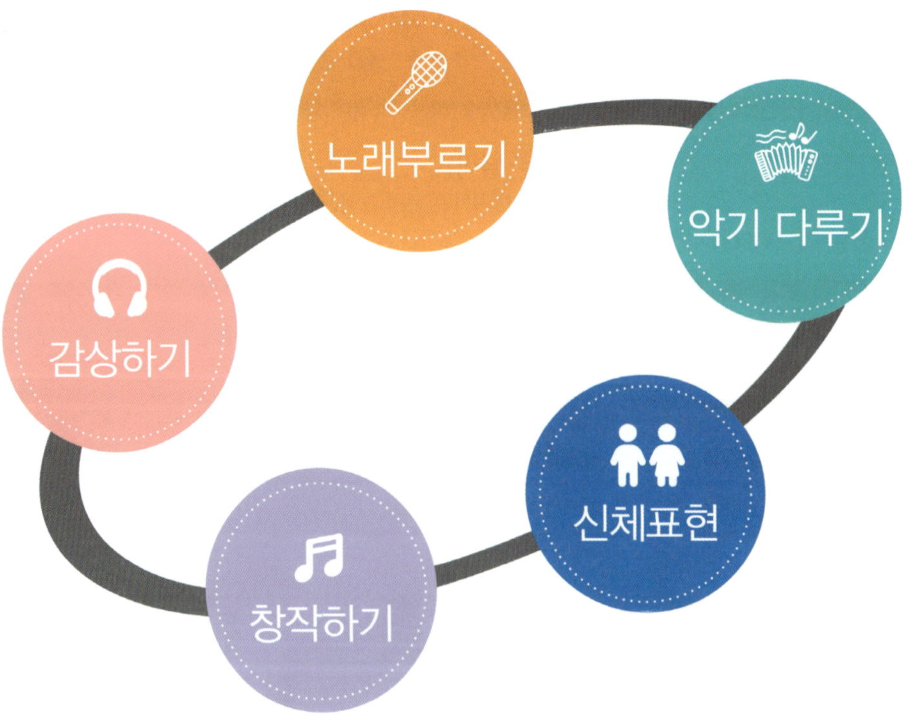

생활도구-영역별 활동

영역	활동
감상하기	1. 고장난 시계
	2. 유리컵에서 소리가 나요!
노래 부르기	1. 빙글빙글 세탁기
	2. 물레방아
악기 다루기	1. 세계의 여러 가지 집
	2. 숲속의 대장간
신체표현	1. 믹서기 되어보기
	2. 주방 도구
창작하기	1. 새 달력
	2. 대장간의 하루
10개 활동	

감상하기 1. 고장난 시계

<table>
<tr><td>일시</td><td></td><td>장소
(반)</td><td></td><td>대상
연령</td><td>만 5세</td><td>지도
교사</td><td></td></tr>
<tr><td>활동명</td><td colspan="3">고장난 시계</td><td>활동
주제</td><td colspan="3">생활도구</td></tr>
<tr><td>활동
영역</td><td colspan="3">감상하기(신체표현)</td><td>음악
개념</td><td colspan="3">세기, 리듬, 박자, 다이내믹스(역동성), 빠르기</td></tr>
<tr><td>활동
목표</td><td colspan="7">1. ‘고장난 시계’ 음악을 듣고 다른 박자 표현을 찾아낼 수 있다.
2. ‘정상적인 시계’와 ‘고장난 시계’의 리듬을 몸으로 표현해본다.</td></tr>
<tr><td>활동
자료</td><td colspan="7">‘고장난 시계’ 음원, 시계바늘 소리 음원, 시계, 우드블록</td></tr>
<tr><td>활동
방법</td><td colspan="7"><도입 : 전시 학습 확인 및 동기 유발>
- ‘시계’ 초침 소리를 들려준 후 어떤 소리인지 맞춰본다.
- ‘시계’ 실물을 보여 주고 실제 시계소리를 들어보고 느낌을 이야기한다.
- ‘고장난 시계’는 어떤 소리를 낼지 상상해본다.

<전개 : 유아와의 상호작용>
- ‘고장난 시계’를 듣는다.
- ‘고장난 시계’ 감상 후 어떤 느낌이 드는지 어떤 소리가 들리는지 이야기 나눈다.
- ‘고장난 시계’의 일부를 우드블록에 집중하여 듣는다.
- ‘고장난 시계’에서 우드블록 박자에 다름이 있음을 안다.
- 우드블록 소리에 맞춰 기본박으로 무릎을 치며 ‘고장난 시계’를 듣는다.
- 기본박에 맞지 않는 다른 부분이 있음을 안다.
- 엇박에 집중하며 다시 듣는다.
- 정상적인 시계와 고장난 시계의 리듬을 각자 몸으로 표현해본다.
- 음악에 맞춰 정상적인 시계와 고장난 시계의 리듬을 몸으로 표현해본다.

<정리 : 활동결과 확인, Feedback 및 종결>
- 활동을 하면서 즐거웠던 점, 어려웠던 점에 대하여 이야기한다.
- 정박의 부분과 엇박의 부분의 차이에 대한 느낌을 이야기한다.

<차시예고>
- ‘고장난 시계’ 우드블록 박자에 맞춰 악기 연주하기</td></tr>
</table>

유의점	- 유아가 다양한 생각을 할 수 있도록 열린 질문을 한다. - 무릎으로 기본박을 치며 기본박과 엇박의 차이를 느끼도록 지도한다. - 신체표현에 치중되지 않도록 한다. - 신체표현 활동 시 모든 유아들이 다양하게 표현할 수 있도록 한다.
활동 평가	1. '고장난 시계' 음악에서 다른 박자 표현을 찾아낼 수 있는가? 2. '정상적인 시계'와 '고장난 시계'의 리듬을 몸으로 표현할 수 있는가?
확장 활동	- 수학영역 : 시계를 보고 시, 분, 초 단위로 시간을 읽기

활동자료

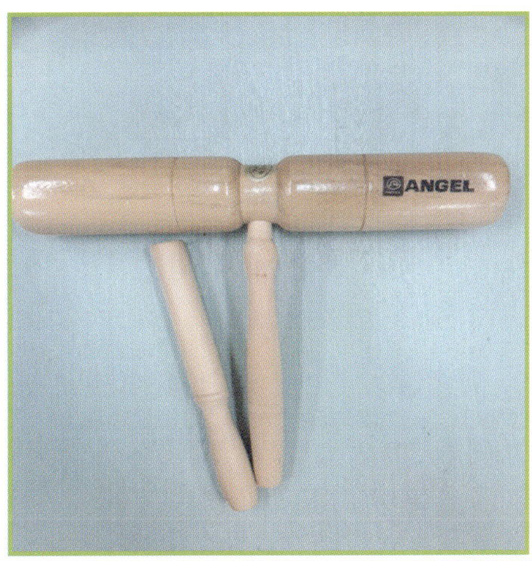

감상하기 2. 유리컵에서 소리가 나요!

<table>
<tr><td>일시</td><td></td><td>장소
(반)</td><td></td><td>대상
연령</td><td>만 5세</td><td>지도
교사</td><td></td></tr>
<tr><td>활동명</td><td colspan="3">유리컵에서 소리가 나요!</td><td>활동
주제</td><td colspan="3">생활도구</td></tr>
<tr><td>활동
영역</td><td colspan="3">감상하기(악기 다루기)</td><td>음악
개념</td><td colspan="3">음의 음질, 음색, 박자</td></tr>
<tr><td>활동
목표</td><td colspan="7">1. ‘유리잔 악기 연주(글라스 하프)’에 관심을 가진다.
2. 음악을 듣고 박자에 맞게 리듬 타악기를 연주할 수 있다.</td></tr>
<tr><td>활동
자료</td><td colspan="7">유리잔 사진, 터키행진곡 글라스하프 동영상, 그림악보, 우드블럭, 탬버린</td></tr>
<tr><td>활동
방법</td><td colspan="7"><도입 : 전시 학습 확인 및 동기 유발>
– ‘유리잔’의 사진을 보며 유리잔의 특성과 쓰임새에 대해 이야기 나눈다.
– ‘유리잔’의 다른 용도에 대해 이야기 나눈다.

<전개 : 유아와의 상호작용>
– 로베르트 티소가 연주한 터키행진곡(모차르트) 유리잔 연주 영상을 감상한다.
– 터키행진곡에 대해 간략히 설명한 뒤 감상한 유리잔 영상에 대해 이야기 나눈다.
– 연주할 악기를 소개하고 터키행진곡 유리잔 연주 영상을 다시 한 번 감상한다.
– 그림악보를 제시하고 악보를 보는 방법을 설명한 뒤 시범을 보인다.
– 유아와 함께 악기(우드블럭, 탬버린)를 함께 연주해본다.
– 악기를 서로 바꾸어 연주해본다.

<정리 : 활동결과 확인, Feedback 및 종결>
– 터키행진곡을 연주할 때의 느낌에 대해 이야기 나눈다.
– ‘유리잔 연주(글라스 하프)’에 대해 다시 상기시키며 이야기 나눈다.
– 활동을 하면서 즐거웠던 점, 아쉬웠던 점에 대해 이야기 나눈다.

<차시예고>
– 유리잔에서 서로 다른 음높이의 소리가 나는 이유에 대해 알아보기</td></tr>
<tr><td>유의점</td><td colspan="7">– 지난 시간에 감상하였던 음악을 활동자료로 제시함으로써 유아의 집중</td></tr>
</table>

	도를 높인다. - 유아가 바른 자세로 영상에 집중할 수 있도록 유도한다. - 언어적 격려와 모델링을 통해 유아의 적극적인 활동을 촉진한다.
활동 평가	1. 음악을 감상하며 '유리잔 연주(글라스 하프)'에 관심을 가졌는가? 2. 음악을 듣고 박자에 맞게 악기를 연주할 수 있는가?
확장 활동	- 유리잔 연주(글라스 하프) 연주회에 가서 공연을 감상

활동자료

와인잔 사진자료

1.

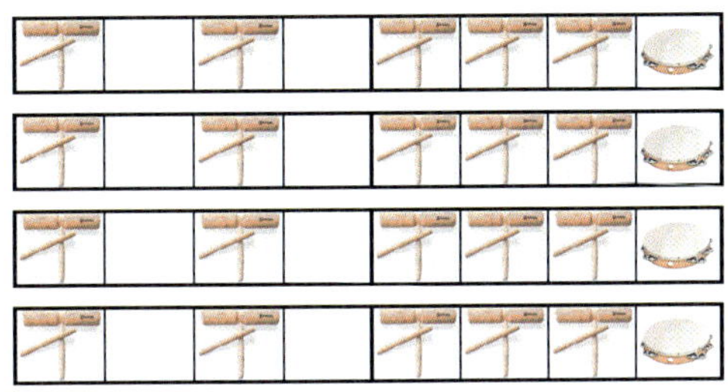

2.

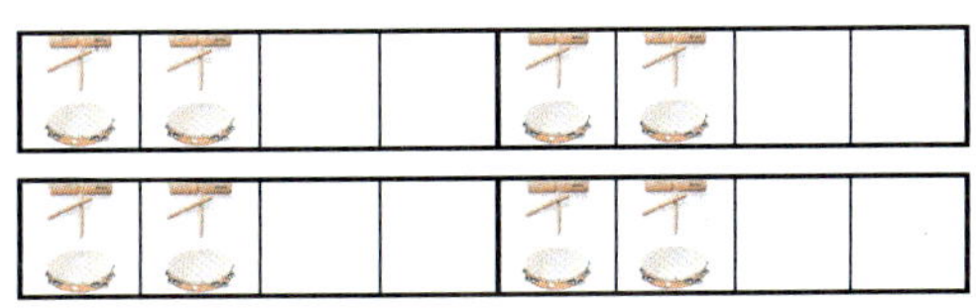

3,4.

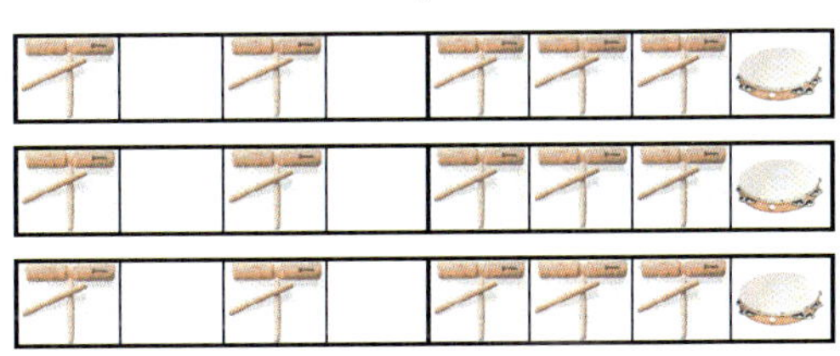

그림악보

우드블럭과 탬버린

노래 부르기 1. 빙글빙글 세탁기

<table>
<tr><td>일시</td><td></td><td>장소
(반)</td><td></td><td>대상
연령</td><td>만 4세</td><td>지도
교사</td><td></td></tr>
<tr><td>활동명</td><td colspan="3">빙글빙글 세탁기</td><td>활동
주제</td><td colspan="3">생활도구</td></tr>
<tr><td>활동
영역</td><td colspan="3">노래 부르기(신체표현)</td><td>음악
개념</td><td colspan="3">음(강약), 리듬, 박자, 다이내믹스(역동성), 빠르기</td></tr>
<tr><td>활동
목표</td><td colspan="7">1. ‘빙글빙글 세탁기’ 노래를 외워서 부를 수 있다.
2. 가사에 어울리는 신체표현을 할 수 있다.
3. 가사에 따라 강약을 붙여 노래할 수 있다.</td></tr>
<tr><td>활동
자료</td><td colspan="7">세탁기 소리 파일, 세탁기 동영상, 세탁기 그림, 그림판, 노래 악보</td></tr>
<tr><td>활동
방법</td><td colspan="7"><도입 : 전시 학습 확인 및 동기 유발>
- 세탁기가 돌아가는 소리를 들려주고 무슨 소리인지 수수께끼를 낸다.
- 세탁기를 본 경험에 대해 이야기 나눈다.
- 세탁기가 돌아가는 영상을 보여 준다.
<전개 : 유아와의 상호작용>
- 그림판을 보며 ‘빙글빙글 세탁기’ 노래의 가사를 소개한다.
- 노래의 가사에 대해서 이야기 나눈다.
- 기본박을 치며 교사가 노래를 선창한다.
- 기본박에 맞춰 ‘라’로 교사를 따라 한 소절씩 불러본다.
- 가사를 넣어서 교사를 따라 한 소절씩 반복해서 불러본다.
- 가사에 따라 강약을 붙여 노래한다.
- 가사에 어울리는 율동을 함께 만들어 불러본다.
<정리 : 활동결과 확인, Feedback 및 종결>
- 가사판을 덮고 교사의 피아노 반주에 맞춰 전체를 불러본다.
- 어떤 방법으로 노래를 불렀는지 이야기한다.
- 어떻게 노래할 때 즐거웠는지, 힘들었는지에 대해 이야기한다.
<차시예고>
- 세탁기 속의 빨래가 되어 신체로 표현해보기</td></tr>
<tr><td>유의점</td><td colspan="7">- 노래를 부르기 전 유아가 가사를 충분히 익힐 수 있도록 지도한다.
- 유아가 따라 부를 수 있도록 천천히 부르며 지도한다.</td></tr>
</table>

	– '빙글빙글빙글 쿵덕' 부분의 박자에 유의하여 지도한다.
활동 평가	1. '빙글빙글 세탁기' 노래를 외워서 부를 수 있는가? 2. 가사에 어울리는 신체표현을 할 수 있는가? 3. 가사에 따라 강약을 붙여 노래할 수 있는가?
확장 활동	– '빙글빙글 세탁기' 노래에 맞춰 생활도구로 연주해 보기

활동자료

노래 부르기 2. 물레방아

<table>
<tr><td>일시</td><td></td><td>장소(반)</td><td></td><td>대상 연령</td><td>만 4세</td><td>지도 교사</td><td></td></tr>
<tr><td>활동명</td><td colspan="3">물레방아</td><td>활동 주제</td><td colspan="3">생활도구</td></tr>
<tr><td>활동 영역</td><td colspan="3">노래 부르기(신체표현)</td><td>음악 개념</td><td colspan="3">음정, 리듬, 박자, 다이내믹스(역동성)</td></tr>
<tr><td>활동 목표</td><td colspan="7">1. ‘물레방아’ 노래를 외워서 부를 수 있다.
2. ‘물레방아’ 노래의 가사의 내용에 맞춰 신체표현을 할 수 있다.</td></tr>
<tr><td>활동 자료</td><td colspan="7">가사판, 물레방아 동영상, 물레방아 사진</td></tr>
<tr><td>활동 방법</td><td colspan="7"><도입 : 전시 학습 확인 및 동기 유발>
- ‘물레방아’에 대한 수수께끼를 낸다.
- ‘물레방아’가 돌아가는 동영상을 시청한다.
- ‘물레방아’에 대한 경험을 이야기 나눈다.

<전개 : 유아와의 상호작용>
- ‘물레방아’ 노래를 영상과 함께 들려 준다.
- 가사판을 보며 노래 가사에 대해 이야기 나눈다.
- 교사가 부르는 ‘물레방아’ 노래를 기본박을 치며 감상한다.
- 가사판을 보며 한 소절씩 따라 불러본다.
- 기본박을 치며 교사를 따라 한 소절씩 불러본다.
- 선생님과 번갈아 부르기, 친구들과 주고받기 등 다양한 방법으로 노래를 불러본다.
- 처음부터 끝까지 함께 불러본다.
- 피아노 반주에 맞춰 불러본다.
- ‘물레방아’ 노래에 맞추어 물레방아가 돌아가는 모습을 자유롭게 신체로 표현해본다.

<정리 : 활동결과 확인, Feedback 및 종결>
- 가사판을 덮고 반주에 맞추어 ‘물레방아’ 노래를 불러본다.
- 몇 명의 유아가 나와 자신이 표현한 물레방아의 모습을 발표한다.
- 노래 부르기활동에 대한 느낀 점에 대해 이야기 나눈다.</td></tr>
</table>

	<차시예고> – '물레방아' 노래에 맞춰 악기연주를 예고한다.
유의점	– 교사가 혼자 부를 때, 유아와 함께 부를 때를 손짓으로 구분하여 주도록 한다. – 유아들이 자유롭게 기본박을 치며 노래를 부를 수 있도록 한다. – 신체표현을 할 때 유아들이 서로 부딪히지 않도록 한다.
활동 평가	1. '물레방아' 노래를 외워서 부를 수 있는가? 2. '물레방아' 노래에 맞추어 신체표현을 할 수 있는가?
확장 활동	– 간이 물레방아를 만들어보기

활동자료

물레방아 사진

'물레방아' 가사판

악기 다루기

1. 세계의 여러 가지 집

<table>
<tr><td>일시</td><td></td><td>장소
(반)</td><td></td><td>대상
연령</td><td>만 5세</td><td>지도
교사</td><td></td></tr>
<tr><td>활동명</td><td colspan="3">세계의 여러 가지 집</td><td>활동
주제</td><td colspan="3">생활도구</td></tr>
<tr><td>활동
영역</td><td colspan="3">악기 다루기(노래 부르기)</td><td>음악
개념</td><td colspan="3">리듬, 박자, 음, 음색</td></tr>
<tr><td>활동
목표</td><td colspan="7">1. ‘세계의 여러 가지 집’ 노래를 들으며 즉흥 연주로 자신의 느낌, 감정을 표현할 수 있다.
2. ‘세계의 여러 가지 집’ 노래를 외워서 부를 수 있다.</td></tr>
<tr><td>활동
자료</td><td colspan="7">‘세계의 여러 가지 집’ 동요 음원, 가사판, 사진자료, 리듬 타악기(트라이앵글, 우드블럭, 탬버린, 콩가, 젬베)</td></tr>
<tr><td>활동
방법</td><td colspan="7"><도입 : 전시 학습 확인 및 동기 유발>
– 지난 시간에 배웠던 ‘세계 여러 가지 집’ 노래에 대해 이야기 나눈다.
– 여러 나라의 집 사진들을 보여 주며 어떤 나라의 집일지 이야기 나눈다.

<전개 : 유아와의 상호작용>
– ‘세계의 여러 가지 집’ 노래를 다시 불러본다.
– 즉흥연주 방법에 대해 이야기 나눈다.
– 콩가와 젬베는 (쿵작작작) 리듬을 연주할 것임을 알려준다.
– 주어진 악기를 탐색한다(트라이앵글, 우드블럭, 탬버린, 콩가, 젬베).
– 콩가와 젬베부터 연습한다.
– 노래를 부르며 즉흥연주를 해본다.
– 악기를 바꾸어 연주해본다.
– 콩가와 젬베 유아를 바꾸어 연주한다.

<정리 : 활동결과 확인, Feedback 및 종결>
– 악기를 연주한 소감을 이야기 나눈다.
– 즉흥연주를 발표하고 싶어하는 유아 1~2명을 발표하게 한다.

<차시예고>
– 여러 나라의 집에 사는 사람이 되어보는 신체표현 활동하기</td></tr>
<tr><td>유의점</td><td colspan="7">– 노래를 부르며 자유롭게 즉흥연주하도록 유도한다.
– 악기를 연주할 때 현재 소절에 해당하는 부분을 가리킨다.</td></tr>
</table>

활동 평가	1. 음과 박자에 맞춰 노래를 부를 수 있는가? 2. 즉흥연주를 하면서 감정을 표현할 수 있는가?
확장 활동	- 다문화 박물관으로 견학 가서 세계 여러 나라 사람들의 사는 모습을 알아보기

활동자료

세계의 여러 가지 집 1절

알래스카에 가면 이글루가 있고
몽골리아에 가면 게르가 있어
나라마다 특색 있는 집
얼음으로 지은 알래스카 이글루
이동하기 편한 몽골리아의 집 게르
기후에 알맞게 환경에 알맞게
멋진 집을 지었다네

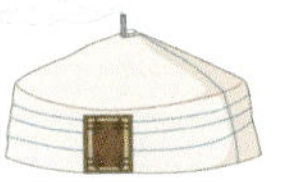

세계의 여러 가지 집 2절

타이에 가면 수상가옥 있고
네덜란드에 가면 풍차가 있어
나라마다 특색 있는 집
물 위에다 지은 수상가옥
물을 퍼내기 위해 네덜란드에는 풍차
기후에 알맞게 환경에 알맞게
멋진 집을 지었다네

악기 다루기 2. 숲속의 대장간

<table>
<tr><td>일시</td><td></td><td>장소
(반)</td><td></td><td>대상
연령</td><td>만 5세</td><td>지도
교사</td><td></td></tr>
<tr><td>활동명</td><td colspan="3">숲속의 대장간</td><td>활동
주제</td><td colspan="3">생활도구</td></tr>
<tr><td>활동
영역</td><td colspan="3">악기 다루기(감상하기)</td><td>음악
개념</td><td colspan="3">리듬, 박자, 음색</td></tr>
<tr><td>활동
목표</td><td colspan="7">- 악기를 연주하며 '대장간'의 소리에 관심을 갖는다.
- 미하엘리스의 '숲속의 대장간'에 맞추어 오스티나토 리듬을 연주할 수 있다.</td></tr>
<tr><td>활동
자료</td><td colspan="7">대장간 소리 음원, 대장간 그림, '숲속의 대장간' 음악, 리듬악기(트라이앵글, 우드블록, 탬버린), 리듬 악보</td></tr>
<tr><td>활동
방법</td><td colspan="7"><도입 : 전시 학습 확인 및 동기 유발>
- '대장간' 소리를 듣고 무엇을 하는 소리인지 이야기 나눈다.
- '대장간' 그림 자료를 보며 '대장간'이 무엇을 하는 곳인지 이야기 나눈다.

<전개 : 유아와의 상호작용>
- 미하엘리스의 '숲속의 대장간'을 간략히 설명한다.
- 대장간 소리가 어떻게 나는지 주의를 기울이며 '숲속의 대장간'을 감상한다.
- '숲속의 대장간'을 들으며 신체 악기로 기본박을 연습한다(2/4박자-무릎, 손뼉).
- 악기로 오스티나토 리듬을 연습한다.
(트라이앵글로 '타 타 타 타(♩♩♩♩)' 리듬을 연주한다.
우드블록으로 '티 티 티 티 티 티 티 티(♫♫♫♫)' 리듬을 연주한다.
탬버린으로 '타 쉼 티 티 타(♩𝄽♫♩)' 리듬을 연주한다.)
다르게 연주하는 부분의 리듬을 악기로 연습한다.
(우드블록으로 '쉼 쉼 쉼 타(𝄽𝄽𝄽♩)', '쉼 타 쉼 타(𝄽♩𝄽♩)',
'쉬 티 티 티 쉬 티 티 티(𝄾♬𝄾♬)' 리듬을 연주한다.)
- 음악에 맞춰 악기를 교대로 연주한다.
- 자신이 원하는 악기로 한 번 더 연주해 본다.

<정리 : 활동결과 확인, Feedback 및 종결>
- 각 리듬악기별로 1~2명씩 친구들 앞에서 연주를 해본다.</td></tr>
</table>

·	– 대장간이 무엇을 하는 곳인지 이야기해 본다. **<차시예고>** – '숲속의 대장간'의 분위기를 신체로 표현한다.
유의점	– 기본박자를 충분히 이해하고 연주를 할 수 있도록 한다.
활동 평가	1. 악기연주를 하며 대장간의 소리에 관심을 가졌는가? 2. 오스티나토 리듬을 제대로 연주할 수 있는가?
확장 활동	– 전통시장의 '대장간' 견학하기

활동자료

대장간 그림

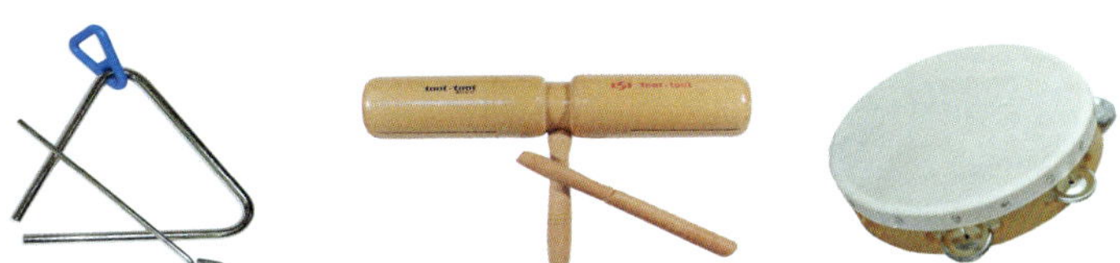

리듬악기–트라이앵글, 우드블록, 탬버린

리듬 악보

신체표현

1. 믹서기 되어보기

<table>
<tr><td>일시</td><td></td><td>장소
(반)</td><td></td><td>대상
연령</td><td>만 5세</td><td>지도
교사</td><td></td></tr>
<tr><td>활동명</td><td colspan="3">믹서기 되어보기</td><td>활동
주제</td><td colspan="3">생활도구</td></tr>
<tr><td>활동
영역</td><td colspan="3">신체표현(감상하기)</td><td>음악
개념</td><td colspan="3">다이내믹스(역동성), 셈여림, 빠르기</td></tr>
<tr><td>활동
목표</td><td colspan="7">1. 믹서기를 신체를 이용하여 창의적으로 표현할 수 있다.
2. 믹서기가 돌아가는 상황을 셈여림으로 표현할 수 있다.</td></tr>
<tr><td>활동
자료</td><td colspan="7">믹서기 사진, 믹서기, 바나나, 우유, ‘악흥의 순간’ 음원파일, 믹서기 소리 음원파일</td></tr>
<tr><td>활동
방법</td><td colspan="7"><도입 : 전시 학습 확인 및 동기 유발>
- 믹서기에 대한 수수께끼를 낸다.
- 믹서기에 대해 이야기 나눈다.
- 믹서기를 본 경험에 대해 이야기 나눈다.

<전개 : 유아와의 상호작용>
- 믹서기에 바나나를 넣고 작동하여 믹서기의 움직이는 모습을 관찰한다.
- 믹서기가 돌아가는 모습을 본 후 믹서기의 움직임을 표현해 본다.
- 믹서기가 돌아가는 상황을 셈여림으로 표현해 본다.
- ‘악흥의 순간’에 맞추어 믹서기가 돌아가는 상황을 스토리텔링으로 제시한다.
- 유아는 음악과 스토리텔링을 맞추어 자유롭게 신체로 표현한다.

<정리 : 활동결과 확인, Feedback 및 종결>
- 믹서기의 모습을 어떻게 표현했는지 발표해본다
(셈여림으로 표현할 수 있는 지 확인).
- 믹서기가 되어본 느낌을 이야기 나눈다.
- 활동 후 새로웠던 점이나 재미있었던 점, 어려웠던 점에 대해 이야기 나눈다.

<차시예고>
- 과학활동 : 믹서기 사용 방법 알기</td></tr>
<tr><td>유의점</td><td colspan="7">- 믹서기가 작동할 때 나는 소리에 유아들이 놀라지 않도록 사전에 이야기 나눈다.
- 신체표현을 할 때 유아들이 서로 부딪히지 않도록 한다.</td></tr>
</table>

활동 평가	1. 믹서기를 신체를 이용하여 창의적으로 표현할 수 있는가? 2. 믹서기가 돌아가는 상황을 셈여림으로 표현할 수 있는가?
확장 활동	– 믹서기를 사용한 요리활동하기

활동자료

신체표현

2. 주방 도구

일시		장소(반)		대상 연령	만 4세	지도 교사	
활동명	주방 도구			활동 주제	생활도구		
활동 영역	신체표현(감상하기)			음악 개념	다이내믹스(역동성), 음색, 빠르기, 강약		
활동 목표	1. 주방 도구의 쓰이는 용도를 안다. 2. 주방 도구가 사용되는 모습을 창의적으로 표현할 수 있다.						
활동 자료	도구 그림카드(믹서기, 밥솥, 주전자, 칼), 도구 소리 파일, 배경 음악 파일(부엌 합창)						
활동 방법	**<도입 : 전시 학습 확인 및 동기 유발>** - 지난 시간에 배웠던 주방 도구에 대해 이야기 나눈다. - 그림 카드를 보여 주며 이 도구는 어디에 쓰이는지에 대해 이야기 나눈다. - 소리를 듣고 어떤 도구인지 맞춘다. **<전개 : 유아와의 상호작용>** - 도구들이 어떻게 사용되는지 이야기 나눈다. - 한 가지 도구씩 쓰임새를 자유롭게 몸으로 표현한다. - 교사는 그 도구가 사용되는 상황을 상세히 제시한다. - 신체표현을 할 때 유의해야 할 점에 대해 이야기 나눈다. - 도구의 소리에 맞추어 교사가 제시하는 도구가 되어 자유롭게 표현한다. - 배경음악에 맞추어 하고 싶은 도구가 되어서 자유롭게 표현한다. **<정리 : 활동결과 확인, Feedback 및 종결>** - 한 명씩 앞에 나와서 각자 표현하고 싶은 도구를 몸으로 표현한다. - 유아가 표현한 도구의 용도를 물어본다. - 표현해 보고 싶은 다른 도구들이 있는지 물어본다. - 오늘 활동을 하고난 후의 느낀 점에 대해 이야기 나눈다. **<차시예고>** - 다음 시간에는 '시계'를 불러볼 것임을 알려준다.						
유의점	- 유아들끼리 서로 부딪히지 않도록 충분한 공간을 활용한다.						

	– 표현하기를 주저하는 유아는 교사가 격려하여 즐겁게 참여할 수 있도록 한다.
활동 평가	1. 주방 도구의 쓰이는 용도를 아는가? 2. 주방 도구가 사용되는 모습을 창의적으로 표현하였는가?
확장 활동	– 신체로 표현해본 도구를 직접 그려서 꾸며보는 활동하기

활동자료

창작하기 1. 새 달력

<table>
<tr><td>일시</td><td></td><td>장소
(반)</td><td></td><td>대상
연령</td><td>만 5세</td><td>지도
교사</td><td></td></tr>
<tr><td>활동명</td><td colspan="3">새 달력</td><td>활동
주제</td><td colspan="3">생활도구</td></tr>
<tr><td>활동
영역</td><td colspan="3">창작하기(노래부르기)</td><td>음악
개념</td><td colspan="3">음정, 박자, 리듬, 가락</td></tr>
<tr><td>활동
목표</td><td colspan="7">1. 특별한 날(연중행사)에 관심을 가진다.
2. ‘새 달력’ 노래에 가사와 선율을 바꾸는 창작을 할 수 있다.</td></tr>
<tr><td>활동
자료</td><td colspan="7">가사판, 빈 칸, 반주</td></tr>
<tr><td>활동
방법</td><td colspan="7"><도입 : 전시 학습 확인 및 동기 유발>
- ‘현충일’에 대해서 알아본다.
- 달력을 보며 한 해의 특별한 날에 대해 이야기를 나눈다.
- 지난 시간에 배운 ‘새 달력’ 노래를 떠올린다.
- 오늘 할 활동에 대해 안내한다.

<전개 : 유아와의 상호작용>
- 가사판을 보고 기본박을 치며 교사가 부르는 ‘새 달력’ 노래를 듣는다.
- 다 같이 기본박을 치며 노래를 불러본다.
- 가사를 바꿀 부분을 교사가 예시를 들어 안내한다.
- 가사를 바꾸며 특별한 날에 대해 이야기를 해본다.
- 다 같이 바꾼 가사로 노래한다.
- 선율(가락)을 바꿀 부분을 알려 준다
- 융판의 2선 악보에 음표를 어떻게 바꿀지 교사가 예시를 들어 안내한다.
- 활동적인 유아가 나와서 융판의 찍찍이 음표를 옮겨서 선율을 바꾸어 본다.
- 다 같이 바꾼 선율과 바꾼 가사로 노래를 불러본다.
- 바꾼 가사판과 바꾼 선율을 노래하며 원곡이 어떻게 변했는지 느껴본다.

<정리 : 활동결과 확인, Feedback 및 종결>
- 어떤 가사를 어떻게 바꾸었는지 이야기해 본다.
- 어떤 선율을 어떻게 바꾸었는지 이야기해 본다.
- 창작의 재미를 이야기해 본다.</td></tr>
</table>

	<차시예고> - 리듬 창작하기 : 새달력 노래의 리듬을 바꾸어 보기
유의점	- 바꾼 가사의 박자를 유지 하도록 지도한다. - 바꾼 선율의 박자를 유지하도록 지도한다.
활동 평가	1. 달력을 보며 다양한 연중행사를 알 수 있는가? 2. 바꾼 가사와 선율을 노래할 수 있는가?
확장 활동	- 우리 집 만의 특별한 날의 계획 만들기

활동자료

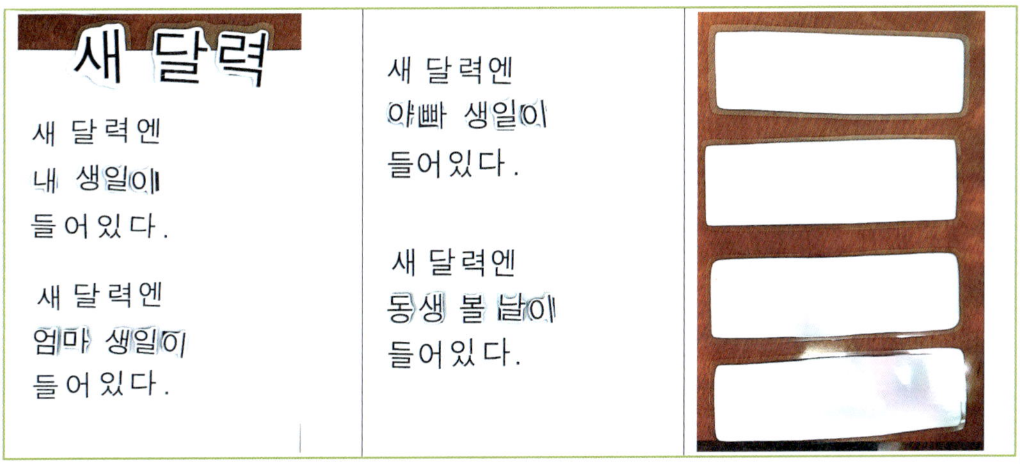

선율 창작 2선 보표와 찍찍이 음표

창작하기 2. 대장간의 하루

<table>
<tr><td>일시</td><td></td><td>장소
(반)</td><td></td><td>대상
연령</td><td>만 4세</td><td>지도
교사</td><td></td></tr>
<tr><td>활동명</td><td colspan="3">대장간의 하루</td><td>활동
주제</td><td colspan="3">생활도구</td></tr>
<tr><td>활동
영역</td><td colspan="3">창작하기(감상하기, 신체표현)</td><td>음악
개념</td><td colspan="3">다이내믹스, 리듬, 박자, 음, 빠르기, 강약</td></tr>
<tr><td>활동
목표</td><td colspan="7">1. 대장간의 일상을 신체를 활용하여 창의적으로 표현할 수 있다.</td></tr>
<tr><td>활동
자료</td><td colspan="7">도구 사진자료, 베르디의 오페라 ‘일트로바토레 중 대장간의 합창’ 음악 파일</td></tr>
<tr><td>활동
방법</td><td colspan="7"><도입 : 전시 학습 확인 및 동기 유발>
- 현장 학습으로 다녀온 ‘고구려 대장간 마을’에 대해 이야기 나눈다.
- 대장간에서 볼 수 있는 도구의 사진을 보며 이야기 나눈다.

<전개 : 유아와의 상호작용>
- 베르디의 오페라 ‘일트로바토레 중 대장간의 합창’을 들어본다.
- 음악을 들은 후 떠오르는 생각이나 느낌에 대해 이야기 나눈다.
- 곡에 대해 소개한다.
- 음악을 다시 들으며 어떤 도구가 연상되는지 생각해 본다.
- 음악을 들으며 떠오르는 도구나 일하는 사람의 모습을 어떻게 표현할지 상상해본다.
- 음악을 들으며 대장간의 일상을 상상하여 신체로 자유롭고 독창적으로 표현한다(이때 교사는 대장간의 일상을 스토리텔링하여 들려주며 상황을 제시한다).

<정리 : 활동결과 확인, Feedback 및 종결>
- 신체로 어떤 도구를 어떻게 표현했는지 이야기 나눈다.
- 일하는 사람의 모습을 어떻게 표현했는지 이야기 나눈다.
- 유아가 표현한 신체 동작을 발표를 통해 친구들과 공유한다.

<차시예고>
- 대장간 도구와 관련된 새노래 ‘망치소리’ 배우기</td></tr>
</table>

유의점	- 유아들이 음악을 감상할 때 주의집중하도록 유의한다. - 유아들이 다양한 신체표현을 할 수 있도록 격려한다.
활동 평가	1. 음악을 들으며 다양하고 창의적인 신체표현을 할 수 있는가?
확장 활동	- 미술영역 : 대장간의 도구 만들기

활동자료

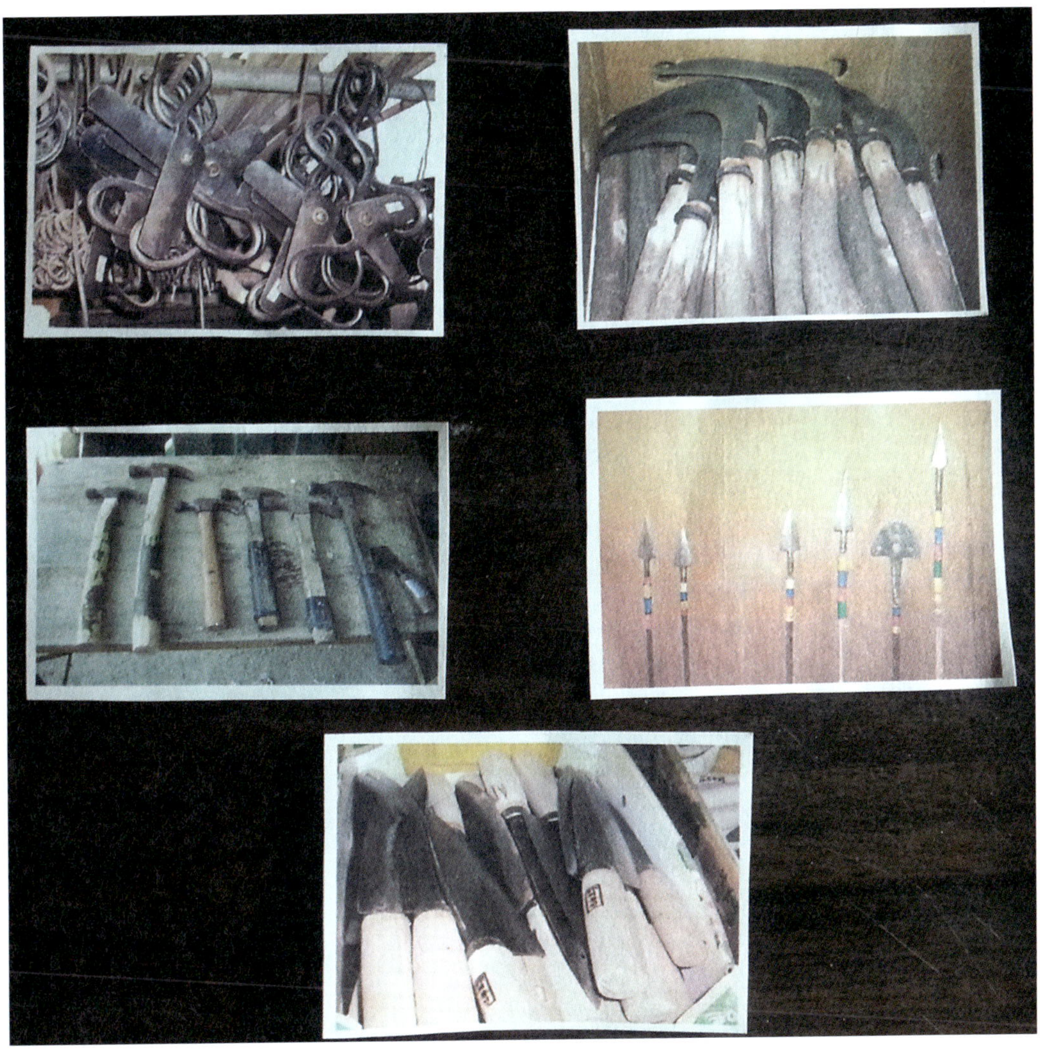

저자소개

윤영배

현 을지대학교 아동학부 교수

을지 레인보우합창단, 성남 시니어합창단 상임지휘자

전 한중대학교 교수, 위덕대학교 교수 역임

학력

–경희대학교 일반대학원 아동학 박사 졸업

–경희대학교 교육대학원 음악교육학 석사 졸업

–러시아 Moscow Gnessin's 국립음악 아카데미 합창지휘전공 석사 수료

–미국 California State University(CSU, LA) 합창지휘교육 Diploma

–오스트리아 Salzburg Orff-Institut "Music and Dance Education" Course 수료

–건국대학교 사범대학 음악교육학과 졸업

저서

–오르프 접근법과 악기 앙상블(창지사)

–유아동요 반주의 이론과 실제(파란마음)

–수준별 유아동요 반주곡집(파란마음)

–음악의 이해와 표현(동문사)

–영유아음악교육(동문사)

영유아음악교육

초판 1쇄 인쇄 / 2019년 2월 25일
초판 1쇄 발행 / 2019년 3월 01일

•

저 자 / 윤 영 배
발행인 / 이 중 수
발행처 / **동 문 사**

•

서울특별시 서대문구 홍제원 1길 12
(홍제동 137-8)
Tel : 02)736-3718(대), 736-3710, 3720
Fax : 02)736-3719
등록번호 : 1974.04.27. 제9-17호
가격 : 28,000원

•

ISBN : 979-11-6328-026-2 (93370)
E-mail : dong736@naver.com
www.dongmunsa.com